枣庄学院中国文化研究与传播系列丛书

Serio da Libroj de Zaozhuang-a Universitato pri Esploro kaj Diskonigo pri Ĉina Kulturo

中世双语

墨 子

Mozi

编 Redaktita　　孙明孝 Sun Mingxiao

译 Esperantigita　　［日］佐佐木 照央 SASAKI Teruhiro

学苑出版社

图书在版编目（CIP）数据

中、世双语《墨子》/ 孙明孝编；（日）佐佐木照央译 . -- 北京：学苑出版社，2017.7
ISBN 978-7-5077-5268-7

Ⅰ.①中… Ⅱ.①孙… ②佐… Ⅲ.①墨家—汉语、世界语 Ⅳ.① B224.1

中国版本图书馆 CIP 数据核字 (2017) 第 169508 号

责任编辑：战葆红
出版发行：学苑出版社
社　　址：北京丰台区南方庄 2 号院 1 号楼
邮政编码：100079
网　　址：www.book001.com
电子信箱：xueyuanpress@163.com
销售电话：010—67601101（营销部）67603091（总编室）
印　刷　厂：三河友邦彩色印装有限公司
开本尺寸：889×1194　1/16
印　　张：27.5 印张
字　　数：1031 千字
版　　次：2017 年 9 月北京第 1 版
印　　次：2017 年 9 月北京第 1 次印刷
定　　价：680.00 元

枣庄学院

中国文化研究与传播系列丛书（世界语）编译委员会
Komitato de Esperantigaj Klasikaj Libroj pri Ĉina Kulturo de Zaozhuang-a Universitato

主　　任：曹胜强
prezidanto：Cao Shengqiang

副 主 任：李　东　　明清河
vicprezidantoj：Li Dong　Ming Qinghe

编　　委：孙明孝　　［日］佐佐木 照央　　［韩］朴基完
komitatanoj：Sun Mingxiao　SASAKI Teruhiro　Bak Giwan
　　　　　　李　慧　　高　慧　　吴　娟　　［日］佐藤隆介
　　　　　　Li　Hui　　Gao Hui　　Wu Juan　　SATO Ryusuke

中文、世界语对照《墨子》编译人员
Redaktoroj kaj Tradukinto de Libro *Mozi* en Ĉina-Esperanto

编　　辑：孙明孝
Redaktita：Sun Mingxiao

翻　　译：［日］佐佐木 照央
Esperantigita：SASAKI Teruhiro

译　　审：祝明义
Kontrolita de：Zhu Mingyi

改　　稿：赵倩澜　　袁　野
Korektita de：Zhao Qianlan　Yuan Ye

序

世界语是1887年波兰的眼科医生柴门霍夫博士发明的一种国际语，其宗旨是为世界各民族提供简便、平等交流的工具。由于世界语科学合理、逻辑性强，很快就流传到世界各地，为各国人民之间的友好交流发挥了积极的作用。1954年联合国教科文组织作出决议，承认世界语的价值并号召其会员国把世界语引进到大中学校教授。随着世界语在各国学校的推广普及，世界语者群体也与日俱增，各国世界语者都踊跃把自己的优秀文化翻译成世界语，以丰富世界语文库，甚至还出现了一大批世界语原创作家。柴门霍夫本人就亲自翻译了《安徒生童话》《哈姆雷特》《钦差大臣》《强盗》等世界名著，各民族优秀文化汇聚到世界语中来，逐步形成了多彩多姿的世界语文化宝藏。如本书译者佐佐木照央博士所述，"要学习世界优秀文化，就学习世界语吧！"。

世界语语境下中国文化的传播也由来已久，早在1918年，蔡元培、吴稚辉、区声白、李石曾等就提出用世界语"向外宣传吾国文化、提高吾国国际地位"。20世纪20年代，中国的唐诗和宋词就被翻译成世界语在欧洲传播，中国传统文化经典《论语》《孝经》被翻译成世界语出版。新中国成立后，中华全国世界语协会成立、《中国报道》杂志创办、中国国际广播电台世界语广播开播，四大名著及不同历史时期的文学经典都被翻译成世界语，世界语成为传播中国传统文化的主要渠道。

我院也有幸加入到世界语队伍中来，第十届全国世界语大会在我校召开，世界最大、亚洲唯一的世界语博物馆于2013年11月在我校建成开馆；世界语选修课早在2011年开设至今；一批世界语教研成果和文献资料在我校编撰出版，世界语已经成为我校特色教研项目之一。我校于2017年经省教育厅批准创办中国文化研究与传播中心，世界语将是我校中国文化研究与传播的重要桥梁和窗口之一。

佐佐木照央博士是日本著名世界语学者，曾担任国际世界语协会亚洲世界语运动协调委员主席，于2012年应聘到我校担任日语和世界语教学工作，当年他就访问了我校墨子研究院，对墨子产生了极大的兴趣，决定开展《墨子》世界语译介和国际传播研究工作。他就此课题专访了日本国家和大学图书馆，收集复印了自1887年以来各国出版的《墨子》英语、法语、德语、日语等20多个版本，收集了一批《墨子》重要译介资料，历经近5年的时间完成了《墨子》的世界语翻译工作。著名世界语诗人石成泰、世界语翻译家祝明义、韩国著名世界语者朴基完博士都对此给于了较高的评价。在编译过程中，我校师生参加了翻译研讨、编辑、校对等工作，在大家的共同努力下，中文、世界语对照《墨子》一书终于顺利出版，这个项目成为我校中国文化研究与传播中心的重要成果之一，可喜可贺！

构建人类命运共同体，用世界语传播中国文化、讲好中国故事也是大学的责任和义务，让我们共同期待我校中国文化研究和国际传播工作再立新功！

枣庄学院中国文化研究与传播中心主任　曹胜强

2017年8月20日

ANTAŬPAROLO

Esperanto estas la internacia lingvo, kiun L. L. Zamenhof, la pola okulo-kuracisto kreis en 1887 kaj celo de Esperanto estas faciligi la interkompreniĝon de ĉiuj popolanoj en la mondo. Danke al logikeco, facileco kaj scienceco de Esperanto ĝi rapide disvastiĝas en la tuta mondo kaj ludas gravan rolon dum la amika interkomunikado de popolanoj en la mondo. Unesko decidis la revolucion favoran al Esperanto en 1954 por agnoski la valoron de Esperanto kaj voki instrui la lingvon en lernejoj. Kun la instruado de Esperanto en lernejo la esperantistoj multiĝis en la mondo. Multaj esperantistoj tradukis elstarajn verkoj el naciaj lingvoj en Esperanton por Esperanto-Literaturaĵo kaj aperas multaj esperantistoj, kiuj rekte verkas en Esperanto. La majstro L.L.Zamenhof mem tradukis multajn mondfamajn verkojn kiel *Hamleto, Fabeloj de Andreson, Rabisto kaj Revizoro*, Kulturoj el diveraj nacioj kaj popolanoj kolektiĝas en Esperantujo kaj iom post iom formiĝas la multkoloraj trezorejoj de Esperanto-literaturo. D-ro Sasaki Teruhiro, la tradukanto de la libro *Mozi* diris: "Se vi volas lerni elstarajn kulturojn de la mondo, do unue lernu Esperanton!"

En esperantujo oni frue konis ĉinan kulturon, jam de 1918, ĉinaj esperantistoj Cai Yuanpei, Wu Zhihui, Qu Shengbai kaj Zhang Jingjiang eldiris per Esperanto propagandi la kulturon kaj altigi la internacian prestiĝon de nia lando. Dum 20-aj jaroj en 19-a jarcento, la poemoj kaj poezioj de Tang-dinastio kaj Song-dinastio estis esperantigita kaj diskonigita en Europo kaj *Analektoj de Konfuceo kaj Fileca Pietato* en Esperanto eldoniĝis.

Post la fondiĝo de Ĉina Popola Respubliko, Ĉina Esperanto-Ligo organiziĝis, *El Popola Ĉinio* distribuiĝis kaj la *Ĉina Radio Internacia* elsendis esperante, la kvar famaj romanoj kaj aliaj elstaraj literaturaĵoj en malsamaj periodoj en Ĉinio estis esperantigitaj. Esperanto fariĝis la ĉefa vojo por vaste diskonigi ĉinan tradician kulturon en la mondo.

Estas feliĉe, ke nia universitato partoprenas en Esperanto-Movado, en 2013 la deka ĉina kongreso de Esperanto en 2013 okazis en la universitato kaj Internacia Esperanto-Muzeo inaŭguriĝis en la universitato. Esperanto-kurso en la universitato ekfunkciis en 2011, unuaj libroj pri Esperanto kompilitaj de la universitato eldoniĝis kaj Esperanto jam fariĝis unu el specialaj temoj por instruado kaj esplorado de la universitato. En 2017 *la Esplora kaj Disvastiga Centro por Ĉina Kulturo* en Zaozhuang-a Universitato fondiĝis sub la eduka oficejo de provinca registaro, ke Esperanto estos la ĉefaj ponto kaj fenestro por disvastigo kaj esplorado pri ĉina tradicia kulturo de la universitato.

La sinjoro, d-ro Sasaki Teruhiro estas fama esploristo pri lingvoj kaj Esperanto, li estis prezidanto de KAEM kaj li estis invitita al nia universitato por instrui la japanan lingvon kaj Esperanton. Veninte la universitaton li vizitis la instituton de *Mozi* kaj intersiĝis pri *Mozi*, li finfine decidis esperantigi kaj disvastigi la klasikan libron *Mozi*. Kun la ideo li vizitis multajn bibliotekojn en universitatoj de Japanio kaj kaj li kolektis kaj kopiis pli ol du dek titoloj da libroj el la japana, angla, germana pri Mozi kaj esperantigis la klasikan libron *Mozi* dum 5 jaroj. Shi Chengtai, la Fama poeto de Esperanto en Ĉinio, Zhu Mingyi, la fama tradukisto de Esperanto kaj Bak Giwan, la korea fama esperantisto donis la altan takson al la traduko. La instruistoj kaj studentoj de nia universitato donis al li multajn helpojn por traduki, korekti, kompili kaj diskuti uzatajn vortojn. Kun la klopodadoj de ĉiuj amikoj, la libro *Mozi* en la ĉina lingvo kaj Esperanto finfine eldoniĝis kiel la unua kaj grava rezulto de *la Esplora kaj Disvastiga Centro por Ĉina Tradicia Kulturo* en Zaozhuang-a Universitato estas ĝojinda kaj gratulinda.

Konstrui la komunumon de homara vivo, disvastigi ĉinan kulturon per Esperanto, rakonti pri Ĉinio estas devo kaj tasko de ĉinaj universitatoj, ni atendas la venontajn rezultojn de la Centro!

Prof., Cao Shengqiang
Centro por Esplorado kaj Diskonigo pri Ĉina Kulturo

ENKONDUKO

En la historio de la homaro estas iu aparta epoko, kiam naskiĝis grandegaj pensoj, determinintaj la postan homan progreson. Tia estas la kvina jarcento a. K. En Hindio aperis Budho, en Grekio – Sokrato, Platono, kaj en Ĉinio – Konfuceo, Mozi kaj Lao-zi. Iliaj ideoj neniam velkas, sed en la historia procezo iĝas brilantaj pli kaj pli. Ili apenaŭ povus enmetiĝi en la skemo de Auguste Comte, kiu dividis evoluŝtupon de la homa intelekto en tri stadioj – teologia, metafizika kaj pozitiva. Nuntempe en la sfero de "naturscienco kaj tekniko" estas okulfrapa la progreso, sed estas malfacile diri, ĉu eĉ en "la politika kaj socia ideo" nuntempuloj sukcesis atingi la idealan altecon de antikvaj saĝuloj, aŭ ne. Precipe, tia divido de evoluo estus apenaŭ aplikebla al la ĉina pens-historio. Dum la transira epoko de Printempo-Aŭtuno [春秋] kaj Milito-Regnoj [战国] jam ekfloris tiel altnivelaj pensoj, kiel Konfuceanismo, Taoismo kaj Mohismo[1].

La tri menciitaj grandaj pensoj konsideras la Ĉielon[天], la plej alta principo. Konfuceo kaj Lao-zi ambaŭ predikis "obeon" al Ĉielo, la unua – obeon al hierarkia socio el la vidpunkto de sociordo ĉe "kultura" noblulo-riĉulo kaj la lasta – obeon al naturo el la vidpunkto de "kvieta" hermito. Tiel do iliaj doktorinoj ne malaperis el sceno en la ĉina longdaŭra historio, ĉar ili konformas al konservo de la ĉina sociordo, postulanta absolutan obeon. Por Mozi, la Ĉielo estas la fundamenta mezurilo de justeco kaj samtempe la plej alta juĝanto kaj rekompencanto al homa konduto.

Ĉe Mozi, "obeo al Ĉielo" havas tute alian signifon. Male al "obeo", Mozi el la vidpunkto de "urĝeco" je savo de samtempaj suferantaj homoj, montris per sia

---

[1] En ĉi tiu traduko estas uzata "Mozi", Mohisto kaj Mohismo por Esperanta skribmaniero de la nomoj de pensulo 墨子 kaj lia skolo. Ili estas skribitaj en la okcidentaj lingvoj tre diverse: Mozi [DsK, FlO, HaC, IvP, JhD, JoI, LhC, LuX, MaE, PrF, ScK, ThK, WoB], Mo-Tzu [AhD, DdK, DrS, GrA, HnC, JeD, LwS, LyC, SiD, TyR, TsA,VrD, WtB, WnE], Motse [LyC, MeY], Motseu [MaH], Meou Tseu [PlP], Mo-tze [TsA], Mê Ti [FrA, CrW], Meh-Ti [DvA], Mo Ti [DrS, GeF, RiP, SgH, WiH], Micius; Mician [FbE, HlS, BaT], Mohist [ChG, DfC, GrA, LuT, RbD1, YtR, ZhD], Mohism [FrC3, GrA, HwH, MrR, ScJ, SkL, WoD], Moist [DnW, JoC, LhC, RbD], Moism [ChC, FrC2], Moziisto; Moziismo [HJl].

vivmaniero antaŭ ĉio la aktivan "agon" de vekiĝinta persono, utilan por defendo de minacataj homoj kaj regnoj, kaj predikis la gravecon de "persona perfektigo" baziĝinta sur akirado de scienco kaj tekniko, sed tamen la Mohismo pro sia radikalismo tute malaperis dum 2500 jaroj de sur la homa historia sceno. Malgraŭ lia nobla "ago", alte taksata eĉ de tiamaj samtempaj konfuceanoj kaj taoistoj, ĝia ĉefa "ideo" estas malestimita, kiel "ideaĉo mortigi patron kontraŭ fila pietato"[Meng-zi 孟子], aŭ "troŝparema laborula ideo", fremda al nobela kulturo[Xun-zi 荀子], aŭ estas forlasita kiel tro rigora instruo kontraŭ la homa naturo [Zhuang-zi 庄子].

Ideo de Mozi pri Universala Makroamo kaj Reciproka Profitigo [兼相爱、交相利] longe estis rigardata kiel malfido al gepatroj aŭ kiel "malalta" profitamo. Ĉina realo ne konformis dumlonge al la idea alteco de Mozi. Doktrinoj de Mozi pri neagresado, amo kaj ekonomio, subiĝis en la daŭro de dudek kvin jarcentoj en profundan abismon de forgeso, dum en Ĉinio estis regantaj ĥaoso de militoj, krizoj kaj koloniigiteco.

Budhismo povus anstataŭigi iomgrade Mohismon je pacismo, sed eĉ travivantaj doktorinoj de Budhismo en Ĉinio submetiĝis al la sama "evoluo", t. e. al kripligo, sub kompromiso al realo. En tiuj ideoj ĉiam ekzistis la tendenco prezenti "virton" kiel "obeon al ĉirkaŭo", instigantan la kreivan homon prefere evoluigi la belecon de sia nura propra animo per decreguloj kaj belartoj aŭ prefere tute ermitiĝi, nenion farante, ol lukti kontraŭ malbonoj de sia tempo. Dumdaŭre de multaj jarcentoj, persona savo, ligita kun humileco antaŭ la sorto kun pasiva rilato al la sociordo, estis la ideologia esenco de la Konfuceanismo, Taoismo kaj Budhismo. Urĝa ago de vekiĝinta persono, ideala por Mohismo, estis superflua por longe dormanta imperio.

Mozi starigis "Juston 义" surbaze de Universala Makroamo, Reciproka Profito, Utileco. Ĉiela Volo estas la plej alta koncepto en la etika sistemo de Mozi. Li diras:

"La Ĉielo deziras juston kaj malamas maljuston. Tial se mi okupiĝas pri la justo, gvidante popolon sub la Ĉielo, mi faras tion, kion la Ĉielo deziras."

Kaj Mozi diras: "Kiu obeas al Ĉiela Volo, tiu strebas al universala reciproka makroamo kaj reciproka profitigo." [ĉap. *Ĉiela Volo* (1) 顺天意者兼相爱交相利]

Li diras: "Ekzistas nenio pli kara, ol justo." [ĉap. *Altvalora Justo* 万事莫贵于义]

Mozi rigardas la idealan personon en tiu, kiu praktikas juston per sia ago laŭ Ĉiela Volo[2].

---

[2] "Justo" en la etika sistemo de Mozi estas pli grava ol akordiĝo. Mozi laŭdas sian disĉiplon Gao Shizi pro tio, ke la lasta forlasis sian rangon kaj salajron pro la justo. Mozi diris:
"Jen aŭskultu! Mi ofte aŭdas pri homoj, ricevantaj salajron spite juston, sed tia homo, sekvanta la juston spite al perdo de salajro, mi vidas nun s-ron Gao Shizi."(Geng Zhu)
Tia estas idealo de la praktika filosofio ĉe Mozi. Se akordiĝo kun supro (尚同) estus la plej alta principo, ne eblus tia laŭdado de ago laŭ "justo". Estas klare, ke Mozi preferas juston al aliaj principoj.

NOMO KAJ DEVENO

Nomo de Mozi estas Mo Di [墨翟]. Mozi mem nomis sin Di [翟]. Nuntempaj multaj ĉinaj esploristoj konsideras "[墨] Mo" kiel aliformiĝo de la reale ekzistinta familia nomo Moyi 墨胎 aŭ 目夷 Muyi [GXg, ZZh]. 目夷 estas la nomo de la fama princo en Song-regno, kies posteuloj translokiĝis en Lu-regno, al la loko de nuna Tengzhou[3].

Koncernante lian hejmlokon, estas diversaj opinioj. En *Shi Ji* 史记 estas skribite: "Mo Di, la altranga ŝtatoficisto de Song 宋之大夫". Pi Yuan, laŭ epizodo de ĉapitro Lu Yang Wenjun, konjektis, ke Mozi estas Chu-landano 楚国人. Sun Yirang, apogante sin sur kelkaj citaĵoj el epizodoj, prenas "Lu Guo 鲁国" kiel la hejmlokon[SY683]. Multe da nunaj esploristoj sekvas la opinion de Sun Yirang. Kaj iuj esploristoj konjektas la naskiĝlokon kiel Zhu-guo 邾国 (en nuna Shanting de Zaozhuang, 枣庄山亭). En Tengzhou nun estas konstruita la Muzeo de Mozi kune kun la Muzeo de Gong Shupan.

Kiel Sun Yirang skribas, laŭ mencioj en la ĉapitroj, "Lu Wen", "Altvalora Justo" k. a., estas certe, ke unu el «agadaj bazoj» de Mozi estis en Lu-Regno.[4]

VIVTEMPO

Agado de Mozi daŭris ĉirkaŭ depost la lastaj jaroj de Konfuceo [孔子(551–479 a. K.)] ĝis antaŭ naskiĝo de Meng-zi [孟子](372–289 a. K.). Si Ma Qian tre mallonge skribis pri Mozi: "Eble, Mo Di estis altranga ŝtatoficisto de Song-regno, li lertis je defendo kaj predikis gravecon de ŝparado-ekonomio. Estas dirite, ke li vivis en la sama tempo kun Kong-zi aŭ post li."[盖墨翟宋之大夫善防御为节用。或曰并孔子时，或在其后] Surbaze de tio esploristoj konjektas diverse pri la vivtempo, ekzemple: 468–376 a. K.(Sun Yirang), 468/459–390/382 a. K.(Liang Qichao), 470–381 a. K.(Sun Yikai), 473–390 a. K.(Feng Youlan), 480–420 a. K.(Ren Jiyu), 490–403 a. K.(Fang Shouchu), 500/490–425/416 a. K. (Hu Shi) k.t.p.

Laŭ la epizodoj, Mozi vizitis Gong Shupan (507–444 a.K.) ĝis 444 a. K. kaj persvadis ne ataki al Song-regno. Mozi vizitintus la maljunan reĝon de Chu, Hui Wang (surtrone 488–432 a. K.). En 404 a. K., laŭ *Shiji* Mozi sidis en malliberejo de Song-regno, dum uzurpo de Zi Han[子罕], kiu atencis la princon de Song, Zhao [昭公 468–404 a. K.]

---

[3] Japanaj esploristoj prenas "Mo" kiel alinomon aŭ moknomon, apogante sian hipotezon sur opinio de Jiang Quan, Qian Mu k. a. [JQn, QNm, GSh, CZh, ZCy, YKn, Wt2].

[4] Nun aperadas diversaj opinioj pri la naskiĝloko de Mozi [SZk, LWh, GCz, QG, ZZh k. a.] Estis eĉ hipotezo, ke Mozi venis de Indio kaj estis bramano. [HHc]

En la libro "*Lü shi Chun-Qiŭ*" estas skribite, ke Meng Sheng, la tria gvidanto de mohista grupo, kolektive mortigis sin en 381 a. K., do verŝajne, la Majstro Mozi mortis multe pli frue ol tiu jaro. Mi ne povas preni la opinion de Sun Yirang pri la vivdaŭro de Mozi, ĉar laŭ mi ne eblus al "juna" Mozi persvadi Gong Shupan kaj reĝon de Chu-regno je neatakado de aliaj landoj.

Estas skribite en Mozi, en la ĉapitro *Neagresado*:

"Konsilisto de atakantoj al fortikaĵoj diras: 'Sude estas reĝoj de Jing-regno kaj de Wu-regno, kaj norde estas reĝoj de Qi-regno kaj dukoj de Jin-regno'". [2 非攻中]

Kvankam en la ĉapiro *Neagresado* (2) estas menciite pri ekzistado de Wu-regno, tamen en sekva loko ĝi malaperis, kaj aperas Yue-regno: "Nun militemaj regnoj en la mondo estas Qi-regno, Jin-regno, Chu-regno kaj Yue-regno." [3 非攻下]

Wu-Wang Fuchai mortis en 473 a.K., kaj Yue-Wang Goujian mortis en 465 a.K. Surbaze de mencio en Neagresado, la parolado de Mozi estis farata ĉirkaŭ en tiuj jaroj. Kaj kiam oni parolis pri ekzisto de Wu-regno, Mozi devus esti plenkreskinta.

Mi suspektas, ke Sun Yirang rigardus la vivdaŭron tro nova. En la tempo de renkontiĝo kun Gong Shupan, kiel "juna" Mozi povus kolekti tiom multe (pli ol 300 da disĉiploj)? Mi supozas la opinion de Hu Shi kaj Fang Shouchu pli adekvata al la parolado en Neagresado, la epizodo de Gong Shupan kaj al malliberigo de Mozi en Song-regno. Tio konformas al la skribaĵo en *Shiji*: "la sama tempo kun Kong-zi aŭ post li."

La problemo de lia vivdaŭro koncernas ankaŭ la pli gravan temon, kiam do komencis la epoko de Milit-Regnoj, en 475 aŭ en 403 a. K. Mozi vivis kaj agadis ĝuste en la transira epoko de Printempo-Aŭtuno al Milit-Regnoj. Se en la epoko de Printempo-Aŭtuno ankoraŭ restas multe da malgrandaj regnoj, sed en la epoko de Milit-Regnoj, jam preskaŭ malaperas malgrandaj regnoj kaj restis la 7 grandaj potencaj regnoj, kiuj konkurencadis inter si. Post la komenco de Milit-Regnoj la signifo de la defendo por malgrandaj regnoj tute ŝanĝiĝus.

KLASO AŬ RANGO

Kvankam en *Shiji* Mozi estas konsiderata kiel "altranga ŝtatoficisto 大夫", tamen multaj esploristoj opinias Mozi-on apartenanta al klaso de metiistoj 工匠. Mi konsentas kun ĉi tiu opinio, ĉar en liaj argumentoj ofte aperas instrumentoj de metiistoj: ortilo kaj cirkelo. Mozi prezentas ideologion por laboruloj kaj komercistoj. Laŭ la klaso li estis de malalta deveno tiom, ke la supre menciita reĝo de Chu-regno, Hui, malestimis la Majstron Mozi pro malalta klaso 贱人.

Pensmaniero de Mozi formiĝis surbaze de teknika scio. Tial do mohistoj adorkultis la antikvan reĝon Yu, konstruinto de digoj, dirante, ke "sen konformo al la vojo de Yu ne eblas nomi sin mohisto". 非禹之道也，不足谓墨[庄子天下] Ĝenerale, metiistoj kaj laboristoj de granda konstruaĵo vivas komune laŭ sia divido de profesio.

Mozi fariĝis instruisto por sia skolo kaj kreskigis disĉiplojn kaj lernantojn. Ili estis senditaj al diversaj regnoj kiel konsilistoj. Verŝajne, ekzistis eĉ io simila al lernejo. La lernolibro konsistas el kolekto de prelegoj, donitaj de Mozi al lernantoj de tempo al tempo dum serio da lekcioj. Kaj Mozi donacis sian verkon al la reĝo Hui [SY658]. Mi konsentas kun la hipotezo de Asano Yuichi, japana esploristo de Mozi, ke la tuta ĉefa parto de dek kernoj en la sistemo de Mozi estis preskaŭ kompleta jam antaŭ lia morto [Asy7:284]. Mozi instruis al siaj disĉiploj jene.

"Se iu regno estas en malordo, necesas prediki pri Promocio de Saĝuloj-taŭguloj kaj Akordiĝo; se la alia estas malriĉa, necesas prediki pri Ŝparado-ekonomio kaj Simpligo de Funebro; se la tria estas tro ebria je muziko kaj vino, necesas prediki pri Kontraŭ Muziko kaj Kontraŭ Fatalismo; se la kvara estas ebria je voluptado kaj maldeco, necesas prediki pri Respekto de la Ĉielo kaj Servado al Spiritoj; se la kvina estas agresema kaj rabema, necesas prediki pri Universala Amo kaj Neatakado".[ĉap. *Demandoj de Lu, Lu Wen*]

Je instruado ĉe Mozi ekzistas tiom plena kaj kohera sistemo, ke eblas konjekti la ekziston de iu lernolibro por la skolo, aŭ en la procedo de instruo kompletiĝis de tempo al tempo la lernolibro. Watanabe, Luan Diaofu kaj aliaj esploristoj konsideras, ke nunaj tekstoj de la libro *Mozi* estis skribataj iom post iom dum longa periodo 400-220 a. K. [Wt2:8; LDf:MDQ51]Sed mi ne povas konsenti kun ilia hipotezo. Eĉ se kelkaj el tekstoj estus skribataj dumlonge, tamen la skrib-procedo de la nunaj tekstoj ne signifas longdaŭron por formiĝo de la "kerna" doktorino en la ideologia sistemo, kvankam en la procedo de skribado povus esti aldonataj diversaj epizodoj.

Mi konjektas, ke la instruo en la lernejo de Mozi jam estas dividita en kelkaj lernoobjektoj: Oratoro, Tekniko, Logiko, Milit-arto, Pedagogo, Medicino, Religia di-servo k. c. Sed instruo kaj verkado povas esti malsamaj je ĉiu respektiva tempo. Certe, partoj de ĉapitroj *Milit-arto* kaj *Dialektiko-Logiko* estis poste "kompletigitaj" de mohistoj kaj posteuloj-disĉiploj. Ekzemple, estas klare, ke Qin Guli kaj liaj lernantoj aŭ posteuloj okupiĝis je plua kompilado de ĉapitro *Milit-artoj* kaj defendoj [LXq; QYs177]. Mozi diris pri divido de taskoj jene:

"Kiu havas talenton paroli, tiu parolu; kiu havas talenton je predikado, tiu prediku; kaj, kiu havas talenton fari aferon, tiu faru; tiel estas farebla la justo." [ĉap. *Geng Zhu*]

Mozi mem estis invitataj kiel konsilisto por diversaj landestroj, spite ke li foj-foje rifuzis proponojn. Li estis invitata de Yue-Wang, sed rifuzis. Mi konjektas, ke lia supozebla titolo "altranga ŝtatoficisto"[大夫] devenas de tiu situacio.

Mi opinias, ke Mozi estis intelektulo el metiistoj, *pensanta proleto* laŭ D. Pisarev. Li lernis ĉe posteulo de iu Shi Jue [史角], sendita de la reĝo de Zhou, Huan, al Lu-regno [*Lü shi Chun-Qiu*], kaj ankaŭ lernis ĉe iu konfuceano [*Hui Nan-zi*]. Li ellernis historion de antikvaj sanktaj reĝoj kaj dogmojn de konfuceanoj. Sed Mozi starigis sian propran sistemon de pli egalismeca filozofio, kritikante ekzistantan konfuceanismon. Kontraŭ konfuceanismo, alte taksanta la valoron de hereda klaso, Mozi estimis la kapablon de disvolviĝantaj personoj kiel la veran homan valoron.

Al kiu predikas Mozi sian ideon? Estas skribite: "supren al sinjoroj estroj-granduloj kaj suben al ordinaraj personoj kaj piedsoldatoj"[上说王公大人，次匹夫徒步之士(Lu Wen)] Estas klare, ke la signifo de ideogramo 士 (Shi) ne estas limigita je "oficiro" kiel klaso, sed ĝi inkluzivas ĉiujn pensantajn personojn, havantajn orelojn por aŭskulti kaj strebantaj alte al justeco. Tiel do Mozi predikis al ĉiuj legantoj. Sekve de la supra frazo daŭras jena fierplena konvinko:

"Se iu regnoestro-grandulo adoptos mian proponon, la regno nepre estos bone regata; se ordinaraj personoj kaj piedsoldatoj alpropriigas miajn vortojn, ili nepre virte regos sin mem je la konduto."[Lu Wen]

Diference de konfuceanoj, Mozi neis la heredan rangon kaj klason. Mozi diris en la ĉapitro *Estimo al Saĝuloj* jene:

"De kie ajn ili devenas, de inter terkulturistoj, metiistoj kaj komercistoj, se nur kompetentaj, ili tuj estas promociitaj."

Li konsideras distingon de rangoj nefiksa, dirante, ke "oficistoj ne ĉiam estas altrangaj, popolanoj ne ĉiam estas malaltaj" [官无常贵，而民无常贱（尚贤上）]. En tiu tempo kaj eĉ ĝis la komenco de 20-a jc., tia eldiro estis revolucia.

PENSO KAJ DOKTORINO

Mozi starigis siajn proprajn doktorinojn, tute diferencajn de Konfuceanismo, baziĝinta sur la sistemo de decreguloj. Tial do Meng-zi akuzis Mohismon, dirante: "la vojo de Konfuceanismo estos barita, se prosperus Mohismo." Eĉ en la klasikaĵo *Shiji* estas skribite: "Tiu, kiu faras volupton plezuro, nepre pereigas sin. Se deteni sin je pasio per decreguloj, eblas gajni ambaŭ decon kaj senton; se ne eblas deteni sin, tiam perdas ambaŭ. Tial konfuceanoj penas per decreguloj havigi al homoj ambaŭ, sed mohistoj, ne respektante decregulojn, perdigas al homoj ambaŭ." [*Shiji*: Libro de decreguloj 1]

Laŭ supra mencio estas klare, ke konfuceanoj [Meng-zi, Xun-zi k. a.] rigardis penson de Mozi detruanta decregulojn kaj per tio estas minacata la ekzistanta socia reĝimo surbaze de la tradicia hereda klaso, diskriminacio kaj feŭdalismo, kaj ili el sia vidpunkto konsideris Mozi tro inklinanta al *sento-pasio* pli ol al *racio*.

Sed taoistoj tute kontraŭe kritikas la pensmanieron de mohistoj pro troa inklino al asketismo, t. e. pro ignoro de la homa sento. Koncerne ignoron de muziko kaj simplan funebron ĉe Mozi, Zhuang-zi skribis: "Ili ne ĝojas, kiam oni devas ĝoji, ĉu tio konformas al homeca sento?"

Ĉirkaŭ valoro de "sento-pasio" tute diferencas la taksado de Mohismo inter konfuceanoj kaj taoistoj. Pro taksado de amo, Mohismo konsideras "senton-pasion" grava homa kvalito, kaj pro inklino al scienca penso, Mohismo rigardas "racion" tre grava. Estas notinde, ke "Profito-utileco" havas nepre du flankojn, senton kaj racian kalkuladon.

ESTIMO AL SAĜULOJ

Unu el tre famaj devizoj de Mozi estas "Estimo al saĝuloj 尚贤". Kiel ekzemplo por promocio de saĝuloj, estas prezentitaj tiuj figuroj, kiel Shun, Yi, Yi Yin, Hong Yao kaj Tai Dian.

"Tiel la antikva reĝo Yao, promociinte Shun el la provinco Fuzezhiyang, konfidis al li la regadon, kaj tiel paco regis sub la ĉielo. Yu, promociinte Yi el la provinco Yinfang, konfidis al li la administradon, kaj tiel estis la landoj en la regnon. Tang, promociinte Yi Yin el laboristoj en kuirejo, konfidis al li la administradon, kaj sukcesis en la projekto. La reĝo Wen, promociinte Hong Yao kaj Tai Dian el fiŝkaptistoj, konfidis al ili administradon, kaj konkeris okcidentajn regnojn."[*Estimo al saĝuloj* 1]

Spite malaltan rangon, ĉiu ajn povas esti promociita, nur se li havas kapablon. Sed la estro devas esti sufiĉe saĝa, ke li povu eltrovi la kapablulon. Estimo al Saĝuloj estas la tasko de saĝa estro. Ekzisto de la saĝa estro estas nepra premiso.

Se malsaĝuloj staras supre, okazas malordo. La Mozi diris: "La ordo estas tio, ke la noblaj kaj la saĝaj regas super la malsaĝaj kaj la maldecaj; la malordo estas tio, ke la malsaĝaj kaj la maldecaj regas super la noblaj kaj la saĝaj. Tial oni scias, ke la estimo de saĝuloj estas la bazo de la regado. Tiel do la antikvaj sanktaj reĝoj profunde respektis kaj estimis saĝulojn, kaj komisiis al talentuloj la aferojn. Ili ne partiemis promocii siajn parencojn laŭ nepotismo, ne tro favoradis la riĉajn nek la nobelajn, ne inklinis al favorado nur de la beluloj je aspekto."[*Estimo al Saĝuloj* 2]

Laŭ Mozi, homoj havas naturan inklinon lerni ĉe supro. Do estimo de saĝuloj estas ligita kun teorio de Akordiĝo. Se malsaĝuloj staras supre, tio okazigas malordon.

Mozi intencas antaŭ ĉio detrui la limon de hierarkia klasdivido, dirante: "oficistoj ne ĉiam restas altaj, kaj popolanoj ne por ĉiam malaltaj" Konfuceanoj rigardis grava la klason, al kiu apartenas la persono. Kiel fidela konfuceano, Meng-zi avertas, ke devas esti atenteme je promocio de malalta rangulo al la alta posteno: "Regnoestro devas promocii saĝulon, kvazaŭ pro pleja nepreco. Sindetenende estas de tio, ke malnoblo transpasus je rango nobelon, aŭ ke malproksimulo superus parencon".[国君进贤，如不得已，将使卑逾尊，疏逾戚。梁惠王下]

Lao-zi kontraŭis estimon de saĝuloj, dirante: "Ne honoru la kapablulojn, por ke la popolo ne konkuru inter si."[Dao De Jing, ĉap. 3 不尚贤，使民不争]

Konfuceanismo kaj Taoismo estis konforma al la realo de Ĉinio ĝis disfalo de Qing-dinastio 清朝 en la komenco de 20-a jc. Komprenebla, reĝoj ne povis kaj ne volis transdoni potencon al malaltklasa saĝulo, sed deziris transdoni al siaj filoj. El nuna vidpunkto, Mozi pravas en tio, ke saĝuloj estas la bazo de regado. Sed ne estas facile trovi verajn saĝulojn sub iu ajn reĝimo, ĉu aŭtarkio, aŭ aristokratio, aŭ demokratio. Mozi trafe mencias favorismon-nepotismon kiel danĝeran obstaklon. Ĉiam kaj ĉie nestas partiemo kaj sektemo en ĉiuj anguloj de la homa mondo. Interalie, al sendependa persono, eĉ plej alta talentulo, ne eblas facile akiri postenon, taŭgan al lia kapablo.

Laŭ Mozi, promocion de saĝuloj povis faradi historie en pasinteco la sanktaj reĝoj, kiuj mem trovis talentojn el inter malaltaj klasoj. Tiu reĝo, kiu povis promocii kapablajn specialistojn, estas sankta. La ĉapitro *Estimo al Saĝuloj* montras ne nur gravecon de saĝuloj, sed ankaŭ gravecon de regnestroj, akrevidaj je trovo de taŭgaj personecoj. Do la ĉapitro estas nenio alia, ol apelacio al "saĝa" reĝo. Je tio Mozi similas al Machiavelli. Mozi postulas al reĝoj, dukoj kaj sinjoroj, perfektiĝi je saĝeco por eltrovi kompetentulojn.

KRITIKE PENSANTA PERSONO

Konfuceanismo ankaŭ instruas pri graveco de kritiko, sed tiu kritiko estas ĉefe direktata al si-mem: "Ĉiun tagon mi ekzamenas min mem pri tri punktoj[吾日三省吾身]" [*Xue Er*, 4. trad. de Wang Chongfang]

Por Mozi la kritiko direktiĝas ne nur al si-mem internen, sed ankaŭ eksteren al la ĉirkaŭa mondo. En la ĉapitro *Estimo al Personeco* 亲士[5] estas skribite:

---

[5] Aŭtoritataj esploristoj, kiel Hu Shi kaj Liang Qichao, opinias la unuajn tri ĉapitrojn tute fremdaj al la ideo de Mozi, pro nura imitado de Taoismo. Sed mi ne povas konsenti kun tia opinio. Taoisma vidpunkto estas citata en la unua ĉapitro ne por obeinda principo, sed por la senco de "kontraŭargumento", ke spite aserton de taoistoj agadu mohistoj aktive laŭ sia konvinko. Mi opinias, ke mohistoj starigis la tekston en la unua ĉapitro, por ke ili agu malgraŭ atendota malfeliĉo, kiel elstaruloj. La unua ĉapitro ne devas esti malestimata.

"Vasaloj per dolĉaj vortoj vundas la estron, flatantaj subuloj pereigas siajn superulojn. La estro nepre havu kritikeman vasalon, la superulo nepre havu disputeman subulon [弗弗之臣，諤諤之下]. Dank' al tiuj, kiuj bone diskutas inter si, dank' al tiuj, kiuj bone kritikas sin reciproke, la regno povas longe vivi."

En la ĉapitro de *Kanonoj* ankaŭ klare estas skribite pri la graveco de "kritiko":
" B 78 [K] Neado. Kritiko estas utila persvado. Klarigo: neado de neado.
［非诽者谆。说在弗非(经下)］
[E]　Neado. Ne kritiki estas ankaŭ manko de memkritiko."
［（非）不诽，非己之诽也。不非诽，非可非也(说下)］⁶。

En konversacio inter iu konfuceano Gong Meng-zi kaj Mozi estas jenaj frazoj:
Gong Meng-zi diris: "Noblulo ne kreas, sed nur sekvas antaŭon."

La Majstro Mozi diris: "Ne, vi ne pravas. Unue, ne estas nobla tiu, kiu ne kritikas ［诛］ la antaŭan bonon, nek faras nunan bonon. Due, ne estas nobla tiu, kiu, ne sekvante la antaŭan bonon, volas nur krei sian bonon, kiel la novan. Tiu, kiu kritikas, ne kreante, estas egala al tiu, kiu, ne sekvante la antaŭan bonon, nur kreas la sian. Mi konsideras multe pli utila tiun, kiu kritikas la malnovan bonon kaj kreas la nunan bonon [吾以为古之善者则诛之，今之善者作制，欲善之益多也（*Geng Zhu*）]".

Esploristoj inklinas preni la ideogramon "诛 zhu(akuzi, kritiki)" por eraro, opiniante, ke ĝi devus esti "shu [述]". [Pi Yuan, SY435 k. a.] Sed laŭ mia opinio ĝi ne estas erara. Mozi ĉi tie kombinas "kritikon [批判]" kun "kreado [创造]", tiel same, kiel Hegel maldekstera skolo, rigardanta "kritikon" kiel la gravan motoron de historia progreso.

Konfuceo diris: "Estante interpretanto kaj ne verkanto, mi havas kredon kaj amon al la antikveco..." [论语　ĉap.7]. La diskuto inter konfuceanoj kaj Mozi similas al la polemiko inter dekstra kaj maldekstra skoloj de Hegelismo ĉirkaŭ la tezo: "Io reala estas racia kaj io racia esta reala." Pensmaniero de Mozi rilate al "kritiko" similas al narodnika penso de Petr Lavrov, kies idealo estas kristaligita en "Kritike pensanta personeco".⁷

Konfuceanoj kaj mohistoj, ambaŭ konsideris grava disvolviĝon de personeco, sed la diferenco estas klara je valoro de "kritiko" kaj "kreado". Konfuceanoj konsideras grava lernadon kaj imitadon, sed mohistoj – kreadon. "Kritika penso" de Mozi estas ligita kun la ideo de "Justo", bazita sur Makroamo, Interprofitigo kaj Utileco [兼爱交利]. Kritiko ĉe Mozi estas konduto de Makroamo por la plibonigo de ĉirkaŭo, sed nepre ne signifas

---

⁶ Nuna esploristo, Yang Junguan atentigas la uzadon de 诽, kaj prezentas diversajn opiniojn pri la signifo. [Vidu. YJg 2: MYL（4）p.332-337]

⁷ Korea esploristo 李云九 rigardas la plej grava en Mozi la kritikan penson. [vidu. LYj.(中国的批判思想: 1978)] Bedaŭrinde, mi ne povis legi la esploron de Li Yunjiu.

malamon, kondukantan al klasbatalo. Zhuang-zi skribis jene.

"Mozi pledis por universala makroamo, por reciproka profitigo, kaj kontraŭis militon kaj venĝemon."[泛爱兼利而非斗，其道不怒（庄子·天下）]

Mozi strebadis savi la popolon, sed li ne havas intencon konduki la popolamason al venĝo kontraŭ regantoj. Malbonajn regantojn punas la Ĉielo kaj Spiritoj, vidantaj ĉion. Tio estas simila al ideo en Biblio: "Estas mi, kiu venĝos vin."

PROFITO-UTILECO

Konfuceanoj, kiel Meng-zi, abomenis nocion "Utileco, Profito" 利. Sed tute male, Mozi trovis ĝin tre grava, kaj lia pensmaniero konsistas en serĉado de optimuma profito-utileco. Kelkaj okcidentaj esploristoj atentas ideon de "Utilismo" ĉe Mozi kaj similecon kun la angla utilismo.[HnC, RlP, TyR] La fama ĉina pensulo, Liang Qichang, kvankam vidis en Mozi la ideon de utilismo, tamen atentigas la diferencon de la anglo-amerika kaj de Yang Zhu. Laŭ li la lasta fondiĝas surbaze de la individua profito, sed Mozi sur la tuta homara profito [LQcz147]. Liang alte taksis Mohismon pro sindona agado, kaj eĉ nomis sin mem "Fervora adoranto de Mozi".

Mozi rigardis la utilecon-profiton kiel virtan koncepton de Justeco. Laŭ Mozi morala valoro de virto kaj praktika utileco estas kunigita: Kio justa, tio utila; kaj kio utila, tio justa. Kaj kio utila, tio konformiĝas al Ĉiela Volo. El sia vidpunkto de Utileco-Profito, Mozi kritikas agresadon, longdaŭran funebron, muzikon k. a.

Meng-zi opinias pensojn de Yang Zhu kaj Mozi samaj je ignorado de lojaleco al supro. Meng-zi akuzis ambaŭ Mozi-on kaj Yang Zhu-on pro "mortigo de patroj" aŭ malestimo de reĝoj, ĉar profito-amo ŝajnus al li detruo de morala fundamento en societo kaj regno. Estas skribite en la komenco de *Meng-zi*, en la ĉapitro Liang Hui Wang jene: "Se malestimu «juston» kaj estimu «profiton-utilecon», ne ĉesos reciproka rabado-ŝtelado. <...> Reĝo nur pledu por bonvoleco kaj justo, nepre ne pledu por profito-utileco." Meng-zi vidis en serĉado de profito-utileco batalon inter ĉiuj homoj kaj klasoj.

Laŭ tiu maniero, kritikas postaj konfuceanoj Mozi-on, ekz., Xun-zi akuzis Mozi-on pro ignorado de rangoj.

"Mo Di, Song Xing[宋钘] k. a. estas tiuj trompantoj de stulta amaso. Ili ne scias unuecon de la mondo, nek leĝon por ŝtat-konstruo, pledas por utileco kaj ekonomio, detruas diferencon je rangoj, ne allasante distingon inter estroj kaj subuloj."[*Xun-zi*, ĉap.6] Xun-zi kritikis utilismon de Mozi jene:

"Tro unuflanlka doktorino pri utileco igis Mozi-on ignori signifon de kulturo kaj belarto. Kiam tia utilismo superas, la vojo perdiĝas en komercismo."

Nuntempa ĉina esploristo, Cai Shangsi, prezentas la diferencon inter Mohismo, Konfuceanismo kaj Taoismo jen tiel: "Mohistoj serĉas publikan profiton kaj ne vidas individuan profiton grava; Konfuceanoj serĉas honoron, sed ne profiton; Taoistoj ne serĉas honoron nek profiton"[CSs330].

Laŭ mia opinio, la virta pensmaniero pri profito-utileco de Mozi ne povus promocii komercismon en vulgara kapitalisma senco. Kontraŭe, la ideo de N. G. Ĉernjŝevskij similas al Mozi je racia "kalkulo de profito-utileco" kun morala senco. Ĉe Mozi tiu racia kalkulo estas konsidero je justo kaj je Ĉiela Volo. 10 kernaj kodoj de Mozi, inkluzive de Spiritoj, estas starigitaj surbaze de la racia kalkulo de profito-utileco.

INTERNACIISMO

Filozofio de Mozi famas je la devizo de Makroamo[兼爱][8]. Por Mozi, Amo estas ne nur la antonimo kontraŭ Malamo, sed ankaŭ kontraŭ Aparta Amo[别爱]. Mi uzas ofte terminojn Makroamo kaj Mikroamo anstataŭ Universala kaj Aparta pro tio, ke Aparta donus miskomprenon, havantan signifon "neordinara, speciala". Laŭ Mozi Makroamo estas internaciismo, kaj Mikroamo, havanta limigitan amon nur interne de koncernanta plimalvasta societo. Koncepto de Lojaleco[忠] kaj Fila Obeemo[孝], kvankam ignoras egoismon kaj havas altruismecon, tamen ili estas limigita Mikroamo, kiu turnas sin internen al mikrokosmo: "nacio", "partio", "tribo" aŭ "familio". Kvankam tia amo estus altruismeca, ĉar homoj ofte sindonas al sia nacio kaj tribo, tamen ĝi nur estas aparta altruismo, limigita en la koncernanta sfero. Tia Mikroamo ofte iĝas malamo al eksteraj homoj. Makroamo transiras ĉiun ajn limon, apartigantan homojn de homoj.

El la vidpunkto de Mozi, malvasta Mikroamo (limigita altruismo) ofte inklinas al kolektiva egoismo, naskanta agreson kaj atakadon kontraŭ la aliaj. Kiel ŝanĝi Mikron en Makron, kaj kiel sintezi egoismon kun altruismon? Mozi pledas: "Amu la aliajn, kiel sin mem." Tiu konkludo estas tute sama kun Kristanismo. Diferenco kuŝas en tio, ke la lasta apogas sin sur Dio, Mozi – sur la Ĉielo.

---

[8] 兼爱 Mi uzas la terminon Makroamo por Esperantigo de ĉi tiu vorto. Ĝi estas tradukita de okcidentaj esploristoj per diversaj terminoj: Universal Love, Universala Amo, Interamo, Komunisma Amo, Indiscriminating Love, Impartial Love, Allumfassend Liebe, All-embracing Love, Commutual Love, Impartial Concern, Inclusive Care, Comprehensive Love, k. a.

"Makroamo" ĉe Mozi ne estas io mistera, nek abstrakta, sed io praktika surbaze de reciproka profito. Kiel disvastigi konduton de Makroamo, kaj praktiki ĝin en la reala vivo? Mozi apelacias al supruloj, por ke ili nur ĝoju la agon de Makroamo, kaj tiel subuloj faros tion, kio al supro plaĉas. En la praktika filozofio de Mozi tre gravas, ke supruloj morale perfektigos sian personecon, ĉar subuloj estas kutimaj imitadi supron. Tiu argumento estas same trovebla en la ĉapitro "Akordiĝo" 尚同. Rolo de estroj estas decida, do la estroj devas altigi sian personecon. Kaj aldone, laŭ Mozi la reciproka amo grandiĝas per la bona rezulto de reciproka profito pli kaj pli, kiel ĉenreakcio. Efektiviĝos la Makroamo per reciproka ago inter alta kvalito de estro kaj natura profitamo de popolo.

El la vidpunkto de Konfuceanismo estas nepre necesa la distingo de klasoj en la regno kaj societo. Virta principo, kiel fila pietato 孝, lojaleco 忠, bonvoleco 仁, decreguloj 礼仪, ordigas la distingon de klasoj 等级, per kio la regno estas stabile regata. "Limo" por konfuceanismo estas necesa en la ekzistado de stabila societo. Ĉiu edukita homo kondutas ene de la "limo" 分际. Mohismo kun "Makroamo kaj reciproka profito" 兼相爱交相利 transpasas tian "limon", apartigantan homojn, do el la konfuceanisma vidpunkto, Mohismo detruas la ordon de la mondo.

Interalie, rusaj Slavofiloj akuzis Okcidentalistojn (*Zapadniki*) per la simila argumentado, ke al lastaj mankas la ideo de "familio". Laŭ slavofila opinio, egoistoj-okcidentalistoj nepre estas destinitaj fariĝi superfluuloj, elpelitaj de sia patro-lando kaj familio, t. e. perdantaj la grundon.

Malantaŭ la disvastiĝo de Konfuceanismo, tute perdiĝis eĉ verko de Yang Zhu kaj estis longe ignorata la ideo de Mozi en Ĉinio. Tiele malaperis la pensoj pri libereco kaj egaleco, restis nur ieologio de lojaleco. En tio kulpas ne nur ĉirkaŭa kondiĉo, sed ankaŭ troa optimismo pri homa inklino en ideologio de Yang Zhu kaj Mozi. Laŭ mia opinio, amo al aliuloj ne kreskas spontane, sed kreskas per severa edukado, kion tradicie predikas Konfuceanismo. Al Yang Zhu kaj al Mozi mankis konkreta regulo por persista "edukado" de amo kaj libero.

AKORDIĜO KUN ĈIELO

Akordiĝo[尚同] estas unu el la plej gravaj temoj por konfuceanoj kaj mohistoj. Kia devas esti la akordigo de la volo de apartaj individuoj kun la volo kaj intencoj de la tuto? La persona *Mi* identiĝas kun la socia *Ni* kaj la persona *Mi* subiĝas al la socia *Ni*. Sed kiel?

Konfuceanismo efektivigas la akordiĝon per striktaj decreguloj surbaze de la koncepto de Fila Obeemo kaj Lojaleco. Muziko kaj funebro estas grava rimedo por akordiĝo de homoj. Sento de fila devo kaj lojaleco ne spontane formiĝas, sed oni devas esti edukataj per rigoraj decreguloj.

Mozi ankaŭ opinias grava Obeon. Li predikas la gravecon de Obeo de subuloj al supruloj. Akordiĝo estas unuvorte "akordiĝo kun supro[上同]", t. e., "Konformiĝu al via senpera suprulo, sed ne al subuloj". Mozi predikas la obeon surbaze de sociema instinkto kaj kutimo de natura homo sub la Ĉielo, tial do li ne aparte emfazis la necesecon de la fila devo, kiun li rigardas la *natura* sento. Renkontite kiel utila, la akordiĝo laŭ mohismo *nature* fariĝas kutimo kaj poste vivregulo. Firmigas la akordiĝon la komuna respekto al prauloj kaj Spiritoj de mortintaj antaŭuloj, t. e., religieca ceremonio. En tio kuŝas granda diferenco inter Konfuceanismo kun decreguloj kaj Mohismo kun "utileco" kaj adorado de Spiritoj.

Laŭ Mozi, subuloj akordiĝas nature kun siaj supruloj: familianoj kun familiestro, vilaĝanoj kun vilaĝestro, urbanoj kun urbestro, regnanoj kun regnestro, kaj ĉiuj regatoj kun la reĝo, la Ĉiela Filo, kaj finfine la reĝo akordiĝas kun la Ĉielo. Ĉe Mohismo tiu procezo estas natura rezulto de la amsento. Sed ĉe Konfuceanismo tiu akordiĝo eblas nur per la persista edukado. Lojaleco kaj fila devo estas strikte edukata laŭ decreguloj.

Kontraŭe al Mozi, Lao-zi admonas obeon al subo. Lao-zi skribis: "por gvidi la popolon, li nepre devas loki sin malantaŭ ili"[ĉap.66]. Ĉe Mozi ne troviĝas tia "obeo" al subuloj. Iuj esploristoj rigardas la tezon en Akordiĝo ĉe Mozi kvazaŭ despotismon-aŭtokration. Sed laŭ Mozi plej grava estas la obeo al la Ĉielo. La Ĉielo estas Universo kaj absolute rekta mezurilo. Tio ne kontraŭas al Makroamo. Mozi diris: "La Ĉiela agado estas vasta kaj nearbitra, la Ĉielo faras multe kaj ne postulas redonon por tio, ĝia lumo estas eterna kaj ne perdota, do por sanktaj reĝoj ĝi estas la leĝo-regulo. Kiam oni prenas la Ĉielon kiel la leĝon-regulon, ĉiu movo kaj ago nepre estas mezurata per la Ĉielo, kaj oni faras tion, kion la Ĉielo volas, kaj oni ĉesas fari tion, kion la Ĉielo ne volas. Tiuokaze, kion do la Ĉielo volas kaj kion ĝi ne volas? La Ĉielo nepre volas, ke la homoj amu sin reciproke kaj profitigi reciproke. Ĝi ne volas, ke la homoj malamu sin reciproke kaj rabi reciproke." [ĉap. *Leĝo-reguloj*]

Per akordiĝo Mozi predikis la gravecon de centralizo, kaj interalie li pledis por sendependeco de malgrandaj regnoj. Ofte kolizias ideo de "Akordiĝo" kun "Defendo" de la malgrandaj regnoj. Ĉe Mozi, akordiĝo estas malpli alta principo, ol justo. Tial Mozi koleris, kiam unu el siaj disĉiploj partoprenis en la atakado al la alia regno, malgraŭ ke tiu nur obeas al la ordono de supre.

La Majstro Mozi sendis sian disĉiplon Sheng Chuo al generalo Xiang Zi Niu de Qi-regno. La lasta atakadis trifoje la Lu-regnano kaj Sheng Chuo sekvadis lin tri fojojn.

La Majstro Mozi, aŭdinte tion, sendis sian disĉiplon Gao Sun-zi peti maldungon de Sheng Chuo, dirante: "Mi alsendis Sheng Chuo, por ke li ĝustigu arogantecon kaj malbonan kutimon de Qi-regno. Sed nun li, ricevante altan salajron, devojiĝigas vin. Vi tri fojojn agresadis Lu-regnon kaj Sheng Chuo ĉiam sekvadis vin tri fojojn.[Lu Wen 20]

La ago de Sheng Chuo [laŭ Sun Yirang (p.702) en 412 a. K.] pravas je la principo de Akordiĝo, sed ne pravas el la vidpunkto de mohista Justo – Neagresado. La tasko de mohisto kuŝas en starigo de justo, spite la ordonon de supre. Tiu epizodo kontraŭas hipotezon, ke Mozi inklinus al la despotismo-aŭtokratio.

Mozi rigardas Akordiĝon la homa natura senco, tiel do li konsideras "kritikon" surbaze de racia konscio kiel gravan devon de saĝa personeco.

ĈIELO – ĈIELA VOLO – SUPRA DIO

Ĉe Mozi estas uzataj la vortoj sinonimaj: Ĉielo[天] – Ĉiela VoLo [天志] – Supra Dio [上帝]. La Ĉielo similas al Universo. Aperas Ĉiela Volo ĉefe en la rekompencado, laŭdado aŭ punado. Kaj aldone, estas kaj la termino de la Supra Dio, uzata delonge en antikvaj libroj. Estas notinde, ke "Supra Dio"上帝 aperas ofte kune kun Spiritoj [祭祀（于)上帝鬼神]. Ĝi estas tradukita en okcidentaj lingvoj kiel "Supreme Lord"[Johnston], "Lord on High" [Watson], "God" [Mei], "Gott"[Forke]. Mi opinias, ke la Supra Dio en koncepto de Mozi estas la plej alta el Spiritoj, sed ne pli alta ol la Ĉielo.

Laŭ logiko de *Da Ya* [大雅] en *Poezio*, mortintaj sanktaj reĝoj fariĝis la Spiritoj supre en la Ĉielo kaj sidas ĉe Dio [帝]. Kia estas la rilato laŭ Mozi inter Ĉielo[天], Dio[上帝、帝], Spiritoj[天鬼、鬼神、神、鬼] kaj Sanktulo[圣上]? Pri la rilato inter la du lastaj, Spiritoj kaj Sanktulo estas menciite en la ĉapiro *Estimo al Saĝuloj* [尚贤中]: "Ili (la sanktaj reĝoj) regis la mondon kun universala makroamo, profitigante ĝin, gvidante la subĉielan popolon al adorado de la Ĉielo kaj servado al Spiritoj, donante al tuta popolo amon kaj profiton. Pro tio la Ĉielo kaj Spiritoj premiis al ili tion, ke ili surtroniĝu kiel Filoj de la Ĉielo, ke la popolo rigardu ilin gepatroj, ke la tuta popolo honorigu ilin eĉ ĝis nun kiel Sanktajn Reĝojn".

Sanktaj reĝoj estas servantoj al Spiritoj kaj Ĉielo. Kaj la Spiritoj estas senditoj de Dio kaj plenumas la ordonon de Dio. Dio estas pli alta ol Spiritoj kaj sanktaj reĝoj. Kia estas la rilato inter Dio kaj Ĉielo, ĉu ili estas egalaj aŭ ne? Mi konjektas, ke la Supra Dio estas la plej alta plenumanto de Ĉiela Volo. Kaj Ĉiela Volo estas, laŭ Mozi, ĝusta mezurilo kaj leĝo.

"Mi havas Ĉielan Volon tiel same, kiel ĉarmetiisto havas cirkelon, <...> mi havas regulon por mezuri akurate tion per la Ĉiela Leĝo. [天志上]"

Iu el esprolistoj konsideras religian ideon de Mozi kiel pli oportuna ol konvinko, t. e., kiel celkonformeca konsidero [Wt2]. La alia rigardas la Ĉielon de Mozi deveninta de ĉina tradicia ideo[Atc]. Mi opinias, ke Ĉiela Volo ĉe Mozi diferencas de religio en ĝenerala senco, ekz., de Kristanismo. Ĝi estas proksima al universala leĝo, alia ol religia kredo. Laŭ Mozi, kio konforma al Ĉiela Volo, tio estas "mezurata" kiel bona. Por ekzemplo, al Ĉiela Volo konformiĝas Makroamo, Interprofitigo, Neagresado ktp. Kiu havas sian konsciencon, konforman al Ĉiela Volo, tiu povas mezuri sian konduton tiel precize, kiel metiisto kun ortilo kaj cirkelo.

En la politika sistemo de la mondo akordiĝas ĉio al Ĉiela Volo, kiu starigas Filon de la Ĉielo[reĝon]. Kaj reĝo elektas tri Dukojn kaj estrojn. Kiu konformiĝas al Ĉiela Volo, tiu prosperas; kiu malkonformiĝas, tiu pereas. Tiel la Ĉielo evidentigas sin. Religieco ĉe Mozi montriĝas en nocio de Spiritoj pli ol de la Ĉielo.

Iu esploristo, Sun Yikai k. a., konsideras, ke la ideo de Ĉielo ĉe Mozi kaj Lao-zi estas sama. [MYL3:404-418] Laŭ mi, ambaŭ rigardas la Ĉielon "Universa leĝo". Do Taoismo longe anstataŭigis Mohismon je la koncepto de la Ĉielo kaj Spiritoj, dum la Mohismo malaperis el de la historia sceno.

"Kia ajn estas la homo, juna aŭ maljuna, altranga aŭ malalta, ĉiu estas la servanto de la Ĉielo. Sekve, kiam ŝafoj ne estas ne paŝtataj, hundoj kaj porkoj ne estas malnutrataj, tiam oni, farante puraj iun ajn vinon kaj oferaĵon, estimas ja per tio la aferon de la Ĉielo." [Ĉap. Leĝoj-reguloj]

Servado al la Ĉielo kaj Spiritoj en Mohismo gvidas homojn al sinpurigado kaj sanktigado de ĉirkaŭaĵo.

ĈIELO KAJ KRISTANISMO EN ĈINIO

Ĉina inteligencio en 19-20 jc. vidis en Mozi samecon kun okcidenta idealo, disvolviĝanta surbaze de kristanismo. Liang Qichao skribis: "Mozi vere similas al Kristo."

Ĉinaj kristanoj, kompreneble, atentis la ideon de Mozi pro simileco al sia religiga kredo. Zhang Chunyi[1871-1955], unu el elstaraj esploristoj pri Mozi, en sia verko *Mohismo kaj Kristanismo* [墨学与景教. 1923] skribis: "La Ĉielo de Mozi estas Dio de kristanismo, kaj du grandaj principoj je prediko en *Da Qu* [Elekto de pligrandaj]: "Strebu ami la Supran Dion kaj amu la alian kiel sin-mem" estas la samaj, kiel en la ĉapiro *Johano* [MDQ729-769]" Zhang konsideras la Ĉielon kiel enhavon de la Dio.

Wang Zhixin[1881-1968] skribis: "La koncepto de la Ĉielo ĉe Mozi estas personigita, tial do similas al kristana Supra Dio.[WZx, MDQ33: 449]". Laŭ Wang Zhixin, La Ĉielo de Mozi havas sian volon, t. e., la personigita Dio.

Wu Leichuan [1870-1944] vidis en Mohismo la samecon de amo en Kristanismo, kaj skribis en *Mozi kaj Jesuo*[1940]: "Mozi proponis Makroamon, apogante sin sur tio, ke la Ĉielo amas la popolon en la mondo. Jesuo instruas al homoj universalan amon, kaj diris: 'Lernu kaj estu perfekta, kiel Patro en la Ĉielo'. Teorie ili ambaŭ devenas de la sama fonto."[WLc, MDQ 329]

Laŭ mia opinio, la ideo de Ĉielo ĉe Mozi estas proksima al pli racia religio, ol ortodoksa Kristanismo, kiu kredas je miraklo kaj revelacio. Nun iras disputo ĉirkaŭ Utilismo kaj Ĉiela Volo inter okcidentaj esploristoj de Mozi. [AhD, FrC, HaC, LuX, VrD, JhD] La demando estas unue eksponita de Ahern, ke ĉe Mozi ekzistas konflikto inter Utilismo kaj Dieca Ĉielo. Estas interese, ke disputantoj konsideras du principojn nesintezeblaj en sia pensmaniero.

SPIRITOJ

Krom naturaj Spiritoj en la montoj kaj riveroj, Mozi aprobas la ekziston de Spiritoj post la morto de homoj. Mozi kritikas Konfuceanismon pro neglekto de Spiritoj. Laŭ Mozi, tra respekto de Spiritoj nuna vivanta homo rilatas kun pasintecon kaj ankaŭ Spiritoj siavice helpas al vivantoj bone vivi en akordiĝo. Vivantoj devas ĉiam fari servon kaj oferadon al Spiritoj en sanktejoj, per tiu servado fortiĝas komuneco de samfamilianoj, samvilaĝanoj kaj samlandanoj. Mozi diras jenon:

"Se ekzistas vere Spiritoj, kune trinkas kaj manĝas la Spiritoj de mortintaj gepatroj kaj pliaĝaj gefratoj. Ĉu tio ne multe profitigas ilin? <...> Eĉ se ne ekzistus vere la Spiritoj, eblas kolekti kune por ĝojo homoamason, kiel parencojn kaj samhejmanojn."[明鬼 Ekzistokonfirmado de Spiritoj]

Laŭ Mozi, timo al Spiritoj estas fundamento de la ordo. Spiritoj okupiĝas je restarigo de "justo", se iu homo mortis kun venĝema sento pro maljusto. Mozi citadas kelke da ekzemploj por tiu venĝo, kiel Grafo Du[en la ĉapiro *Spiritoj*], kaj skribis: "Estas tuj terure punata de la Spiritoj ĉiu ajn, kiu mortigas senpekulojn."

Por Konfuceanismo ne estas menciite pri la rolo de Spiritoj. Konfuceo diris: "Ankoraŭ ne povante servi al homoj, kiel oni povus servi al Spiritoj?"[*Xianjin*] Ĉe Mohismo, kontraŭe, ĉionvidantaj Spiritoj punas kulpulojn. Punado kaj laŭdado transiras limojn de ajna komunumo: familio, vilaĝo, urbo aŭ lando. Do homo devas konscii sian kulpon ĉie ajn kaj ĉiam ajn. Oni pleje timas punadon de la Ĉielo kaj Spiritoj. En tio kuŝas diferenco inter Konfuceanismo kaj Mohismo.

Ĉe Mozi, Spiritoj estas ĉionvidantaj en la homa morala vivo. Kvankam en la verko de Mozi troviĝas nereligiaj provoj por trovi la bazprincipon de la morala naturo de la homo en tiuj sentimentalaj impulsoj, kiel la egoismo de profitamo, kaj universala amo al la homaro, la reciproka simpatio, la mensa identigo kun la homaro, la utileco, k. c., tamen, krom tio, Mozi ankaŭ prezentas supernaturan elementon, kunligitan al timo de puno per supernatura forto. Mozi diris: "Se nun oni povus kredigi al ĉiuj homoj en la mondo je la Spiritoj, povantaj laŭdi saĝon kaj puni violenton, ĉu malordiĝus la mondo?" [明鬼]

Ĉe Mozi la servo al Ĉielo kaj Spiritoj ne estas limigita en ceremonio de oferado, sed inkluzivas agadon de bonfaro kaj filantropio. Estas dirite en Lu Wen:

Cao Gong-zi diris: "Estante riĉa, mi respektplene donas oferon al Spiritoj. Malgraŭ tio, multe da servantoj mortis, dombestoj ne multiĝas kaj mi mem peze malsaniĝas. Mi ankoraŭ ne scias, ĉu via vojo estus irinda."

La Majstro Mozi diris: "Vi ne pravas! Spiritoj postulas de homoj multon. De tiu, kiu ricevas altan postenon kaj salajron, ili postulas cedi ĝin al saĝuloj. De tiu, kiu havas multe da monon, ili postulas disdoni ĝin al la malriĉuloj. Spiritoj postulas ne nur oferadon de sezonaj produktaĵoj, grenoj kaj viandoj. Nun, spite ke vi akiris altan postenon kaj salajron, vi ne cedas ĝin al saĝuloj. Tio estas la unua malbonaŭguro. Malgraŭ riĉa posedaĵo kun multe da mono, vi ne disdonas al la malriĉuloj. Tio estas la dua malbonaŭguro."

Estas menciite ne nur pri oferado al Spiritoj, Perdiĝo de Spiritoj signifas pereon de la komunumo, kiun la mohistoj strebas konservi. Servado al Spiritoj estas la sankta devo de familianoj kaj komunaroj por solidareco de societo. Por Mohismo tio anstataŭigas la decregulojn de Konfuceanismo. Tiel do estas skribite de Mozi pri strikta procedo de oferado al Spiritoj en sanktejoj. Tio estas tradicio de Yin-Xia dinastio.

Esploristoj pri Mozi prenis la ideogramon *Gui* [鬼] por "fantomo" aŭ "ogro". Tial ili ne povis alte taksi la ideon de Mozi pri Spiritoj, kiuj funkcias kiel gardantoj-angeloj por familio, komunumo kaj landetoj.

NEAGRESADO

En transira epoko de Printempo-Aŭtuno al Milit-Regnoj, Mozi kritikas agresadon, faratan per pligranda regno al malpligranda. Li akuzas agreseman militiron, kiu kontraŭas al Makroamo kaj al Interprofitigo. Milito estas nepravigebla masakro.

"Mortigo de unu homo estas konsiderata kiel maljusto, kaj tio nepre estas mortomerita krimo. Sekve, laŭ tia logiko, mortigo de dek homoj estas dekobla maljusto, kaj tio nepre estas dekoble mortomerita krimo. Kaj mortigo de cent homoj estas centobla maljustego, kaj nepre estas centoble mortomerita krimego. Tiel, koncernante tion, ĉiuj sinjoroj en la mondo scias, akuzante tial, ke tio estas konsiderata kiel maljusto. Sed nun, spite ke kiel maljustega devus esti konsiderata la agreso al la alia regno, tute kontraŭe, ĉi tio estas rigardata tiom laŭdinda kaj justa, kiom oni tute ne trovas ĉi tion maljusta, sed restigas al posteuloj la admiron eĉ per skribaĵo." [*Neagresado* 1]

Tiu argumento similas al logiko en *Krimo kaj Puno* de F. M. Dostojevskij, ke mortigo de unu homo estas krimo, sed mortigo de multaj homoj estas honorigata kiel heroa ago.

Laŭ Mozi, militiro estas malŝparado de homoj kaj resursoj, do tio estas kontraŭ ekonomio.

"Tio estas ne alia ol la rabado de la Ĉielaj Homoj, la atakado de la Ĉielaj Regnoj, mortigo de Ĉiela Popolo, senigo de dia trono [神位], detruo de altaroj al la grena kaj tera dio, buĉado de dombestoj." [*Neagresado* 3]

Nombro de mortintoj ne estas kalkuleblaj, do, sekve ankaŭ estas forlasitaj la Spiritoj, perdintaj ĉefajn kultantojn [鬼神之丧其主后].

Sed Wu [武] atakis la reĝon de Yin, Zhou [纣], kaj fondis la Zhou-dinastion [周]. Kiel kompreni tion? Ĉu tio ne kontraŭas al idealo de neagresado. Mozi diras: "Tio ne estas agresado, sed, t. n. punado [诛]". [La ideogramo 诛 havas signifon ankaŭ kritiko] Kaj konkero de tribo Miao [苗] ankaŭ estas konsiderata kiel punado [诛]. En tiu dueco je "atakado" inter agreso kaj punado troviĝas iu kompromiso al historia realo, ĉar agresado ofte estas farata pretekste de punado kontraŭ maljustuloj.

Estas notinde, ke Mozi predikis la ideon de Neagresado ĝuste en la transforma procezo de Printempo-Aŭtuno, tiam, kiam la pli grandaj regnoj englutas la malpli grandajn. Necesas atenti, ke Mozi kaj mohistoj zorgadis pri la defendo de tiaj malgrandaj regnoj, kiel Song, Lu kaj Zheng, kiuj iam havis brilan pasintecon. Ili estas nur kompare pli malgrandaj ol la aliaj regnoj, kiel Chu-regno kaj Qin-regno. En tiu tempo tio estas kontraŭ la fluo de historia procezo. En Qin-regno, dum ĝi estis malgranda, mohistoj estas dungitaj kiel konsilistoj kaj specialistoj de defendo. Nun tie estas elfositaj la bambuaj dokumentoj pri defenda teorio de mohistoj en ruino de Qin-regno [QYs33-39].[9] Tio montras, ke mohistoj altigis la milit-teknikon por defendo,

La ideo de Neagresado renaskiĝis en nuna tempo, kiel Tolstojismo kaj Gandhiismo. En la japana postmilita konstitucio estas enkondukita la kontraŭ-milita naŭa klaŭzo [Nts]. Do nun la mohismo kun la ideo de Neagresado havas la grandan realecon.

[9] Iuj esploristoj [ZXz] dubis, ke milit-teknikaj ĉapitroj estus skribitaj poste, ĉar titoloj apartenas al Han- dinastio. Sed nun estas trovita la bambua libro, atestanta, ke jam en Qi-regno estis la ĉapitro *Defendo*. [LXq; QYs]

ŜPARADO-EKONOMIO

En kritiko de malŝparado manifestiĝas simileco de Mozi al rusia narodnikismo. Ambaŭ ne povas toleri tian malprudentan vivon de nobeloj, vivantaj pompe, dum al popolanoj mankas la plej necesa vivrimedo. Mozi akuzis tion pro krimo kiel "ŝtelado de manĝaĵoj kaj vestaĵoj".[10] La grava celo de Mozi estas por la bonstato de ĉiuj suferantoj – por ke la malsataj havu manĝaĵojn, la frostiĝantaj – vestojn kaj la laborantaj – ripozon. Mozi vidas, ke suferigas popolanojn la superflua malŝparado je militiro, konstruado de luksega palaco aŭ tombo, longdaŭra funebro, muziko k. a. Mozi estimas la antikvajn sanktajn reĝojn pro ŝparado-ekonomio.

Nuntempe je limigita resurso, oni rigardas tian opinion prava. Sed Xun-zi, fama konfuceano, mallaŭdis la ekonomion de Mozi tiel troŝparema, ke ŝrumpas, laŭ Xun-zi, la landa ekonomio. Li skribis en la ĉap. Ŝtat-riĉigo jene: "Per ŝparado-ekonomio oni alportos malriĉiĝon en la tuta mondo." Laŭ Xun-zi, "la tero produktas tiom abunde, ke restu al vivantaj homoj superflue de nutraĵo kaj vestaĵo, kaj ne okazos mizerego en regno, do Mozi troigis sian pesimismon".[富国篇]

Interese estas, ke tia ekonomia polemiko jam ekzistis en la antikva Ĉinio. Sed ĉi tie Xun-zi inklinas al troa estimo je konsum-ekonomia efekto de malŝparemo. Xun-zi mem predikadis gravecon de ŝparado[节用御欲（荣辱）], do eĉ el lia vidpunkto mohismo ŝajnis tro ŝparema.

SIMPLA FUNEBRO

Unu el gravaj disput-punktoj inter konfuceanoj kaj Mozi konsistis en la maniero de funebro. Por konfuceanoj longdaŭra funebro kaj luksa tombo estas nepre necesaj por esprimo de Fila Pietato. Mozi severe kritikas tion pro diversaj kialoj. Nun en nia epoko, rilate al simpla funebro Mozi estas prava. Sed en Ĉinio longe ne estis akceptata la pledo de Mozi pri simpligo de funebro.

Rilate al la funebro okazis tre interesa renverso inter du ideoj. Mozi, kredanta je Spiritoj, pledas por simpligo de funebro kaj tombeto, sed kontraŭe, konfuceanoj, indiferentaj al Spiritoj, pledas por longdaŭra funebro kaj tombego. Konfuceanoj rigardas la familion ĉefa respondeculo por funebro, sed Mozi, kredanta je Spiritoj, konsideras la komunan sanktejon kiel la ĉefan bazon por respektado de mortintoj. Sed

---

[10] P. Kropotkin uzas por la titolo de sia fama verko la similan esprimon: "*Ŝtelado de panoj*".

dank' al la luksa tombego konserviĝis subtere la antikva ĉina civilizacio, kiun oni vidas nun, por ekzamplo, en Terakoto de Soldatoj kaj Ĉevaloj 兵马俑 kaj en la aliaj muzeoj.

KONTRAŬ MUZIKO

Muziko ludas gravan rolon en Konfuceanismo kune kun decreguloj 礼乐. Konfuceo mem estis bona ludanto de muzikilo. Kaj lerte ludi muzikilon estas unu el la gravaj kvalifikoj de disĉiploj. Konfuceo diris: "Kiel do fuŝludas You (Zilu) grand-liron, estante unu el miaj disĉiploj. Aliaj disĉiploj ne respektas Zilu pro tio."[*Xianjing*]

Mozi persiste tenis sin kontraŭ muziko. Tiu sintenado estas kontraŭ Konfuceanismo kaj etendiĝo de la ekonomia ideo pri ŝparo. Laŭ Mozi, muziko malhelpas al la popolo labori kaj al oficistoj okupiĝi pri administrado, kaj li kritikas muzikon, ke "per ekspluatado de la popolo oni ricevas la belsonon de grandaj sonoriloj, tamburoj kord- kaj blov- instrumentoj". Estas klare, ke kritiko de muziko estas direktata al malŝparo far de reĝoj, dukoj kaj noveloj, sed ne al distro kaj amuzo de popolanoj.

Xun-zi kontraŭargumentas jene.

"La vojo de antaŭaj reĝoj estas promocii decregulojn kaj muzikon. Sed Mozi ignoris tion. <...> Ŝatis muzikon la sanktuloj, eblas utiligi muzikon por plibonigo de la popola koro kaj de ŝanĝo de moroj, profunde emociigante homojn."[ĉap. 17]

Laŭ Xun-zi, muziko igas popolon iri al justa vojo, do muziko estas grava instrumento por regi homojn, sed Mozi ignoras tiun valoron.

Liang Qichao, samkiel Hu Shi, rigardas la kontraŭ-muzikon kiel la plej malbonan difekton ĉe Mozi, dirante: "Utilismo de Mozi estas ĝenerale tre bona, tamen, bedaŭrinde, tro malvasta je toleremo. Li vidis nur la aktivan utilecon, sed ne vidis la pasivan utilecon. Tial do en sia vivo li havis nur devsenton, sed ne hobion. Jen en tio kuŝas la plej grava kaŭzo, kial Mohismo malsukcesis." [墨子学案 MDQ26:44-45]

Sed ni devas direkti nian atenton al kaŭzo, kial Mozi kontraŭas al muziko. Li diras jene: "La afero de justuloj por la mondo ne estas plezurigi per beleco okulojn kaj orelojn, nek buŝon per dolĉaĵo, nek korpon per diboĉo."[非乐]

Mozi asertas, ke asketismo estas necesa por la vivmaniero de justuloj-inteligenciuloj.

KONTRAŬ FATALISMO

Ĉu la homa vivo estas antaŭdecidita aŭ ne? La temo estas longe disputata en la homa historio. Mozi preferas liberan volon ol determinismo. Mozi kritikas konfuceanojn por lia akceptado de fatalismo, nome kiel «Ĉiela Ordono» 天命, kaj uzas mem la terminon «Ĉiela Volo» 天志. Mozi taksas personan penon pli grava, ol determinismon. Laŭ lia opinio Fatalismo malhelpas al la individua penado por plibonigo de personeco.

"Fatalistoj diras: «Estas laŭdate de supre ne pro saĝa konduto, sed pro bonsorto, kaj estas punate de supre ne pro krimo, sed pro malbonsorto.»"

Mozi konsideras, ke laŭ tia pensmaniero de fatalismo ne kreskas iu ajn forta volo de personeco. Mozi laŭdas la rolon de individuo en historio. Se iu individuo estas tirano, tiam la administrado fiaskas, kaj se sankta saĝulo, la lando prosperas. La Ĉielo helpas tiun, kiu helpas sin mem. Koncepto de Mozi pri la Ĉielo estas tute egala al la konata proverbo. Fruktodona rezulto dependas ne de la sorto, sed de la diligenta vivmaniero de ĉiu persono.

Temo de "Fatalismo" estas unu el la ĉefaj en la rusa literaturo, aparte en la verko de M. Lermontov "*Heroo de nia epoko*". Kaj en la historio de rusa penso la temo fariĝas disputo inter historia nepreco kaj persona volo. Estas interese, ke jam en la antikva Ĉinio troviĝas tiu origino de la disputo inter mohistoj kaj konfuceanoj.

KONTRAŬ KONFUCEANISMO

Estas starigita la aparta ĉapitro por kritiko de Konfuceanismo. Sed la ĉapitro estas plena de eraroj je priskribado de historiaj aferoj kaj abundas la netaŭgaj bagatelaĵoj. Luan Diaofu konjektas, ke la ĉapitro estas skribita de iu el postaj mohistoj. Forke Alfred opinias, ke la ĉapitro ne koncernas al skribaĵo de Mozi.

Multaj eraroj kaj misoj je kronologio en la ĉapitro igas nin dubi aŭtorecon de aŭtentika mohisto en skribado. Se troviĝas multe da facile-refuteblaj eraroj, tio signifas, ke la skribitaĵo ne estis ekzamenata per diskutado ene de mohisoj, nek per disputo kontraŭ konfuceanoj.

Kiel dirite de multaj esploristoj, en ĉi tiu ĉapitro 非儒 mankas la frazo "Majstro Mozi diris", kiu nepre troveblas en aliaj ĉapitroj, havantaj titolon "Kontraŭ非"[非攻、非乐、非命]. Kiel respondo de Konfuceanoj poste estis skribita de Kong Fu 孔鮒 la malgranda verko, titolita *Jie Mo* 诘墨 [Akuzo al Mo].

En la ĉapitro "Kontraŭ konfuceanismo" estas akuzite pro la duobleco de kondutoj ĉe Konfuceo. Estas skribite, ke, kvankam Konfuceo dum malsato manĝis ŝtelitan manĝaĵon, tamen dum vizitado al palaco li persistis devigan formon de decreguloj.

Krom ĉi tiu ĉapitro troviĝas kritiko de Konfuceanismo en aliaj ĉapitroj, por ekz-lo, en la polemiko kun Gong Meng-zi, kie veideblas pli rafinita argumento kontraŭ

Konfuceanismo.

LOGIKO-DIALEKTIKO

La plej nelegebla parto en la tuta sistemo de Mozi estas "KANONOJ kaj Logiko-Dialektiko", konsistanta el 6 ĉapitroj (经上,经下,说上,说下,大取,小取). Iuj esploristoj konsideras la plejparton verkita de Mozi mem. [Lu Sheng, Pi Yuan, Liang Qichao, Zhang Chunyi, Wu Feibai, Luan Diaofu, Gao Xiang, Li Yushu k. a.]

Sed la aliaj rigardas la plejparton verkita ne de Mozi, sed de postaj mohistoj. [Wang Zhong, Sun Yirang, Hu Shi, Qian Mu, Fang Shuchu, Feng Youlan, Sun Zhongyuan k. a.] Ĉar en la ĉapitroj de Logiko ili vidas argumentojn de nominalistoj (Gongsun Long kaj Hui Shi).

Sed, antaŭ la apero de nominalistoj, jam la rilato inter nomo kaj substanco estis unu el plej gravaj temoj. Nominalistoj ricevis grandan influon de Mohismo, kiu donis al nominalistoj temon de dialektika argumentado. «Ĝustigi nomojn» estas antaŭ ĉio gravas por Konfuceo. Mozi, heredante la pozicion de korektado je vortoj, pli detale antaŭenpuŝis sistematigon de dialektiko. Por koni aĵojn kaj historion Mozi proponis la pozitivan epistemologian metodon, kiel percepti, observi, dedukti, kompreni, nomi kaj klasifiki objektojn. Per tiu scienca metodo Mozi kaj mohistoj serĉas socialan kaj naturan leĝon, penetranta tra la Ĉielo, la tero kaj la homo. Tiu metodo estis necesa al mohistoj por kontraŭargumenti al ekzistantaj en tiama antikva Ĉinio aŭtoritatoj kiel konfuceanismo, taoismo, sofismo, legalismo k. a. Eĉ inter mohistoj mem okazadis disputo ĉirkaŭ la ortodokseco. Zhuang-zi vidas la kialon de disfendo inter mohistoj en diverseco je la kompreno de "Sutroj 经".

Reprezentanto de la ĉina sofismo, Gong Sun Long (302–250 a. K.), «ricevis profundan influon de la moziismaj interamo kaj senmiliteco» [HjL37] Li prezentis la faman kazuistikon, kiel «Blanka ĉevalo ne estas ĉevalo». Tia disputo pri klasifiko estis unu el la ĉefaj temoj de mohisma dialektiko, do videblas multe da argumentoj, koncernantaj la klasifikon. Kronologie, Mozi aperis pli frue ol Gong Sun Long, kaj traktis la temon pli frue ol nominalistoj. Estas certe, ke profundiĝis la argumento dank' al la ĉapitroj de Dialektiko en Mozi. Ne Gong Sun Long, sed Mozi estas antaŭirinto en la sfero de ĉina dialektiko.

Plej granda problemo kuŝas en tio, ke al legantoj de Mozi estas tre malfacile deĉifri kaj traduki vortojn en la ĉapitroj de Dialektiko: Kanonoj kaj Logikoj. Defiis elstaraj esploristoj, kiel A. Graham, I. Johnston, Tang Jiefu, Sung Yirang k. a. Ili kontribuis multe, sed restas ankoraŭ multe da malklareco. Al mi ŝajnas, ke iuj ĉinaj esploristoj, alfrontante malfacilan ideogramon, tro ofte anstataŭigas ĝin per la alia, kiun ili konjektas pli «ĝusta». Por eviti tian reviziaĉon de ideogramoj, mi zorgas laŭeble pri laŭlitera tradukado, apogante min kelkfoje sur japanaj vortaroj de antikvaj ideogramoj, ekz., kompilitaj de Shirakawa Shizuka. Sed bedaŭrinde, multaj tezoj restas ankoraŭ netradukeblaj ankaŭ por mi. En tiu senco ankaŭ mia traduko estas nur hipotezo aŭ eksperimento, samkiel traduko far de la aliaj esploristoj.

IDEA DUOBLIĜO INTER IDEALO KAJ REALO

En la ĉapitroj pri teknikoj de defendo, okulfrapa estas akra diferenco de eldiro en Universala "Makroamo". La homa vivmaniero dividiĝas je du periodoj: La Milita kaj la Paca. Kaj ambaŭ postulas sian moralon. Dum la batalperiodo plej grava estis la devigo, oferado de ĉiu persono al la socio, tial estis kreita speciala leĝaro en la ĉapitro "Ordonoj 号令", kiu estas aparta "Akordiĝo 尚同" en la urĝa milita tempo. La devo estas firmigita surbaze de "Kvinopa solidareco 伍".

"En la urbo soldatoj kaj oficistoj apartenas ĉiu al la kvinopo proksima, dekstra kaj maldekstra. Se iu el membroj de kvinopo ekvolis komploti kun eksteruloj de la fortikaĵo, tiuokaze hak-punitaj estos liaj gepatroj, edzino kaj gefiloj, kaj gefratoj. Se najbaroj, dekstra kaj maldekstra, sciante la krimon, ne kaptus aŭ ne raportus, ili ĉiuj estos kulpaj, samkiel la krimulo. En vilaĝoj ekster muro same, kiel en la urbo, ĉiuj familianoj apartenas al la kvinopo. Kiu ajn kaptos aŭ denuncos perfidulojn, tiu estos enfeŭdigita en distrikto kun mil familioj. Se la perfidulo apartenas al la alia kvinopo, al denuncinto estos feŭdita la distrikto kun 2 mil familioj." [Ordonoj].

En "Ordonoj" disvolviĝas konceptoj de totalismo aŭ despotismo kun denunco, cenzuro kaj severa punado kaj mortpunado. Unuvorte, videblas la ideologio kontraŭ Makroamo. Mozi aprobis, ke sub iu urĝa situacio estas neevitebla la totalisma reĝimo. Estas skribite, ke endas pretigi al la urĝa situacio eĉ en la paca tempo. Tio implicas, ke ĉiam estus permesata la reĝimo de totalismo. Mozi vivis en la transira epoko de Printempo-Aŭtuno al Milit-Landoj. Tiel do, eble, mohistoj sur praktika kampo devis aplikadi al tiutempa realo la tezon de "Ordonoj" pli ofte, ol la ideon de Amo. Mi tradukis vorton 斩 per "tranĉ-puni", 断 per "hak-puni", konsiderante, ke hakita aŭ tranĉita estus nur parto de la korpo. Ĉar troa mortigo damaĝus la militpovon de defendantoj.

Laŭ la opinio de He Bingdi, la ideo de "Ordonoj" estas adoptita de la duko Xian 献公, la regnestro de Qin (384 – 362 a. K), por fortigo de la regno. S-ro He opinias, ke antaŭ la reformo de Shang Yang 商鞅(–338 a. K.), jam Mohismo donis al Qin la grandan influon en la sfero de milita tekniko kaj centralisma leĝaro.

Mohistoj estas invititaj al Qin kiel konsilistoj 客卿, kaj ili nomiĝis "Qin-Mo" 秦墨. "Ordonoj", la urĝa politiko por malgranda lando, povus poste fariĝi la ideologio, subtenanta la totalismon de Imperio. Estas dirite, ke la fondinto de la despotisma ideologio estis Shang Yang. Sed jam en "Ordonoj" videblas la simila ideologio al Shang Yang [MYL4:121,QYs].

La ĉapitro de "Defendo" havas formon, ke Qin Guli demandas la Majstron Mozi pri diversaj defendaj taktikoj. Ŝajnas, ke la disĉiplo faris la hereditan organizon de mohistoj pli rigora kaj pli dogmisma. Aŭ severa milito en realeco necesigis la aliformigon de universala makroamo en totalismon. Mozi mem avertis Qin Guli pri danĝereco de reĝimo en "Defendo" jene:

"En la antikva epoko estadis defendo-fakuloj de tiu kampo. Sed ili interne ne proksimiĝis al popoloj, ekstere ili estis retiritaj de la politika mondo. Ili iĝis malmultaj inter la amaso, kaj, estante mem malfortaj, ili malestimis fortulojn. Tiel do ili mem mortis kaj iliaj landoj pereis, kaj ili estis mokriditaj de la mondo. Vi devas agi pli prudente. Eble, vi mem pereos pro tio. 古有其术者，内不亲民，外不约治，以少间众，以弱轻强，身死国亡，为天下笑。子其慎之，恐为身蓳。(备梯)"

Mohistoj fariĝas defendo-fakuloj kaj mem konsistigas centralisman partion sub absoluta gvidanto, nomata "Giganto". Eĉ Liang Qichao, la fervora adoranto de Mozi, skribis jene: "Nova societo de Mozi, kvankam egalismeca, tamen senlibera, memorigas min je simileco kun la nuna Rusia registraro de laboristoj kaj kamparanoj. Popolo sub la registaro, kvankam egala kaj eĉ egalega, tamen senlibera kaj eĉ tro senlibera." [LQq 墨子学案 MDQ26: 66(74)]

Kiel mi citas la averton de Mozi al Qin Guli, Mozi mem bone sciis danĝerecon de la urĝa totalismeca rimedo dum Defendo.

EVOLUO KAJ PEREO DE LA MOHISMA SKOLO

Malgraŭ severa regulo en la ĉapitro "Ordonoj", Mozi mem ne estis tiel rigora al siaj disĉiploj kaj lernantoj. En kelkaj ĉapitroj de Epizodo estas skribite pri lernantaĉoj, nedankemaj kaj malobeemaj al Mozi. Li toleras ilin eĉ kritikantajn Majstron kaj suprulojn. Mozi mem tenis sin tre indulgema, sekvante al la 1-a ĉapitro "Estimo al Personeco"亲士.

"La akvo de la grandaj riveroj ne konsistas nur el unu fonto. Altapreza vesto ja estas kudrita kun feloj ne nur de unu vulpo. Ĉu estus bone, ke oni, ne prenante justulojn, alprenas por si nur siajn samopiniulojn? Tio ne estas la vojo, kiun devas preni la reĝo kun universala Makroamo".

Liang Qichao kaj Hu Shi malestimis la 1-an ĉapitron, dirante: "7 ĉapitroj, de Estimo al personeco ĝis Tri argumentoj, estas fabrikitaj de posteuloj."[MDQ49:151] Liang eĉ diras: "Ne preferinde legi la unuajn tri ĉapitrojn"[MDQ26:21].

Miaopinie, ili miskomprenas la signifon. Mi konsideras la unuan ĉapitron tre grava por la kompreno de Mozi. Kvankam en la komenco estas frazoj, similaj al Taoismo, tamen tio ne estas por malkuraĝigo de aktiva persono, sed kuraĝigo, ke al vera meritulo estas neevitebla la turmento.

"Tial Bigan mortis, ĉar li estis forta, Mengben estis mortigita, ĉar li estis bravulo, Xishi mergiĝis, ĉar ŝi estis belega, Wuqi estis radumita, ĉar li faris la grandan aferon.[12] Tiele inter ili ne malmultas la mortintoj pro sia supera avantaĝo. Do estas dirite, ke malfacile estas por elstaruloj singardi".[亲士 Estimo al personeco]

Tiun paragrafon oni ne devas kompreni, ke mohistoj deadmonis personojn de aktiva agado. Tute kontraŭe, spite ĉiun ajn malfacilon, la elstara personeco devas plenumi sian taskon. Mozi mem estis forpelita el la pordo dum pluvo kaj estis enkarcerigita en 404 a. K. en Song-Lando, kiun li savis okaze de atako el Chu-regno. La savito ofte persekutas la savanton. La paragrafo, simila al Taoismo, instruas pri tiu martireco de elstara persono.

Dum Mozi vivas, lia skolo ne estis tiel strikta partio, kiel sub la Giganto, Meng Sheng. Mi konjektas, ke ĉe la supozata Giganto, Qin Guli, la skolo fariĝis pli rigora partio, batalanta energie por defendoj de malgrandaj landoj. Ŝajnas, ke Qin Guli praktikis severajn principojn, skribitajn en "Ordonoj", ĉar li interesiĝis aparte pri milita tekniko. Sub la Gigantoj la skolo iĝas pli batalanta partio, ol pensanta kolektivo.

Post la morto de Meng Sheng heredis statuson la sekva Giganto Tian Xiang-zi. En "*Zhuang-zi*", estas skribite pri tiaj rigoraj mohistoj, ke ili vestas sin nur en simpla felaĵo kaj en lignaj ŝuoj, ne ripozas tagnokte, ekstreme asketas [ĉ. Tianxia]. Estas ankaŭ skribite:

"Disciploj de Xiang Li Qin[相里勤]kun Wu Hou[五侯]kaj sudaj mohistoj (Ku Huo 苦獲, Ji Chi 己齿, Deng Ling-zi 邓陵子), kvankam ili legas la saman sutron de Mozi, tamen malsamas je kompreno, rigardante la aliajn sektojn apartaj 別墨. Ili disputas ĉirkaŭ sofisma rezonado «sameco kaj malsameco inter materia solidaĵo kaj aperaĵo»[坚白同昇],

interparolas per kuriozaj vortoj, kaj faras sian Giganton sankta, dezirante sinoferi al li."[*Zhuang-zi* 庄子天下]

Laŭ la ĉap. «Qu Si» en *Lü shi Chun-Qiu*, loĝis en Qin-regno iu Giganto Fu Tun, kies filo mortigis iun homon. Fu, kiel patro, mortpunis sian filon laŭ la leĝo de mohistoj «mortpuno al mortiginto; puno al vundinto», malgraŭ ke Hui 惠王, la reĝo de Qin (surtrone 337–311 a. K.), amnestintus lian filon. Videblas, ke en grupo de mohistoj ekzistis la propra leĝo, laŭ kiu ili agadis. La reĝo Hui de Qin-regno dungis mohistojn kiel konsilistojn (Tang Gu Guo 唐姑果, Xie-zi 谢子, Fu Tun). Estas notinde, ke Qin-regno subtenis mohistojn, aktive utiligis saĝulojn laŭ la ideo de Mozi, kaj, verŝajne, altan milittaktikon de mohistoj.

MALAPERO DE MOHISTOJ

Post kiam Shi Huang Di de Qin unuigis la Ĉinion en 221 a. K., mohistoj malaperis el de la ĉina historia sceno. En 213 a. K. kanceliero Li Si malpermesis al popolanoj posedi librojn kaj bruligis librojn, dirante, ke "kiu kritikas nuntempon, apogante sin sur antikvo, tiu devas esti ekzekutita." Ne nur konfuceanoj, sed ankaŭ mohistoj estis inkluzivitaj en tiu kategorio.

Konfuceanoj ne pereis, sed poste revigliĝis. Mohistoj ja estis longe forgesitaj. Kial? Mi konjektas, ke unu el plej gravaj kaŭzoj kuŝas en la estimo de "kritika penso". Ĝi ne konformiĝas al hierarkia strukturo de grandaj aŭtokrataj imperioj en Ĉinio. Por ĉinaj regantoj Konfuceanismo estis multe pli konvena kiel ŝtata ideologio ol Mohismo.

La dua kaŭzo kuŝas en la ideo pri defendo de malgrandaj landoj. Tio kontraŭas al la centralisma tendenco de imperioj, kiel Qin kaj Han. Bruligo de libroj far Li Si en 213 a. K. okazis kune kun nuligo de disigitaj feŭdaj landoj, kiujn mohistoj volus defendi. Kiam ekzistas multe da malgrandaj landoj en la mondo, tiam ekzistas signifo por defendi ilin. Ĉar agresado al unu malgranda lando far de la granda incitadus ĉenreakcie militojn unu post la alia. Tiam por teni la mondan pacon nepre necesis neagresado. En tiu senco tezo de neagresado havis nemalgrandan signifon. Sed post la apero de unu potenca imperio, la ideo de Mozi, subtenanta malgrandajn landojn, tute perdis la signifon.

La tria kaŭzo kuŝas en fortiĝo de diversspecaj naciismecaj mikroamoj, enradikiĝintaj profunde en popoloj. En la mondo de dispeciĝintaj landoj oni inklinas konstrui "muron" inter landoj kaj kastoj. En ĝisnuna reala historio mikro-naciismon konkeras nur makro-naciismo, sed ne universala makroamo. Ideo de Mozi pri makroamo kaj utilismo transiras ĉiun limon, separanta la homaron inter nacioj, triboj, familioj kaj kastoj. La granda ideo ne akcepteblas al reale ekzistantaj registaroj kun naciisma tendenco.

La kvara kaŭzo kuŝas en "Ekzaltigo de saĝuloj 尚贤", kiu kontraŭas la heredon de potencoj en longdaŭra feŭdalismo. Kiu do el reĝoj aŭ dukoj volus doni al saĝuloj, krom siaj samsanguloj? Konfuceanismo ankaŭ estimas saĝulojn, sed nur ene de la hereda kastismo. Interalie, Taoismo neglektis saĝon.

La verko de Mozi travivis kiel unu el kaŝitaj sutroj de Taoismo [道藏经] (fama publikigo estis 1446 p. K.) En Biografo de Feoj[神仙传], kompilita de [Ge Hong] 葛洪 (283-343) estis inkluzivita ankaŭ la nomo de Mozi, fariĝinta surtera Feo [地仙], kiu inventis eliksiron laŭ Mozi-metodo [墨子丹法]. Tiel Mozi kaŝite travivis ĝis la publikigo far de Li Zhuowu [李卓吾] kaj Mao Kun [茅坤] en Ming-dinastio. Bedaŭrinde, verko de Yang Zhu tute malaperis, kaj nur fragmento de lia parolado restas en *Liezi*, la libro de taoisto.

MOZI EN JAPANIO

Kiel estas vidate en la bibliografio, en Japanio akumuliĝas multe da artikoloj kaj verkoj pri Mozi. Sed vera traduko ankoraŭ ne estas publikigita, kvankam ekzistas tradukoj far de Makino, Watanabe, Yamada k. a. [Mkk, Wt2, Ymt, Hns, Asy, Wdt, Mms, Kno, Tkj, Ybk, Ntd]

Libroj *Sui Chao-zi* [隋巢子], *Hu Fei-zi* [胡非子] kaj *Chan-zi* [缠子], skribitaj de postaj mohistoj, montriĝis jam en antikva Japanio en "*Bibliografio de ekzistantaj libroj en Japanio*"[日本当前图书目录], kompilita de Huziwara Sukeyo [藤原佐世] en la fino de 9-a jc.(889–898). Poste citaĵo el Mozi, la ĉapitro *Troeco* [辞过] videblas en unu el dokumentoj[verkita de Huziwara Atsumitsu 藤原敦光], kolektitaj en *Honchozokumonzui* [本朝続文粋](1135–1140).

Laŭ Wu Yujiang [吴毓江] unu libro de Mozi [卷本墨子], farita en la Tang-dinastio [唐太宗], estas konservita en la biblioteko de la Buroo de Kortegaj aferoj[宫内厅], kiel unu parto de 群书治要. Al ĝi estas aldonita la ekspliko de la japana ĉinologisto Kiyohara [清原]en Bunno erao[文応(1260-1261 p. K.)]. En ĝi estas la ĉapitro *Tinkturitemo*[所染]. Kaj ankaŭ la eldono *Daozang* de Mozi [道藏本] estas en la sama biblioteko. [vidu MDQ45:701-705]

Ses volumoj de Mozi, kompilitaj de Mao Kun [茅坤], estis legata en Japanio kaj en 1757 estas presita de Akiyama [秋山仪(1702–1763)] kun la apudmetita japanlingva legado- maniero [训点]. En tiu tempo, meze de 18-a jc., aperas en Japanio kontraŭ-konfuceanisma kultura movado, nomata "Nacia Scienco" 日本国学. En 1835 estas presita la *Mozi*, kompilita de Pi Yuan[毕沅] en 1783. En Edo periodo ĝis antaŭ la Mejzi (1868) jam troviĝas kelke da esploroj pri Mozi [Ogs, Tsy, Ysk, Mkl, Oot, k. a.] Post la Mejzi Revolucio, en 1911 estas publikigita la *Mozi*, kompilita de Makino Kenziro kun la japanlingva ekspliko. En 1913 aperas Bokushi Kanko [墨子间诂], prezentado de verko far de Sun Yirang kaj detala esploro far de Koyanagi Shikita. Tiuj verkoj aperas post la artikoloj de Liang Qichao, publikigitaj en Jokohamo en 1902-1903. Tio estis ja tempo de retaksado de Mozi por reformigo de Ĉinio.

Akumuliĝas multe da esploroj pri Mozi en Japanio, kiel videblas en "*Bibliografio de esploroj pri Mozi*" [kompilita de Kawasaki Kouzi, Hiroshima Univ., 1973]. Sed ankoraŭ ne troviĝas vera "kompleta" traduko. Plejparte oni tradukis nur fragmentojn, aŭ restigis nekompreneblan parton netradukita. En Japanio je publikigo de Mozi okupiĝas ĉefe studantoj pri ĉinaj klasikaĵoj [汉学者], do ĝis nuna tempo japanaj tradukistoj zorgadas pri tio, kiel aldoni apudan japanlingvan legado-manieron al ideogramoj de originalo[训点]. Tia traduko ne povas esti nomata kiel traduko en ordinara senco, sed nur kiel malnova ĉina lingvo, vicigita en la japanlingva vortordo.

Nun ekzistas du t. n. "*Plena Traduko de Mozi*" en Japanio, unu far de Yamada Taku [新译汉文大系墨子上：1975；下：1987], kaj la alia far de Watanabe Takashi [新译汉文大系墨子上 18 墨子上：1974] kaj Nitta Daisaku [全译汉文大系 19 墨子下：1977]. Yamada ne tradukis plene ĉapitrojn de "Kanonoj". En la traduko de Watanabe-Nitta, la posta duono ne estas tradukita el originalo, sed el la ekspliko de Sun Yirang. Se la verko de Watanabe prezentas la fortan flankon de la esploro de Mozi en Japanio, la verko de Nitta prezentas la malfortan, ĉar spite multajn rimarkigojn pri bagatelaĵoj, por legantoj ne eblas ofte kompreni tradukitajn frazojn, lia traduko ofte ne sukcesis transdoni la signifon de propozicioj kaj ne trafas la esencon de mohismo. Se kompare kun esploro de iu arbo, estas menciate pri folietoj, sed ne pri la radiko nek pri la trunko. Surbaze de tia "*Plena Traduko*" ne eblus profundigi la esploron.

Ekzistado de tiuj tradukoj estus pli bona, ol nenio. Sed al japanaj legantoj estas ofte malfacile kompreni "tradukitajn vortojn per la japana lingvo", ĉar ili alfrontas la saman malklaran ideogramaron, uzatan en la originalo aŭ en la revizio, kaj ili maldigestas ideogramojn, translokigitajn per japanlingva vortordo. Tiaj tradukistoj tro apogas sin sur specialaĵo de la japana lingvo, kunposedanta ĉinajn ideogramojn. Al ili mankas pensa luktado kun tekstoj per sia propra penado. Kaj aldone, al ili ne sufiĉas scio pri socia kaj natura sciencoj, necesaj por la traduko de Mozi.

Por nuntempaj japanaj esploristoj unu el la plej gravaj estas la verkoj de Watanabe [Wt1, Wt2]. Li liveris al postaj esploristoj kriterion por karakterizi penson de Mozi. Laŭ Watanabe, ĉapitroj de Mozi estus skribitaj dumlonge iom post iom en diversaj epokoj, kaj ĉapitro *Akordiĝo* havas aŭtokratismon diference de Makroamo. Watanabe konsideras, ke Akordiĝo apartenas al postaj mohistoj, sed Makroamo al fruaj mohistoj [Wt1:7].

Asano rigardas la ĉefan parton de 10 kernoj el verkoj de Mozi verkita en la sama tempo [Asy:7]. Mi konsentas kun Asano. Kiel mi jam menciis, ĉefa parto estis lekcioj de Mozi en la lernejo. La lekcioj estis kompilitaj ne en longdaŭra tempo, sed en la sama tempo kun Mozi. Rilate al t. n. "kontraŭdiro" inter makroamo kaj akordiĝo la diferenco naskiĝis ne pro transiro de epokoj per aliaj mohistoj, sed pro reala situacio, ĉirkaŭanta Mozi mem. Unu el plej gravaj pensoj ĉe mohismo estas "defendo" de malgrandaj regnoj. Ne eblas defendo-milito sen aŭtokrateco en organizo. Neŝanĝo de epokoj, sed milit-tempa situacio de ĉirkaŭaĵo naskas aŭtokration.

Multaj artikoloj de nunaj japanaj esploristoj estas publikigitaj en la malvasta sfero, kiel en bultenoj de universitatoj aŭ institutoj, do ili havas malmulte da ŝancoj ricevi kritikon. Al ili ofte mankas scio de filozofio kaj socisciencoj, do ne eblas estimi la esencon de mohismo kaj ofte mergiĝas en bagatelaĵojn de rimarkigo aŭ laboron de tekstkritiko[Hmj, Hkj]. Ĉar al ili estas malfacile analizi la plej gravan sistemon de mohismo subaze de restintaj tekstoj.

ANSTATAŬ KONKLUDO

Por bone kompreni Konfuceanismon kaj Taoismon, nepre necesas kompari ĝin kun mohismo. Kaj por bone kompreni la Mohismon kaj ĝian valoron, nepre necesas scio pri la tuta historio de ĉina penso kaj pri disvolviĝo de diversaj ideoj en Eŭropo. Tiam antaŭ legantoj de la ĉina filozofio malfermiĝos pli granda enhavo de la antikva ĉina civilizacio. Dumlonge forgesita estis Mozi, aliflanke tro subtiliĝis diversaj skoloj de Konfuceanismo en Ĉinio kaj Japanio. Bedaŭrinde, pro manko de heredantoj ne disvastiĝis la penso de Mozi, riĉa je embrio de sociala kaj natura sciencoj. Studo pri Mozi nepre kompletigas komprenon pri riĉa pensa historio en la antikva Ĉinio.

Ĉiuj esploristoj povas demandi, kia estus la progreso, se plene disvolviĝus la ideo de Mozi en Ĉinio daŭre post Qin-Dinastio(221 a. K.). Chen Duxiu[陈独秀], unu el fondintoj de Ĉina Komunista Partio, diris la faman frazon: "Se ne pereus la Mohismo, la historio post la Han-dinastio povus fariĝi tute alia"[假如墨学不绝, 汉以来的历史绝不会如此]. Laŭ mia opinio, certe progresus la scienco, tekniko kaj ekonomio surbaze de la pensmaniero de Mozi pri Pozitivismo-Utilismo, tamen, eble, tiom tro alte, kiom pro la eksesa altiĝo suferas nuntempa homaro en la mondo. Ideo de Mozi similas al la fajro de Prometeo.

Eblas diri, ke Taoismo kaj Konfuceanismo ludis reguligan rolon de bremso por inhibi troan kreskon de scienco. *Dao de Jing* estas plena je ignoro de scienco kaj tekniko, dirante: "Ju pli inĝeniaj kaj lertaj estas homoj, des pli da strangaĵoj estas inventitaj".[ĉap. 57] Aprobo de Mohismo kun utilismo kaj teknologio povus "akceli" la sciencan progreson kaj pli frue malfermi la pordon al pereo de homarano pro ekscesa progresaĉo.

Rehonorado de Mozi ekis nur antaŭ 150 jaroj, en Ĉinio kaj en Eŭropo. Tri ĉapitroj koncerne de Makroamo estas publikigitaj en la angla lingvo far de James Legge en 1861. Tiam kleruloj en Eŭropo eksciis parton de pensmaniero de Mozi. En la germana lingvo estas publikigita en 1877 unu malgranda traduko de Mozi, titolita *Die Grundgedanken des alten chinesischen Socialismus, oder die Lehre des Philosophen Micius, zum ersten Male vollständig aus den Quellen dargelegt von Ernest Faber. Elberfeld, 1877, Verlag von R. L. Friderichs. London: Trübner & Comp.*

En tiama Germanio sub fama kanceliero Otto von Bismarko estis malfacile publikigi libron kun titolo de Socialismo. En Londono kolektiĝis socialistoj el diversaj landoj. En Londono ankoraŭ ekzistis rusa narodnika eldonejo "Vperjod!" [Antaŭen!], kiu havas rilaton kun "Trübner". Tiel do inter migrantaj socialistoj en Londono, la ĉina antikva pensulo Mozi prezentiĝis kiel pioniro de la ideologio Socialismo-Komunismo. Petr Kropotkin ankaŭ enmigris en Londono samtempe kaj kolektiĝis ĉirkaŭ "Vperjod!", spite ke en 1877 okazis granda skismo en rusaj narodnikoj.

Mi hipoteze konjektas, ke la ideo de Mozi, Interhelpo, Neatakado, Utilismo, Universala Amo [tradukita germane Comunistische Liebe], eble, kunfandiĝis kun rusa sociala ideo, narodnikismo, pere de la germana traduko. Poste Petr Kropotkin disvolvis plue la ideon Interhelpo, kaj Leo Tolstoj – la ideon Senperfortismo. Tiel do Liang Qichao vidis similecon de Mozi al tiuj rusaj pensuloj.

En 1922 Alfred Forke tradukis germane t. n. preskaŭ "kompletan" verkon de Mozi, kio donis al Bertolt Brecht, la fama dramaturgo, grandan influon. Esploro far de Forke estas tre enhavoriĉa, ke ĝi ne perdas ĝis nun la valoron. En 1929 tradukis en la anglan Yi-Pao Mei, sed sen ĉapitroj pri dialektiko kaj defendo. En 1963 estas publikigita la kerna parto de dek doktorinoj en la angla traduko far de Burton Watson. En 1975 publikiĝis "*Gegen den Krieg*" kaj "*Solidarität und allgemeine Menschliebe*" en germana traduko far de Helwig Schmidt-Glinzer. A. C. Graham provis traduki angle ĉapitrojn de dialekto kaj lia esploro estis publikigita en 1978. En 2009 estas publikigita "*The Complete Works of Motzu in English*", translated by Cyrus Lee.

Post kontribuoj de multaj antaŭirintoj, aperis en 2010 *The Mozi: A Complete Translation*, translated and annotated by Ian Johnston. Bonsorte mi antaŭe ne legis la tradukon de Johnston ĝis kiam mi fintradukis Esperante en 2014. Se mi legus ĝin anticipe, mi ne provus Esperantigi, konsiderante, ke jam ekzistas sufiĉe bona traduko per la angla. Sed montriĝas multe da diferencoj je kompreno de tekstoj kaj ideogramoj inter niaj tradukoj, do mi dividas la alineojn laŭ Ian Johnston, por ke legantoj mem facile povu kompari niajn tradukojn.

Mi memlernis Esperanton ekde 2002, do mia lingva kapablo estas tre limigita. Sed se atendante la altiĝon, mi ne povus fintraduki dum mia restanta vivo. Do mi aŭdacis Esperantigi Mozi, dum ne progresas mia amnezio. Diference de la aliaj lingvoj, Esperanto ebligas laŭliteran tradukon, ne havante kutiman idiotismon. Tiu specialaĵo estas utila por tradukado de la antikva ĉina lingvo kun malfacilaj ideogramoj. Per laŭlitera traduko de ideogramoj ofte elmontriĝas neatendita signifo. Dank' al procezo de Esperantigo mi povis hazarde eltrovadi kaŝitan signifon de la ĉina teksto.

Ekde 2012, septembro, mi laboras en Zaozhuang Universitato kiel instruisto de la japana, la rusa kaj Esperanto. Dum promenado en la universitata ĝardeno mi vidas la grandan reliefon de Mozi, kiu ĉiam kuraĝigis min je tradukado. La Esperanto-Muzeo kaj s-ro Sun Mingxiao subtenas mian laboron kaj ebligis publikigi la tradukon. D-ro Bak Giwan, kuraĝigis min per komentoj pri simileco inter Mozi kaj Kristanismo.

Elstaraj ĉinaj samideanoj helpis min je plibonigo de la Esperantigo de Mozi. Post kiam la manuskripto estis finita en 2014, samideanoj-kontrolantoj faris al la manuskripto kontrolan tralegadon kaj ekzamenadon. S-ro Shi Chengtai donis al mi utilan konsilon, legante malneton. S-ro Zhu Mingyi afable korektis Esperanton kaj la ĉinan en mia traduko, kaj donis al mi tre utilan admonon. Mi prenis lian opinion en multaj lokoj. Sen lia kontrolo ne eblus publikigi la tradukon. S-ino Zhao Qianlan de la Esperanto-Muzeo korektis erarojn de mia ĉina teksto de *Mozi*. Prof. Liu Shuyu, esploristo de Mozi, afable permesis min uzi gazetojn kaj artikolojn pri Mozi. La Muzeo de Mozi en Tengzhou donacis al mi gazetojn pri esplorado de Mozi. Kaj prof. Cao Shengqiang, la prezidanto de Zaozhuang Univ., donis al mi legi librojn pri Mozi, kompilitajn de si mem. Mi ege dankas pro la feliĉa kondiĉo.

Fine, mi povis esplori la grandan kolekton pri Mozi, ekz-le: *La Plena Kolekto pri la Mozi* [墨子大全], en la biblioteko de Zaozhuang Universitato, kaj povis legi multe da materialoj pri Mozi en la biblioteko de Saitama Universitato en Japanio, dank' al la interŝanĝo-sistemo de libroj en la tuta Japanio. Bibliografio estas la rezulto de esploro en tiuj bibliotekoj. Kvankam mi tralegis ne ĉiujn materialojn, sed nur rigardis, tamen mi prezentis ilin por montri la tendencon de esplorado de Mozi en Japanio. Mi dankas al la bibliotekistoj.

Por la traduko mi apogis min ĉefe sur tekstoj, publikigitaj de Fang Yong 方勇 en

2011, ĉar li ne tro multe aldonis sian revizion al restintaj tekstoj.

SASAKI Teruhiro, Instruisto en Zaozhuang Universitato
(D-ro de sociologio, Emerita profesoro de Saitama Universitato, Eksprezidanto de la *Japana Akademia Societo pri Studo de la Rusa Historio*)

2017, somero, en Zaozhuang Universitato

献辞

Al Julia,

mirakle naskiĝinta mia nova familiano

目 录 ĈAPITROJ

1 亲士 ESTIMO AL PERSONECO 1
2 修身 MEMKULTURIĜO 5
3 所染 TINKTURITEMO 9
4 法仪 LEĜO-REGULO 13
5 七患 SEP MALSANOJ 17
6 辞过 EVITADO DE TROECO 21
7 三辩 TRI ARGUMENTOJ 27
8 尚贤上 ESTIMO AL SAĜULOJ（1）.................... 29
9 尚贤中 ESTIMO AL SAĜULOJ（2）.................... 33
10 尚贤下 ESTIMO AL SAĜULOJ（3）.................... 43
11 尚同上 AKORDIĜO（1）.................... 49
12 尚同中 AKORDIĜO（2）.................... 53
13 尚同下 AKORDIĜO（3）.................... 61
14 兼爱上 MAKROAMO（1）.................... 67
15 兼爱中 MAKROAMO（2）.................... 71
16 兼爱下 MAKROAMO（3）.................... 77
17 非攻上 NEAGRESADO（1）.................... 87
18 非攻中 NEAGRESADO（2）.................... 89
19 非攻下 NEAGRESADO（3）.................... 95
20 节用上 ŜPARADO-EKONOMIO（1）.................... 103
21 节用中 ŜPARADO-EKONOMIO（2）.................... 107
22 节葬下 SIMPLIGO DE FUNEBRO（3）.................... 111
23 天志上 ĈIELA VOLO（1）.................... 121
24 天志中 ĈIELA VOLO（2）.................... 127
25 天志下 ĈIELA VOLO（3）.................... 135
26 明鬼下 EKZISTOKONFIRMADO DE SPIRITOJ（3 143
27 非乐上 KONTRAŬ MUZIKO（1）.................... 157
28 非命上 KONTRAŬ FATALISMO（1）.................... 163

29	非命中 KONTRAŬ FATALISMO (2)	169
30	非命下 KONTRAŬ FATALISMO (3)	173
31	非儒下 KONTRAŬ KONFUCEANOJ (3)	179
32	经上/经说上 KANONOJ KAJ EKSPLIKOJ (A)	189
33	经下/经说下 KANONOJ KAJ EKSPLIKOJ (B)	217
34	大取 ELEKTO DE LA PLI GRANDA	245
35	小取 ELEKTO DE LA MALPLI GRANDA	255
36	耕柱 GENG ZHU	259
37	贵义 ALTVALORA JUSTO	269
38	公孟 GONG MENG	277
39	鲁问 DEMANDOJ DE LU	289
40	公输 GONG SHU	303
41	备城门 PREPARO POR URBA DEFENDO	307
42	备高临 PREPARO KONTRAŬ ALT-TERENA ATAKO	321
43	备梯 PREPARO KONTRAŬ ESKALA ATAKO	323
44	备水 PREPARO KONTRAŬ AKVA ATAKO	327
45	备突 PREPARO KONTRAŬ STURMA ATAKO	329
46	备穴 PREPARO KONTRAŬ TUNELA ATAKO	331
47	备蛾傅 PREPARO KONTRAŬ FORMIKA ALIRO (AMAS-STURMO)	337
48	迎敌祠 CEREMONIO POR EKKONTRAŬSTARO AL MALAMIKOJ	341
49	旗帜 FLAGOJ KAJ RUBANDOJ	345
50	号令 ORDONOJ	349
51	杂守 DIVERSAĴOJ PRI DEFENDO	367

参考文献 BIBLIOGRAFIO 377

古代计量单位与现代计量单位比较 TABELO DE EKVIVALENTO
POR PESO KAJ MEZURO 397

后记 POSTPAROLO 398

1. 亲士 ESTIMO AL PERSONECO

入国而不存其士，则亡国矣。见贤而不急，则缓其君矣。非贤无急，非士无与虑国。缓贤忘士，而能以其国存者，未曾有也。

Se, ekregante regnon, oni ne estimas personecon, ja pereos la regno. Se, vidante saĝulojn, oni ne rapidas utiligi ilin, ili ja malatentos la regganton kaj la trono ne estos stabila. Ne estas pli grave ol enoficigi la saĝulojn, ĉar sen personoj de forta karaktero ne eblas la zorgado pri la regno. Malatentante saĝulojn, forgesante kompetentajn personojn, ne ekzistis iu ajn regno kaj ĝi neniam povas ekzisti.

昔者文公出走而正天下，桓公去国而霸诸侯，越王勾践遇吴王之丑，而尚摄中国之贤君。三子之能达名成功于天下也，皆于其国抑而大丑也。太上无败，其次败而有以成，此之谓用民。

Okazis iam antaŭe, ke la princo Wen migris alilanden, tamen poste li denove surtroniĝis en la mondo, kaj ankaŭ okazis, ke la princo Huan forlasis la regnon, tamen poste superregis la aliajn landestrojn, kaj ankaŭ okazis, ke la reĝo de Yue-regno, Gou Jian, hontigite unufoje antaŭ la reĝo de Wu-regno, ja poste sukscesis humiligi eĉ saĝajn reĝojn de Centrebenaj Regnoj. Tiuj tri sinjoroj povis atingi al si sukceson en la mondo, ĉar ili ĉiuj en siaj regnoj eltenis la hontegon. Estus plej bone, se ne venkite. Sed estas pli bone turni la malvenkon al la sekva sukceso. Por tio necesas bone utiligi la popolon.

吾闻之曰："非无安居也，我无安心也；非无足财也，我无足心也。"是故君子自难而易彼，众人自易而难彼。君子进不败其志，内究其情；虽杂庸民，终无怨心，彼有自信者也。是故为其所难者，必得其所欲焉；未闻为其所欲，而免其所恶者也。

Mi aŭdas, ke oni diras: "Min ĝenas ne tio, ke mi ne havas hejmon, sed nur tio, ke mi ne sentas trankvilecon en koro; min ĝenas ne tio, ke mi ne havas monon, sed tio, ke mi ne havas koron kontentan." Noblulo ja kritikas sin mem kaj indulgas la aliajn, ordinaraj homoj kontraŭe indulgas sin mem kaj kritikas la aliajn. Noblulo en sia bona stato ne perdas la altan idealon, kaj en sia malbonŝanco tenas sin tre kvieta. Eĉ se li devas vivi inter malnobeloj, tiam ja li tute ne ĝeniĝas, ĉar li havas ĉe si la memfidan konvinkon. Do kiu brave alfrontas malfacilon, tiu nepre akiras la deziratan. Oni ankoraŭ ne aŭdis, ke iu ajn gajnis ion deziratan sen alfrontado al malbono.

是故倡臣伤君，诏下伤上。君必有弗弗之臣，上必有诎诎之下。分议者延延，而支苟者诎诎，焉可以长生保国。臣下重其爵位而不言，近臣则喑，远臣则吟，怨结于民心，谄谀在侧，善议障塞，则国危矣。桀纣不以其无天下之士邪？杀其身而丧天下。故曰：归国宝不若献贤而进士。

Vasaloj per dolĉaj vortoj vundas la estron, flatantaj subuloj pereigas siajn superulojn. La estro nepre havu kritikeman vasalon, la superulo nepre havu disputeman subulon. Dank' al tiuj, kiuj bone diskutas inter si, dank' al tiuj, kiuj bone kritikas sin reciproke, la regno povas longe vivi.[11] La ministroj, kiuj tro amas sian postenon, ne diras sian opinion, kaj per tio sekve, la proksimaj servantoj silentas kaj la malproksimaj nur ĝemas, kaj plendoj ja amasiĝas en koro de popolanoj, kaj nur flataĉuloj ĉeestas apud la reĝo, tiam bonaj opinioj estas bariitaj, jam la regno estiĝas en danĝero. Ĉu ne tiele Jie kaj Zhou, la reĝaĉoj, perdis vane siajn elstarajn personojn? Tiuj finfine murdmortigis sin kaj perdis la regpovon. Do estas dirite, "ke por donaci al sia regno trezoron, ne estas pli bone ol promocii la saĝajn kaj intelektajn personojn."

今有五锥，此其铦，铦者必先挫；有五刀，此其错，错者必先靡。是以甘井近竭，招木近伐，灵龟近灼，神蛇近暴。是故比干之殪，其抗也；孟贲之杀，其勇也；西施之沉，其美也；吴起之裂，其事也。故彼人者，寡不死其所长，故曰：太盛难守也。

Se nun estas kvin boriloj, do el ili estas unue eluzota nepre la plej akra; kiam estas kvin glavoj, el ili unue eluziĝos nepre ankaŭ la plej akra. Tiele dolĉa puto elĉerpiĝos pli frue, alta arbo estos hakita pli frue, spiriteca testudo estos bakita pli frue, dieca serpanto estos oferita sur pluvpreĝa altaro pli frue. Tial Bigan mortis, ĉar li estis forta, Mengben estis mortigita, ĉar li estis bravulo, Xishi mergiĝis, ĉar ŝi estis belega, Wu Qi estis radumita, ĉar li faris la grandan aferon. Tiele inter ili ne malmultas la mortintoj

---

[11] Estas menciite ĉi tie pri la graveco de kritiko por la bona regado. Tio estas simila al la pensmaniero de Petr Lavrov〔1823–1900〕, ideologo de rusa narodnikismo. Lia idealo estas esprimita kiel "Kritike pensanta personeco". Troviĝas multe da simileco inter Mozi kaj Lavrov rilate al la ideala personeco kaj socia justeco. Oni devas esplori la predikon de Mozi rilate al "Akordiĝo" 尚同, konsiderante la vidpunkton pri graveco de kritiko 诎诎.

pro sia supera avantaĝo. Do estas dirite, ke "malfacile estas por elstaruloj singardi."¹²

故虽有贤君，不爱无功之臣；虽有慈父，不爱无益之子。是故不胜其任而处其位，非此位之人也；不胜其爵而处其禄，非此禄之主也。良弓难张，然可以及高入深；良马难乘，然可以任重致远；良才难令，然可以致君见尊。是故江河不恶小谷之满己也，故能大。圣人者，事无辞也，物无违也，故能为天下器。是故江河之水，非一源之水也；千镒之裘，非一狐之白也。夫恶有同方取不取同而已者乎？ 盖非兼王之道也。是故天地不昭昭，大水不潦潦，大火不燎燎，王德不尧尧者，乃千人之长也。其直如矢，其平如砥，不足以覆万物。是故溪陕者速涸，逝浅者速竭，墝埆者其地不育。王者淳泽，不出宫中，则不能流国矣。

Tamen saĝaj estroj ne amas senmeritajn subulojn. Eĉ se amplena patro, li tamen ne amas senutilan filon. Tial kiu ne taŭgas la oficon, tiu ne devas resti longe ĉe la posteno; kiu ne valoras je sia salajro, tiu ne devas ricevi ĝin. Bonan pafarkon estas malfacile streĉi, tamen ĝi atingas malproksimen la altan celon; fortan ĉevalon ne estas facile regi, tamen ĝi, portante pezan ŝarĝon, iras malproksimen. Kvankam talentulojn ne estas facile uzi, tamen ili povas altigi sian sinjoron respektinda. Ĉar grandegaj riveroj, kiel Changjiang kaj Huanghe, ne malamas riverbranĉojn enirantajn en sin, tial ili povas esti grandaj. Sanktulo ne evitas la aferojn, nek kontraŭas al materia natura leĝo, tial li povas fariĝi mondskala saĝulo. La akvo de la grandaj riveroj ne konsistas nur el unu fonto. Altapreza vesto ja estas kudrita kun feloj ne nur de unu vulpo. Ĉu estus bone, ke oni, ne prenante justulojn, alprenas por si nur siajn samopiniulojn? Tio ne estas la vojo, kiun devas preni la reĝo kun universala "makroamo".

Kiel la ĉielo kaj tero ne ĉiam hele lumas, la akvego ne klaras, la fajrego brulas ne nur brile, tiel same la virto de reĝo ŝajnas iam ne brilega, sed humila. Se iu milestro, li povas esti rekta, kiel sago, kaj glata, kiel akrigoŝtono, tamen li tiam ne estas sufiĉe kompetenta por kovri ĉion. Ĉar malvasta valo rapide senakviĝas, malprofunda rivero rapide sekiĝas, malmola tereno sterilas. Se la reĝo, eĉ korfavora, ne elirus el sia palaco, tiam lia favoro ja ne disfluus al tuta regno.¹³

---

¹² Ĉi tiujn frazojn pri tragedio de eminentuloj, ke por superuloj estas ne evitebla la antaŭtempa morto, miaopinie, oni devas preni kiel kuraĝigon al talentuloj, por ke ili ne timu sian fruan pereon. Geniuloj mortas pli frue ol ordinaruloj. Tia estas la vivo de elstara personeco. Antaŭ sia morto ili jam sufiĉe plenumis sian taskon, kiel geniuloj. Oni ne devas kompreni la signifon de la vortoj, kvazaŭ Mozi rekomendus al geniuloj konduti kaŝite kaj pasive, ke ili ne estu mortigitaj. En japanlingva traduko maltrafe estas dirite, ke tiuj vortoj pri tragedio de geniuloj kontraŭus al ideo de Mozi kaj apartenus al pensmaniero de Laozi-Zhuangzi. [Hns92]

¹³ En ĉi tiu ĉapitro estas predikite pri la neceso de kapabla personeco kun forta karaktero. Tiu pensmaniero similas al la rusa narodnikismo en 19 jc. Por hardigi fortan karakteron necesas honto, humileco, braveco kaj indulgemo. Ne simple pura sento pri justeco, sed estas necesa al la personeco de forta karaktero ankaŭ grandanima amo, kiu povas entenadi malpuron kaj mallumon, kiel grandega

rivero. Tiuj personoj de forta karaktero ne devas timi sian fruan morton de la korpo.

Kvankam videblas kelke da similaj esprimoj al Taoismo, tamen ĝia signifo inter Mozi kaj Lao-zi diferencas unu de la alia. Lao-zi predikas nenionfaradon, sed Mozi aktivan faradon, spite ke en agado ofte okazadas misoj kaj malsukceso.

Machiavelli konsideras princon saĝa, se la princo elektas kapablulojn ĉirkaŭ si.

"Devas krome princo sin montri amanto de la praktikaj kapabloj, akceptante la kapablulojn kaj honorante la elstarulojn pri iu arto. Aldone li devas prizorgi ke liaj civitanoj trankvile praktiku siajn profesiojn kaj en komercado kaj en agrikulturo kaj en ĉiu alia aktivado..." [Machiavelli, La Princo. Milano, 2006, p. 88]

2. 修身 MEMKULTURIĜO

君子战虽有陈，而勇为本焉；丧虽有礼，而哀为本焉；士虽有学，而行为本焉。是故置本不安，无务丰末；近者不亲，无务来远；亲戚不附，无务外交；事务终始，无务多业；举物而暗，无务博闻。是故先王之治天下也，必察迩来远。君子察迩而迩修者也。见不修行，见毁，而反之身者也，此以怨省而行修矣。谮慝之言，无人之耳；批扞之声，无出之口；杀伤人之孩，无存之心；虽有诋讦之民，无所依矣。故君子力事日强，愿欲日逾，设壮日盛。

Kvankam noblulo ellaboras ian ajn strategion al batalo, tamen la braveco ja devas esti la fundamento; kvankam funebro estas la deca ceremonio, tamen elkora kondolenco devas esti la esenco; kvankam iu personeco havas iom da scio, tamen lia ago en praktiko devas esti la bazo[14]. Tial do, kies bazo estas malsekura, ties branĉojn ne eblas kreskigi riĉaj; kie eĉ proksimuloj ankoraŭ ne estas intimaj inter si, tien ne eblas venigi fremdulojn de malproksime; kiam ne amikiĝas parencoj, tiam ne eblas interrilati kun aliuloj; dum la komencita afero ne estas finita, ne eblas okupiĝi per multaj laboroj; ne bone sciante unu objekton, ne eblas fariĝi erudicia. Tiele kiam antikvaj reĝoj regis la mondon, ili nepre kontrolis la proksimulojn kaj poste invitis la malproksimulojn. Ĉar noblulo estas tiu, kiu bone kontrolas la proksimulojn, por ke la lastaj eduku sin bone. La noblulo, vidante ilin needukataj kaj kritikendaj, siavice en reflekto ekzamenas sin mem per repripenso. Tiu sinteno malpliigas la rankoron de aliuloj kaj samtempe stimulas al ili sinklerigon. Kalumnion ne aŭskultu; insulton ne diru; kaj ne havu en la fundo de koro ian ajn malbonintencon atenci la aliajn. Eĉ se troviĝas kalumniemuloj, ja ne zorgu pri ili. Do noblulo faras la aferojn ĉiutage ju pli intense, strebas al celo ĉiutage ju pli alte,

---

[14] Noblulo [君子] havas koncepton de rango kaj koncepton de virtulo. Kiel rango, li estas reganto, sed kiel virtulo, li estas la sendependa personeco, strebanta al altigo de sia persona valoro kaj kvalito. Ankaŭ 士(Shi) havas koncepton de rango kaj koncepton de virtulo. Kiel rangulo, li estas oficiro, kies rango estas sub ministroj 卿 kaj granduloj 大夫. Kiel virtulo, li havas la saman signifon de noblulo, strebanta altigi sian kvaliton. Por altigo de sia personeca kvalito gravas antaŭ ĉio "reflektadi sin mem en repripenso"[反之身], t. e. senĉesa memkritiko, pri kies graveco estas dirite same en Konfuceanismo. Necesas kvar specoj je karaktero de la personeco, 廉义爱哀[pureco, justeco, amo kaj kompato]. Ĉe Mozi estas uzataj ambaŭ konceptoj, kiel rangulo kaj kiel personeco. Do legantoj devas distingi la signifon laŭ kunteksto.

Tiu ĉapitro ankaŭ gravas por konkeri danĝerecon de milittempa totalismo, prezentita en "Ordonoj[号令]". Do ĉi tie estas dirite: "Kalumnion ne aŭskultu; insulton ne diru; kaj ne havu en la fundo de koro ian ajn malbonintencon atenci la aliajn." Estas interese, ke estas utiligata la pensmaniero de taoismo [1-a ĉap.] kaj konfuceanismo por eduki personecon tolerema kaj indulgema.

des pli forte edukas sin ĉiutage.

君子之道也，贫则见廉，富则见义，生则见爱，死则见哀，四行者不可虚假，反之身者也。藏于心者无以竭爱，动于身者无以竭恭，出于口者无以竭驯。畅之四支，接之肌肤，华发隳颠而犹弗舍者，其唯圣人乎！

La vojo de noblulo estas jena. Estante malriĉa, li aspektas pura; estante riĉa, li aspektas justa, al vivantoj li montras amon; al mortintoj li montras kondolencon. Tiuj kvar virtoj ne povas esti vantaj, ĉar ili ja ekzistas mem en koro sinreflektanta. Kio kuŝas en lia koro, tio estas la senfina amo; kion li praktikas tutkorpe, tio estas la kompleta humiliĝo; kion li eldiras, tio estas la fajna racio. Kiu vivas libere kun la korpaj membraroj kaj haŭtoj, penetritaj de virtoj, devojirante neniom, tiu povas fariĝi ja sanktulo, eĉ se la kapo iĝas kalva!

志不强者智不达，言不信者行不果。据财不能以分人者，不足与友；守道不笃，遍物不博，辩是非不察者，不足与游。本不固者末必几，雄而不修者其后必惰，原浊者流不清，行不信者名必耗。名不徒生，而誉不自长，功成名遂，名誉不可虚假，反之身者也。务言而缓行，虽辩必不听；多力而伐功，虽劳必不图。慧者心辩而不繁说，多力而不伐功，此以名誉扬天下。言无务为多而务为智，无务为文而务为察。故彼智无察，在身而情，反其路者也。善无主于心者不留，行莫辩于身者不立。名不可简而成也，誉不可巧而立也，君子以身戴行者也。思利寻焉，忘名忽焉，可以为士于天下者，未尝有也。

Kies strebo ne estas forta, ties saĝo atingos nenion; kies vortoj estas ne kredindaj, ties agado ne naskos frukton. Kiu ne povas dividi sian riĉaĵon kun la aliaj, tiu ne indas je amiko; kiu ne estas persiste fidela al unu vojo, tiu ne povas vaste profundigi scikonon; kiu parolas ne sufiĉe konsiderante, kun tiu ne indas amikiĝi. Kies fundamento ne estas firma, ties branĉoj nepre estos endanĝerigitaj; kiu estas, kavankam brava, tamen ne bone edukita, tiu nepre degeneros poste. Kies fonto estas malpura, ties fluo ne pura; kies konduto ne estas fidinda, ties nomo nepre estos fifama. Famo ne naskiĝas senkaŭze, kaj gloro ne kreskas per si mem. Sukcesinte kaj sin glorinte, ja akiras ĉe si nefalsan honoron nur tiu, kiu sin reflektadas per introspekto kaj memkritiko.

Kiu, kvankam miellanga, tamen malfruas je praktiko, tiun neniu aŭdas malgraŭ ties elokvento; kiu, kvankam multe penas, tamen fanfaronas pri sia merito, ties penado nepre estos finfine senfrukta. Saĝulo, kvankam estante ne tre elokventa por esprimi la koron, nek tro fieregante je sia merito, tamen per tio plialtiĝas lia honoro en la mondo. Paroli ne necesas multe, sed necesas prave, skribi ne klopodu bele, sed strebu esti penetrita per esplor-observo. Tial do, se estas iu, kies scio estas sen esplor-observo kaj kies naturo estas maldiligenta, tiu estas ja devojiĝanto. Kvankam bona, tamen senvola estas la persono, tiu homo ne povas resti longe; kvankam agema, tamen je debato ne estas forta la persono, ankaŭ tiu homo ne povas memstari. Gajni famecon ne estas facile kaj honoro ne estas lerte atingebla, tion pruvas la noblulo mem per sia konduto. Kiu serĉas portempan profiton aŭ honoron, ties famo povas esti forgesota subite. Neniam okazas, ke tia personeco fariĝus saĝa reganto de la mondo.

3. 所染 TINKTURITEMO

子墨子言见染丝者而叹，曰：染于苍则苍，染于黄则黄，所入者变，其色亦变，五入而已则为五色矣。故染不可不慎也！

Vidante tinkturiston de fadenoj, la Majstro Mozi diris, spirĝemante: "Tinkturite perbluo, fadeno fariĝas ja blua, per flavo–flava, kaj ĉiu respektive estas kolorigitadepende de ŝanĝo de koloroj. Sekve, fadenoj fariĝas kvin-koloraj, tinkturite kvin fojojn per kvindiversaj koloroj. Tial do ni nedevas preteratenti pri la infektado pere deĉirkaŭaĵoj!"

非独染丝然也，国亦有染。舜染于许由、伯阳，禹染于皋繇陶、伯益，汤染于伊尹、仲虺，武王染于太公、周公。此四王者所染当，故王天下，立为天子，功名蔽天地。举天下之仁义显人，必称此四王者。夏桀染于干辛、推哆，殷纣染于崇侯、恶来，厉王染于厉公长父、荣夷终，幽王染于傅公夷、蔡公谷。此四王者，所染不当，故国残身死，为天下僇。举天下不义辱人，必称此四王者。

Tinkturitaj estas ne nur fadenoj, sed ankaŭ regnoj. La reĝo Shun estis tinkturita de s-roj Xu You kaj Bo Yang, la reĝo Yu – de s-roj Gaoyao kaj Bo Yi, la reĝo Tang – de s-roj Yi Yin kaj Zhong Hui, la reĝo Wu – de dukoj Taigong kaj Zhougong.[15] Ĉar ĉi tiuj kvar

---

[15] Koncize endas ekspliki menciitajn nomojn. Shun[舜], al kiu estas transdonita de Yao[尧] la regno, fariĝis reĝo, la filo de la Ĉielo. Xu You[许由], proponite de Yao heredi la regnon, rezignis la proponon kaj purigis siajn orelojn per riverakvo. Laŭ Johnston, "Bo Yang[伯阳] estis unu el 7 amikoj de Shun", sed tiu nomo ne troviĝas en "*Shiji*" [史记]. Yu[禹] heredis la regnon post Shun kaj fariĝis fondinto de Xia-dinastio. Gaoyao[皋陶], estante subulo de Shun kaj Yu, okupiĝis pri instalado de punleĝo, kriminala kodo. Yi asistis la reĝojn Shun kaj Yu kaj okupiĝis pri administrado de montoj kaj marĉoj. Tang[汤] renversis Xia-dinastion, mortiginte la reĝon Jie, kaj mem fariĝis fondinto de Yin-dinastio. Yi Yin[伊尹] estis kuiristo kaj, dungite de Tang, fariĝis kapabla ŝtatisto. Zhong Hui[仲虺] estas ministro sub Tang. Wu Wang[武王] heredis la reĝon Wen[文], kaj, mortiginte la reĝon Zhou[纣], renversis Yin-dinastion kaj starigis Zhou-dinastion[周]. Tai Gong estas alinome Tai Gong Wang[太公望], Lüshang, kiu asistis al la reĝo Wen kaj Wu Wang. Zhou Gong[周公], estante unu el filoj de Wen kaj pli juna frato de Wu, ludis gravan rolon en fondiĝo de Zhou-dinastio.
Jie[桀(1818–1763 a.K.)] estas la lasta reĝo de Xia-dinastio, kaj Zhou[纣(−1122a.K.)] estas la lasta reĝo de Yin(Shang)-dinastio. Li [厉] estis sur trono de Zhou 878–827 a. K., kaj You [幽 (781–770 a. K.)] Gan Xin kaj Tui Duo estis subuloj de la reĝo. Gan Xin estis flatemulo kaj Tui Duo[推哆] estis fortulo, gardanta reĝon Jie. En la ĉap. "Ekzistokonfirmado de Spiritoj"[明鬼] estas skribite, ke la reĝo Tang kaptis Tui Duo per siaj manoj. Chong Hou[崇候] kaj Wulai[恶来] estis kalumniuloj-denunculoj. Rong Yizhong[荣夷终] estis profitavida kaj fariĝis ministro[卿士] sub Li. Ne sciate estas, kiuj estis Fu Gong

reĝoj estas juste tinkturitaj, tial ili regis la mondon, fariĝis Filoj de Ĉielo, kaj ilia gloro atingis la Ĉielon kaj Teron. Se iun ajn oni nomas mondskala justulo, nepre indas je la nomo ĉi tiuj kvar reĝoj. La reĝo de Xia, s-ro Jie, estis tinkturita de s-roj Gan Xin kaj Tui Duo; la reĝo de Yin, s-ro Zhou, — de s-roj Chong Hou kaj Wu Lai; la reĝo Li — de s-roj duko Chang Fu de Li kaj Rong Yizhong; la reĝo You — de s-roj dukoj Yi de Fu kaj Gu de Cai. Ĉi tiuj kvar reĝoj estis tinkturitaj malbone, tial do la regnoj rompiĝis kaj ili mem pereis, primokate de la tuta mondo. Se mencii plej maljustajn hontindulojn en la mondo, ĉi tiuj kvar reĝoj estas elnomataj nepre la unuaj.

齐桓染于管仲、鲍叔，晋文染于舅犯、高偃，楚庄染于孙叔、沈尹，吴阖闾染于伍员、文义，越勾践染于范蠡、大夫种。此五君者所染当，故霸诸侯，功名传于后世。范吉射染于长柳朔、王胜，中行寅染于籍秦、高强，吴夫差染于王孙雒、太宰嚭，知伯摇染于智国、张武，中山尚染于魏义、偃长，宋康染于唐鞅、佃不礼。此六君，所染不当，故国家残亡，身为刑戮，宗庙破灭，绝无后类，君臣离散，民人流亡。举天下之贪暴苛扰者，必称此六君也。

S-ro Huan el Qi-regno estis tinkturita de s-roj Guan Zhong kaj Bao Shu; s-ro Wen el Jin-regno — de s-roj Jiu Fan kaj Gao Yan, s-ro Zhuang el Chu-regno — de s-roj Sunshu kaj Shenyin, s-ro Helü el Wu-regno — de s-roj Wu Yuan kaj Wen Yi, Gou Jian el Yue-regno — de s-roj Fan Li kaj Zhong Dafu. Ĉar ĉi tiuj kvin potenculoj estis tinkturitaj juste, ili konkeris aliajn landestrojn, dukojn-princojn, kaj ilia gloro estas heredata en postaj generacioj. S-ro Fan Jishe estis tinkturita de s-roj Zhang Liushuo kaj Wang

Yi[傅公夷] kaj Cai Gong Gu[蔡公榖] sub la reĝo You, sed tre fifama estis ministro Guo Shifu[虢石父].

Duko Huan de Qi-regno[齐桓公] regis 685–643 a. K. Guan Zhong [管仲]estis lia ĉef-ministro(–645 a. K.), Bao Shu[鲍叔] estis amiko de Guan Zhong. Duko Wen de Jin-regno[晋文公] regis 635–628 a. K. Jiu Fan[舅犯] estis onklo laŭ patrino de Duko Wen, kaj Gao Yan[高偃] estis saĝa subulo de Wen. Al Duko Zhuang de Chu-regno[楚莊公(613–591 a. K.)]servis Sunshu[孙叔] kiel ministro. Al Helü de Wu-regno [吴阖闾(514–496 a. K.)]servis Wu Yun[Wu Zixu 伍子胥]kaj Wen Yi[Wen Zhiyi 文之仪]. Al Gou Jian de Yue-regno[越王勾践] servis Fan Li[范蠡], kiel ministro-konsilanto kaj Zhong Dafu[种大夫], kiel ambasadoro al la reĝo Wu.

Fan Jiyi[范吉射] kaj Zhonghang Yin[中行寅] estis ĉef-intendantoj de Jin-regno[晋] en la epoko de Printemp-aŭtuno. Fu Chai[夫差] estis reĝo de Wu-regno. Zhi Boyao[知伯摇] estis unu el 6 cef-intendantoj de Jin-regno. Zhongshan Shang[中山尚] estis supozata de Sung Yirang kiel Zhongshan Huan gong[中山桓公], pereigita de Wei[魏]. Song Kang[宋康] estis supozata Yan [偃, reĝo de Song(328–286 a. K.)]

Zhang Liusuo kaj Wang Sheng estis subuloj de Fan Jiyi.(Sed en la alia dokumento [左氏春秋传] ili estis konsideritaj kiel saĝaj subuloj.) Ji Qin kaj Gao Qiang estis subuloj de Zhonghang Yin. Wang Sunluo kaj Pi estis ministroj de Fu Chai. Zhi Guo kaj Zhang Wu estis subuloj de Zhi Boyao. Wei Yi kaj Yan Chang estis subuloj de Zhongshan Shang. Tian Buli kaj Tang Yang estis subuloj de Song Kang.

Duangan Mu[段干木] estis lernanto de Zi Xia[子夏] kaj instruisto de Wei Wen Hou[魏文侯]. Qinzi estis Qin Guli[禽滑釐], unu el plej altaj disciploj de Mozi. Fu Yue[傅说] estis ministro sub la reĝo de Yin, Gao Zong[高宗].

Estis tri Zixi en la epoko de Printemp-aŭtuno, kaj la menciita Zixi estis supozata kiel Dou Yishen [斗宜申]. Yi Ya[易牙] kaj Shu Dao[竖刀] servis al la duko Huan de Qi-regno[齐桓公].

Sheng; s-ro Zhonghang Yin – de s-roj Ji Qin kaj Gao Qiang; s-ro Fu Chai de Wu – de s-roj Wang Sunluo kaj ĉefministro Pi; s-ro Zhi Boyao – de s-roj Zhi Guo kaj Zhang Wu; s-ro Zhongshan Shang – de s-roj Wei Yi kaj Yan Chang; s-ro Kang de Song – de s-roj Tang Yang kaj Tian Buli. Ĉi tiuj ses sinjoroj estis tinkturitaj malbone, tial do iliaj regnoj forpereis kaj ili mem estis mortigitaj, kaj iliaj maŭzoleoj estis detruitaj, kaj la posteuloj malaperis. Iliaj nobluloj kaj vasaloj disiĝis, popolo vagadis kaj perdiĝis. Se mencii pri plej avaraj, avidaj kaj kruelaj tumultuloj en la mondo, ĉi tiuj ses nepre estas elnomitaj.

凡君之所以安者，何也？以其行理也，行理性于染当。故善为君者，劳于论人，而佚于治官；不能为君者，伤形费神，愁心劳意，然国逾危，身逾辱。此六君者，非不重其国、爱其身也，以不知要故也。不知要者，所染不当也。

Ĝenerale, per kio regantoj povas esti stabilaj? Per racia agado. Konduto, dependanta de racio, ja tinkturas juste. Tial bona reganto tre penas por elekti kapablajn kompetentulojn kaj poste al li mem estas senĝene regi la regnon. Sed sentaŭga reganto, ju pli klopodas, konsumante korpon kaj spiriton, ju pli ĝenas kaj zorgadas, des pli lia regno enfalas en krizon kaj li mem estas hontigata. Ĉi tiuj ses regantoj ne malatentis siajn regnojn kaj plie ili amas sin mem, sed ili ne sciis la gravan punkton. Kiu ne scias la gravecon je elektado de talentuloj, tiu estas tinkturita malbone.

非独国有染也，士亦有染。其友皆好仁义，淳谨畏令，则家日益、身日安、名日荣，处官得其理矣，则段干木、禽子、傅说之徒是也。其友皆好矜奋，创作比周，则家日损、身日危、名日辱，处官失其理矣，则子西、易牙、竖刁之徒是也。《诗》曰"必择所堪，必谨所堪"者，此之谓也。

Povas esti tinkturataj ne nur regnoj, sed ankaŭ personecoj. Se ili havas por si la justajn, humilajn kaj leĝobeemajn homojn kiel siajn amikojn, per tio ĉiutage ilia domo profitas, ilia vivo estas paca kaj ilia nomo estas laŭdata pli kaj pli. Se ili havas la oficon, la afero iras racia laŭorde. Tiaj estis la saĝuloj Duangan Mu, Qinzi, Fu Yue k. a. Se iliaj amikoj ĉiuj emas arogantecon, okulfrapecon kaj emas formi siajn klikojn-partiojn, la domo ĉiutage malprofitas, la vivo estas malpaca, la nomo estas hontigata. Se ili havas la oficon, la afero iras malracia en malordo.[16] Tiaj estis Zi Xi, Yi Ya, Shu Dao k. a. En la

---

[16] Mozi en ĉi tiu ĉapitro substrekas la influon de ĉirkaŭaĵo, aparte Akordiĝo al supro kaj Tinkturitemo de sube kompletigas unu la alian. En ambaŭ kazoj ludas decidan rolon la kvalito de supra reganto je elektado de saĝuloj. Laŭ opinio de Machiavelli, "la bonaj konsiloj, de kiu ajn ili venu, naskiĝas el la saĝeco de la princo, ne ja la saĝeco de la princo naskiĝas el la bonaj konsiloj". [Niccolo Machiavelli, La Princo. F. E. I, Milano, 2006, p. 92] Li diras ankaŭ jene:
Mi ne volas preterlasi gravan punkton kaj eraron, kontraŭ kiu princoj malfacile sin defendas, se ili

Poezio estas ja dirite: "Elektu bone la tinkturon, atentu bone la tinkturon."

ne estas ege saĝaj aŭ se ili ne bone elektas siajn ministrojn. Ĉi tiuj estas la flatantoj, de kiuj plenas kortegoj, ĉar homoj estas tre kontentaj pri siaj agoj, kaj ili sin envolvas tiel, ke kun malfacilo ili sin defendas de ĉi pesto. Kaj se oni volas sin defendi de tiuj, ekestas la danĝero iĝi malŝatata, ĉar ne estas alia maniero sin gardi kontraŭ flatoj ol ke homoj komprenu, ke ili ne vin ofendas, se ili diras al vi la veron; sed se ĉiu povas diri al vi la veron, ekmankas la respekto. Tial saĝa princo devas konduti laŭ tria maniero, elektante en sia ŝtato prudentajn personojn kaj nur al tiuj elektitoj li permesu libere paroli la veron, kaj nur pri la aferoj pri kiuj li demandas, kaj pri nenio alia. [p.90]

La ĉapitro *Tinkturitemo* ankaŭ havas signifon por substreki la danĝerecon de ekscesa totalismo.

4. 法仪 LEĜO-REGULO

子墨子曰：天下从事者不可以无法仪，无法仪而其事能成者，无有也。虽至士之为将相，皆有法； 虽至百工从事者，亦皆有法。百工为方以矩，为圆以规，直以绳，正以县，无巧工不巧工，皆以此五者为法。巧者能中之，不巧者虽不能中，放依以从事，犹逾己。故百工从事，皆有法所度。今大者治天下，其次治大国，而无法所度，此不若百工辩也。

La Majstro Mozi diris: "Okupiĝantoj pri publikaj aferoj ne povas labori sen leĝo-regulo. Se ĝi ne ekzistus, neniu povus fari la aferojn. Ĉiuj oficiroj, fariĝintaj eĉ generaloj kaj ministroj, havas leĝon-regulon. Ĉiuj diversspecaj inĝenieroj-laboruloj havas por si leĝon-regulon. Metiistoj faras kvadraton per ortilo, cirklon per cirkelo, rektan linion per ŝnurmezurilo, vertikalon-ortanton per pezilo, [nivelon-horizontalon per akvo,] kaj iuj ajn metiistoj, ĉu lertaj aŭ mallertaj, ĉiuj faras tiujn kvin mezurilojn leĝo-regulo. Lertulo povas ĝuste fari sian laboron laŭ mezuro, kaj eĉ senspertulo, kvankam iam ne trafe, tamen povas fari per mezuriloj la laboron pli bone ol la nehavanta ilin. Tiel ĉiu el diversspecaj inĝenieroj havas sian leĝon-regulon. La unua plej granda afero estas regado de la mondo, kaj la dua estas regado de la granda regno. Sen leĝo-regulo oni ne povas regi tiel, kiel cent diversspecaj inĝenieroj kontrolas sian laboron."

然则奚以为治法而可？当皆法其父母奚若？天下之为父母者众，而仁者寡，若皆法其父母，此法不仁也。法不仁，不可以为法。当皆法其学奚若？天下之为学者众，而仁者寡，若皆法其学，此法不仁也。法不仁，不可以为法。当皆法其君奚若？天下之为君者众，而仁者寡，若皆法其君，此法不仁也。法不仁，不可以为法。故父母、学、君三者，莫可以为治法。

Kion do oni devas preni kiel sian leĝon-regulon? Kio okazus, se oni konsiderus siajn gepatrojn kiel sian leĝon-regulon? En la mondo gepatroj estas multaj, tamen virtuloj estas malmultaj, do se oni prenus siajn gepatrojn por sia leĝo-regulo, tiam tia leĝo-regulo iĝus maljusta. Leĝo-regulo, kiu ne estas justa, ne povas esti konsiderata kiel leĝo-regulo. Kio okazus, se oni prenus intelektulon kiel leĝon-regulon? En la mondo intelektuloj estas multaj, tamen virtuloj estas malmultaj, do se oni prenus ilin por sia leĝo-regulo, tiam tiu iĝus maljusta. Maljustan leĝon-regulon oni ne povas konsideri kiel sian leĝon-regulon. Kio okazus, se oni konsiderus sian sinjoron kiel sian leĝon-regulon? En la mondo sinjoroj estas multaj, sed virtuloj estas malmultaj, do se oni prenus ilin por la leĝo-regulo, tiam tiu leĝo-regulo iĝus maljusta. Maljustan leĝon-regulon oni ne povas konsideri kiel sian leĝon-regulon. Tiel do ne devas preni por sia leĝo-regulo ne ĉi-supran triopon, nek gepatrojn, nek intelektulojn, nek sinjorojn.

然则奚以为治法而可？故曰莫若法天。天之行广而无私，其施厚而不德，其明久而不衰，故圣王法之。既以天为法，动作有为必度于天，天之所欲则为之，天所不欲则止。

Kion do tiam oni devas konsideri por regado kiel leĝon-regulon? Estas dirite: "Ne estas pli bona leĝo ol la Ĉielo." La Ĉiela agado estas vasta kaj nearbitra, la Ĉielo faras multe kaj ne postulas redonon por tio, ĝia lumo estas eterna kaj ne perdota, do por sanktaj reĝoj ĝi estas la leĝo-regulo. Kiam oni prenas la Ĉielon kiel la leĝon-regulon, ĉiu movo kaj ĉiu ago nepre estas mezurataj per la Ĉielo, kaj oni faras tion, kion la Ĉielo volas, kaj oni ĉesas fari tion, kion la Ĉielo ne volas.

然而天何欲何恶者也？天必欲人之相爱相利，而不欲人之相恶相贼也。奚以知天之欲人之相爱相利，而不欲人之相恶相贼也？以其兼而爱之、兼而利之也。奚以知天兼而爱之、兼而利之也？以其兼而有之、兼而食之也。今天下无大小国，皆天之邑也；人无幼长贵贱，皆天之臣也。此以莫不牛羊，豢犬猪，絜为酒醴粢盛，以敬事天，此不为兼而有之、兼而食之邪？天苟兼而有食之，夫奚说以不欲人之相爱相利也？故曰：爱人利人者，天必福之；恶人贼人者，天必祸之。曰杀不辜者，得不祥焉。夫奚说人为其相杀而天与祸乎？是以知天欲人相爱相利，而不欲人相恶相贼也。

Tiuokaze, kion do la Ĉielo volas kaj kion ĝi ne volas? La Ĉielo nepre volas, ke la homoj amu sin reciproke kaj profitigu reciproke. Ĝi ne volas, ke la homoj malamu sin reciproke kaj rabu reciproke. Kiel estas sciate, ke la Ĉielo volas reciprokan amon kaj reciprokan profiton por la homoj, kaj ke ĝi ne volas al ili reciprokan malamon nek reciprokan rabadon? Per tio, ke universa estas ĝia amo kaj ĝia profito – universa. Kiel estas sciate, ke la Ĉielo universe amas kaj universe profitigas? Per tio, ke universa estas la ekzistado kaj universa – la nutrado. Nun kiu ajn estas la regno, granda aŭ malgranda, ĉiu estas unu vilaĝo de la Ĉielo. Kia ajn estas la homo, juna aŭ maljuna, altranga aŭ malaltranga, ĉiu estas la servanto de la Ĉielo. Sekve, kiam ŝafoj ne estas ne paŝtataj, hundoj kaj porkoj ne estas malnutrataj, tiam oni, farante puraj iun ajn vinon kaj oferaĵon, estimas ja per tio la aferon de la Ĉielo. Ĉu tio ne signifas, ke la ekzistado estas universa kaj universa estas la nutrado? Se la Ĉielo universe ĉion estigas kaj nutras, kial ĝi ne volus al homoj, ke ili reciproke amu kaj profitigu? Tial do estas dirite: "Tiun, kiu amas kaj profitigas homojn, la Ĉielo faros feliĉa, kaj tiun, kiu faras al homoj malbonon kaj rabas de ili, la Ĉielo nepre punos." Estas dirite: "Kiu mortigas la senkulpan, tiu ricevos la malbenon. Kial oni diras, ke la Ĉielo punas tiujn, kiuj mortigas unu la alian? Ĉar per tio estas sciate, ke la Ĉielo volas, ke homoj amu sin reciproke kaj profitigu reciproke unu la alian, sed ĝi ne volas, ke homoj malamu sin reciproke kaj rabu reciproke unu de la alia.

昔之圣王禹汤文武，兼爱天下之百姓，率以尊天事鬼，其利人多，故天福之，使立为天子，天下诸侯皆宾事之。暴王桀纣幽厉，兼恶天下之百姓，率以诟天侮鬼，其贼人多，故天祸之，使遂失其国家，身死为僇于天下，后世子孙毁之，至今不息。故为不善以得祸者，桀纣幽厉是也；爱人利人以得福者，禹汤文武是也。爱人利人以得福者有矣，恶人贼人以得祸者亦有矣。

Antikvaj sanktaj reĝoj, kiel Yu, Tang, Wen, Wu, universe amis subĉielan popolon, kaj per tio honoris la Ĉielon kaj servis al Spiritoj, profitante al homoj tre multe, tial do la Ĉielo, benante ilin, surtronigis ilin kiel siajn Filojn de la Ĉielo, kaj ĉiuj subĉielaj dukoj respekte obeis ilin. La kruelaj tiranoj, kiel Jie, Zhou, You, Li, universe malamis la subĉielan popolon, per tio blasfemis la Cielon kaj malrespektis la Spiritojn, kaj rabis de homoj tro multe, tial do la Ĉielo punis ilin, ke ĝi igis ilin perdi la regnojn kaj ili, mortinte, estis hontigitaj en la tuta mondo, kaj poste ankaŭ iliajn idojn-praidojn oni ne ĉesas mokadi eĉ ĝis nun. Do kiuj, farante malbonon, ricevis punon, estis tiuj reĝaĉoj Jie, Zhou, You, Li. Kiuj, amante homojn, profitante al ili, ricevis feliĉon, estis tiuj reĝoj – Yu, Tang, Wen, Wu. Okazas vere, ke amantoj de homoj kaj profitigantoj al homoj ricevas feliĉon, kaj okazas ja, ke malamantoj de homoj kaj rabantoj de homoj ricevas sankcion.

5. 七患 SEP MALSANOJ

子墨子曰：国有七患。七患者何？ 城郭沟池不可守，而治宫室，一患也；边国至境，四邻莫救，二患也；先尽民力无用之功，赏赐无能之人，民力尽于无用，财宝虚于待客，三患也；仕者持禄，游者爱佼，君修法讨臣，臣慑而不敢拂，四患也。君自以为圣智而不问事，自以为安强而无守备，四邻谋之不知戒，五患也；所信者不忠，所忠者不信，六患也；畜种菽粟不足以食之，大臣不足以事之，赏赐不能喜，诛罚不能威，七患也。以七患居国，必无社稷； 以七患守城，敌至国倾。七患之所当，国必有殃。

Majstro Mozi diris: "Ŝtato havas sep malsanojn. Kio do estas la sep malsanoj? Dum ankoraŭ ne estante preta je la ŝtatdefendo per citadelo nek per ĉirkaŭfoso, ĝi jam konstruas la palacon. Tio estas ja la unua malsano. Kiam iu malamika ŝtato minacas la landlimon, neniu el najbaroj de kvar direktoj helpas ĝin. Tio ja estas la dua malsano. Oni vane konsumas la energion de popolo, kaj oni donas premion al sentaŭguloj, kaj la popola energio estas eluzata por senutileco, kaj la monoj estas elspezataj al akceptado de gastoj. Tio estas ja la tria malsano. Servantoj zorgas nur pri sia salajro, vagantaj intelektuloj estas partiemaj, la reĝo ŝanĝas arbitre leĝojn-regulojn, rompante promeson al la regatoj, kaj la regatoj, nur obeeme akceptante, ne kuraĝas rekte oponi al la reganto. Tio estas ja la kvara malsano. Sinjoro, prenante sin por la pleja saĝulo, ne konsultas la aliulojn pri la aferoj, kaj li opinias sin tre forta, ke li ne pretigas gardi sin, kaj, kvankam najbaroj de kvar direktoj minacas, tamen li ne scipovas kontraŭi. Tio estas ja la kvina malsano. Tiu, kiun la sinjoro fidas, ne estas lojala, kaj tiun, kiu estas lojala, la sinjoro ne fidas. Tio estas ja la sesa malsano. Brutoj, grenoj, semlegomoj kaj legumenaĵoj mankas por nutri; ministroj ne estas kapablaj okupiĝi je la aferoj; la laŭdado ne povas ĝojigi; la punado ne povas timigi. Tio estas ja la sepa malsano. Se sep malsanoj estas en la ŝtato, nepre neniiĝos la altaro de tero kaj greno; eĉ se oni penadus gardi la kastelon ĉe sep malsanoj, malamikoj finfine pereigos la ŝtaton. La ŝtato, kie ekzistas sep malsanoj, nepre renkontas katastrofon."

凡五谷者，民之所仰也，君之所以为养也。故民无仰则君无养，民无食则不可事。故食不可不务也，地不可不力也，用不可不节也。五谷尽收，则五味尽御于主，不尽收，则不尽御。一谷不收谓之馑，二谷不收谓之旱，三谷不收谓之凶，四谷不收谓之馈，五谷不收谓之饥。岁馑，则仕者大夫以下皆损禄五分之一；旱，则损五分之二；凶，则损五分之三；馈，则损五分之四；饥，则尽无禄，禀食而已矣。故凶饥存乎国，人君彻鼎食五分之五，大夫彻县，士不入学，君朝之衣不革制，诸侯之客，四邻之使，雍食而不盛，彻骖騑，涂不芸，马不食粟，婢妾不衣帛，此告不足之至也。

    Ĝenerale popolo dependas de kvin grenoj, per kiuj la reganto ankaŭ nutras sin. Tial, se popolo ne havas grenojn, de kiuj ĝi dependas, la reganto ankaŭ ne povas nutri sin. Se la popolo ne manĝus, tiam oni ne povus laborigi ĝin. Tiel se ne estas manĝaĵo por instigi, ne eblus laborigi, se kampo estas sterila, oni ne devas ne fekundigi teron kaj ne devas ne ŝpari sen konsumado. Kiam kvin grenojn oni rikoltas abunde, la reganto povas ĝui kvin bongustojn, se oni ne rikoltas abunde, ankaŭ la reganto ne povas ĝui. Sen unu rikolto el grenoj estas nomate *reduktiĝo*, sen du estas nomate *sekeco*, sen tri – *sterilego*, sen kvar – *manko*, sen kvin – *malsatego*. Dum la reduktiĝo salajro de ŝtatoficistoj-funkciuloj devas esti malpliigita je unu kvinono. Dum la sekeco ĝi devas esti malpliigita je du kvinonoj. Dum la sterilego – je tri kvinonoj. Dum la manko – je kvar kvinonoj. Dum la malsatego estas perdita la tuta salajro, kaj estas donata al ili nur distribua manĝaĵo.

    Tiel do kiam sterilego atakas la ŝtaton, la reĝo devas malpliigi sian manĝon je tri kvinonoj da tripieda marmito; ŝtatfunkciuloj devas forigi muzikon; oficiroj devas forlasi lernadon; regantoj ne devas vesti sin pompe; alilandajn gastojn kaj najbarajn ambasadorojn oni devas akcepti ne per luksa manĝo, duonigi ĉevalojn de kaleŝegoj, ne ripari vojojn, nutri ĉevalojn ne per grenoj, vesti servistinojn-kromedzinojn ne per silkaĵo. Per tio ĉi oni devas anonci, ke la manko atingis la seriozan limon.

今有负其子而汲者，队其子于井中，其母必从而道之。 今岁凶、民饥、道饿，重其子此疚于队，其可无察邪？故时年岁善，则民仁且良；时年岁凶，则民吝且恶。夫民何常此之有？为者疾，食者众，则岁无丰。故曰：财不足则反之时，食不足则反之用。故先民以时生财，固本而用财，则财足。

    Kiam iu patrino, portante surdorse la infanon, iris al puto por ĉerpi akvon, kaj se la infano falis en la puton, tiam ŝi nepre serĉas ĉiun ajn rimedon por savi sian infanon. Se nun ĉe la sterilego malsatus la popolanoj kaj estus mortantaj sur la stratoj, ĉu malpli dolora estus tiam konscienceriproĉo ol ĉe la falo de infano, ĉu eblus preteratenti tion? En la jaro de bona rikolto la popolo estas ja justa kaj bona, en la jaro de sterilego estas la popolo ja avara kaj malbona. Kial do la popola naturo povas esti ĉiam senŝanĝa? Se estas malmulte da produktantoj kaj multe da manĝantoj, tiam en tiu jaro ne sufiĉas la provizo. Tiel do estas dirite: "Se mankas la havaĵo, rekonsideru, ĉu vi atentis tempon-sezonon aŭ ne; Se mankas manĝaĵoj, pentu ĉu vi ekonomiis aŭ ne." Tial antaŭa popolo laŭgustatempe produktis riĉon, firmigis fundamenton kaj ekonomiis posedaĵon, do sufiĉis ja la propraĵo.

故虽上世之圣王，岂能使五谷常收，而旱水不至哉？然而无冻饿之民者，何也？其力时急，而自养俭也。故《夏书》曰："禹七年水"，《殷书》曰："汤五年旱"，此其离凶饿甚矣，然而民不冻饿者，何也？其生财密，其用之节也。故仓无备粟，不可以待凶饥；库无备兵，虽有义不能征无义。城郭不备全，不可以自守；心无备虑，不可以应卒。是若庆忌无去之心，不能轻出。

Tiel do la antikvaj reĝoj, ja sanktaj, povis ĉiam konstante rikolti kvin grenojn kaj konkeradis sekecon kaj inundon. Krome ne troviĝis frostiĝintoj nek malsatiĝintoj. Kial? Ĉar oni laboris laŭgustatempe kaj nutris sin ekonomie. En la libro *Xia Shu* estas skribite: "Sub la reĝo Yu estis inundoj sep jarojn." Kaj en la libro *Yin Shu* estas skribite: "Sub la reĝo Tang estis sekeco kvin jarojn." Kvankam la tiama damaĝo estis serioza, tamen ne troviĝis popolanoj frostiĝintaj kaj malsatiĝintaj. Kial? Ĉar da riĉo estis produktata abunde kaj estis uzata ekonomie. Tiel se ne estus preta la provizo en tenejo, oni ne povus kontraŭstari sterilegon. Se en arsenalo ne estas pretaj la armiloj, eĉ justuloj ne povas trabati maljustulojn. Se la kastelo ne estas sufiĉe preta, ne eblas sindefendi. Se menso ne estas preta, oni ne povas respondi al urĝeco. Se Qing Ji[17] ne havus intencon foriri, tiam li ne povus facile eskapi.

夫桀无待汤之备，故放；纣无待武之备，故杀。桀、纣贵为天子，富有天下，然而皆灭亡于百里之君者，何也？有富贵而不为备也。故备者国之重也，食者国之宝也，兵者国之爪也，城者所以自守也，此三者国之具也。

Jie ne havis tiun pretecon singardi kontraŭ Tang, do li estis forpelita; Zhou ne havis tiun pretecon singardi kontraŭ la reĝo Wu, do li estis mortigita. Jie kaj Zhou estis noblaj kiel Ĉielfiloj kaj havis riĉon sub Ĉielo, spite tion ili estis pereigitaj de najbaraj regantetoj je cent aŭ mil *li*oj. Kial? Kvankam havante riĉon kaj rangon, tamen ili ne estis pretaj gardi sin. Tiel do plej grava por la ŝtato estas preteco je defendo: manĝaĵo estas trezoro de la ŝtato; armiloj estas ungoj de la ŝtato; kastelo estas bazo de sindefendo. Tiu triopo estas la ŝirmilo de la ŝtato.

---

17 Qiong Ji［庆忌］estas filo de Liao, reĝo de Wu-regno ［吴王僚（526–515 a. K.）］. Li estis fama je sia braveco. Kiam Liao estis mortigita de Helü, Qiong Ji eskapis al Wei. Sed li estis mortigita de Guang［公子光］.

故曰：以其极赏以赐无功；虚其府库以备车马衣裘奇怪；苦其役徒以治宫室观乐；死又厚为棺椁，多为衣裘；生时治台榭，死又修坟墓。故民苦于外，府库单于内，上不厌其乐，下不堪其苦。故国离寇敌则伤，民见凶饥则亡，此皆备不具之罪也。且夫食者，圣人之所宝也。故《周书》曰："国无三年之食者，国非其国也；家无三年之食者，子非其子也。"此之谓国备。

Tial estas dirite: "ke se altan premion donaci al netaŭguloj, se, malplenigante la fiskon, pretigi ĉevalojn-kaleŝojn kun kuriozaj vestaĵoj-peltoj, se per laboro de servutoj konstrui palacojn kaj amuzejojn, se ornami mortinton pompe per ĉerkoj interna kaj ekstera, kovrinte per multaj vestaĵoj-peltoj, se vivante, konstrui ĉielturojn kaj mortinte, rekonstrui tombegon, tiam la popolo suferas ekstere, la fisko konsumiĝas interne, superuloj ne povas ĝui sian plezuron, subuloj ne povas elteni sian suferon. Tial se la ŝtato estas atakita de ribelantoj-malamikoj, tiam tuj ĝi rompiĝas; se al la popolo okazas sterilego kaj malsato, ĝi tuj pereas. Ĉio ĉi-tio estas peko de senpreteco. Manĝaĵo ja estas tiu, kiun la sanktuloj taksas trezoro. Do en la libro *Zhoushu* estas skribite: 'La regno, kie mankas nutraĵo por tri jaroj, ne estas ja regno. En la domo, kie mankas manĝaĵo por tri jaroj, infanoj ne restas kiel infanoj.' Tio estas dirita rilate al la regna preteco."

6. 辞过 EVITADO DE TROECO

子墨子曰：古之民未知为宫室时，就陵阜而居，穴而处。下润湿伤民，故圣王作为宫室。为宫室之法，曰："室高足以辟润湿，边足以圉风寒，上足以待雪霜雨露，宫墙之高足以别男女之礼。"谨此则止。凡费财劳力，不加利者，不为也。役，修其城郭，则民劳而不伤；以其常正，收其租税，则民费而不病。民所苦者非此也，苦于厚作敛于百姓。是故圣王作为宫室，便于生，不以为观乐也；作为衣服带履，便于身，不以为辟怪也。故节于身，诲于民，是以天下之民可得而治，财用可得而足。当今之主，其为宫室则与此异矣，必厚作敛于百姓，暴夺民衣食之财，以为宫室台榭曲直之望、青黄刻镂之饰。为宫室若此，故左右皆法象之。是以其财不足以待凶饥，振孤寡，故国贫而民难治也。君实欲天下之治而恶其乱也，当为宫室不可不节。

Majstro Mozi diris: "Antikva popolo ne sciis kiel konstrui domojn kaj loĝis en kavernoj ĉe montetoj aŭ en grotoj. Tiam suba humideco difektadis popolon, do iu saĝa reĝo konstruis palacojn kaj domojn. La regulo de konstruado estis jena: 'la ĉambro devas esti sufiĉe alta por eviti humidecon, sufiĉe ŝirmita per muroj kontraŭ vento kaj malvarmeco, per tegmento kontraŭ neĝo, prujno, pluvo kaj roso, kaj vandoj devas esti sufiĉe altaj, ke viroj kaj virinoj povu vivi dece.' Estas necese zorgi nur pri tio. Ĉiu ajn vana konsumado de riĉaĵo kaj laborforto estas ne farenda. Se normala estus servuto kaj rekonstruo de kastelo, per tio la popolo, kvankam laciĝas, tamen ne mizeriĝas; se per normala taksado por kolekti imposton, la popolo, kvankam elspezas, tamen ne malriĉiĝas. La popolo suferas ne pro normala impostado, sed suferas pro troa ekspluatado. Tial la saĝaj reĝoj konstruis la palacon por vivtenado, sed ne por amuzado, ili havis vestojn, zonojn kaj ŝuojn, por bone gardi sin, sed ne por bizare garni sin. Do la regantoj devis ekonomii por si mem kaj lernigi la popolon pri ekonomio, per tio ĉiu popolano sub la ĉielo povis sekvi la regadon, estante kontenta je sia posedaĵo.Nuntempaj regantoj diferencas je konstruo de palacoj malkiel la antikvaj. Ili nepre multe ekspluatas la popolon, rabas de la popolo la posedaĵon, kiel vestojn kaj manĝaĵojn, kaj per tio ili deziras konstruadi sur sia kurba kaj rekta tero palacojn kaj multtavolajn ĉielskrapulojn, ornamitajn per pompaj gravuraĵoj kaj pentraĵoj, kun verdaj kaj flavaj koloroj. Palacoj estas faritaj tiel, do ĉiuj imitas ilin. Pro tio okazadas manko de riĉaĵoj kaj okazadas malsato dum sterilego, ne eblas savi orfojn kaj vidvinojn, tiel la regno malriĉiĝas kaj estas malfacile regi la popolon. Se la regantoj volus regi la mondon sen ia ajn ribelo, ili ne devas ne ekonomii al si je konstruado de palacoj."

古之民未知为衣服时，衣皮带茭，冬则不轻而温，夏则不轻而清。圣王以为不中人之情，故作诲妇人治丝麻，捆布绢，以为民衣。为衣服之法："冬则练帛之中，足以为轻且暖；夏则絺绤之中，足以为轻且清。"谨此则止。故圣人之为衣服、适身体，和肌肤而足矣，非荣耳目而观愚民也。当是之时，坚车良马不知贵也，刻镂文采不知喜也。何则？其所道之然。故民衣食之财，家足以待旱水凶饥者，何也？得其所以自养之情，而不感于外也。是以其民俭而易治，其君用财节而易赡也。府库实满，足以待不然，兵革不顿，士民不劳，足以征不服，故霸王之业可行于天下矣。当今之主，其为衣服，则与此异矣。冬则轻暖，夏则轻清，皆已具矣。必厚作敛于百姓，暴夺民衣食之财，以为锦绣文采靡曼之衣，铸金以为钩，珠玉以为珮，女工作文采，男工作刻镂，以为身服。此非云益煖之情也，单财劳力，毕归之于无用也。以此观之，其为衣服，非为身体，皆为观好。是以其民淫僻而难治，其君奢侈而难谏也。夫以奢侈之君御好淫僻之民，欲国无乱，不可得也。君实欲天下之治而恶其乱，当为衣服不可不节。

Kiam antikvuloj ne sciis vestojn, ili vestis sin per feloj kaj ŝnuroj el herbo. En vintro estis malfacile varmiĝi kaj en somero ne estis friske-komforte. Sanktaj reĝoj trovis tion malkonvena al homa sento, do instruis al virinoj planti moruson kaj kanabon, kaj teksi tolon kaj silkon por popola vestaĵo. Oni ekvestis sin laŭ tiu maniero: "en vintro surmeti al si suban vestaĵon el silko, malpeza kaj varma, kaj en somero surmeti al si vestaĵon el puerario, malpeza kaj friska." Per tio estis sufiĉe. Tiel do rilate vestaĵon, al saĝuloj estas sufiĉe, se tiu estas komforta al korpo kaj haŭto. Ĝi ne estas por fieri, nek por montraĉi stulte antaŭ popolo. En tiu tempo, nur se firmaj estas ĉaroj kaj bonaj estas ĉevaloj, oni ne zorgis pri ilia deveno, kara aŭ ne, nek ĝuis pompan ornamon de gravuraĵo kaj desegnaĵo. Kial? Ĉar tia estas la natura vojo. Tial do la popolo sufiĉe posedas propraĵon de vestoj kaj nutraĵoj, ke povu kontraŭstari iun ajn damaĝon de sekeco, inundo, sterilego kaj malsato. Kial? Ĉar la popolo posedas senton provizi sin mem, kaj ne interesiĝas pri alio. Tiele la popolo estas ŝparema kaj facile regata, kaj ties reganto utiligas ekonomie la posedaĵojn kaj eblas facile nutri la regatojn. Tiam la ŝtata trezorejo estas ja plena, sufiĉe preta eĉ je neatendita damaĝo; la soldatoj ne laciĝas, sufiĉe konkerante malobeantojn. Tiel la afero de superega reĝo povis esti realigata en la tuta mondo.

Nuntempaj estroj fabrikigas vestojn ne tiel, kiel la antikvaj. Tio, ke vestoj por vintro estu malpezaj kaj varmaj, someraj vestoj estu pezaj kaj friskaj, estas sama al ĉiuj. Sed nuntempaj estroj nepre multe ekspluatas popolanojn kaj rabas de popolanoj la posedaĵojn kiel vestojn kaj manĝaĵojn. Oni manufakturas vestojn, pompe ornamitajn kun brokaĵoj kaj desegnaĵoj, faras bukojn, mulditajn kun oro, faras juvelarojn el gemoj. Oni por vestoj igas virinojn brodi kaj virojn ĉizi. Tio jam ne estas por gardi korpon varme, sed nur por malŝpari monon kaj laboron. Kaj finfine ĉio estas vantaĵo. Kaj oni vidas, ke tio estas nur vestaĵo por vestaĵo, sed ne por korpo. Ĉio estas farata por afektemo. Tio faras la popolon volupta kaj neregebla, kaj faras la reganton malŝparema kaj nehavanta orelojn por aŭskulti admonon. Kun reganto malŝparema kaj kun popolo voluptema, ne eblas deziri, ke la regno evitu kaoson. Se la reganto vere volus pacon en la mondo kaj ne volus kaoson, tiam ne devas ne ekonomii je fabrikado de luksaj vestaĵoj.

古之民未知为饮食时，素食而分处，故圣人作，诲男耕稼树艺，以为民食。其为食也，足以增气充虚，强体适腹而已矣。故其用财节，其自养俭，民富国治。今则不然，厚作敛于百姓，以为美食刍豢，蒸炙鱼鳖，大国累百器，小国累十器，前方丈，目不能遍视，手不能遍操，口不能遍味。冬则冻冰，夏则饰饐。人君为饮食如此，故左右象之，是以富贵者奢侈，孤寡者冻馁，虽欲无乱，不可得也。君实欲天下治而恶其乱，当为食饮不可不节。

Antikva popolo ne sciis kiel produkti nutraĵon kaj prenis nur la krudajn, loĝante dise. Sanktulo igis virojn kultivi kaj planti por nutri popolon. Nutraĵo, kiun oni produktis, estis sufiĉa al popolanoj por multigi energion, kompletigi malforton, fortigi korpon kaj plenigi stomakon. Tiel oni utiligis propraĵojn ekonomie, nutrante sin ŝpareme, kaj la popolo riĉiĝis kaj la regno estis regata pace. Nun ne estas tiel. Oni ege ekspluatas popolanojn por satigi sin per bongustaj manĝaĵoj kaj diversaj viandoj, per vaporitaj aŭ rostitaj fiŝoj kaj ŝlimtestudoj. En la grandaj regnoj estas ĉiam surtable pli ol cent pladoj, eĉ en la malgrandaj regnoj – kelk-dek pladoj, la tablo de dek kvadrataj metroj estas tiel plena de manĝaĵoj, ke ne eblas vidi ĉion per okuloj, ne eblas preni ĉion per manoj, ne eblas gustumi ĉion per buŝo. En vintro la restintaĵoj glaciiĝas kaj en somero putras aŭ acidiĝas. Se la reganto malŝparas manĝaĵojn tiel, la regatoj imitas tion. Riĉuloj kaj altranguloj ĝuas luksegon, dum orfoj kaj vidvinoj frostiĝas kaj malsatiĝas. Kvankam oni dezirus, ke ne estu tumulto, tamen tio estas neevitebla. Se iu reganto vere deziras pacon en sia mondo kaj ne deziras la tumulton, li ne devas ne ekonomii la nutraĵojn.

古之民未知为舟车时，重任不移，远道不至，故圣王作为舟车，以便民之事。其为舟车也，全固轻利，可以任重致远，其为用财少，而为利多，是以民乐而利之。法令不急而行，民不劳而上足用，故民归之。当今之主，其为舟车与此异矣。全固轻利皆已具，必厚作敛于百姓，以饰舟车，饰车以文采，饰舟以刻镂。女子废其纺织而修文采，故民寒；男子离其耕稼而修刻镂，故民饥。人君为舟车若此，故左右象之。是以其民饥寒并至，故为奸衺。奸衺多则刑罚深，刑罚深则国乱。君实欲天下之治而恶其乱，当为舟车不可不节。

  Antikva popolo ne sciis kiel fari ŝipojn kaj ĉarojn, kaj ne eblis transporti la pezajn ŝarĝojn, des pli malproksimen. Do sankta reĝo faris ŝipojn kaj ĉarojn por ke ili estu oportunaj al la popolo. La ŝipoj kaj ĉaroj estas firmaj kaj ankaŭ malpezaj, kaj ili estas utilaj, eblas transporti pezajn ŝarĝojn eĉ malproksimen. Por ili bezonas uzi nur malmulte da mono kaj estas gajnata multe da profito, tiel do per tio la popolo ĝuas komforton kaj profiton. Ne truddevigate per leĝo aŭ ordono, la popolo ne laciĝas kaj liveras sufiĉan tributon al la ŝtato, kaj la popolo obeas bone. Nunaj regantoj faras la ŝipojn kaj ĉarojn aliaj. Krom tuta necesa instalaĵo por firmigo, malpezigo kaj oportuneco, ili nepre ege ekspluatas la popolanojn, tro ornamante la ŝipojn kaj ĉarojn: la ĉarojn per troa desegnado kaj la ŝipojn per troa gravurado.Virinoj, forlasante teksadon, okupiĝas pri la desegnado, tial do al popolo estas malvarme. Viroj, flanklasante terkulturadon, okupiĝas pri la gravurado, pro tio la popolo malsatiĝas. Regantoj faras la ŝipojn kaj ĉarojn tiaj, sekve liaj subuloj ja imitas tion. Ĉar la popolo malsatas kaj sentas sin malvarma, rezulte de tio ĝi faras malbonon. Ju pli multe da malbono, des pli severa estas puno; ju pli kruela la puno, des pli tumultas la regno. Se la regantoj, vere dezirante la pacon al sia regno, malŝatas ja la kaoson, tiam ili ne devas ne ekonomii je la konstruado de ŝipoj kaj ĉaroj.

  凡回于天地之间，包于四海之内，天壤之情，阴阳之和，莫不有也，虽至圣不能更也。何以知其然？圣人有传，天地也，则曰上下；四时也，则曰阴阳；人情也，则曰男女；禽兽也，则曰牡牝雄雌也。真天壤之情，虽有先王不能更也。虽上世至圣，必蓄私不以伤行，故民无怨；宫无拘女，故天下无寡夫。内无拘女，外无寡夫，故天下之民众。当今之君，其蓄私也，大国拘女累千，小国累百，是以天下之男多寡无妻，女多拘无夫，男女失时，故民少。君实欲民之众而恶其寡，当蓄私不可不节。

  Ĝenerale rilate al la turnado inter la ĉielo kaj la tero, inkluzive de estaĵoj en kvar maroj, nepre troviĝas kaj la naturo de universo, kaj harmonio inter *yin* (negativo-minuso) kaj *yang* (pozitivo-pluso), ĉie ajn senescepte. Tion ne povas ŝanĝi eĉ la plej alta sanktulo. Per kio oni scias tion? Estas dirite de la sanktulo: "Ĉe la ĉielo kaj tero estas supro kaj subo. Ĉe la kvar tempoj estas *yin* kaj *yang*. Ĉe la homoj estas viro kaj virino. Ĉe la bestoj estas masklo kaj femalo." La naturo de universo ja ne estas ŝanĝebla eĉ por la antikvaj sanktaj reĝoj. Kvankam la antikvaj sanktaj reĝoj havis nepre siajn edzinojn kaj kromvirinojn, tamen ne tiom, kiom difekti virton. Tial la popolo ne rankoris. Ĉar en la haremo de palaco ne estis detenataj sklavinoj, do en la regno ne estis negeediziĝantaj fraŭloj-vidvoj. Kaj per tio la popolo multiĝis amase sub la ĉielo. Nunaj regantoj havas siajn kromvirinojn, en la grandaj regnoj – kelkmil, en la malgrandaj – kelkcent. Do multe da viroj sub la ĉielo restas fraŭloj sen edzino, kaj multe da sklavigitaj virinoj ne havas edzon. Al viroj kaj virinoj estas perdita la ŝanco geedziĝi. Rezulte de tio la popolo malmultiĝas. Se la regantoj volus, ke da popolo estu multe, kaj ne dezirus ĝian malmultiĝon, ili ne devas havigi al si tro multe da sklavinoj.

凡此五者，圣人之所俭节也，小人之所淫佚也。俭节则昌，淫佚则亡，此五者不可不节。夫妇节而天地和，风雨节而五谷孰，衣服节而肌肤和。

En la kvin punktoj la sanktuloj ĝenerale prizorgas ŝpari-ekonomii, sed malgranduloj kontraŭe diboĉas kaj malŝparas. Per ekonomio-ŝparado oni prosperas, per malŝpara diboĉado pereas. Tial oni ne devas ne deteni sin en la kvin punktoj. Se geedzoj estas moderaj, harmonias la ĉielo kaj la tero. Se vetero kaj pluvo estas moderaj, da grenoj estas abundaj. Se vestoj estas moderaj, komforte harmonias haŭtoj.

7. 三辩 TRI ARGUMENTOJ

程繁问于子墨子曰："夫子曰：'圣王不为乐。'昔诸侯倦于听治，息于钟鼓之乐；士大夫倦于听治，息于竽瑟之乐；农夫春耕夏耘，秋敛冬藏，息于聆缶之乐。今夫子曰：'圣王不为乐。'此譬之犹马驾而不税，弓张而不弛，无乃非有血气者之所不能至邪？"

S-ro Cheng Fan demandis al Majstro Mozi, dirante: "Vi, Majstro, diras, 'ke sanktaj reĝoj ne okupiĝis pri muziko.' Tamen, antikvaj dukoj, laciĝinte je la ofico, ripozis per muziko de sonorilaro kaj tamburaro. Oficiroj kaj altranguloj, laciĝinte je la ofico, ripozis per blov- kaj kord-instrumentoj. Kamparanoj, kiuj kulturas printempe, sarkas somere, rikoltas aŭtune kaj konservas vintre, ripozadis per muziko de ĵaro kaj bovlo. Nun vi, Majstro, diras: 'Sanktaj reĝoj ne okupiĝis pri muziko'. Tio estas sama, kiel al la ĉevaloj, kiuj ĵus tiris la kaleŝon, oni ne lasas ilin ripozi, kaj sama, kiel al pafarko, plenstreĉita, oni ne lasas ĝin malstreĉiĝi. Ne povas elteni tion la estaĵoj kun sango kaj karno."

子墨子曰："昔者尧舜有茅茨者，且以为礼，且以为乐；汤放桀于大水，环天下自立以为王，事成功立，无大后患，因先王之乐，又自作乐，命曰《护》，又修《九招》；武王胜殷杀纣，环天下自立以为王，事成功立，无大后患，因先王之乐，又自作乐，命曰《象》；周成王因先王之乐，又自作乐，命曰《驺虞》。周成王之治天下也，不若武王；武王之治天下也，不若成汤；成汤之治天下也，不若尧舜。故其乐逾繁者，其治逾寡。自此观之，乐非所以治天下也。"

La Majstro Mozi diris: "En antikva tempo Yao kaj Shun, la reĝoj, vivantaj simple kaj modeste, strebis stabiligi la regnon pere de decreguloj kaj pere de muziko. Forpelinte la reĝon Jie al maro, Tang, la reĝo de Shang, unuigis la mondon kaj surtroniĝis. Sukcesis la regado kaj malaperis poste grandaj katastrofoj. Tiel do li, hereditine la antaŭan muzikon, aldonis sian muzikon kaj nomis ĝin *Hu* [t.s. "Gardo"], samtempe perfektigis la ludon de la antaŭa muziko *Jiu zhao* [Naŭ Belsonoj]. Poste, la reĝo Wu de Zhou, venkinte la regnon Yin, mortiginte Zhou, starigis al si la regnon kaj surtroniĝis. Sukcesis la afero kaj ne okazis poste grandaj katastrofoj. Tiel, hereditine la antaŭan muzikon, li aldonis la sian, kaj nomis ĝin *Xiang* [Aspekto]. La reĝo Cheng de Zhou heredis la antaŭan muzikon, aldonis la sian kaj nomis ĝin *Zou Yu* [Ĉevalisto de

Yu〕. La regado de Cheng, la reĝo de Zhou, estis malpli bona ol tiu de la reĝo Wu; la regado de Wu estis malpli bona ol tiu de Cheng Tang; la regado de Cheng Tang estis malpli bona ol tiu de Yao kaj Shun. Do, ju pli da muziko, des malpli iĝis la regado. Laŭ tiu vidpunkto, per la muziko ne eblas ordigi regadon."

程繁曰："子曰：'圣王无乐。'此亦乐已，若之何其谓圣王无乐也？"子墨子曰："圣王之命也，多寡之。食之利也，以知饥而食之者智也，因为无智矣。今圣有乐而少，此亦无也。

Cheng Fan demandis: "Vi diris, 'ke sanktaj reĝoj ne okupiĝis pri muziko.' Tamen tiam estis ja muziko. Kial eblus diri, ke la sanktaj reĝoj ne okupiĝis pri muziko?"

La Majstro Mozi diris: "Estis multe da ordonoj de la sanktaj reĝoj, sed malmulte estis menciite pri ĝi. Ili zorgadis antaŭ ĉio pri la nutraĵoj. Kiam ili konis la okazon de malsatego, provizo estis urĝa por saĝuloj, ĉar malsaĝe estis tiam okupiĝi pri muziko. Kvankam estis muziko ĉe la sanktaj reĝoj, tamen tiom malmulte, kiom estas tute egale al nenio."

8. 尚贤上 ESTIMO AL SAĜULOJ（1）

子墨子言曰：今者王公大人为政于国家者，皆欲国家之富，人民之众，刑政之治。然而不得富而得贫，不得众而得寡，不得治而得乱，则是本失其所欲，得其所恶。是其故何也？子墨子言曰：是在王公大人为政于国家者，不能以尚贤事能为政也。是故国有贤良之士众，则国家之治厚；贤良之士寡，则国家之治薄。故大人之务，将在于众贤而已。

La Majstro Mozi diris: "Nun reĝoj, dukoj kaj ministroj, okupiĝantaj je la politiko kaj regado de la regno, ĉiuj dezirus, ke multiĝu ŝtata riĉaĵo kaj popolnombro, kaj estu la politiko en ordo. Malgraŭ tio, la ŝtato fariĝas ne riĉa, sed malriĉa, la popolnombro ne plimultiĝas, sed malmultiĝas. Venas ne paco, sed malordo. Tiel fakte oni akiras ne la deziratan, sed abomenindan rezulton. Kial?"La Majstro Mozi diris: "Ĉar la regantoj, kiel la reĝoj, dukoj kaj ministroj, ne povas uzi kompetentulojn, havantajn talenton okupiĝi je administrado. Havante multe da bonaj saĝuloj, la ŝtato estas stabila; havante malmulte da bonaj saĝuloj, la ŝtato ne estas stabila. Do la tasko de regantoj konsistas en varbado de multe da saĝuloj."

曰：然则众贤之术将奈何哉？子墨子言曰：譬若欲众其国之善射御之士者，必将富之、贵之、敬之、誉之，然后国之善射御之士，将可得而众也。况又有贤良之士厚乎德行，辩乎言谈，博乎道术者乎！此固国家之珍，而社稷之佐也。亦必且富之、贵之、敬之、誉之，然后国之良士，亦将可得而众也。

Oni demandis: "Sed kio estas la rimedo por kolektado de saĝuloj?"
La Majstro Mozi respondis: "Se, ekzemple, oni volas kolekti bonajn pafarkistojn kaj ĉaristojn el sia regno, nepre oni devas fari ilin riĉaj kaj altrangaj, devas respekti ilin kaj honori ilin. Tiam eblas kolekti bonajn pafarkistojn kaj ĉaristojn el la regno amase. Krome, kie afable akceptitaj estas tiaj taŭguloj, tien venas plie kaj bonaj saĝuloj kun alta virto, kun talento de oratoro, erudicio kaj tekniko! Ili estas ja la trezoro por la stabila ŝtato kaj subtenas bone la socion, la altaron al dio de la tero kaj greno. Ili nepre devas fariĝi riĉaj, altrangaj, esti respektitaj kaj honorigitaj. Tiam bonaj personecoj el la regno povas kolektiĝi amase."

是故古者圣王之为政也，言曰：不义不富，不义不贵，不义不亲，不义不近。是以国之富贵人闻之，皆退而谋曰：始我所恃者，富贵也，今上举义不辟贫贱，然则我不可不为义。亲者闻之，亦退而谋曰：始我所恃者亲也，今上举义不辟疏，然则我不可不为义。近者闻之，亦退而谋曰：始我所恃者，近也，今上举义不辟远，然则我不可不为义。远者闻之，亦退而谋曰：我始以远为无恃，今上举义不辟远，然则我不可不为义。逮至远鄙郊外之臣、门庭庶子、国中之众、四鄙之萌人闻之，皆竞为义。是其故何也？曰：上之所以使下者，一物也；下之所以事上者，一术也。譬之富者有高墙深宫，墙立既谨，上为凿一门，有盗人入，阖其自入而求之，盗其无自出。是其故何也？则上得要也。

Tial antikvaj sanktaj reĝoj, administrante regnojn, diris: "Oni ne devas fari maljustulon riĉa, nek altranga, nek intima, nek proksima." Aŭdinte tion, estantaj riĉuloj kaj altranguloj de la ŝtato repripensas kaj memekzamene diras: "Sur kio ni estis nin apogantaj, tio estis la riĉaĵo kaj la altrango. Nun promociitaj estas justuloj, spite ke iaj ajn malriĉaj kaj mizeraj ili estus laŭ deveno. Tiuokaze ankaŭ ni ne devas ne fari juston." Parencaro, aŭdinte tion, repripensas kaj memekzamene diras: "Ni estis apogantaj nin sur nepotismo, sed nun promociitaj estas justuloj, malgraŭ iuj ajn fremduloj, do ankaŭ ni ne devas ne fari juston". Aŭdinte tion, proksimuloj de la reĝo repripensas kaj memekzamene diras: "Ni estis apogantaj nin sur proksimeco al la reĝo, sed nun promociitaj estas justuloj, ĉar la reĝo ne evitas malproksimulojn, do ankaŭ ni ne devas ne fari juston". Eĉ malproksimuloj, aŭdinte tion, repripensas kaj memekzamene diras: "Ni ne esperis, ĉar ni estas malproksimaj, sed nun promociitaj estas justuloj, ĉar ne malŝatataj estas malproksimuloj, do ankaŭ ni ne devas ne fari juston". Aŭdas tion la oficistoj, loĝantaj fore en vilaĝoj ekster la urbo, kaj junaj aspirantoj en la palaco, la popolanoj en la tuta regno, kaj la popoloj en la landlimaj teritorioj. Ili ĉiuj konkurence faros juston. Kial estas ĉi tio? Ĉar estas unu normo, laŭ kiu kaj per kiu la superuloj igas subulojn sekvi; estas unu rimedo, per kiu la subuloj servas al la superuloj. Supozu, ke iu riĉulo konstruas altan muron kaj internan palacon. Kiam ĝi estas finkonstruita, oni restigas nur unu pordon malfermita. Se iu ŝtelisto eniros tra la pordo, tiam oni, ferminte la pordon, serĉos lin, dum li ne povas eliri per si mem. Kial estas tio ĉi? Ĉar la superuloj scias esencan punkton, kiel la manieron por sukceso.

故古者圣王之为政，列德而尚贤，虽在农与工肆之人，有能则举之，高予之爵，重予之禄，任之以事，断予之令。曰：爵位不高，则民弗敬；蓄禄不厚，则民不信；政令不断，则民不畏。举三者授之贤者，非为贤赐也，欲其事之成。故当是时，以德就列，以官服事，以劳殿赏，量功而分禄。故官无常贵，而民无终贱，有能则举之，无能则下之，举公义，辟私怨，此若言之谓也。故古者尧举舜于服泽之阳，授之政，天下平；禹举益于阴方之中，授之政，九州成；汤举伊尹于庖厨之中，授之政，其谋得；文王举闳夭、泰颠于罝罔之中，授之政，西土服。故当是时，虽在于厚禄尊位之臣，莫不敬惧而施；虽在农与工肆之人，莫不竞劝而尚意。

    Do regado de la antikvaj sanktreĝoj konsistis en tio, ke estu enoficigitaj la virtuloj kaj estu adorataj la saĝuloj. De kie ajn ili devenas, el inter terkulturistoj, metiistoj aŭ komercistoj, se nur kompetentaj, ili tuj estas promociitaj. Des pli altaj devas esti la rango kaj salajro de la kompetentuloj, kaj al ili oni komisias administradon de aferoj kaj aŭtoritaton por decidi. Estas dirite: "Se kies rango ne estas alta, tiun la popolo ne respektas; kies salajro estas malalta, tiun la popolo ne kredas; kiu ne povas decidi ordonon senhezite, tiun la popolo ne timas." Doni tiujn tri meritojn al la saĝuloj estas ne por favori ilin, sed por sukcese efektivigi la aferojn. Konforme al tio virtuloj akiras la rangon, laŭ rango estas disponita la ofico, laŭ laboro estas asignita la premio, kaj de merito dependas la salajro. Sekve, oficistoj ne ĉiam restas altaj, kaj popolanoj ne por ĉiam malaltaj. Ĉar la kompetentaj estas altigotaj, kaj la malkompetentaj estas malaltigotaj. Tio signifas, doni prioritaton al publika justo kaj forlasi privatan rankoron – tio estas la samo, kiel estas dirite supre.

    Tiel la antikva reĝo Yao, promociinte Shun el la provinco Fuzezhiyang, konfidis al li la regadon, kaj tiel regis paco sub la ĉielo. Yu, promociinte Yi el la provinco Yinfang, konfidis al li la administradon, kaj tiel estis unuigitaj la regnoj en la landon. Tang, promociinte Yi Yin el laboristoj en kuirejo, konfidis al li la administradon, kaj sukcesis en la projekto. La reĝo Wen, promociinte Hong Yao kaj Tai Dian el fiŝkaptistoj, konfidis al ili administradon, kaj konkeris okcidentajn regnojn. Do en tiu tempo eĉ oficistoj kun alta salajro kaj alta rango ne devis ne penadi por esti respektindaj kaj laboremaj. Kamparanoj kaj metiistoj ne devis ne konkurencadi labori diligente kaj entrepreneme.

    故士者，所以为辅相承嗣也。故得士则谋不困，体不劳，名立而功成，美章而恶不生，则由得士也。是故子墨子言曰：得意贤士不可不举；不得意贤士不可不举。尚欲祖述尧舜禹汤之道，将不可以不尚贤。夫尚贤者，政之本也。

    Kiel oficiroj, ili devas asisti ministrojn kaj reĝojn. Se kapablaj personecoj estas enoficigitaj, tiam al regantoj ne estas malfacile regi, senlace eblas atingi la sukceson kaj gloron, eblas himnadi pri la beleco kaj likvidi malbonon, dank' al la kapabluloj.Tial Majstro Mozi diradis: "Ĉiam ajn oni ne devas ne promocii saĝajn personecojn, tute egale ĉu en bona tempo, kiam aferoj iras bonorde, aŭ en malbona tempo, kiam aferoj ne iras bonorde. Se oni volas heredi la vojon de antikvaj Yao, Shun, Yu, Tang, oni ne devas ne estimi saĝulojn. La estimo al saĝuloj estas la fundamento de regado."

9. 尚贤中 ESTIMO AL SAĜULOJ (2)

子墨子言曰：今王公大人之君人民，主社稷，治国家，欲修保而勿失，故不察尚贤为政之本也！何以知尚贤之为政本也？曰：自贵且智者，为政乎愚且贱者，则治；自愚贱者，为政乎贵且智者，则乱。是以知尚贤之为政本也。

La Majstro Mozi diris: "Nunaj reĝoj, dukoj kaj sinjoroj, regante la popolon, prokultante altarojn de la tero kaj grenoj, mastrumante la ŝtatojn, ja volus bonteni longe kaj ne perdi ilin, tamen ne atentas estimi saĝulojn kiel la bazon de la regado." Kial estas sciate, ke la estimo al saĝuloj estas la bazo de la regado? La Majstro diris: "La ordo estas tio, ke la noblaj kaj la saĝaj regas super la malsaĝaj kaj la maldecaj; la malordo estas tio, ke la malsaĝaj kaj la maldecaj regas super la noblaj kaj la saĝaj. Tial oni scias, ke la estimo al saĝuloj estas la bazo de la regado."

故古者圣王甚尊尚贤而任使能，不且党父兄，不偏富贵，不嬖颜色。贤者举而上之，富而贵之，以为官长；不肖者抑而废之，贫而贱之，以为徒役。是以民皆劝其赏，畏其罚，相率而为贤者。以贤者众，而不肖者寡，此谓进贤。然后圣人听其言，迹其行，察其所能，而慎予官，此谓事能。故可使治国者，使治国；可使长官者，使长官；可使治邑者，使治邑。凡所使治国家、官府、邑里，此皆国之贤者也。

Tiel do la antikvaj sanktaj reĝoj profunde respektis kaj estimis saĝulojn, kaj komisiis al talentuloj la aferojn. Ili ne partiemis promocii siajn parencojn laŭ nepotismo, ne tro favoradis la riĉajn nek la nobelajn, ne inklinis al favorado nur de la beluloj je aspekto. Se kiu estas saĝa, tiun oni alte promociis kaj faris riĉa kaj nobela, kaj eĉ ĉefa en la ofico. Se kiu estas malsaĝa, tiu estis malaltigita aŭ maldungita, malriĉigita aŭ mizerigita, kaj eĉ estis sklavigita. Sekve ĉiuj popolanoj strebadis ricevi premion kaj timis punon, konkurencis fari sin saĝaj. Tiel la saĝaj plimultiĝas, la malsaĝaj malmultiĝas, kaj tion oni nomas "promocio de la saĝuloj". Post tio la sanktuloj aŭskultas opinion de saĝuloj kaj observas ilian konduton, kaj inspektas ilian talenton kaj prudente promocias ilin altaj en ofico. Tion oni nomas "utiligo de la talentoj". Do kiu povas administri ŝtaton, tiu administru la ŝtaton, kaj kiu povas estri ministerion, tiu estru ĝin, kaj kiu povas mastrumadi provincon, tiu mastrumadu la provincon. Ĝenerale, ĉiuj, kiuj administras la ŝtaton, la oficejojn kaj la provincojn, ja estas la saĝuloj de la regno."

贤者之治国也，蚤朝晏退，听狱治政，是以国家治而刑法正。贤者之长官也，夜寝夙兴，收敛关市、山林、泽梁之利，以实官府，是以官府实而财不散。贤者之治邑也，蚤出莫入，耕稼、树艺、聚菽粟，是以菽粟多而民足乎食。故国家治则刑法正，官府实则万民富。上有以絜为酒醴粢盛，以祭祀天鬼；外有以为皮币，与四邻诸侯交接；内有以食饥息劳，将养其万民；外有以怀天下之贤人。是故上者天鬼富之，外者诸侯与之，内者万民亲之，贤人归之。以此谋事则得，举事则成，入守则固，出诛则强。故唯昔三代圣王尧、舜、禹、汤、文、武之所以王天下，正诸侯者，此亦其法已。

La saĝulo okupiĝas je administrado de la ŝtato tiel, ke li eklaboras frue kaj forlasas oficejon malfrue kaj aŭskultas atente apelacion. Per tio estas bone regata la regno kaj estas justa la punjuro. Kiel la estro de oficejo, la saĝulo enlitiĝas malfrue nokte kaj ellitiĝas frumatene, enkasigas profiton, kolektante imposton de doganejo kaj merkato, monto kaj arbaro, rivero kaj fiŝkaptado. Tial la ŝtata trezorejo estas plenigita. Plena estas la fisko, kaj ne konsumiĝas la trezorejo. Kiel vilaĝestro, la saĝulo frue ekiras kaj malfrue revenas, igas siajn vilaĝanojn kultivadi, semadi, plantadi arbojn, kaj kolektadi grenojn-legomojn, kaj per riĉaj manĝaĵoj nutras popolanojn ĝissate. Tiel do la ŝtato estas regata pace kaj la juĝado estas justa, la fisko estas plena kaj la popolo estas riĉa. Supre oni povas fari puraj vinon kaj produktojn de aspergilo kaj oferi ilin al la Ĉielo kaj Spiritoj; ekstere oni povas interrilati per varoj de felaĵo-ledaĵo, ŝtofoj kaj valuto kun najbaraj dukoj de kvar direktoj; interne oni povas doni al popolanoj manĝi kaj ripozi, kaj nutri ĉiujn kaj kolekti ĉe si la plej saĝajn de ekstere el tuta mondo. De supre la Ĉielo kaj Spirtitoj riĉigas la ŝtaton, de eskstere alilandaj dukoj subtenas ĝin, kaj interne ĉiuj popolanoj intime fidas la ŝtaton kaj la saĝuloj elkore obeas al ĝi. En tia ŝtato, se oni planas projekton, ĝi estas nepre efektivigita; se oni planas la aferon, ĝi estas atingita; se por defendado, homoj gardas firme; se por puni eksteran malbonon, ili militiras fortaj. Do ĉe la antikvaj tri dinastioj de sanktaj reĝoj, Yao, Shun, Yu, Tang, Wen kaj Wu, la regnoj estis tiaj kaj ili fariĝis la reĝoj sur aliaj dukoj-princoj laŭ supre menciita rimedo.

既曰若法，未知所以行之术，则事犹若未成，是以必为置三本。何谓三本？曰：爵位不高则民不敬也，蓄禄不厚则民不信也，政令不断则民不畏也。故古圣王高予之爵，重予之禄，任之以事，断予之令。夫岂为其臣赐哉？欲其事之成也。《诗》曰："告女忧恤，诲女予爵。孰能执热，鲜不用濯。"则此语古者国君诸侯之不可以不执善，承嗣辅佐也。譬之犹执热之有濯也，将休其手焉。古者圣王，唯毋得贤人而使之，般爵以贵之，裂地以封之，终身不厌。贤人唯毋得明君而事之，竭四肢之力以任君之事，终身不倦。若有美善则归之上，是以美善在上而所怨谤在下，宁乐在君，忧慼在臣。故古者圣王之为政若此。

Kvankam jam ekzistis tiu speco de leĝo-regulo, tamen, se oni ne scius teknikon por plenumi ĝin, la afero restus ne perfektigita. Nepre necesas starigi tri principojn. Kiuj estas la tri principoj? Ili estas jenaj. La homon sen alta rango la popolo ne respektas, la homon sen granda salajro la popolo ne kredas, la homon sen rigora dekreto la popolo ne timas. Do la antikvaj sanktaj reĝoj donis al saĝuloj altan rangon kaj grandan salajron, komisiis al ili la aferojn, konfidis al ili rajton de rezoluta decido. Ĉu estas donita ĉio al ili nur kiel favoro de reĝo? La reĝo antaŭ ĉio deziris ke la afero estu sukcese farita. En *Poezio* estas dirite:

"Vi prenu la mondan triston kiel vian malĝojon,

Kaj mi instruu al vi, kiujn al vi indas postenigi.

Ĉar neniu povas porti longe ion varmegan,

Sen malvarmigi siajn manojn per akvo."

La vortoj signifas, ke antikvaj reĝoj, dukoj kaj sinjoroj devus teni sekure ĉe si siajn heredantojn kaj helpantojn. Ĝuste kiel portanto de varmega aĵo trempas siajn manojn en akvo, oni devas teni siajn manojn sekuraj. Se la antikvaj sanktaj reĝoj trovis la saĝulojn kaj uzis ilin, tiam nepre postenigis ilin altaj, disdonis al ili teron kaj ne forĵetis ilin dum tuta vivo. Se la saĝuloj trovas la elstaran sinjoron kaj servas al lia afero, tiam kun tuta forto de la korpo ili servas lin kaj ne laciĝas dum tuta vivo. Se troviĝas belo kaj bono, pro tio oni dankas supren, tiel do io bela kaj bona ĉiam apartenas al supro kaj io domaĝa al subo. Pro paco kaj komforto oni dankas al supro, sed je ĝeno kaj malĝojo kulpas la subuloj. Tia estis la regmaniero de antikvaj sanktaj reĝoj.

今王公大人亦欲效人以尚贤使能为政，高予之爵，而禄不从也。夫高爵而无禄，民不信也。曰："此非中实爱我也，假藉而用我也。"夫假藉之民，将岂能亲其上哉！故先王言曰："贪于政者不能分人以事，厚于货者不能分人以禄。"事则不与，禄则不分，请问天下之贤人将何自至乎王公大人之侧哉？若苟贤者不至乎王公大人之侧，则此不肖者在左右也。不肖者在左右，则其所誉不当贤，而所罚不当暴，王公大人尊此以为政乎国家，则赏亦必不当贤，而罚亦必不当暴。若苟赏不当贤而罚不当暴，则是为贤者不劝而为暴者不沮矣。是以入则不慈孝父母，出则不长弟乡里，居处无节，出入无度，男女无别。使治官府则盗窃，守城则倍畔，君有难则不死，出亡则不从，使断狱则不中，分财则不均，与谋事不得，举事不成，入守不固，出诛不强。故虽昔者三代暴王桀纣幽厉之所以失措其国家，倾覆其社稷者，已此故也。何则？皆以明小物而不明大物也。

Nunaj reĝoj, dukoj kaj sinjoroj ankaŭ volus laŭ la antikvuloj utiligi la saĝulojn por administri, postenigi ilin altaj, sed mankas la salajroj. Kvankam estas alta la rango, tamen la salajro restas malalta, tiun traktadon oni ne kredas.

Oni dirus: "Mi ne estas vere ŝatata de la sinjoro, sed nur oportune estas ekspluatata."

Ĉu la homo, oportune ekspluatata, povus intimiĝi al sia supro?

Antikvaj reĝoj diradis: "Potencaviduloj ne povas dividi kun la aliaj la aferon, monaviduloj ne povas asigni al la aliaj la salajron."

Je aferoj ne konfidate, je la salajro ne donate, kiel do la saĝuloj el la mondo kolektiĝus ĉe iuj ajn reĝoj, dukoj kaj sinjoroj? Se la saĝuloj ne estas ĉe la regnestro kaj ĉe sinjoroj, tiam nekompetentuloj ĉeestas dekstre kaj maldekstre de ili. Se la nekompetentuloj ĉeestas ambaŭflanke, okazas tio, ke kiu estas laŭdata, tiu ne estas saĝa, kaj kiu estas punata, tiu ne estas kulpa. Se reĝoj, dukoj kaj sinjoroj ĉe administrado de la ŝtato alte taksas nekompetentulojn, tiam honorigata estas ne saĝulo kaj punata estas ne krimulo. Se honorigata estas ne saĝulo kaj punata estas ne krimulo, tiam oni ne povas stimuli saĝulojn nek deteni krimulojn. Tiele hejme homoj ne respektas gepatrojn nek obeas al ili, ekstere ne respektas pliaĝulojn, ne havas dec-regulojn en sia vivo, nek prudenton je sia sintenado, kaj estiĝas malordo en rilato inter geviroj. Mastrumante registaron, ili rabas; gardante kastelon, ili perfidas; kiam sia reĝo estas en danĝero, ili ne sindonas al li per sia morto; kiam la reĝo rifuĝas, ili ne sekvas lin; juĝante en tribunalo, ili ne justas; dividante riĉaĵon, ili ne egaligas dividitaĵon; estas vane konsulti ilin pri iu ajn aferon; kunlaboro kun ili je la afero ne sukcesas; ili ne estas persistaj je gardado nek estas fortaj je atakado. Jen tial la antikvaj tri dinastioj de tiranoj, Jie, Zhou, You, Li, perdis siajn regnojn, kaj ruiniĝis iliaj altaroj de tero kaj grenoj. Kial? Ĉar ĉiuj zorgadis pri malgravaĵo kaj ne komprenis pri gravaĵo.

今王公大人，有一衣裳不能制也，必藉良工；有一牛羊不能杀也，必藉良宰。故当若之二物者，王公大人未知以尚贤使能为政也。逮至其国家之乱，社稷之危，则不知使能以治之，亲戚则使之，无故富贵、面目佼好则使之。夫无故富贵、面目佼好则使之，岂必智且有慧哉！若使之治国家，则此使不智慧者治国家也，国家之乱既可得而知已。

Eĉ nun, kiam iuj ajn reĝoj, dukoj kaj sinjoroj, se havante ŝtofon, ne povas mem tajlori veston, en tiu okazo nepre devas uzi bonan tajloron, kaj se, havante bovon aŭ ŝafon, ili ne povas buĉi, tiam nepre devas uzi bonan buĉiston. Sciante pri du supremenciitaj aferoj, reĝoj, dukoj kaj sinjoroj ne scipovas utiligi saĝulojn por administrado de la ŝtato. Alfrontante tumulton en la ŝtato kaj danĝeron de altaroj de la tero kaj grenoj, ili ne scipovas utiligi kompetentulojn por ordigo, sed uzas parencojn-proksimulojn, uzas riĉulojn kaj nobelojn de bona deveno sen konkreta merito, kaj uzas homojn nur kun bela aspekto je ŝajno. Riĉaj kaj nobelaj sen konkreta merito, belaj je ekstera aspekto, se postenigite al oficio, ne ĉiam havas scion kaj saĝon. Se la administrado de ŝtato estas komisiita al tiaj nekompetentuloj, kaj la ŝtato estas regata de malsaĝuloj, jam estas antaŭsciate, ke la ŝtato malordiĝos.

且夫王公大人有所爱其色而使，其心不察其知而与其爱。是故不能治百人者，使处乎千人之官；不能治千人者，使处乎万人之官。此其故何也？曰：处若官者爵高而禄厚，故爱其色而使之焉。夫不能治千人者，使处乎万人之官，则此官什倍也。夫治之法将日至者也，日以治之，日不什修，知以治之，知不什益，而予官什倍，则此治一而弃其九矣。虽日夜相接以治若官，官犹若不治，此其故何也？则王公大人不明乎以尚贤使能为政也。故以尚贤使能为政而治者，夫若言之谓也；以下贤为政而乱者，若吾言之谓也。今王公大人中实将欲治其国家，欲修保而勿失，胡不察尚贤为政之本也？

Sed okazadas, ke reĝoj, dukoj kaj sinjoroj emas uzi belulojn, ne atentante pri ilia intelekto, sed pri favorado. Tiel tiun, kiu ne kapablas mastri cent homojn, ili enoficigas por milestro; ne taŭgulon por milestro ili nomumas dekmilestro. Kial okazas tio? Respondo estas jena: se la oficio estas alta je rango kaj salajro, ili emas nomumi sian belaspektan favoraton laŭplaĉe. Se netaŭgulon je milestro nomumi kiel dekmilestro, tiam lia laboro estos ja pli dekobla ol lia kapablo. Administrado estas ja ĉiutaga afero, endas solvi ĝin ĉiutage unu post alia. Se ne eblas elfari ĝin sufiĉe, solvendas pere de saĝo. Se la saĝo ne sufiĉas, laboro multiĝas dekoble. Sekve, naŭ dekonoj de afero devas esti forlasitaj, se estas enoficigita unu netaŭgulo. Kvankam tage kaj nokte kontinue laborus administrantoj, tamen ili ne povas trakti sian taskon sufiĉe, kial ĉi tio okazas? Ĉar reĝoj, dukoj kaj sinjoroj ne scipovas alte taksi saĝulojn kaj utiligi ilin por adimistrado. Estas ja dirite, ke bone regas tiu, kiu povas respekti saĝulojn kaj utiligi ilin por administrado. Kaj sekve mi diras, kiel malordigas adminstradon tiu, kiu malestimas saĝulojn. Se reĝoj, dukoj kaj sinjoroj ja volus bone administri la ŝtaton kaj longe teni ĝin, kaj ne volus perdi ĝin, tiam ili ne devas ne kompreni, ke estimo al saĝuloj estas la bazo de administrado, ĉu ne?

且以尚贤为政之本者，亦岂独子墨子之言哉！此圣王之道，先王之书《距年》之言也。《传》曰："求圣君哲人，以裨辅而身。"《汤誓》曰："聿求元圣，与之戮力同心，以治天下。"则此言圣之不失以尚贤使能为政也。故古者圣王唯能审以尚贤使能为政，无异物杂焉，天下皆得其利。

Ideo de administrado per saĝuloj apartenas ne nur al sola Mozi! Tiu vojo de sankta reĝo estas esprimita per la vorto el *Ju Nian*（Foraj Jaroj）, la libro de antaŭaj reĝoj.La klasiko diras: "Serĉu, sankta reĝo, filozofojn, kaj igu ilin asisti vin."*Ĵuro de Tang* diras: "Serĉu la verajn sanktulojn kaj kunlaboru kun ili harmonie, kaj per tio eblas regi la mondon." La vorto signifas, ke sanktuloj ne malsukcesis estimi saĝulojn kaj utiligi ilian kapablon por administrado. Ĉar antikvaj sanktaj reĝoj povis ja taksi kapablon kaj, estimante saĝulojn, povis uzi ilin por regado, kaj ne intervenigis aliajn sentaŭgulojn, tial ĉiuj en la mondo profitis dank' al tio.

古者舜耕历山，陶河濒，渔雷泽，尧得之服泽之阳，举以为天子，与接天下之政，治天下之民。伊挚，有莘氏女之私臣，亲为庖人，汤得之，举以为己相，与接天下之政，治天下之民。傅说被褐带索，庸筑乎傅岩，武丁得之，举以为三公，与接天下之政，治天下之民。此何故始贱卒而贵，始贫卒而富？则王公大人明乎以尚贤使能为政。是以民无饥而不得食，寒而不得衣，劳而不得息，乱而不得治者。

Kiam antikvulo Shun kultivis teron de Lishan, bakis argilteron ĉe la rivero Huang-he, fiŝkaptis en Lei-Marĉo, tiam la reĝo Yao, eltrovinte lin norde de Fu-Marĉo, subite promociis lin al la Filo de Ĉielo, per tio igis lin administri la mondon kaj regi subĉielan popolon. Yizhi, estante privata servanto por filino de la familio Youxin, okupiĝis mem pri kuirado. La reĝo Tang eltrovis lin kaj enoficigis lin sia ĉefministro kaj igis lin okupiĝi pri administrado de la mondo kaj regi la popolon. Fuyue vestis sin per kruda lano kaj ŝnura zono, kaj punlaboris ĉe Fuyan kiel terkonstruisto. Wuding trovis lin, promociis lin al la reĝa adjunkto, unu el "Tri Dukoj", komisiis al li administradon de la mondo kaj igis lin regi la popolon. Kial ili fariĝis altranguloj kaj riĉuloj, malgraŭ ke ili estis malnobluloj kaj malriĉaj en la komenco. Ĉar la reĝoj, dukoj kaj sinjoroj klare komprenis kiel utiligi saĝulojn por la regado de regnoj. Tiel do ne okazis, ke popolo ne povus manĝi dum malsato, vestiĝi dum malvarmo, ripozi post laboro; estis neniu, kiu povus tumulti kaj malobei.

故古圣王以审以尚贤使能为政，而取法于天。虽天亦不辩贫富、贵贱、远迩、亲疏，贤者举而尚之，不肖者抑而废之。然则富贵为贤，以得其赏者谁也？曰：若昔者三代圣王尧、舜、禹、汤、文、武者是也。所以得其赏何也？曰：其为政乎天下也，兼而爱之，从而利之，又率天下之万民以尚尊天、事鬼、爱利万民。是故天鬼赏之，立为天子，以为民父母，万民从而誉之曰"圣王"，至今不已。则此富贵为贤，以得其赏者也。

Tiele la antikvaj sanktaj reĝoj atenteme povis respekti saĝulojn kaj utiligi ilin por regado, kaj plie prenis tion kiel leĝon laŭ la Ĉielo. La Ĉielo, ne metante diskriminacion inter la malriĉa kaj la riĉa, la malproksima kaj la proksima, la intima kaj la malintima, promociis la saĝulojn kaj respektis ilin, sekve, la nekompetentulojn maldungis kaj ilin forĵetis. Kiu, estante samtempe riĉa kaj nobla, strebis al saĝo, kaj estis per tio laŭdata? Estas dirite: "Tiuj estas ja la antikvaj sanktaj reĝoj de tri dinastioj, nome, Yao, Shun, Yu, Tang, Wu. Kian premion ili ricevis?"Estas dirite: "Ili regis la mondon kun universala amo, profitigante ĝin, gvidante subĉielan popolon adori la Ĉielon kaj servi al la Spiritoj, donante al la tuta popolo amon kaj profiton. Pro tio la Ĉielo kaj Spiritoj premiis al ili tion, ke ili surtroniĝu kiel Filoj de la Ĉielo, ke la popolo rigardu ilin kiel gepatrojn, ke la tuta popolo honoru ilin eĉ ĝis nun kiel *sanktajn reĝojn*.Tia estas la ekzemplo de tiu, kiu, estante riĉa kaj nobla, fariĝis saĝa kaj ricevis admiron."

然则富贵为暴，以得其罚者谁也？曰：若昔者三代暴王桀、纣、幽、厉者是也。何以知其然也？曰：其为政乎天下也，兼而憎之，从而贼之，又率天下之民以诟天侮鬼，贼傲万民，是故天鬼罚之，使身死而为刑戮，子孙离散，室家丧灭，绝无后嗣，万民从而非之曰"暴王"，至今不已。则此富贵为暴，而以得其罚者也。

Se tiel, kiu el la riĉaj kaj la nobelaj, estante tirano, estis punita?Estas dirite: "Antikvaj tiranoj de tri dinastioj, kiel Jie, Zhou, You kaj Li."Kial do oni scias tion? Estas dirite: "Kiam ili estis regantaj la mondon, ili entute malamis kaj difektis ĝin, kaj igis la popolon malbeni la Ĉielon kaj insulti la Spiritojn, kaj arogante murdis la popolanojn. Pro tio la Ĉielo kaj la Spiritoj punis ilin, mortigis aŭ ekzekutis ilin. Iliaj idoj disiĝis, la familioj malaperis, kaj perdiĝis la heredontaj posteuloj. Ĉiuj popolanoj kondamnis ilin kiel *tiranojn* kaj tio daŭras ĝis nun. 'Tiuj estas la riĉaj', nobelaj, sed kruelaj, kaj estis punitaj."

然则亲而不善，以得其罚者谁也？曰：若昔者伯鲧，帝之元子，废帝之德庸，既乃刑之于羽之郊，乃热照无有及也，帝亦不爱。则此亲而不善以得其罚者也。

Do kiu estis malbona, estante parenca al reĝo, kaj estis punita? Estas dirite: "La antikva princo Bo Gun, la unua filo de imperiestro, fuŝis la reĝan virton kaj meriton, kaj estis ekzilita al regiono Yu, kien eĉ varma lumo ne atingas. Ankaŭ la imperiestro ne favoris al li."Tiu estis la parenco de la reĝo, kiu, estante ne bona, estis punita.

然则天之所使能者谁也？曰：若昔者禹、稷、皋陶是也。何以知其然也？先王之书《吕刑》道之曰："皇帝清问下民，有辞有苗。曰：'群后之肆在下，明明不常，鳏寡不盖，德威维威，德明维明。'乃名三后，恤功于民：伯夷降典，哲民维刑；禹平水土，主名山川；稷降播种，农殖嘉谷。三后成功，维假于民。"则此言三圣人者，谨其言，慎其行，精其思虑，索天下之隐事遗利，以上事天，则天乡其德；下施之万民，万民被其利，终身无已。故先王之言曰："此道也，大用之天下则不窕，小用之则不困，修用之则万民被其利，终身无已。"《周颂》道之曰："圣人之德，若天之高，若地之普，其有昭于天下也，若地之固，若山之承，不坼不崩，若日之光，若月之明，与天地同常。"则此言圣人之德，章明博大，埴固，以修久也。故圣人之德盖总乎天地者也。

Kiu estas tiu, kiun la Ĉielo uzas kiel kompetentulon? Estas dirite: "Tiuj estas antikvuloj Yu, Ji kaj Gaoyao." Per kio tio estas sciata? En *Lü Xing*, la libro de antaŭa reĝo, estas dirite: "Imperiestro demandis popolon pri la gento Miao, la popolo tiam esprimis sian plendon pri Miao." La imperiestro diris: "Ĉiuj sinjoroj de supro ĝis subo, lasu saĝulojn elmontri kapablon kaj ne lasu malfeliĉulojn kaŝiĝi, kaj superregu per virta majesteco kaj lumigu per virta lumo." Li ordonis al tri sinjoroj savi la popolon. S-ro Boyi establis leĝon, per kiu la popolo estu juĝata. S-ro Yu regis akvon kaj teron, donis nomon al riveroj kaj montoj. S-ro Ji pri agrikulturo akcelis semadon kaj kultivadon de bona greno. La sukceso de tri sinjoroj multe kaj daŭre profitigis la popolon. Tio signifas, ke tri sanktaj sinjoroj estis prudentaj je la vortoj, atentemaj je la pensoj, serĉante kaŝitajn aferon kaj profiton en la mondo, supre sekvis per tio la Ĉielon, kaj tial la Ĉielo subtenis ilian virton, kaj sube ili agadis favore al ĉiuj popolanoj, kiuj ricevis al si profiton tra la tuta vivo senĉese.

Do antikvaj reĝoj diradis: "Ĉi tiu vojo estas neelĉerpebla, ke oni grandskale utiligas ĝin en la mondo, nek estas sensufiĉa, eĉ se oni etskale utiligas, kaj se uzate longdaŭre, ĝi portas al la tuta popolo profiton senlime." En unu peco de *Himno de Zhou* en *Shijing* estas skribite: "La virto de sanktuloj estas alta, kiel la alta ĉielo, kaj estas universa, kiel la tero, kaj lumigas la mondon. Ĝi estas firma, kiel la tero, alta kiel la monto, ne disfendiĝas nek ruiniĝas. Kiel sunlumo kaj lunlumo, ĝi ĉiam estas kune kun la ĉielo kaj la tero." Tio diras, ke la virto de la sanktuloj estas klara kaj vasta, persista kaj firma, kaj, sekve, longdaŭra. La virto de la sanktuloj kovras por ĉiam la tutan mondon.

今王公大人欲王天下，正诸侯，夫无德义将何以哉？其说将必挟震威强。今王公大人将焉取挟震威强哉？倾者民之死也。民生为甚欲，死为甚憎，所欲不得而所憎屡至，自古及今未有尝能有以此王天下、正诸侯者也。今大人欲王天下、正诸侯，将欲使意得乎天下，名成乎后世，故不察尚贤为政之本也？此圣人之厚行也！

Nunaj reĝoj, dukoj kaj sinjoroj volus regi la mondon kaj feŭdomastrojn, tamen sen virtoj, sen justoj, kiel ili povus mastri? Endas obeigi ilin nepre kun perforto kaj per timigo. Por kio nunaj reĝoj, dukoj kaj sinjoroj devas preni rimedon de perforto kaj timigo? Por mortigi la popolon? La popolo volas vivi, malamas morton. Sed kio dezirata, tio ne estas ricevita, kaj kio malamata, tio oftas. Depost antikva tempo ĝis nun ankoraŭ ne eblas tiel regadi la mondon per ĉi tiu rimedo. Se nun iu sinjoro volus fariĝi reĝo sub la Ĉielo kaj obeigi feŭdomastrojn, dezirus disvastigi sian ideon en la mondo kaj restigi sian nomon en la estonteco, kial li ne komprenus, ke estimo al saĝuloj ja estas la politika fundamento? Tion atenteme faris la sanktuloj[18]!

---

[18] Sanktaj reĝoj de tri dinastioj. Tri dinastioj konsistas el Xia, Yin kaj Zhou. Kvankam Yao kaj Shun ne apartenas al tiuj dinastioj, tamen ĉe Mozi ili ankaŭ estas inkluzivitaj.
 "*Tang Shi*" estas ĵuro de la reĝo Tang, kiam he lasta disbatis la reĝon de Xia, Jie. Sed en la nun ekzistanta "*Tang Shi*" ne troviĝas la vortoj, citataj en *Mozi*.
 Yizhi estas Yiyin, antaŭa kuiristo ĉe Xin-familio. Filino de Xin edziniĝis al la reĝo Tang.
 Wu Ding de Yin-dinastio reĝis dum 1324–1265 a. K. Fu Yue estis trovita de la reĝo, kiam tiu riparas detruitan vojon, kaj promociita al Tri Dukoj.
 Laŭ *Shiji* de Si Ma Qian, Bo Gun estis filo de la reĝo Zhuang Xu. Ji estas Hou Ji, kiu administris terkultivadon sub la reĝo Yao. Gaoyao okupiĝis je leĝsistemo sub la reĝo Yao.
 Lüxing estas titolo de libro pri punjuro, establita de la duko Lü en la epoko de la reĝo Mu en Zhou-dinastio.
 Miao estas nomo de gentoj en antikvaj tempoj. Ĝia regno situis ĉirkaŭ nuna limo inter Hunan kaj Hubei. Oni diras, ke ĝi estas regno de prapatroj de nuna Miao.
 Hong Yao kaj Tai Dian estis ministroj sub la reĝo Wen.
 Altaro de tero kaj grenoj "*She Ji*"[社稷] signifas ŝtaton. Landestro konstruis la altaron ĉe sia kastelo, do ĝi fariĝis alinomo de la ŝtato.
 Bo Yi estis subulo de la reĝo Yu.

10. 尚贤下 ESTIMO AL SAĜULOJ （3）

子墨子言曰：天下之王公大人皆欲其国家之富也，人民之众也，刑法之治也，然而不识以尚贤为政其国家百姓，王公大人本失尚贤为政之本也。若苟王公大人本失尚贤为政之本也，则不能毋举物示之乎？今若有一诸侯于此，为政其国家也，曰："凡我国能射御之士，我将赏贵之；不能射御之士，我将罪贱之。"问于若国之士，孰喜孰惧？我以为必能射御之士喜，不能射御之士惧。我赏因而诱之矣，曰："凡我国之忠信之士，我将赏贵之；不忠信之士，我将罪贱之。"问于若国之士，孰喜孰惧？我以为必忠信之士喜，不忠不信之士惧。

Majstro Mozi diris: "Kvankam ĉiuj reĝoj, dukoj kaj sinjoroj en la tuta mondo volus riĉigi siajn regnojn, multigi popolnombron kaj regi per punjuro, tamen ili ne povoscias estimi saĝulojn por la regado de regno kaj popolo. Tiel ili tute perdas la politikan principon estimi saĝulojn. Se reĝoj, dukoj kaj sinjoroj tute malsukcesus rigardi estimon al saĝuloj kiel la bazon de politiko, tiam oni ne devas ne prezenti al ili sekvan ekzemplon por klarigi. Supozu, ke nun estus unu feŭdomastro, li dirus pri sia regno: 'Mi laŭdante premios bonan arkpafiston kaj bonan ĉariston en mia regno; sed fuŝarkpafiston kaj ĉaristaĉon punos kaj degrados.' Koncernante specialistojn en la regno, oni povas respondi, pri kiu oni ĝojas kaj pri kiu oni malĝojas. Mi nepre ĝojas pri la kapablaj arkpafisto kaj ĉaristo, malĝojas pri nekapablaj. Mi instige diras: 'Ĉiujn fidelajn en nia regno mi ja laŭdante premios; malfidelajn mi ja punos kaj degrados.' Koncernante specialistojn en la regno, oni povas respondi, pri kiu oni ĝojas kaj pri kiu oni malĝojas. Mi nepre ĝojas pri la fidelaj, kaj malĝojas pri la malfidelaj."

今惟毋以尚贤为政其国家百姓，使国为善者劝，为暴者沮。大以为政于天下，使天下之为善者劝，为暴者沮。然昔吾所以贵尧舜禹汤文武之道者，何故以哉？以其唯毋临众发政而治民，使天下之为善者可而劝也，为暴者可而沮也。然则此尚贤者也，与尧舜禹汤文武之道同矣。

Se nun oni alte estimas saĝulojn je la regado de la ŝtato kaj popolo, tiam la ŝtato povas instigi bonulojn fari bonon, kaj malkuraĝigi malbonulojn. Se plue oni povas uzi ilin por regi la mondon, tiam la mondo instigus bonulojn fari bonon, kaj malkuraĝigi malbonulojn. Ni delonge estimas la vojon de Yao, Shun, Yu, Wen kaj Wu, sed kial? Ĉar ili, publike dekretante regulojn kaj regante popolon, povis instigi la mondon fari bonon kaj malkuraĝigi malbonulojn. Tiel do, estimi saĝulojn estas la sama vojo, laŭ kiu iris Yao, Shun, Yu, Wen kaj Wu.

　　而今天下之士君子，居处言语皆尚贤，逮至其临众发政而治民，莫知尚贤而使能，我以此知天下之士君子，明于小而不明于大也。何以知其然乎？今王公大人，有一牛羊之财不能杀，必索良宰；有一衣裳之财不能制，必索良工。当王公大人之于此也，虽有骨肉之亲，无故富贵、面目美好者，实知其不能也，不使之也。是何故？ 恐其败财也。当王公大人之于此也，则不失尚贤而使能。王公大人有一罢马不能治，必索良医；有一危弓不能张，必索良工。当王公大人之于此也，虽有骨肉之亲，无故富贵、面目美好者，实知其不能也，必不使。是何故？ 恐其败财也。当王公大人之于此也，则不失尚贤而使能。逮至其国家则不然，王公大人骨肉之亲，无故富贵、面目美好者，则举之，则王公大人之亲其国家也，不若亲其一危弓、罢马、衣裳、牛羊之财与？我以此知天下之士君子皆明于小，而不明于大也。此譬犹瘖者而使为行人，聋者而使为乐师。

　　Sed nunaj sinjoroj en la mondo, kvankam perbuŝe diradas ĉiuj respekton de saĝuloj, tamen, dekretante publike al popolo la politikajn regulojn, tiuj povas ne estimi nek utiligi la saĝulojn. Mi scias, ke nunaj sinjoroj, kvankam atentas la malgrandan aferon, tamen ne komprenas la grandan. Kial mi scias tion? Eĉ nunaj reĝoj, dukoj kaj sinjoroj, se ne scias mem kiel buĉi bovon aŭ ŝafon, nepre serĉas bonan buĉiston, kaj, ne sciante kiel tajli vestojn, nepre serĉas bonan tajloron. Ĉi-okaze la reĝoj, dukoj kaj sinjoroj, havantaj siajn parencojn, riĉulojn, noblulojn kaj belulojn, ne uzas ilin, sciante la realon, ke ili ne taŭgas por tio. Por kio? Ili timas perdi vane sian posedaĵon. Ĉi-okaze la reĝoj, dukoj kaj sinjoroj ne forgesas estimon al saĝuloj kaj povoscias uzi ilin. Se iu reĝo, duko aŭ sinjoro ne povas kuraci la ĉevalon, tiam li nepre serĉas bonan veterinaron; se li ne povas meti kordon al rompiĝinta pafarko, nepre serĉas bonan metiiston por tio. Alfrontante tian problemon, eĉ nunaj reĝoj, dukoj kaj sinjoroj nepre ne uzas nekompetentulojn, spite parencojn, riĉulojn kaj belulojn, ĉar ilian nekapablecon ili bone scias. Kial? Ĉar ili timas perdi sian proprietaĵon. Koncernante tian specon de afero, eĉ nunaj reĝoj, dukoj kaj sinjoroj ne forgesas respekti specialistojn kaj uzas kompetentulojn.

　　Sed rilate al la ŝtata afero la situacio tute ne estas tia, la regnestroj favoras siajn parencojn, senmeritajn riĉulojn kaj belulojn[19]. Ĉu do reĝoj, dukoj kaj sinjoroj zorgas pri

---

[19] Trafas niajn okulojn la mencio pri "beluloj". Laŭ mia opinio, "belulo" estas tiu, kiu plaĉas al supro per sia bela aspekto kaj deca sinteno, sed ne per alta saĝo. Mozi diris, ke pereas la regnon, kie gravajn postenojn okupas tiuj beluloj kaj parencaroj de regnestro. Se oni legas la japanan klasikon "*Genzi-Monogatari*"(1001–1005), oni vidas, ke tiam gravajn postenojn de la regno okupis nur

la ŝtato malpli ol pri difektiĝintaj pafarkoj, laciĝintaj ĉevaloj, vestoj kaj proprietaĵoj kiel bovoj kaj ŝafoj? Per tio mi scias, ke ĉiuj nuntempaj sinjoroj en la mondo atentas pri malgrandaĵoj pli ol grandaĵoj. Se paroli metafore, tio estas sama, kiel nomumi mutulon ambasadoro, surdulon muzikisto.

是故古之圣王之治天下也，其所富、其所贵，未必王公大人骨肉之亲、无故富贵、面目美好者也。是故昔者舜耕于历山，陶于河濒，鱼于雷泽，灰于常阳，尧得之服泽之阳，立为天子，使接天下之政，而治天下之民。昔伊尹为莘氏女师仆，使为庖人，汤得而举之，立为三公，使接天下之政，治天下之民。昔者傅说居北海之洲、圜土之上，衣褐带索，庸筑于傅岩之城，武丁得而举之，立为三公，使之接天下之政，而治天下之民。是故昔者尧之举舜也，汤之举伊尹也，武丁之举傅说也，岂以为骨肉之亲、无故富贵、面目美好者哉？惟法其言，用其谋，行其道，上可而利天，中可而利鬼，下可而利人，是故推而上之。

Do kiam regis antikvaj sanktaj reĝoj la mondon, ili riĉigis kaj estimis ne ĉiam parencojn de regnestorj, nek senkompetentajn riĉulojn-nobelojn, nek belulojn je vizaĝo. Kiam en antikva tempo Shun kultivis teron de Lishan, bakis argilteron ĉe la rivero Huang-he, fiŝkaptis en Leize, vendis varojn ĉe Chang Yang, tiam la reĝo Yao, eltrovinte lin norde de Fuze, promociis lin al la Filo de Ĉielo, per tio igis lin administri la mondon kaj regi subĉielan popolon.

Iam Yiyin estis privata servanto-kuiristo por filino de la familio Xin. La reĝo Tang eltrovis lin kaj enoficigis lin kiel sian ĉefministron, kaj igis lin okupiĝi pri administado de la mondo kaj regi la popolon.

Iam Fuyue loĝis en mallibereĵo sur Beihaizhizhou(delto ĉe la norda maro), vestis sin per kruda lano kun ŝnuro bukita, kaj dungiĝis ĉe Fuyan kiel terkonstrua laboristo. Tiam Wuding, la reĝo de Yin, trovis lin, promociis lin al la reĝa adjunkto(unu el Tri Dukoj), komisiis al li administradon de la mondo kaj igis lin regi la popolon.

Tiel la reĝo Yao promociis Shun, la reĝo Tang promociis Yiyin, kaj la reĝo Wuding promociis Fuyue. Ĉu ĉi-okaze estis promociitaj la proksimaj parencoj, senkompetentaj riĉuloj-nobeloj kaj beluloj? Sekvante ilian vorton, per iliaj strategioj, laŭ ilia vojo, unue oni povis profitigi supre la Ĉielon, due profitigi meze Spiritojn, trie profitigi sube homojn, kaj per tio leviĝis supren la regno.

古者圣王既审尚贤欲以为政，故书之竹帛，琢之槃盂，传以遗后世子孙。于先王之书《吕

belaspekta parencaro de potenculoj. Tiu sistemo de aristokrata regado ruiniĝis en la 12-a jc., kaj estis anstataŭigita per la regado de militistoj-samurajoj. Politika teorio de Mozi pri la promocio de saĝuloj restas ĉiam akra kritiko al nepotismo, kiu detruas la fundamenton de la societo.

刑》之书然，王曰："於！来！有国有士，告女讼刑。在今而安百姓，女何择言人？何敬不刑？何度不及？能择人而敬为刑，尧、舜、禹、汤、文、武之道可及也。是何也？则以尚贤及之。于先王之书、竖年之言然，曰："晞夫圣、武、知人，以屏辅而身。"此言先王之治天下也，必选择贤者以为其群属辅佐。曰：今也天下之士君子，皆欲富贵而恶贫贱。曰：然女何为而得富贵而避贫贱？莫若为贤。为贤之道将奈何？曰：有力者疾以助人，有才者勉以分人，有道者劝以教人。若此则饥者得食，寒者得衣，乱者得治。若饥则得食，寒则得衣，乱则得治，此安生生。

La antikvaj sanktaj reĝoj, bone komprenante la gravecon de estimado al saĝuloj, utiligis saĝulojn por sia regado, tiel do skribinte tion sur bambuoj kaj silkoj aŭ sur bronzaj pelvoj, sciigis tion al posteuloj.

Laŭ la ĉapitro *Lüxing* ĉe la antaŭaj reĝoj estas dirite de iu reĝo: "Nu! Venu! Ŝtataj kaj provincaj estraranoj, mi diras al vi pri la punjuĝa procedo. Nun por protekti popolon sekure, kian devontigiton vi elektas? Kion vi estimas krom la kodo de punleĝo? Kion vi kalkulas krom pravigebleco laŭ sanktaj reĝoj?"

Scipovu elekti homojn kaj respektu punleĝon. Tio kondukas vin al la vojo de Yao, Shun, Yu, Tang, Wen kaj Wu. Kial? Ĉar tio estas la estimado al saĝuloj.

En la libro de antaŭa reĝo *Shu Nian* estas dirite per buŝo de iu maljunulo: "Esperu al la sanktaj, la bravaj kaj la saĝaj, lasu ilin asisti vin."

La vorto estas dirita en la epoko de regado sub antaŭaj reĝoj, kiuj antaŭ ĉio nepre elektis saĝulojn kaj igis tiun aron asisti al regnestroj.

Oni diras: "Ĉiuj nunaj sinjoroj en la mondo dezirus riĉaĵon kaj altrangon, kaj ne ŝatus povrecon." Sed kial ili dezirus akiri riĉaĵon kaj altrangon kaj eviti povrecon? Fariĝi saĝa estas pli bone ol tio, ĉu ne? Kia do estas la vojo al la saĝo?

Estas dirite: "La fortaj subite helpu la aliajn, la havantoj klopodu dividi la posedaĵon kun la aliaj, la virtuloj-vojirantoj gvidu la aliajn." Se tio estus farita, la malsataj akirus manĝaĵon, la suferantoj de malvarmo ricevus vestojn, kaj la embarasitaj ĝuus pacon. Se al la malsatiĝintoj estus donita la manĝaĵo, al la suferantoj de malvarmo la vestaĵo, al la embarasitoj la trankvilo, tiam la popolo povus vivi feliĉe en paco.

今王公大人其所富、其所贵，皆王公大人骨肉之亲，无故富贵、面目美好者也。今王公大人骨肉之亲，无故富贵、面目美好者，焉故必知哉？若不知，使治其国家，则其国家之乱可得而知也。今天下之士君子皆欲富贵而恶贫贱，然女何为而得富贵，而辟贫贱哉？曰：莫若为王公大人骨肉之亲，无故富贵、面目美好者。王公大人骨肉之亲，无故富贵、面目美好者，此非可学能者也。使不知辩，德行之厚若禹、汤、文、武，不加得也；王公大人骨肉之亲、嚾、瘖、聋，暴为桀、纣，不加失也。是故以赏不当贤，罚不当暴，其所赏者已无故矣，其所罚者亦无罪。是以使百姓皆攸心解体，沮以为善，垂其股肱之力而不相劳来也；腐臭余财，而不相分资也；隐匿良道而不相教诲也。若此，则饥者不得食，寒者不得衣，乱者不得治。推而上之以。

    Ĉe nunaj reĝoj, dukoj kaj sinjoroj, ĉiuj riĉuloj kaj nobeloj estas iliaj proksimaj parencoj, kiuj estas riĉaj sen kialo, kaj belaspektaj. Kial estas espereble havigi la intelektan kapablon al nunaj reĝoj, dukoj kaj sinjoroj, se kolektiĝas iliaj parencoj, riĉaj sen kialo kaj laŭaspekte belaj? Se mankas intelekta kapablo ĉe ili, oni devas scii, ke komisii al ili administradon de la ŝtato certe kaŭzas sekve la ŝtatan malordon. Nun ĉiuj sinjoroj en la mondo dezirus akiri riĉaĵon kaj altrangon, abomenante povron kaj mizeron. Sed kiel oni gajnas monon kaj rangon, evitante malriĉon kaj mizeron?

    Estas dirite: "Se vi estas la parencoj de reĝoj, dukoj kaj sinjoroj, kaj se belaspektaj, vi sen iu ajn merito povas fariĝi riĉaj kaj altrangaj." Parencoj de reĝoj, dukoj kaj sinjoroj, kvankam estus riĉaj-altrangaj sen kialo kaj belaspektaj, tamen ili ne povas esti intelektaj kompetentuloj. Se oni ne povas distingi tion, do ne eblas esti promociitaj eĉ tiaj veraj virtuloj kiel Yu, Tang, Wen, Wu. La lamaj, mutaj, surdaj promociiĝas nur se parencoj de potenculo, tiuokaze ne estas eliminebla tia tiraneco, kia estis ĉe Jie kaj Zhou. Kaj rezulte, premio estas donacata ne al la saĝuloj, kaj puno – ne al la aĉuloj, estas honorataj la sentaŭguloj, kaj punataj la senkulpuloj. Tio degenerigas koron de la popolo, malhelpas al la popolo fari bonon, malpliigas personan energion kaj karakteron, reduktas reciprokan helpon inter personoj, tiel do superflua provizo putras ne dividate inter homoj, per tio restas kaŝita la bona vojo kaj bonaj scioj ne estas transdonitaj unu al la alia. Tiel la malsataj ne ricevas manĝaĵon, la frostiĝantaj ne akiras vestaĵon, kaj kanajloj ne estas subigataj. Ĉio ĉi-tio dependas de kvalito de superulaj voloj.

    是故昔者尧有舜，舜有禹，禹有皋陶，汤有小臣，武王有闳夭、泰颠、南宫括、散宜生，而天下和，庶民阜，是以近者安之，远者归之。日月之所照，舟车之所及，雨露之所渐，粒食之所养，得此莫不劝誉。且今天下之王公大人士君子，中实将欲为仁义，求为上士，上欲中圣王之道，下欲中国家百姓之利，故尚贤之为说，而不可不察此者也。尚贤者，天鬼百姓之利，而政事之本也。

    Tiel do ĉe antikva reĝo Yao estis Shun, ĉe reĝo Shun estis Yu, ĉe reĝo Yu estis Gaoyao, ĉe reĝo Tang estis subuleto [Yi Yin], ĉe la reĝo Wu estis ministroj Hong Yao, Tai Dian, Nanguankuo[20], San Yisheng, per tio la mondo estis paca, popolo estis riĉa,

---

[20] Nanguankuo kaj San Yisheng estis ministroj sub reĝoj Wen kaj Wu.

proksimuloj vivis trankvile kaj malproksimuloj submetiĝis. La suno kaj la luno lumas ĉie, ŝipoj kaj ĉaroj iradas ĉien, pluvo kaj roso donas akvon ĉie, grenoj nutras ĉie, dum ne necesas trude instigi ĉiujn labori per premioj. Kaj se nuntempaj reĝoj, dukoj kaj sinjoroj vere dezirus en sia koro fari justecon, serĉus superajn specialistojn kaj dezirus en sia koro iri laŭ la vojo de la sanktaj reĝoj kaj doni al la popolo en sia regno profiton, por tio ili ne devus ne konsideri promocion de saĝuloj.

Estimo al saĝuloj estas la profito por Ĉielo, Spiritoj kaj la popolo, samtempe estas la fundamento de la politiko por regado.

11. 尚同上 AKORDIĜO (1)

子墨子言曰：古者民始生，未有刑政之时，盖其语，人异义。是以一人则一义，二人则二义，十人则十义，其人兹众，其所谓义者亦兹众。是以人是其义，以非人之义，故交相非也。是以内者父子兄弟作怨恶，离散不能相和合。天下之百姓，皆以水火毒药相亏害，至有余力不能以相劳，腐殄余财不以相分，隐匿良道不以相教，天下之乱，若禽兽然。

La Majstro Mozi diris: "Kiam antikva popolo ekvivis kaj ankoraŭ ekzistis neniu punjuro nek registaro, tiam signifoj, parolataj de popolanoj, variis laŭ ĉiu parolanto. Tiel do se unu homo estas, ekzistas unu justo, du homoj – du justoj, dek homoj – dek justoj, ju pli da homoj, des pli da justoj. Tial ĉiu kroĉiĝis al sia propra justo, neante la alian, kaj reciproke kritikadis unu la alian. Kaj ene de familio malamis sin reciproke patro, gefiloj kaj gefratoj, kaj ĉiuj, disiĝante, ne povis vivi en harmonio. Popolo en la mondo atencadis unu la alian per akvo, fajro kaj veneno. Kaj kiuj havis eĉ sufiĉan forton, tiuj ne povis helpi unuj al aliaj. Oni preferis lasi restintan provizon putri ol disdoni ĝin al aliaj, preferis kaŝi la bonan vojon ol sciigi pri ĝi aliulojn, tiel do la mondo de homoj ege malordiĝis, samkiel birdoj kaj bestoj."

夫明虖天下之所以乱者，生于无政长。是故选天下之贤可者，立以为天子。天子立，以其力为未足，又选择天下之贤可者，置立之以为三公。天子三公既以立，以天下为博大，远国异土之民，是非利害之辩，不可一二而明知，故画分万国，立诸侯国君。诸侯国君既已立，以其力为未足，又选择其国之贤可者，置立之以为正长。

La mondo ja perturbiĝas, ĉar mankas la estro. Do oni elektis la plej saĝan personon la Ĉiela Filo. Kvankam starigita la Ĉiela Filo, tamen, se al li sola ne sufiĉas kapablo, oni elektis saĝulojn-kapablulojn el inter la mondo kaj starigis ilin kiel Tri Dukojn. Eĉ se Tri Dukoj estis jam starigitaj, ĉar la mondo estis tre vasta, ke popoloj de foraj kaj fremdaj landoj diferencis je intereso, oni ne povis detale kompreni unu la alian. Tial do la mondo estis dividita en multajn feŭdajn regnojn, kaj estas starigitaj ties princoj kaj landestroj. Eĉ se princoj kaj landestroj estus jam starigitaj, tamen eblis, ke ili ne havis sufiĉan kapablon. Tiam oni elektis saĝulojn-kapablulojn el ĉiu regno kaj enoficigis ilin kiel justajn administrantajn estrojn.[21]

正长既已具，天子发政于天下之百姓，言曰："闻善而不善，皆以告其上。上之所是必皆是之，所非必皆非之。上有过则规谏之，下有善则傍荐之。上同而不下比者，此上之所赏，而下之所誉也。意若闻善而不善，不以告其上，上之所是，弗能是，上之所非，弗能非，上有过弗规谏，下有善弗傍荐，下比不能上同者，此上之所罚，而百姓所毁也。"上以此为赏罚，甚明察以审信。

Kiam justaj administrantaj estraroj jam estis starigitaj, la Ĉiela Filo deklaris al la popolo en la mondo: "Kion ajn vi aŭdas, ĉu bonon aŭ malbonon, ĉion raportu al via supro. Kiun ajn la supro konsideras kiel jeson, tiu nepre estas jeso, kaj kiel neadon, tiu nepre estas neado. Se la supro eraras, oni devas tion korekti kaj kritiki, se la subo faras bonon, oni devas tion rekomendi kaj stimuli. Necesas obeado al supro kaj malpermeso al la subo je kunkulpa komploto. Tio estas laŭdata de la supro kaj estas honorinde al la subo konduti tiel. Se tio, kion ajn oni aŭdas bona aŭ malbona, ne estus raportata al la supro, tiam okazadas jen tiel: kion la supro konsideras kiel jeson, tio ne povas esti jeso, kaj kion la supro neas, tio ne povas esti neado; kion la supro eraras fari, tio ne estas kritikata, nek korektata; la bono, farata de la subo, ne estas stimulata; la subo kontraŭ la supro komplicas en koluzio, kaj tiel la subo fakte ne obeas al la supro. Je tio la supro devas puni la subon kaj la popolo devas riproĉi." La supro devas honorigi kaj puni la subon, sufiĉe konsiderante, atenteme taksante, klare komprenante ĝin.

是故里长者，里之仁人也。里长发政里之百姓，言曰："闻善而不善，必以告其乡长。乡长之所是，必皆是之；乡长之所非，必皆非之。去若不善言，学乡长之善言；去若不善行，学乡长之善行。"则乡何说以乱哉？察乡之所治者，何也？乡长唯能壹同乡之义，是以乡治也。

Rezulte, estas starigita la estro de malgranda vilaĝeto, kiu estas justa persono en la

---

[21] Ĉiela Filo estas reĝo en la tuta Ĉinio. Laŭ teksto ankoraŭ ne estas klare, kiu elektis la Filon de la Ĉielo. Sed klare estas, ke la reĝo ne estas perfekta je kapablo por regado, tial do estas starigita la asista organo – Tri Dukoj [三公：太师、太傅、太保]. Per logiko de Mozi, potenco de regado estas dividita laŭ administra funkcio kaj laŭ lokoj en la regno, regnoj, distriktoj kaj vilaĝetoj. Por kompreni la ideon de "Akordiĝo" endas kalkuli tion antaŭ ĉio.

Punjuro aŭ Kvin Punleĝoj konsistis el tatuo[墨], nazodetranĉo[劓], krurodetranĉo[剕], kastro[宫] kaj morto[大辟].

Kaj Mozi rigardas grava la reton de informigo, kiel rimedo de regado. Nuntempaj esploristoj en Japanio kritikas ideon de Mozi pri Akordiĝo pro aŭtokratio aŭ absolutismo. Sed por unuigo de la regno en la epoko de Milito-regno tiu ideo estas progresema kaj praktika.

vilaĝeto. Li ordonas al siaj vilaĝanoj, dirante: "Aŭdante bonon aŭ malbonon, nepre sciigu tion al la distrikt-estro. Kion distrikt-estro konsideras jesa, ĉio nepre estas jeso, kaj kion li neas, ĉio nepre estas neado. Se oni volus forigi sian malbonan parolon, lernu ĉe la distrikt-estro bonan parolon; se oni volus eviti malbonan agon, lernu ĉe la distrikt-estro bonan agon." Kia malordo tiam povus okazi en la distrikto? La distrikto estas bone regata, kial? La distrikt-estro nur povas unuigi la lokan justecon, do la loko estas en ordo.

乡长者，乡之仁人也。乡长发政乡之百姓，言曰："闻善而不善者，必以告国君。国君之所是，必皆是之；国君之所非，必皆非之。去若不善言，学国君之善言；去若不善行，学国君之善行。"则国何说以乱哉？察国之所以治者，何也？国君唯能壹同国之义，是以国治也。

Distrikt-estro estas la justulo en la distrikto. La distrikt-estro ordonas al siaj popolanoj de la loko, dirante: "Se oni aŭdas iun ajn bonon aŭ malbonon, nepre raportu tion al la landestro. Kion ajn la landestro konsideras jeso, ĉio estas jeso; kaj kion ajn la landestro neas, ĉio estas neado. Se oni volus eviti malbonan parolon, lernu ĉe la landestro paroli bonon; se oni volus fari ne malbonon, lernu ĉe la landestro kiel fari bonon." Tiuokaze kia malordo okazus en la regno? Kial oni komprenas, ke la regno estas regata en ordo? Ĉar la land-estro unuigas la justecon de la regno, la regno estas regata en ordo.

国君者，国之仁人也。国君发政国之百姓，言曰："闻善而不善，必以告天子。天子之所是，皆是之；天子之所非，皆非之。去若不善言，学天子之善言；去若不善行，学天子之善行。"则天下何说以乱哉？察天下之所以治者，何也？天子唯能壹同天下之义，是以天下治也。天下之百姓皆上同于天子，而不上同于天，则菑犹未去也。今若天飘风苦雨，溱溱而至者，此天之所以罚百姓之不上同于天者也。是故子墨子言曰：古者圣王为五刑，请以治其民。譬若丝缕之有纪，罔罟之有纲，所连收天下之百姓不尚同其上者也。

La land-estro estas la justulo en la regno. La land-estro ordonas al la popolo de la regno, dirante: "Kiun ajn bonon aŭ malbonon oni aŭdas, ĉion nepre raportu al la Ĉiela Filo. Kion la Ĉiela Filo konsideras jeso, ĉio estas jeso; kion la Ĉiela Filo neas, ĉio estas neado. Se oni volus eviti malbonan parolon, lernu ĉe la Ĉiela Filo kiel paroli bonon; se oni volus eviti malbonan agon, lernu ĉe la Ĉiela Filo kiel fari bonon." Tiuokaze, kia malordo okazus en la mondo? Kial estas regata en ordo la mondo? Ĉar la Ĉiela Filo kapablas unuigi la mondan justecon, do la mondo estas regata en ordo. Ĉiuj popolanoj en la mondo egale obeas al la Ĉiela Filo, en la kazo, se ili ne obeus al la Ĉielo, tiam ne eviteblus ĉiam ĥaoso samkiel herbaĉo. Nun se ia blovego kaj pluvego sinsekvas unu post la alia, tio signifas, ke la Ĉielo per tio punas la popolon, ne obeantan al la Ĉielo. Do Majstro Mozi diris: "La antikvaj sanktaj reĝoj establis kvin punleĝojn, per kiuj la popolo estis regata. Kvazaŭ ĉef-fadeno en silka fasketo kaj ĉef-ŝnuro en fiŝreto, estas promesite per leĝoj, ke la malobeanta popolo en la mondo estu ordigita."

12. 尚同中 AKORDIĜO (2)

子墨子曰：方今之时，复古之民始生、未有正长之时，盖其语曰："天下之人异义。"是以一人一义，十人十义，百人百义，其人数兹众，其所谓义者亦兹众。是以人是其义，而非人之义，故相交非也。内之父子兄弟作怨仇，皆有离散之心，不能相和合。至乎舍余力不以相劳，隐匿良道不以相教，腐朽余财不以相分，天下之乱也，至如禽兽然，无君臣上下长幼之节，父子兄弟之礼，是以天下乱焉。

La Majstro Mozi diris: "Se nun retrospekti primitivan vivon de antikvaj homoj, kiam ankoraŭ ne ekzistis justaj regantoj, oni devas diri, ke 'ĉiu en la mondo havis respektive sian propran juston rialte al principo.' Tiel do ĉe unu homo estis unu propra justo, dek homoj — dek justoj, cent homoj — cent jsutoj, ju pli da homoj, des pli da justoj. Homoj konsideris nur sian propran opinion kiel justan, rigardante alies opinion kiel maljustan, tiel do ili riproĉadis sin reciproke. Inter patroj kaj filoj, inter gefratoj, naskiĝis malamo, kaj ĉiu kontraŭ aliaj disiĝis je koro, ne povis harmonie kunvivi. Eĉ se disponeble estis je rezervaĵoj, oni ne helpis al malriĉuloj. Eĉ se sciata estis bona ideo, oni ne transdonis ĝin al aliuloj. Eĉ se estis putriĝanta la superflua posedaĵo, oni ne disdonis ĝin al aliuloj. La mondo de homoj ja tumultadis, samkiel tiu de animaloj. Mankis la deca ordo inter estroj kaj subuloj, inter pli juna kaj pli maljuna, eĉ inter patro kaj filo, inter gepatroj. Tiel malordiĝis la mondo."

明乎民之无正长以一同天下之义，而天下乱也。是故选择天下贤良圣知辩慧之人，立以为天子，使从事乎一同天下之义。天子既以立矣，以为唯其耳目之请，不能独一同天下之义，是故选择天下赞阅贤良圣知辩慧之人，置以为三公，与从事乎一同天下之义。天下三公既已立矣，以为天下博大，山林远土之民，不可得而一也，是故靡分天下，设以为万诸侯国君，使从事乎一同其国之义。国君既已立矣，又以为唯其耳目之请，不能一同其国之义，是故择其国之贤者，置以为左右将军大夫，以远至乎乡里之长与从事乎一同其国之义。

Se la popolo ne havas la ĝustan estron, unuigantan la juston de la mondo, la mondo certe malordiĝas. Tial elektu la plej saĝan, bonan, sanktan, intelektan, elokventan kaj prudentan kiel la Filon de la Ĉielo, kaj lasu lin mastrumi por unuigo de justo de la mondo. Kvankam la Ĉiela Filo estas jam starigita, tamen oni eksciis, ke ne eblas nur per oreloj kaj okuloj de unu sola persono unuigi la juston de la regno, do oni elektis Tri

Dukojn, kiuj estis rigardataj kiel la saĝaj, bonaj, sanktaj, intelektaj, elokventaj kaj prudentaj, kaj oni lasis ilin okupiĝi pri unuigo de la justo por la regno. Tri Dukoj jam estas starigitaj, tamen oni sciiĝis, ke la mondo estas tre vasta kaj popolanoj de montaro kaj de foraj regnoj ne povas esti unuigitaj, tial do oni dividis la regnon en sub-partojn, instalis landestrojn, kaj lasis ilin okupiĝi pri unuigo de la justo respektive por ĉiu regno. Kvankam estas starigita la landestro, tamen oni sciiĝis, ke ne eblas unuigi la juston per la oreloj kaj okuloj de unu sola estro, oni elektis la saĝajn generalojn kaj grandajn oficirojn el foraj regnoj, kaj lasis ilin okupiĝi pri unuigo de la justo respektive por ĉiu regno.

天子诸侯之君，民之正长，既已定矣，天子为发政施教曰："凡闻见善者，必以告其上；闻见不善者，亦必以告其上。上之所是，必亦是之；上之所非，必亦非之。己有善傍荐之，上有过规谏之。尚同义其上，而毋有下比之心。上得则赏之，万民闻则誉之。意若闻见善，不以告其上；闻见不善，亦不以告其上。上之所是不能是，上之所非不能非，己有善不能傍荐之，上有过不能规谏之。下比而非其上者，上得则诛罚之，万民闻则非毁之。"故古者圣王之为刑政赏誉也，甚明察以审信。是以举天下之人，皆欲得上之赏誉，而畏上之毁罚。

Estas starigitaj la Ĉiela Filo, princoj, landestroj, kiel justaj estroj por la popolo, kaj sekve la Ĉiela Filo instrukcias, dirante: "Kiun ajn bonon oni aŭdas kaj vidas, ĉion nepre raportu al la supro; kiun ajn malbonon oni aŭdas kaj vidas, nepre ankaŭ raportu ĉion al la supro. Kion la supro opinias jeso, tio nepre estas jeso; kaj kion la supro neas, tio nepre estas neado. Se sube troviĝas io bona, rekomendu tion al la supro, kaj se la supro erare transpaŝas regulojn, avertu kaj korektu tion. Oni devas esti en justa akordo kun la supro, kaj ne devas sube konspiradi je bandoj. Tiel la supro, sciante, aplaŭdas tion, kaj ĉiuj popolanoj, aŭdante, admiras tion same. Se oni ne raportus al la supro, aŭdante kaj vidante bonon, se oni, aŭdante kaj vidante malbonon, ne prezentus al la supro, tiam, kion la supro konsideras jeso, tio ne povus esti jeso, kaj kion la supro neas, tio ne povus esti neado. Oni ne rekomendas al la supro, eĉ se ĉe trovado de bono ĉirkaŭ si, kaj la supro, kiu eraras, ne estas konsilata. La subo konspiras kaj neas la supron, kaj spite ke la supro devas puni la komploton, popolanoj, eĉ aŭdante tion, ne riproĉas." La antikvaj sanktaj reĝoj ja regis per juro kaj rekompencadis, klare observante kaj juĝante kun kredo. Tiel ĉiuj en la mondo deziris ricevi desupre aplaŭdon kaj timis la punon desupre.

是故里长顺天子政，而一同其里之义。里长既同其里之义，率其里之万民，以尚同乎乡长，曰："凡里之万民，皆尚同乎乡长，而不敢下比。乡长之所是，必亦是之；乡长之所非，必亦非之。去而不善言，学乡长之善言；去而不善行，学乡长之善行。"乡长固乡之贤者也，举乡人以法乡长，夫乡何说而不治哉？察乡长之所以治乡者，何故之以也？曰：唯以其能一同其乡之义，是以乡治。

Kaj vilaĝestroj obeas al la ordono de la Ĉiela Filo, ĉar la justo de ilia regno estas unuigita. Vilaĝestro, jam akordante kun la vilaĝa justo, gvidas la tutan popolon de sia vilaĝo, kaj samtempe akordante kun la distrikt-estro, diras: "Popolanoj de ĉiuj vilaĝoj, tute akordu kun distrikt-estro kaj ne aŭdacu konspiri de sube. Kion ajn distrikt-estro konsideras jeso, tio nepre estas jeso; kion ajn distrikt-estro neas, tio nepre estas neado. Forigu malbonan paroladon, lernu ĉe la distrikt-estro bonan paroladon; forigu malbonan agadon, lernu ĉe distrikt-estro bonfaradon." Distrikt-estro estas ja saĝulo, do ĉiuj loĝantoj per leĝo obeas al distrikt-estro. Kial do ne estus regata per tio bone la distrikto? Supozu, kial de distrikt-estro estas regata bone la distrikto? Estas dirite: "Tio eblas nur ĉar la justo estas unuigita en la distrikto kaj per tio estas regata la distrikto."

乡长治其乡，而乡既已治矣，有率其乡万民，以尚同乎国君，曰："凡乡之万民，皆上同乎国君，而不敢下比。国君之所是，必亦是之；国君之所非，必亦非之。去而不善言，学国君之善言；去而不善行，学国君之善行。"国君固国之贤者也，举国人以法国君，夫国何说而不治哉？察国君之所以治国，而国治者，何故之以也？曰：唯以其能一同其国之义，是以国治。

Distrikt-estro regas la distrikton, kaj ĝi jam estas regata, kaj li gvidas siajn popolanojn, por ke la lastaj akordiĝu kun la land-estro, dirante: "Ĉiuj popolanoj en la distrikto, akordiĝu kun la supra land-estro kaj ne aŭdacu komploti. Kion la land-estro konsideras jeso, tio nepre estas jeso; kaj kion la land-estro neas, tio nepre estas neado. Forigu malbonan paroladon, lernu ĉe la land-estro bonan paroladon; forigu malbonan agadon, kaj lernu ĉe la land-estro bonfaradon." La land-estro principe estas ja la saĝulo, do ĉiuj loĝantoj per leĝo obeas al la land-estro. Kial do ne estus regata per tio bone la regno? Supozu, kial la regno estas regata bone de la estro. Estas dirite: "Tio estas ebla, nur ĉar la justo estas unuigita en la regno, per tio estas regata la regno."

国君治其国，而国既已治矣，有率其国之万民，以尚同乎天子，曰："凡国之万民上同乎天子，而不敢下比。天子之所是，必亦是之；天子之所非，必亦非之。去而不善言，学天子之善言；去而不善行，学天子之善行。"天子者，固天下之仁人也，举天下之万民以法天子，夫天下何说而不治哉？察天子之所以治天下者，何故之以也？曰：唯以其能一同天下之义，是以天下治。夫既尚同乎天子，而未上同乎天者，则天菑将犹未止也。故当若天降寒热不节，雪霜雨露不时，五谷不孰，六畜不遂，疾菑戾疫，飘风苦雨，荐臻而至者，此天之降罚也，将以罚下人之不尚同乎天者也。

Land-estro regas sian regnon, kaj la regno estas jam regata. Li gvidas popolanojn de la regno, ke ili akordiĝu kun la Ĉiela Filo, dirante: "Ĉiuj popolanoj de la regno akordiĝu kun la Ĉiela Filo kaj la subo ne aŭdacu konspiri. Kion la Ĉiela Filo konsideras jeso, tio nepre estas jeso; kion la Ĉiela Filo neas, tio nepre eatas neado. Por forigi malbonan paroladon, lernu ĉe la Ĉiela Filo bonan paroladon; por ĉesigo de malbona agado, lernu ĉe la Ĉiela Filo bonfaradon." La Ĉiela Filo estas principe la plej justa sub ĉielo, kaj ĉiuj popolanoj en la mondo laŭleĝe obeas al la Ĉiela Filo. Kial do ne povus esti regata bone la mondo? Supozu, kial la mondo estas regata bone de la Ĉiela Filo. Estas dirite: "Tio estas ebla, nur ĉar la justo estas unuigita en la mondo, per tio estas regata la subĉiela mondo." Sed, eĉ tiam, kiam ĉiuj jam akordiĝas kun la Ĉiela Filo, se ankoraŭ ne estus en akordo kun la Ĉielo, ne ĉesos plago, nek kataklismo. Se la Ĉielo atakas nin per abrupta frosto kaj varmego, per neatendita neĝo, prujno, pluvo, roso, per katastrofa rikolto de kvin grenoj, per sterilego de ses dombestoj, per epidemio, per ventego kaj pluvego. Tia katastrofo okazadas ofte tial, kial la Ĉielo punas pro tio, ke tiuj punatoj ne akordiĝas kun la Ĉielo.

故古者圣王，明天鬼之所欲，而避天鬼之所憎，以求兴天下之害。是以率天下之万民，齐戒沐浴，洁为酒醴粢盛，以祭祀天鬼。其事鬼神也，酒醴粢盛不敢不蠲洁，牺牲不敢不腯肥，珪璧币帛不敢不中度量，春秋祭祀不敢失时几，听狱不敢不中，分财不敢不均，居处不敢怠慢。曰：其为正长若此，是故上者天鬼有厚乎其为正长也，下者万民有便利乎其为正长也。天鬼之所深厚而能强从事焉，则天鬼之福可得也。万民之所便利而能强从事焉，则万民之亲可得也。其为政若此，是以谋事得，举事成，入守固，出诛胜者，何故之以也？曰：唯以尚同为政者也。故古者圣王之为政若此。

Do antikvaj sanktaj reĝoj, sciante la volon de la Ĉielo kaj Spiritoj, evitis tion, kion malamas la Ĉielo kaj Spiritoj, kaj per tio strebadis al prevento de plago, serĉante profiton por la mondo. Ili tiel gvidis popolon en la mondo kaj purigadis sin, ekzorcante ĉian pekon per abstinado kaj sinlavado, kaj, pretigante purigitajn vinon kaj manĝaĵon, servadis al la Ĉielo kaj al la Spiritoj. Dum servado al la Spiritoj, vinoj kaj manĝaĵoj ne devas esti malpuraj, oferaĵoj ne devas esti malgrasaj, jadoj kaj ekzorciloj ne devas esti malĝustaj je mezuro, festivaloj en printempo kaj aŭtuno ne devas esti maloportunaj, juĝado ne devas esti maltrafa, divido de riĉaĵoj ne devas esti malegala, vivmaniero ne devas esti maldiligenta. Estas dirite: "Se la estroj estas tiaj, ankaŭ la supra Ĉielo kaj Spiritoj ege afablas al la estroj, kaj ankaŭ la suba popolo servas favore al la estroj. Okupante sin fervore pri laboro, kiam la Ĉielo kaj Spiritoj afablas, oni povas ja ricevi gracon de la Ĉielo kaj Spiritoj. Okupiĝante energie pri la afero, kiam la popolo servas favore, oni sukcesas akiri simpation de la popolo." Jen tia estas la politiko. Se projekti, do gajnas; se eklabori, do sukcesas; se defendi, do fortikiĝas; se ataki eksteren, do venkas. Kial estas tia? Estas dirite: "Nur dank' al la politiko per akordiĝo." Tia estis la politiko de la antikvaj sanktaj reĝoj.

今天下之人曰：方今之时，天下之正长犹未废乎天下也，而天下之所以乱者，何故之以也？子墨子曰：方今之时之以正长，则本与古者异矣，譬之若有苗之以五刑然。昔者圣王制为五刑，以治天下；逮至有苗之制五刑，以乱天下。则此岂刑不善哉？用刑则不善也！是以先王之书《吕刑》之道曰："苗民否用练，折则刑，唯作五杀之刑，曰法。"则此言善用刑者以治民，不善用刑者以为五杀，则此岂刑不善哉？用刑则不善，故遂以为五杀。是以先王之书《术令》之道曰："唯口出好兴戎。"则此言善用口者出好，不善用口者以为谗贼寇戎，则此岂口不善哉？用口则不善也，故遂以为谗贼寇戎。

Nuntempuloj en la mondo diras: "Malgraŭ ke estroj en la mondo ankoraŭ ne estas forlasintaj sian mondon, la mondo tamen malordiĝas. Kial do tio okazas?"

La Majstro Mozi diris: "Nuntempaj estroj diferencas principe de la antikvaj. Ekzemple, tio estas sama, kiel 5 punleĝoj ĉe la etno Miao. Antaŭe sanktaj reĝoj establis 5 punleĝojn kaj regis per tio la mondon; sed, spite ke la etno Miao ankaŭ instalis 5 punleĝojn, la mondo per tio malordiĝis. Ĉu la leĝoj estas malbonaj? Malbona estas la aplikado de la leĝoj! En *Lü Xing* [Punleĝoj de Lü] de antaŭa reĝo estas skribite: 'La popolo de Miao ne utiligis kutimleĝon-juston, sed instalis punojn por regado de popolanoj kaj faris 5 mortopunojn leĝreguloj.' Tio signifas, ke, tiu, kiu bone utiligas punleĝojn, povas regi popolon, kaj tiu, kiu malbone utiligas punleĝojn, faras 5 mortopunojn. Ĉu tio signifas, ke la punleĝo mem estas malbona? Malbona utiligado de la punleĝoj kondukas finfine al 5 mortopunoj. En *Shu Ling*, la libro de antikva reĝo, estas skribite: 'Buŝo eligas bonvolon kaj malicon.' Kiu uzas sian buŝon por bono, tiu estas bonulo, kaj kiu uzas sian buŝon por malbono, tiu provokas malpacon. Ĉu tio signifas, ke la buŝo faras malbonon? Malbona estas la uzmaniero de buŝo, kaj rezulte ĝi incitas kverelon kaj malpacon."

故古者之置正长也，将以治民也。譬之若丝缕之有纪，而罔罟之有纲也，将以运役天下淫暴，而一同其义也。是以先王之书《相年》之道曰："夫建国设都，乃作后王君公，否用泰也。轻大夫师长，否用佚也。维辩使治天均。"则此语古者上帝鬼神之建设国都，立正长也，非高其爵，厚其禄，富贵佚而错之也。将以为万民兴利除害，富贵贫寡，安危治乱也。故古者圣王之为若此。

Do en antikva tempo estas starigitaj la justaj estroj, per kiuj oni regis la popolon. Tio estis sama, kiel varpo kun vefto en teksaĵo kaj streĉŝnuro en reto, per kio oni subpremas voluptaĵon-kanajlaĵon en la mondo kaj akordigas la juston en unueco. Estas skribite de antaŭa reĝo en la libro *Xiang Nian*: "Regno kaj ĉefurbo estas konstruitaj kaj tie reĝo kaj princoj estas starigitaj, tio ne estis por ke ili dronu en luksan vivon. Sinjoroj kaj estroj estas enoficigitaj, ne por ke ili vivu sibarite. Por igi ilin dividlabori kaj igi ilin regadi juste la mondon." Tio signifas, ke en antikva tempo Dio kaj Spiritoj fondis la regnon kaj ĉefurbon, kaj tie starigis taŭgajn estrojn, ne por ke la lastaj, okupante altajn rangojn, gajnu grandan salajron kaj dronu en orgian riĉecon, sed por ke ili lasu ĉiujn popolanojn profiti kaj eviti damaĝon, por riĉigi povrulojn, sekurigi kontraŭ danĝeroj, kvietigi tumulton. En antikva tempo la sanktaj reĝoj faris tiel.

今王公大人之为刑政则反此。政以为便譬，宗于父兄故旧，以为左右，置以为正长。民知上置正长之非正以治民也，是以皆比周隐匿，而莫肯尚同其上，是故上下不同义。若苟上下不同义，赏誉不足以劝善，而刑罚不足以沮暴。何以知其然也？曰：上唯毋立而为政乎国家，为民正长，曰："人可赏，吾将赏之。"若苟上下不同义，上之所赏，则众之所非。曰：人众与处，于众得非，则是虽使得上之赏，未足以劝乎！上唯毋立而为政乎国家，为民正长，曰："人可罚，吾将罚之。"若苟上下不同义，上之所罚，则众之所誉。曰：人众与处，于众得誉，则是虽使得上之罚，未足以沮乎！若立而为政乎国家，为民正长，赏誉不足以劝善，而刑罚不沮暴，则是不与乡吾本言民"始生未有正长之时"同乎？若有正长与无正长之时同，则此非所以治民一众之道。

Kontraŭaj al tio estas la nunaj reĝoj, dukoj kaj sinjoroj je leĝa politiko. Ili enoficigas siajn favoritojn, parencojn kaj konatojn, kiel dekstran kaj maldekstran ministrojn kaj oficialajn estrojn. Sciante, ke enofcigitaj supre estroj ne estas justaj je regado de la popolo, ĉiuj popolanoj kaŝe konspiras kaj ne volas akordiĝi kun la supro. Do la supro kaj subo malakordas inter si je principo de justeco. Se la supro kaj subo ne akordas pri la justeco, tiam ia ajn laŭdado aŭ honorado ne sufiĉas por stimuli bonfaradon, ia ajn puno ne sufiĉas por preventi brutalan krimon. Kiel oni scias tion? Estas dirite: "Eĉ se la supro, starigite per la regno kiel administranto, fariĝinte la oficiala estro por la popolo, dirus: 'Se troviĝas laŭdinda homo, mi ĝuste laŭdas lin', sed se inter la supro kaj subo ne troviĝas akordo pri justeco, tiam okazadas, ke la laŭdatan de la supro akuzas la popolamaso." Oni diras: "La homo vivas en popolamaso, se la amaso akuzas tiun, kiun la supro laŭdas, la laŭdado ne povas esti stimulo por la popolanoj." La supro enoficigas por la regado de ŝtato kaj popolo la oficialan estron, kiu diras: 'Se troviĝas homo punenda, mi punas lin tuj.' Sed se inter la supro kaj subo ne ekzistas iu akordo pri justeco, la punatan de la supro honorus la popolamaso. Oni diras: "Homo vivas en la popolamaso, se la amaso honoras tiun, eĉ kiu estas punata de la supro, en tiu okazo ne eblas deteni la amason de tio." Se la estro, enoficigite de la regno por administri, ne povas laŭdadi por stimuli la popolon je bonfarado, nek punadi por preventi malbonfaradon, tio estas ja tia primitiva stato de la homaro, kiel mi diris, tiam ankoraŭ mankis estroj. Se tute egale estas, ĉu estroj ekzistas aŭ ne, tio ne estas la regado, nek la vojo de unuiĝo de popoloamaso.

故古者圣王唯而审以尚同，以为正长，是故上下情请为通。上有隐事遗利，下得而利之；下有蓄怨积害，上得而除之。是以数千万里之外，有为善者，其室人未遍知，乡里未遍闻，天子得而赏之；数千万里之外，有为不善者，其室人未遍知，乡里未遍闻，天子得而罚之。是以举天下之人皆恐惧振动惕慄，不敢为淫暴，曰："天子之视听也神！"先王之言曰："非神也。夫唯能使人之耳目助己视听，使人之吻助己言谈，使人之心助己思虑，使人之股肱助己动作。"助之视听者众，则其所闻见者远矣；助之言谈者众，则其德音之所抚循者博矣；助之思虑者众，则其谈谋度速得矣；助之动作者众，即其举事速成矣。故古者圣人之所以济事成功，垂名于后世者，无他故异物焉，曰：唯能以尚同为政者也。

Tial antaŭe la sanktaj reĝoj, ekzamenante nur kapablon de akordiĝo, enoficigis estrojn, do la supro kaj subo bone interkomunikiĝis. Se la supro, kaŝante gravan aferon, preteratentas iun ajn profiton, tiam la subo mem trovas laŭplaĉe profiton. Se ĉe la subo amasiĝas ia ajn venĝemo aŭ rankoro, la supro, sciante tion, devas forigi ĝin. Se ekzistas iu bonfaranto ekster miloj da *li*oj, la Ĉiela Filo devas laŭdi lin, spite ke ankoraŭ ne scias tion eĉ proksimuloj de la bonfaranto, nek en la familio, nek en la vilaĝo. Kaj se ekzistas malbonfaranto ekster miloj da *li*oj, la Ĉiela Filo devas puni lin, eĉ tiam, kiam ne estas sciate en la familio, nek en la vilaĝo. Sekve popolanoj de la tuta mondo ĉiuj timas, tremante, kaj ne aŭdacas fari kanajlaĵojn, dirante: "La Ĉiela Filo vidas kaj aŭdas, kiel Dio." La antaŭa reĝo pri tio diris: "Mi ne estas Dio. Mi nur povas uzi homojn kiel orelojn kaj okulojn por aŭdi kaj vidi. Mi utiligas alies buŝon por helpi mian paroladon, kaj alies koron por helpi mian pensadon, alies piedojn kaj manojn por helpi mian movadon." Ju pli amase da helpantoj estas je vido kaj aŭdo, des pli vaste eblas vidi kaj aŭdi. Ju pli amase da helpantoj estas je parolado, des pli vasta fariĝas la sfero de aŭdantoj de virtaj, favoraj vortoj. Ju pli amase da helpantoj estas je pensado, des pli rapide disvastiĝas la decidoj kaj la informoj. Ju pli amase da helpantoj estas je la movado, des pli rapide plenumiĝas la aferoj. Antaŭe la sanktaj reĝoj, sukcese farante aferojn, restigis sian nomon al posteuloj, ne pro iu alia kialo, sed ĉar ili nur povis fari akordiĝon principo de sia politiko.

是以先王之书《周颂》之道之曰："载来见彼王，聿求厥章。"则此语古者国君诸侯之以春秋来朝聘天子之廷，受天子之严教，退而治国，政之所加，莫敢不宾。当此之时，本无有敢纷天子之教者。《诗》曰："我马维骆，六辔沃若，载驰载驱，周爰咨度。"又曰："我马维骐，六辔若丝。载驰载驱，周爰咨谋。"即此语也。古者国君诸侯之闻见善与不善也，皆驰驱以告天子，是以赏当贤，罚当暴，不杀不辜，不失有罪，则此尚同之功也。

En *Zhou Song*[La Odo de Zhou], la libro de antikva reĝo, estas skribite: "Unue ili vizitis la reĝon[Cheng Wang] kaj petis la leĝan kodon." Tio signifas, ke en malnova tempo landestroj kaj princoj adorvizitadis la kortegon de la Ĉiela Filo printempe kaj aŭtune, kaj ricevadis de li la rigoran instrukcion, kaj, reveninte hejmen, administris siajn regnojn. Sekve ĉie ajn, kie disvastiĝis la instrukcio, oni ne aŭdacis malobei. En tiu tempo, absolute ne ekzistis tiu, kiu aŭdacis ribeli kontraŭ la instrukcio de la Ĉiela Filo. En *Poezio* estas skribite: "Blanka estas mia ĉevalo, kies kolharoj kaj vosto estas nigraj, bele brilas ses gvidrimenoj, povas troti kaj galopi. Mi, rajdante sur ĝi, iras al Zhou peti konsilon pri leĝoj en ĉiu okazo." Ankaŭ estas skribite: "Mia ĉevalo estas blua-nigra, ses gvidrimenoj estas liberaj kvazaŭ silka fadeno, povas troti kaj galopi. Mi rajdas sur ĝi iri al Zhou por ricevi aŭdiencon kaj konsulti pri ĉio malfacila." Per tiuj frazoj estas sciate, ke en antikva tempo landestroj kaj princoj ĉiam ajn, kiam ili aŭdas kaj vidas bonon aŭ malbonon, tuj veturadis al la Ĉiela Filo raporti ĉion. Saĝulo estis honorigita, kaj kanajlo estis punita, la senkulpaj ne estis mortigitaj, la kulpaj ne estis preterlasitaj. Tio estas ja la merito de akordiĝo.

是故子墨子曰：今天下之王公大人士君子，请将欲富其国家，众其人民，治其刑政，定其社稷，当若尚同之不可不察，此之本也。

Do la Majstro Mozi diris: "Ankaŭ nunaj reĝoj, dukoj kaj sinjoroj, se ili volus riĉigi siajn regnojn kaj multigi popolon, endas ordigi la leĝojn kaj politikon, endas firmigi la altaron de tero kaj grenoj. Por tio oni nepre devas konsideri pri akordiĝo, kiu estas la fundamento."

13. 尚同下 AKORDIĜO (3)

子墨子言曰：知者之事，必计国家百姓所以治者而为之，必计国家百姓之所以乱者而辟之。然计国家百姓之所以治者何也？上之为政，得下之情则治，不得下之情则乱。何以知其然也？上之为政，得下之情，则是明于民之善非也。若苟明于民之善非也，则得善人而赏之，得暴人而罚之也。善人赏而暴人罚，则国必治。上之为政也，不得下之情，则是不明于民之善非也。若苟不明于民之善非，则是不得善人而赏之，不得暴人而罚之。善人不赏而暴人不罚，为政若此，国众必乱。故赏不得下之情，而不可不察者也。

La Majstro Mozi diris: "Tio, kion la saĝuloj devas fari, estas ja pripensado pri tio, ke kiamaniere ordiĝas aŭ malordiĝas la ŝtato kaj la popolo, kaj fari politikon por ordigo kaj eviti malordiĝon. Kio estas la pripensado por regi en ordo la ŝtaton kaj la popolon? Kiam la supro administras, se oni scias la realan staton kaj senton de la subo, ja ordiĝas la politiko, tamen malordiĝas, se oni ne scias ĝin. Per kio estas sciate tiel? Se la supro, administrante, scias la realan staton kaj senton de la subo, estas distingebla la bono de malbono ĉe la popolo. Se oni distingas bonon kaj malbonon, la bona homo estas laŭdata kaj la malbona homo estas punata. Laŭdado de bonulo kaj punado de malbonulo nepras por regi la regnon. Administrante, se la supro ne scias la realan staton kaj senton de la subo, estas ne distingeblaj la bono kaj malbono de la popolo. Se estas ne distingeblaj la bono kaj malbono de la popolo, ne eblas laŭdi la bonulon kaj puni la malbonulon. Se estos ne laŭdata la bonulo kaj ne punata la malbonulo en regado, la ŝtato nepre malordiĝos. Do oni ne devas ne esplori bone por akiri informon de la reala stato kaj sento de la subo por laŭdado kaj punado."

然计得下之情将奈何可？故子墨子曰：唯能以尚同一义为政，然后可矣。何以知尚同一义之可而为政于天下也？然胡不审稽古之治为政之说乎？古者，天之始生民，未有正长也，百姓为人。若苟百姓为人，是一人一义，十人十义，百人百义，千人千义，逮至人之众不可胜计也，则其所谓义者，亦不可胜计。此皆是其义，而非人之义，是以厚者有斗，而薄者有争。是故天下之欲同一天下之义也，是故选择贤者，立为天子。天子以其知力为未足独治天下，是以选择其次立为三公。三公又以其知力为未足独左右天子也，是以分国建诸侯。诸侯又以其知力为未足独治其四境之内也，是以选择其次立为卿之宰。卿之宰又以其知力为未足独左右其君也，是以选择其次立而为乡长家君。是故古者天子之立三公、诸侯、卿之宰、乡长家君，非特富贵游佚而择之也，将使助治乱刑政也。故古者建国设都，乃立后王君公，奉以卿士师长，此非欲用说也，唯辩而使助治天明也。

　　Kiel eblas scii realan staton kaj senton de la subo? La Majstro Mozi diris: "Ebligas tion la politiko de akordiĝo laŭ unuigita justeco. Kiel estas sciate, ke eblas regi la mondon per la politiko de akordiĝo laŭ unuigita justeco? Rigardu la antikvan politikon, kiam komenciĝis regado. En antikva tempo, kiam la Ĉielo naskis homojn, ili vivis sen la reganto-estro, kaj ili estis egalaj, kiel popolanoj. Se homoj estas egalaj, kiel popolanoj, ĉe unu homo estas unu justo, dek homoj －dek justoj, cent homoj －cent justoj, mil homoj －mil justoj. Ju pli multe da homoj, des pli multe da justoj, tiel do havantoj de justo estas nekalkuleblaj. Ĉiu insistas sian juston plej justa, ne aprobas alies juston, rezulte okazadas batalegoj en severa kazo aŭ okazadas kvereloj en malgrava kazo."

　　Tial oni en la mondo deziris unuigi la mondan juston, do elektis unu saĝulon kiel la Filon de la Ĉielo. Kiam la Ĉiela Filo ne povis sufiĉe regi la mondon per sia unusola kapablo, oni elektis la aliajn saĝulojn kiel Tri Dukojn. Ankaŭ Tri Dukoj ne povis sufiĉe helpi en regado per sia kapablo, oni starigis feŭd-landestrojn, dividinte la mondon. Ankaŭ landestroj ne povis sufiĉe regi sian regnon per sia unusola kapablo, oni elektis la intendantojn kaj provinc-estrojn. Ankaŭ la intendantoj kaj provinc-estroj ne povis sufiĉe helpi al sia landestro en regado per sia kapablo, oni elektis la subulojn kiel distrikt-estrojn kaj domestrojn. Tiel do en la antikva tempo la Ĉiela Filo starigis Tri Dukojn, landestrojn, intendantojn, provinc-estrojn, distrikt-estrojn kaj domestrojn tute ne por plezurigi ilin per riĉo kaj distro, sed por igi ilin asisti politikon je administrado kaj je bonordigo. Antikve, oni konstruis la regnon kaj urbojn, starigis reĝon, dukojn kaj estrojn, kaj igis provinc-estrojn kaj generalojn servadi al la supro, ne por plezurigi ilin, sed por igi ilin asisti en regado laŭ la Ĉielo.

　　今此何为人上而不能治其下？为人下而不能事其上？则是上下相贼也。何故以然？则义不同也。若苟义不同者有党，上以若人为善，将赏之，若人唯使得上之赏，而辟百姓之毁，是以为善者，必未可使劝，见有赏也。上以若人为暴，将罚之，若人唯使得上之罚，而怀百姓之誉，是以为暴者，必未可使沮，见有罚也。故计上之赏誉，不足以劝善；计其毁罚，不足以沮暴。此何故以然？则义不同也。

　　Kial nuntempe la supro ne povas regi bone la subon? Kial la subo ne povas bone servi al la supro? Ĉar ili interne bataladas unu kontraŭ la alia. Pro kio tiel? Pro malsameco de ilia justo. Se malsamas la justoj, estiĝos partioj-klikoj. Tiam se la supro volus laŭdi iun bonulon el la subo, ĉi tiu deziras eviti la kontraŭsenton de popolanoj, kaj ne volus ricevi la supran laŭdadon. Do ne eblus admoni al la subo bonan agon per laŭdado. Se la supro volus puni iun malbonulon pro krimo, ĉi tiu ne timas tiun punadon, kaj laŭdate de popolanoj, li konsideras la punadon honoriga. Tial efikas nek laŭdado por admono de bona konduto, nek punado por prevento de krimoj. Kial estas tio? Ĉar malsamas la justoj.

然则欲同一天下之义，将奈何可？故子墨子言曰：然胡不赏使家君试用家君？发宪布令其家，曰："若见爱利家者，必以告；若见恶贼家者，亦必以告。若见爱利家以告，亦犹爱利家者也，上得且赏之，众闻则誉；若见恶贼家不以告，亦犹恶贼家者也，上得且罚之，众闻则非之。"是以遍若家之人，皆欲得其长上之赏誉，辟其毁罚。是以善言之，不善言之，家君得善人而赏之，得暴人而罚之。善人之赏，而暴人之罚，则家必治矣。然计若家之所以治者何也？唯以尚同一义为政故也。

Kiel eblas dezirata la unuigo de la justo en la mondo? La Majstro Mozi diris: "En sia propra domo provu iu domestro al sia familio sian juston. Unue li donos al la familio la ordonon: 'Kiu vidos iun profitiganton en la domo, tiu nepre sciigu min pri li, kaj kiu vidos malbonan krimulon en la domo, tiu nepre sciigu min pri li. Kiu sciigos min pri li, tiu estos laŭdata de la supro kaj honorigata de ĉiuj tiel same, kiel la profitiganto mem. Se, kiu, vidante iun malbonan krimulon en la domo, ne sciigos pri li, tiu estos punata de la supro kaj akuzata de ĉiuj tiel same, kiel la krimulo mem.' Tiel ĉiuj familianoj volus akiri la laŭdadon de la supro-estro kaj eviti la punadon. Tiam oni diras unu al la alia kaj pri bono kaj pri malbono, tiel do domestro povos laŭdi la bonulon kaj puni la krimulon. Se estos laŭdata la bonulo kaj punata la krimulo, la domo nepre estos regata en ordo. Per kio estos regata la domo en ordo? Per administrado de la unuigita justo en akordiĝo."

家既已治，国之道尽此已邪？则未也。国之为家数也甚多，此皆是其家，而非人之家，是以厚者有乱，而薄者有争，故又使家君总其家之义，以尚同于国君。国君亦为发宪布令于国之众，曰："若见爱利国者，必以告；若见恶贼国者，亦必以告。若见爱利国以告者，亦犹爱利国者也，上得且赏之，众闻则誉之；若见恶贼国不以告者，亦犹恶贼国者也，上得且罚之，众闻则非之。"是以遍若国之人，皆欲得其长上之赏誉，避其毁罚。是以民见善者言之，见不善者言之，国君得善人而赏之，得暴人而罚之。善人赏而暴人罚，则国必治矣。然计若国之所以治者何也？唯能以尚同一义为政故也。

Tiel la domo estas regata bone, sed ĉu ankaŭ la regno povos esti regata per la sama vojo? Ankoraŭ ne sufiĉas, ĉar en la regno estas tro multe da domoj. Ĉiu familio konsideras la sian justa, la alian maljusta. En ekstrema okazo tumultas aŭ en ne tre ekstrema okazo kverelas. Tial ĉiuj domestroj devas unuigi la justojn unu kun la alia, kaj devas akordigi sin kun la justo de landestro. Ankaŭ la landestro ordonas al siaj popolanoj: "Kiu vidos iun profitiganton en la regno, tiu nepre sciigu pri li, kaj kiu vidos malbonan krimulon en la regno, tiu nepre sciigu pri li. Kiu sciigos pri li, tiu estos laŭdata de la supro kaj honorigata de ĉiuj tiel same, kiel la profitiganto. Se, kiu, vidante iun malbonan krimulon en la regno, ne sciigos pri li, tiu estos punata de la supro kaj akuzata de ĉiuj tiel same, kiel la krimulo." Tiel ĉiuj popolanoj volus akiri la laŭdadon de la supro-estro kaj eviti la punadon. Tiam popolanoj diras unuj al la aliaj kaj pri bono kaj pri malbono, tiel do landestro povos laŭdi la bonulon kaj puni la krimulon. Se estos laŭdataj la bonuloj kaj punataj la krimuloj, la regno nepre estos regata en ordo. Per kio estos regata la regno en ordo? Nur per politiko de la unuigita justo en akordiĝo.

国既已治矣，天下之道尽此已邪？则未也。天下之为国数也甚多，此皆是其国，而非人之国，是以厚者有战，而薄者有争。故又使国君选其国之义，以尚同于天子。天子亦为发宪布令于天下之众，曰："若见爱利天下者，必以告；若见恶贼天下者，亦以告。若见爱利天下以告者，亦犹爱利天下者也，上得则赏之，众闻则誉；若见恶贼天下不以告者，亦犹恶贼天下者也，上得且罚之，众闻则非之。"是以遍天下之人，皆欲得其长上之赏誉，避其毁罚，是以见善不善者告之。天子得善人而赏之，得暴人而罚之，善人赏而暴人罚，天下必治矣。然计天下之所以治者何也？唯而以尚同一义为政故也。

Tiel la regno estas regata bone, sed ĉu la mondo ankaŭ povos esti regata per la sama vojo? Ankoraŭ ne sufiĉas, ĉar en la mondo estas tro multe da regnoj. Ĉiu regno konsideras la sian justa, la aliajn maljustaj. En ekstrema okazo estiĝas milito aŭ en ne tre ekstrema okazo estiĝas disputo. Tial ĉiuj landestroj devas unuigi la justojn unu kun la alia, kaj devas akordigi sin kun la justo de la Ĉiela Filo. Ankaŭ la Ĉiela Filo dekretas al siaj popolanoj en la mondo: "Kiu vidos iujn profitigantojn en la mondo, tiu nepre sciigu pri ili, kaj kiu vidos malbonajn krimulojn en la mondo, tiu nepre sciigu pri ili. Kiu sciigos pri ili, tiu estos laŭdata de la supro kaj honorigata de ĉiuj tiel same, kiel la profitigantoj. Se, kiu, vidante iujn malbonajn krimulojn en la mondo, ne sciigos pri ili, tiu estos punata de la supro kaj akuzata de ĉiuj tiel same, kiel la krimuloj." Tiel ĉiuj popolanoj en la mondo volus akiri la laŭdadon de la supro-estro kaj eviti la punadon. Tiam popolanoj diras unu al la alia kaj pri bono kaj pri malbono, kiujn ili vidas, tiel do la Filo de la Ĉielo povos laŭdi la bonulon kaj puni la krimulon. Se estos laŭdataj la bonuloj kaj punataj la krimuloj, la mondo nepre estos regata en ordo. Per kio estos regata la mondo en ordo? Nur per politiko de la unuigita justo en akordiĝo.

天下既已治，天子又总天下之义，以尚同于天。故当尚同之为说也。尚用之天子，可以治天下矣；中用之诸侯，可而治其国矣；小用之家君，可而治其家矣。是故大用之治天下不窕，小用之治一国一家而不横者，若道之谓也。故曰：治天下之国若治一家，使天下之民若使一夫。意独子墨子有此，而先王无此其有邪？则亦然也。圣王皆以尚同为政，故天下治。何以知其然也？于先王之书也《大誓》之言然，曰："小人见奸巧乃闻，不言也，发罪钧。"此言见淫辟不以告者，其罪亦犹淫辟者也。

La mondo estas regata bone, kaj la Ĉiela Filo unuigis la juston de la mondo, kaj akordigis sin kun la Ĉielo. Tia estas la teorio de akordiĝo. Se ĝi estos aplikita al la Ĉiela Filo, la mondo povos esti regata en ordo, se aplikita al landestroj, la regnoj estos regataj en ordo, se aplikita al domestroj, la familioj estos regataj en ordo. Tial la teorio de akordiĝo estas ĝenerale konforma al la granda afero, kiel la regado de la mondo, kaj samtempe aparte konvena por malgrandaj aferoj, kiel la administrado de la regnoj kaj domoj.

Tial estas dirite: "La regado de la mondo estas sama, kiel la regado de unu familio, la uzado de popolo en la mondo estas sama, kiel la uzado de unu persono. Ĉu unusola la Majstro Mozi diris tion aŭ diris same la antaŭaj reĝoj? Tiel estis kaj antaŭe. La sanktaj reĝoj ĉiuj faris politikon laŭ akordiĝo, tial la mondo estis regata pace. Per kio estas sciate tiel? En la libro de la antaŭa reĝo *Da Shi*(Granda ĵuro) estas skribite: 'Malgranduloj, se vi vidos malbonan intrigon, tuj raportu, aŭ kiu ne raportos, tiu estos punata kune kun krimuloj.' Laŭ ĉi tiu frazo, se iu, vidante malordigon, ne raportos, tiam lia krimo estas egala al la krimo de malordiganto."

故古之圣王治天下也，其所差论，以自左右羽翼者皆良，外为之人，助之视听者众。故与人谋事，先人得之；与人举事，先人成之；光誉令闻，先人发之。唯信身而从事，故利若此。古者有语焉，曰："一目之视也，不若二目之视也；一耳之听也，不若二耳之听也；一手之操也，不若二手之强也。"夫唯能信身而从事，故利若此。是故古之圣王之治天下也，千里之外有贤人焉，其乡里之人皆未之均闻见也，圣王得而赏之；千里之内有暴人焉，其乡里未之均闻见也，圣王得而罚之。故唯毋以圣王为聪耳明目与？岂能一视而通见千里之外哉？一听而通闻千里之外哉？圣王不往而视也，不就而听也。然而使天下之为寇乱盗贼者，周流天下无所重足者，何也？其以尚同为政善也。

Tial en la mondo de la antikvaj sanktaj reĝoj estis elektitaj nur la bonuloj kiel proksimaj subuloj kaj asistantoj dekstre kaj maldekstre, kaj multe da okuloj kaj oreloj helpis al ili ekstere. Ĉe planado, ili definitivigas ĝin pli frue ol la aliaj, ĉe plenumado, ili realigas ĝin pli frue ol la aliaj, ĉe laŭdado, ili degnis doni ĝin al taŭguloj pli frue ol la aliaj. Ili konvinkiĝis pri siaj aferoj, do la avantaĝo estis tia.

De antikvaj tempoj estas dirite: "Ni vidas per unu okulo malpli ol per du okuloj, aŭdas per unu orelo malpli ol per du oreloj, faras per unu mano malpli ol per du manoj."

Havas avantaĝon tiu, kiu povas okupiĝi pri la aferoj kun firma konvinko je informado. Tial, regante la mondon, la antikvaj sanktaj reĝoj havis la saĝajn agentojn fore ekstere de mil *li*oj, povis honorigi la taŭgulon, dum eĉ najbaraj vilaĝanoj ne sciis pri li, povis puni la krimulon malproksime je mil *li*oj, dum la vilaĝanoj-najbaroj ankoraŭ ne aŭdis nek vidis lin. Ĉu tio estis ebla, se la sanktaj reĝoj nur havis orelojn kaj okulojn akraj kaj saĝaj? Ĉu ili povis vidi eksteren trans mil *li*oj? Ĉu ili povis aŭdi de ekstera malproksimo trans mil *li*oj?

La sanktaj reĝoj ne iradis tien kaj reen por vidi mem, nek por aŭdi. Sed al ribelantoj kaj rabistoj, vagantaj en la mondo, ne estis eble fuĝi, kial? Ĉar la mondo estis bone regata laŭ akordiĝo.

是故子墨子曰：凡使民尚同者，爱民不疾，民无可使。曰：必疾爱而使之，致信而持之，富贵以道其前，明罚以率其后。为政若此，唯欲毋与我同，将不可得也。

Tial la Majstro Mozi diris: "Ĝenerale, kvankam iu volus teni la popolon akordiĝanta, tamen, sen ami la popolon, tiu ne povos uzi la popolon. 'Estas necese uzi la popolon kun fervora amo, kredi la popolon por teni ĝin, antaŭe gvidi la popolon laŭ la vojo de riĉiĝo kaj nobliĝo, kaj poste kontroli ĝin per la klara punado. Tia estas ja la politiko. Eĉ se al tiu, kiu ne dezirus konsenti kun mi, ne eblus ne akordiĝi kun mi.'"

是以子墨子曰：今天下王公大人士君子，中情将欲为仁义，求为上士，上欲中圣王之道，下欲中国家百姓之利，故当尚同之说而不可不察，尚同为政之本而治要也。

Tiel do la Majstro Mozi diris: "Se nun volus la reĝoj, dukoj, estroj kaj sinjoroj fari politikon de justeco kaj humaneco, kaj se ili volus fariĝi altvirta personeco, kaj sekvi la vojon de la sanktaj reĝoj, kaj profitigi la ŝtaton kaj la popolon, en tiu okazo ili ne devas ne kompreni la teorion de akordiĝo, ĉar la akordiĝo estas la fundamento de la politiko kaj la principo de la regado."[22]

---

[22] Mozi substrekas gravecon de unuigita leĝo kaj informado por akordigi supron kaj subon. Je unuigo de leĝoj, Mozi estis antaŭirinto de ĉinaj pensuloj pri leĝreguloj[法家]. Koncernante reton de informado, Mozi antaŭvidis nuntempan ŝtatistikon, en kiu ludas gravan rolon Centra Informa Agentejo.

14. 兼爱上 MAKROAMO (1)

圣人以治天下为事者也，必知乱之所自起，焉能治之；不知乱之所自起，则不能治。譬之如医之攻人之疾者然，必知疾之所自起，焉能攻之；不知疾之所自起，则弗能攻。治乱者何独不然？必知乱之所自起，焉能治之；不知乱之所自起，则弗能治。

Sanktulo, okupante sin pri regado de la mondo, nepre scias, kial okazas la malordo, kaj tial povas ordigi ĝin, sed se oni ne scius kialon de la malordo, ne eblus ordigi ĝin. Tio estas sama, kiel kuracisto ĉe traktado de malsanulo, nepre sciante la kialon de malsano, povas ataki ĝin, sed ne sciante, kial okazas la malsano, ne povas kuraci. Kial ne estas tia la reganto, kiu alfrontas malordon? Se li scius, kial okazas la malordo, tiam li povus ordigi ĝin, sed se li ne scias, de kie ĝi okazas, ne eblas ordigi ĝin.

圣人以治天下为事者也，不可不察乱之所自起。当察乱何自起？起不相爱。臣子之不孝君父，所谓乱也。子自爱不爱父，故亏父而自利；弟自爱不爱兄，故亏兄而自利；臣自爱不爱君，故亏君而自利，此所谓乱也。虽父之不慈子，兄之不慈弟，君之不慈臣，此亦天下之所谓乱也。父自爱也不爱子，故亏子而自利；兄自爱也不爱弟，故亏弟而自利；君自爱也不爱臣，故亏臣而自利。是何也？皆起不相爱。虽至天下之为盗贼者，亦然。盗爱其室不爱其异室，故窃异室以利其室；贼爱其身不爱人，故贼人以利其身。此何也？皆起不相爱。虽至大夫之相乱家，诸侯之相攻国者，亦然。大夫各爱其家，不爱异家，故乱异家以利其家；诸侯各爱其国，不爱异国，故攻异国以利其国，天下之乱物具此而已矣。察此何自起？皆起不相爱。

Okupiĝante pri regado de la mondo, la sanktulo ne devas ne konsideri, pro kio okazas la malordo. Nun endas pripensi, pro kio okazas la malordo? Ĝi okazas pro tio, ke oni ne amas sin reciproke. Subulo kaj filo ne obeas fidele al sia sinjoro kaj patro. Tio estas ja malordo. Filo amas sin mem, sed ne amas sian patron, per tio li ofendas patron kaj serĉas nur sian profiton; plijuna frato, amante sin mem, ne amas sian pliaĝan fraton, per tio li ofendas la pliaĝan fraton kaj serĉas nur sian profiton; subulo, amante sin mem, ne amas sian sinjoron, per tio li ofendas sinjoron kaj serĉas nur sian propran profiton. Jen pro tio okazas la malordo. Se patro ne favoras sian filon, pliaĝa frato ne favoras sian frateton, sinjoro ne mizerikordas sian subulon, ankaŭ tio estas nomata la malordo de la mondo. Patro, amante sin mem, ne amas sian filon, per tio ofendas la filon kaj serĉas nur sian profiton; pliaĝa frato, amante sin mem, ne amas la frateton, per tio ofendas la lastan kaj serĉas nur sian profiton; sinjoro, amante sin mem, ne amas la subulon, per tio ofendas la lastan kaj aŭdacas eltiri profiton nur al si. Kial tio okazas? Ĉar ĉiuj ne amas sin reciproke.

 Koncernante ŝtelistojn en la mondo, tiel same okazas. Ŝtelisto amas sian ĉambron kaj ne amas alies ĉambron, do li ŝtelas alies ĉambron kaj per tio li aŭdacas profitigi al sia ĉambro. Ŝtelisto amas sin mem kaj ne amas la aliajn, do li rabas de la aliaj kaj per tio li eltiras profiton al si mem. Kial estas tio? Tio okazas, ĉar ĉiuj ne amas sin reciproke. Se sinjoroj batalas inter si unu kontraŭ la alia, kaj landestroj atakas unu la alian, tiam okazas tiel same. Ĉiu sinjoro amas sian domon, ne amas alies domojn, sekve volus profitigi al sia domo; ĉiu landestro amas sian regnon, kaj ne amas alies regnojn, sekve volus profitigi al sia regno, atakante la aliajn. En tio kuŝas la kialo de malordo en la mondo. Pripensu, kial tio okazas? Ĉar ĉiuj ne amas sin reciproke.

若使天下兼相爱，爱人若爱其身，犹有不孝者乎？视父兄与君若其身，恶施不孝？犹有不慈者乎？视弟子与臣若其身，恶施不慈？故不孝不慈亡有。犹有盗贼乎？故视人之室若其室，谁窃？视人身若其身，谁贼？故盗贼亡有。犹有大夫之相乱家、诸侯之相攻国者乎？视人家若其家，谁乱？视人国若其国，谁攻？故大夫之相乱家、诸侯之相攻国者亡有。若使天下兼相爱，国与国不相攻，家与家不相乱，盗贼无有，君臣父子皆能孝慈，若此则天下治。故圣人以治天下为事者，恶得不禁恶而劝爱？故天下兼相爱则治，交相恶则乱。故子墨子曰：不可以不劝爱人者，此也。

 Se oni igus la tutan mondon ami universe kaj reciproke ami unu la alian, se oni amus la aliajn kiel sin mem, ĉu tiam povus aperi malfidelulo al gepatroj? Se rigardi la patron kaj fraton kiel sin mem, kiel oni povus fari malfidelecon? Ĉu povus esti malkompatemeco? Se rigardi plijunan fraton kaj filon kiel sin mem, kiel oni povus esti malkompatema. Tiam ne troviĝus malfidelo kaj malkompato. Ĉu povus esti eĉ ŝtelistoj kaj rabistoj? Se rigardi alies ĉambron kiel la sian, kiu ŝtelus? Se rigardi la alian kiel sin mem, kiu rabus? Tiam ne troviĝus ŝtelistoj kaj rabistoj. Ĉu tiam inter sinjoroj okazus konfliktoj de klanoj, ĉu inter landestroj okazus reciprokaj atakoj al alies regnoj? Se rigardi la alian kiel sian klanon, kiu ribelus? Se rigardi alies regnon kiel la sian, kiu atakus?[23] Tiam ne okazus inter sinjoroj konflikto de klanoj, ne estus atakantoj de alies

---

[23] Iu miskomprenus la frazon, ke oni, rigardante alies regnon kiel la sian, atakus. Tio ne signifas, ke iu regno deziras repreni la regnon, iam apartenintan al si.
 Mozi anstataŭigas per "reciproka amo"[兼相爱] tiajn konatajn virtojn, kiel fila devo[孝], fideleco al suproj[忠] kaj homoameco[仁]. Baza principo estas: "Amu la alian kiel sin mem!"[爱人若爱其身].

regnoj inter landestroj.

Se oni igus la tutan mondon ami universale kaj ami sin reciproke, tiam regno regnon ne atakus reciproke, klano kun klano ne konfliktus, ne estus ŝtelistoj kaj rabistoj, tiam ĉiuj ajn, estro kun subulo, patro kun filo, havus fidelon kaj kompaton unu al la alia, kaj per tio estus paco en la mondo. Kial do sanktuloj, regante la mondon, ne devus ne haltigi malamon kaj stimuli amon? Se mondanoj universale amas sin reciproke, tiam estas paco; se malamas sin reciproke, tiam estas malordo. Tiel do la Majstro Mozi diris: "Jen kial oni ne devas ne inspiri al ĉiuj ami la aliajn."

15. 兼爱中 MAKROAMO（2）

子墨子言曰：仁人之所以为事者，必兴天下之利，除去天下之害，以此为事者也。然则天下之利何也？天下之害何也？子墨子言曰：今若国之与国之相攻，家之与家之相篡，人之与人之相贼，君臣不惠忠，父子不慈孝，兄弟不和调，此则天下之害也。

La Majstro Mozi diris jenon: "Justulo okupiĝas pri la afero tiel, ke nepre la mondo profitu kaj oni forigu al la mondo malprofiton. Tio estas ja la faranto de afero. Kio do estas la monda profito? Kaj kio estas la monda malprofito?" La Majstro Mozi diris jen tiel: "Se nun regnoj atakas unu la alian, uzurpas klano klanon, rabas homo al homo, inter mastro kaj subulo la supro malfavoras kaj la subo malfidelas, inter patro kaj filo malkompatas tiu kaj malfidelas ĉi tiu, inter fratoj malakordiĝas, jen kio estas la monda malprofito."

然则崇此害亦何用生哉？以不相爱生邪？子墨子言：以不相爱生。今诸侯独知爱其国，不爱人之国，是以不惮举其国以攻人之国。今家主独知爱其家，而不爱人之家，是以不惮举其家以篡人之家。今人独知爱其身，不爱人之身，是以不惮举其身以贼人之身。是故诸侯不相爱则必野战，家主不相爱则必相篡，人与人不相爱则必相贼，君臣不相爱则不惠忠，父子不相爱则不慈孝，兄弟不相爱则不和调。天下之人皆不相爱，强必执弱，富必侮贫，贵必敖贱，诈必欺愚。凡天下祸篡怨恨，其所以起者，以不相爱生也，是以仁者非之。

Se tiel, el kio tia malprofito naskiĝis? Ĉu pro tio, ke mankas reciproka amo? La Majstro Mozi parolis: "Naskiĝis pro tio, ke mankas reciproka amo. Se nun landestroj scias ami nur sian propran regnon, kaj malamas regnojn de la aliaj, tiel do ili ne timas lasi al si ataki per tuta forto alies regnojn. Se nun iu mastro de domo scias ami nur sian propran domon, kaj malamas domojn de la aliaj, tio signifas, ke li ne timas lasi al si uzurpi per tuta forto alies domojn. Se nun iu homo scias nur ami sin mem, kaj malamas aliajn, tio signifas, ke li ne timas lasi al si rabi per tuta forto la aliajn. Se landesroj ne amas sin reciproke, tiam nepre militas inter si; se dommastroj ne amas sin reciproke, tiam ili nepre uzurpas inter si unu la alian; se homo homon ne amas, tiam oni nepre rabas unu la alian; se sinjoroj kaj subuloj ne amas sin reciproke, tiam ili ne favoras nek fidelas; se patro kaj filo ne amas sin reciproke, tiam ne estas kompato nek fila pietato;

se fratoj ne amas sin reciproke, tiam detruiĝas harmonio. Se ĉiuj en la mondo ne amas sin reciproke, tiam fortuloj nepre molestas malfortulojn, riĉuloj insultas malriĉulojn, nobeloj nepre arogantas antaŭ malnobeloj, ruzuloj nepre trompas malsaĝulojn. Ĝenerale, se la mondo estas plena de plago, uzurpado kaj rankoro, tion estigas la reciproka malamo. Justuloj kondamnas tion."

既以非之，何以易之？子墨子言曰：以兼相爱、交相利之法易之。然则兼相爱、交相利之法将奈何哉？子墨子言：视人之国若视其国，视人之家若视其家，视人之身若视其身。是故诸侯相爱则不野战，家主相爱则不相篡，人与人相爱则不相贼，君臣相爱则惠忠，父子相爱则慈孝，兄弟相爱则和调。天下之人皆相爱，强不执弱，众不劫寡，富不侮贫，贵不敖贱，诈不欺愚。凡天下祸篡怨恨可使毋起者，以相爱生也，是以仁者誉之。

Se tio estas malbona, per kio oni anstataŭigas tion? La Majstro Mozi diris: "Anstataŭigi tion per reciproka makroamo kaj per reciproka profito." Sed kiel estos efektivigitaj la reciproka makroamo kaj la reciproka profito? La Majstro Mozi diris: "Rigardi respekte alies regnon kiel sian regnon; rigardi respekte alies domon kiel sian domon; rigardi respekte la aliulojn kiel sin mem. Tiel do se landestroj amas sin reciproke inter si, ne estas milito; se dommastroj amas sin reciproke inter si, ne estas uzurpado; se la supro kaj subo amas sin reciproke inter si, estas favoro kaj fideleco; se patro kaj filo amas sin reciproke inter si, estas kompato kaj fila pietato; se fratoj amas sin reciproke inter si, estas paco kaj harmonio. Se ĉiuj en la mondo amas sin reciproke inter si, tiam fortulo ne molestas malfortulon, la plimulto ne turmentas la malplimulton, riĉulo ne malestimas malriĉulon, nobelo ne arogantas antaŭ nenobelo, ruzulo ne trompas malsaĝulon. Ĝenerale, kio estingas plagon, uzurpon, venĝemon kaj rankoron, tio estas la vivo kun reciproka amo. Tial justuloj laŭdas ĉi-tion."

然而今天下之士君子曰："然，乃若兼则善矣。虽然，天下之难物于故也。"子墨子言曰：天下之士君子，特不识其利，辩其故也。今若夫攻城野战，杀身为名，此天下百姓之所皆难也，苟君说之，则士众能为之。况于兼相爱、交相利，则与此异。夫爱人者，人必从而爱之；利人者，人必从而利之；恶人者，人必从而恶之；害人者，人必从而害之。此何难之有！特上弗以为政，士不以为行故也。

Sed nunaj sinjoroj en la mondo diras: "Jes, tia makroamo estus bona. Kvankam bona, tamen estas malfacile fari tion." La Majstro Mozi diris: "Sinjoroj en la mondo ne konas tiun profiton, nur diskutante principon. Kiam oni atakas fortreson kaj batalas, tiam oni forĵetas sin por gloramo. Tio estas malfacila konduto por simplaj popolanoj en la mondo. Sed se ilia landestro ĝojas je tio, tiam oficiroj kaj soldatoj povas fari tion. Koncerne al reciproka amo kaj reciproka profito, la cirkonstanco iom diferencas de tio. Tiun, kiu amas la alian, ankaŭ tiu-ĉi nepre amas; kiu profitigas la alian, tiun ankaŭ tiu-ĉi nepre profitigas; kiu faras malbonon al la alia, al tiu nepre faras malbonon ankaŭ tiu-ĉi; kiu difektas la alian, tiun nepre difektas ankaŭ tiu-ĉi. Nenio malfacila estas por tio! Se la supro ne aparte zorgas pri tiu politiko, ankaŭ la oficiroj ne plenumas sian taskon por efektivigi tion."

昔者晋文公好士之恶衣，故文公之臣皆牂羊之裘，韦以带剑，练帛之冠，入以见于君，出以践于朝。是其故何也？君说之，故臣为之也。昔者楚灵王好士细要，故灵王之臣皆以一饭为节，胁息然后带，扶墙然后起，比期年，朝有黧黑之色。是其故何也？ 君说之，故臣能之也。昔越王勾践好士之勇，教驯其臣，和合之焚舟失火，试其士曰：“越国之宝尽在此！”越王亲自鼓其士而进之。士闻鼓音，破碎乱行，蹈火而死者左右百人有余。越王击金而退之。是故子墨子言曰：乃若夫少食恶衣，杀身而为名，此天下百姓之所皆难也。若苟君说之，则众能为之。况兼相爱、交相利，与此异矣。夫爱人者，人亦从而爱之；利人者，人亦从而利之；恶人者，人亦从而恶之；害人者，人亦从而害之。此何难之有焉，特士不以为政，而士不以为行政也。

Antaŭe Wengong, la duko de Jin, ŝatis, ke oficiroj vestas sin per simplaj vestoj, sekve, ĉiuj subuloj de Wengong vestiĝis en ŝafofeloj, portis kun si glavingon el bovfelo kaj ĉapon el glacea silko, kaj ili ricevadis aŭdiencon ĉe la duko kaj servadis al la kortego. Kial tio estis? Ĉar la reĝo ĝojis pri tio kaj sekve la subuloj faris tiel.

Antaŭe Ling Wang, la reĝo de Chu-regno, ŝatis siajn subulojn kun maldika talio, tial ĉiuj liaj oficistoj tiom dietis, manĝante ĉiutage nur unu fojon kaj bukante streĉe zonon post elspiro, ke ili povis apenaŭ stariĝi apogante sin mane je muro. Post unu jaro korteganoj fariĝis malhel-nigraj je haŭto. Kial okazis tio? Ĉar la reĝo ĝojis pri tio kaj sekve la subuloj povis fari tiel. Iam Gou Jian, la reĝo de Yue, ŝatis kuraĝajn soldatojn. Li intencis trejni siajn subulojn, por tio li bruligis unu ŝipon. Kaj li ekkriis al la subuloj: "Sur la ŝipo estas trezoro de la Yue-regno！" La reĝo mem tamburis, por ke ili sturmu ĝin. Aŭdante la tamburadon, ili konfuziĝis en kaoso, mortis per fajro ĉirkaŭ cent homoj. Post kiam la reĝo ekbatis gongon, apenaŭ ili retiriĝis.

Pro tio la Majstro Mozi diris: "Por honoro oni manĝas malmulte, vestas sin per simplaj vestaĵoj kaj eĉ mortas, tio ĉi estas ne facila konduto por simplaj popolanoj en la mondo. Sed pri kio ajn la reĝo ĝojas, tion eĉ simpla popolamaso povas fari. Des pli la reciproka makroamo kaj reciproka profitado diferencas de la supremenciita ordono. Kiu amas la alian, tiun sekve amas ankaŭ la lasta. Kiu profitigas la alian, tiun sekve profitigas ankaŭ la lasta. Kiu malamas la alian, tiun sekve malamas ankaŭ la lasta. Kiu malprofitigas la alian, tiun sekve malprofitigas ankaŭ la lasta. Ĉu ĉi tie troviĝas io malfacila? Se la supro precipe ne faras tion sia politika principo, ankaŭ la subuloj ne faras tion."

然而今天下之士君子曰："然，乃若兼则善矣。虽然，不可行之物也，譬若挈太山越河济也。"子墨子言：是非其譬也。夫挈太山而越河济，可谓毕劫有力矣，自古及今未有能行者也。况乎兼相爱、交相利，则与此异，古者圣王行之。何以知其然？古者禹治天下，西为西河、渔窦，以泄渠、孙、皇之水；北为防原派，注后之邸、嘑池之窦，洒为底柱，凿为龙门，以利燕、代、胡、貉与西河之民；东方漏之陆，防孟诸之泽，洒为九浍，以楗东土之水，以利冀州之民；南为江、汉、淮、汝，东流之，注五湖之处，以利荆、楚、干、越与南夷之民。此言禹之事，吾今行兼矣。昔者文王之治西土，若日若月，乍光于四方，于西土，不为大国侮小国，不为众庶侮鳏寡，不为暴势夺穑人黍、稷、狗、彘。天屑临文王慈，是以老而无子者，有所得终其寿；连独无兄弟者，有所杂于生人之间；少失其父母者，有所放依而长。此文王之事，则吾今行兼矣。昔者武王将事泰山隧，《传》曰："泰山，有道曾孙周王有事，大事既获，仁人尚作，以祇商夏，蛮夷丑貉。虽有周亲，不若仁人。万方有罪，维予一人。"此言武王之事，吾今行兼矣。

Sed nunaj sinjoroj en la mondo diras: "Kompreneble, se tiel oni amus sin reciproke, estus tre bone. Tamen tio estas ne ebla, samkiel porti la monton Taishan trans riveron Huan-he aŭ Qi-shui."

La Majstro Mozi diris: "Tiu parabolo ne estas trafa. Por porti la monton Taishan trans riveron Huan-he aŭ Qi-shui necesos tre granda forto, ke neniu ankoraŭ povis fari tion de antikva tempo ĝis nun. Sed kontraŭe al tio, ami reciproke kaj interŝanĝi profiton reciproke inter si, antikvaj sanktaj reĝoj povis fari ĉi tion. Pro kio oni scias tiel? En la epoko de la regado de antikva reĝo Yu, okcidente estis reguligita la Okcidenta rivero de Huan-he kun la fiŝejoj kaj kloaka sistemo, konstruitaj ankaŭ la kanaloj, nomataj Sun kaj Huang. Norde estis konstruitaj la digoj, nomataj Yuan kaj Gu, disdonantaj akvon al domoj kaj lagetoj, estis disbranĉigita la rivero ĉirkaŭ la monto Dizhu, estis traborita la monto Longmen, per kio profitis loĝantoj laŭ la Okcidenta rivero en la regnoj Yan, Dai, Hu kaj Hao. Oriente estis bondrenita la tereno, rekonstruita la digo ĉe marĉo Mengzhu, disbranĉigita la rivero en kanalojn, per kio inundo estis preventita kaj profitis popolanoj en la provinco Ji. Sude la riveroj Changjiang, Hanshui, Huaihe kaj Rushui estis reguligitaj por fluigo en orientan maron kaj kvin lagojn, per kio profitis popolanoj en regnoj Jing, Chu, Gan, Yue kaj sudaj indiĝenoj. La aferon de la reĝo Yu ni devas praktiki nun kiel aferon de makroamo"

Antaŭe, kiam la reĝo Wen regis la okcidentan regnon, li brilis kvazaŭ per la lumo de suno kaj luno. Pligranda regno ne malestimas malpligrandan, pligranda amaso ne neglektas fraŭlojn-solulojn, pli fortaj ne rabas de kamparanoj grenojn nek dombestojn. La Ĉielo alte taksis la kompatemon de la reĝo Wen, kaj sekve maljunuloj sen gefiloj, havante feliĉajn lastajn jarojn, mortas en sufiĉe alta aĝo; kaj soluloj sen gefratoj povas kunvivi trankvile inter homoj; orfoj, perdintaj gepatrojn en infaneco, kreskas, apogante sin sur prizorgantoj. La aferon de la reĝo Wen ni devas nun praktiki kiel la aferon de makroamo. Estas skribite, ke, antaŭe, kiam la reĝo Wu prezidis ceremonion sur la monto Taishan, li gratulis, dirante: "Ho, la Sankta Monto Taishan, mi, kiel pranepo de la reĝo de Zhou, faras la ceremonion, ĉar ni atingis la grandan aferon, kaj al mi servas nun justuloj, per tio ni reprosperigos ne nur la regnojn Shang kaj Xia, sed ankaŭ landlimajn regionojn de indiĝenoj. Kvankam mi havas parencojn de Zhou-dinastio, tamen estas pli preferinde utiligi justulojn. Eĉ se popolanoj iam ajn kulpas je eraroj, mi sola prenos sur min la respondecon." La vorton de la reĝo Wu ni nun praktikas kiel la aferon de makroamo.

是故子墨子言曰：今天下之君子，忠实欲天下之富而恶其贫，欲天下之治而恶其乱，当兼相爱、交相利。此圣王之法，天下之治道也，不可不务为也。

Tiel do la Majstro Mozi diris: "Nunaj estroj en la mondo, se ili sincere dezirus al la mondo riĉigon kaj sincere malamus malriĉigon, se ili dezirus al la mondo la ordon kaj malamus la malordon, tiam ili devas ami sin reciproke kaj profitigi sin reciproke. Tio estas la ĝenerala normo de la sanktaj reĝoj kaj la vojo al paco en la mondo. Oni ne devas ne strebi al tio."

16. 兼爱下 MAKROAMO (3)

子墨子言曰：仁人之事者，必务求兴天下之利，除天下之害。然当今之时，天下之害孰为大？曰：若大国之攻小国也，大家之乱小家也，强之劫弱，众之暴寡，诈之谋愚，贵之敖贱，此天下之害也。又与为人君者之不惠也，臣者之不忠也，父者之不慈也，子者之不孝也，此又天下之害也。又与今人之贼人，执其兵刃、毒药、水、火，以交相亏贼，此又天下之害也。

La Majstro Mozi diris: "Justuloj, farante aferojn, devas nepre strebi al akcelado de la monda utilo, al eliminado de la monda malutilo. Sed kial la malutilo estas tiel granda nuntempe en la mondo?" Li diris: "Ĉar regno pli granda atakas malpli grandan regnon, klano pli granda detruas klanon malpli grandan, la pli forta rabas la malpli fortan, la plimulto minacas la malplimulton, la ruza trompas la malsaĝan, la nobelo fieras antaŭ la povrulo. Tio estas la monda malutilo. Kaj la estro ne estas mizerikorda, la subulo ne fidela, patro ne kompatema, filo ne obeema sen fila pietato. Ankaŭ tio estas la monda malutilo. Plie nunaj malnobluloj, prenante armilojn, venenojn, akvon kaj fajron, batalas unuj kontraŭ aliaj. Ankaŭ tio estas la monda malutilo."

姑尝本原若众害之所自生，此胡自生？此自爱人利人生与？即必曰非然也，必曰从恶人贼人生。分名乎天下恶人而贼人者，兼与？别与？即必曰别也。然即之交别者，果生天下之大害者与？是故别非也。子墨子曰："非人者，必有以易之，若非人而无以易之，譬之犹以水救火也，其说将必无可焉。"

Dume ni pripensu, el kio naskiĝas multe da malutiloj, kaj kial ili naskiĝas? Ĉu ili naskiĝas el tio, ke oni amas la aliajn kaj profitas al la aliaj? Nepre ne. Ili nepre naskiĝas el tio, ke oni malamas la aliajn kaj rabas de la aliaj. Se nomi la agon de malamantoj kaj rabantoj en la mondo, do kiel? Ĉu universala makroamo aŭ aparta mikroamo? Nepre tio estas nomata la aparta mikroamo. Do tiu, kiu havas respektive sian apartan mikroamon, donas sekve al la mondo grandan malutilon, ĉu ne? Tial la aparta mikroamo estas malbona." La Majstro Mozi diris: "Kiu kritikas la alian, tiu nepre devas havi sian anstataŭan proponon. Sen iu anstataŭa propono, tiu kritiko estas malefika, kvazaŭ bruligi fajron per akvo."²⁴

是故子墨子曰：兼以易别。然即兼之可以易别之故何也？曰：藉为人之国若为其国，夫谁独举其国以攻人之国者哉？为彼者由为己也。为人之都若为其都，夫谁独举其都以伐人之都者哉？为彼犹为己也。为人之家若为其家，夫谁独举其家以乱人之家者哉？为彼犹为己也。然即国，都不相攻伐，人家不相乱贼，此天下之害与？天下之利与？即必曰天下之利也。

Tial la Majstro Mozi diris: "Per universala makroamo anstataŭigu apartan mikroamon." Kial oni devas anstataŭigi mikroamon per makroamo?

Li diris: "Se oni estimus la alies regnon, kiel la sian, kiu tiam do atakus ĝin per tuta forto de sia regno? Ĉar, amante la alian kiel sin mem, oni farus por la alia, kiel por si mem. Se oni estimus la alies urbon, kiel la sian, kiu tiam do batus ĝin per tuta forto de sia urbo? Ĉar oni farus por la alia, kiel por si mem. Se oni estimus la alies klanon, kiel la sian, kiu tiam do konfuzus ĝin per tuta forto de sia klano. Ĉar oni farus por la alia, kiel por si mem. Tiel ne regnoj nek urboj interbatalus, ne klanoj nek homoj konfuzus unuj la aliajn. Ĉu tio estas malutilo al la mondo? Ĉu tio ne estas profito al la mondo? Nepre tio estas profito al la tuta mondo."

姑尝本原若众利之所自生，此胡自生？此自恶人贼人生与？即必曰非然也，必曰从爱人利人生。分名乎天下爱人而利人者，别与？兼与？即必曰兼也。然即之交兼者，果生天下之大利者与。是故子墨子曰：兼是也。且乡吾本言曰："仁人之事者，必务求兴天下之利，除天下之害。"今吾本原兼之所生，天下之大利者也；吾本原别之所生，天下之大害者也。是故子墨子曰：别非而兼是者，出乎若方也。

Interalie koncerne la originon, el kio do naskiĝas la profito? El malamo kaj rabado al la aliaj? Nepre ne tiel. Tio nepre naskiĝas el amo al la aliaj kaj el profitado al la aliaj. Kiel oni nomas tiun amon kaj profitadon al la aliaj? Mikroamo aŭ makroamo? Nepre, oni diras, ke tio estas makroamo. Do tiuj, kiuj interŝanĝas makroamon reciproke, multe profitas al la mondo. Tial la Majstro Mozi diris: "Tio estas makroamo. Mi diras dekomence la principon, ke justuloj, aferumante, nepre strebas altigi la mondan profiton kaj elimini la malutilon de la tuta mondo. Nun ni eltrovis makroamon fonto, de kie naskiĝas la granda profito de la mondo. Ni eltrovis mikroamon fonto, de kie naskiĝas la granda malutilo al al mondo." Jen kial do la Majstro Mozi asertis: "La aparta mikroamo estas malbona, sed bona estas la universala makroamo."

²⁴ Kelkaj esploristoj dubas la esprimon "bruligi fajron per akvo[以水救火]" kaj anstataŭigas ĝin per la esprimo " savi akvon per akvo[以水治水]".

今吾将正求与天下之利而取之，以兼为正，是以聪耳明目相与视听乎？是以股肱毕强相为动宰乎？而有道肆相教诲，是以老而无妻子者，有所侍养以终其寿；幼弱孤童之无父母者，有所放依以长其身。今唯毋以兼为正，即若其利也，不识天下之士，所以皆闻兼而非者，其故何也？

Nun ni ĝuste strebas atingi la profiton en la mondo, prenante makroamon kiel juston. Ni kune rigardu kaj aŭskultu tion per saĝaj oreloj kaj klaraj okuloj. Ni kune agadu por tio per la forta korpo. Ni kune instruu tion unuj al aliaj per studado de la vojo. Dank' al tio, eĉ soleca maljunulo sen edzino kaj gefiloj, bone zorgate, povas morti en sia sufiĉe alta aĝo. Ankaŭ malfortaj orfaj infanoj sen gepatroj, apogiĝante sur bonaj klopodoj kaj edukite bone, povas plenkreski. Se nun oni prenus makroamon kiel juston, tiam estus tia profito. Tiel do mi ne scias, kial ĉiuj sinjoroj en la mondo, aŭdante pri makroamo, tamen neas tion.

然而天下之士非兼者之言，犹未止也。曰：即善矣。虽然，岂可用哉？子墨子曰：用而不可，虽我亦将非之。且焉有善而不可用者？姑尝两而进之。谁以为二士，使其一士者执别，使其一士者执兼。是故别士之言曰："吾岂能为吾友之身，若为吾身？为吾友之亲，若为吾亲？"是故退睹其友，饥即不食，寒即不衣，疾病不侍养，死丧不葬埋。别士之言若此，行若此。兼士之言不然，行亦不然，曰："吾闻为高士于天下者，必为其友之身，若为其身；为其友之亲，若为其亲，然后可以为高士于天下。"是故退睹其友，饥则食之，寒则衣之，疾病侍养之，死丧葬埋之。兼士之言若此，行若此。若之二士者，言相非而行相反与！当使若二士者，言必信，行必果，使言行之合犹合符节也，无言而不行也。然即敢问，今有平原广野于此，被甲婴胄将往战，死生之权未可识也；又有君大夫之远使于巴、越、齐、荆，往来及否未可识也。然即敢问，不识将恶也，家室奉承亲戚，提挈妻子而寄托之，不识于兼之有是乎？于别之有是乎？我以为当其于此也，天下无愚夫愚妇，虽非兼之人，必寄托之于兼之有是也。此言而非兼，择即取兼，即此言行费也。不识天下之士，所以皆闻兼而非之者，其故何也？

Sed ne ĉesas opinioj ĉe mondaj sinjoroj, kiuj kritikas ideon de makroamo. Oni diras: "Kvankam la ideo estas bona, tamen ĉu ĝi estas aplikebla?"

La Majstro Mozi diris: "Se ne aplikebla, eĉ mi neus ĝin. Sed, ĉu estus iu bono neaplikebla? Dume mi provos pristudi tion plu. Jen estas du sinjoroj: unu sinjoro insistu pri la aparta mikroamo, la alia – por la makroamo. La sinjoro por la mikroamo diras: 'Ĉu mi povus fari al la aliulo tiel same, kiel al mi mem? Ĉu mi povus fari al alies gepatroj tiel same, kiel al miaj gepatroj?' Tiam oni kaŝe observas iun amikon de tiu sinjoro, kaj evidentiĝas, ke la amiko ne estas nutrata, kiam li estas malsata; li ne estas vestita, kiam al li estas malvarme; li ne estas flegata, kiam li estas malsana; li ne estas entombigita, kiam li mortis. Kiel estas dirite de mikroamisto, tiel estas farite. Makroamisto ne parolas tiel, nek faras tiel, dirante: 'Mi aŭdas, ke personoj kun alta kvalito en la mondo nepre faras al siaj amikoj tiel same, kiel al si mem; ili faras al gepatroj de sia amiko tiel same, kiel al siaj gepatroj. Per ĉio ĉi-tio oni povas rigardi tiun altkvalitan homon kiel mondskalan personecon.' Tiam oni kaŝe observas iun amikon de tiu sinjoro, kaj evidentiĝas, ke li povas manĝi, kiam malsatiĝas; vestas sin, kiam estas malvarme; estas flegata, kiam malsaniĝis; estas entombigita, kiam mortis. Kiel estas dirite de makroamisto, tiel estas farite."

　　Du sinjoroj disiĝas unu de la alia en vorto kaj je ago! Sed se tiuj du sinjoroj ambaŭ povus esti fidelaj al siaj vortoj kaj efektivigi siajn vortojn, se ĉe ili koincidus vortoj kaj ago kvazaŭ du flankoj de dividita marko kuniĝas, se ili farus tion, kio estas dirita de ili, tiam mi volas nepre demandi ilin. Nun antaŭ viaj okuloj etendiĝas vasta kampo kaj ebenaĵo, kaj vi, armite per kiraso kaj kasko, ekiras batali, ankoraŭ ne sciante ĉu revenos viva aŭ ne; aŭ landestro vin sendas kiel komisiiton al malproksimaj regnoj, kiel Ba, Yue, Qi, Jing, ne eblas antaŭvidi, ĉu vi revenos aŭ ne. Mi volus demandi vin: 'Al kiu vi konfidas vian familion, gepatrojn, parencojn, edzinon kaj infanojn? Al makroamisto aŭ al mikroamisto?' Sub tiu cirkonstanco, mi opinias, ke en la mondo ne troviĝus stultuloj, kiuj konfidus al nemakroamisto. Nepre vi konfidos familion al makroamisto. Eĉ se vi insistis ne pri makroamo, vi elektos ja makroamiston, tiam ĉe vi kontraŭos eldiro kun ago. Mi ne komprenas, kial sinjoroj en la mondo ĉiuj, aŭdante pri makroamo, kritikas ĝin.

　　然而天下之士非兼者之言，犹未止也。曰：意可以择士，而不可以择君乎？姑尝两而进之。谁以为二君，使其一君者执兼，使其一君者执别，是故别君之言曰："吾恶能为吾万民之身，若为吾身？此泰非天下之情也。人之生乎地上之无几何也，譬之犹驷驰而过隙也。"是故退睹其万民，饥即不食，寒即不衣，疾病不侍养，死丧不葬埋。别君之言若此，行若此。兼君之言不然，行亦不然，曰："吾闻为明君于天下者，必先万民之身，后为其身，然后可以为明君于天下。"是故退睹其万民，饥即食之，寒即衣之，疾病侍养之，死丧葬埋之。兼君之言若此，行若此。然即交若之二君者，言相非而行相反与。常使若二君者，言必信，行必果，使言行之合犹合符节也，无言而不行也。然即敢问，今岁有疠疫，万民多有勤苦冻馁，转死沟壑中者，既已众矣。不识将择之二君者，将何从也？我以为当其于此也，天下无愚夫愚妇，虽非兼者，必从兼君是也。言而非兼，择即取兼，此言行拂也。不识天下所以皆闻兼而非之者，其故何也？

Malgraŭ tio, ne ĉesas la opinio de nemakroamistoj en la mondo. Ili diras: "Vi eble pravas en kazo de soldatoj, sed koncerne al landestroj ne povas esti tiel." Dume ni traktos tiun demandon. Estu du landestroj, unu el kiuj estas por makroamo, la alia estas por mikroamo. La landestro kun aparta mikroamo diras: 'Kiel mi povus rigardi miajn popolanojn kiel min mem? Tio ĝenerale ne estas natura sento de subĉiela homo. Kiom mallonga estas homa vivo sur la tero, kvazaŭ momento en trakuro de kvarĉevala kaleŝo preter la fendo de pordo.' Oni vidas la popolanojn ne manĝantaj dum malsato, ne vestiĝantaj dum malvarmo, ne kuracataj dum malsano, ne enterigitaj post la morto. Jen ĉe la mikroama landestro, kiel dirite, tiel farate. Ne tia estas la parolo de makroama landestro, ne tia estas lia ago. Li diras: "Mi aŭdas, ke la saĝa estro en la mondo faras unue nepre por la popolanoj, poste por si mem, kaj tial li estas nomata la saĝa estro." Oni vidas la popolanojn sataj je manĝado, vestitaj dum malvarmo, kuracataj dum malsano, enterigitaj post la morto. Kiel dirite de la makroama reĝo, tiel farate.

Inter du sinjoroj diferencas unu de la alia kaj en la vortoj kaj je la ago. Sed se tiuj du sinjoroj ambaŭ povus esti fidelaj al siaj vortoj kaj efektivigi siajn vortojn, se ĉe ili koincidus vortoj kun ago kvazaŭ ambaŭ flankoj de dividita marko kuniĝas, se ili farus tion, kio estas dirita de ili, tiam mi volus nepre demandi ilin, ĉar estas diskuteble kun ili. Jen venis la tempo de epidemio. Kiom ajn popolanoj laborus, ili multe suferas kaj frostiĝas, mortas survoje en defluiloj, mortintoj estas nekalkuleblaj. Se elekti el du estroj, kiun oni sekvas? Mi opinias jene. Ajnaj gestultuloj en la mondo sekvas ne la mikroaman estron, sed nepre la makroaman estron. Eĉ tiu, kiu estas laŭ la vorto mikroamisto, malgraŭ ke ties ago kontraŭas al la vorto. Do mi ne komprenas, kial mikroamistoj, aŭdante pri makroamo, ĉiuj kritikas ĝin?

然而天下之士非兼者之言也，犹未止也。曰：兼即仁矣，义矣，虽然，岂可为哉？吾譬兼之不可为也，犹挈泰山以超江河也。故兼者直愿之也，夫岂可为之物哉？子墨子曰：夫挈泰山以超江河，自古之及今，生民而来未尝有也。今若夫兼相爱、交相利，此自先圣六王者亲行之。何知先圣六王之亲行之也？子墨子曰：吾非与之并世同时，亲闻其声，见其色也。以其所书于竹帛，镂于金石，琢于槃盂，传遗后世子孙者知之。《泰誓》曰："文王若日若月，乍照，光于四方于西土。" 即此言文王之兼爱天下之博大也，譬之日月兼照天下之无有私也。即此文王兼也，虽子墨子之所谓兼者，于文王取法焉。

Sed inter sinjoroj tra la mondo ne ĉesas kritiko al makroamo. Oni diras: "Makroamo estas ja kompatemo, ja justeco, tamen ĉu tiu estus farebla? Ni konsideras makroamon nefarebla, kvazaŭ porti la monton Taishan trans la riverojn Changjiang kaj Huanhe. Makroamo ja estas nur revo, kiun ne eblas efektivigi."

La Majstro Mozi diris: "Portadon de la monto Taishan trans la riverojn Changjiang kaj Huanhe neniam ĝis nun spertas la homoj. Sed reciprokan makroamon kaj interŝanĝon de profitoj jam praktikadis antaŭe ses sanktaj reĝoj mem. Kial estas sciate, ke tion praktikadis la ses sanktaj reĝoj?"

La Majstro Mozi diris: "Mi ne estas samtempulo kun ili, nek aŭdis iliajn voĉojn, nek vidis ilin senpere. Mi scias ilin pere de libroj, skribitaj sur bambuoj kaj silkoj, pere de surskriboj sur bronzaĵoj kaj ŝtonoj, pere de gravuraĵoj sur pelvoj kaj vazoj, kiuj estas restigitaj por sciigi al posteuloj. En *Taishi* (Ĵuro Tai en Shujing) estas skribite: 'Kvazaŭ suno kaj luno, la reĝo Wen lumigas la mondon, kaj la lumo disvastiĝas al kvar direktoj kaj al okcidentaj regnoj.' Laŭ tiu ĉi vorto evidentiĝas, ke la makroamo de la reĝo Wen estas grandega en la mondo, kvazaŭ lumigas la suno kaj luno la tutan mondon sendiskriminacie."

Tiel la reĝo Wen havis makroamon. Kvankam ankaŭ la Majstro Mozi estas t. n. makroamisto, tamen tiu ideo estas heredita de la reĝo Wen.

且不唯《泰誓》为然，虽《禹誓》即亦犹是也。禹曰："济济有众，咸听朕言：非惟小子，敢行称乱，蠢兹有苗，用天之罚，若予既率尔群对诸群，以征有苗。"禹之征有苗也，非以求以重富贵、干福禄、乐耳目也，以求兴天下之利，除天下之害。即此禹兼也。虽子墨子之所谓兼者，于禹求焉。

Ne nur en *Taishi*, sed ankaŭ en *Yushi* (Ĵuro de Yu) estas dirite tiel. Yu diris: "Mia fervora popolo, ĉiuj aŭskultu min! Mi ne aŭdacas ekmiliti. Al ribelanta gento You Miao mi donas la Ĉielan punon. Mi, kondukante vin kaj landestrojn, konkeros genton You Miao." Venkobatante la genton You Miao, la reĝo Yu ne ĉasis multigon de riĉaĵoj, nek monon, nek ĝuon por oreloj kaj okuloj, sed li strebis kreskigi mondan profiton kaj elimini mondan malutilon. Tiel do Yu estis makroamisto. La Majstro Mozi lernis makroamon ĉe Yu.

且不唯《禹誓》为然，虽《汤说》即亦犹是也。汤曰："惟予小子履，敢用玄牡，告于上天后，曰：'今天大旱，即当朕身履，未知得罪于上下。有善不敢蔽，有罪不敢赦，简在帝心。万方有罪，即当朕身，朕身有罪，无及万方。'"即此言汤贵为天子，富有天下，然且不惮以身为牺牲，以祠说于上帝鬼神。即此汤兼也。虽子墨子之所谓兼者，于汤取法焉。

Ne nur en *Yushi*, sed ankaŭ en *Tangshuo* estas dirite tiel. Tang diris: "Mi, nomata Lü, estas malgranda, tamen mi, oferante nigran bovon, turnas min al la Ĉiela kaj tera Dioj." Kaj li diris: "Nun atakas la severa sekeco, por tio respondecas mi mem, sed mi ne scias, kial mi ricevas tiun punon el Ĉielo kaj tero. Ne kaŝita estas de mi ia ajn bono, ne punita estas de mi ia ajn kulpo. Ĉio dependas de Dia volo. Se kulpas ĉiuj, tiam punu nur min, se mi kulpas, tiam ne punu la aliajn." El tiu diro estas klare, ke Tang, la nobla reĝo, havante mondan riĉaĵon, ne timas oferti sin mem al Ĉiela Dio kaj Spiritoj por peti gracon.

Kvankam la Majstro Mozi estas makroama, tamen li lernis la ideon ĉe la reĝo Tang.

且不惟《誓命》与《汤说》为然，《周诗》即亦犹是也。《周诗》曰："王道荡荡，不偏不党，王道平平，不党不偏。其直若矢，其易若底。君子之所履，小人之所视。"若吾言非语道之谓也，古者文武为正，均分赏贤罚暴，勿有亲戚弟兄之所阿。即此文武兼也。虽子墨子之所谓兼者，于文武取法焉。不识天下之人，所以皆闻兼而非之者，其故何也？

Ne nur *Shiming*[Ĵuro de Yu] kaj *Tangshuo*, sed ankaŭ *Zhoushi*[Poezio de Zhou] estas tia. Estas skribite en *Zhoushi:* "Reĝa vojo estas vasta, sendekliniĝa kaj senpartia; Reĝa vojo estas ebena, senpartia kaj sendekliniĝa. Ĝi estas rekta kiel sago, glata kiel akrigoŝtono. Sinjoroj povas paŝadi laŭ la vojo kaj subuloj povas vidi ĝin." Tiuj frazoj priparolas la vojon. En antikvaj tempoj la reĝoj Wen kaj Wu povis distingi juste kaj egale ĉiun ajn por estimi la saĝon kaj puni la brutaĵon. Tio estis farata sen nepotismo al iuj ajn parencoj kaj gefratoj.

Tia estas la makroamo ĉe Wen kaj Wu. La Majstro Mozi estas t. n. makroamisto, sed prenis tiun ideon de Wen kaj Wu. Kial homoj en la mondo, aŭdante la ideon de makroamo, ĉiuj neas ĝin?

然而天下之非兼者之言，犹未止曰：意不忠亲之利，而害为孝乎？子墨子曰：姑尝本原之孝子之为亲度者。吾不识孝子之为亲度者，亦欲人爱利其亲与？意欲人之恶贼其亲与？以说观之，即欲人之爱利其亲也。然即吾恶先从事即得此？若我先从事乎爱利人之亲，然后人报我爱利吾亲乎？意我先从事乎恶人之亲，然后人报我以爱利吾亲乎？即必吾先从事乎爱利人之亲，然后人报我以爱利吾亲也。然即之交孝子者，果不得已乎？毋先从事爱利人之亲者与？意以天下之孝子为遇而不足以为正乎？姑尝本原之先王之所书，《大雅》之所道曰："无言而不雠（仇），无德而不报。投我以桃，报之以李。"即此言爱人者必见爱也，而恶人者必见恶也。不识天下之士，所以皆闻兼而非之者，其故何也？

Sed opinio kontraŭ makroamo ne ĉesas en la mondo, dirante: "Ĉu oni per makroamo ne ignoras fidelecon kaj profitigon al siaj propraj gepatroj? Ĉu tio ne malhelpas la filan pietaton?"

La Majstro Mozi diris: "Interalie ni esploru principe la fidelajn gefilojn. Kiam la fideleaj gefiloj zorgas pri siaj gepatroj, ĉu ili dezirus, ke la aliaj amu kaj profitigu iliajn gepatrojn aŭ malamu kaj atencu ĉi tiujn? Laŭ objektiva vido, ili dezirus, ke la aliaj amu kaj profitigu iliajn gepatrojn. Pri kio unue ni okupiĝu por atingi la celon? Ĉu mi unue okupiĝu pri alies gepatroj por ami kaj profitigi ilin kaj poste la aliaj redonu la amon kaj la profiton al miaj gepatroj? Aŭ mi malamu alies gepatrojn kaj poste la aliaj redonu al miaj gepatroj amon kaj profiton? Nepre ni unue klopodas ami kaj profitigi gepatrojn de la aliaj, poste la aliaj redonos al ni per amo kaj profito por niaj gepatroj." Ĉu el tia ago ne rezultas, ke oni fariĝu reciproke fidelaj gefiloj por interŝanĝi filan pietaton unu kun la alia? Ĉu antaŭ ĉio oni ne devas ami kaj profitigi gepatrojn de la aliaj? Ĉu fidelaj gefiloj en la mondo estas tiom stultaj, ke ili ne povus esti sufiĉe fidelaj al alies gepatroj? Interalie en la libro *Daya* de la antaŭa reĝo estas skribite: "Estas neniu eldiro sen respondo, estas neniu virto sen rekompenco. Se mi donas persikon, oni redonas al mi prunon." Tio signifas: kiu amas la alian, tiu nepre renkontas amon, kaj kiu malamas la alian, tiu nepre renkontas malamon. Tiel do mi ne komprenas, kial ĉiuj, aŭdante makroamon, neas ĝin.

意以为难而不可为邪？尝有难此而可为者。昔荆灵王好小要，当灵王之身，荆国之士饭不逾乎一，固据而后兴，扶垣而后行。故约食为其难为也，然后为而灵王说之，未逾于世而民可移也，即求以乡其上也。昔者越王勾践好勇，教其士臣三年，以其知为未足以知之也，焚舟失火，鼓而进之，其士偃前列，伏水火而死，有不可胜数也。当此之时，不鼓而退也，越国之士可谓颤矣。故焚身为其难为也，然后为之越王说之，未逾于世而民可移也，即求以乡上也。昔者晋文公好苴服，当文公之时，晋国之士，大布之衣，牂羊之裘，练帛之冠，且苴之履，入见文公，出以践之朝。故苴服为其难为也，然后为而文公说之，未逾于世而民可移也。即求以乡其上也。是故约食，焚舟，苴服，此天下之至难为也，然后为而上说之，未逾于世而民可移也。何故也？即求以乡其上也。今若夫兼相爱、交相利，此其有利且易为也，不可胜计也。我以为则无有上说之者而已矣，苟有上说之者，劝之以赏誉，威之以刑罚，我以为人之于就兼相爱、交相利也，譬之犹火之就上、水之就下也，不可防止于天下。

Ĉu oni konsideras, ke estus malfacile fari tion? Sed antaŭe povis esti farita io pli malfacila ol tio. Iam antaŭe la reĝo Ling de la regno Jing[Chu] ŝatis maldikan talion, dum la reĝo vivas, liaj subuloj en la regno Jing manĝis ne pli ol unu fojon ĉiutage, ke ili ne povis stari sen bastono, ne povis piediri sen apogi sin mane je muro. Kvankam estus malfacile ŝpari manĝaĵon, tamen ili faris tiel por gojigi sian reĝon Ling. Sen ŝanĝi la mondon eblas ŝanĝi la popolon, ĉar ĉi tiu strebas direkti sin laŭ supra plaĉo. Antaŭe la reĝo de Yue-regno, Goujian ŝatas kuraĝon, ekzercadis dum tri jaroj siajn soldatojn. Tamen li, ne sciante ilian kapablon, volis provi kaj, bruligante ŝipon, ektamburis por sturmi tien. Nenombreblaj estis mortintoj fronte al fajro kaj akvo. Tiam, spite al ĉeso de tamburado, ili ne retiriĝis. Frapas atenton la kuraĝo de soldatoj en Yue-regno. Bruligi sin estas malfacile. Sed ili faris tion por ĝojigi la reĝon de Yue. Sen ŝanĝi la mondon eblas ŝanĝi la popolon, ĉar ĉi tiu strebas fari tiel, kiel la supro deziras. Antaŭe la duko de Jin-regno, Wengong ŝatis malluksajn vestaĵojn. Tiam ĉe Wengong subuloj en Jin vestis sin en raspaj kotonaĵoj, en virinŝafaj peltaĵoj, portis kepojn el glacea silko, metis al si ŝuojn el kanaba tolo. Tiaj ili iras vidi la reĝon, kaj revenis de la kortego. Estus malfacile vestiĝi malllukse, sed por ĝojigi la reĝon ili faris tiel. Sen ŝanĝi la mondon eblas ŝanĝi la popolon. Estus tre malfacile ŝpari manĝaĵon, bruligi ŝipon aŭ vestiĝi krude. Sed por ĝojigi la supron eblas fari tion. Sen ŝanĝi la mondon eblas ŝanĝi la popolon. Kial? La subuloj strebas fari tiel, kiel la supro deziras. Nun koncerne reciprokan makroamon kaj reciprokan profitadon, tio estas nekompareble pli utila kaj facila por fari ol la supre menciitaj kondutoj. Mi vidas la makroamon ne populara, nur ĉar inter suproj ne troviĝas tiuj, kiuj ĝojas pri tio. En tiu okazo, se ĝojas la suproj pri tio, se ili stimulas per honorado, se ili timigas per punado, laŭ mia opinio, homoj inkliniĝos al reciproka makroamo kaj al interŝanĝo de reciproka profitado, kvazaŭ fajro iras supren kaj akvo malsupren. Tio ne estus haltigebla en la tuta mondo.

故兼者圣王之道也，王公大人之所以安也，万民衣食之所以足也。故君子莫若审兼而务行之，为人君必惠，为人臣必忠，为人父必慈，为人子必孝，为人兄必友，为人弟必悌。故君子莫若欲为惠君、忠臣、慈父、孝子、友兄、悌弟，当若兼之不可不行也。此圣王之道而万民之大利也。

Tiel do makroamo estas la vojo de sanktaj reĝoj, kaj en tio landestroj estas trankvilaj kaj la tuta popolo estas kontenta je vestaĵoj kaj manĝaĵoj. Tial sinjoroj devas kompreni la makroamon kaj plenumi la taskon. Tiam kiel la reĝo, oni nepre favoras; kiel la subuloj, oni nepre fidelas; kiel patroj, oni nepre estas kompatema; kiel gefiloj, oni nepre havas filan pietaton; kiel pliaĝaj fratoj, oni nepre amikas; kiel plijunaj fratoj, oni nepre estas obeema.

Se sinjoroj dezirus esti favorema estro, fidela subulo, kompatema patro, pietatema filo, amika fratego kaj obeema frateto, tiam ili ne devas ne praktiki la makroamon. Ĉar tio estas la vojo de sanktaj reĝoj kaj granda profito al la tuta popolo.[25]

[25] Mozi prelegas, ke makroamo estas efektvigebla, se oni amus la alian, kiel oni amas sin mem. La lasta frazo estas simila al la fama frazo de kristanismo. Sed Mozi mem prezentas opiniojn de kontraŭuloj de la makroamo, kaj vidas ilin tre profunde radikiĝintaj. Argumentoj de Mozi kontraŭ mikroamistoj estas simplaj kaj klaraj. Ili ŝajnas nerefuteblaj. De antaŭlonge estas dirite, ke altruismo estas pli alta ol egoismo. Estis laŭdata "abnegacio, sindonemo, sinforgeso, karitato", t. e. "malegoismo".

Estas interese, ke Meng-zi kritikis Mozi-on pro makroamo, kaj Yangzhu-on pro egoismo, dirante, ke

Mozi mortigas patrojn kaj Yangzhu reĝojn.

"La mondo estas plena je opinioj de Yangzhu kaj Mozi. Publika opinio apartenas aŭ al Yang aŭ al Mo. Yang por sia egoismo, tio estas ignorado de estroj. Mo por universala makroamo, tio estas ignorado de patroj. Estas ja bestoj, kiu ignoras estrojn kaj patrojn. <...> Se ne haltigitaj estus la ideologioj de Yang-Mo, ne vidos lumon la vojo de Konfuceo." [*Meng-zi*, la ĉapitro *Teng Wen Gong*]

Laŭ konfuceanismo per abnegacio de "ego" oni devas esti fidela al gepatroj, al familio, al societo, al regno kaj finfine al la reĝo kaj regno. Unuvorte, tiu fideleco estas la "amo al la aliaj nur ene de la socio, kie la koncernanta fidelulo ekzistas". Altruismo estas absorbita en nacionalismon. Nacionalismo estas "universala amo" por naciulo, kaj tiu amo ne transiras landlimon.

Mozi estis kritikata: "Ĉu oni per makroamo ne ignoras fidelecon kaj profitigon al siaj propraj gepatroj? Ĉu tio ne malhelpas la filan pietaton?" Por konfuceanoj familio kaj nacio estas la pli kara universo.

Mozi prelegas, ke universala makroamo kovras eĉ alifamilianojn kaj alilandanojn. Tiu ideo konsistigas la bazon por la aliaj konceptoj de Mozi, ekz. Neagresado. Sed eĉ Mozi citas ekzemplon de konkero per milito, farita de Yu, la saĝa reĝo, kun la preteksto de punado. Tia argumento povus subfosi la principon de neagresado.

Interalie, surbaze de "egoismo" konstruis ideon de socialismo N. G. Ĉerniŝevskij en la verko "Kion fari?" Sociala scienco, inkluzive de ekonomiko, baziĝas sur agnosko de "egoismo", kiel neforigebla homa naturo. Oponantoj kontraŭ makroamo, prezentitaj de Mozi mem, povas trovi sian subtenantojn inter nunaj neo-ekonomistoj. Se diri paradokse, legantoj de Mozi povas trovi kritikon al moderna libera ekonomio.

Rilate al efektivigo de la makroamo, Mozi pensas, ke se superuloj persiste tenus la ideon de universala makroamo, la subuloj nepre obeus al ili kaj praktikus la ideon en la vivo. Tia estas ankaŭ la argumento en la ĉapitro "Akordiĝo". Ĉu eblas igi la popolon fari bonon per ordono de la supro, aŭ ne? Tio estas demando al la teorio de supre menciiata de Mozi. Ĉiu bela devizo ŝanĝiĝis en malvirton sub totalitalismo.

Sed Mozi prezentas rimedon por konkeri la totalitalismon, pere de "reciproka profito kaj utilo". Se la popolo sentas sian profiton en la politiko far de supro kaj konsideras la gvidon kiel utilon, la afero estas efektivigebla.

Ni devas turni nian atenton al tio, ke Mozi konsideras la makroamon efektivigebla, nur se la supro dezirus. Tio signifas, ke kreskigo de supraj nobluloj estas la plej grava en la ideologio de mohismo. La kerna ideo de Mozi kuŝas antaŭ ĉio en la altigo de personeco ĉe nobluloj.

17. 非攻上 NEAGRESADO（1）

今有一人，入人园圃，窃其桃李，众闻则非之，上为政者得则罚之。此何也？以亏人自利也。至攘人犬豕鸡豚者，其不义又甚入人园圃窃桃李。是何故也？以亏人愈多，其不仁兹甚，罪益厚。至入人栏厩，取人马牛者，其不仁义又甚攘人犬豕鸡豚。此何故也？以其亏人愈多。苟亏人愈多，其不仁兹甚，罪益厚。至杀不辜人也，扡其衣裘，取戈剑者，其不义又甚入人栏厩取人马牛。此何故也？以其亏人愈多。苟亏人愈多，其不仁兹甚矣，罪益厚。当此，天下之君子皆知而非之，谓之不义。今至大为攻国，则弗知非，从而誉之，谓之义。此可谓知义与不义之别乎？

Nun estas iu homo, kiu, enirante alies ĝardenon, ŝtelas persikojn kaj prunojn. Popolanoj, sciante tion, akuzas lin, kaj la altranga reganto devas puni lin. Kial? Tiu homo egoisme profitigas sin mem, malprofitigante la alian. Koncernante ŝteladon de alies hundoj, porkoj kaj kokoj, tiu maljusto superas la ŝteladon de persikoj kaj prunoj en alies ĝardeno. Kial do tio estas? Li malprofitigas la alian pli multe, kaj ju pli malkompatema li estas, des pli peza lia krimo estas. Kiu, enirante stalon, prenas ĉevalojn kaj bovojn de la alia, ties maljusto tre superas ŝteladon de alies hundoj, aproj, kokoj kaj porkoj. Kial do tio estas? Tio malprofitas al la alia pli multe. Ju pli multe da malprofito al la alia, des pli peza estas la krimo, ĉar tio estas tre senkompata. Kiu mortigas senkulpulon, rabas vestojn kaj peltojn, kaj prenas halebardojn kaj glavojn, ties maljusto ege superas ŝteladon de alies ĉevaloj kaj bovoj en stalo. Kial do tio estas? Ju pli multe da malprofito al la alia, des pli peza estas la krimo, ĉar tio estas tro senkompata. Tiel, ĉiuj sinjoroj en la mondo, sciante tion kritikenda, akuzas maljuston. Sed, se nun oni atakas la alian regnon per la tuta forto, en tiu okazo neniu povas akuzi la agresanton pro tio, kontraŭe, oni eĉ honorigas tion kiel juston. Ĉu oni scias distingi juston de maljusto?

杀一人谓之不义，必有一死罪矣。若以此说往，杀十人十重不义，必有十死罪矣；杀百人百重不义，必有百死罪矣。当此，天下之君子皆知而非之，谓之不义。今至大为不义攻国，则弗知非，从而誉之，谓之义，情不知其不义也，故书其言以遗后世。若知其不义也，夫奚说书其不义以遗后世哉？

Mortigo de unu homo estas konsiderata kiel maljusto, kaj tio nepre estas mortomerita krimo. Sekve, laŭ tia logiko, mortigo de dek homoj estas dekobla maljusto, kaj tio nepre estas dekoble mortomerita krimo. Kaj mortigo de cent homoj estas centobla maljustego, kaj nepre estas centoble mortomerita krimego. Tiel do, ĉiuj sinjoroj en la mondo scias, akuzante tial, ke tio estas konsiderata kiel maljusto. Sed nun, spite ke kiel maljustega devus esti konsiderata la agreso al la alia regno, tute kontraŭe, ĉi tio estas rigardata tiom laŭdinda kaj justa, kiom oni tute ne trovas ĉi tion maljusta, sed tiel oni restigas al posteuloj la admiron eĉ per skribaĵo. Se oni scius ĉi tion maljusta, kial do oni postlasus la maljuston por sciigi al posteuloj per libroj?

今有人于此，少见黑曰黑，多见黑曰白，则以此人不知白黑之辩矣；少尝苦曰苦，多尝苦曰甘，则必以此人为不知甘苦之辩矣。今小为非，则知而非之；大为非攻国，则不知非，从而誉之，谓之义。此可谓知义与不义之辩乎？是以知天下之君子也，辩义与不义之乱也！

Se nun estus homoj en iu regno, kiuj, vidante malmulte da kvanto, vidas la nigran nigra, sed vidante ja multe da kvanto, vidas la nigran blanka, en tiu okazo devas esti konsiderate, ke tiaj homoj ne povoscias distingi inter koloroj la blankon de la nigro. Kvankam homoj sentas la maldolĉaĵon en malmulte da kvanto kiel maldolĉan, tamen tiuj samaj homoj sentas dolĉa la maldolĉaĵon en multe da kvanto. En tiu okazo oni devas konsideri, ke tieaj homoj ne povoscias distingi inter gustoj la dolĉan de la maldolĉa. Nun, kvankam pri la malgranda afero akuzante pro krimo, tamen pro la granda krimo kiel atako al la alia regno oni ne kritikas, sed laŭdas ĉi tion kiel juston. Ĉu tiam estus rigardate, ke oni povus distingi la juston de la maljusto? Tial sinjoroj en la mondo devas scii tian galimation, ke tute konfuziĝas la distingo inter justo kaj maljusto.[26]

---

[26] Mozi kritikas argumenton pri krimulo kaj heroo. La similan argumenton eblas vidi en la verko de F. M. Dostoevskij "*Krimo kaj Puno*", traktanta la temon de "ordinarulo kaj neordinarulo".

18. 非攻中 NEAGRESADO (2)

子墨子言曰：古者王公大人，为政于国家者，情欲誉之审，赏罚之当，刑政之不过失。是故子墨子曰：古者有语："谋而不得，则以往知来，以见之隐。"谋若此，可得而知矣。

La Majstro Mozi diris: "Antikvaj reĝoj, dukoj kaj estroj-sinjoroj, plenumante politikan taskon de la ŝtato, efektive kaj prudente volis ekzameni rekompencon por honorigi laŭdindaĵojn kaj puni, por ke ne estu eraroj en punjura politiko." Tiel la Majstro Mozi diris: "Laŭ vortoj de antikvuloj, se ne atingebla estas la rezulto dum pensado, tiam el la estinteco konjektu la estontan kaj el la videbla la nevideblan." Pensu tiel, kaj vi povas scii.

今师徒唯毋兴起，冬行恐寒，夏行恐暑，此不可以冬夏为者也。春则废民耕稼树艺，秋则废民获敛。今唯毋废一时，则百姓饥寒冻馁而死者，不可胜数。今尝计军上，竹箭、羽旄、幄幕、甲盾、拨劫，往而靡弊腑冷不反者，不可胜数；又与矛戟戈剑乘车，其列住碎折靡弊而不反者，不可胜数；与其牛马肥而往，瘠而反，往死亡而不反者，不可胜数；与其涂道之修远，粮食辍绝而不继，百姓死者，不可胜数也；与其居处之不安，食饭之不时，饥饱之不节，百姓之道疾病而死者，不可胜数；丧师多不可胜数，丧师尽不可胜计，则是鬼神之丧其主后，亦不可胜数。

Se nun iu armeo ekmarŝus kuraĝe, tamen ĝi timas malvarmon en vintro, timas varmegon en somero, tiam ne eblas marŝi en vintro, nek en somero. Militiro en printempo malhelpas al popolanoj je kultivado kaj plantado, militiro en aŭtuno malhelpas al popolanoj je rikoltado kaj kolektado. Malhelpo eĉ nur dum unu sezono kondukas al tio, ke nekalkulebla fariĝas nombro de la popolanoj, malsatiĝantaj, frostiĝantaj kaj eĉ mortantaj. Se nun kalkuli militan elspezon, nenombreblaj estas la perdoj de bambuaj sagoj, standardoj, tendoj, kirasoj, helmetoj kaj ŝildoj, jungilaroj, kiuj dum militiriado putras survoje kaj ne revenos. Kaj nenombreblaj estas la perdoj de diversaj halebardoj, glavoj kaj ĉaroj, kiuj estas detruitaj kaj ne revenintaj. Kaj sennombraj estas la perdoj de bovoj kaj ĉevaloj, kiuj, ekmilitirinte dikaj, revenis malgrasiĝintaj aŭ mortis kaj jam ne revenis. Se la vojo estas tro longa, ke ne daŭras la provizado de nutraĵoj, tiam nenombreblaj estas la mortintoj el popolo; se ne stabila estas la loĝloko por kampado, necerta estas la tempo de manĝado kaj senorda estas satiĝo kaj malsatiĝo, tiam survoje fuĝas aŭ malsaniĝas kaj mortas la popolanoj, ties nombro estas nekalkulebla. Vunditaj oficiroj-soldatoj estas nenombreblaj kaj taĉmentoj, ĵetitajn en ekstremon, ne estas kalkuleblaj. Sekve ankaŭ sennombraj postrestos la Spiritoj, perdintaj ĉefajn kaj postajn kultantojn.

国家发政，夺民之用，废民之利，若此甚众，然而何为为之？曰：我贪伐胜之名，及得之利，故为之。子墨子言曰：计其所自胜，无所可用也；计其所得，反不如所丧者之多。今攻三里之城、七里之郭，攻此不用锐，且无杀而徒得此然也。杀人多必数于万，寡必数于千，然后三里之城、七里之郭，且可得也。今万乘之国，虚数于千，不胜而入；广衍数于万，不胜而辟。然则土地者，所有余也；王民者，所不足也。今尽王民之死，严下上之患，以争虚城，则是弃所不足，而重所有余也。为政若此，非国之务者也。

Ŝtato per dekreto prenas de la popolo posedaĵojn, faras al la popolo malutilon, tiu situacio tre multe oftas. Kial do tio estas farata? Oni diras: "Ĉar nia regno estas malriĉa, do ni intencas ataki kaj venki la alian, per tio honorigi nian nomon kaj gajni profiton, tial estas farata tio."

La Majstro Mozi diris: "Kalkulu la atingitan venkon, montriĝas nenio uzebla; kalkulu kion vi ricevis, montriĝas kontraŭe, pli multe da perdiĝintoj. Nun ataku la kastelon kun ĉirkaŭo je 3 *li*oj kaj la urbon kun ĉirkaŭo je 7 *li*oj, se ne per elektita bataliono, eĉ tiam tamen sen vana mortigo ne eblas venki. Da mortintoj nepre superas, se plimulte, dekmilojn, aŭ se plimalmulte, milojn, kaj poste apenaŭ ne estus konkerebla la kastelo de 3 *li*oj kaj la urbo de 7 *li*oj. Nun estu la granda regno, kun dekmil kvarĉevalaj ĉaroj kaj kun mil urbetoj, ĝi ne estas sufiĉe plenregata, kaj ĝia ebenaĵo, vasta je dekmil *li*oj, ankaŭ ne estas plenkulturita. Tereno de la reĝo estas sufiĉa kaj superflua. Sed mankas popolo en la regno. Nun mortas la popolanoj, severa estas la sufero de subo ĝis supro. Oni vane luktadas pro urbetoj kaj kasteloj, forĵetante la popolanojn, kiuj ne sufiĉas, aŭ akirante superfluaĵon, t. e. terenon, kiun oni jam superflue posedas. La ŝtato ne devas fari tian regadon."

饰攻战者言曰：南则荆、吴之王，北则齐、晋之君，始封于天下之时，其土地之方，未至有数百里也，人徒之众，未至有数十万人也。以攻战之故，土地之博至有数千里也，人徒之众至有数百万人。故当攻战而不可为也。子墨子言曰：虽四五国则得利焉，犹谓之非行道也。譬若医之药人之有病者然：今有医于此，和合其祝药之于天下之有病者而药之，万人食此，若医四五人得利焉，犹谓之非行药也。故孝子不以食其亲，忠臣不以食其君。古者封国于天下，尚者以耳之所闻，近者以目之所见，以攻战亡者，不可胜数。何以知其然也？东方自莒之国者，其为国甚小，间于大国之间，不敬事于大，大国亦弗之从而爱利。是以东者越人夹削其壤地，西者齐人兼而有之。计莒之所以亡于齐、越之间者，以是攻战也。虽南者陈、蔡，其所以亡于吴、越之间者，亦以攻战。虽北者且不一著何，其所以亡于燕、代、胡、貊之间者，亦以攻战也。是故子墨子言曰：古者王公大人，情欲得而恶失，欲安而恶危，故当攻战而不可不非。

Konsilisto de atakantoj al fortikaĵoj diras: "Sude estas reĝoj de Jing-regno kaj de Wu-regno, kaj norde estas reĝoj de Qi-regno kaj dukoj de Jin-regno. Kiam ili ekregis en la mondo, la areo de ĉiu teritorio estis ne pli ol kelk-cent *li*oj, kaj popolnombro estis malpli ol kelk-cent mil. Pro milita konkero, la areo disvastiĝis ĝis kelk-mil *li*oj kaj la popolnombro atingis kelk-milionojn. Tiel do oni ne povas haltigi lanĉadon de plia ekspansia milito."

La Majstro Mozi diris: "Spite, ke kvar-kvin regnoj profitus, tio ne signifas, ke la mondo iras laŭ la justa vojo. Ekzemple, kuracisto kuracas malsanulojn. Nun troviĝas kuracisto, kiu komponas medikamentojn kaj devus disdoni ilin al malsanuloj en la mondo, por ke eĉ dekmil homoj prenu medikamentojn, sed se nur kvar-kvin havus profiton por esti kuracitaj, en tiu okazo oni ne povas diri, ke medikamento efikis al malsano. En tia situacio eĉ fidela filo ne povas doni al siaj gepatroj tian medikamenton, fidela subulo ne povas doni al sia landestro tian medikamenton."

De antikva tempo landestroj regadis en la mondo, kaj pri pasinteco oni aŭdas per la oreloj, kaj pri nuno oni vidas per siaj okuloj tion, ke ne kalkuleblaj estas la pereintoj pro la milita agado. De kio estas sciate tiel? Estis en oriento iu lando, nomata Ju, kiu, estante tre malgranda inter grandaj regnoj, ne esprimis sufiĉan respekton al ili, kaj ankaŭ la grandaj ne protektis ĝin kun amo. Tial oriente Yue-landanoj detranĉis la regnon Ju, okcidente Qi-regnanoj aneksis ĝin. Se analizi pri pereo de la Ju-lando inter du regnoj, la kialo kuŝas en milito-atakado. En sudo Cai-regno kaj Chen-regno pereis inter Wu-regno kaj Yue-regno, ankaŭ pro milito-atakado. En nordo Zu-lando kaj Butuhe-lando pereis inter la Yan-lando, Dai-lando, Hu-lando kaj Mo-lando, ankaŭ pro milito-atakado.

Tial la Majstro Mozi diris: "Antikvaj landestroj, iel ajn dezirus akiri profiton kaj eviti perdon, iel ajn dezirus pacon kaj malamus danĝeron, do ili ne povis kontraŭi al milito-atakado."[27]

[27] Ju[莒], Chen[陈] kaj Cai[蔡], Zu[且], Butuhe[不著何], Dai[代], Hu[胡] kaj Mo[貊]
Ju, situinta sudoriente de Shandòng-provinco, estas pereigita de Chu en 431 a.K.; Chen, situinta oriente de Henan-prov., estas pereigita de Chu en 479 a.K.; Cai, situinta sude de Henan-prov., estas pereigita de Chu en 447 a.K. Zu, Butuhe, Mo, Hu estis nordaj barbaroj. Dai, situinta en Hebei-prov., estas aneksita de Zhao en 457 a. K.

饰攻战者之言曰：彼不能收用彼众，是故亡。我能收用我众，以此攻战于天下，谁敢不宾服哉？子墨子言曰：子虽能收用子之众，子岂若古者吴阖闾哉？古者吴阖闾教七年，奉甲执兵，奔三百里而舍焉，次注林，出于冥隘之径，战于柏举，中楚国而朝宋与及鲁。至夫差之身，北而攻齐，舍于汶上，战于艾陵，大败齐人而葆之大山；东而攻越，济三江五湖，而葆之会稽，九夷之国莫不宾服。于是退不能赏孤，施舍群萌，自恃其力，伐其功，誉其智，怠于教，遂筑姑苏之台，七年不成。及若此，则吴有离罢之心。越王勾践视吴上下不相得，收其众以复其仇，入北郭，徙大内，围王宫，而吴国以亡。昔者晋有六将军，而智伯莫为强焉。计其土地之博，人徒之众，欲以抗诸侯，以为英名。攻战之速，故差论其爪牙之士，皆列其舟车之众，以攻中行氏而有之。以其谋为既已足矣，又攻兹范氏而大败之，并三家以为一家，而不止，又围赵襄子于晋阳。及若此，则韩、魏亦相从而谋曰："古者有语：唇亡则齿寒。赵氏朝亡，我夕从之；赵氏夕亡，我朝从之。《诗》曰：'鱼水不务，陆将何及乎！'"是以三主之君，一心戮力，辟门除道，奉甲兴士，韩、魏自外，赵氏自内，击智伯大败之。

Pledantoj por milito-atakado diras: "Pereintoj ne kapablis uzi popolamasojn, tial ili pereis. Ni kapablas uzi niajn popolamasojn, tial, militatakas al la mondo. Kiu kuraĝus malobei al ni?"

La Majstro Mozi diris: "Kvankam vi kapablas uzi viajn popolamasojn, tamen ĉu kompareble estus al la antaŭulo Helü de Wu-regno? Li trejnadis dum sep jaroj soldatojn, kiuj scipovis militiri senripoze distancon je tri cent *li*oj, vestite per kiraso kaj kasko, kun armiloj, bivaki en arbaroj Zhulin, trapasi krutajn vojetojn Mingai. Lia armeo militis en la loko Boju kontraŭ la Chu-regno kaj okupis la ĉefurbon de Chu, kaj plie, tributigis du regnojn, Song kaj Lu. Venis la erao de Fu Chai, li atakis norden al Qi-regno, ĉe la rivero Wenshang garnizonis, sur la kampo de Ailing batalis, venkobatis la armeon de Qi-regno, persekutis ĝin al la monto Taishan; kaj atakis orienten al Yue-regno, transiris tri riverojn kaj kvin lagojn, persekutis Yue-landanojn al Guiji, kaj naŭ fremdaj regnoj ne devis ne obei al Wu-regno. Sed, post la retiriĝo, Wu-regno ne kapablis honori per rekompenco la familiojn, perdintojn ĝian kolonon, nek donis emerituron-pension al popolanoj, nur mem fieris pri sia milita forteco kaj sukceso, nur laŭdis sian saĝecon, kaj fariĝis maldiligenta je trejnado kaj ekzercado, ekkonstruis la palacon Gusutai, kiu ankoraŭ ne estis finkonstruita eĉ post sep jaroj. En tiu situacio la popolanoj jam ekhavis la intencon forlasi la regnon Wu. La reĝo de Yue-regno, Goujian, vidante Wu-regnon tumulta kaj senorda inter la supro kaj la subo, organizis sian armeon militiri por venĝi kontraŭ Wu-regno, atakis la nordan fortikaĵon, kaptis la reĝan ŝipegon de Wu-regno, sieĝis la reĝan palacon kaj pereigis Wu-regnon."

Iam en Jin-regno estis ses generaloj, el kiuj elstaris Zhibo kiel la pleja fortulo. Li intencis pligrandigi sian teritorion kaj plimultigis soldatojn, kaj li deziris batali kontraŭ alilaj estroj, altigi sian reputacion. Li fieras je la rapidega atakado, elektis amason da kuraĝaj soldatoj, dispoziciis ilin al multaj ĉaroj kaj militŝipoj, kaj atakis klanon Zhongxing kaj subigis ĝin. Zhibo, jam plenuminte la ambicion, plue atakis al la klano Fan kaj venkobatis ĝin. Li ne iĝis kontenta je la anekso de tri klanoj en unu, ne ĉesis militiron kaj sieĝis Xiangzi de klano Zhao en Jinyang. Tial, landoj de Han kaj Wei, minacate de tio, interkonsentis kune: "Laŭ eldiro de antikvuloj, se perdiĝas lipoj, estos malvarme al dentoj; se la klano Zhao pereus matene, sekvante ankaŭ ni pereos vespere; se la klano Zhao pereus vespere, ankaŭ ni pereos en sekva mateno." En *Poezio* estas dirite: "Fiŝoj naĝas senzorge en akvo, sed foje ili estus elpelitaj sur teron, jam estos malfrue!" Tiel tri estroj kunligiĝis en unu, kaj ĉiu el ili malfermis sian pordon kaj vojon unu por aliaj, kaj bravaj iliaj soldatoj, vestite per kirasoj kaj kaskoj, militiris kontraŭ la komuna malamiko. De ekstere atakis armeoj de Han kaj Wei, de interne armeo de la klano Zhao, kaj finfine la armeo de Zhibo estas disbatita kaj repuŝita venkite.[28]

是故子墨子言曰：古者有语曰："君子不镜于水而镜于人。镜于水，见面之容；镜于人，则知吉与凶。"今以攻战为利，则盖尝鉴之于智伯之事乎？此其为不吉而凶，既可得而知矣。

Tial la Majstro Mozi diris: "Laŭ eldiro de antikvuloj, sinjoro ne devas havi nur spegulon el akvo, kiu spegulas vizaĝon, sed devas havi homan spegulon, kiu reflektas kaj divenas la sorton, bonan aŭ malbonan." Se nun iu homo konsideras militon kiel profiton, en tiu okazo li devas provi ĉe sia ago reflekti sin per la ekzemplo de Zhibo. Tiam tuj estas sciate, ĉu tiu ago estos profitodona aŭ malbonsorta.

---

[28] Helü [surtrone514–496 a.K], Zhibo [?–453 a.K.], Zhao Rangzi [surtrone 457–425 a.K.], Fu Chai [surtrone 496–473 a.K], Goujian[496–470 a.K.] kaj aliaj menciitaj en ĉi ĉapitro estas herooj en proksimaj tempoj, kiam Mozi naskiĝis kaj vivis. La bataloj inter Wu kaj Qi-regnoj en Ailing [484 a.K] kaj Taishang okazis proksime al la agadloko de Mozi. Li, verŝajne, sciis ilian gloron kaj malgloron tiel bone, ke li komprenas vanecon de milito-agreso. Fu Chai persekutis Yue-landanojn al Guiji [494 a.K.] Palaco Gusutai ne estis finkonstruita eĉ post sep jaroj [479–473 a.K.]

19. 非攻下 NEAGRESADO（3）

子墨子言曰：今天下之所誉善者，其说将何哉？为其上中天之利，而中中鬼之利，而下中人之利，故誉之与？意亡非为其上中天之利，而中中鬼之利，而下中人之利，故誉之与？虽使下愚之人，必曰："将为其上中天之利，而中中鬼之利，而下中人之利，故誉之。"今天下之所同义者，圣王之法也。今天下之诸侯将犹多皆免攻伐并兼，则是有誉义之名，而不察其实也。此譬犹盲者之与人，同命白黑之名，而不能分其物也，则岂谓有别哉？

La Majstro Mozi diris: "Kio estas laŭdata de la mondo kiel io bona? Ĉu estas laŭdata supre tio, kio estas konforma al la profito de la Ĉielo, meze tio, kio estas konforma al la profito de la Spiritoj, sube tio, kio estas konforma al la profito de la homoj? Aŭ supre tio, kio ne estas konforma al la profito de la Ĉielo, meze tio, kio ne estas konforma al la profito de la Spiritoj, sube tio, kio ne estas konforma al la profito de la homoj?"

Eĉ la plej stultaj nepre respondas: "Ĝuste estas laŭdata tio, se supre, kio estas konforma al la profito de la Ĉielo, se meze, kio estas konforma al la profito de la Spiritoj, se sube, kio estas konforma al la profito de la homoj."

Kion oni konsideras egale justa, tio estas la leĝoj de sanktaj reĝoj. Sed nun landestroj en la mondo, preskaŭ ĉiuj, atakante unuj la aliajn, strebas aneksi la aliajn. Ili laŭdas la juston nur nominale, tamen ne komprenas ĝian esencon. Tio estus tute sama, kiel la blindulo, parolante pri blanko kaj nigro, ne povus distingi la kolorojn. Ne eblas diri, ke ili havas kapablon distingi.

是故古之知者之为天下度也，必顺虑其义，而后为之行。是以动则不疑，速通成得其所欲，而顺天鬼百姓之利，则知者之道也。是故古之仁人有天下者，必反大国之说，一天下之和，总四海之内。焉率天下之百姓，以农臣事上帝山川鬼神。利人多，功故又大，是以天赏之，鬼富之，人誉之，使贵为天子，富有天下，名参乎天地，至今不废。此则知者之道也，先王之所以有天下者也。

Do antikvaj saĝuloj, pripensante la mondan aferon, nepre konsideris la juston, kaj poste faris la aferon. Tiel se ili ekfaris, ne ŝanceliĝis, subite realigis tion, kion ili volis, laŭ la profito de la Ĉielo, la Spiritoj kaj la popolo. Tia estis la vojo de saĝuloj.

Kaj antikvaj justuloj, regante la mondon, nepre kontraŭis al la agresado far de grandaj regnoj kaj amikigis ilin, konsideris unue antaŭ ĉio la mondan pacon, unuigis regnojn en la tuta mondo. Ili bone gvidis la popolon de la mondo, disvolvadis agrikulturon, kaj fidele servadis al la supra Dio kaj la Spiritoj de montoj kaj riveroj. Multe da homoj profitis, do la merito estis granda. La Ĉielo laŭdis ilin, la Spiritoj riĉigis ilin, la homoj honoris ilin, estimis kaj faris ilin la Ĉielaj Filoj. La mondo estis plena de riĉaĵoj kaj iliaj nomoj disvastiĝis al la Ĉielo kaj Tero eĉ ĝis nun senmortaj. Jen estas la vojo de intelektuloj, jen estas la kialo, ke antikvaj reĝoj povis regi la mondon.

今王公大人、天下之诸侯则不然，将必皆差论其爪牙之士，皆列其舟车之卒伍，于此为坚甲利兵，以往攻伐无罪之国。入其国家边境，芟刈其禾稼，斩其树木，堕其城郭，以湮其沟池，攘杀其牲牷，燔溃其祖庙，劲杀其万民，覆其老弱，迁其重器，卒进而柱乎斗，曰："死命为上，多杀次之，身伤者为下。又况失列北桡乎哉！罪死无赦。"以譂其众。夫无兼国覆军，贼虐万民，以乱圣人之绪。意将以为利天乎？夫取天之人，以攻天之邑，此刺杀天民，剥振神之位，倾覆社稷，攘杀其牺牲，则此上不中天之利矣。意将以为利鬼乎？夫杀之人，灭鬼神之主，废灭先王，贼虐万民，百姓离散，则此中不中鬼之利矣。意将以为利人乎？夫杀之人，为利人也博矣。又计其费，此为周生之本，竭天下百姓之财用，不可胜数也，则此下不中人之利矣。

Nunaj reĝoj, dukoj kaj sinjoroj-estroj ne estas tiaj. Ili ĉiuj elektas siajn fortajn soldatojn kiel akrajn ungojn kaj dentojn, ĉiuj pretigas siajn batalionojn de batalŝipoj kaj batalĉaroj, per tio ili fortigas kirasojn kaj armilojn, kaj militiras ataki senkulpajn regnojn. Ili invadas trans la landlimon en aliajn regnojn, falĉas grenojn, hakas arbojn, detruas kastelojn, ŝutplenigas akvujojn kaj lagetojn, buĉas dombestojn, bruligas maŭzoleojn, mortigas amason da popolanoj, murdas maljunulojn kaj malfortulojn, rabas trezorojn. Ili finfine atakas la ĉefan kolonon, dirante al siaj soldatoj: "La plej supra merito estas la morto laŭ ordono, la sekva estas plimulte da mortigo, la suba estas vundiĝo en batalo. Dizertado kaj postrestado ne estas permeseblaj kaj devas esti mortpunitaj." Tiel oni minacas soldatojn. Ĉu taŭgas por la Ĉiela profito tia aneksado de aliaj regnoj per disbato de alia armeo, kaj rabado kaj murdo de amaso da popolanoj, kaj detruo de la afero de la sanktuloj? Tio estas ne alia ol la rabado de la Ĉielaj homoj, la atakado al la Ĉielaj regnoj, mortigo de la Ĉiela popolo, senigo de la Dia trono, detruo de la altaroj de la Dio je tero kaj greno, buĉado de hombestoj. Ĉu tio konformas al la Ĉiela profito en supro? Ĉu ili konsideras la militon utila por la Spiritoj? Ĉu tio konformas al la profito de la Spiritoj, estantaj meze inter la Ĉielo kaj Tero, tiaj agadoj: mortigi la homojn, pere, forigi la adorkultantojn de la Spiritoj, pereigi idarojn de antaŭaj reĝoj, rabadi kaj persekuti popolamasojn, disigi ilin? Ĉu ili konsideras la militon utila por la homoj? Ĉu konformas al la profito de la homoj ia ajn mortigo de la homoj? Ĉu tio profitas por la homoj multe? Se kalkuli la elspezon, la milito postulas bazan vivrimedon de la popolo kaj malŝparas ĝiajn posedaĵojn en la mondo nenombreble, do per tio ne profitas la homoj, sube vivantaj.

今夫师者之相为不利者也，曰：将不勇，士不分，兵不利，教不习，师不众，率不利和，威不圉，害之不久，争之不疾，孙之不强，植心不坚，与国诸侯疑。与国诸侯疑，则敌生虑而意羸矣。偏具此物，而致从事焉，则是国家失卒，而百姓易务也。今不尝观其说好攻伐之国？若使中兴师，君子庶人也，必且数千，徒倍十万，然后足以师而动矣。久者数岁，速者数月。是上不暇听治，士不暇治其官府，农夫不暇稼穑，妇人不暇纺绩织纴，则是国家失卒，而百姓易务也。然而又与其车马之罢弊也，幔幕帷盖，三军之用，甲兵之备，五分而得其一，则犹为序疏矣。然而又与其散亡道路，道路辽远，粮食不继傺，食饮之时，厕役以此饥寒冻馁疾病，而转死沟壑中者，不可胜计也。此其为不利于人也，天下之害厚矣。而王公大人，乐而行之，则此乐贼灭天下之万民也，岂不悖哉！今天下好战之国，齐、晋、楚、越，若使此四国者得意于天下，此皆十倍其国之众，而未能食其地也，是人不足而地有余也。今又以争地之故，而反相贼也，然则是亏不足，而重有余也。

Nun la militistoj vidas malutilecon en sekvaj punktoj: "oficiroj malkuraĝaj, soldatoj neviglaj, armiloj neakraj, ekzercado nekompleta, batalpovo negranda, malagordo inter soldatoj kaj oficiroj, malforteco antaŭ minaco, nelongdaŭreco je rezisto kontraŭ sieĝo, malrapida ago en batalo, manko de regpotenco sur popolamaso, manko de konvinkiĝo, reciproka dubo de aliancaj landestroj. Se aliancanoj ekdubas unu la alian, malamikeco tuj naskas malfidemon kaj ili demoraliziĝas. Se oni devus aranĝi ĉion necesan por trakti la aferon de defendo, tiam al la ŝtato mankas la interna konkordo, la popolo malatentas sian devon je laboro. Provu nun spekti la situacion de iu militema regno. Okaze de mezskala operacio, devas esti mobilizataj kelkmil oficiroj kaj centmil soldatoj, kaj almenaŭ per tio eblas la ekmilitirado. Daŭras la milito, se longe, dum kelke da jaroj, se mallonge, dum kelke da monatoj. Supruloj ne havas tempon mastrumadi regadon, oficistoj neniam povas okupiĝi pri oficaj aferoj, kaj kamparanoj neniam povas agrikulturi, virinoj neniam povas ŝpinadi kaj teksadi. Tiel la ŝtato perdas konkordon kaj la popolo malatentas sian ĉefan laboron. Kaj aldone laciĝas kaj falas ĉarĉevaloj. Estus bone, ke almenaŭ kvinono restus da provizoj de milita bezono, kiel tendoj, kurtenoj kaj baldakenoj. Krome survoje de militiro malaperas soldatoj, kaj, koncernante manĝaĵon-trinkaĵon, pro malproksima vojo ne daŭras la provizumo kaj la armea personaro de faktotoj malsatas, frostiĝas, malsaniĝas kaj mortas en fosaĵoj kaj tranĉejoj, tio estas nenombrebla. Jen kial militiro estas malprofita por la homoj kaj ege malutila por la mondo. Sed landestroj faras militon kun plezuro. Tio signifas, ke ili kun ĝojo pereigas la mondajn popolanojn. Ĉu tio ne estas perversa eraro! Nun militemaj regnoj en la mondo estas Qi-regno, Jin-regno, Chu-regno kaj Yue-regno.[29] Se ĉi tiuj 4 regnoj estos regintaj laŭplaĉe la tutan mondon, tiam ne eblos kulturi terenojn al la popolanoj, eĉ se popolnombro dekoblus pli ol nun. Mankas popolanoj, superfluas terenoj. Sed nun la regnoj militadas kaj rabadas unu de la alia, per tio la manko pligrandiĝas kaj la superfluo multobliĝas."

今遝夫好攻伐之君，又饰其说以非子墨子曰：以攻伐之为不义，非利物与？昔者禹征有苗，汤伐桀，武王伐纣，此皆立为圣王，是何故也？子墨子曰：子未察吾言之类，未明其故者也。彼非所谓攻，谓诛也。昔者三苗大乱，天命殛之，日妖宵出，雨血三朝，龙生于庙，犬哭乎市，夏冰，地坼及泉，五谷变化，民乃大振。高阳乃命玄宫，禹亲把天之瑞令，以征有苗。四电诱袛，有神人面鸟身，若瑾以侍，搤矢有苗之祥，苗师大乱，后乃遂几。禹既已克有三苗，焉磨为山川，别物上下，卿制大极，而神民不违，天下乃静，则此禹之所以征有苗也。遝至乎夏王桀，天有輗命，日月不时，寒暑杂至，五穀焦死，鬼呼国，鹤鸣十夕余。天乃命汤于镳宫，用受夏之大命："夏德大乱，予既卒其命于天矣，往而诛之，必使汝堪之。"汤焉敢奉率其众，是以乡有夏之境，帝乃使阴暴毁有夏之城。少少，有神来告曰："夏德大乱，往攻之，予必使汝大堪之。予既受命于天，天命融隆火于夏之城间西北之隅。"汤奉桀众以克有，属诸侯于薄，荐章天命，通于四方，而天下诸侯莫敢不宾服，则此汤之所以诛桀

---

[29] Laŭ ĉi tiu frazo konjekteblas la tempo de skribado de Neagresado. Tiam Yue kaj Jin ankoraŭ restis, kiel potencaj. Mi ne povas konsenti kun Watanabe je lia opinio, ke la ĉapiro *Neagresado* 3 estis skribita post 300 a.K.[Wt2:8]

Estas mirinde, ke Mozi predikas tiun ideon de neagresado en la fino de la epoko Printempo-Aŭtuno [Jin-regno malaperis jam en la Milit-Landa epoko.] La reala historio en Ĉinio ne iras laŭ la vojo de neagresado, sed tute kontraŭe. Ideo de Mozi havas grandan signifon en nuna tempo, kiam minacas la tutan homaron ebleco de ekstermiĝo pro atombombo kaj atomcentralo.

Ideo de neagresado ĉe Mozi ne signifas forigon de armeoj. Kontraŭe, laŭ lia opinio la armea fortigo estas ebla nur per altigo de popola vivo. Kie riĉa estas la popolo, tie forta estas la armeo. Kie estas alta moraleco, tie kreskas fortaj popolanoj. Mozi predikas la idealon pri forta regno kaj riĉa popolo sen agresado. Lia idealo estas tre alta, ke ŝajnas neatingebla en realo. Sed nuna homaro devas strebi al tiu idealo.

Nunaj homoj scias historion, skribitan de kronikistoj, kiuj ĉiam atentas al militoj, al krueleco de despotoj kaj subpremado. Ŝajnas al ili, ke la homoj estus "ĉiam pretaj batali unu kontraŭ alia, kaj malhelpataj tion fari nur per la interveno de ia aŭtoritato". [Rig. P. Kropotkin, Interhelpo, kiel faktoro de l'evoluo. Moskvo, "Impeto", 1992, p.70-71]

Hobbes menciis, ke "milito de ĉiu kontraŭ ĉiuj estis la normala stato de la ekzistado." Kaj lastatempe ni havas novajn ekonomistojn, kiuj, aplikante la terminologion de Darwin Struggle for Existance, tiras de ĝi argumentojn por la opinioj de Hobbes pri la primitiva homo.

P. Kropotkin, kontraŭe, demandas: "Kiuj estas la pli bone adaptitaj; ĉu tiuj, kiuj daŭre militadas unuj kontraŭ la aliaj? Ĉu tiuj, kiuj subtenas unuj la aliajn?" Konkurenco aŭ interhelpo – tio estas la demando. La Majstro Mozi kategorie diras por la lasta pozicio Interhelpo.

Kvankam Mozi akuzas agresadon, tamen li aprobas la batalon far de Yu, Tang kaj Wu kiel "punadon". En tio kuŝas duobleco de pensmaniero ĉe Mozi. Neagresado ne signifas rezignadon de militoj.

也。遝至乎商王纣，天不序其德，祀用失时，兼夜中，十日，雨土于薄，九鼎迁止，妇妖宵出，有鬼宵吟，有女为男，天雨肉，棘生乎国道，王兄自纵也。赤鸟衔珪，降周之岐社，曰："天命周文王，伐殷有国。"泰颠来宾，河出《绿图》，地出乘黄。武王践功，梦见三神曰："予既沉渍殷纣于酒德矣，往攻之，予必使汝大堪之。"武王乃攻狂夫，反商之周，天赐武王黄鸟之旗。王既已克殷，成帝之来，分主诸神，祀纣先王，通维四夷，而天下莫不宾。焉袭汤之绪，此即武王之所以诛纣也。若以此三圣王者观之，则非所谓攻也，所谓诛也。

Nun militemaj sinjoroj, ĉikanante, kritikas la Majstron Mozi: "Ĉu vi konsideras agresadon maljusta kaj malutila? En malnova tempo la reĝo Yu venkobatis la regnon de You Miao, kaj la reĝo Tang – la tiranon Jie, kaj la reĝo Wu Wang – la tiranon Zhou, sed malgraŭ tio, ili ĉiuj estas nomataj kiel sanktaj reĝoj, kial?"

La Majstro Mozi diris: "Vi ne komprenas signifon de mia vorto nek ĝian kaŭzon. Tio ne estas "agresado", sed, tiel nomata, "punado". Antaŭe San Miao tumultis, kaj la Ĉielo ordonis disbati ilin. Estadis, ke la suno supreniris nokte kaj tri tagojn falis sanga pluvo, kaj drako aperis el maŭzoleo, kaj hundoj kriis sur merkato, en somero glaciiĝis, tero disfendiĝis ĝis la subtera akvofonto, kvin grenoj ŝanĝiĝaĉis, popolanoj timegis. Dio en la Xuan palaco sur alta Ĉielo ordonis al Yu mem preni la Ĉielan jadon kaj per tio bati la tribon You Miao. Fulmotondris ĉiuflanke. Al Yu ekservas iu dio kun homa vizaĝo kaj kun birda korpo, per sia ekzorcado rompis la magian povon, gardantan la tribon You Miao.[30] Armeo de Miao ege malordiĝis kaj poste malgrandiĝis. Yu konkeris jam tri tribojn de Miao, regis montojn kaj riverojn de ilia regno, klasifikis la mondaĵon inter la supro kaj subo, establis la universan fundamenton, tiel do dioj kun la popolo ne disiĝas kaj la mondo paciĝis. Tia estas la konkero de You Miao farita de Yu."

Rilate al Jie, la reĝo de Xia, la Ĉielo donis orakolon kaj severe ordonis je punado. Rotacio de la suno kaj la luno fariĝis neordinala, klimato ne estas en ordo je malvarmo kaj varmo, kvin grenoj forvelkis, la Spiritoj alvokadas, sopirante pro la regno, kaj gruoj dum dek noktoj estis kriantaj. Dio ordonis al Tang en la palaco, nomata Biao, forpreni regadon de la regno Xia, dirante: "Virto en Xia estas ege perturbata, do mi demetis de ĝi la mision, donitan de la Ĉielo, vi iru puni ĝin, mi nepre igas vin venki ĝin." Tang, kun siaj soldatoj, kuraĝe militiris al la limo de la regno Xia, tiam Dio kaŝe antaŭdetruis la citadelon de Xia. Post kelkaj momentoj iu sendito de Dio venis al Tang, kaj anoncis: "Moralo en Xia senorde konfuziĝas, vi iru kaj punu ĝin, mi igas vin nepre disbati ĝin. Mi jam ricevis ordonon de la Ĉielo, ke la ĉielfajro bruligu per falanta fajro la citadelon de Xia je la nordokcidenta angulo." Tang, akceptante amason de dizertintoj de Jie,

---

[30] Dioj[神] ĉi tie menciitaj estas Spiritoj [鬼神].

venkobatis armeon de Xia, kaj kolektinte landestrojn en la urbo Bo, proklamis al ĉiuj, al la tuta mondo, la ordonon de la Ĉielo. Landestroj ne aŭdacis malobei al la reĝo Tang, kiu punis Jie laŭ la Ĉiela Ordono.

Koncernante Zhou, la reĝon de Shang, al la Ĉielo ne plaĉis lia moralo, ke ne ĝustatempis festoj, kaj ke li senbride drinkadis tagnokte. Do sur la urbon Bo sablo ŝtormadis dek tagojn kiel pluvo, la tripieda marmito el metaloj de naŭ regnoj moviĝis senorde, virinaj fantomoj aperadis vespere, iu Spirito nokte lamentis, iu virino fariĝis viro, el la ĉielo falis viandoj kiel pluvo, stratojn ekkovris pikantaj dornoj, malgraŭ ĉio la reĝo Zhou mem pekofaladis plu. Unu ruĝa birdo, portante pentagonan jadon per sia beko, malsupreniris al la sanktejo en Qi de la Zhou-lando, diris: "La Ĉielo ordonis al Wen, al la reĝo de Zhou, konkeri la regnon de Yin." Alvenis s-ro Taidian servi al Wen, kaj okazis miraklo, ke ekaperis el la rivero la orakola Verda Bildo kaj el la tero la sankta Flava Ĉevalo. Surtroniĝis Wu, la filo de Wen. Li en songo vidis la tri diojn dirantaj: "Ni jam en vino ebrie dronigis Zhou, la reĝon de Yin, do vi iru ataki lin, ni nepre igos vin plenvenki lin." La reĝo Wu atakis la frenezulon Zhou[纣] kaj renversis la Shang-regnon kaj fondis la Zhou-dinastion[周]. La Ĉielo donis al la reĝo Wu la standardon kun Flava Birdo. Li, jam konkerinte la regnon Yin, plenumis la ordonon de Dio. Wu ordonis al landestroj apoteozi diojn, eĉ festi Zhou[纣] kaj antaŭajn reĝojn. Li sendis anoncon al kvar fremdaj landaj ambasadanojn kaj en la mondo neniu malobeis. Li heredis la aferon de Tang. Tiel la reĝo Wu punis la reĝon Zhou. Se rigardi la aferojn de tri sanktaj reĝoj, iliaj aferoj ne estas "agresado", sed, t. n. "punado".

则夫好攻伐之君，又饰其说以非子墨子曰：子以攻伐为不义，非利物与？昔者楚熊丽始讨此雎山之间；越王繄亏出自有遽，始邦于越；唐叔与吕尚邦齐、晋。此皆地方数百里，今以并国之故，四分天下而有之，是故何也？子墨子曰：子未察吾言之类，未明其故者也。古者天子之始封诸侯也，万有余，今以并国之故，万国有余皆灭，而四国独立。此譬犹医之药万有余人，而四人愈也，则不可谓良医矣。

Iu militema landestro, ĉikanante la Majstron Mozi, diras: "Ĉu vi opinias la agreson maljusta kaj malutila? Sed antaŭe s-ro Xiong Li de Chu-regno estis ekfeŭdita inter Sui-montoj; s-ro Yi Kui, la reĝo de Yue, deveninte de You Ju, ekfondis la Yue-regnon ; s-roj Tang Shu kaj Lü Shang fondis respektive la regnojn Qi kaj Jin. Ĉiu regno havis nur teritorion je kelkcent kvadrataj *li*oj, sed nun, aneksinte aliajn regnojn, ili dividas la mondon en kvar partojn. Pro kio estas tio?"

La Majstro Mozi diris: "Vi ne komprenas mian vorton, nek argumenton. Kiam la antikva reĝo ekfeŭdis landestrojn, ekzistis pli ol dekmil landoj. Nun, aneksite, pli ol dekmil landoj malaperis, kaj staras sendepende nur 4 regnoj. Se paroli metafore, ekzistis pli ol dekmil pacientoj por ricevi kuracadon kaj medikamenton, tamen estas kuracitaj nur 4 homoj. Laŭ tiu rezulto oni ne povus diri, ke sukcesa estas la kuracado."

则夫好攻伐之君又饰其说曰：我非以金玉、子女、壤地为不足也，我欲以义名立于天下，以德求诸侯也。子墨子曰：今若有能以义名立于天下，以德求诸侯者，天下之服可立而待也。夫天下处攻伐久矣，譬若傅子之为马然。今若有能信效先利天下诸侯者，大国之不义也，则同忧之；大国之攻小国也，则同救之；小国城郭之不全也，必使修之；布粟之绝，则委之；币帛不足，则共之。以此效大国，则小国之君说。人劳我逸，则我甲兵强。宽以惠，缓易急，民必移。易攻伐以治我国，攻必倍。量我师举之费，以争诸侯之毙，则必可得而序利焉。督以正，义其名，必务宽吾众，信吾师，以此授诸侯之师，则天下无敌矣，其为下不可胜数也。此天下之利，而王公大人不知而用，则此可谓不知利天下之巨务矣。

La militema sinjoro denove ĉikanas lin, dirante: "Mi militas ne por oroj kaj juveloj, ne por infanoj kaj virinoj, ne pro manko de kultivejoj, sed volas militi por starigi juston en la mondo kaj moralon inter landestroj."

La Majstro Mozi diris: "Se nun, kiu povas starigi juston en la mondo kaj moralon inter landestroj, tiun la mondo mem spontane povas obei, do nur atendu la tempon. Tiel longe daŭras militoj en la mondo, kvazaŭ infanoj ludadus ĉevalrajdon. Se nun troviĝus tiu, kiu povas akiri fidon inter regnoj kaj antaŭ ĉio povas profitigi aliajn landestrojn en la mondo, tiu malĝojus kune kun la aliaj je la maljusto de grandaj regnoj, tiu kune savus kun la aliaj la malgrandan regnon, agresatan de iu ajn granda regno, tiu nepre helpus al la malgranda regno ripari difektitajn urbojn, tiu liverus ŝtofojn kaj grenojn aŭ eĉ monon kaj silkaĵon al la aliaj, kie ili mankas. Ties konduto efikas al grandaj regnoj kaj ĝojigas estrojn de malgrandaj regnoj. La aliaj laciĝis, sed ni ripozas, tiel nia batalpovo iĝas pli forta. Se traktata indulge kaj milde kun favoro, se liberigita de mizero, la popolo nepre transiras al nia flanko. Bona mastrumado anstataŭ agresado nepre duobligas batalforton de nia ŝtato. Se eblas kalkuli la koston de militmobilizo kaj atendi laciĝon de la aliaj landestroj, ni povos nepre gajni grandan avantaĝon. Se konduki la popolon juste, se fari justecon la plej alta celo, se trakti nian popolon kun kompato, se fidi nian armeon, se akcepti indulge ankaŭ soldatojn de la aliaj landestroj, ni fariĝos senrivalaj kaj tiu rimedo povas doni al la mondo nekalkuleblan avantaĝon. Tian avantaĝon por la mondo, sinjoroj-landestroj ne scias utiligi, t. e. ili ne scipovas plenumi grandan devon al la mondo."

是故子墨子曰：今且天下之王公大人士君子，中情将欲求兴天下之利，除天下之害，当若繁为攻伐，此实天下之巨害也。今欲为仁义，求为上士，尚欲中圣王之道，下欲中国家百姓之利，故当若非攻之为说，而将不可不察者此也。

Tial la Majstro Mozi diris: "Se nun sinjoroj-landestroj en la mondo, dezirante elkore altigi la tutmondan profiton kaj elimini malutilon de la mondo, militadas tamen ofte, tiam ili en rezulto malutilas al la mondo multege. Se ili volus fari juston, strebus fariĝi superaj personoj, dezirus iri ĝuste laŭ la vojo de la sanktaj reĝoj, dezirus vere profitigi siajn regnon kaj popolon, tiam ili nepre devus kompreni la ideon de neagresado."

20. 节用上 ŜPARADO-EKONOMIO (1)

圣人为政一国，一国可倍也；大之为政天下，天下可倍也。其倍之非外取地也，因其国家，去其无用之费，足以倍之。圣王为政，其发令兴事，使民用财也，无不加用而为者，是故用财不费，民德不劳，其兴利多矣。

Se sanktulo regas la ŝtaton, profito de la ŝtato povas duobliĝi. Se grandulo regas la mondon, profito de la mondo povas duobliĝi. Duobliĝo estas ne pro tio, ke oni prenas teron de la aliaj, sed pro tio, ke oni utiligas ekzistantajn posedaĵojn ekonomie. Tiel do tio sufiĉas por duobliĝi. Sankta reĝo regas tiel, ke per la dekretoj disvolviĝu la industrio kaj oni lasu la popolon utiligi posedaĵon, regas tiel, ke ne eblas ne multigi profiton. Ĉar oni uzas riĉfontojn ekonomie kaj ŝpare, kaj la popolo ne laciĝas kaj multe profitas.

其为衣裳何？以为冬以圉寒，夏以圉暑。凡为衣裳之道，冬加温，夏加清者，芊鯶不加者去之。其为宫室何？以为冬以圉风寒，夏以圉暑雨，有盗贼加固者，芊鯶不加者去之。其为甲盾五兵何？ 以为以圉寇乱盗贼。若有寇乱盗贼，有甲盾五兵者胜，无者不胜。是故圣人作为甲盾五兵。凡为甲盾五兵，加轻以利、坚而难折者，芊鯶不加者去之。其为舟车何？ 以为车以行陵陆，舟以行川谷，以通四方之利。凡为舟车之道，加轻以利者，芊鯶不加者去之。凡其为此物也，无不加用而为者，是故用财不费，民德不劳，其兴利多矣。有去大人之好聚珠玉、鸟兽、犬马，以益衣裳、宫室、甲盾、五兵、舟车之数，于数倍乎！

Por kio estas la vestaĵo? Por ke ĝi gardu vin de frosto en vintro kaj de varmego en somero. Ĉiuokaze la utileco de vestaĵoj kuŝas en varmigo vintre kaj en friskigo somere. Se estus io superflua krom tiu utileco, oni nur rezignas ĝin.

Por kio estas la domo? Por ke ĝi gardu vin de vento kaj frosto en vintro, de varmego kaj pluvo en somero kaj de ŝtelistoj kaj rabistoj je sekureco. Se estus io superflua krom tiu utileco, oni nur forlasas ĝin.

Por kio estas la kiraso, ŝildo kaj kvin specoj de armiloj? Por ke ili gardu vin de armitaj rabistoj-ŝtelistoj. Atakate de armitaj rabistoj-ŝtelistoj, povas venki ilin la posedantoj de kirasoj, ŝildoj kaj kvin specoj de armiloj, sed neposedantoj ne povas venki. Tial sanktuloj fabrikas kirasojn, ŝildojn kaj kvin specojn de armiloj. Por armiloj, ĝenerale pli utilaj estas la malpezaj, la fortaj, la nerompiĝemaj. Se estus io superflua krom tiu utileco, oni nur forlasas ĝin.

Por kio estas ŝipo kaj ĉaro? Oni veturas monton kaj teron per ĉaro kaj veturas riveron kaj valon per ŝipo. Ili estas konvenaj por transportado al ĉiuj direktoj. Ĝenerale ŝipo kaj ĉaro estas pli utilaj por la malpezigo. Se estus io superflua krom tiu utileco, oni nur forlasus la superfluon.

Ĝenerale ĉe fabrikado de tiuj aĵoj oni nepre konsideras grava la utilecon, tial oni ne malŝparas proprietaĵojn, tiel do la popolo ne laciĝas kaj multe profitas. Se oni, forlasante la de sinjoroj ŝatatajn kuriozajn jadojn, birdojn kaj bestojn, hundojn kaj ĉevalojn, anstataŭe multigos al si vestojn, domojn, kirasojn kaj ŝildojn, kvin specojn de armiloj, kaj ŝipojn kaj ĉarojn, en tiu okazo la profito estos multobla.

若则不难，故孰为难倍？唯人为难倍。然人有可倍也。昔者圣王为法曰："丈夫年二十，毋敢不处家；女子年十五，毋敢不事人。"此圣王之法也。圣王既没，于民次也。其欲蚤处家者，有所二十年处家；其欲晚处家者，有所四十年处家。以其蚤与其晚相践，后圣王之法十年。若纯三年而字，子生可以二三年矣。此不惟使民蚤处家，而可以倍也？且不然已。

Tio ne estas malfacila. Kion estas malfacile duobligi? Malfacile estus duobligi homojn. Sed eblas duobligi eĉ homojn.

Antikvaj sanktaj reĝoj dekretis la leĝon: "Viro dudek-jara ne devas ne havi familion, virino dekkvin-jara ne devas ne edziniĝi." Tia estis la leĝo de sanktaj reĝoj.

Sanktaj reĝoj jam forpasis, poste la popolo iĝas senbrida. Kiu volas frue edziĝi, tiu edziĝas dudek-jara. Kiu volas malfrue edziĝi, tiu edziĝas kvardek-jara. Se dividi jarojn de frua kaj malfrua edziĝantoj per du, malfruas je dek jaroj pli ol la leĝo de sanktaj reĝoj. Se oni gravediĝas en ĉiu tria jaro de post geedziĝo, tiam naskiĝas almenaŭ du–tri idoj dum tiuj dek jaroj. Se oni pli frue geedziĝos, eblos duobligi homojn. Ne nur per tio.

今天下为政者，其所以寡人之道多。其使民劳，其籍敛厚，民财不足，冻饿死者不可胜数也。且大人惟毋兴师以攻伐邻国，久者终年，速者数月，男女久不相见，此所以寡人之道也。与居处不安、饮食不时、作疾病死者，有与侵就橐囊、攻城野战死者，不可胜数。此不令为政者所以寡人之道数术而起与？圣人为政特无此，不圣人为政，其所以众人之道亦数术而起与？故子墨子曰：去无用之费，圣王之道，天下之大利也。

Nunaj politikistoj en la mondo faras multe da rimedoj, por ke la homoj malmultiĝu. Ili lacigas sian popolon, prenas pezan imposton, per tio al la popolo mankas posedaĵo kaj mortas pro frostiĝo kaj malsato nenombrebla. Kiam oni mobilizas soldatojn por agresi najbaron, se longe, daŭras unu tuta jaro; se mallonge, daŭras kelke da monatoj. Dume viroj kaj virinoj ne vidas sin unuj la aliajn tre longe, ankaŭ per tio malmultiĝas homoj. Nekalkuleblaj estas homoj, kiuj, loĝante malstabile kaj manĝante neregule, malsaniĝas kaj mortas, kaj nenombreblaj tiuj, kiuj pereas, dum agresado kaptate, aŭ vundiĝinte dum atakado de fortikaĵoj, aŭ sur batalkampoj. Ĉu tio ne estas la diversaj rimedoj de homa malmultigo fare de politikistoj?

Kontraŭe al politiko de nesanktuloj, ĉe la politiko de sanktuloj ne troviĝas tio, ĉar okazas plimultiĝo de popolnombro per diversaj rimedoj. Tial do la Majstro Mozi diris: "Ŝpari neutilan koston – estas la vojo de sanktaj reĝoj kaj tio estas la granda profito por la mondo."[31]

---

[31] Titolo de ĉi tiu ĉapitro estas tradukita en eŭropaj lingvoj diversmaniere, por ekzemplo; "Moderation in Use"[Johnston], "Moderation in Expenditure"[Burton Watson], "Economy of Expenditure[Yi Pao-Mei], "Zweckmässige Verwendung"[Faber], "Masshalten in Verbrauch"[Forke], "Mässigung im Aufwand"[Bauer].
  Mi uzas vorton Ŝparado-Ekonomio por la traduko de titolo 节用. La ideogramo 节 havas signifon Ŝparado, kaj 用 havas signifon "Utilo" kaj "Uzo". "Ŝpari por utila uzo" estas proksima signifo, do mi provas apliki terminon Ekonomio, havanta signifon "sistema kaj ŝparema ordo en mastrumado aŭ administrado de domo, bieno, institucio, regno" (PIV).
  Estas notinde, ke Mozi apelacias ĉefe al regantoj-estroj, por ke ili estu ŝparemaj en regado, sed ne al subaj popolanoj. Mozi avertas pri kazoj, ke malŝparemo de suproj suferigas la popolon.

21. 节用中 ŜPARADO-EKONOMIO (2)

子墨子言曰：古者明王圣人，所以王天下、正诸侯者，彼其爱民谨忠，利民谨厚，忠信相连，又示之以利，是以终身不餍，殁世而不卷。古者明王圣人，其所以王天下、正诸侯者，此也。

La Majstro Mozi diris: "La antikvaj saĝaj reĝoj kaj sanktuloj povis regi la mondon kaj submeti al sia povo landestrojn pro tio, ke tiuj elkore amis sian popolon kaj multe profitigis la popolon, ili per siaj fideleco kaj interkomunikiĝado montris al la popolo profiton, la popolo siavice dum la tuta vivo ne forĵetis ilin, nek tediĝis de ilia politiko. Jen kial la antikvaj saĝaj reĝoj kaj saĝuloj povis regi la mondon kaj subigi landestrojn."

是故古者圣王，制为节用之法，曰："凡天下群百工，轮、车、鞼、匏、陶、冶、梓、匠，使各从事其所能。"曰："凡足以奉给民用，则止。"诸加费不加于民利者，圣王弗为。

Do antikvaj sanktaj reĝoj, farante la leĝon de ŝparema ekonomio, diris: "Ĉiuj teknikistoj-metiistoj en la mondo, kiel fabrikantoj de radoj, ĉaroj, feloj, ledoj, argilaĵoj, metaloj, lignaĵoj, devas okupiĝi je sia afero laŭ sia ebleco." Kaj estis dirite: "Haltigu provizi tro da superfluaĵo pli ol la popolo uzas." Sanktaj reĝoj neniam faris tian aferaĉon, ke multigus ekstran koston kaj ne donus al la popolo profiton.

古者圣王制为饮食之法，曰："足以充虚继气，强股肱，耳目聪明，则止。"不极五味之调、芬香之和，不致远国珍怪异物。"何以知其然？古者尧治天下，南抚交阯，北降幽都，东西至日所出入，莫不宾服。逮至其厚爱，黍稷不二，羹胾不重，饭于土塯，啜于土形，斗以酌。俯仰周旋威仪之礼，圣王弗为。

Antikvaj sanktaj reĝoj montris la normon de trinkado kaj manĝado, dirante: "Estas sufiĉe al ni nur plenigi stomakon kaj inteston, multigi sangon kaj senton, fortigi korpon, akrigi orelojn kaj okulojn. Ne bezonis serĉi manĝaĵojn de kvin gustoj, de bona odoro, de kuriozaj frandaĵoj el foraj regnoj." Kiel tio estas sciata? Kiam regis la mondon Yao, la antikva reĝo, sude lia regno tuŝis la Jiaozhi-landon, norde – la Youdu-landon, okcidente kaj oriente – ambaŭ horizontojn, kie la suno iras supren kaj suben, kaj neniu ne obeis al li. Sed li tre ŝatis nutri sin simple tiom, kiom eblis manĝi nur unu porcion da panico aŭ milio, da viando rostita aŭ boligita, kaj manĝi grenon nur per unu argila taso, supon nur per unu argila bovlo, trinki nur per unu ligna taseto. Ceremonion pompan, konsternantan popolon, la sankta reĝo ne okazigis.

古者圣王制为衣服之法，曰："冬服绀緅之衣，轻且暖；夏服絺绤之衣，轻且清，则止。"诸加费不加于民利者，圣王弗为。

Antikvaj sanktaj reĝoj dekretis la leĝon pri vestaĵoj, dirante: "Vintra purpurblua vestaĵo devas esti malpeza kaj varma, la somera vestaĵo el lintoloj – malpeza kaj friska, estas sufiĉe je tio." Superfluan elspezon, ne donantan al la popolo profiton, la sanktaj reĝoj ne faris.

古者圣人为猛禽狡兽暴人害民，于是教民以兵行，日带剑。为刺则入，击则断，旁击而不折，此剑之利也。甲为衣则轻且利，动则兵且从，此甲之利也。车为服重致远，乘之则安，引之则利，安以不伤人，利以速至，此车之利也。古者圣王为大川广谷之不可济，于是利为舟楫，足以将之则止。虽上者三公诸侯至，舟楫不易，津人不饰，此舟之利也。

Ĉar rabobestoj kaj rabobirdoj damaĝas popolanojn, la antikvaj sanktuloj instruis popolanojn fari armilojn kaj porti ĉiutage glavon. Per ĝi eblas piki kaj ataki, bati kaj tranĉi, kaj ĝi ne rompiĝas ĉe misbatado. Tio estas merito de la glavo. Oni faris malpezan kirason kiel vestaĵon por libere moviĝi kaj uzi armilojn. Tio estas merito de la kiraso. Ĉaro iras malproksimen, ŝarĝite per peza portaĵo, kaj estas komforte rajdi sur ĝi, kaj estas konvene tiri ĝin, sendanĝere kaj ne vundas rajdantojn, kaj rapide iras ĝis celo. Tio estas merito de la ĉaro. Ĉar estis malfacile transiri grandan riveron kaj vastan valon, la antikvaj sanktaj reĝoj konstruis ŝipojn kun remiloj, kaj dank' al tio solvita estis la problemo de transriveriĝo. Kvankam sekvis postaj reĝoj, tri dukoj kaj landestroj, tamen ne ŝanĝiĝis ŝipoj kun remiloj, nek remistoj, kaj ili restas sen superflua ornamo. Tio estas merito de ŝipoj.

古者圣王制为节葬之法，曰："衣三领，足以朽肉；棺三寸，足以朽骸。堀穴深不通于泉，流不发泄则止。死者既葬，生者毋久丧用哀。"

La antikvaj sanktaj reĝoj faris regularojn de simpla funebro, dirante: "Estas sufiĉe je tri vestoj ĝis putriĝo de korpo; estas sufiĉe per ĉerko dika je tri *cun* ĝis putriĝo de ostoj. Truo ne estu pli profunda ol atingi subteran akvon, estas sufiĉe, ke la putriĝinta malbonodoro ne eliru sur teron. Entombiginte jam mortinton, vivantoj ne devas tro longe funebri kun kondolenco."

古者人之始生，未有宫室之时，因陵丘堀穴而处焉。圣王虑之，以为堀穴，曰冬可以辟风寒；逮夏，下润湿，上熏烝，恐伤民之气，于是作为宫室而利。然则为宫室之法将奈何哉？子墨子言曰：其旁可以圉风寒，上可以圉雪霜雨露，其中蠲洁，可以祭祀，宫墙足以为男女之别，则止。诸加费不加民利者，圣王弗为。

Kiam antikvuloj ankoraŭ ne havis domojn en la komenco de sia vivo, ili por loĝi fosadis grotojn sur montetoj. Sankta reĝo pensis, ke kvankam en vintro eblas eviti venton kaj malvarmon per tiuj grotoj, tamen en somero pro suba malsekeco kaj supera humideco popolanoj certe malsaniĝas je humoro, kaj li konsideris pli utila la konstruon de domoj. Sed kia estis la regularo por domoj?

La Majstro Mozi diris: "Estas sufiĉe, se eblas gardi per muroj kontraŭ vento kaj frosto, kaj per tegmento kontraŭ neĝo, prujno, pluvo kaj roso, kaj estas sufiĉe, se estas pure en la domo kaj eblas diservo, se eblas separi per ŝirmilo virojn kaj virinojn. Superfluan elspezon, ne donantan al la popolo profiton, la sanktaj reĝoj ne faris."

22. 节葬下 SIMPLIGO DE FUNEBRO (3)

子墨子言曰：仁者之为天下度也，辟之无以异乎孝子之为亲度也。今孝子之为亲度也，将奈何哉？曰：亲贫则从事乎富之，人民寡则从事乎众之，众乱则从事乎治之。当其于此也，亦有力不足、财不赡、智不智，然后已矣。无敢舍余力，隐谋遗利，而不为亲为之者矣。若三务者，孝子之为亲度也，既若此矣。虽仁者之为天下度，亦犹此也。曰：天下贫则从事乎富之，人民寡则从事乎众之，众而乱则从事乎治之。当其于此，亦有力不足、财不赡、智不智，然后已矣。无敢舍余力，隐谋遗利，而不为天下为之者矣。若三务者，此仁者之为天下度也，既若此矣。

La Majstro Mozi diris: "Tio, ke justulo cerbumas pri la mondo, ne diferencas de tio, ke fidelaj gefiloj klopodas por siaj gepatroj." Kiel zorgas la fidelaj gefiloj pri siaj gepatroj? Li diras: "Se gepatroj estas malriĉaj, gefiloj okupiĝas pri ilia riĉigo. Se da popolnombro estas malmulte, ili okupiĝas pri ĝia multigo. Se homamaso tumultas, ili okupiĝas pri ĝia pacigo. Tiurilate, eĉ se mankus al ili ioma forto, posedaĵo aŭ saĝeco, ili faras ĉion eblan kaj poste lasas fine ĉion al sinsekva nepreco. Dum restas iom ajn rezervita forto kaj troviĝas iu ajn kaŝita bona ideo aŭ preterlasita avantaĝo, ili ne povas ne klopodi por siaj gepatroj. Jen tiel tri devoj estas plenumataj de fidelaj gefiloj por gepatroj. Justuloj faras por la mondo tiel same."

Kaj li daŭrigis: "Se la mondo malriĉiĝas, la justuloj okupiĝas pri ĝia riĉigo. Se popolnombro malmultiĝas, ili okupiĝas pri ĝia multigo. Se popolamaso tumultas, ili okupiĝas pri ĝia pacigo. Tiurilate, eĉ se mankus al ili ioma forto, posedaĵo aŭ saĝeco, ili faras ĉion eblan kaj fine lasos poste ĉion al la sinsekva nepreco. Kiam restas iom ajn rezervita forto kaj troviĝas iu ajn kaŝita ideo aŭ ĝis tiam preterlasita avantaĝo, ili ne povas ne strebadi labori por la mondo. Jen tiel tri devoj estas plenumataj de justuloj por la mondo."

今逮至昔者三代圣王既没，天下失义。后世之君子，或以厚葬久丧以为仁也，义也，孝子之事也；或以厚葬久丧以为非仁义，非孝子之事也。曰：二子者，言则相非，行即相反，皆曰："吾上祖述尧舜禹汤文武之道者也。"而言即相非，行即相反，于此乎后世之君子皆疑惑乎二子者言也。若苟疑惑乎之二子者言，然则姑尝传而为政乎国家万民而观之。计厚葬久丧，奚当此三利者？我意若使法其言，用其谋，厚葬久丧实可以富贫众寡、定危治乱乎，此仁也，义也，孝子之事也，为人谋者不可不劝也。仁者将兴之天下，谁贾而使民誉之，终勿废也。意亦使法其言，用其谋，厚葬久丧实不可以富贫众寡、定危理乱乎，此非仁非义，非孝子之事也，为人谋者不可不沮也。仁者将求除之天下，相废而使人非之，终身勿为。且故兴天下之利，除天下之害，令国家百姓之不治也，自古及今未尝之有也。

Nun jam la antikvaj reĝoj de tri dinastioj antaŭ longe forpasis, kaj la mondo perdis juston. El sinjoroj de postaj generacioj, iu konsideras luksan sepulton-ceremonion kaj longdaŭran funebron virtaj, justaj kaj devigaj por gefila fideleco, sed la alia konsideras luksan ceremonion kaj longdaŭran funebron kiel maljuston kaj aferon de malfidelaj gefiloj. Tiuj du starpunktoj difenrencas inter si je la vortoj kaj kontraŭas je la agoj. Ambaŭ diras: "Mi sekvas la vojon de prapatroj Yao, Shun, Yu, Tang, Wen, Wu."

Tamen ili kritikas unu la alian reciproke kaj kontraŭas en siaj agoj. Ĉiuj sinjoroj-posteuloj dubas ambaŭ starpunktojn pri praveco de opinioj.

Se oni dubas la vortojn de ambaŭ starpunktoj, estus bone observi, kiel ambaŭ povus regi la ŝtaton kaj la popolon. Kalkulu la luksan kaj longdaŭran funebron, ĉu ĝi konformas al supre menciitaj tri profitoj? Mi volus, ke la subtenantoj efektivigu siajn vortojn laŭ sia ideo. Se la luksa kaj longdaŭra funebro fakte povus riĉigi malriĉulojn, multigi popolnombron, ordigi danĝeron kaj pacigi tumulton, en tiu okazo oni devus rigardi tion virta, justa, kaj afero de fidelaj gefiloj, kaj tial ne devus ne admoni homojn fari tiel. Kaj justuloj ja propagandus tion tra la mondo, establus reĝimon kaj igus popolanojn laŭdi tion, postulus ne aboli eterne tion. Se, farite laŭ iliaj vortoj kaj ideoj, kontraŭe, la luksa longdaŭra funebro ne povas fari malriĉulojn riĉaj, nek popolon multnombra, nek stabiligi danĝeron, nek pacigi tumulton, en tiu okazo tio ne estas virto, nek justo, nek afero de gefila fideleco, tial do oni ne devas ne ĉesigi tion. Justuloj ja postulas aboli la kutimon en la mondo kaj igas homojn ne fari tion por ĉiam. Tial do altigu la profiton por la mondo, eliminu malutilon al la mondo. Se estus farate tiel, neniam okazus io malbona, ĉar per tio nepre bone povas esti regataj la ŝtato kaj la popolo de malnova tempo ĝis nun.

何以知其然也？今天下之士君子，将犹多皆疑惑厚葬久丧之为中是非利害也。故子墨子言曰：然则姑尝稽之，今虽毋法执厚葬久丧者言，以为事乎国家。此存乎王公大人有丧者，曰棺椁必重，葬埋必厚，衣衾必多，文绣必繁，丘陇必巨；存乎匹夫贱人死者，殆竭家室；存乎诸侯死者，虚车府，然后金玉珠玑比乎身，纶组节约，车马藏乎圹，又必多为屋幕、鼎鼓、几梴、壶滥、戈剑、羽旄、齿革，寝而埋之，满若送从。曰：天子杀殉，众者数百，寡者数十；将军大夫杀殉，众者数十，寡者数人。

Kial estas sciate tiel? Ĉiuj nunaj sinjoroj en la mondo dubas, ĉu la luksa longdaŭra funebro estas profita aŭ ne.

Tial la Majstro Mozi diris: "Provu kaj kalkulu efektive, kia estos la rezulto por la ŝtato, se oni faros la luksan kaj longdaŭran funebron laŭ la vortoj de subtenantoj. En la kazo de funebro por reĝoj, dukoj kaj sinjoroj-landestroj, nepre necesas konstrui multtavole eksterajn murojn de la ĉerko, nepre fosi profunde la tombon, nepre enmeti multe da vestaĵoj, nepre ornami pompe per brodaĵoj, nepre talusi tumulon grande. Se mortos ne riĉulo, la familia trezoro apenaŭ ne estos elĉerpita. Se mortos eĉ dukoj, la trezorejo malpleniĝos, por ke la mortinto estu ornamita per oro, jado, perloj, gemoj, kaj estu ligita per silkaj laĉoj, kaj por ke ĉaroj kaj ĉevaloj akompanu. Kaj aldone la tombo estu plenigita nepre per multaj kurtenoj, tripiedaj marmitoj, tamburoj, tabloj, tapiŝoj, vazoj, pelvoj, halebardoj, glavoj, standardoj el plumoj, eburoj, ledaĵoj kaj felaĵoj. Kaj eĉ kun la mortinto estas kunentombigitaj la murditaj servantoj. Estas dirite, ke ĉe la morto de la Filo de Ĉielo, akompanas da servantoj, se multe, kelkcent, se malmulte, almenaŭ kelkdek, kaj ĉe la morto de generaloj – se multe, kelkdek, se malmulte, almenaŭ kelke da murditaj servantoj."

处丧之法将奈何哉？曰：哭泣不秩，声翁，缭绖垂涕，外倚庐，寝苫枕块，又相率强不食而为饥，薄衣而为寒，使面目陷陬，颜色黧黑，耳目不聪明，手足不劲强，不可用也。又曰：上士之操丧也，必扶而能起，杖而能行，以此共三年。若法若言，行若道，使王公大人行此，则必不能蚤朝；五官六府，辟草木，实仓廪；使农夫行此，则必不能蚤出夜入，耕稼树艺；使百工行此，则必不能修舟车为器皿矣；使妇人行此，则必不能夙兴夜寐，纺绩织纴。细计厚葬，为多埋赋之财者也。计久丧，为久禁从事者也。财以成者，扶而埋之，后得生者，而久禁之，以此求富，此譬犹禁耕而求获也，富之说无可得焉。

Kia estas la maniero de kondolenca esprimo? "Plorkriadi kaj plorsingultadi kun raŭka voĉo, surmeti al si funebran brustotolaĵon kaj zoni korpon per ŝnuroj, larmante, loĝi en barako, dormi sur la pajlmato kun tera kapkuseno, afektante fastadi sintrude kaj malsati, vestiĝi leĝere spite malvarmon, kun malgrasa mieno kaj kaviĝintaj okuloj, kun flavpala kaj nigra vizaĝo, tiom marasmiĝi, kiom eĉ oreloj ne aŭdas, okuloj ne klare vidas, manoj kaj piedoj malfortas." Ankaŭ estas dirite, ke supraj personoj tri jarojn okupiĝas je funebro tiom, kiom ili ne povas memstari sen helpo kaj piediras kun apoga bastono. Se laŭ la vortoj de luksfunebristoj estus observata la funebro, tiam landestroj kaj sinjoroj nepre ne povus frumatene ekservadi, ne povus administradi kvin ministeriojn kaj ses buroojn, nek ekspluatadi agraron, nek plenigi grenejojn. Se tiel, kamparanoj ne povus laboradi de frumatene ĝis vespere, nek kultivadi nek plantadi. Inĝenieroj- metiistoj ne povus fabriki ŝipojn, ĉarojn, argilaĵojn. Virinoj nepre ne povus ŝpinadi kaj teksadi de ellitiĝo ĝis enlitiĝo. Se esplori detale, la luksa funebro estas ne io alia ol enterigi multe da akumulita mono, kaj la longdaŭra funebro malpermesas al homoj labori longe. Oni enterigas kun mortinto zorge akumulitan riĉaĵon kaj al postlasitoj malpermesas labori longe. Ĉu per tio oni dezirus riĉiĝi? Tio estas sama, kiel, malpermesante kulturadi, oni volus akiri rikolton.

是故求以富家，而既已不可矣。欲以众人民，意者可邪？其说又不可矣。今唯无以厚葬久丧者为政，君死，丧之三年；父母死，丧之三年；妻与后子死者，五皆丧之三年；然后伯父叔父兄弟孽子其；族人五月；姑姊甥舅皆有月数。则毁瘠必有制矣，使面目陷陬，颜色黧黑，耳目不聪明，手足不劲强，不可用也。又曰：上士操丧也，必扶而能起，杖而能行，以此共三年。若法若言，行若道，苟其饥约又若此矣。是故百姓冬不忉寒，夏不忉暑，作疾病死者，不可胜计也。此其为败男女之交多矣。以此求众，譬犹使人负剑，而求其寿也。众之说无可得焉。

Nepre ne eblas ricevi riĉaĵon. Tial do, jam ne eblas serĉi riĉigon de familio per tio. Ĉu eblas multigi popolnombron per tio? Ankaŭ tio ne estas realigebla. Se laŭ opinio de luksfunebristoj, ĉe la morto de sinjoro necesas funebri dum 3 jaroj; ĉe gepatroj – 3 jaroj; ĉe edzino aŭ plejaĝa filo – ankaŭ 3 jaroj; ĉe onkloj aŭ gefratoj aŭ aliaj filoj – 1 jaro; ĉe parenco – 5 monatoj; ĉe la morto de fratino de onkloj kaj la morto de nevo aŭ bopatro – kelke da monatoj. Estas ja reĝimo ĉe la funebro por damaĝi sanon kaj maldikiĝi. Lasu mienon kaviĝi, vizaĝon nigriĝi, orelojn kaj okulojn malklaraj, manojn kaj piedojn malfortaj tiel, ke ne eblus labori. Oni diras: 'Se superuloj funebras, ili ne povas stari sen asisto, povas piediri nur apogante sin sur bastono. Malgraŭ tio tri jarojn bezonas funebri.' Tiel do popolanoj ne eltenas malvarmon en vintro, nek varmegon en somero, kaj malsaniĝas aŭ mortas nenombreble. Dume geviroj ne povas sufiĉe seksumadi unu kun alia. Sub tia kondiĉo, ĉu eblas esperi multiĝon de popolnombro? Tio estas, samkiel esperi longdaŭran vivon sub pendanta glavo. Ne eblas jam diri pri la multigo de popolnombro.

是故求以众人民，而既以不可矣。欲以治刑政，意者可乎？其说又不可矣。今唯无以厚葬久丧者为政，国家必贫，人民必寡，刑政必乱。若法若言，行若道，使为上者行此，则不能听治；使为下者行此，则不能从事。上不听治，刑政必乱；下不从事，衣食之财必不足。若苟不足，为人弟者求其兄而不得，不弟弟必将怨其兄矣；为人子者求其亲而不得，不孝子必是怨其亲矣；为人臣者求之君而不得，不忠臣必且乱其上矣。是以僻淫邪行之民，出则无衣也，入则无食也，内续奚吾，并为淫暴，而不可胜禁也，是故盗贼众而治者寡。夫众盗贼而寡治者，以此求治，譬犹使人三睘而毋负己也，治之说无可得焉。

Ne eblas per tio esperi multigon de popolnombro. Ĉu eblus almenaŭ deziri per tio administri registaron. Ankaŭ ne eblas. Se laŭ luksfunebristoj estus farata la politiko, la regno nepre malriĉiĝos, la popolo nepre malmultiĝos, la politiko nepre estos en ĥaoso. Se estus farata la politiko laŭ ili, ke superuloj obeus ilin, tiam ne eblus plenumi taskon de administrado. Se subuloj obeus ilin, tiam ne eblus okupiĝi pri laboro. La superuloj ne povas administri, kaj la subuloj ne povas labori, tiam nepre mankos vestaĵoj kaj manĝaĵoj. Ĉe manko de vivnecesaĵo, plijuna frato petus ĝin de sia pliaĝa frato, sed ne eblos ricevi. Tiam la plijuna frato nepre havos rankoron al sia pliaĝa frato. Gefiloj petus de gepatroj, sed ne eblos akiri la vivnecesaĵon, tiam malfidelaj gefiloj nepre havos rankoron al siaj gepatroj. Servantoj petus ĝin de mastroj, sed ne eblos ricevi. Tiam malfideluloj nepre tumultos kontraŭ siaj mastroj. Se senkonsciencaj diboĉaj popolanoj, ili estos senvestitaj ekstere kaj ne nutritaj hejme, do ĉe ili akumuliĝos honto kaj grumblo en koro, ili dronos en seksatenco kaj perfortaĵo, kaj tio estos neevitebla. Multiĝos ŝtelistoj-rabistoj, kaj malmultiĝos ordotenantoj. Ĉe multe da rabistoj kaj malmulte da ordotenantoj, se oni esperus pacan regadon, fari tion estos tiel malfacile, kiel turni sin tri fojojn sen montri sian dorson. Tiel do ne estas realigeble per luksa-longa funebro teni ordon.

是故求以治刑政，而既已不可矣。欲以禁止大国之攻小国也，意者可邪？其说又不可矣。是故昔者圣王既没，天下失义，诸侯力征。南有楚、越之王，而北有齐、晋之君，此皆砥砺其卒伍，以攻伐并兼为政于天下。是故凡大国之所以不攻小国者，积委多，城郭修，上下调和，是故大国不耆攻之；无积委，城郭不修，上下不调和，是故大国耆攻之。今唯无以厚葬久丧者为政，国家必贫，人民必寡，刑政必乱。若苟贫，是无以为积委也；若苟寡，是城郭沟渠者寡也；若苟乱，是出战不克，入守不固。

Ĉu kun luksa-longa funebro eblus administri politikon kaj justicekzekutivon? Tio estas jam neebla. Ĉu kun luksa funebro eblus malpermesi al granda regno ataki malgrandan? Ankaŭ tio ne estas ebla. Post la morto de antikvaj sanktaj reĝoj en la mondo perdiĝis justeco, kaj landestroj militadis per armita forto. Sude estas reĝoj de la ŝtatoj Chu kaj Yue, norde estas regnestroj de la ŝtatoj Qi-regno kaj Jin. Ili ĉiuj ekzercadas siajn soldatojn, per tio ili deziras atakadi kaj englutadi la aliajn, kaj mastri hegemonie la tutan mondon. Kial ne atakas la pli granda regno la pli malgrandan? Se ĉe la lasta estas abunda akumulaĵo, kastelo estas perfektigita, la supro kun la subo harmonias, ĉi tiun eĉ la pli granda ne aŭdacas ataki. Se nenio estus akumulita, kastelo ne estus riparita, kaj ne estus harmonio inter la supro kaj subo, tiam la pli granda aŭdacos ataki tiun. Se nun kun luksa-longa funebro administri, la ŝtato nepre malriĉiĝos, la popolo malmultiĝos, politiko kaj justico estos en malordo. Se esti malriĉe, ne eblas akumuli riĉaĵon; se malmulte da popolo, iĝas malmulte da protektantoj de kastelo kaj ĉirkaŭfoso. Se estas malorde, ne eblas forbati malamikojn ekstere de kastelo, nek singardi firme en kastelo.

此求禁止大国之攻小国也，而既已不可矣。欲以干上帝鬼神之福，意者可邪？其说又不可矣。今唯无以厚葬久丧者为政，国家必贫，人民必寡，刑政必乱。若苟贫，是粢盛酒醴不净洁也；若苟寡，是事上帝鬼神者寡也；若苟乱，是祭祀不时度也。今又禁止事上帝鬼神，为政若此，上帝鬼神始得从上抚之，曰："我有是人也，与无是人也，孰愈？"曰："我有是人也，与无是人也，无择也。"则惟上帝鬼神降之罪厉之祸罚而弃之，则岂不亦乃其所哉！

Tiel do inhibicii la pligrandan regnon ataki la malgrandan tute ne eblas. Ĉu per tio eblas esti benata de Supra Dio kaj Spiritoj? Ankaŭ ne eblas. Se nun administradi kun luksa-longa funebro, la ŝtato nepre malriĉiĝos, la popolo nepre malmultiĝos, justico kaj politiko nepre malordos. Se esti malriĉe, ne puraj estos la oferataj cerealoj kaj vinoj. Se estas malmulte da popolanoj, malmultiĝas la servantoj al Supra Dio kaj al Spiritoj. Se esti en malordo, ne oftas okazigi festojn. Se nun inhibicii servadon al Dio kaj Spiritoj, la regado estos jena. Dio kaj Spiritoj de la Ĉielo komencas malami tion, dirante: "Kio estas pli preferinda por ni, havi aŭ ne havi ĉi tiujn homojn?" Kaj ili diros: "Estas tute egale al ni, havi aŭ ne havi tiujn homojn." Tiel Supra Dio kaj Spiritoj punos per plago ilin kaj forĵetos, ĉar ili konsekvence meritas tion.

故古圣王制为葬埋之法，曰："棺三寸，足以朽体；衣衾三领，足以覆恶。以及其葬也，下毋及泉，上毋通臭，垄若参耕之亩，则止矣。死则既以葬矣，生者必无久哭，而疾而从事，人为其所能，以交相利也。" 此圣王之法也。

Entombiga regulo, donita de antikvaj sanktaj reĝoj, diris: "Ĉerko sufiĉas je 3 *cun* dika, por ke ĝi eltenu dum la korpo forputras; vestoj kaj kovriloj sufiĉas je 3 pecoj por kovri malbelon. Limo de ĉerkujo devas esti tiom profunda, kiom ne atingu subteran akvofonton kaj ne tralikiĝu surteren malbonodoro, tiom vasta je 3 *chi*, kiom kultiveja intersulka terpeceto. Dum funebro post morto la postlasitaj vivantoj ne bezonas longe plorkrii kaj de tio malsaniĝi, eĉ estas pli bone por ili eklabori laŭeble tuje. Laborante, oni devas fari kion oni povas, tio estas reciproka profitado." Tia estas la regulo ĉe la sanktaj reĝoj.

今执厚葬久丧者之言曰：厚葬久丧虽使不可以富贫众寡、定危治乱，然此圣王之道也。子墨子曰：不然。昔者尧北教乎八狄，道死，葬蛩山之阴，衣衾三领，榖木之棺，葛以缄之，既犯而后哭，满埳无封。已葬，而牛马乘之。舜西教乎七戎，道死，葬南己之市，衣衾三领，榖木之棺，葛以缄之。已葬，而市人乘之。禹东教乎九夷，道死，葬会稽之山，衣衾三领，桐棺三寸，葛以缄之，绞之不合，通之不埳，土地之深，下毋及泉，上毋通臭。既葬，收余壤其上，垄若参耕之亩，则止矣。若以此若三圣王者观之，则厚葬久丧果非圣王之道。故三王者，皆贵为天子，富有天下，岂忧财用之不足哉，以为如此葬埋之法？

Nun luks-longaj funebristoj diradas: "Eĉ se per la luks-longa funebro ne eblus fari malriĉulojn riĉaj, nek multigi popolnombron, nek pacigi tumulton, tamen tio estas ja la vojo de la sanktaj reĝoj."

La Majstro Mozi diris: "Ne! La antikvulo Yao iris norden civilizi ok gentojn-barbarojn. Survoje li mortis. Li estis entombigita norde de la monto Qiong. Tiam oni lin kovris per tri pecoj da mortvestoj, modesta ĉerko el brusonetia arbo, kiun ĉirkaŭligis tigo de puerario. Apenaŭ enteriginte, ĉiuj ekploris. Oni plenigis truon per terpecoj, ne konstruante taluson. Post la enterigo la teron oni tretis, rajdante sur ĉevaloj kaj bovoj. Shun militiris okcidenten civilizi sep gentojn, survoje li mortis. Oni lin entombigis en la urbo Nanji, kovris lin per tri pecoj da mortvestoj, simpla ĉerko el brusonetia arbo, kiu estis ŝnurita per pueraria tigo. Post la enterigo civitanoj piedpremis la teron. Yu militiris orienten civilizi naŭ gentojn, survoje li mortis kaj estis entombigita ĉe la monto Guiji, kovrite per tri pecoj da mortvestoj kaj per ĉerko el paŭlovnio dika je tri *cun*. Kvankam ĝi estis ĉirkaŭligita per pueraria tigo, tamen ne strikte fermita. Ne estis speciala vojo, tra kiu la ĉerko estu portita malsupren. Ĝi estis enterigita tiom profunde, kiom ĝi ne atingu subteran akvon kaj ne tralikiĝu surteren malbonodoro. Fine de la enterigo oni sur tombon metis iom da restinta tero, ke fariĝu terbulo larĝa je 3 *chi*. Jen tia estis la entombigo. Se ni vidas ekzemplon de tiuj tri sanktaj reĝoj, luksa kaj longdaŭra funebro ne estas la sanktreĝa vojo. La tri sanktaj reĝoj, kiel Filoj de Ĉielo, ĉiuj estis la plej riĉaj en la mondo, do tia funebro estis ne pro manko de mono, sed pro tio, ke tia estis ja la leĝo de entombigo."

今王公大人之为葬埋，则异于此。必大棺中棺，革阓三操，璧玉即具，戈剑鼎鼓壶滥，文绣素练，大鞅万领，舆马女乐皆具，曰必捶塗差通，垄虽凡山陵。此为辍民之事，靡民之财，不可胜计也，其为毋用若此矣。

Entombigo de nunaj reĝoj, dukoj kaj sinjoroj-landestroj estas diferenca de tio. Nepras kaj granda ekstera ĉerko kaj interna meza ĉerko, kovrite trioble per brodita ledo, plenigite kun jaspoj, kun halebardo kaj glavo, kun tripieda marmito, tamburo, vazo, kaj pelvo, kun multe da broditaj vestaĵoj kaj fajnaj silkaĵoj, kompletigite tute kun ĉaro, ĉevalo, virinoj, muzikiloj. Eĉ estas konstruita nepre la vojo kaj la tombo fariĝas tiom granda kiel monto. Nekalkuleble estas, kiom tio malhelpas al la popolo fari aferon, kiom oni per tio malŝparas monon. Jen kia estas la senutileco.

是故子墨子曰：乡者，吾本言曰：意亦使法其言，用其谋，计厚葬久丧，请可以富贫众寡、定危治乱乎，则仁也，义也，孝子之事也，为人谋者，不可不劝也；意亦使法其言，用其谋，若人厚葬久丧，实不可以富贫众寡，定危治乱乎，则非仁也，非义也，非孝子之事也，为人谋者，不可不沮也。是故求以富国家，甚得贫焉；欲以众人民，甚得寡焉；欲以治刑政，甚得乱焉；求以禁止大国之攻小国也，而既已不可矣；欲以干上帝鬼神之福，又得祸焉。上稽之尧舜禹汤文武之道而政逆之，下稽之桀纣幽厉之事，犹合节也。若以此观，则厚葬久丧其非圣王之道也。

Tial la Majstro Mozi diris: "Jam de komence mi insistas pri tio, ke laŭ la admono oni provu praktike la luks-longdaŭran funebron kaj vidu la rezulton, ĉu vere per tio eblus fari malriĉulojn riĉaj, plimultigi popolnombron, konkeri danĝeron, pacigi tumulton. Se jes, ĉar tio estus afero de kompato, justo kaj fila pietato, oni devus admoni tion al ĉiuj por la publika bono. Se oni, praktikante luks-longdaŭran funebron, ne povas riĉigi malriĉulojn, nek konkeri danĝeron, nek pacigi tumulton, tiam tio ne estas la afero de kompato, nek justo, nek fila pietato, tial do oni devas ĉesigi tion por la publika bono. Strebante per luks-longa funebro al riĉigo de la ŝtato, oni ricevas malriĉiĝon; dezirante plimultigon de popolnombro, oni ricevas malplimultiĝon; dezirante stabilan regadon per juro kaj politiko, oni ricevas malordon. Ne eblas jam per tio malpermesi al grandaj regnoj agresi la malgrandajn. Dezirante benon de Supra Dio kaj Spiritoj, oni ricevas ja plagon. Se oni vidas supre, ĝi kontraŭas al la vojo aŭ al la regado de la reĝoj Yao, Shun, Tang, Yu, Wen, Wu, sed ĝi konformas sube al la aferoj de la reĝaĉoj Jie, Zhou, You, Li. Laŭ observado, la luks-longdaŭra funebro ne estas la vojo de sanktaj reĝoj."

今执厚葬久丧者言曰：厚葬久丧果非圣王之道，夫胡说中国之君子，为而不已，操而不择哉？子墨子曰：此所谓便其习而义其俗者也。昔者越之东有輆沭之国者，其长子生，则解而食之，谓之"宜弟"；其大父死，负其大母而弃之，曰，鬼妻不可与居处。此上以为政，下以为俗，为而不已，操而不择，则此岂实仁义之道哉？此所谓便其习而义其俗者也。楚之南有炎人国者，其亲戚死，朽其肉而弃之，然后埋其骨，乃成为孝子。秦之西有仪渠之国者，其亲戚死，聚柴薪而焚之，燻上，谓之登遐，然后成为孝子。此上以为政，下以为俗，为而不已，操而不泽，则此岂实仁义之道哉？此所谓便其习而义其俗者也。若以此若三国者观之，则亦犹薄矣；若以中国之君子观之，则亦犹厚矣。如彼则大厚，如此则大薄，然则葬埋之有节矣。

Nun persistantoj ĉe luks-longdaŭra funebro diras: "Se la luks-longdaŭra funebro ne estus la vojo de sanktaj reĝoj, kial nobluloj de centraj regnoj ĝin ne ĉesigas, nek forĵetas, sed konservas?"

La Majstro Mozi diris: "Tiel estas pro tio, ke ili konsideras sian kutimon konvena kaj sian moron justa. Antaŭe en oriento de la ŝtato Yue troviĝis iu lando 'Kaimu', kies landanoj, je naskiĝo de la unua filo, dismembrigis kaj manĝis lin, opiniante tion bona por naskiĝo de "la dua filo", kaj je la morto de sia patro, forĵetis ja sian patrinon, dirante, ke ne eblas kune vivi kun la edzino de la fantomo. Supruloj faris tion politiko, kaj subuloj—moro, tial ili tiun rutinon ne ĉesigis, nek forĵetis, sed konservis. Sed ĉu vere tio estas ja la justa vojo? Nur ili konsideris sian kutimon konvena kaj sian moron justa."

"Sude de Chu-regno situas Yan-lando, en kiu loĝas popolanoj, kiuj, je la morto de gepatroj, detranĉas ilian karnon kaj forĵetas, kaj poste enterigas la ostojn. Tio igus filojn fidelaj. Okcidente de Qi-regno estas la lando de Yiqu-anoj, kiuj, ĉe la morto de gepatroj, bruligas ilin per fajro sur lignoj. Kiam la fumo supreniras, tio nomiĝas "nebuliĝo", kaj tio igus filojn fidelaj. Supruloj faras tion politiko, kaj subuloj—moro, tial ili tiun rutinon ne ĉesigas, nek forĵetas, sed konservas. Sed ĉu vere tio estas ja la justa vojo? Nur ili konsideras sian kutimon konvena kaj sian moron justa. Se oni observas funebron de tiuj tri landoj, ĝi ŝajnus tro kruda. Se rigardas funebron de la nobluloj en centraj regnoj, ĝi ŝajnus tro luksa. Ĉiu tia funebro estas aŭ tro luksa, aŭ tro kruda, kaj tial estas necesa iu modereco ĉe la entombigo."

故衣食者，人之生利也，然且犹尚有节；葬埋者，人之死利也，夫何独无节于此乎？子墨子制为葬埋之法，曰：棺三寸，足以朽骨；衣三领，足以朽肉；掘地之深，下无菹漏，气无发泄于上，垄足以期其所，则止矣。哭往哭来，反从事乎衣食之财，俾乎祭祀，以致孝于亲。故曰子墨子之法，不失死生之利者，此也。

Ĉar manĝado kaj vestado estas por profito al homa vivo, nepras ja iu modereco. Sekve, la entombigo estas por profito al homa morto, do ĉu eblus ankaŭ tio-ĉi sen iu modereco?

La funebra regulo, kiun la Majstro Mozi proponas, estas jena: "Tabulo de ĉerko devas esti tiom dika je 3 *cun*, kiom sufiĉas teniĝi dum putriĝo de ostoj; tri pecoj da vestaĵoj sufiĉas por finputriĝo de korpo; enterigo devas esti tiom profunda, ke ne tralikiĝu subtera akvo, nek eliru supren putra odoro; tumulo estas sufiĉa, por ke oni distingu la lokon. Plorkriante dum sepulto-ceremonio, funebruloj iras kaj revenas. Poste ili jam denove okupiĝas pri produktado de riĉaĵoj, t. e. vestaĵoj kaj manĝaĵoj, pri religia servado, kaj plenumas filan devon al gepatroj." Tiel do la regulo, proponita de la Majstro Mozi, estas utila ne nur por mortintoj, sed ankaŭ por vivantoj.

故子墨子言曰：今天下之士君子，中请将欲为仁义，求为上士，上欲中圣王之道，下欲中国家百姓之利，故当若节丧之为政，而不可不察此者也。

Tial la Majstro Mozi diris: "Se nun nobluloj en la mondo volus elkore fari juston, plialtigi sin je personeco, atingi supren la vojon de sanktaj reĝoj, doni suben al la popolo profiton en la ŝtato, tiam ili ne devus ne konsideri nepre la ekonomian funebron kiel sia politiko."

23. 天志上 ĈIELA VOLO（1）

子墨子言曰：今天下之士君子，知小而不知大。何以知之？以其处家者知之。若处家得罪于家长，犹有邻家所避逃之。然且亲戚、兄弟所知识，共相儆戒，皆曰："不可不戒矣！不可不慎矣！恶有处家而得罪于家长，而可为也！"非独处家者为然，虽处国亦然。处国得罪于国君，犹有邻国所避逃之。然而亲戚、兄弟所知识，共相儆戒皆曰："不可不戒矣！不可不慎矣！谁亦有处国得罪于国君，而可为也！"此有所避逃之者也，相儆戒犹若此其厚，况无所避逃之者，相儆戒岂不愈厚，然后可哉？且语言有之曰："焉而晏日，焉而得罪，将恶避逃之？"曰：无所避逃之。夫天不可为林谷幽门无人，明必见之。然而天下之士君子之于天也，忽然不知以相儆戒，此我所以知天下士君子知小而不知大也。

La Majstro Mozi diris: "Nun nobluloj en la mondo scias nur la malgrandan, sed ne scias la grandan. Kial oni povas scii tion? Koncernante familion en la domo, oni ĉe si scias tion. Se ene de la domo, kiu pekas kontraŭ la familiestro, al tiu eblas troviĝi ankoraŭ la najbara domo por fuĝi. Tamen liaj parencoj kaj fratoj, sciante tion, kune avertas lin kaj diras: 'Detenu vin, estu singardema, estas malbone peki kontraŭ la familiestro. Vi ne devintus fari tion!' Ne nur rilate al la familio, sed ankaŭ al la ŝtato taŭgas tute sama rezono. Se, kiu pekas al la landestro ene de la ŝtato, tiu havas ankoraŭ rifuĝejon por eskapi al najbara regno. Sed gepatroj kaj gefratoj, sciante tion, avertas la eskapanton, dirante: 'Ni ne devas ne deadmoni vin! Humiliĝu! Kiu do povus peki antaŭ la landestro en sia ŝtato!' Menciitaj ekzemploj koncernas havantojn de rifuĝejo, do oni avertas sin reciproke tre atenteme. Se kiu ne havas rifuĝejon, tiun des pli zorgeme oni ne devas ne avertadi. Estas dirite: 'Sub la luma suno, ĉiu ajn krimulo ne povas eskapi.' Tio signifas, ke estas nenien rifuĝi. Al la Ĉielo ne povas esti arbaro, nek valo por kaŝi krimulojn. Ĝi klare vidas ilin. Sed sinjoroj-estroj, rilate al la Ĉielo, ne scipovas avertadi sin reciproke, pro tio mi diras: 'Nobluloj en nuna mondo scias nur la malgrandan, sed ne scias la grandan.'"

然则天亦何欲何恶？天欲义而恶不义。然则率天下之百姓以从事于义，则我乃为天之所欲也。我为天之所欲，天亦为我所欲。然则我何欲何恶？我欲福禄而恶祸祟。若我不为天之所欲，而为天之所不欲，然则我率天下之百姓以从事于祸祟中也。然则何以知天之欲义而恶不义？曰：天下有义则生，无义则死；有义则富，无义则贫；有义则治，无义则乱。然则天欲其生而恶其死，欲其富而恶其贫，欲其治而恶其乱，此我所以知天欲义而恶不义也。

Do kion ja deziras kaj kion malamas la Ĉielo? Ĝi deziras juston kaj malamas maljuston. Tial, se mi okupiĝas pri la justo, gvidante la popolon sub la Ĉielo, mi faras tion, kion la Ĉielo deziras. Se mi faras tion, kion la Ĉielo volas, tiam ankaŭ la Ĉielo faras tion, kion mi volus. Kaj kion mi deziras kaj kion mi malamas? Mi deziras feliĉon kaj malamas plagon. Se mi ne faras, kion la Ĉielo deziras, sed mi faras, kion la Ĉielo ne deziras, tiam mi faras ja la plagon, gvidante la popolon en la mondo. Tial do kiel oni povas scii, ke la Ĉielo deziras juston kaj malamas maljuston? Estas dirite: "En la mondo, se estas la justo, estas la vivo, se ne estas la justo, estas la morto; se estas la justo, estas ankaŭ la riĉaĵo; sed se ne estas la justo, estas la malriĉeco; se estas la justo, estas ankaŭ la paca ordo, sed se ne estas la justo, tiam estas la malordo." Tiel la Ĉielo deziras la vivon kaj malamas la morton, ĝi deziras la riĉon kaj malamas la malriĉon, deziras la pacan ordon kaj malamas la malordon, do per tio mi ja scias, ke la Ĉielo deziras la juston kaj malamas la maljuston.

曰：且夫义者，政也。无从下之政上，必从上之政下。是故庶人竭力从事，未得次己而为政，有士政之；士竭力从事，为得次己而为政，有将军、大夫政之；将军、大夫竭力从事，未得次己而为政，有三公、诸侯政之；三公、诸侯竭力听治，未得次己而为政，有天子政之；天子未得次己而为政，有天政之。天子为政于三公、诸侯、士、庶人，天下之士君子固明知，天之为政于天子，天下百姓未得之明知也。

Estas dirite plie: "Justo estas ja politiko por ĝustigo." Ne estas iu ĝustiga politiko, direktiĝanta de subo al supro, sed nepre de supro al subo turnas sin la politiko. Tiel do kiam la popolo, en la tutforta laboro ne povus mem okupiĝi laŭ sia propra volo pri la politiko, tiam estas oficistoj, kiuj okupas sin pri la politiko. Kiam la oficistoj, en la tutforta laboro ne povus mem plenumi la politikon, tiam estas generaloj-sinjoroj, kiuj okupas sin pri la politiko. Kiam generaloj-sinjoroj eĉ kun sia tutforta laboro ne povus plenumi mem sian taskon de la politiko, tiam estas tri dukoj kaj princoj, kiuj okupas sin pri la politiko. Spite tutfortan laboron, se tri dukoj kaj princoj ne povus propravole plenumi aferojn de la politiko, tiam troviĝas reĝo, la Ĉiela Filo, kiu faras regadon. Kaj se la reĝo mem ne povus regi sian regnon propravole, tiam estas la Ĉielo, kiu regas la mondon. Tio, ke la reĝo, la Filo de Ĉielo, regas tri dukojn, princojn-landestrojn, sinjorojn kaj plebanojn, estas klare sciata de ĉiuj sinjoroj-nobluloj en la mondo, sed tion, ke la reĝon regas la Ĉielo, ankoraŭ ne klare scias la popolo en la mondo. Tiel do en antikva tempo sanktaj reĝoj de tri dinastioj, kiel Yu, Tang, Wen kaj Wu, dezirante al la monda popolo klarigi, ke la Ĉielo regas la reĝon, kaj ke oni nepre paŝtu bovojn kaj ŝafojn, bredu hundojn kaj porkojn, kulturu purajn grenojn kaj faru puran vinon, por oferadi al Supra Dio kaj Spiritoj, per tio oni preĝu al la Ĉielo por la tutmonda feliĉo. Mi ankoraŭ ne aŭdas, ke la Ĉielo, kontraŭe, preĝus al reĝoj por feliĉo. Do mi scias, ke reĝojn regas la Ĉielo.

故昔三代圣王禹汤文武，欲以天之为政于天子，明说天下之百姓，故莫不牛羊，豢犬彘，洁为粢盛酒醴，以祭祀上帝鬼神，而求祈福于天。我未尝闻天下之所求祈福于天子者也，我所以知天之为政于天子者也。故天子者，天下之穷贵也，天下之穷富也。故于富且贵者，当天意而不可不顺。顺天意者，兼相爱，交相利，必得赏；反天意者，别相恶，交相贼，必得罚。然则是谁顺天意而得赏者？谁反天意而得罚者？子墨子言曰：昔三代圣王禹汤文武，此顺天意而得赏也；昔三代之暴王桀纣幽厉，此反天意而得罚者也。然则禹汤文武其得赏何以也？子墨子言曰：其事上尊天，中事鬼神，下爱人。故天意曰："此之我所爱，兼而爱之；我所利，兼而利之。爱人者此为博焉，利人者此为厚焉。"故使贵为天子，富有天下，业万世子孙，传称其善，方施天下，至今称之，谓之圣王。然则桀纣幽厉得其罚何以也？子墨子言曰：其事上诟天，中诟鬼，下贼人。故天意曰："此之我所爱，别而恶之；我所利，交而贼之。恶人者，此为之博也；贼人者，此为之厚也。" 故使不得终其寿，不殁其世，至今毁之，谓之暴王。

Tiel do en antikva tempo sanktaj reĝoj de tri dinastioj, kiel Yu, Tang, Wen kaj Wu, dezirante al la monda popolo klarigi, ke la Ĉielo regas la reĝon, kaj ke oni nepre paŝtu bovojn kaj ŝafojn, bredu hundojn kaj porkojn, kulturu purajn grenojn kaj faru puran vinon, por oferadi al Supra Dio kaj Spiritoj, per tio oni preĝu al la Ĉielo por la tutmonda feliĉo. Mi ankoraŭ ne aŭdas, ke la Ĉielo, kontraŭe, preĝus al reĝoj por feliĉo. Do mi scias, ke reĝojn regas la Ĉielo

"Reĝo, la Filo de Ĉielo, estas la plej nobla kaj la plej riĉa en la mondo. Estante riĉulo kaj noblulo, li ne devas ne obei al volo de la Ĉielo. Kiu obeas al Ĉiela Volo, tiu strebas al universala reciproka amo kaj reciproka profitigo, kaj nepre estas laŭdata; kiu kontraŭas al Ĉiela Volo, tiu strebas al malvasta reciproka malamo kaj al reciproka ofendado, kaj nepre estas punata." Kiu do estas laŭdata pro obeo al Ĉiela Volo? Kaj kiu estas punata pro malobeo al Ĉiela Volo?

La Majstro Mozi diris: "Antikvaj sanktaj reĝoj de tri dinastioj, Yu, Tang, Wen kaj Wu, obeis al Ĉiela Volo, pro tio ili estas laŭdataj; antikvaj tiranoj de tri dinastioj, Jie, Zhou, You kaj Li, malobeis al Ĉiela Volo, pro tio ili estis punitaj."

Per kio do Yu, Tang, Wen kaj Wu ricevis laŭdon? La Majstro Mozi diris: "Supre respekti la Ĉielon, meze servi al la Spiritoj, sube ami la homojn, jen ilia afero." Tial

Ĉiela Volo diras: "Mi amas tiujn, kiuj amas kun universala amo; mi profitigas tiujn, kiuj profitigas sin reciproke unu la alian. Kiu amas la aliajn, tiu universale filantropas; kiu profitigas la aliajn, tiu faras grandan avantaĝon."

Tial do la Ĉielo faris la plej noblan sia Ĉiela Filo, kiu posedis mondan riĉaĵon, kaj kies posteuloj en multaj generacioj laŭdadis la bonfaradon, disvastigis la famon al la mondo, kaj ĝis nun oni nomas ilin Sanktaj reĝoj. Kial do estis punataj Jie, Zhou, You kaj Li?

La Majstro Mozi diris: "Ĉar ilia konduto estis supre malbenadi la Ĉielon kaj meze la Spiritojn, kaj sube ofendadi la homojn. Do Ĉiela Volo diras: 'Kion mi amas, tion ili malamas; kiun mi volus profitigi, tiun ili ofendas. Vasta estas ilia malamo al homoj kaj granda estas la damaĝo al homoj.' Tial do la Ĉielo ne donis al ili vivi longe, ne igis ilin ĝui la plenan vivon en la mondo, kaj eĉ ĝis nun ili estas malestimataj kaj nomataj kiel tiranoj."

然则何以知天之爱天下之百姓？以其兼而明之。何以知其兼而明之？以其兼而有之。何以知其兼而有之？以其兼而食焉。何以知其兼而食焉？曰：四海之内，粒食之民，莫不牛羊，豢犬彘、洁为粢盛酒醴，以祭祀于上帝鬼神。天有邑人，何用弗爱也？且吾言杀一不辜者，必有一不祥。杀不辜者谁也？则人也。予之不祥者谁也？则天也。若以天为不爱天下之百姓，则何故以人与人相杀，而天予之不祥？此我所以知天之爱天下之百姓也。

Per kio do estas sciate, ke la Ĉielo amas sian popolon en la mondo? Tio estas klara pro la universala amo al la popolo.[32] Per kio oni scias, ke la universala amo al la popolo estas klara? Per tio, ke konkrete ekzistas la universala amo. Per kio do oni scias konkrete la ekzistadon de la universala amo? Ĉar dank' al la universala amo estas donata la manĝaĵo. Per kio estas sciate, ke la manĝaĵo estas dank' al la universala amo?

Ĉar la popolo en la mondo, nutrate per manĝaĵo, nepre paŝtas bovojn kaj ŝafojn, bredas hundojn kaj porkojn, kulturas purajn grenojn kaj faras puran vinon, por oferadi al la Supra Dio kaj Spiritoj. En kiu okazo la Ĉielo, havante la popolon, ne amas ĝin? Plie mi diras, ke mortiginto de unu senpekulo nepre ricevas unu malfeliĉon. Kiu mortigas senpekulon? Tiu estas homo. Kiu donas la malfeliĉon? Tiu estas la Ĉielo. Se la Ĉielo ne amus la popolon, kial la Ĉielo donas la malfeliĉon al tiuj homoj, kiuj mortigas reciproke unu la alian? Tiel mi scias, ke la Ĉielo amas sian popolon.

---

[32] Aliaj tradukistoj komprenas diverse la vorton "Ming 明"[何以知其兼而明之？以其兼而有之]. Iuj tradukas ĝin, kiel "la Ĉielo lumigas", aliaj – kiel "la Ĉielo kreskigas la popolon". Mi tradukas ĝin per signifo "klara". Ankaŭ pri la vorto "You 有" aliaj tradukas, kiel "la Ĉielo havas la popolon". Mi interpretas ĝin, kiel "ekzisti".

顺天意者，义政也；反天意者，力政也。然义政将奈何哉？子墨子言曰：处大国不攻小国，处大家不篡小家，强者不劫弱，贵者不傲贱，多诈者不欺愚。此必上利于天，中利于鬼，下利于人，三利无所不利，故举天下美名加之，谓之圣王。力政者则与此异，言非此，行反此，犹倖驰也。处大国攻小国，处大家篡小家，强者劫弱，贵者傲贱，多诈欺愚。此上不利于天，中不利于鬼，下不利于人，三不利无所利，故举天下恶名加之，谓之暴王。

Kiu obeas al Ĉiela Volo, tiu regas per justo; kiu malobeas al Ĉiela Volo, tiu regas per forto. Kio do estas la regado per justo?

La Majstro Mozi diris: "Pli granda regno ne agresas malpli grandan, pli granda klano ne uzurpas malpli grandan, pli forta ne minacas malpli fortan, noveloj ne fieras antaŭ nenobeloj, plimultaj ruzuloj ne trompas malsaĝulojn. Per tio supre nepras profitigi la Ĉielon, meze – profitigi la Spiritojn, sube – profitigi la homojn. Tiel do tiuj tri tavoloj neniam malprofitas, kaj la tuta mondo nomas tion bela, kiel la aferon de sankta reĝo. Tiu, kiu faras politikon per forto, diferencas de tio. La parolado ne estas tia, la agado estas kontraŭ tio, kvazaŭ trotado en kontraŭa direkto. Pli granda regno agresas malpli grandan, pli granda klano uzurpas malpli grandan, pli forta minacas malpli fortan, noveloj malestimas nenobelojn, kaj plimultaj ruzuloj trompas malsaĝulojn. Per tio oni malprofitigas supre la Ĉielon, meze la Spiritojn, sube la homojn. Ĉiuj tri malprofitas kaj estas nenia profito. Tiel do la tuta mondo nomas tion malbela, kiel la aferon de tiranoj."

子墨子言曰：我有天志，譬若轮人之有规，匠人之有矩。轮匠执其规矩，以度天下之方圜，曰："中者是也，不中者非也。"今天下之士君子之书，不可胜载，言语不可尽计，上说诸侯，下说列士，其于仁义则大相远也。何以知之？曰：我得天下之明法以度之。

La Majstro Mozi diris: "Mi havas Ĉielan Volon tiel same, kiel ĉarmetiisto havas cirkelon, tiel same, kiel majstra metiisto havas mezurilojn por mezuri kvadraton kaj rondon de la mondo, dirante, ke 'kio konformas, tio estas bona, kaj kio ne konformas, tio malbona.' Nuntempe en la mondo nenombreblaj estas la verkoj de sinjoroj, nek kalkuleblaj estas iliaj paroladoj. Ili prelegas supren al princoj-landestroj kaj suben al oficistoj, sed iliaj opinioj pri justeco ege diferencas inter si unu de alia. Pro kio mi scias tion? Nome, mi havas regulon mezuri akurate tion per la Ciela leĝo."

24. 天志中 ĈIELA VOLO (2)

子墨子言曰：今天下之君子之欲为仁义者，则不可不察义之所从出。既曰不可以不察义之所欲出，然则义何从出？子墨子曰：义不从愚且贱者出，必自贵且知者出。何以知义之不从愚且贱者出，而必自贵且知者出也？曰：义者，善政也。何以知义之为善政也？曰：天下有义则治，无义则乱，是以知义之为善政也。夫愚且贱者，不得为政乎贵且知者，然后得为政乎愚且贱者，此吾所以知义之不从愚且贱者出，而必自贵且知者出也。然则孰为贵？孰为知？曰：天为贵，天为知而已矣。然则义果自天出矣。

La Majstro Mozi diris: "Nuntempe tiu, kiu volas fari la aferon de humaneco kaj justo, nepre devas scii, de kie la justo devenas." Estas jam dirite, ke oni ne devas ne scii la devenon de justo, sed de kie do venas la justo?

La Majstro Mozi diris: "La justo ne venas de stultuloj kaj malnobluloj, sed nepre venas de nobluloj kaj intelektuloj. La justo estas ja bona regado. Per kio estas sciate, ke la justo estas bona regado? Ĉar, kie estas la justo, tie estas bone regate. Sen la justo, la mondo malordiĝas. Per tio estas sciate, ke la justo estas bona regado. La stultaj kaj la malnoblaj ne povas rekte direkti la noblulojn kaj intelektulojn, sed, kontraŭe, la lastaj povas rektigi la stultulojn kaj malnoblulojn. Tial do mi scias, ke la justo devenas ne de la stultuloj kaj malnobluloj, sed nepre de la nobluloj kaj intelektuloj. Kiu do, estas nobla? Kiu estas intelekta? T. e., la Ĉielo estas nobla, la Ĉielo estas intelekta antaŭ ĉio. Sekve, la justo devenas ja de la Ĉielo."

今天下之人曰：当若天子之贵诸侯，诸侯之贵大夫，傐明知之。然吾未知天之贵且知于天子也。子墨子曰：吾所以知天之贵且知于天子者，有矣。曰：天子为善，天能赏之；天子为暴，天能罚之；天子有疾病祸祟，必斋戒沐浴，洁为酒醴粢盛，以祭祀天鬼，则天能除去之。然吾未知天之祈福于天子也，此吾所以知天之贵且知于天子者。不止此而已矣，又以先王之书驯天明不解之道也知之。曰："明哲维天，临君下土。"则此语天之贵且知于天子。不知亦有贵知夫天者乎？曰：天为贵，天为知而已矣。然则义果自天出矣。是故子墨子曰：今天下之君子，中实将欲遵道利民，本察仁义之本，天之意不可不慎也。

Nun oni diras en la mondo: "Estas certe sciate, ke reĝo, la Filo de la Ĉielo, estas pli nobla ol dukoj-landestroj, kaj ke ankaŭ la lastaj estas pli noblaj ol sinjoroj. Sed ni ne scias, ĉu la Ĉielo estas pli nobla kaj pli intelekta ol la reĝo."

La Majstro Mozi diris: "Mi scias, ke la Ĉielo estas pli nobla kaj intelekta ol la reĝo, jen kial. Ĉar kiam la reĝo faras bonon, la Cielo laŭdas tiun; kiam la reĝo faras kruelaĵon, la Ĉielo punas tiun; kiam atakas iu ajn plago, la reĝo, nepre farante ekzorcadon de peko per abstinado kaj sinlavado, farante purigitan vinon kaj manĝaĵon, benas ĉion al la Ĉielo kaj la Spiritoj, por ke ili forigu la plagon. Mi ankoraŭ ne scias, ke la Ĉielo preĝus feliĉon por reĝo. Tiel do mi scias, ke la Ĉielo estas pli nobla kaj pli intelekta ol la reĝo. Mi scias ne nur per tio, sed ankaŭ en la libro de antaŭa reĝo estas skribite pri la klara kaj senĉesa Vojo de la Ĉielo. Estas dirite: 'La plej saĝa estas la Ĉielo, kaj ĝi regas la suban teron.' Laŭ ĉi tiu frazo la Ĉielo estas pli nobla kaj pli intelekta ol la reĝo." Ĉu troviĝus iu pli nobla kaj pli saĝa ol la Ĉielo? Tiele, nur la Cielo estas nobla kaj la Ĉielo estas intelekta. Do la justo devenas de la Ĉielo. Tial la Majstro Mozi diris: "Nuntempaj nobluloj en la mondo, se ili volus vere obei al la ĝusta vojo – Tao, kaj volus profitigi la popolon kaj serĉi vere la principon de humaneco kaj justeco, ili ne devas ne sekvi humile Ĉielan Volon."

既以天之意以为不可不慎已，然则天之将何欲何憎？子墨子曰：天之意不欲大国之攻小国也，大家之乱小家也，强之暴寡，诈之谋愚，贵之傲贱，此天之所不欲也。不止此而已，欲人之有力相营，有道相教，有财相分也；又欲上之强听治也，下之强从事也。上强听治，则国家治矣；下强从事，则财用足矣。若国家治、财用足，则内有以洁为酒醴粢盛，以祭祀天鬼；外有以为环璧珠玉，以聘挠四邻。诸侯之冤不兴矣，边境兵甲不作矣。内有以食饥息劳，持养其万民，则君臣上下惠忠，父子弟兄慈孝。故唯毋明乎顺天之意，奉而光施之天下，则刑政治，万民和，国家富，财用足，百姓皆得暖衣饱食，便宁无忧。是故子墨子曰：今天下之君子，中实将欲遵道利民，本察仁义之本，天之意不可不慎也。

Estas jam klare, ke oni nepre devas humile sekvi Ĉielan Volon, sed kion do la Ĉielo deziras kaj kion ĝi malamas?

La Majstro Mozi diris: "Ĉiela Volo ne deziras, ke regno pli granda ataku la malpli grandan, nek, ke pli granda klano afliktu la malpli grandan, nek, ke la pli fortaj faru kruelaĵon al la malmultaj, nek, ke ruzuloj trompu malsaĝulojn, nek, ke la nobeloj fieraĉu antaŭ la nenobeloj. Ĉion ĉi tion ne deziras la Ĉielo. Ne nur tiel, sed ankaŭ la Ĉielo volas, ke kapablaj homoj komune kunlaboru kaj entreprenu, kleruloj eduku unu la alian kaj homoj dividu siajn posedaĵojn egale inter si. Aldone, la Ĉielo volas, ke superuloj bone administru kaj subuloj bone okupiĝu pri sia laboro."

Se la supro zorgeme administras, la ŝtato estas bone regata; se la subo diligente okupiĝas pri sia laboro, provizaĵoj kaj mono plimultiĝas riĉaj kaj sufiĉaj. Se la ŝtato estas regata bone, tiom prosperaj fariĝas ĝiaj financoj, ke oni interne povas festadi por la Ĉielo kaj Spiritoj, oferante purigitajn vinojn kaj manĝaĵojn, kaj ekstere bone interrilati kun ĉirkaŭaj regnoj per donaco de diversaj gemoj kaj juvelaroj. Tiel do la ŝtato ne estas malamata de aliaj dukoj-landestroj, kaj ne okazas ĉe landlimoj iu ajn milito. Interne la popolo estas nutrata bone kaj evitas malsaton, kaj ripozas sufiĉe post la laciga laboro, kaj bone estas zorgata. Inter supraj sinjoroj kaj subuloj troviĝas la rilato de favoro kaj fideleco, inter gepatroj kaj gefiloj, inter gefratoj, — la rilato de kompato kaj obeemo. Se, konforme al Ĉiela Volo, oni sekvus ĝin kaj disvastigus ĝin al la mondo, tiam la politiko estus en ordo, kaj venus paco al la popolo kaj riĉo al la ŝtato, kaj la tuta popolo, riĉiĝinte je posedaĵo, povus vesti sin varme, manĝi ĝissate kaj vivi senĝene. Do la Majstro Mozi diris: "Nuntempaj nobluloj en la mondo, se ili vere dezirus sekvi la Vojon-*Tao* kaj profitigi la popolon, ili devus serĉi radike la principon de kompatemo kaj justeco, ili ne devas ne obei humile al Ĉiela Volo."

且夫天子之有天下也，辟之无以异乎国君诸侯之有四境之内也。今国君诸侯之有四境之内也，夫岂欲其臣国万民之相为不利哉？今若处大国则攻小国，处大家则乱小家，欲以此求赏誉，终不可得，诛罚必至矣。夫天之有天下也，将无已异此。今若处大国则攻小国，处大都则伐小都，欲以此求福禄于天，福禄终不得，而祸祟必至矣。然有所不为天之所欲，而为天之所不欲，则夫天亦且不为人之所欲，而为人之所不欲矣。人之所不欲者何也？曰：病疾祸祟也。若己不为天之所欲，而为天之所不欲，是率天下之万民以从事乎祸祟之中也。故古者圣王明知天鬼之所福，而辟天鬼之所憎，以求兴天下之利，而除天下之害。是以天之为寒热也节，四时调，阴阳雨露也，时五谷孰，六畜遂，疾菑戾疫凶饥则不至。是故子墨子曰：今天下之君子，中实将欲遵道利民，本察仁义之本，天意不可不慎也。

Tio, ke reĝo regas la mondon, ne estas io alia ol dukoj-landestroj posedas sian teritorion. Kiam la landestroj regas sian teritorion, ĉu ili dezirus ke subuloj kaj popolanoj reciproke malprofitigu unuj la aliajn? Se nun iu regno pli granda la malpli grandan atakus aŭ iu klano pli granda entrudiĝus en malpli grandan por akiri predojn kaj honoron, ne eblus finfine atingi celon, kontraŭe, tio estos nepre punita. Ĉar tia estas maniero de la Ĉielo, posedanta la mondon. Se nun oni provus serĉi riĉaĵon per tio, ke pli granda regno atakas malpli grandan aŭ pli granda urbo batas malpli grandan urbeton, kiel ajn oni petus helpon de la Ĉielo, oni ne povos atingi la celon, sed, kontraŭe, nepre ricevos plagon kaj katastrofon. Se oni ne faras tion, kion la Ĉielo deziras, aŭ oni faras tion, kion la Ĉielo ne deziras, tiam ankaŭ la Ĉielo ne faras, kion oni deziras, kaj faras, kion oni ne deziras. Kion homoj ne dezirus? T. e. malsanon kaj katastrofon. Se ili ne faras, kion la Ĉielo deziras, aŭ ili faras, kion la Ĉielo ne deziras, en tiu okazo ĝi kondukas la popolon al la laboro por provoki plagon kaj katastrofon. Tial antikvaj sanktaj reĝoj, klare sciante, kion benas aŭ malbenas la Ĉielo kaj Spiritoj, serĉadis pliigi la mondan profiton kaj malpliigi la mondan malprofiton. Do ankaŭ la Ĉielo kontrolis malvarmon kaj varmon, kaj kvar sezonojn, kaj tempan regulecon de suno, nubo, pluvo kaj roso, tiel plenkreskis kvin grenoj kaj ses dombestoj, ne estiĝis malsanoj, plagoj kaj malsategoj. Do tial la Majstro Mozi diris: "Nun nobluloj en la mondo, se ili sincere deziras obei al Tao kaj profitigi la popolon, ili, komprenante la principon de kompatemo kaj justeco, ne devas ne sekvi humile la volon de la Ĉielo."

且夫天下盖有不仁不祥者，曰：当若子之不事父，弟之不事兄，臣之不事君也，故天下之君子，与谓之不祥者。今夫天兼天下而爱之，撽遂万物以利之，若毫之末，非天之所为也，而民得而利之，则可谓否矣。然独无报夫天，而不知其为不仁不祥也，此吾所谓君子明细而不明大也。

"Kaj en la mondo tamen troviĝas malhomecaj kaj cinikaj, t. e. tiaj, kiel filo ne obeas al sia patro, aŭ plijuna frato ne obeas al pliaĝa frato, aŭ subulo ne obeas al sia suprulo. Do nobluloj en la mondo rigardas tiujn cinikaj. Malgraŭ ĉio ĉi tio, la Ĉielo amas universale ĉion en la mondo, nutras ĉion, profitigante ĉiujn, ĉar ĉiu, eĉ unu hara pinteto, estas kreita de la Ĉielo. Nenegebla estas tio, ke dank' al la Ĉielo la popolo ricevas profiton. Tamen homoj ne estas dankemaj al la Ĉielo, ne sciante, ke tio ja estas la ago malhomeca kaj cinika. Tial do mi opinias, ke eĉ nobluloj, sciante nur pri malgranda detalo, ne atentas la grandan."

且之；雷降雪霜雨露，以长遂五谷麻丝，使民得而财利之；列为山川谿谷、播赋百事，以临司民之善否；为王公侯伯，使之赏贤而罚暴；赋金木鸟兽，从事乎五谷麻丝，以为民衣食之财。自古及今，未尝不有此也。今有人于此，驩若爱其子，竭力单务以利之。其子长，而无报求父，故天下之君子与谓之不仁不祥。今夫天兼天下而爱之，撽遂万物以利之，若毫之末，非天之所为，而民得而利之，则可谓否矣。然独无报夫天，而不知其为不仁不祥也，此吾所谓君子明细而不明大也。

"Kaj mi scias, ke la Ĉielo profunde amas la popolon. T. e. ĝi distingis sunon, lunon kaj stelojn, tiel klarigis la Vojon-leĝon; kaj establiĝis kvar sezonoj – printempo, aŭtuno, vintro kaj somero, tiel estas kontrolataj la sezonoj; per fulmo-tondro, neĝo, prujno, pluvo kaj roso estas kreskataj kvin grenoj, lino, silko, kaj tio riĉigas kaj profitigas la popolon; la Ĉielo estigas montojn, riverojn kaj valojn, kaj ĝi, establante cent oficistojn, igas ilin esplori pri la afero por la popolo, ĉu bona aŭ ne; ĝi komisias al reĝoj kaj princoj laŭdi la saĝajn aŭ puni la kruelajn; ĝi donas al la popolo metalojn, lignojn, birdojn kaj bestojn, lasas la popolon okupiĝi pri la produktado de kvin grenoj, lino kaj silko, per tio ĝi donas al la popolo manĝi kaj riĉiĝi. De antikvaj tempoj ĝis nun estas tiel, ne ŝanĝiĝas tiu ordo. Jen unu homo, kiu amas sian filon, penas plejeble profitigi la filon. Se la filo, kreskiĝinte, ne redonas dankŝuldon, nobluloj en la mondo rigardas la filon malhomeca kaj cinika. Nun la Ĉielo amas universale la mondon, kaj nutras ĉion, profitigante ĉiujn, ĉar ĉio, eĉ unu hara pinteto, estas kreita de la Ĉielo. Nenegebla estas tio, ke dank' al la Ĉielo la popolo ricevas profiton. Tamen homoj ne estas dankemaj al la Ĉielo, ne sciante, ke tia konduto estas malhomeca kaj cinika. Tial do mi opinias, ke eĉ nobluloj, sciante nur pri malgranda detalo, ne atentas la grandan."

且吾所以知天爱民之厚者，不止此而足矣。曰：杀不辜者，天予不祥。不辜者谁也？曰：人也。予之不祥者谁也？曰：天也。若天不爱民之厚，夫胡说人杀不辜，而天予之不祥哉？此吾之所以知天之爱民之厚也。且吾所以知天之爱民之厚者，不止此而已矣。曰：爱人利人，顺天之意，得天之赏者有之；憎人贼人，反天之意，得天之罚者亦有矣。

"Ne nur per tio mi scias, ke la Ĉielo amas profunde la popolon. Estas dirite: 'Kiu mortigas la senpekajn, la Ĉielo tiun malbenas.' Kiuj estas senpekaj? T. e. iuj homoj. Kiu malbenas mortiginton? La Ĉielo. Se la Ĉielo ne amus la popolon profunde, kial la Ĉielo malbenus la mortiginton? Tiel mi scias, ke la Ĉielo profunde amas la popolon. Ne nur per tio mi scias, ke la Ĉielo profunde amas la popolon. Estas dirite: 'Ami homojn kaj profitigi homojn estas laŭ Ĉiela Volo, do tio ricevas laŭdon de la Ĉielo; malami kaj rabi homojn estas kontraŭ Ĉiela Volo, do tio ricevas punon de la Ĉielo.'"

夫爱人利人，顺天之意，得天之赏者，谁也？曰：若昔三代圣王，尧舜禹汤文武者是也。尧舜禹汤文武焉所从事？曰：从事兼，不从事别。兼者，处大国不攻小国，处大家不乱小家，强不劫弱，众不暴寡，诈不谋愚，贵不傲贱。观其事，上利乎天，中利乎鬼，下利乎人。三利无所不利，是谓天德。聚敛天下之美名而加之焉，曰：此仁也，义也，爱人利人，顺天之意，得天之赏者也。不止此而已，书于竹帛，镂之金石，琢之槃盂，传遗后世子孙。曰：将何以为？将以识夫爱人利人，顺天之意，得天之赏者也。《皇矣》道之曰："帝谓文王，予怀明德，不大声以色，不长夏以革，不识不知，顺帝之则。" 帝善其顺法则也，故举殷以赏之，使贵为天子，富有天下，名誉至今不息。故夫爱人利人，顺天之意，得天之赏者，既可得留而已。

Kiuj do amis homojn kaj profitigis homojn, konformigante sin al Ĉiela Volo, ricevis laŭdon de la Ĉielo? "Tiuj estis la sanktaj reĝoj de tri dinastioj, kiel Yao, Shun, Yu, Tang,

Wen, Wu. Pri kio okupiĝis Yao, Shun, Yu, Tang, Wen, Wu? T. e. pri universala makroamo, ne pri aparta mikroamo. Makroamistoj, se ili apartenus al pli granda regno, ne atakas la malpli grandan, se ili apartenas al pli granda klano, ne intervenas en malpli grandan. La pli forta ne rabas la malpli fortan, plimulto ne perfortas al malplimulto, ruzuloj ne trompas malpli inteligentajn, nobeloj ne fieraĉas antaŭ nenobeloj. Se oni observas la aferon, ili profitigas supre la Cielon, meze la Spiritojn, sube la homojn. Ĉiuj tri klasoj ne ricevas malprofiton, tio estas nomata la Ĉiela virto. Kaj oni aldonas al ili la plej belan nomon en la mondo, dirante, ke tio estas humaneco, justeco, homoameco, profitigo al la homoj, obeado al Ĉiela Volo, kaj ili ricevas la laŭdon de la Ĉielo. Plie, ilia afero estas sciigita al posteuloj, enskribite en libroj el bambuo kaj silko, muldite sur bronzaĵoj, ĉizite sur ŝtonoj, sur pelvoj kaj teleroj. Por kio do estas tio? Por sciigi pri homoameco kaj profitigo al la homoj, pri obeado al Ĉiela Volo, kaj pri honorado de la Ĉielo. En la 7-a ĉapitro de la *Poezio, Huangyi*, estas skribite: Dio diris al la reĝo Wen, 'Al mi plaĉas via virto, ĉar vi obeas spontane al Ĉiela Volo, sen laŭta voĉo, senbombaste, sen timigo per skurĝoj.' Ĉar Dio taksis bona la konformadon al leĝo, donacis la Yin-regnon por laŭdado, kaj faris lin la reĝo, la Filo de Ĉielo, igis lin la plej riĉa en la mondo, honoris lin senĉese. Tiel oni jam bone devas memori, ke amanto kaj profitiganto de la homoj, obeante Ĉielan Volon, ricevas laŭdon de la Ĉielo."

夫憎人贼人，反天之意，得天之罚者谁也？曰：若昔者三代暴王桀纣幽厉者是也。桀纣幽厉焉所从事？曰：从事别，不从事兼。别者，处大国则攻小国，处大家则乱小家，强劫弱，众暴寡，诈谋愚，贵傲贱。观其事，上不利乎天，中不利乎鬼，下不利乎人。三不利无所利，是谓天贼。聚敛天下之丑名而加之焉，曰：此非仁也，非义也，憎人贼人，反天之意，得天之罚者也。不止此而已，又书其事于竹帛，镂之金石，琢之槃盂，传遗后世子孙。曰：将何以为？将以识夫憎人贼人，反天之意，得天之罚者也。《大誓》之道之曰："纣越厥夷居，不肯事上帝，弃厥先神祇不祀，乃曰吾有命，无廖濊务天下。天亦纵弃纣而不葆。"察天以纵弃纣而不葆者，反天之意也。故夫憎人贼人，反天之意，得天之罚者，既可得而知也。

Kiu malamis la homojn kaj damaĝis ilin kontraŭ Ĉiela Volo kaj ricevis punon de la Ĉielo? T. e. antikvaj tiranoj de tri dinastioj, Jie, Zhou, You kaj Li. Je kio okupiĝis tiuj Jie, Zhou, You, Li? Ili okupiĝis je egoisma mikroamo, ne je altruisma makroamo. Jen tia mikroamo, ke la pli granda regno atakas la malpli grandan, la pli granda klano konfuzis la malpli grandan, la pli fortaj minacis la malpli fortajn, la plimulto turmentis la malplimulton, ruzuloj trompis malklerulojn, nobeloj fieraĉis antaŭ nenobeloj. Oni vidas iliajn kondutojn tiaj: supre malprofitigi la Ĉielon, meze malprofitgi la Spiritojn kaj sube malprofitigi la homojn. Malprofitigi tri tavolojn estas ja blasfemado al la Ĉielo. Tial do oni donas al ili mondskalan malfamon, dirante, ke tio estas malhumaneco, maljusto, konduto de homomalamo kaj homodamaĝo, do ili, kontraŭante al Ĉiela Volo, ricevis la punon de la Ĉielo. Ne nur per tio ĉesas la puno, sed, oni transdonis al posteuloj ilian fuŝan konduton, enskribinte en librojn el bambuo kaj silko, muldinte sur bronzaĵojn kaj enĉizinte sur ŝtonojn, pelvojn kaj telerojn. Por kio? Por sciigi la konduton de homomalamo kaj homodamaĝo kontraŭ Ĉiela Volo, kaj sciigi la punon de la Ĉielo. En la ĉapitro *Dashi* estas skribite: "Aroganta Zhou, fieraĉe sidante sur la trono, ne obeis al Supra Dio, nek festis diojn de prapatroj, forlasinte diojn kaj fanfaronante, 'Al mi estas donita la Ĉiela Ordono!', damaĝis ja kaj la Ĉielon kaj la tutan mondon. La Ĉielo tial do forlasis la regon Zhou senprotekta pro malobeado al Ĉiela Volo. Zhou, la homojn malamante kaj subpremante, kontraŭante Ĉielan Volon, estas punita de la Ĉielo. Tion oni devas nepre scii.

是故子墨子之有天之，辟人无以异乎轮人之有规，匠人之有矩也。今夫轮人操其规，将以量度天下之圆与不圆也，曰：中吾规者谓之圆，不中吾规者谓之不圆。是以圆与不圆，皆可得而知也。此其故何？则圆法明也。匠人亦操其矩，将以量度天下之方与不方也，曰：中吾矩者谓之方，不中吾矩者谓之不方。是以方与不方，皆可得而知之。此其故何？则方法明也。故子墨子之有天之意也，上将以度天下之王公大人为刑政也，下将以量天下之万民为文学、出言谈也。观其行，顺天之意，谓之善意行；反天之意，谓之不善意行。观其言谈，顺天之意，谓之善言谈；反天之意，谓之不善言谈。观其刑政，顺天之意，谓之善刑政；反天之意，谓之不善刑政。故置此以为法，立此以为仪，将以量度天下之王公大人卿大夫之仁与不仁，譬之犹分黑白也。是故子墨子曰：今天下之王公大人士君子，中实将欲遵道利民，本察仁义之本，天之意不可不顺也。顺天之意者，义之法也。

Tiel do la Majstro Mozi tenis la Ĉielon tiel same, kiel rado-fabrikisto havas la cirkelon, kaj kiel metiisto havas la ortilon. Nun la rado-fabrikisto manipulas sian cirkelon por mezuri ĝenerale rondecon aŭ nerondecon, t. e. "ronda estas tio, kio konformas al nia cirkelo, kaj ne estas ronda tio, kio ne konformas al nia cirkelo." Tiel ĉio estas sciata, ĉu ronda aŭ ne. Kial estas tio? Ĉar estas klara la leĝo de rondeco. Kaj ankaŭ metiisto uzas sian ortilon por mezuri ĝenerale ortangulon, ĉu rektan aŭ ne, t. e. rekta estas tio, kio konformas al mia ortilo, kaj nerekta estas tio, kio ne konformas al mia ortilo. Tiel estas sciate, ĉu rekta aŭ ne. Kial tio estas? Ĉar estas klara la metodo por mezuri ortangulon.

Tiel do la Majstro Mozi posedas ĉe si Ĉielan Volon por mezuradi per tio, supre, la politikon de landestroj kaj sinjoroj en la mondo, kaj sube, la popolan opinion – skribaĵon kaj paroladon – en la mondo. Observante iliajn kondutojn, li konsideras bona tiun, kiu estas konforma al Ĉiela Volo, kaj malbona tiun, kiu kontraŭas al Ĉiela Volo. Observante opinion, li konsideras bona tiun, kiu konformas al Ĉiela Volo, kaj malbona tiun, kiu kontraŭas al Ĉiela Volo. Observante politikon, li konsideras bona la politikon, kiu estas konforma al Ĉiela Volo, kaj malbona tiun, kiu kontraŭas al Ĉiela Volo. Tiel do, stariginte Ĉielan Volon kiel la absolutan leĝon kaj normon, oni povas mezuri kondutojn de reĝoj, dukoj, estroj kaj sinjoroj, ĉu ili estas humanecaj aŭ ne. Klara estas la decido tiel same, kiel distingi nigron kaj blankon. Do la Majstro Mozi diris, ke se nuntempaj reĝoj, dukoj kaj estroj en la mondo volus sincere iri la vojon por profitigi la popolon, radike kompreni la principon de humaneco kaj justeco, ili ne devas ne konformigi sin al Ĉiela Volo. Konformeco al Ĉiela Volo estas la leĝo de justeco.

25. 天志下 ĈIELA VOLO (3)

　　子墨子言曰：天下之所以乱者，其说将何哉？则是天下士君子，皆明于小而不明于大。何以知其明于小不明于大也？以其不明于天之意也。何以知其不明于天之意也？以处人之家者知之。今人处若家得罪，将犹有异家所，以避逃之者。然且父以戒子，兄以戒弟，曰："戒之慎之，处人之家，不戒不慎之，而有处人之国者乎？"今人处若国得罪，将犹有异国所，以避逃之者矣，然且父以戒子，兄以戒弟，曰："戒之慎之，处人之国者不可不戒慎也！"今人皆处天下而事天，得罪于天，将无所以避逃之者矣。然而莫知以相极戒也，吾以此知大物则不知者也。

　　La Majstro Mozi diris: "Kial la mondo malordiĝas? Kion oni povas diri pri la kaŭzo? Ĉar sinjoroj en la mondo, kvankam scias la malgrandan, tamen ne scias la grandan. Kiel oni scias, ke ili kvankam komprenas la malgrandan, tamen ne komprenas la grandan? Ĉar ili ne komprenas Ĉielan Volon. Kiel estas sciate, ke ili ne komprenas Ĉielan Volon? Per la traktado de familia problemo estas sciate. Se nun iu homo faras krimon hejme, li havas ankoraŭ la alian domon por fuĝi. Sed la patro riproĉas la filon kaj ankaŭ la pliaĝa frato riproĉas la plijunan fraton, dirante: 'Estu prudenta kaj pentu. Se vi ne povos teni vin prudente de nun en nuna domo, kiel vi povus fari tion en la regno?' Se nun iu faras krimon en sia regno, li ankoraŭ havas rifuĝejon en la alia fremda regno. Sed la patro riproĉas la filon kaj la pliaĝa frato riproĉas la plijunan, dirante: 'Estu prudenta kaj pentu. De nun en nuna regno vi ne devos ne teni vin prudenta!' Nun ĉiuj homoj en la mondo servas al la Ĉielo. Se ili faras krimon, nenien estus por ili fuĝi. Sed neniu riproĉas unu la alian. Do mi scias, ke sinjoroj ne komprenas la grandan aferon."

　　是故子墨子言曰：戒之慎之，必为天之所欲，而去天之所恶。曰：天之所欲者何也？所恶者何也？天欲义而恶其不义者也。何以知其然也？曰：义者，正也。何以知义之为正也？天下有义则治，无义则乱，我以此知义之为正也。然而正者，无自下正上者，必自上正下。是故庶人不得次己而为正，有士正之；士不得次己而为正，有大夫正之；大夫不得次己而为正，有诸侯正之；诸侯不得次己而为正，有三公正之；三公不得次己而为正，有天子正之；天子不得次己而为政，有天正之。今天下之士君子，皆明于天子之正天下也，而不明于天之正天子也。

Tial la Majstro Mozi diris: "Estu deteniĝema kaj prudenta, ke nepre faru tion, kion la Ĉielo deziras, ne faru tion, kion la Ĉielo malamas. Kion do la Ĉielo malamas? La Ĉielo deziras juston kaj malamas maljuston. Kial mi scias tion? Ĉar la justo estas ĝusta. Kial estas sciate, ke la justo estas ja ĝusta? Ĉar kun justo la mondo estas regata en ordo, sen justo ĝi malordiĝas. Tiel do mi scias, ke la justo estas ĝustigo. Kiel ĝustigi? Neniam ĝustigas la subo la supron, nepre la supro la subon. Tiel la popolo siaflanke ne povas ĝustigi sin mem, do oficistoj ĝustigas ĝin. Oficistoj per si mem ne povas ĝustigi sin, do sinjoroj ĝustigas ilin. Sinjoroj per si mem ne povas ĝustigi sin, do landestroj ĝustigas ilin. Landestroj ne povas per si mem ĝustigi sin, do tri dukoj ilin ĝustigas. Tri dukoj per si mem ne povas ĝustigi sin, do reĝo, la Ĉiela Filo, ĝustigas ilin. La reĝo ne povas per si mem ĝustigi sin, do la Ĉielo ĝustigas lin. Nunaj sinjoroj en la mondo, kvankam ĉiuj scias, ke la reĝo ĝustigas la mondon, tamen ne komprenas, ke la reĝon ĝustigas ja la Ĉielo."

是故古者圣人，明以此说人曰："天子有善，天能赏之；天子有过，天能罚之。"天子赏罚不当，听狱不中，天下疾病祸福，霜露不时。天子必且犓豢其牛羊犬彘，洁为粢盛酒醴，以祷祠祈福于天。我未尝闻天之祷祈福于天子也，吾以此知天之重且贵于天子也。

"Do antikvaj sanktuloj, komprenante tion, asertadis al homoj: 'Se la reĝo faras ion bonan, la Ĉielo laŭdas lin; se la reĝo eraras, la Ĉielo punas lin.' Ekzemple, kiam la reĝo erare laŭdas aŭ punas, aŭ ne juĝas juste je proceso, tiam la Ĉielo donas al la mondo plagon, katastrofon aŭ neordinaran veteron, kiel neĝustatempan prujnon kaj roson. Tial la reĝo por oferado nepre bredas bovojn, ŝafojn, hundojn kaj porkojn, kaj faras grenojn kaj vinon puraj, kaj preĝas al la Ĉielo por feliĉo. Mi ne aŭdas malon, ke la Ĉielo de sia flanko preĝus al la reĝo por feliĉo. Sekve tiel, mi scias, ke la Ĉielo estas multe pli granda kaj nobla ol la reĝo."

是故义者不自愚且贱者出，必自贵且知者出。曰：谁为知？天为知。然则义果自天出也。今天下之士君子之欲为义者，则不可不顺天之意矣。曰：顺天之意何若？曰：兼爱天下之人。何以知兼爱天下之人也？以兼而食之也。何以知其兼而食之也？自古及今，无有远灵孤夷之国，皆犓豢其牛羊犬彘，洁为粢盛酒醴，以敬祭祀上帝山川鬼神，以此知兼而食之也。苟兼而食焉，必兼而爱之。譬之若楚、越之君，今是楚王食于楚之四境之内，故爱楚之人；越王食于越，故爱越之人。今天兼天下而食焉，我以此知其兼爱天下之人也。

Tiel do justulo devenas ne el stultuloj kaj vulgaruloj, sed nepre el nobluloj kaj intelektuloj. Kiu estas intelekta? Intelekta estas la Ĉielo. Rezulte, la justo devenas el la

Ĉielo. Se nun sinjoroj en la mondo volus fariĝi justuloj, tiam ili ne devus ne konformigi sin al Ĉiela Volo. "Kio estas la konformo al Ĉiela Volo? Tio estas ami universe homojn en la mondo. Kiel scii la universalan makroamon al homoj en la mondo? Tion oni scias per universala kunmanĝado. De antikva tempo ĝis nun ĉiuj, kie ajn en foraj aŭ izolitaj regnoj, por oferado nepre bredas bovojn, ŝafojn, hundojn kaj porkojn, kaj faras grenojn kaj vinon puraj, kaj festas por respekti la Supran Dion kaj Spiritojn de naturoj, montoj kaj riveroj. Per tio estas sciate pri universala kunmanĝado. Se kune manĝi, nepras universala amo. Se paroli figure, estas ekzemplo de reĝoj de la ŝtatoj Chu kaj Yue. Nun la reĝo de Chu manĝas ene de Chu-regno, do li amas la homojn de Chu, kaj la reĝo de Yue havas manĝaĵon de Yue, do li amas la homojn de Yue. Nun la Ĉielo kune manĝas manĝaĵon de la mondo, do mi per tio scias, ke ĝi universale amas la homojn de la mondo."³³

且天之爱百姓也，不尽物而止矣。今天下之国，粒食之民，杀一不辜者，必有一不祥。曰：谁杀不辜？曰：人也。孰予之不辜？曰：天也。若天之中实不爱此民也，何故而人有杀不辜而天予之不详哉？且天之爱百姓厚矣，天之爱百姓别矣，既可得而知也。何以知天之爱百姓也？吾以贤者之必赏善罚暴也。何以知贤者之必赏善罚暴也？吾以昔者三代之圣王知之。故昔也三代之圣王，尧舜禹汤文武之兼爱之天下也，从而利之，移其百姓之意焉，率以敬上帝山川鬼神，天以为从其所爱而爱之，从其所利而利之，于是加其赏焉，使之处上位，立为天子以法也，名之曰"圣人"，以此知其赏善之证。是故昔也三代之暴王桀纣幽厉之兼恶天下也，从而贼之，移其百姓之意焉，率以诟侮上帝山川鬼神。天以为不从其所爱而恶之，不从其所利而贼之，于是加其罚焉，使之父子离散，国家灭亡，抎失社稷，忧以及其身。是以天下之庶民属而毁之，业万世子孙继嗣，毁之贲不之废也，名之曰："失王"，以此知其罚暴之证。今天下之士君子欲为义者，则不可不顺天之意矣。

"La Ĉiela amo ne elĉerpiĝas nur per tiu aĵo. Nun, kiu mortigas unu senkulpulon el vegetalanoj-grajnmanĝantoj en la mondo, tiu nepre ricevas unu malfeliĉon. Kiu mortigas la senkulpajn? Iu homo. Kiu faris homojn senkulpaj? La Ĉielo. Se la Ĉielo vere ne amus la popolon, kial ĝi donas al mortigintoj de senkulpuloj malfeliĉon? Estas profunda popolamo de la Ĉielo, aparta amo al la popolo.³⁴ Oni devas jam scii tion. Kial

---

³³ Mozi atentas la manĝaĵon kiel la pruvo de Ĉiela Volo. Tio signifas, ke plenigi la stomakon estas plej grava al la homaro. Tiu pensmaniero estas proksima al materialismo de N. G. Ĉernjŝevskij, kiu rigardas homon antaŭ ĉio havanta stomakon ol animon. Mozi kunfandas stomakon kaj animon en ceremonio de oferado, tio estas tre unika vidpunkto.

³⁴ Ĉi tie esploristoj de Mozi konsideras la vorton "aparta" kiel eraron. Sed laŭ mia opinio eblas uzi ĝin al "Ĉiela aparta amo al popolo", kiu ne estas kontraŭdiro al "universala amo".

estas sciate, ke la Ĉielo amas la popolon? Mi scias tion, ĉar nepre estas laŭdata por bono la saĝulo kaj punata la brutalo. Kial mi scias tion, ke nepre laŭdata la saĝulo por la bono kaj punata la brutalo? Mi scias tion laŭ ekzemplo de antikvaj sanktaj reĝoj de tri dinastioj. La antikvaj sanktaj reĝoj de tri dinastioj, Yao, Shun, Yu, Tang, Wen kaj Wu, universale amis la mondon, kaj, sekvante la Ĉielon, profitigis ĝin, kaj edifadis la koron de la popolo, kaj gvidante, igis la popolon respekti la Supran Dion kaj Spiritojn de montoj-riveroj. Tial la Ĉielo siaflanke amis la reĝojn laŭ ilia amo, profitigis ilin laŭ ilia merito de profitigo, donis al ili laŭdon, faris ilin supro, starigis ilin laŭleĝe la reĝoj, la Filoj de la Ĉielo. Kaj ili estis nomataj kiel 'sanktuloj', tio estas la pruvo de laŭdado por la bono. Male, la antikvaj tiranoj de tri dinastioj, Jie, Zhou, You kaj Li, universale malamis la mondon, sekve damaĝis ĝin, kaj deturnis la koron de la popolo tiel, ke ĉi tiu malbenu la Supran Dion kaj Spiritojn de montoj-riveroj. La Ĉielo malaprobis ilin pro tio, ke ili ne sekvis la Ĉielan amon, rezulte, la Ĉielo donis al ili punon, disigis patrojn kaj filojn, pereigis iliajn regnojn, ruinigis al ili altarojn al dioj de grenoj kaj teroj, donis al ili malbonsorton. La tuta popolo en la mondo mokis ilin, kaj la malfamo de aferaĉoj transdoniĝas de generacio al generacio, kaj ĝis nun ne ĉesas. Ili estas nomataj 'perdiĝintaj reĝoj'. Per tio mi scias pruvon de la punado. Se nun sinjoroj en la mondo volus fari juston, ili ne devas ne obei al Ĉiela Volo."

曰：顺天之意者，兼也；反天之意者，别也。兼之为道也，义正；别之为道也，力正。曰：义正者何若？曰：大不攻小也，强不侮弱也，众不贼寡也，诈不欺愚也，贵不傲贱也，富不骄贫也，壮不夺老也。是以天下之庶国，莫以水火毒药兵刃以相害也。若事上利天，中利鬼，下利人，三利而无所不利，是谓天德。故凡从事此者，圣知也，仁义也，忠惠也，慈孝也，是故聚敛天下之善名而加之。是其故何也？则顺天之意也。曰：力正者何若？曰：大则攻小也，强则侮弱也，众则贼寡也，诈则欺愚也，贵则傲贱也，富则骄贫也，壮则夺老也。是以天下之庶国，方以水火毒药兵刃以相贼害也。若事上不利天，中不利鬼，下不利人，三不利而无所利，是谓之贼。故凡从事此者，寇乱也，盗贼也，不仁不义，不忠不惠，不慈不孝，是故聚敛天下之恶名而加之。是其故何也？则反天之意也。

"Kiu obeas al Ĉiela Volo, tiu havas universalan makroamon; kiu malobeas al Ĉielan Volon, tiu estas mikroamisto. Universala makroamo estas justa vojo, justa politiko, sed la aparta mikroamo estas vojo per forto, t. e. fari trudeman politikon. En kio kuŝas la justa politiko? La granda ne atakas la malgrandan, la forta ne ofendas la malpliforta, la plimulto ne molestas la malplimulton, la ruza ne trompas idioton-imbecilon, nobeloj ne fieraĉas antaŭ nenobeloj, la riĉa ne arogantas antaŭ la malriĉa, la plenaĝulo ne rabas de la maljunulo. Tiam regnoj en la mondo ne damaĝas sin reciproke unu la alian per glavoj, venenoj, akvo kaj fajro. Tio profitigas la Ĉielon supre, la Spiritojn meze, kaj la homojn sube. Al ĉiuj tri tavoloj troviĝas neniu malprofito. Tio estas la Ĉiela virto. Okupiĝo pri tio estas la afero de sankta saĝo, de humameco kaj justeco, de lojaleco kaj kompato, de karitato kaj fila pietato. Do la plej bona nomo estas donita tute al tio. Kial? Tio konformas al Ĉiela Volo. Kio estas la trudema politiko per forto? Tio estas, ke la pli granda atakas la malpli grandan, la pli forta insultas la malpli fortan, la plimulto damaĝas malplimulton, la ruza trompas idioton-imbecilon, la nobelo fieraĉas antaŭ la nenobelo, la pli riĉa arogantas antaŭ la malpli riĉa, la plenaĝulo rabas la maljunulon. Kaj regnoj en la mondo damaĝas sin reciproke unu la alian per akvo, fajro, veneno kaj armiloj. Tial oni okupiĝas je aferoj por malprofitigi la Ĉielon supre, la Spiritojn meze kaj la homojn sube. Tiel do ĉiuj tri tavoloj malprofitas kaj neniu profitas. Tio estas nomata kanajlaĵo. Ĉiuj, kiuj okupiĝas pri tiaj aferoj, estas agresantoj, rabistoj-ŝtelistoj, malhomaj je malhumaneco-maljusteco, je malfideleco-malkompato, je malkaritato-malpietato. Sekve oni aldonas al ili plej malbonan fifamon en la mondo. Kial? Ĉar ili kontraŭis al Ĉiela Volo."

故子墨子置立天之，以为仪法，若轮人之有规，匠人之有矩也。今轮人以规，匠人以矩，以此知方圆之别矣。是故子墨子置立天之，以为仪法，吾以此知天下之士君子之去义远也。何以知天下之士君子之去义远也？今知氏大国之君宽者然曰："吾处大国而不攻小国，吾何以为大哉！"是以差论蚤牙之士，比列其舟车之卒，以攻罚无罪之国。入其沟境，刈其禾稼，斩其树木，残其城郭，以御其沟池，焚烧其祖庙，攘杀其牺牷，民之格者，则劲拔之，不格者，则系操而归，丈夫以为仆圉胥靡，妇人以为舂酋。则夫好攻伐之君，不知此为不仁义，以告四邻诸侯曰："吾攻国覆军，杀将若干人矣。"其邻国之君亦不知此为不仁义也，有具其皮币，发其總处，使人绘贺焉。则夫好攻伐之君，有重不知此为不仁不义也，有书之竹帛，藏之府库。为人后子者，必且欲顺其先君之行，曰："何不当发吾府库，视吾先君之法美？"必不曰文、武之为正者若此矣。曰：吾攻国覆军杀将若干人矣。则夫好攻伐之君，不知此为不仁不义也，其邻国之君不知此为不仁不义也，是以攻伐世世而不已者，此吾所谓大物则不知也。

La Majstro Mozi starigis la Ĉielon kiel kriterion de distinga principo, tiel same, kiel radometiisto havas cirkelon kaj konstruisto havas ortilon. La radometiisto scias rondecon per cirkelo, kaj la konstruisto scias rektangulon per ortilo-angulmezurilo. Tial la Majstro Mozi starigis la Ĉielon, kiel kriterion de distinga principo, kaj diras: "Mi vidas laŭ tiu kriterio, ke sinjoroj en la mondo foriras malproksimen de la justeco. Kiel estas sciate, ke la sinjoroj en la mondo foriras malproksimen de la justeco? Nun klanestroj kaj landestroj fieraĉe fanfaronas: 'Mi apartenas al granda regno, se ne ataki la malpli grandajn regnojn, ne eblus al mi realigi la grandan aferon!' Tiel do ili elektas soldatojn kun akra ungego kaj dentego, kaj atakas senkulpajn regnojn. Invadinte la landlimon, ili detranĉas kreskantajn grenojn kaj arbojn, detruas urbojn, ŝutplenigas ĉirkaŭfosojn kaj akvujojn, bruligas templojn, buĉas dombestojn, mortigas kontraŭantajn homojn kaj sklavigas la nekontraŭantajn, kiujn, ligante rozarie, ili forportas al sia regno. Virojn ili faras sklavoj-laboruloj kaj virinojn sklavinoj, kiuj faras vinon kaj farunon."[35]

Kaj batalemaj sinjoroj, ne sciante tion maljusta, anoncas al ĉiuj najbaroj-landestroj: 'Mi atakis iun regnon kaj disvenkis ĝian armeon, mortiginte generalojn kaj soldatojn.' Eĉ najbaroj ne scias tion maljusta, kaj sendas al la agresinto per ĉaroj kaj ĉevaloj donacojn, kiel ledojn, felojn, silkaĵon, kaj sendas ornamitan per kvasto delegiton por gratuli. Tiel do batalemaj sinjoroj, ankaŭ ne sciante tion malhomeca kaj maljusta, enskribas tion en librojn el bambuo kaj silkaĵo, kaj konservas la dokumentojn en sia tenejo de trezoro. Ankaŭ iliaj posteuloj nepre volus sekvi antaŭajn sinjorojn, dirante: 'Kial ne malfermi la tenejon? Rigardu la registron pri bela kaj justa ago de antaŭuloj!' Tie, tamen, nenio estas skribita pri tio, kiel fari juston ambaŭflanke en kulturo kaj luktado. Nur estas skribite: 'Mi atakis iun regnon kaj mortigis iom da generaloj kaj soldatoj. Scias tion malhumaneca kaj maljusta nek batalemaj sinjoroj, nek la najbaraj landestroj. Tial agresemuloj neniam malaperas de generacio al generacio. Do mi diras, ke oni ne scias ja pri la plej granda afero por la mondo."

所谓小物则知之者，何若？今有人于此，入人之场园，取人之桃李瓜姜者，上得且罚之，众闻则非之，是何也？曰：不与其劳，获其实，已非其有所取之故。而况有逾于人之墙垣，担格人之子女者乎？与角人之府库，窃人之金玉蚤絫者乎？与逾人之栏牢，窃人之牛马者乎？而况有杀一不辜人乎？今王公大人之为政也，自杀一不辜人者；逾人之墙垣，担格人之子女者；与角人之府库，窃人之金玉蚤絫者；与逾人之栏牢，窃人之牛马者；与入人之场园，窃人之桃李瓜姜者，今王公大人之加罚此也。虽古之尧舜禹汤文武之为政，亦无以异此矣。

Oni scias nur pri malgrandaj aferetoj. Kiaj? Se nun iu homo, enirante en alies ĝardenon, ŝtelas iom da persiko, pruno, melono aŭ legomo, tiam lin punas la supruloj, kaj homoamaso, aŭdinte tion, riproĉas. Kial? Ĉar li akiras la fruktojn ne per sia laborado. Li ŝtelas aĵon, apartenantan ne al si sed al aliulo. Des pli granda estos la krimo, kiam, invadinte alies domon trans muro, oni ŝtelas gefilojn kaj virinojn, aŭ kiam oni ŝtelas oron, gemon kaj silkaĵon el alies tenejo, aŭ kiam oni ŝtelas bovojn kaj ĉevalojn

---

[35] Ĉi tie Mozi esprimas kritikon kontraŭ sklavismo, kiu naskiĝas rezulte de la agresado. En la pensmaniero de Mozi konekse interrilatas ĉio: makroamo, neagresado kaj kontraŭ sklavismo.

el alies gregejo. Kia estas graveco de la krimo, kiam oni mortigos senpekulojn? Nuntempaj reĝoj, dukoj kaj estroj preskaŭ faras tian politikon, ke ili punu tiun, kiu ŝtelas gefilojn kaj virinojn, invadinte trans muron, kaj tiun, kiu ŝtelas oron, gemon kaj silkaĵon el alies tenejo, kaj tiun, kiu ŝtelas bovojn kaj ĉevalojn el alies gregejo, kaj tiun, kiu ŝtelas persikon, prunon, melonon aŭ legomon el alies ĝardeno. En tiu punkteto ili faras samon, kiel ĉe la politiko de la reĝoj Yao, Shun, Yu, Tang, Wen kaj Wu.

今天下之诸侯，将犹皆侵凌攻伐兼并，此为杀一不辜人者，数千万矣；此为逾人之墙垣，格人之子女者，与角人府库，窃人金玉蚤絫者，数千万矣；逾人之栏牢，窃人之牛马者，与入人之场园，窃人之桃李瓜姜者，数千万矣，而自曰义也。故子墨子言曰：是蕡我者，则岂有以异是蕡黑白甘苦之辩者哉！今有人于此，少而示之黑谓之黑，多示之黑谓白，必曰吾目乱，不知黑白之别。今有人于此，能少尝之甘谓甘，多尝谓苦，必曰：吾口乱，不知其甘苦之味。今王公大人之政也，或杀人，其国家禁之，此蚤越有能多杀其邻国之人，因以为文义，此岂有异蕡白黑、甘苦之别者哉？

Sed nunaj landestroj en la mondo, ĉiuj fervore strebas agresadi, militadi kaj aneksadi, kaj ili mortigas senkulpajn homojn miloble aŭ dekmiloble. Kaj miloble aŭ dekmiloble ili faradas krimon pli malbonan ol invadintaj trans muro rabistoj de gefiloj kaj virinoj en alies domo, pli malbonan ol ŝtelistoj de oroj, gemoj, ŝtofoj kaj silkaĵoj el alies tenejo, pli malbonan ol ŝtelistoj de bovoj kaj ĉevaloj el alies gregejo, pli malbonan ol ŝtelistoj de persiko, pruno, melono kaj legomo el alies ĝardeno. Malgraŭ ĉio ĉi tio ili mem insistas tion justa.

Tial la Majstro Mozi diris: "Tiu, kiu mensogas tiel, ne estas alia ol tiu, kiu falsas mikse, ekzemple, koloron inter nigro kaj blanko, aŭ guston inter dolĉo kaj maldolĉo. Se iu homo, kiu vidas grizon nigra aŭ nigron blanka, nepre dirus, ke li malsaniĝis je la okuloj, do ne povas distingi nigron kaj blankon. Se iu homo, gustumante dolĉaĵon, opinius dolĉeton tre dolĉega, aŭ dolĉegon maldolĉa, tiam nepre li konfesus, ke pro malsaniĝo de la lango li ne povas distingi dolĉon kaj maldolĉon. Nunaj reĝoj, dukoj kaj estroj faras politikon, ke iliaj regnoj interne malpermesu per leĝo mortigon de homoj, sed samtempe, ekstere permesas al sia armeo mortigi da loĝantojn de najbaraj regnoj laŭeble multe. Kaj tion ili konsideras laŭleĝe justa. Ĉu tio ne estas alia ol maldistingo inter blanko kaj nigro aŭ dolĉo kaj maldolĉo?"

故子墨子置天之，以为仪法。非独子墨子以天之志为法也，于先王之书《大夏》之道之然："帝谓文王：予怀明德，毋大声以色，毋长夏以革。不识不知，顺帝之则。"此诰文王之以天志为法也，而顺帝之则也。且今天下之士君子，中实将欲为仁义，求为上士，上欲中圣王之道，下欲中国家百姓之利者，当天之志而不可不察也。天之志者，义之经也。

La Majstro Mozi do starigis la Ĉielon principa kriterio. Faras Ĉielan Volon la leĝo ne sola la Majstro Mozi, sed ankaŭ antaŭaj sanktaj reĝoj, kiel estas skribite en la libro *Daxia*:

Dio diris al la reĝo Wen: "Al mi plaĉas via klara virto, ne fanfaronante nek afektante, nek uzante vipon aŭ skurĝon, spontane kaj senkonscie, vi obeigis popolon al la leĝo de Dio."

Tio signifas, ke la reĝo Wen faris Ĉielan Volon leĝo kaj sekvis la regulojn de Dio. Nuntempaj sinjoroj en la mondo, se ili volus fariĝi humanaj kaj justaj homoj de supera kvalito, volus iri laŭ la vojo de sanktaj reĝoj supre kaj profitigi la popolon de siaj regnoj sube, tiam ili ne devas ne kompreni Ĉielan Volon. Ĉiela Volo ja estas principo de la justo.

26. 明鬼下 EKZISTOKONFIRMADO DE SPIRITOJ（3）

子墨子言曰：逮至昔三代圣王既没，天下失义，诸侯力正。是以存夫为人君臣上下者之不惠忠也，父子弟兄之不慈孝弟长贞良也。正长之不强于听治，贱人之不强于从事也。民之为淫暴寇乱盗贼，以兵刃毒药水火退无罪人乎道路率径，夺人车马衣裘以自利者，并作由此始，是以天下乱。此其故何以然也？则皆以疑惑鬼神之有与无之别，不明乎鬼神之能赏贤而罚暴也。今若使天下之人偕若信鬼神之能赏贤而罚暴也，则夫天下岂乱哉！

La Majstro Mozi diris: "Jam post la forpaso de antikvaj sanktaj reĝoj de tri dinastioj, la mondo perdis juston, kaj landestroj ekfaris perfortan politikon. En la supra-suba rilato inter estroj kaj servantoj ne troviĝas jam ia favoro kaj lojalo, en patra-fila rilato kaj en rilato de fratoj ne troviĝas kompato kaj obeemo, perdiĝis iu ajn bona aĝa ordo. Plialtrangaj oficistoj ne diligentas bone administri kaj simpluloj ne diligente okupiĝas pri sia laboro. En la popolo aperas ĉiuj ajn kanajloj, farantaj diboĉadon, perforton, tumulton, ŝteladon kaj rabadon, aŭ eĉ atencas senpekulojn sur stratoj aŭ vojetoj. Aperas ĉiuj ajn banditoj kun armiloj, venenoj, akvo kaj fajro, rabadas por sia propra profito homojn, ĉarojn, ĉevalojn, vestojn kaj peltmantelojn. Komenciĝis tiaj barbaraĵoj kaj jen malordiĝis la tuta mondo. Kial okazas tio? Ĉar ĉiuj homoj ekdubas pri tio, ĉu ekzistas la Spiritoj aŭ ne. Kaj al ili ne estas klare, ke la Spiritoj povas laŭdi saĝon kaj puni violenton. Ĉu malordiĝus la mondo, se nun oni povus kredigi al ĉiuj homoj en la mondo je la Spiritoj, kiuj povas laŭdi saĝon kaj puni violenton?"

今执无鬼者曰：鬼神者，固无有。旦暮以为教诲乎天下，疑天下之众，使天下之众皆疑惑乎鬼神有无之别，是以天下乱。是故子墨子曰：今天下之王公大人士君子，实将欲求兴天下之利，除天下之害，故当鬼神之有与无之别，以为将不可以不明察此者也。

Nun neantoj de la Spiritoj diras: " Spiritoj tute ne ekzistas. Ili ĉiam propagandas tion kaj igas la mondan homoamason dubi pri la ekzisto de la Spiritoj. Per tio, ke homoamaso malkredas je la Spiritoj, malordiĝas la mondo." Tial la Majstro Mozi diris: "Se nunaj reĝoj, dukoj, landestroj kaj sinjoroj sincere volus strebi al profitigo de la mondo kaj forigi malprofiton al la mondo, do ili ne devus ne kompreni klare por distingi, ĉu la Spiritoj ekzistas aŭ ne."

既以鬼神有无之别，以为不可不察已，然则吾为明察此，其说将奈何而可？子墨子曰：是与天下之所以察知有与无之道者，必以众之耳目之实知有与亡为仪者也。请惑闻之见之，则必以为有；莫闻莫见，则必以为无。若是，何不尝入一乡一里而问之，自古以及今，生民以来者，亦有尝见鬼神之物，闻鬼神之声，则鬼神何谓无乎？若莫闻莫见，则鬼神可谓有乎？

Kiel klarigi tion? Ni diras, ke oni ne devas ne kompreni pri ekzisto aŭ neekzisto de la Spiritoj, ĉar ni por ni mem povas klarigi tion jene. La Majstro Mozi diris: "Por scii pri ekzisto de io estas tia metodo, kies kriterio estas la okuloj kaj oreloj de multaj homoj: Ĉu ili vidis kaj aŭdis vere aŭ ne.[36] Kion ili aŭdis aŭ vidis, tio nepre estas konsiderata kiel io ekzistanta; kion ili nek aŭdis nek vidis, tio nepre estas konsiderata kiel io neekzistanta. Se estas tia kriterio, kial oni ne vizitadas ĉiun vilaĝon kaj ĉiun urbon por demandi pri tio, ĉu de antaŭe ĝis nun tieaj loĝantoj vidis aferojn de la Spiritoj, aŭdis la voĉon de la Spiritoj? Se jes, ne eblus diri, ke ne ekzistas la Spiritoj. Se neniu vidas aŭ aŭdas, ne eblus diri, ke ili ekzistas."

今执无鬼者言曰：夫天下之为闻见鬼神之物者，不可胜计也，亦孰为闻见鬼神有无之物哉？子墨子言曰：若以众之所同见，与众之所同闻，则若昔者杜伯是也。周宣王杀其臣杜伯而不辜，杜伯曰："吾君杀我而不辜，若以死者为无知，则止矣；若死而有知，不出三年，必使吾君知之。"其三年，周宣王合诸侯而田于圃，田车数百乘，从数千，人满野。日中，杜伯乘白马素车，朱衣冠，执朱弓，挟朱矢，追周宣王，射之车上，中心折脊，殪车中，伏弢而死。当是之时，周人从者莫不见，远者莫不闻，著在周之《春秋》。为君者以教其臣，为夫者以警其子，曰："戒之慎之！凡杀不辜者，其得不祥，鬼神之诛，若此之憯遬也！"以若书之说观之，则鬼神之有，岂可疑哉？

Nun neantoj de la Spiritoj diras: "Nekalkulebla estas la nombro de tiuj, kiuj diradas, ke oni vidis kaj aŭdis la aferojn pri la Spiritoj. Sed kiu el ili reale distingis la ekzistadon kaj neekzistadon de la aŭdataj aŭ vidataj agoj far de la Spiritoj?"

La Majstro Mozi diris: "Se koncerne la okazon, ke multe da homoj kune vidis kaj

---

[36] "Kion ili aŭdis aŭ vidis, tio nepre estas konsiderata kiel io ekzistanta" – laŭ tia argumento montriĝas, ke Mozi mem kredis, ke li vidis per siaj okuloj la Spiritojn. Tiu paragrafo memorigas min, ke en Japanio, Hirata Acutane[平田篤胤(1776–1843)], renoviginto de Shinto[神道], kolektadis atestojn pri la ekzistado de Spiritoj, kaj li verkis *Novan teorion de Spriritoj* [鬼神新论].

aŭdis, estis antikve iu homo, nomata Grafo Du.[37] Reĝo de Zhou, Xuan, iam mortigis sian subulon Grafon Du, kiu estis senkulpa. Du diris: 'Nia reĝo mortigas min senkulpan, se mortinto ne havus konscion, nenio okazus. Sed se post la morto restos konscio, en malpli ol 3 jaroj tio nepre al nia reĝo estas sciigota.' Tri jaroj pasis, tiu Xuan, la reĝo de Zhou, kun landestroj iris al la kampo por ĉasi, kaj la kampo estas plena de centoj da ĉaroj, miloj da servosoldatoj. Tagmeze, aperis Grafo Du en punca vestaĵo kun punca ĉapo, rajdante sur blanka ĉaro, tirata de la blanka ĉevalo, havante en la manoj puncan pafarkon kun punca sago, postkuris la reĝon de Zhou, Xuan, kaj pafis al la reĝo sur ĉaro. La sago trafis la bruston kaj frakasis la vertebron, la reĝo mortis en la ĉaro, kuŝante sur la sagujo.

Tiam, ne vidis tion neniu el akompanantoj, homoj de Zhou, ne aŭdis tion neniu el malproksimuloj, kaj estis skribite en la libro de *Zhou Chun Qiu*[Printempo kaj Aŭtuno de Zhou]. Do reĝoj siajn subulojn kaj patroj siajn filojn atentigis pri tio, dirante: 'Estu singarda kaj estu prudenta. Estas tuj terure punata de la Spiritoj ĉiu ajn, kiu mortigas senpekulojn.' Se oni legas skribitaĵon en la libro, oni ne povas dubi pri la ekzistado de la Spiritoj."

非惟若书之说为然也。昔者郑穆公当昼日中处乎庙，有神入门而左，鸟身，素服三绝，面状正方。郑穆公见之，乃恐惧奔，神曰："无惧！帝享女明德，使予锡女寿十年有九，使若国家蕃昌，子孙茂，毋失。"郑穆公再拜稽首曰："敢问神名？"曰："予为句芒。"若以郑穆公之所身见为仪，则鬼神之有，岂可疑哉？

Ne sole en la supre menciita libro estas tia aserto. Antikve Mu, la princo de Zheng[38], kiam li tagmeze ĉeestis en la templo, eniris tra la pordo dekstren iu Spirito, kies korpo estas birda, kaj vestita en la blankaĵo borderita kun nigro, kaj la formo de ĝia facio estas kvadrata. S-ro Mu, vidante ĝin, konsterniĝis kaj apenaŭ ne volus forkuri. Tiam la Spirito diris al li: "Ne timu! Dio ĝuas je via pura virto kaj sendis min ĉi tien por aldoni al vi 19 jarojn pli ol via destinita vivdaŭro, kaj por prosperigi vian ŝtaton kaj viajn posteulojn, kaj por ke via ŝtato ne perdiĝu." S-ro Mu denove kliniĝis je frunto ĝis la planko kaj demandis: "Kio estas via nomo?" Ĝi respondis: "Mi nomiĝas Goumang." Se vera estis tio, ke vidis Mu, ekzistas la Spirito. Tio ne estas dubenda.

---

[37] Grafo Du – Grafo de la Du-lando – estis mortigita en 785 a. K. Reĝo de Zhou, Xuan – estis surtrone 827–782 a. K., filo de famaĉa tirano Li.

[38] Mu, la princo de Zheng, devas esti la princo de Qi-regno kaj estis surtrone 659–621 a. K.

非惟若书之说为然也。昔者，燕简公杀其臣庄子仪而不辜，庄子仪曰："吾君王杀我而不辜，死人毋知亦已；死人有知，不出三年，必使吾君知之。"期年，燕将驰祖。燕之有祖，当齐之社稷，宋之有桑林，楚之有云梦也，此男女之所属而观也。日中，燕简公方将驰于祖涂，庄子仪荷朱杖而击之，殪之车上。当是时，燕人从者莫不见，远者莫不闻，著在燕之《春秋》。诸侯传而语之曰："凡杀不辜者，其得不祥，鬼神之诛，若此其憯遬也！"以若书之说观之，则鬼神之有，岂可疑哉？

Ne nur en tiu libro estas dirite tiel. Iam la princo de Yan-regno, Jian[39], mortigis sian subulon Zhuan Ziyi senkulpan. Zhuan Ziyi diris: "Nia landestro mortigis min senkulpan. Se mortinto ne havus konscion, per tio estas finite. Sed se la mortinto havas konscion, en malpli ol 3 jaroj ĝi nepre sciigos nian landestron pri tio." Pasis unu jaro, la estro ekveturis al iu loko Zu por festi, kie estis tia speco de sanktejo kiel la templo de Qi, aŭ kiel la morusarbaro de Song-regno, aŭ kiel Nuba Songo (Yunmeng) de Chu-regno. Tie kolektiĝis viroj kaj virinoj por ĝui spektadon. Tagmeze, kiam la princo Jian de Yan-regno alkuris laŭ la vojo al Zu, aperis Zhuan Ziyi kun punca bastono kaj batis lin. Li mortis sur la ĉaro. Ĝuste tiam ĉiuj homoj-sekvantoj el Yan vidis tion, kaj eĉ malproksimuloj aŭdis tion. Tio estis skribita en la libro *Chun Qiu*[Printemo kaj Aŭtuno] de Yan-regno. Regnestroj transdonis la rakonton kaj diradis: "Ĉiu, kiu mortigis senpekulon, ricevas malfeliĉon, punon de la Spiritoj, tiel subite, kiel ĉe tiu okazo!" Vidante la historion en tiu libro, neniu povas dubi la ekzistadon de la Spiritoj.

非惟若书之说为然也。昔者宋文君鲍之时，有臣曰祏观辜，固尝从事于厉。袾子杖楫出，与言曰："观辜，是何珪璧之不满度量，酒醴粢盛之不净洁也？牺牲之不全肥，春秋冬夏选失时，岂女为之与？意鲍为之与？"观辜曰："鲍幼弱，在荷襁之中，鲍何与识焉。官臣观辜特为之。"袾子举楫而槁之，殪之坛上。当是时，宋人从者莫不见，远者莫不闻，著在宋之《春秋》。诸侯传而语之曰："诸不敬慎祭祀者，鬼神之诛，至若此其憯遬也！"以若书之说观之，鬼神之有，岂可疑哉？

Ne sole en tiu libro estas tia ekzemplo. Antaŭe, kiam la princo Wen[40], la estro de Song-regno, nomata Bao, estis ankoraŭ en infaneco, servis iu oficisto, kies nomo estas Zhu Guangu. Li okupiĝis pri festa ceremonio. Iam alvenis al li aŭguristo kun bastono en la formo de remilo, kaj diris: "Guangu, kial ne plenas je gemoj kaj malpuras oferitaj vino

---

[39] Jian, princo de Yan-regno, – estis surtrone 504–493 a. K. Zu – sankta loko por festado de prapatroj. La sanktejo de Qi-regno situis en Linzi[临淄] de nuna Shangdong-prov., la morusarbaro de Song-regno situis en la ĉefurbo Shang Qiu, Nuba Songo[Yunmeng] de Chu-regno situis ĉe la lago Yunmeng.

[40] Wen, la estro de Song-regno – estis surtrone en 610–589 a. K.

kaj grenoj? Ankaŭ oferataj bestoj ne estas sufiĉe grasaj, kaj oferaĵoj ne konformas al la tempo de sezonoj. Ĉu tion faris vi, aŭ tio estas volo de Bao?" Guangu diris: "S-ro Bao estas ankoraŭ malforta infano en vindaĵo, kion li povoscius fari? Mi, Guangu mem sole faris tion." La aŭguristo batis lin, svingante remilon, kaj mortigis lin sur la altaro. En tiu tempo, ĉiuj popolanoj de Song vidis tion kaj malproksimuloj aŭdis tion, kio estas skribita en la libro de Song, *Chun Qiou*. Landestroj transdonis la vorton kaj diradis: "Kiu ne sufiĉe prudente respektas la feston, tiun punas la Spiritoj tiel subite, kiel en tiu okazo!" Kiu do, leginte la libron, povus dubi pri la ekzistado de la Spiritoj?

非惟若书之说为然也。昔者，齐庄君之臣有所谓王里国、中里徼者，此二子者，讼三年而狱不断。齐君由谦杀之恐不辜；犹谦释之，恐失有罪。乃使之人共一羊，盟齐之神社，二子许诺。于是泏洫、挶羊而漉其血。读王里国之辞既已终矣，读中里徼之辞未半也，羊起而触之，折其脚，桃神之而棄之，殪之盟所。当是时，齐人从者莫不见，远者莫不闻，著在齐之《春秋》。诸侯传而语之曰："请品先不以其请者，鬼神之诛，至若此其憯遫也。"以若书之说观之，鬼神之有，岂可疑哉？是故子墨子言曰：虽有深谿、博林、幽涧毋人之所，施行不可以不董，见有鬼神视之。

Ne nur en la libro estas menciite pri tiaj okazoj. En pasinta tempo vivis iuj homoj, nomataj Wang Liguo kaj Zhong Lijiao, subuloj de reĝo Zhuang[41] en Qi-regno. Ili estis procesantaj dum 3 jaroj sen rezolucio. La estro timas eraron, aŭ mortigi senkulpulon, aŭ indulgi krimulon. Tiam unu ŝafo estas enkondukita al juĝejo, kaj ili konsentis ĵuri per ĝi antaŭ la sanktejo de Qi-regno. Oni fosis truon kaj tranĉis la ŝafon je kolo, jen ekfluis la sango. Wang Liguo jam finkonfesis sian vorton, kaj poste, dum malpli ol duono de parolado far Zhong Lijiao la ŝafo ekstaris kaj, puŝinte lin, rompis lin je kruro. Iu Spirito batis lin kaj mortigis lin sur la loko de ĵuro. Tiam ĉiuj popolanoj en Qi-regno vidis tion, eĉ malproksimuloj aŭdis tion, kio estis skribita en la libro de Qi-regno, *Chun Qiu*. Regnestroj transdonis tion kaj diradis: "Kiu malhonesta estas en la ĵuro, tiun punas tuj la Spiritoj, kiel en tiu okazo." Kiel oni vidas en la libro, ekzistas la Spiritoj. Tion neniu povus dubi. Tial la Majstro Mozi diris: "Eĉ ĉie ajn en senhoma foreco, kiel en profunda valo kaj vasta arbaro, oni devas konduti prudente, ĉar vidas ĉion la Spiritoj."

今执无鬼者曰：夫众人耳目之请，岂足以断疑哉？奈何其欲为高君子于天下，而有复信众之耳目之请哉？子墨子曰：若以众之耳目之请，以为不足信也，不以断疑，不识若昔者三代圣王尧舜禹汤文武者，足以为法乎？故于此乎，自中人以上皆曰：若昔者三代圣王，足以

---

[41] Reĝo Zhuang en Qi-regno– estis surtrone en 553–548 a. K.

为法矣。若苟昔者三代圣王足以为法，然则姑尝上观圣王之事。昔者，武王之攻殷诛纣也，使诸侯分其祭，曰："使亲者受内祀，疏者受外祀。"故武王必以鬼神为有，是故攻殷伐纣，使诸侯分其祭。若鬼神无有，则武王何祭分哉？

Nun la neantoj je la ekzistado de la Spiritoj diras: "Ĉu oni povas forĵeti dubon pri la ekzistado de tio, kion la popolanoj sentus vera per siaj okuloj kaj oreloj? Ĉu povus kredi senpere malcertan senton de la oreloj kaj okuloj ĉe homoamaso la altaj intelektuloj -nobluloj, kiuj elstaras en la mondo?"

La Majstro Mozi diris: "Por kredi la ekzistadon aŭ forĵeti dubon, ne estus sufice se nur per homoamasa sento de la oreloj kaj okuloj. Tiam ĉu estas sufiĉa por tio la atesto de la sanktaj reĝoj de tri dinastioj, kiel Yao, Shun, Yu, Tang, Wen kaj Wu? La inteligentuloj pli ol meza nivelo respondus, ke estas sufiĉe, se antikvaj sanktaj reĝoj de tri dinastioj atestas. Se oni konsideras ilian agon kiel leĝregulon, ni vidu nun la aferon de la sanktaj reĝoj. En antikva tempo, kiam la reĝo Wu atakis kaj punmortigis la tiranon Zhou de Yin-dinastio, igis la landestrojn dividi festadon de diservo, dirante: 'Samsanguloj adoradu la internajn, kaj aliaj klananoj adoradu la eksterajn.'[42] Tiel do la reĝo Wu certe konsideris la Spiritojn ekzistantaj, kaj, venkobatinte la tiranon Zhou de Yin, dividis festadon inter landestroj. Se ne ekzistus la Spiritoj, kial la reĝo Wu dividus la diservan festadon?"

非惟武王之事为然也。故圣王其赏也必于祖，其僇也必于社。赏于祖者何也？告分之均也。僇于社者何也？告听之中也。非惟若书之说为然也，且惟昔者虞夏商周三代之圣王，其始建国营都日，必择国之正坛，置以为宗庙；必择木之修茂者，立以为菆位；必择国之父兄慈孝贞良者，以为祝宗；必择六畜之胜腯肥倅，毛以为牺牲；珪璧琮璜，称财为度；必择五谷之芳黄，以为酒醴粢盛，故酒醴粢盛与岁上下也。故古圣王治天下也，故必先鬼神而后人者，此也。故曰：官府选效，必先祭器祭服，毕藏于府，祝宗有司毕立于朝，牺牲不与昔聚群。故古者圣王之为政若此。

Ne estas sola en la afero de la reĝo Wu. La sanktaj reĝoj faris ceremonion de laŭdado nepre en la prapatra maŭzolejo, kaj juĝon de punado nepre en la sanktejo. Kial ili laŭdadis en maŭzolejo? Ĉar ili preĝis, ke la laŭdado estu egala. Kial en la sanktejo ili

---

[42] Laŭ Sun Yirang, "la internaj" signifas, ke estas permesate al samklananoj de Yin festi por la Spiritoj de prapatroj de la dinastio. "La eksteraj" signifas servi la Spiritojn de aliaj prapatroj kaj la Spiritojn de naturo, ekz. montoj kaj riveroj.
Pri divido de la festado estas menciite en Neagresado jene: "La reĝo jam venkis la Yin-dinastion, kaj surtroniĝinte, dividis ĉefajn diojn."[王既克殷、成帝之来、分主诸神] En la dinastio de Zhou ne estis ekstermitaj la antaŭaj Yin-anoj, sed eĉ feŭditaj en la alia Song-regno.

punis? Ĉar ili preĝis, ke la juĝado estu justa.

Ne sole en la libro estas skribite tiel. En la tago, kiam la regnoj fondiĝis, la antikvaj sanktaj reĝoj dum tri dinastioj de Yu Xia, Shang kaj Zhou nepre elektis la ortodoksan lokon de la ŝtata altaro, kaj starigis la maŭzoleon de prapatroj, elektis la arbaron riĉan je belaj arboj kaj konstruis la lokon de kolektiĝo por la Spiritoj. Ili elektis el siaj regnoj la piajn kaj la ĉastajn en familia rilato inter gepatroj kaj gefiloj, faris ilin servantoj al prapatraj Spiritoj. Ili nepre elektis kiel oferadon ses dombestojn grasiĝintajn kun belaj haroj, kaj elektis karajn gemojn kun belaj formoj, kaj elektis nepre 5 specojn de maturaj grenoj kun bonodoro por fari oferadon de sanktigita vino kaj manĝaĵo, kies kvalito estas diversa depende de ĉiujara rikolto.

Tiel la antikvaj sanktaj reĝoj regas la mondon, por ke unue nepre antaŭ ĉio oni adoru la Spiritojn kaj poste la homojn. En la konservado de ŝtataj propraĵoj, oni unue konsideris plej gravaj la instrumentojn de rito kaj vestojn de diservo, kaj diservantoj vivis izole en kortego, oferbestoj estis breditaj izole for de la alia gregaro. Jen tia estis la politiko ĉe la antikvaj sanktaj reĝoj.

古者圣王必以鬼神为，其务鬼神厚矣。又恐后世子孙不能知也，故书之竹帛，传遗后世子孙。咸恐其腐蠹绝灭，后世子孙不得而记，故琢之盘盂，镂之金石，以重之。有恐后世子孙不能敬著以取羊，故先王之书，圣人一尺之帛，一篇之书，语数鬼神之有也，重有重之。此其故何？则圣王务之。今执无鬼者曰：鬼神者，固无有。则此反圣王之务。反圣王之务，则非所以为君子之道也！

En antikva tempo la sanktaj reĝoj rigardis la Spiritojn ekzistantaj kaj zorgis multe pri la Spiritoj. Ili timis, ke posteuloj ne povus scii pri tio, kaj transdonis tion al posteuloj per libroj el bambuo kaj silkaĵo. Timante, ke pro putrado aŭ estingiĝo de libroj per tineo la posteuloj ne povus jam memori tion, ili ĉizis tion sur pelvojn kaj potojn, muldis sur bronzaĵojn kaj gravulis sur ŝtonojn. Tiel ili atentis tiun aferon. Ili timis, ĉu posteuloj perdus feliĉon, ne respektante la Spiritojn, tial estis multfoje ripetata la skribado pri la ekzisto de la Spiritoj en la libroj de antaŭaj sanktaj reĝoj, sur la peco de silkaĵo kaj en la unu volumo de la bambua libro. Kial tio estis? Ĉar zorgadis fari tiel la sanktaj reĝoj. Nun neantoj de la Spiritoj diras: "Neniu Spirito ja ekzistas."

Tiu manifesto pri la Spiritoj kontraŭas la devon de la sanktaj reĝoj. Tio estas kontraŭ devo kaj nepre ne la vojo de nobluloj!

今执无鬼者之言曰：先王之书，慎无，一尺之帛，一篇之书，语数鬼神之有，重有重之，亦何书之有哉？子墨子曰：《周书 ·大雅》有之。《大雅》曰："文王在上，于昭于天。周虽旧邦，其命维新。有周不显，帝命不时。文王陟降，在帝左右。穆穆文王，令问不已。"若鬼神无有，则文王既死，彼岂能在帝之左右哉？此吾所以知周书之鬼也。

Neantoj de Spiritoj diras: "Vi diras, ke estas multe skribite pri la Spiritoj en la libroj de la sanktaj reĝoj, sed por ni ne troviĝas tia skribaĵo sur silko aŭ sur bambuo. En kiuj libroj estas skribite?"

La Majstro Mozi diris: "Estas skribite en la libro *Daya*.[43] Tio estas jene:

> La reĝo Wen nun estas supre,
> Per la lumo estas plena la Ĉielo,
> La Zhou-regno estas malnova,
> Tamen ties misio estas *renovigo*,
> Zhou estas brilanta,
> La ordono de Dio konformas al la tempo.
> La reĝo Wen iras supren kaj suben,
> Kaj sidas dekstre kaj maldekstre de Dio.
> Deca kaj bela estas la reĝo Wen,
> Estu lia honoro eterna.

Se ne estus la Spiritoj, tiam la reĝo Wen estis jam mortinta. Kial li povas sidi dekstre aŭ maldekstre de Dio? Tial mi scias, ke en la libro de Zhou troviĝas la Spiritoj."

且周书独鬼，而商书不鬼，则未足以为法也。然则姑尝上观乎商书，曰："呜呼！古者有夏，方未有祸之时，百兽贞虫，允及飞鸟，莫不比方。矧佳人面，胡敢异心？山川鬼神，亦莫敢不宁。若能共允，佳天下之合，下土之葆。"察山川鬼神之所以莫敢不宁者，以佐谋禹也。此吾所以知商书之鬼也。

"Kvankam estas skribite pri la Spiritoj en la libro de Zhou, tamen se ne estus skribite en la libro de Shang, ne sufiĉus la pruvo. Tiam rigardu retrospektive la libron de Shang[44], en kiu estas skribite: 'Ho en la epoko de antikva Xia ankoraŭ ne estis iu

---

[43] La libro *Daya* – nun la unua ĉapitro de Wen en *Shijing* (Poezio).
Laŭ tiu logiko de *Daya*, mortintaj sanktaj reĝoj fariĝis la Spiritoj supre en la Ĉielo kaj sidas ĉe Dio [帝].
En Japanio estas okazigita la Meizi Revolucio en 1868, kiel reveno al antikva reĝa regado. Tamen ĝi fariĝis revolucio por modernigo de la regno. La revolucio Meizi estas nomita "Renovigo"[维新] ĝuste laŭ la citaĵo de *Daja*, kaj japanaj gvidantoj traktis antaŭajn potenculojn tiel same, kiel la dinastio Zhou la dinastion Yin, restiginte ilin kiel nobelulojn sub la nova registaro.

[44] La libro de Shang estas libro de Yin-dinastio, kie oni fervore kredis je dioj kaj spiritoj.

plago, bone submetiĝis ĉiuj, kaj bestoj, kaj insektoj, kaj birdoj. Des pli la homoj ne aŭdacis havi alian koron. La Spiritoj de montoj kaj riveroj tute estis kvietaj. Se tio estis ebla, konformiĝis ĉio sub la Ĉielo kaj la suba tero estis sekura.' Ĉiuj Spiritoj de montoj kaj riveroj estis kvietaj kaj helpis al la reĝo Yu administri la regnon. Per tio mi scias la ekzistadon de la Spiritoj en la libro de Shang."

且商书独鬼，而夏书不鬼，则未足以为法也。然则姑尝上观乎夏书。《禹誓》曰："大战于甘，王乃命左右六人，下听誓于中军，曰：有扈氏威侮五行，怠弃三正，天用剿绝其命。有曰：日中，今予与有扈氏争一日之命。且尔卿大夫庶人，予非尔田野葆士之欲也，予共行天之罚也。左不共于左，右不共于右，若不共命；御非尔马之政，若不共命。"是以赏于祖而僇于社。赏于祖者何也？言分命之均也。僇于社者何也？言听狱之事也。故古圣王必以鬼神为赏贤而罚暴，是故赏必于祖而僇必于社。此吾所以知夏书之鬼也。故尚者夏书，其次商周之书，语数鬼神之有也，重有重之，此其故何也？则圣王务之。以若书之说观之，则鬼神之有，岂可疑哉？

"Kvankam estas en la libro de Shang skribite pri la Spiritoj, ne sufiĉus, se ne troviĝus la Spiritoj en la libro de Xia. Rigardu retrospektive en la libron de Xia, nomatan *Yushi*.[45] 'Estis la granda batalo en la loko de Gan. Tiam la reĝo Yu ordonis al ses asiduuloj por anonci al la centra armeo, ke la klano You Hu malatentis kvin kondutojn laŭ naturleĝo kaj maldiligentis je la plenumado de tri justoj. Do la Ĉielo punos ĝin forprenante ĝian vivon.'

Kaj Yu diris: 'Ĉi-tage mi definitive batalos kontraŭ la klano You Hu. Sinjoroj kaj popolanoj, mi ne dezirus preni iun kampon aŭ teron. Mi kune kun vi faros la Ĉielan punon al ĝi. Vi kontraŭus la ordonon, se vi ne bone plenumus vian taskon, atakante de la maldekstra flanko kaj de la dekstra flanko. Se vi erarus konduki viajn ĉevalojn, ankaŭ tio estas kontraŭ la ordono.' Kaj li laŭdis soldatojn ĉe la maŭzoleo de prapatroj kaj kondamnis[Youhu] ĉe la sanktejo al dioj de tero kaj grenoj. Kial ĉe la maŭzoleo laŭdis? Ĉar por ke egala estu la laŭdado. Kial ĉe la sanktejo? Ĉar la punado estu justa. Tiel do la antikvaj sanktaj reĝoj laŭdis saĝon kaj punis brutalecon nepre laŭ la Spiritoj. Tial oni laŭdis nepre ĉe la maŭzoleo kaj punis nepre ĉe la sanktejo. Per tio mi scias la Spiritojn en la libro de Xia. Tiel en la libro de Xia, kaj poste en la libroj de Shang kaj Zhou, estas skribite multfoje pri la Spiritoj. Kial tio estas? Ĉar tio estis la devo de la sanktaj reĝoj. Laŭ tiuj libroj estas sciate, ke ekzistas la Spiritoj. Tion oni ne povas dubi."

[45] La libro de Xia[dinastio], nomata *Yushi* [禹誓]–Ĵuro de la reĝo Yu. Unu el la ĉapitroj de libroj *Shang shu-Xia shu* [尚书·夏书] Klano You Hu[有扈]loĝis en nuna Shanxi-prov.

于古曰：吉日丁卯，周代祝社方，岁于社者考，以延年寿。若无鬼神，彼岂有所延年寿哉！是故子墨子曰：尝若鬼神之能赏贤如罚暴也。盖本施之国家，施之万民，实所以治国家、利万民之道也。若以为不然，是以吏治官府之不絜廉，男女之为无别者，鬼神见之；民之为淫暴寇乱盗贼，以兵刃毒药水火退无罪人乎道路，夺人车马衣裘以自利者，有鬼神见之。是以吏治官府不敢不絜廉，见善不敢不赏，见暴不敢不罪。民之淫暴寇乱盗贼，以兵刃毒药水火退无罪人乎道路，夺车马衣裘以自利者，由此止。是以莫放幽闲，拟乎鬼神之明显，明有一人畏上诛罚，是以天下治。

Antaŭe estas dirite: "En favora tago de la kvara leporo Ding-Mao[46] oni en Zhou-regno celebradis la diojn terajn kaj kvardirektajn. Tiu, kiu festas tion, povis longigi la vivdaŭron." Se ne ekzistus la Spiritoj, kiel oni povus longigi la vivdaŭron! Tial la Majstro Mozi diris: "Oni spertadis, ke la Spiritoj povas laŭdi la saĝon kaj puni la kruelaĵon. Se oni metas ilin en la fundamenton de la regno kaj la popolo, tio ja estas la vojo, ke la regno estu bone regata kaj la popolo profitu. Se ne, iuj oficistoj administrados malpure la registaron, viroj kaj virinoj malĉastados aŭ samseksumados senorde. Ĉion la Spiritoj vidas. Popolanoj faradoj volupton, tumulton, ŝteladon kaj rabadon, kaj provos profitadi por si mem, atencante embuske senkulpulojn survoje per armiloj, venenoj, akvo kaj fajro, forrabante de ili ĉarojn, ĉevalojn, vestojn kaj peltmantelojn. Ĉion ĉi tion vidas la Spiritoj. Tial aliaj oficistoj ne povos fariĝi ĝisoste malpuraj je la administrado, do ili, vidante bonon, ne devos ne laŭdadi, kaj vidante kruelaĵon, ne devos ne punadi. Kaj ĉesos per tio la malbona profitemeco de la popolanoj, kiuj malĉastadis, tumultadis, atakante senpekulojn per armiloj, venenoj, akvo kaj fajro, ŝteladis kaj rabadis de vojaĝantoj ĉarojn, ĉevalojn, vestojn kaj peltmantelojn. Ĉien ajn en la foran malproksimecon klare vidas la Spiritoj, sekve ĉiu homo timas la punon de la supro. Tiel bone regata estas la mondo."

故鬼神之明，不可为幽闲、广泽、山林、深谷，鬼神之明必知之；鬼神之罚，不可为富贵众强、勇力强武、坚甲利兵，鬼神之罚必胜之。若以为不然，昔者夏王桀，贵为天子，富有天下，上诟天侮鬼，下殃傲天下万民，祥上帝伐元山帝行，故于此乎，天乃使汤至明罚焉。汤以车九两，鸟陈雁行，汤乘大赞，犯遂下众人之蟜遂，王乎禽推哆大戏。故昔夏王桀贵为天子，富有天下，有勇力之人推哆、大戏，生列兕虎，指画杀人，人民之众兆亿，侯盈厥泽陵，然不能以此围鬼神之诛。此吾所谓鬼神之罚，不可为富贵众强、勇力强武、坚甲利兵者，此也。

---

[46] La kvara leporo Ding-Mao 吉日丁卯。

Do la vidon de la Spiritoj malhelpas ne foraj vastaj lagoj, nek montoj-arbaroj, nek profundaj valoj. La Spiritoj nepre klare scias ĉion. Puno de la Spiritoj estas neevitebla eĉ per riĉaĵo, nek per forto de amasoj, nek per kuraĝa kaj armita forto, nek per kirasoj kaj armiloj. La Spiritoj nepre venkas en la punado. Se vi ne kredus tion, vidu jenan ekzemplon. En antikva tempo Jie, la reĝo de Xia, estante nobla, kiel la Filo de Ĉielo, kaj plej riĉa en la mondo, malrespektis supre la Ĉielon kaj malestimis la Spiritojn, kaj sube mortigis kun fieraĉo popolanojn en la mondo. Pretendante respekti la Supran Dion, li tamen kondutis kontraŭ la afero de Dio. Pro tio la Ĉielo igis Tang rigore puni lin.

Tang kun naŭ ĉaroj militiris en anserara flugformo al la loko Dazan[47], trarompis surliman fortikaĵon kaj amason da malamikoj, eniris urbon kaj li mem per siaj manoj kaptis la fortulojn Tuiduo kaj Daxi.

La reĝo de la antikva Xia, Jie, estis nobla, kiel la Filo de Ĉielo, la plej riĉa en la mondo, kaj eĉ gardata de bravuloj, kiel Tuiduo kaj Daxi, kiuj povas disŝiri rinoceron kaj tigron vivantajn. Li havis grandan potencon por mortigi homojn per montrfingro, kaj regis miriadon da popolanoj, plenigantaj montojn kaj regnojn ĉe l' akvo. Malgraŭ tio li ne povis eviti la punon de la Spiritoj.

Tiel do mi diras, ke la puno fare de la Spiritoj estas neevitebla eĉ al riĉuloj-nobluloj, nek fortuloj subtenataj de plimulto da homoj, nek bravuloj-fortuloj kun kirasoj kaj armiloj.

且不惟此为然。昔者殷王纣贵为天子，富有天下，上诟天侮鬼，下殃傲天下之万民，播弃黎老，贼诛孩子，楚毒无罪，刳剔孕妇，庶旧鳏寡，号咷无告也。故于此乎，天乃使武王至明罚焉。武王以择车百两，虎贲之卒四百人，先庶国节窥戎，与殷人战乎牧之野，王乎禽费中、恶来，众畔百走。武王逐奔入宫，万年梓株，折纣而系之赤环，载之白旗，以为天下诸侯僇。故昔者殷王纣贵为天子，富有天下，有勇力之人费中、恶来、崇侯虎，指寡杀人，人民之众兆亿，侯盈厥泽陵，然不能以此圉鬼神之诛。此吾所谓鬼神之罚，不可为富贵众强、勇力强武、坚甲利兵者，此也。且《禽艾》之道之曰："得玑无小，灭宗无大。"则此言鬼神之所赏，无小必赏之；鬼神之所罚，无大必罚之。

Ne sole estis tiele. Antikve la reĝo de Yin, Zhou, kiel la Filo de Ĉielo, estis nobla kaj la plej riĉa en la mondo, sed li supre malrespektis la Ĉielon kaj malestimis la Spiritojn, sube masakris multe da popolanoj, forĵetis maljunulojn, mortigis infanojn, venenis

---

[47] Pri "Dazan" troviĝas diversaj opinioj, iu konsideras ĝin lokonomo, alia – nomon de ĉaro. Mi sekvas la unuan. Preskaŭ ĉiuj esploristoj dubas la nombron de ĉaroj kaj supozas "90 ĉaroj". Ĉiuj esploristoj opinias la vorton "respekti"祥 erara je 佯. Iu japana esploristo konsideras "Yuan Shan"[元山] kiel la nomon de la sanktejo de Dio. [Watanabe Wt1:489]

senpekulojn, trançis ventron de gravedulinoj, kaj la postrestintaj vive en soleco plorkriis, sed la reĝo ne aŭdis.

Tiel, la Ĉielo igis la reĝon Wu puni tion. La reĝo Wu kun 100 ĉaroj, gvidante 400 fortajn soldatojn, bravajn kiel tigroj, militiris antaŭen ataki la malamikojn, kaj batalis kontraŭ la armeo de Yin sur la paŝteja kampo. La reĝo Wu kaptis per sia mano malamikajn generalojn Feizhong kaj Elai. Forkuris la homoamasoj de Yin. La reĝo Wu eniris la palacon, konstruitan el miljaraj lignoj, rompis la kolon de Zhou ĉirkaŭitan per ruĝa ringo, kaj metis lian kapon supren sur la blankan standardon, montrante ĝin al aliaj landestroj en la mondo kiel ekzemplon. En antikva tempo, Zhou, la reĝo de Yin, estis nobla, kiel la Filo de Ĉielo, la plej riĉa en la mondo, havis ĉe si bravulojn-fortulojn, kiel Feizhong-on, Elai-on, Chong Houhu-on. Li povis mortigi homojn nur per unu moveto de montrfingro. Ĉe li estis miliardoj da popoloamasoj[48], plenigantaj montojn kaj kampojn. Tamen li ne povis eviti la punadon fare de la Spiritoj.

Do mi diras, ke povas gardi sin kontraŭ la punado far la Spiritoj nek la riĉuloj, nek la nobluloj, nek la plimultuloj, nek la bravuloj, nek la fortuloj, nek la firmaj kirasoj, nek akraj armiloj. En la libro *Qi Ai* estas skribite: "Feliĉon al bonulo de ajna malalta rango, pereigpunon al klano de ajna alta rango." T. e., la Spiritoj nepre laŭdas ĉiun ajn laŭdindaĵon, kaj nepre punas ĉiun ajn punindaĵon.

今执无鬼者曰：意不忠亲之利，而害为孝子乎？子墨子曰：古之今之为鬼，非他也，有天鬼，亦有山水鬼神者，亦有人死而为鬼者。今有子先其父死，弟先其兄死者矣，意虽使然，然而天下之陈物曰"先生者先死"。若是，则先死者非父则母，非兄而姒也。今洁为酒醴粢盛，以敬慎祭祀，若使鬼神请有，是得其父母姒兄而饮食之也，岂非厚利哉？若使鬼请亡，是乃费其所为酒醴粢盛之财耳。自夫费之，非特注之污壑而弃之也，内者宗族，外者乡里，皆得如具饮食之。虽使鬼神请亡，此犹可以合欢聚众，取亲于乡里。

Nun neantoj de la Spiritoj diras: "Kredantoj je la Spiritoj difektas ordon inter rilatoj de la pliaĝaj kaj malpliaĝaj, ĉu tio ne malhelpas al ili esti fideluloj?"[49]

La Majstro Mozi diris: "Antaŭaj kaj nunaj Spiritoj ne diferencas unuj de la aliaj. Estas la Ĉielaj Spiritoj, estas la montaj kaj akvaj Spiritoj, kaj estas ankaŭ la Spiritoj de

---

[48] La reĝo de Yin, Zhou[纣] – famaĉa kruela reĝo. Feizhong kaj Elai, Chong Houhu[费中、恶来、崇侯虎] estas subuloj. Cifero miliardo da popolanoj[兆亿]estas troigita. Estas dirite, ke en la fina tago de Yin-dinastio, ĝia armeo konsistis el ĉ. 700000 soldatoj.

Qin Ai[禽艾] En la komenco de Zhou-dinastio estis iu regnestro, duko de Qin Ai.

[49] Se la Spiritoj estas pli altaj ol vivantoj, tiam moritintaj malpliaĝuloj fariĝos pli altaj ol patroj kaj aĝaj fratoj. Neantoj de la Spiritoj kritikas tiun punkton.

mortintaj homoj."

Okazas, ke filoj mortas pli frue ol siaj patroj, kaj okazas, ke plijunaj fratoj mortas pli frue ol siaj pliaĝaj fratoj. Kvankam estas tiaj okazoj, tamen ĝenerala tendenco en la naturo estas, ke fruaj naskiĝintoj mortas pli frue ol postaj naskiĝintoj. Tiele, pli frue mortas ĝenerale patro aŭ patrino, pliaĝa frato aŭ pliaĝa fratino.

Nun oni oferdonas puran vinon kaj grenojn kaj, festante, humile esprimas respekton. Se ekzistas vere la Spiritoj, trinkas kaj manĝas la Spiritoj de mortintaj gepatroj kaj pliaĝaj gefratoj. Ĉu tio ne multe profitigas ilin? Se ne ekzistus la Spiritoj, oni nur malŝparus monon, vinon kaj grenojn. Kvankam oni malŝparus, tamen forĵetus monon ne en kloakon, sed oni donas al parencoj, samfamilianoj, kaj samvilaĝanoj la ŝancojn kune trinki kaj manĝi. Eĉ se ne ekzistus vere la Spiritoj, eblas kolekti kune por ĝojo homoamason, kiel parencojn kaj samhejmanojn.

今执无鬼者言曰：鬼神者固请无有，是以不共其酒醴粢盛牺牲之财。吾非乃今爱其酒醴粢盛牺牲之财乎？其所得者臣将何哉？此上逆圣王之书，内逆民人孝子之行，而为上士于天下，此非所以为上士之道也。是故子墨子曰：今吾为祭祀也，非直注之污壑而弃之也，上以交鬼之福，下以合驩聚众，取亲乎乡里。若神有，则是得吾父母弟兄而食之也，则此岂非天下利事也哉？是故子墨子曰："今天下之王公大人士君子，中实将欲求兴天下之利，除天下之害，当若鬼神之有也，将不可不尊明也，圣王之道也。

Sed neantoj de la Spiritoj diras plu: "Ĉar tute ne ekzistas la Spiritoj, ne bezonas oferdoni vinon, nek grenojn, nek bestojn. Kion ni domaĝas, tio ne estas mono por la oferado de vino, grenoj kaj bestoj. Ni demandas, kion oni gajnus per tiu oferado. Nur oni kontraŭas la librojn de la sanktaj reĝoj, kontraŭas la vojon de la fila pietato en la popolo. Tio ja ne estas la vojo por fariĝi superaj nobluloj, kiom ajn oni penadus okupiĝi pri tio."

Al ili la Majstro Mozi respondis denove: "Nun mi festas ne por forĵeti oferaĵon en kloakon, sed por peti supre de la Spiritoj benon, kaj por kolekti sube homoamasojn je ĝojo, je interkomunikiĝo de parencoj kaj samhejmanoj. Ĉu tio ne estas la afero de monda profito, se estas dioj kaj tiam Spiritoj de miaj gepatroj kaj gefratoj kune manĝas?"[50]

Tiel do la Majstro Mozi diris: "Se nun reĝoj, landestroj kaj sinjoroj-nobluloj en la mondo vere deziras profitigi la mondon kaj forigi mondan malprofiton, tiam ili nepre

---

[50] Laŭ tia esprimo ekzisto de la Spiritoj por Mozi ŝajnas iomete celkonformeca al komuna vivo de la popolo por "interkomunikiĝo de parencoj kaj samhejmanoj", kio konformas al "la afero de monda profito". Por Mozi la unua graveco estas en "profitigo al la mondo kaj elimino de monda malbono" [兴天下之利、除天下之害]. Al tiu ĉefa celo servas la estimo al la Spiritoj.

devas estimi la Spiritojn. Jen la vojo de la sanktaj reĝoj."[51]

---

[51] Koncepto de "vojo" ĉe Mozi estas la vojo de la sanktaj reĝoj kaj la vojo de superaj nobluloj. [上士之道、圣王之道] Indas pripensi la rilaton inter la Ĉielo kaj la Tao [道]. Mozi ne donas al la Tao tian specialan signifon, kian donis Lao-zi.

27. 非乐上 KONTRAŬ MUZIKO （1）

子墨子言曰：仁之事者，必务求兴天下之利，除天下之害，将以为法乎天下。利人乎，即为；不利人乎，即止。且夫仁者之为天下度也，非为其目之所美，耳之所乐，口之所甘，身体之所安，以此亏夺民衣食之财，仁者弗为也。是故子墨子之所以非乐者，非以大钟、鸣鼓、琴瑟、竽笙之声以为不乐也；非以刻镂华文章之色，以为不美也；非以犓豢煎炙之味，以为不甘也；非以高台厚榭邃野之居，以为不安也。虽身知其安也，口之其甘也，目知其美也，耳知其乐也，然上考之不中圣王之事，下度之不中万民之利，是故子墨子曰：为乐非也。

La Majstro Mozi diris: "La afero de justulo estas serĉi la profitigon al la mondo kaj elimini la malutilon por la mondo, t. e., fari la mondon justa laŭ leĝo. Profitigu la homojn tuj, kaj tuj ĉesu malprofitigi la homojn. La afero de justuloj por la mondo ne estas plezurigi per beleco la okulojn kaj orelojn, nek la buŝon per dolĉaĵo, nek la korpon per diboĉo. Justuloj ne faras tian politikon, ke de la popolo estu forrabata la havaĵo, kiel vestaĵo kaj manĝaĵo."

La Majstro Mozi kritikas la muzikon ne tial, ke al li ne plaĉas sonoj de sonorilego, tamburo, kord- kaj blov-instrumentoj, nek tial ne estas belaj la desegnoj kaj la koloroj je koncerto, nek pro tio, ke manĝaĵoj el rostita viando kaj diversaj kuiraĵoj dum koncerto ne estas bongustaj, nek pro tio, ke ne estas komforte ĉeesti en koncertejo sur ĉielskrapanto aŭ pompa palaco.

Kompreneble, li sentas sin komforta, prenante la manĝaĵon bongustan je sia buŝo, vidante la belecon je siaj okuloj, aŭdante la belsonon je siaj oreloj, sed tamen, al li ne plaĉas nome tio, ke oni, ne pensante supre pri la aferoj de sanktaj reĝoj, ne zorgas sube pri la profito de la tuta popolo. Tial la Majstro Mozi diris, ke estas malbone ludi muzikon.

今王公大人，虽无造为乐器，以为事乎国家，非直掊潦水、折壤坦而为之也，将必厚措敛乎万民，以为大钟、鸣鼓、琴瑟、竽笙之声。古者圣王亦尝厚措敛乎万民，以为舟车，既以成矣，曰："吾将恶许用之？曰：舟用之水，车用之陆，君子息其足焉，小人休其肩背焉。"故万民出财赍而予之，不敢以为戚恨者，何也？以其反中民之利也。然则乐器反中民之利亦若此，即我弗敢非也。然则当用乐器譬之若圣王之为舟车也，即我弗敢非也。

Nunaj reĝoj, dukoj kaj estroj fabrikas muzikilojn per la ŝtata projekto, sed tio ne estas tiel facila afero, kiel ĉerpado de akvo aŭ plugado de tero. Nepre, sekve de tio, ke multe da popolo estas ege ekspluatata, naskiĝas la belsono de grandaj sonoriloj, tamburoj, kord- kaj blov-instrumentoj. Mi ne kritikas tion, ke eĉ la antikvaj sanktaj reĝoj multe ekspluatis la popolon por la konstruado de ŝipoj kaj ĉaroj. "Por kio utiligi fabrikaĵojn? Ŝipoj sur akvo kaj ĉaroj sur tero estas utilaj por ĉiuj tiel: al nobluloj ne laciĝas piedoj kaj al popolo ne doloras dorsoj." Do la popolo, kvankam pagis sian monon por tio, tamen ne aŭdacas senti venĝemon, kial? Ĉar tio denove redonas profiton ĝuste al la popolo. Se muzikiloj redonus al la popolo tian profiton, mi ne kritikus. Se muzikiloj estus utilaj tiel same, kiel ŝipoj kaj ĉaroj ĉe la sanktaj reĝoj, mi ne kritikus.

民有三患：饥者不得食，寒者不得衣，劳者不得息，三者民之巨患也。然即当为之撞巨钟、击鸣鼓、弹琴瑟、吹竽笙而扬干戚，民衣食之财将安可得乎？即我以为未必然也。意舍此。今有大国即攻小国，有大家即伐小家，强劫弱，众暴寡，诈欺愚，贵傲贱，寇乱盗贼并兴，不可禁止也。然即当为之撞巨钟、击鸣鼓、弹琴瑟、吹竽笙而扬干戚，天下之乱也，将安可得而治与？即我未必然也。是故子墨子曰：姑尝厚措敛乎万民，以为大钟、鸣鼓、琴瑟、竽笙之声，以求兴天下之利，除天下之害，而无补也。

Popolo havas tri maltrankviliĝojn: la malsataj ne ricevas manĝaĵon, la frostiĝantoj ne ricevas vestaĵojn, la laciĝintoj ne povas ripozi – tiuj tri maltrankviliĝoj estas tro grandaj por la popolo. Ĉu eblus doni al la popolo pacan vivon kun posedaĵo de vestoj kaj nutraĵoj, se oni sonorigas sonorilegojn, tamburojn, kord- kaj blov-instrumentojn kaj dancas kun ŝildo kaj toporo? Mi opinias, ke ne eblus.

Krom tio. Nun estas la granda regno, kiu agresas la malgrandan. Estas la granda klano, kiu atakas la malgrandan. La fortaj minacas la malfortajn, la multaj perfortas la malmultajn, ruzuloj trompas malsaĝulojn, nobeloj arogantas antaŭ nenobeloj, aperas ribelantoj, ŝtelistoj kaj rabistoj. Ne eblas malpermesi ĉion ĉi tion. Ĉu eblus pacigi malordon de la mondo per sonoro de sonorilegoj, tamburoj, kord- kaj blov-instrumentoj, kaj per danco kun ŝildo kaj toporo? Mi opinias, ke ne eblus.

La Majstro Mozi diris: "Estas vane, se, ege ekspluatante la popolon, oni volus profitigi la mondon kaj volus forigi la malbonon de la mondo iel ajn per belsono de sonorilegoj, tamburoj, kord- kaj blov- instrumentoj."

是故子墨子曰：为乐非也。今王公大人，唯毋处高台厚榭之上而视之，钟犹是延鼎也。弗撞击，将何乐得焉哉？其说将必撞击之。惟勿撞击，将必不使老与迟者。老与迟者耳目不聪明，股肱不毕强，声不和调，明不转朴。将必使当年，因其耳目之聪明，股肱之毕强，声之和调，眉之转朴。使丈夫为之，废丈夫耕稼树艺之时；使妇人为之，废妇人纺绩织纴之事。今王公大人唯毋为乐，亏夺民衣食之财，以拊乐如此多也。

Tial la Majstro Mozi diris, ke ludi muzikon ne estas utile. "Se nun de sur la alta palaco vidas suban orkestron la reĝoj, dukoj kaj estroj, tiam eĉ sonoriloj aspektas nur tripiedaj kuirpotoj, starantaj kappiede. Se ne batite, la sonoriloj ne sonoras muzike. Do oni devas bati sonorilojn. Sed por ludi instrumentojn estas ne uzeblaj la maljunuloj nek infanoj. Al ili mankas la akraj oreloj kaj okuloj, kaj la fortaj korpoj, kaj la harmoniaj voĉoj, kaj la ritma senso. Nepre oni devas uzi la plenaĝulojn kun akraj oreloj kaj okuloj, forta korpo, harmonia voĉo, kaj ritma senso. Se dungi la plenaĝulojn por ludi muzikilojn, tiam mankas la laboruloj de la kultivado kaj la plantado. Se dungi virinojn por tio, mankas la laborantoj de la ŝpinado kaj la teksado. Kiam la reĝoj, dukoj kaj estroj nur ĝuas la muzikon, tiam de la popolo estas forrabata la posedaĵo de vestaĵoj kaj nutraĵoj. Multiĝas nur muzikiloj."

是故子墨子曰：为乐非也！今大钟、鸣鼓、琴瑟、竽笙之声既已具矣，大人锈然奏而独听之，将何乐得焉哉？其说将必与贱人，不与君子。与君子听之，废君子听治；与贱人听之，废贱人之从事。今王公大人惟毋为乐，亏夺民之衣食之财，以拊乐如此多也。

Tial la Majstro Mozi diris: "For la muzikon!" Nun pretaj estas muzikiloj, kiel sonorilegoj, tamburoj, kord- kaj blov- instrumentoj. Kia plezuro estus al ili, se sole aŭdus sinjoroj la ludon? Kompreneble, ili nepre aŭdas kune kun homoamasoj aŭ kun nobluloj. Se kun nobluloj, oni devas forigi ilin el la ofica laboro. Se kun homoamasoj, oni devas malhelpi al ili okupiĝi pri laboro. Por ke la reĝoj, dukoj kaj estroj ĝuu la muzikon, de la popolo estas forrabata la posedaĵo, kiel vestaĵoj kaj nutraĵoj. Kaj nur multiĝas de muzikilo.

是故子墨子曰：为乐非也。昔者齐康公兴乐万，万人不可衣短褐，不可食糠糟。曰：食饮不美，面目颜色不足视也；衣服不美，身体从容丑羸，不足观也。是以食必粱肉，衣必文绣，此掌不从事乎衣食之财，而掌食乎人者也。是故子墨子曰：今王公大人，惟毋为乐，亏夺民衣食之财以拊乐如此多也。

Tial la Majstro Mozi diris, ke la muziko ne estas utila. Antaŭe estis en Qi-regno la reĝo Kang, kiu ŝategis muzikon, nomatan *Wan*(dek mil)[52]. Por tio ĉiuj muzikantoj ne

---

[52] Kang [康公(sur trono 404–379 a.K.)] La lasta reĝo de Jiang[姜]-familio de Qi-regno, estas uzurpita de Tian He[田和]. *Wan* （dek mil） 乐万 estas nomo de muziko. Laŭ Hu Shi kaj Fang Shuchu estus

devis vesti sin per povraj vestoj kaj ne devis manĝi malbonan nutraĵon. Nome, ne estus vidinde, ke, kun malbona nutraĵo, malbela fariĝus mieno kaj vizaĝo; kun malbela vestaĵo, tuta korpo prezentus sin malbela. Nutraĵo devas esti bonkvalitaj cerealoj kaj viandoj, kaj vestaĵo devas esti nepre brodita bele. Tio signifas, ke ili, ne laborante, manĝas kaj vestiĝas, ke ili estas nutrataj de la aliaj laborantoj.

 Tial la Majstro Mozi diris: "Tia estas la maniero, ke reĝoj, dukoj kaj estroj multe ĝuas por si la muzikon, ekspluatante posedaĵon, vestaĵon kaj manĝaĵon de la popolo."

是故子墨子曰：为乐非也。今人固与禽兽、麋鹿、蜚鸟、贞虫异者也。今之禽兽、麋鹿、蜚鸟、贞虫，因其羽毛以为衣裘，因其蹄蚤以为绔屦，因其水草以为饮食。故唯使雄不耕稼树艺，雌亦不纺绩织纴，衣食之财固已具矣。今人与此异者也：赖其力者生，不赖其力者不生。君子不强听治，即刑政乱；贱人不强从事，即财用不足。今天下之士君子，以吾言不然，然即姑尝数天下分事，而观乐之害。王公大人蚤朝晏退，听狱治政，此其分事也；士君子竭股肱之力，亶其思虑之智，内治官府，外收敛关市、山林、泽梁之利，以实仓廪府库，此其分事也；农夫蚤出暮入，耕稼树艺，多聚叔粟，此其分事也；妇人夙兴夜寐，纺绩织纴，多治麻丝葛绪綑布縿，此其分事也。今惟毋在乎王公大人说乐而听之，即必不能蚤朝晏退，听狱治政，是故国家乱而社稷危矣；今惟毋在乎士君子说乐而听之，即必不能竭股肱之力，亶其思虑之智，内治官府，外收敛关市、山林、泽梁之利，以实仓廪府库，是故仓廪府库不实；今惟毋在乎农夫说乐而听之，即必不能蚤出暮入，耕稼树艺，多聚叔粟，是故叔粟不足；今惟毋在乎妇人说乐而听之，即必不能夙兴夜寐，纺绩织纴，多治麻丝葛绪綑布縿，是故布縿不兴。曰：孰为大人之听治而废国家之从事？曰：乐也。

 Tial la Majstro Mozi diris, ke tia muziko ne estas utila. Nun, homoj diferencas de aliaj kreitaĵoj, ekz., bestoj, cervoj, birdoj kaj insektoj. Nunaj bestoj, cervoj, birdoj kaj insektoj vestiĝas je siaj propraj plumoj kaj feloj, kaj anstataŭ ŝuoj kaj ŝtrumpoj ili havas siajn hufojn aŭ ungojn, kaj ili manĝas kaj trinkas al si akvoplantojn kaj herbojn. Do iliaj viroj ne bezonas kultivi kaj planti, inoj ne bezonas ŝpini kaj teksi, ĉar ili jam havas por si naturan vestaĵon kaj nutraĵon. Nunaj homoj estas tute aliaj, ili devas apogi sin sur sia laboro, kaj, kiuj ne laboras, tiuj ne povas vivi.

 Se oficistoj ne okupiĝus pri la administrado, tuj malordiĝus la politiko. Se la popolo ne okupiĝus pri laboro, tuj mankus vivrimedoj. Nunaj sinjoroj kaj nobluloj en la mondo ne konsideras mian opinion ĝusta, do ni pristudu la dividon de laboroj en la mondo, kaj observu la malutilon de muziko.

 Reĝoj, dukoj kaj estroj frue matene iras al oficio kaj malfrue vespere revenas. Ili dubinde, ke Mozi mem povu koni la muzikon.

okupiĝas pri juĝado kaj administrado. Tio estas la laboro, asignita al ili. Sinjoroj-nobluloj, dediĉante al la afero sian tutan korpon, animon kaj saĝon, servas en oficejoj de registaro, kaj administras merkatojn, doganejojn, montojn, arbarojn, riverojn, lagojn, fiŝkaptejojn, per tio ili riĉigas la ŝtatan trezorejon. Tio estas la divido de laboro. Kamparanoj frumatene ekiras kaj malfrue vespere revenas, por kultivadi kaj plantadi, kaj multe rikoltadi grenojn kaj fabojn. Tio estas la divido de laboro. Virinoj frue ellitiĝas kaj malfrue enlitiĝas, ŝpinante fadenojn kaj teksante ŝtofojn el lino, silko, puerario k. a. Tio estas la divido de laboro.

Se nun reĝoj, dukoj kaj estroj dronus en muziko-koncerto, ili ne povus okupiĝi pri juĝado kaj regado de frua mateno ĝis malfrua vespero. En tiu okazo malordiĝus la ŝtato kaj endaĝerigata estus la societo. Se nun sinjoroj-nobluloj absorbiĝus en muziko-koncerto, do ili ne povus tutkorpe kaj tutanime okupiĝi pri la administrado de oficejoj kaj de merkatoj, doganejoj, montoj, arbaroj, akvejoj, fiŝkaptejoj. Ili ne povus riĉigi la fiskon, kiu ne estus plena. Se nun kamparanoj mergiĝus en muziko-koncerto, ili de matene ĝis vespere ne povus kultivi, nek plantadi, nek rikoltadi. En tiu okazo mankus grenoj kaj faboj. Se nun virinoj dronus en muziko-koncerto, ili nepre ne povus frue ellitiĝi kaj malfrue enlitiĝi, ne povus ŝpinadi, nek teksadi ŝtofojn el lino, silko, k. a. Tiel do mankus ŝtofoj. Pro kio fariĝas malorda la regado de estroj kaj la ŝtata afero? Pro muziko.

是故子墨子曰：为乐非也。何以知其然也？曰：先王之书，汤之《官刑》有之，曰："其恒舞于宫，是谓巫风。其刑，君子出丝二卫，小人否，似二伯。"《黄径》乃言曰："鸣乎！舞佯佯，黄言孔章。上帝弗常，九有以亡；上帝不顺，降之百殃，其家必坏丧。"察九有之所以亡者，徒从饰乐也。于《武观》曰："启乃淫溢康乐，野于饮食，将将铭，苋磬以力，湛浊于酒，渝食于野，万舞翼翼，章闻于大，天用弗式。"故上者天鬼弗戒，下者万民弗利。是故子墨子曰：今天下士君子，请将欲求兴天下之利，除天下之害，当在乐之为物，将不可不禁而止也。

Tial la Majstro Mozi diris, ke estas malutila la muziko. Kiel estas sciate? En la libro de la antaŭa reĝo, *Guanxing*[53] de Tang, estas skribite: "Ĉiama dancado en la palaco nomiĝas moro de ŝamanino. Punu pro tio per depreno, se sinjoron, je du faskoj da silkaĵoj; se simplulon, je ducento da fadenoj."

En la libro *Huanjing* estas skribite: "Ha, floras dancado kaj atingas belsono ĉielon. Supra Dio ne subtenas tion kaj la ŝtato pereas. Supra Dio ne ŝatas tion, faligos cent

---

[53] *Guanxing* de Tang [湯之官刑] estas libro de punjuro ĉe la reĝo Tang. *Huanjing* [黄径] —alia nomo de *Da Shi* [大誓] [Fang Yong282].

malfeliĉojn kaj la domoj nepre detruiĝos."

La ŝtato pereis, ĉar oni vane ornamis muzikon. En la libro *Wuguan*[54] estas skribite: "Qi-regno diboĉis kaj dronis en muziko, farante subĉielan koncerton kun grandega festeno, plenigas kampon per belsono de muzikiloj. Oni ebriiĝis de vinoj kaj frandaĵoj, dancadis orgie. Tio atingis la Ĉielon, kiu ne ŝatis tian ekscesan feston." Sed ĉar de supre la Ĉiela Spirito ne antaŭavertis tion pri punado[戒][55], sube la tuta popolo malprofitis.

Tial do la Majstro Mozi diris: "Se nunaj sinjoroj-nobluloj en la mondo volus al la mondo multigi profiton kaj forigi malutilon, tiam ili ne devas ne malpermesi fenomenon de la muzika febro."

---

[54] *Wuguan*[武观]iu supozas ĝin nomo de filo de Qi, alia konjektas ĝin nomo de libro. Qi 启 estis la dua reĝo de Yin-dinastio, filo de Yu.

[55] Multaj esploristoj ŝanĝis la ideogramon 戒 per 式, sed mi tradukis laŭ restanta teksto. Ĉi tie evidentiĝas, ke la Spiritoj ne haltigas malbonon, sed nur vidas la pekulon devojiĝanta kaj finfine punas.

28. 非命上 KONTRAŬ FATALISMO (1)

子墨子言曰：古者王公大人为政国家者，皆欲国家之富，人民之众，刑政之治。然而不得富而得贫，不得众而得寡，不得治而得乱，则是本失其所欲，得其所恶，是故何也？子墨子言曰：执有命者以杂于民间者众。执有命者之言曰："命富则富，命贫则贫；命众则众，命寡则寡；命治则治，命乱则乱；命寿则寿，命夭则夭。命虽强劲，何益哉？"上以说王公大人，下以驵百姓之从事，故执有命者不仁。故当执有命者之言，不可不明辨。

La Majstro Mozi diris: "La antikvaj reĝoj, dukoj kaj estroj, regante la ŝtaton, ĉiuj volus riĉigi la ŝtaton, multigi la popolon kaj administri per juĝo kaj politiko. Tamen ili ricevis ne riĉon, sed malriĉon, ne multiĝon, sed malmultiĝon, ne pacan regadon, sed tumulton, tiel do ili perdis tion, kion ili deziris, ricevinte malbonon. Kial tio okazis?"

La Majstro Mozi diris: "En la popolo troviĝis adorantoj de fatalismo. Fatalistoj diras: 'Riĉiĝas tiu, kiu estas destinita al riĉulo; malriĉiĝas destinito al malriĉulo; multiĝas tiuj, kiuj estas destinitaj al multiĝo; malmultiĝas destinitoj al malmultiĝo; paciĝas tie, kie estas destinite al paco; malordiĝas tie, kie estas destinite al malordo; longvivas tiu, kiu estas destinita al grandaĝiĝo; antaŭtempe forpasas tiu, kiu estas destinita al frua morto. La sorto estas tiel forta, ke vane estus penadi, ĉu ne?' Fatalistoj asertas tiel supre al reĝoj, dukoj kaj estroj, sube al laboruloj-popolanoj. Tiuj fatalistoj estas tiel malhonestaj, ke ni ne devas ne kritiki ilin."

然则明辨此之说将奈何哉？子墨子言曰：必立仪。言而毋仪，譬犹运钧之上而立朝夕者也，是非利害之辨，不可得而明知也。故言必有三表。何谓三表？子墨子言曰：有本之者，有原之者，有用之者。于何本之？上本之于古者圣王之事。于何原之？下原察百姓耳目之实。于何用之？废以为刑政，观其中国家百姓人民之利。此所谓言有三表也。

Kiun rimedon ni devas preni por kritiki ilian argumenton? La Majstro Mozi diris: "Nepre necesas starigi kriterion. Sen kriterio en vortoj neatingebla estas la celo, samkiel starigi direktindikilon sur turniĝanta tornilo, ne eblas klare jesi aŭ nei, nek distingi profiton aŭ malprofiton. Por argumentado per vortoj nepras tri principoj."

Kio estas tiuj tri? La Majstro Mozi diris: "Esplori la temon je la fundamento retrospektive, je la fonto kurante, kaj je la apliko praktike. Kio estas retrospektive? –

Esplori supre la aferojn de antikvaj sanktaj reĝoj. Kio estas kurante? – Esplori sube pri la nuntempa realo de la popolo per la oreloj kaj okuloj. Kio estas praktike? –Metante la ideon en realan politikon, observi, ĉu tio profitigas la ŝtaton kaj popolon aŭ ne. Jen estas la tri kriterioj en vortoj. "

然而今天下之士君子，或以命为有。盖尝尚观于圣王之事：古者桀之所乱，汤受而治之；纣之所乱，武王受而治之。此世未易，民未渝，在于桀纣则天下乱，在于汤武则天下治。岂可谓有命哉！

Interalie iuj el nunaj sinjoroj en la mondo kredas, ke en ĉio estas la sorto. Ni observu, kia estis la afero de la sanktaj reĝoj. Antikve, post kiam la mondon malordigis la reĝo Jie, sekve ordigis ĝin la reĝo Tang. Kion la reĝo Zhou malordigis, tion sekve la reĝo Wu ordigis. La mondo estas sama kaj la popolo estas sama, sed ĉe Jie kaj Zhou malordiĝas la mondo, kaj ĉe Tang kaj Wu la mondo oridiĝas. Ĉu eblus diri, ke tio estas la sorto?

然而今天下之士君子，或以命为有。盖尝尚观于先王之书？先王之书，所以出国家、布施百姓者，宪也。先王之宪，亦尝有曰"福不可请，而祸不可讳，敬无益，暴无伤"者乎？所以听狱制罪者，刑也。先王之刑亦尝有曰"福不可请，祸不可讳，敬无益，暴无伤"者乎？所以整设师旅、进退师徒者，誓也。先王之誓亦尝有曰："福不可请，祸不可讳，敬无益，暴无伤"者乎？是故子墨子言曰：吾当未盐数，天下之良书不可尽计数，大方论数，而五者是也。今虽毋求执有命者之言，不必得，不亦可错乎？

Spite tion, iuj el nunaj sinjoroj en la mondo diras, ke ĉion decidas la sorto. Ni provu observi librojn de antaŭaj reĝoj. Estas ĉe ili la leĝaro, kiu estas farita de la ŝtato kaj promulgita al la popolo.

Ĉu en la leĝaro de antaŭaj reĝoj, estus skribite: "Ne eblas esperi feliĉon, ne eviteblas la plago, estas vane respekti, estas neakuzebla la kruelaĵo."? Estas kriminala kodo, kiu juĝas krimojn. Ĉu en la kodo estus skribite: "Ne eblas esperi feliĉon, ne eviteblas la plago, estas vane respekti iun ajn, estas neakuzebla la kruelaĵo."? Estas la ĵuro-instrukcio al armeoj, ordonanta militan disciplinon kaj marŝon-retiriĝon. Ĉu ie ajn en la ĵuro-instrukcio de la antaŭaj reĝoj troviĝus la vortoj: "Ne eblas esperi feliĉon, ne eviteblas la plago, estas vane respekti iun ajn, estas neakuzebla la kruelaĵo."?

La Majstro Mozi diris: "Mi ankoraŭ ne tralegis ĉiujn librojn, ĉar bonaj libroj estas nekalkulebraj. Sed ĉefaj argumentoj estas skribitaj en tiuj kvin libroj. Ĉu estus trovebla tia argumento, kia estas ĉe la fatalistoj? - Tute ne. Ĉu oni ne devas forĵeti ties opinion?"

今用执有命者之言，是覆天下之义。覆天下之义者，是立命者也，百姓之谇也。说百姓之谇者，是灭天下之人也。然则所为欲义在上者，何也？曰：义人在上，天下必治，上帝山川鬼神必有干主，万民被其大利。何以知之？子墨子曰：古者汤封于亳，绝长继短，方地百里，与其百姓兼相爱，交相利，移则分。率其百姓，以上尊天事鬼，是以天鬼富之，诸侯与之，百姓亲之，贤士归之，未殁其世，而王天下，政诸侯。昔者文王封于岐周，绝长继短，方地百里，与其百姓兼相爱、交相利，则。是以近者安其政，远者归其德。闻文王者，皆起而趋之。罢不肖股肱不利者，处而愿之曰："奈何乎使文王之地及我吾，则吾利，岂不亦犹文王之民也哉。"是以天鬼富之，诸侯与之，百姓亲之，贤士归之，未殁其世，而王天下，政诸侯。乡者言曰：义人在上，天下必治，上帝山川鬼神必有干主，万民被其大利。吾用此知之。

Nuna fatalismo deturnas la juston de la mondo.[56] Kiu deturnas la mondan juston, tiu, starigante fatalismon, ĝojas je malĝojo de la popolo. Kiu ĝojas je malĝojo de la popolo, tiu pereigas la mondon. "Kial devas stariĝi supre la deziranto de justo kun sia interna volo de la konscienco? Ĉar, se staras la justulo supre, la mondo estas regata nepre pace, helpas la Supra Dio kaj la Spiritoj de la monto kaj rivero, kaj la tuta popolo ricevas la grandan profiton. Kial estas sciate tiel?"

La Majstro Mozi diris: "En antikvaj tempoj Tang estis feŭdita en la malgranda Bo-lando ĉirkaŭ 100-*li* kvadrate, kie la estro kaj popolo amis sin reciproke, interŝanĝis profiton reciproke, dividis avantaĝon inter si. Gvidante la popolon, li supre respektis la Ĉielon kaj servis al la Spiritoj, do la lastaj riĉigis lin, kaj aliaj landestroj amikiĝis kun li, kaj la popolo estis intima kun li, la saĝaj personoj sekvis lin. Tiel do li fariĝis la reĝo antaŭ ol sia morto, kaj regis super la aliaj landestroj. Antikve, la reĝo Wen estis feŭdita en Qizhou-lando ĉirkaŭ 100-*li* kvadrate, kie li kun sia popolo amis reciproke, interŝanĝis reciproke profiton, ktp. Tial do proksimuloj estis pace regataj de li, malproksimuloj sekvis lian virton. Kiu aŭdas la famon de la reĝo Wen, ĉiu kolektiĝis al li. Kiu ne povis iri al li pro sia handikapo, tiu preĝis, dirante: 'La regno de la reĝo Wen ne sterniĝus al ni, tamen se ni sekvos lin, ankaŭ ni ricevos avantaĝon tiel same, kiel la popolo regata de la reĝo Wen'. Do la Ĉielo kaj la Spiritoj riĉigis lin, la aliaj landestroj aliĝis al li, la popolo fariĝis intima al li, la saĝaj personoj sekvis lin. Li regis la mondon kaj landestrojn antaŭ ol li forpasis. Mi jam diris, ke se supre estas la justulo, nepre estas regata pace la mondo,

---

[56] Mozi kritikas fatalismon pro tio, ke "nuna fatalismo deturnas la juston de la mondo", ĉar tia pensmaniero de fatalismo detruas signifon de leĝaro. Leĝo estas efika nur al tiuj, kiuj povas respondi por sia konduto. Ĉi tie troveblas la doktorino de laŭdekreta regado, simila al la ideo de la legalizisma skolo [法家].

kaj helpas nepre la Supra Dio kaj la Spiritoj de monto kaj rivero, kaj la tuta popolo ricevas la grandan profiton. Mi scias tion laŭ la supre menciita historio."

是故古之圣王发宪出令，设以为赏罚以劝贤，是以入则孝慈于亲戚，出则弟长于乡里，坐处有度，出入有节，男女有辨。是故使治官府，则不盗窃，守城则不崩叛，君有难则死，出亡则送。此上之所赏，而百姓之所誉也。执有命者之言曰：上之所赏，命固且赏，非贤故赏也；上之所罚，命固且罚，不暴故罚也。是故入则不慈孝于亲戚，出则不弟长于乡里，坐处不度，出入无节，男女无辨。是故治官府则盗窃，守城则崩叛，君有难则不死，出亡则不送。此上之所罚，百姓之所非毁也。执有命者言曰："上之所罚，命固且罚，不暴故罚也；上之所赏，明固且赏，非贤故赏也。"以此为君则不义，为臣则不忠，为父则不慈，为子则不孝，为兄则不良，为弟则不弟，而强执此者，此特凶言之所自生，而暴人之道也。

Sekve, la antikvaj sanktaj reĝoj donis leĝojn kaj dekretojn, laŭ kiuj oni taksadis laŭdon kaj punon, kaj stimuladis la saĝon. Tiel do estas fiksiĝinta la principo, ke ene de familio estu fila pietato kaj kompato inter parencoj, ekster domo estu fideleco de plijunaĝulo al pliaĝulo en hejmloko, estu modereco kaj prudenteco en ĉiu konduto interne kaj ekstere, estu deca distingo inter viro kaj virino.

Tial ĉe la administrado de registaraj oficoj, ne okazas koruptado, nek ŝtelado; ĉe la gardo de kastelo ne okazas disfalo, nek perfido. Ĉe la krizo de la reĝo oni gardas lin vivriske, kaj akompanas lin, kien ajn li rifuĝas. Tia konduto estis laŭdata ne nur de supre, sed ankaŭ de sube, de la popolo.

Fatalistoj diras: "Estas laŭdate de supre ne pro saĝa konduto, sed pro bonsorto, kaj estas punate de supre ne pro krimo, sed pro malbonsorto."

Laŭ tia pensmaniero svarme kreskas malobeemo kaj senkompatemo inter parencoj, ekstere malrespektado de plijunaĝulo al pliaĝulo en hejmloko, malmodereco kaj senprudenteco en ĉiu konduto interne kaj ekstere, maldeca sendistingo inter viro kaj virino. Tial ĉe la administrado de registaraj oficoj okazadas koruptado kaj ŝtelado; ĉe la gardo de kastelo okazadas disfalo kaj perfido. Ĉe la krizo de la reĝo oni ne gardas lin vivriske, kaj ne akompanas lin, kien ajn li rifuĝas. Tio estas punenda far de supre, riproĉinda far de popolo. Sed fatalistoj diras: "Estas punate de supre ne pro krimo, sed pro malbonsorto. Se estas laŭdate de supre, laŭdate ne pro saĝa konduto, sed pro bonsorto." Laŭ tia pensmaniero estro fariĝas maljusta, subulo – nelojala, patro – ne kompatema, filo – ne obeema, pliaĝa frato – ne favorema, plijuna frato – ne servema. Kiu insistas pri tia opinio, tiu disvastigas aparte malbonegan fi-penson, la vojon de kruelulo.

然则何以知命之为暴人之道？昔上世之穷民，贪于饮食，惰于从事，是以衣食之财不足，而饥寒冻馁之忧至，不知曰"我罢不肖，从事不疾"，必曰"我命固且贫"。昔上世暴王不忍其耳目之淫、心涂之辟，不顺其亲戚，遂以亡失国家，倾覆社稷，不知曰"我罢不肖，为政不善"，必曰"吾命固失之"。于《仲虺之告》曰："我闻于夏人矫天命，布命于下，帝伐之恶，龚丧厥师。"此言汤之所以非桀之执有命也。于《太誓》曰："纣夷处，不肯事上帝鬼神，祸厥先神禔不祀，乃曰吾民有命，无廖排漏，天亦纵弃之而弗葆。"此言武王所以非纣执有命也。

Kiel estas sciate, ke tio estas la vojo de kruelulo? Antikve popolanoj, estante povraj, estis voremaj por manĝi kaj trinki, sed maldiligentaj por labori. Kiam al ili mankis rimedoj por manĝi kaj trinki, kaj ilin minacis malsato kaj frostiĝo, tiam ili ne povis diri: "Mi maldiligentis kaj ne okupiĝis pri laboro." Sed ili diris: "Al mi la sorto destinis malriĉiĝi."

En antikvaj tempoj iu tirano dronis en diboĉo plezurigi senson, orelojn kaj okulojn, kaj ne aŭdis admonon de parencoj, finfine pereigis la ŝtaton kaj detruis la societan sanktejon de tero kaj grenoj. Li ne sciis diri: "Mi estis stulta, ke mi faris la regadon malbona." Sed li nepre diris: "Al mi la sorto destinis perdi ĉion."

En la libro *Vortoj de Zhong Hui* estas skribite: "Mi aŭdis, ke ano de Xia, pretekstante la Ĉielan ordonon, disvastigis fatalismon al la suba popolo, kaj Dio, korektpunante la malbonon, detruis la armeon per siaj manoj." Per ĉi tiu parolado Tang kritikis la reĝon Jie pro instigo de fatalismo. La libro *Tai Shi* diras: "Zhou, sidante sur la posteno, ne servis al la Supra Dio kaj la Spiritoj, kaj detruis la sanktejon de prapatroj kaj ne festis. Kaj, dirante, ke la popolo havas destinon, li senescepte persekutis kaj mortigis la popolon. La Ĉielo forlasis lin kaj jam ne gardis lin."[57] Tiel diris la reĝo Wu por kritiki la fatalismon de Zhou.

今用执有命者之言，则上不听治，下不从事。上不听治，则刑政乱；下不从事，则财用不足。上无以供粢盛酒醴，祭祀上帝鬼神，下无以降绥天下贤可之士，外无以应待诸侯之宾客，内无以食饥衣寒，将养老弱。故命上不利于天，中不利于鬼，下不利于人，而强执此者，此特凶言之所自生，而暴人之道也。是故子墨子言曰：今天下之士君子，忠实欲天下之富而恶其贫，欲天下之治而恶其乱，执有命者之言不可不非，此天下之大害也。

Se nun estus adoptita la fatalismo, supruloj ne regus, subuloj ne laborus. Se supre oni ne regus, politiko tuj malordiĝus; se sube oni ne laborus, tuj mankus la vivrimedoj.

---

[57] *Vortoj de Zhong Hui* [仲虺之告] kaj *Tai Shi* [太誓] estas ĉapitroj de *Shujing* [书经], Zhong Hui estis ministro ĉe la reĝo Tang.

Oni ne oferdonacus puran grenon kaj vinon supren al la Supra Dio kaj la Spiritoj, sube ne eblus kolekti saĝajn oficirojn kaj kompetentulojn por administri la mondon, ekstere ne eblus akcepti gastojn-landestrojn, interne ne eblus doni al malsatiĝantoj manĝi nek nutri maljunulojn kaj malfortulojn. Tial la fatalismo estas malutila supre al la Ĉielo, meze al la Spiritoj, sube al la homoj. Kiu insistas pri ĝi, tiu disvastigas aparte malbonegan fi-penson, la vojon de kruelulo.

Do la Majstro Mozi diris: "Nunaj sinjoroj-nobluloj en la mondo, se ili vere volus riĉigi la mondon kaj malamas la malriĉon, se ili volus pacan regadon de la mondo kaj malamas tumulton, ĉiuokaze ili devas nei la opinion de fatalistoj, kiuj estas la plej granda malutilo al la mondo."

29. 非命中 KONTRAŬ FATALISMO (2)

子墨子言曰：凡出言谈、由文学之为道也，则不可而不先立义法。若言而无义，譬犹立朝夕于员钧之上也，则虽有巧工，必不能得正焉。然今天下之情伪，未可得而识也，故使言有三法。三法者何也？有本之者，有原之者，有用之者。于其本之也，考之天鬼之志、圣王之事；于其原之也，征以先王之书；用之奈何，发而为刑。此言之三法也。

La Majstro Mozi diris: "Laŭ ĝenerala opinio, al la literatura scienco necesas antaŭ ĉio starigi la kriterion. Sen la kriterio en diskuto, se paroli metafore, samkiel oni starigus birilon sur turniĝanta tornostablo. Ĉiu ajn eksperto ne povas mezuri korekte. Do ne eblas scii la veron kaj malveron de la mondo. Tial estas uzataj tri metodoj en diskuto. Kio estas tiuj tri metodoj? Esplori la temon en la bazo, en la fonto, kaj en la uzo. Esplori la bazon estas observadi la volon de la Ĉielo kaj la Spiritoj kaj la aferon de la sanktaj reĝoj. Esplori la fonton estas serĉadi pruvon en la skribaĵoj de antaŭaj reĝoj. Esplori la uzon estas apliki al la politiko. Tio estas la tri metodoj en diskuto."[58]

今天下之士君子，或以命为亡。我所以知命之有与亡者，以众人耳目之情，知有与亡。有闻之，有见之，谓之有；莫之闻，莫之见，谓之亡。然胡不尝考之百姓之情？自古以及今，生民以来者，亦尝见命之物，闻命之声者乎？则未尝有也。若以百姓为愚不肖，耳目之情不足因而为法，然则胡不尝考之诸侯之传言流语乎？自古以及今，生民以来者，亦尝有闻命之声，见命之体者乎？则未尝有也。

Pri la ekzisto de la sorto estas diferenco de opinioj inter sinjoroj en la mondo. Mi povas scii, ĉu io ekzistas aŭ ne, laŭ senso de popolamaso kun oreloj kaj okuloj. Se estas aŭdintoj kaj vidintoj, ĝi ekzistas. Se ne estas aŭdintoj kaj vidintoj, ĝi ne ekzistas. Kial ne esplori la senson de la popolo? De la antikvaj tempoj ĝis nun, ĉu troviĝas inter popolanoj-naskiĝintoj iu, kiu vidis figuron de la sorto, aŭ iu, kiu aŭdis voĉon de la sorto?

---

[58] La "tri metodoj" diversas en tri ĉapitroj *Kontraŭ Fatalismo*. Mi konjektas, ke tiu diverseco devenas de ĉiu skribinto, aŭdanta la prelegon de Mozi. Koncernante la duan metodon, la klarigo diferencas de la 1-a parto, kie estas skribite: "Esplori sube pri la nuntempa realo de la popolo per la oreloj kaj okuloj."

Neniam tio troviĝas. Se vi diras, ke ne indas fidi la popolamason, ĉar ĝi estas stulta kaj ĝiaj oreloj kaj okoluj ne estas perfektaj, do oni ne devas fari ĝin kriterio, en tiu okazo ni esploru la postlasitajn vortojn de landestroj. De antikvaj tempoj ĝis nun, ĉu troviĝas inter ili iu, kiu aŭdis voĉon de la sorto aŭ vidis ĝian korpon? Neniam tio troviĝas.

然胡不尝考之圣王之事？古今圣王，举孝子而劝之事亲，尊贤良而劝之为善，发宪布令以教诲，明赏罚以劝沮。若此，则乱者可使治，而危者可使安矣。若以为不然，昔者桀之所乱，汤治之；纣之所乱，武王治之。此世不渝而民不改，上变政而民易教，其在汤武则治，其在桀纣则乱，安危治乱，在上之发政也，则岂可谓有命哉！夫曰有命云者，亦不然矣。

Kial ne esploru la aferon de sanktaj reĝoj? Antikvaj sanktaj reĝoj admonis gefilojn obei al gepatroj kun fila pietato, respektis saĝulojn kaj igis ilin fari bonon, donis leĝojn kaj dekretojn por instruado, klarigis laŭdon kaj punon por disciplinado. Tiel ili kontrolis bone malordon kaj pacigis danĝeron. En alia okazo, kiam antikve Jie malordigis la mondon, Tang ordigis ĝin. Kiam Zhou malordigis la mondon, la reĝo Wu ordigis ĝin. Ne ŝanĝiĝas ĉi tiu mondo mem, nek la popolo. La supro ŝanĝis la politikon kaj rezulte la popolo ŝanĝiĝis konscie. Ĉe Tang kaj ĉe Wu estis paco, sed ĉe Jie kaj ĉe Zhou－malordo. Paca ordo aŭ danĝera malordo dependas de la supra politiko, nepre ne de iu ajn fatala sorto! Eraras la fatalistoj.

今夫有命者言曰：我非作之后世也，自昔三代有若言以传流矣。今故先生对之？曰：夫有命者，不志昔也三代之圣善人与？意亡昔三代之暴不肖人也？何以知之？初之列士桀大夫，慎言知行，此上有以规谏其君长，下有以教顺其百姓，故上得其君长之赏，下得其百姓之誉。列士桀大夫声闻不废，流传至今，而天下皆曰其力也，必不能曰我见命焉。

Nun fatalistoj diras: "La fatalismo ekzistis eĉ antaŭe ĉe la reĝoj de tri dinastioj kaj estas heredata ĝis nun, ne ni mem inventis ĝin poste, kial do vi kritikas ĝin nuntempe?"

La Majstro diras: "Vi, fatalistoj, ne scias, kiuj estas la reĝoj de tri dinastioj, la sanktaj bonuloj aŭ la kanajloj-tiranoj. Kiel scii tion? Antikve elstaraj sinjoroj estis diskretaj je parolado kaj scipovis bone konduti, ili konsiladis ĝuste al supro, al siaj estroj, kaj rilate al subo gvidadis bone la popolon. Tial ili ricevis laŭdon de la supraj estroj kaj honoron de la suba popolo. Renomo de elstaraj sinjoroj, kiel lojalaj vasaloj, aŭdeblis senĉese kaj estas transdonita ĝis nun. Tion, ke ili famas en la mondo, ĉiuj konsideris kiel rezulton de ilia kapablo, nepre ne iun rezulton de bonsorto."

是故昔者三代之暴王，不缪其耳目之淫，不慎其心志之辟，外之驱骋田猎毕弋，内沉于酒乐，而不顾其国家百姓之政。繁为无用，暴逆百姓，使下不亲其上，是故国为虚厉，身在刑僇之中，不肯曰："我罢不肖，我为刑政不善。"必曰："我命故且亡。"虽昔也三代之穷民，亦由此也。内之不能善事其亲戚，外不能善事其君长，恶恭俭而好简易。贪饮食而惰从事，衣食之财不足，使身至有饥寒冻馁之忧，必不能曰："我罢不肖，我从事不疾。"必曰："我命固且穷。"虽昔也三代之伪民，亦忧此也。繁饰有命，以教众愚朴人久矣。

Sed oni nomas tiranoj de tri dinastioj tiujn, kiuj sur la trono ne ĝustigis sian volupton kaj sian sensan ĝuon per oreloj kaj okuloj, nek detenis sin de malica koro kaj malbona intenco, ekstere absorbiĝis en rajdado kaj ĉasado, interne dronis en trinkado kaj muziko-koncerto, kaj finfine tute ne zorgadis pri administrado de la ŝtato kaj la popolo. Ili faradas ofte malutilaĵon kaj kruelaĵon al la popolo, disigis la suban disde la supra. Tiel do la regno fariĝis vana, kaj ili pro tio estis ekzekutitaj. Tamen ili ne konfesis, ke ili mem estis kulpaj pro tio, ke ili faris la politikon malbona. Ĉiu el ili asertis: "Mi estas destinita al pereo laŭ mia sorto." Povraj popolanoj dum tri dinastioj de tiranoj estis samaj. Interne ili ne povis esti fidelaj al siaj gepatroj kaj parencoj, ekstere ne povis servi lojale al siaj estroj, malŝatis esti humilaj kaj modestaj kaj preferis esti pigraj kaj facilanimaj. Ili voremis, sed estis maldiligentaj je laboro. Tiel do mankis vivrimedoj de vestaĵo kaj manĝaĵo ĝis tiom, kiom ili mem suferadis malsaton kaj malvarmon en frostiĝo. Sed ili ne povis konfesi, ke ili mem estas kulpaj, estante maldiligentaj je laboro. Kaj ili asertis: "Mi estas destinita al malriĉiĝo laŭ mia sorto." Kaj la trompantoj dum tiuj tri dinastioj estis tiaj. Ili ornamis sian fatalismon kaj longdaŭre inspiradis ĝin al la homoamaso kaj stultaj simpluloj.

圣王之患此也，故书之竹帛，琢之金石。于先王之书《仲虺之告》曰："我闻有夏人矫天命，布命于下，帝式是恶，用阙师。"此语夏王桀之执有命也，汤与仲虺共非之。先王之书《太誓》之言然：曰："纣夷之居，而不肯事上帝，弃阙其先神而不祀也，曰：我民有命，毋僇其务。天不亦弃纵而不葆。"此言纣之执有命也，武王以《太誓》非之。有于三代不国有之曰："女毋崇天之有命也。"命三不国亦言命之无也。于召公之《执令》于然，且："敬哉！无天命，惟予二人。而无造言不自降天之哉得之。"在于商、夏之诗书曰："命者，暴王作之。"且今天下之士君子，将欲辩是非利害之故，当天有命者，不可不疾非也。执有命者，此天下之厚害也，是故子墨子非也。

La sanktaj reĝoj, lamentante pri tio, enskribis tion en librojn el bambuo kaj silkaĵo aŭ ĉizadis sur metaloj kaj ŝtonoj. En la libro de la antaŭa reĝo, *Vortoj de Zhong Hui*, estas skribite: "Mi aŭdas, ke iu homo de Xia, prenante la koncepton «Ordono de la Ĉielo» por fatalismo, kaj disvastigis tion al subo. Tial Dio, malaminte tion, detruis lian armeon." Tiu frazo koncernas al la fatalismo de Jie, la reĝo de Xia, kiun ekstermis Tang kun Zhong Hui. La libro de la antaŭa reĝo, *Tai Shi*, diras: "Zhou, sidante sur la posteno, ne servis al la Supra Dio kaj la Spiritoj, detruis la sanktejon de prapatroj kaj ne festis. Kaj, dirante, ke la popolo havas destinon, li freneze persekutis kaj mortigis la popolon. La Ĉielo forlasis lin kaj jam ne gardis lin." Tiel diris la reĝo Wu en la libro *Tai Shi* por kritiki la fatalismon de Zhou.

En la libro *Grandregnoj de tri dinastioj*[59] estas skribite: "Vi ne devas adori la fatalismon je preteksto, kvazaŭ ĝi estus la «Ordono de la Ĉielo»." Tio signifas, ke eĉ en *Tri Grandregnoj* estas negita la ideo de fatalismo. En la *Plenumendaj Dekretoj* de la princo Shao estas skribite same: "Estu prudenta! Ne ekzistas fatalismo, derivata de la Ĉiela Ordono. Tion ni ambaŭ asertas sen mensogo. Ne el la Ĉielo malsuprenirus ia ajn sorto, sed la homo mem helpas sin por efektivigi sian vivon."

En la poemaro de Shang kaj Xia estas dirite: "Fatalismon fabrikas la tirano." Se nunaj sinjoroj-nobluloj en la mondo volus diskuti pri la kialo de avantaĝo kaj malavantaĝo, pri jesado kaj neado je la aferoj, tiam nepre endas forigi la fataliston, kiu opinias, kvazaŭ fatalismo venus de la Ĉiela Ordono.

Ĉiu ajn fatalisto ege malhelpas al la mondo. Tial do la Majstro Mozi neas lin.

---

[59] *Grandregnoj de tri dinastioj* Sun Yirang kaj aliaj esploristoj rigardas la esprimon "三代不国" kiel eraron de "三代百国". Mi provas traduki la ideogramon 不 kiel 丕, kiu signifas "Granda". [SY:276]

Plenumendaj Dekretoj de la princo Shao 召公之执令. Shao 召公奭 estis bastardo de la reĝo Wen, helpis Wu Wang en la venkobato al Yin-dinastio, kaj poste feŭdita en Yan-regno.

30. 非命下 KONTRAŬ FATALISMO (3)

子墨子言曰：凡出言谈，则必可而不先立仪而言。若不先立仪而言，譬之犹运钧之上而立朝夕焉也。我以为虽有朝夕之辩，必将终未可得而从定也。是故言有三法。何谓三法？曰：有考之者，有原之者，有用之者。恶乎考？考先圣大王之事。恶乎原之？察众之耳目之请。恶乎用之？发而为政乎国，察万民而观之。此谓三法也。

La Majstro Mozi diris: "Ĝenerale, kiam oni ekdiskutas, nepre necesas starigi antaŭ ĉio la kriterion kaj difinon de vortoj. Se oni ne starigus antaŭ ĉio iun kriterion kaj difinon de vortoj, oni ricevus nenion, kvazaŭ estus metita la birilo sur turniĝanta tornostablo. Ĉi-okaze eĉ se estas la direktindikilo, laŭ mia opinio, tute ne eblas decidi la direkton. Tial estas necesaj tri metodoj por aliri al la temo. Kio estas la tri metodoj? T. e., la retrospektiva pensado, la kuranta observado je origino, kaj la praktikado. Pri kio pensadi retrospektive? Antaŭ ĉio pri la aferoj de la sanktaj grandaj reĝoj. Kion observadi kurante? Observadi nunan senson de la popolo, realecon de ĝiaj oreloj kaj okuloj. Kiel praktikadi? Endas provadi meti la ideon en la realan politikon de la regno, kaj la tuta popolo vidu kaj esploru la rezulton. Jen estas la tri metodoj."

故昔者三代圣王禹汤文武方为政乎天下之时，曰：必务举孝子而劝之事亲，尊贤良之人而教之为善。是故出政施教，赏善罚暴。且以为若此，则天下之乱也，将属可得而治也；社稷之危也，将属可得而定也。若以为不然，昔桀之所乱，汤治之；纣之所乱，武王治之。当此之时，世不渝而民不易，上变政而民改俗。存乎桀纣而天下乱，存乎汤武而天下治。天下之治也，汤武之力也；天下之乱也，桀纣之罪也。若以此观之，夫安危治乱存乎上之为政也，则夫岂可谓有命哉！故昔者禹汤文武方为政乎天下之时，曰："必使饥者得食，寒者得衣，劳者得息，乱者得治。"遂得光誉令问于天下。夫岂可以为命哉？故以为其力也！今贤良之人，尊贤而好功道术，故上得其王公大人之赏，下得其万民之誉，遂得光誉令问于天下。亦岂以为其命哉？又以为力也！

En antikvaj tempoj, kiam la reĝoj de tri dinastioj, Yu, Tang, Wen, Wu, regis en la mondo, ili nepre instigis, ke fidelaj gefiloj servu al siaj gepatroj, kaj kun respekto lasis la saĝajn bonulojn gvidi kaj fari bonon. Tial ili faris unue la politikon zorgi pri edukado, laŭdi bonon kaj puni krimon. Laŭ mia opinio, per tiu politiko eblas pacigi la mondon, eĉ kiam ĝi malordiĝus, kaj eblas stabiligi la ŝtaton, eĉ kiam estus endanĝerigata la sanktejo de la tero kaj grenoj. Se iu ne konsentus kun mi, do tiu vidu jenon. Antikve, kiam ĉe Jie malordiĝis la mondo, tiam Tang ordigis ĝin; kiam ĉe Zhou malordiĝis la regno, tiam la reĝo Wu ordigis. Tiam, la mondo ne ŝanĝiĝis mem kaj la popolo ne ŝanĝis sin mem. Nur kiam la supro ŝanĝis politikon, tiam ankaŭ la moro de la popolo estis ŝanĝita. Ĉe la reĝoj, Jie kaj Zhou, la mondo malordiĝis, sed ĉe la reĝoj, Tang kaj Wu, ĝi estis pacigita. Paca regado de la mondo estiĝis dank' al la penado de Tang kaj Wu. Ĥaoso estiĝis pro la krimo de Jie kaj Zhou. Se tiel ni rigardas la historion, estas klare, ke paco aŭ danĝero, ordo aŭ malordo, tute dependas de la zorgoplena politiko de la supro, sed tute ne de iu ajn fatala sorto. En antikvaj tempoj, Yu, Tang, Wen kaj Wu, regante la mondon, diris ke la malsataj nepre ricevu manĝaĵon, la frostiĝantoj vestaĵon, laciĝintoj ripozon, kaj suferantoj de malordo ricevu pacan regadon. Rezulte, ili estis ege laŭdataj de publika opinio en la mondo. Ĉu vi vidus tion kiel iun bonsorton? Tion oni devas konsideri kiel la rezulton de pena bonfarado! Nun kompetentaj bonuloj taksas alte la saĝecon kaj strebas bone mastri sciencon. Do ili estas laŭdataj kaj de la supro, de la reĝoj, dukoj kaj estroj, kaj honorigataj de la subo, de la tuta popolo. Kaj fine la tuta publika opinio de la mondo laŭdegas ilin. Ĉu tio estus la rezulto de iu bonsorto? Oni devas konsideri tion la rezulto de la pena bonfarado!

然今夫有命者，不识昔也三代之圣善人与，意亡昔三代之暴不肖人与？若以说观之，则必非昔三代圣善人也，必暴不肖人也。然今以命为有者，昔三代暴王桀纣幽厉，贵为天子，富有天下，于此乎不而矫其耳目之欲，而从其心意之辟，外之驱骋、田猎、毕弋，内湛于酒乐，而不顾其国家百姓之政，繁为无用，暴逆百姓，遂失其宗庙。其言不曰"吾罢不肖，吾听治不强"，必曰"吾命固将失之"。虽昔也三代罢不肖之民，亦犹此也。不能善事亲戚君长，甚恶恭俭而好简易，贪饮食而惰从事，衣食之财不足，是以身有陷乎饥寒冻馁之忧。其言不曰"吾罢不肖，吾从事不强"，又曰"吾命故将穷"。昔三代伪民亦犹此也。

Kiu do estis la fatalisto? La sanktaj bonuloj de tri dinastioj? Aŭ tiranoj-stultuloj de antikvaj tri dinastioj? Se oni vidas tion, fatalistoj estis ne la sanktaj bonuloj de la tri dinastioj, sed nepre la tiranoj-stultuloj. Fatalistoj estis tiranoj de la antikvaj tri dinastioj – Jie, Zhou, You, Li. Kvankam ili devus esti noblaj, la Filoj de Ĉielo, kaj plej riĉaj en la mondo, tamen ili ne povis kontraŭi al siaj deziroj de oreloj kaj okuloj, obeante al sia kutima koro kaj volo. Ili tro entuziasmadis ekstere je ĉeval-kurado kaj ĉasado, kaj interne je trinkado kaj muziko, kaj neniam zorgadis pri regado de la regno kaj la popolo. Ili faradis ofte ne utilajn aĵojn, subpremadis la popolon, kaj finfine detruadis eĉ siajn prapatrajn maŭzolejojn. Ili ne konfesis, ke ili mem estis kulpaj kaj ne okupiĝis diligente pri la regado. Tamen nepre ili diris: 'Ni perdis tion laŭ nia sorto.' Stultaj popolanoj de la antikvaj tri dinastioj estis ankaŭ samaj, kiel ili. Popolanoj ne povis bone obei al gepatroj kaj estroj, ne ŝatis humiliĝi nek ekonomadi, sed preferis facilanimecon, diboĉadis en trinkado kaj manĝado, laboradis inerte. Pro tio mankis la vivrimedoj kiel vestaĵoj kaj nutraĵoj, ne eblis gardi korpon kontraŭ malsato kaj frostiĝo. Sed ili ne konfesis, ke ili mem estis stultaj kaj laboradis maldiligente. Ili diradis: 'Ni fariĝis mizeraj laŭ nia sorto.' Trompantoj kaj vantaj popolanoj de la antikvaj tri dinastioj estis tiaj.

昔者暴王作之，穷人术之，此皆疑众迟朴。先圣王之患之也，固在前矣。是以书之竹帛，镂之金石，琢之盘盂，传遗后世子孙。曰：何书焉存？禹之《总德》有之，曰："允不著，惟天民不而葆。既防凶心，天加之咎。不慎厥德，天命焉葆？"《仲虺之诰》曰："我闻有夏人矫天命，于下，帝式是增，用爽厥师。"彼用无为有，故谓矫，若有而谓有，夫岂为矫哉！昔者，桀执有命而行，汤为《仲虺之告》以非之。《太誓》之言也，于去发曰："恶乎君子！天有显德，其行甚章。为鉴不远，在彼殷王。谓人有命，谓敬不可行，谓祭无益，谓暴无伤。上帝不常，九有以亡；上帝不顺，祝降其丧。惟我有周，受之大帝。"昔纣执有命而行，武王为《太誓》去发以非之。曰：子胡不尚考之乎商周虞夏之记，从十简之篇以尚，皆无之，将何若者也？

Tian fatalismon elknedis la antikvaj tiranoj kaj disvastigis iuj ruzuloj nur por trompi popolamason kaj deteni simplulojn de vera scio. La sanktaj reĝoj de antaŭlonge timadis pri tio. Oni restigis sian zorgon pri tio en la libroj el bambuo kaj silkaĵo, kaj sur metaloj kaj ŝtonoj, ĉizadis sur pelvoj kaj transdonis al posteuloj en estontaj generacioj.

En kiuj libroj estas tio? En la libro *Zong De* [Principo de Virto][60] de la reĝo Yu estas skribite: "La Ĉielo nepre vidas ĉion, kaj homoj nenion povas kaŝi sub la Ĉielo. Se kiu ne povos deteni sin je sia malbona koro, tiun punos la Ĉielo. Ĉu la Ĉielo gardos iun, kiu estas malprudenta kaj malvirta?"

En la libro *Vortoj de Zhong Hui* estas skribite: "Mi aŭdis, ke iu homo de Xia tordis la Ĉielan ordonon kiel fatalismon kaj erarigis subon. Dio malamis tion kaj subite detruis la armeon." Ĉar li faris neekzistan fatalismon estanta, tio estis nomata 'tordado-ŝajnigo'. Se oni lasus ekziston estanta, tio ne estus 'tordado-ŝajnigo'! "

Antikve, Jie fariĝis fatalisto, kaj tion Tang kritikis en la libro *Vortoj de Zhong Hui*. En la libro *Tai Shi* estas skribite, ke tiam Qu Fa[Zi Fa][61] diris: "Sinjoroj! La Ĉielo

---

[60] *Zong De* [Principo de Virto] de la reĝo Yu [禹之总德]. La libro perdiĝis.
[61] Qu Fa(Zi Fa)[子发] estas alinomo de Wu Wang.
Temo de "Fatalismo" estas unu el la ĉefaj en rusa literaturo, aparte en la verko de M. Lermontov *"Heroo de nia epoko"*. Kaj en la historio de rusa penso la temo fariĝas disputo inter historia nepreco kaj persona volo. Estas impone, ke jam en antikva Ĉinio troviĝas origino de tiu disputo inter Mohistoj kaj

helpas nur tiun, kiu montras la virton. Estas tre klare, kion faras la Ĉielo. La pruvo troviĝas proksime ĉe la reĝo de Yin. Li diris, ke estas la sorto, kaj ne necesas respekti la Spiritojn nek festi por ili. Kaj li ankaŭ asertis, ke ne repagota estus malbonfarado. La Supra Dio jam ne helpis lin kaj lia regno pereis. Al la Supra Dio ne plaĉis la reĝo-fatalisto, do Dio repagis al li la meritataĵon – detruon. Mia nuna dinastio Zhou heredis la regnon dank' al la Granda Dio." Tiel ankaŭ la fataliston Zhou neniigis la reĝo Wu laŭ la skribaĵo en *Tai Shi*. Sinjoroj fatalistoj, kial vi ne esplorus skribaĵojn en vicoj de dinastioj Shang, Zhou, Yu, Xia, ĉu troviĝus iu fatalismo aŭ ne? Nenie troviĝas iu ajn. Kiel vi kontraŭargumentus?

是故子墨子曰：今天下之君子之为文学出言谈也，非将勤劳其惟舌，而利其唇呡也，中实将欲其国家邑里万民刑政者也。今也王公大人之所以蚤朝晏退，听狱治政，终朝均分，而不敢怠倦者，何也？曰：彼以为强必治，不强必乱；强必宁，不强必危，故不敢怠倦。今也卿大夫之所以竭股肱之力，殚其思虑之知，内治官府，外敛关市、山林、泽梁之利，以实官府，而不敢怠倦者，何也？曰：彼以为强必贵，不强必贱；强必荣，不强必辱，故不敢怠倦。

Tiel do la Majstro Mozi diris: "Nunaj sinjoroj-nobluloj en la mondo, strebante al scienco, literaturo kaj oratora parolado, ne devas okupiĝi je vanta babilado per lango kaj buŝo, sed, se ili volus esti reale utilaj, devas fari politikon por la ŝtato kaj la tuta popolo. Nun reĝoj, dukoj kaj estroj laboras de frua mateno ĝis profunda vespero, okupiĝas pri juĝado kaj administrado, eĉ de tagiĝo ĝis matenmanĝo ne eblas esti pigraj. Kial? Ili scias, ke se ili zorgeme penadas, la regado nepre estas en ordo, se ne, malordiĝos nepre; se ili zorgeme penas, nepre estas pace, se ne, nepre danĝere, tial do ili ne povas esti maldiligentaj. Nun sinjoroj oficistoj, kun sia tuta korpa forto kaj tuta scio kaj penso, okupiĝas pri la aferoj interne en la oficoj de registraro, ekstere kolektadas impostojn ĉe doganejoj kaj merkatoj, montoj kaj arbaroj, riveroj kaj fiŝkaptejoj, tiel ili servadas al la registaro sen maldiligenteco. Kial? Ili scias, ke per zorgema penado oni nepre riĉiĝos, sen ĝi nepre estos malriĉa; per zorgema penado oni nepre prosperos, sed sen ĝi nepre estos hontigita. Tial ili ne povas esti maldiligentaj."

今也农夫之所以蚤出暮入，强乎耕稼树艺，多聚叔粟，而不敢怠倦者，何也？曰：彼以为强必富，不强必贫；强必饱，不强必饥，故不敢怠倦。今也妇人之所以夙兴夜寐，强乎纺绩织纴，多治麻丝葛绪捆布縿，而不敢怠倦者，何也？曰：彼以为强必富，不强必贫；强必暖，不强必寒，故不敢怠倦。今虽毋在乎王公大人，藚若信有命而致行之，则必怠乎听狱治

Konfuceano.

政矣，卿大夫必怠乎治官府矣，农夫必怠乎耕稼树艺矣，妇人必怠乎纺绩织纴矣。王公大人怠乎听狱治政，卿大夫怠乎治官府，则我以为天下必乱矣；农夫怠乎耕稼树艺，妇人怠乎纺绩织纴，则我以为天下衣食之财将必不足矣。若以为政乎天下，上以事天鬼，天鬼不使；下以持养百姓，百姓不利，必离散不可得用也。是以入守则不固，出诛则不胜。故虽昔者三代暴王桀纣幽厉之所以共抎其国家，倾覆其社稷者，此也。

Nun kamparanoj laboras de frumateno ĝis vespero, zorgeme kultivadas, semadas kaj plantadas, kaj kolektadas multe da grenoj kaj faboj, kaj ne maldiligentas. Kial? Ili scias, ke se diligentas, nepre riĉiĝos, se ne diligentas, nepre malriĉiĝos, per zorgema penado nepre oni estas sata, se ne, nepre malsatiĝos. Tial do ili ne povas maldiligenti. Nun virinoj ellitiĝas frue kaj enlitiĝas nokte, diligente ŝpinadas kaj teksadas, fabrikas multe da lintolaĵo, silkaĵo, puerariaĵo kaj abutilaĵo. Kaj ili ne maldiligentas. Kial? Ili scias, ke kun diligenteco oni nepre riĉiĝos, sen ĝi oni nepre malriĉiĝos; kun ĝi oni nepre ne suferas de frosto, sen ĝi oni nepre suferos de frosto. Tial ili ne povas esti maldiligentaj. Se nun, estus iuj reĝoj, dukoj kaj estroj, kiuj kredas je fatalismo kaj metas ĝin en praktikon, aperos nepre pigreco en la juĝado kaj politiko. Sinjoroj oficistoj nepre maldiligentos en la oficoj de registaro, kamparanoj nepre ne zorgos pri kultivado kaj plantado, virinoj nepre estos maldiligentaj je ŝpinado kaj teksado. Se reĝoj, dukoj kaj estroj ne zorgadus pri juĝado kaj regado, se sinjoroj oficistoj estus pigraj je administrado en oficoj de registaro, tiam, laŭ mi, nepre malordiĝus la mondo. Kiam la kamparanoj ne zorgadus pri terkultivado kaj plantado, kiam virinoj maldiligentus je ŝpinado kaj teksado, tiam en la mondo, laŭ mi, nepre mankus la vivrimedoj, kiel vestaĵoj kaj manĝaĵoj. Ĉe tia kondiĉo, eĉ se oni volus fari iun politikon por administri la mondon kaj servadi al la Ĉielo kaj la Spiritoj, la lastaj jam ne aŭskultos. Se oni volus regadi siajn popolanojn, estos vane, ĉar la popolanoj, ne havante profiton, nepre foriros. En tiu okazo, oni ne povos gardi sin ene de la kastelo-fortikaĵo, se ekstere batali, nepre malvenkos. Jen tiaj estis la tiranoj de tri dinastioj, kiel Jie, Zhou, You kaj Li, kiuj perdis sian regnon kaj detruis siajn sanktejojn de la tero kaj grenoj.

是故子墨子言曰：今天下之士君子，中实将欲求兴天下之利，除天下之害，当若有命者之言，不可不强非也。曰：命者，暴王所作，穷人所术，非仁者之言也。今之为仁义者，将不可不察而强非者，此也。

Tial do la Majstro Mozi diris: "Nunaj sinjoroj-nobluloj, kiuj sincere volas profitigi la mondon kaj forigi malprofiton, ne devas ne kritiki la malutilon, kiel la vortojn de fatalistoj. Fatalismon fabrikis la tiranoj, disvastigas ĝin la mizeruloj. Ĝi estas nehumaneca penso. Jen kial mi insistas, ke nunaj justuloj kun humaneca kompato nepre devas serioze strebi malkaŝi la malbonon de fatalismo kaj riproĉi ĝin."

31. 非儒下 KONTRAŬ KONFUCEANOJ (3)

儒者曰："亲亲有术，尊贤有等。"言亲疏尊卑之异也。其《礼》曰："丧父母三年，妻、后子三年，伯父叔父弟兄庶子其，戚族人五月。"若以亲疏为岁月之数，则亲者多而疏者少矣，是妻、后子与父同也。若以尊卑为岁月数，则是尊妻子与父母同，而亲伯父宗兄而卑子也，逆孰大焉？其亲死，列尸弗敛，登屋，窥井，挑鼠穴，探涤器，而求其人焉。以为实在则戆愚甚矣；如其亡也，必求焉，伪亦大矣！

Konfuceanoj diras: "Inter parencoj estas iu diferenco, inter respektindaj saĝuloj estas iu malegaleco." Tio estas dirata, koncerne diferencigon de traktado laŭ grado de proksimeco kaj respekto. En la libro *Li* [Decregulo] estas skribite: "Funebra periodo por gepatroj estas 3 jaroj, por edzino aŭ filo-heredanto — 3 jaroj, por parencoj kiel onkloj, fratoj aŭ aliaj filoj—5 monatoj."

Se la funebra periodo dependas de la grado de proksimeco kaj respektindeco, tiam ĝi devas esti, ke ju pli proksima la rilato al mortinto, des pli longa la periodo. Ĉu ne estas la granda kontraŭdiro, je la egaleco inter edzino, filo-heredanto, kaj gepatroj, je la egaleco inter onkloj, fratoj kaj aliaj filoj? Se longdaŭreco estas la kriterio de respekto, ili traktas edzinon kaj filon same, kiel gepatrojn, kaj traktas onklon laŭ patro kaj pliaĝan fraton same, kiel filon de kromedzino.

Kaj troviĝas eĉ ridindaj stultuloj, ke post la morto de iu el parencoj, ne metante la korpon en la ĉerkon, ili serĉas lin sur la tegmento, aŭ en la puto, aŭ en truo de ratoj, aŭ en baseno, ĉu li ne kaŝas sin ie ajn aŭ ne. Spite, ke li jam forpasis, oni serĉadas lin. Tio estas granda hipokriteco!

取妻，身迎，袛褍为仆，秉辔授绥，如仰严亲；昏礼威仪，如承祭祀，颠覆上下，悖逆父母，下则妻子，妻子上侵事亲，若此可谓孝乎？儒者：迎妻，妻之奉祭祀，子将守宗庙，故重之。应之曰：此诬言也。其宗兄守其先宗庙数十年，死丧之其，兄弟之妻奉其先之祭祀弗散，则丧妻、子三年，必非以守奉祭祀也。夫忧妻、子以大负絫，有曰"所以重亲也"，为欲厚所至私，轻所至重，岂非大奸也哉！

Laŭ konfuceanismo, en la procedo de geedziĝa ceremonio, nova edzo unue en la ceremonia kostumo devas veturi akcepti novan edzinon, kiel kondukisto, tenante ĉevalkondukilon kaj la ornamitan ŝnuron por enkonduki novedzinon en la veturilon, kun plej humilega sintenado al ŝi, kvazaŭ al siaj gepatroj. Kaj la nupto estas aranĝita kun granda soleneco, kvazaŭ la festo. Tio estas iu renversado de rilato inter supro kaj subo, t. e. gepatroj kaj edzino. Gepatroj estas subiĝintaj al la nivelo de edzino kaj la edzino estas tiel supriĝinta, ke ŝi uzurpas la postenon de gepatroj. Ĉu per tio estas rigardata la fila pietato al gepatroj kiel la plej grava?

Konfuceanoj diras, ke per la geedziĝo eblas memorfestadi kune kun edzino por forpasintaj prapatroj, kaj ŝiaj naskiĝontaj gefiloj gardos la prapatran maŭzoleon, tial do edzino estas grava. Tian argumenton ni opinias sofisma.

Se la plej aĝa frato en ĉeffamilio estis gardanta la maŭzoleon de prapatroj kelk-dek jarojn, por lia morto la aliaj fratoj funebras dum unu jaro, kaj tute ne funebras por lia edzino, kiu kune memorfestadis prapatrojn de la ĉeffamilio, sed tamen por sia mortinta edzino kaj sia mortinta filo oni devas fari tri-jaran funebron. "Gardi prapatran maŭzoleon kaj memorfestadi pro prapatroj" estas ne rezonebla por pravigi la longdaŭran funebron por edzino en la supre menciita okazo.

Tio, ke edzo tro favore traktas sian edzinon kaj sian filon, jam estas eraro. Kaj aldone konfuceanoj pretekstas, ke "tio estas por estimi gepatrojn." Ili volas estimi la sian propran kaj rezulte malestimas la plej gravan. Ĉu tio ne estas granda friponaĵo?

有强执有命以说议曰：寿夭贫富，安危治乱，固有天命，不可损益。穷达赏罚幸否有极，人之知力，不能为焉。群吏信之，则怠于分职；庶人信之，则怠于从事。吏不治则乱，农事缓则贫，贫且乱政之本，而儒者以为道教，是贼天下之人者也。

El ili troviĝas fatalistoj, kiuj asertas, ke en longviveco aŭ frua morto, paco aŭ danĝero, ordo aŭ malordo, estas iu nepra sorto, nome, la Ĉiela Ordono, tial ne eblas laŭvole profitigi nek malprofitigi. Homoj ne povas propravole ŝanĝi la destinitan, kiel riĉon aŭ malriĉon, laŭdon aŭ punon, feliĉon aŭ malfeliĉon. Oficistoj, kredante tion, estas maldiligentaj je siaj oficoj. Popolanoj, kredante tion, maldiligentas je siaj laboroj. Oficistoj ne bone administras, kaj okazas tumulto. Agrokulturo malboniĝas kaj malriĉo kreskas. Malriĉo estas la fonto de malordo en regado. Sed konfuceanoj konsideras sian ideon la ĝusta vojo de moralo, malgraŭ ke ĝi malhelpas al homoj en la mondo.

且夫繁饰礼乐以淫人，久丧伪哀以谩亲，立命缓贫而高浩居，倍本弃事而安怠傲，贪于饮食，惰于作务，陷于饥寒，危于冻馁，无以违之。是若人气，鶼鼠藏，而羝羊视，贲彘起。

君子笑之，怒曰："散人！焉知良儒。"夫夏乞麦禾，五谷既收，大丧是随，子姓皆从，得厌饮食，毕治数丧，足以至矣。因人之家翠以为，恃人之野以为尊，富人有丧，乃大说，喜曰："此衣食之端也。"

Aldone, ili tro pompe ornamas decregulojn, ceremoniojn kaj muzikon, kaj per tio malpurigas moron de homoj. Longdaŭra funebro kaj hipokrita kondolencado prifriponas parencojn de mortintoj. Starigante fatalismon, ne zorgante pri malriĉiĝo, ili estas tre arogantaj je sintenado. Perfidante la principon, ili forlasas sian laboron, dronante en maldiligenta komforteco, kaj arogantas. Ili estas avidaj je trinkado kaj manĝado, maldiligentaj je laborado. Sufero pro malsato kaj malvarmo kaj sufero pro danĝero de frostiĝo estas ne eviteblaj nek solveblaj.

Tiam ili similas al talpoj, konservantaj manĝaĵon en vango, aŭ al vir-kaproj, rigardantaj malkviete, aŭ al kastritaj aproj. Se iu noblulo ridas tion, ili diras, koleriĝante: "Vi, sentaŭgulo, ne povas kompreni konfuceanojn."

Ili kvestas somere provizoron, kiel cerealon. Post rikolto de kvin grenoj ili okupiĝas pri servado al grandaj funebroj. Kune kun siaj gefiloj ili ĉiuj ĝissate trinkas kaj manĝas. Tiel do se ili traktas kelke da funebroj, al ili ne mankas vivrimedoj. Dependante de la aliaj familioj kaj alies kampoj, ili vivtenas. Se ĉe riĉuloj okazas funebro, ili ĝojegas, dirante: "Jen la fonto de vestaĵo kaj manĝaĵo."

儒者曰：君子必服古言然后仁。应之曰：所谓古之言服者，皆尝新矣。而古人言之，服之，则非君子也。然则必服非君子之服，言非君子之言，而后仁乎？又曰：君子循而不作。应之曰：古者羿作弓，伃作甲，奚仲作车，巧垂作舟，然则今之鲍、函、车、匠皆君子也，而羿、伃、奚仲、巧垂皆小人邪？且其所循。人必或作之，然则其所循皆小人道也？

Konfuceanoj diras: "Nobluloj devas nepre vesti sin tradicie-antikve kaj paroli per antikva lingvo." Ni devas respondi al ili: "La lingvo kaj vestaĵo, kiuj nuntempe estas antikvaj, estis ĉiuj antaŭe ja novaj. Laŭ ilia logiko, tiamaj lingvo kaj vestaĵoj de antikvuloj en tiuj tempoj ne taŭgis por tiamaj nobluloj. Tial do, la vestaĵo nepre ne estis vestaĵo de nobluloj, la lingvo estis lingvo, ne taŭga por tiamaj nobluloj, tamen nur poste tiuj vestaĵo kaj lingvo ŝanĝiĝus virtecaj, ĉu ne?"

Ili diras, ke nobluloj estas fidelaj al la tradicio-precedenco kaj ne devas okupiĝi pri la nova kreado aŭ inventado. Ni al ili respondas: "Antikve Yi inventis fortan pafarkon, Yu — kirason, Xi Zhong — ĉaron, Qiao Chui — ŝipon."[62] Laŭ ilia opinio, kvankam noblaj estas ĉiuj nuntempaj metiistoj, kiel tanistoj, armaĵistoj, ĉarfabrikistoj, meblistoj, tamen

---

[62] Yi [羿], Yu [伃], Xi Zhong [奚仲] kaj Qiao Chui [巧垂] estis nomoj de inventintoj laŭ ĉina legendo.

malnoblaj estis la inventistoj, kiel Yi, Yu, Xi Zhong, Qiao Chui, ĉu ne? Sed, kio estas la tradicia kaj precedenca, ĉio nepre havas la antaŭan kreinton. Ĉu ĉiuj posteuloj iras laŭ la vojo de malgranduloj-inventistoj?

又曰：君子胜不逐奔，揜函弗射，施则助之胥车。应之曰：若者仁人也，则无说而相与。仁人以其取舍是非之理相告，无故从有故也，弗知从有知也，无辞必服，见善必迁，何故相？若两暴交争，其胜者欲不逐奔，揜函弗射，施则助之胥车，虽尽能犹且不得为君子也。意暴残之国也，圣将为世除害，兴师诛罚，胜将因用儒术令士卒曰："毋逐奔，揜函勿射，施则助之胥车。"暴乱之人也得活，天下害不除，是为群残父母，而深贱世也，不义莫大焉！

Interalie, ili diras: "Nobluloj ne persekutas forkurantajn venkitojn nek pafas senkirasajn nerezistantojn. La nobluloj eĉ helpas al retiriĝantaj malamikoj fortiri ĉarojn." Ni respondas al ili: "Se ĉiuj estus humanecaj virtuloj, okazus neniu milito inter ili."

Ĉar inter humanecaj virtuloj estas bone diskutate reciproke per logika argumento pri aprobado kaj malaprobado de la estanta problemo, kaj nehavanto de praveco obeas al la havanto, nescianto obeas al la scianto, senrezona flanko nepre obeas al la rezona flanko, t. e., kie troviĝas la bono, tien transiras la humanecaj virtuloj. Kial ili bezonus ekmiliti?

Se militas tiranoj unu kontraŭ la alia, ĉar ambaŭ estas ja tiranoj, tiuokaze ili ne povos resti la humanecaj virtuloj kiel venkintoj. Ne okazos, ke ili ne volus persekuti venkitojn nek pafi senarmilajn malamikojn kaj kontraŭe volus helpi en retirado de ĉaroj.

Ĉu tiam, kiam iun tiranan regnon la sanktulo volus ekskludi el la mondo kaj puni per sia armeo, estus ia ajn rezono por ordoni al soldatoj, ke "la venkintoj ne plu persekutu nek pafu venkitojn senarmilajn, male, helpu al ili retiri ĉarojn", laŭ la admono de konfuceanoj? Se oni lasus tiranojn-kanajlojn revivi, ne eblus forigi malprofiton en la mondo. Tio multe malhelpos gepatrojn kaj profunde damaĝos la mondon, kaj estos la grandega maljusto!

又曰：君子若钟，击之则鸣，弗击不鸣。应之曰：夫仁人事上竭忠，事亲得孝，务善则美，有过则谏，此为人臣之道也。今击之则鸣，弗击不鸣，隐知豫力，恬漠待问而后对，虽有君亲之大利，弗问不言，若将有大寇乱，盗贼将作，若机辟将发也，他人不知，己独知之，虽其君亲皆在，不问不言，是夫大乱之贼也！以是为人臣不忠，为子不孝，事兄不弟，交，遇人不贞良。夫执后不言之朝物，见利使己，虽恐后言。君若言而未有利焉，则高拱下视，会噎为深，曰："唯其未之学也。"用谁急，遗行远矣。夫一道术学业仁义也，皆大以治人，小以任官，远施周偏，近以修身，不义不处，非理不行，务兴天下之利，曲直周旋，利则止，此君子之道也。以所闻孔某之行，则本与此相反谬也。

Ili diras: "Noblulo similas al sonorilo, se oni batas, ĝi sonoras, se ne batas, ne sonoras." Ni respondas al ili: "Virtuloj servas al sia supro kiel eble plej lojale, al siaj gepatroj plejeble fidele, laŭdante bonagadon kaj kritikante troan eksceson. Tia devas esti la vojo de subuloj."

Nun laŭ ili, kiel sonorilo, nur batite, ĝi sonoras, ne batate, ne sonoras. Se tia estas la subulo, li kaŝas sian scion kaj forton, ĉar li silente atendas demandon de aliuloj kaj poste, se estas demando, li respondos. Tio signifas, ke li antaŭe ne eldiras iun ajn informon eĉ se rilate al profitego por siaj estroj kaj gepatroj, se la lastaj ne demandus. Kiam estas okazonta la invado aŭ agreso fare de fremdaj regnoj aŭ rabistoj kun laŭplana intrigo, dum ne sciate de aliaj, kaj li sola sciiĝis pri la okazontaĵo, eĉ en tiu okazo li ne informigus sen demando de siaj estroj kaj gepatroj, li mem estus la krimulo de granda malordigo.

Li estas mallojala kiel la subulo de estroj, malfidela kiel la filo, malobeema al la pliaĝaj kiel plijuna frato, malhonesta je sintenado al la aliaj. Kvankam, dum komence en konsilejo kaŝante sin malantaŭ la aliaj, konfuceanoj silentas, tamen ili aktive ekparolas por majoritato, trovante por si profiton, kiam videblas jam rezulto de disputo.

Sed, se foje la estro ekparolos spite al ilia avantaĝo, ili silentiĝos timeme kun mallevitaj okuloj, dirante: "Mi ankoraŭ ne bone scias pri tio." Kiel ajn urĝa estus la temo, ili staras ruze en distanco.

Ekzistas unu scienco kaj unu vero, kaj ili du unuiĝas en justo-humaneco. Ĉiu, kiu estas pli granda, regas la aliajn, kaj ĉiu, kiu estas malpli granda, servas kiel oficistoj. Estas tiu, kiu disvastigas ideon malproksimen, kaj estas tiu persono, kiu plialtigas sin mem. Kaj troviĝas tiu, kiu volus eviti maljuston kaj zorgus ne fari la malpravan. Plimultigi la profiton en la mondo, labori ĉiam zorgeme kaj diligente, kaj ĉesi troprofiti, — jen la vojo de nobluloj. Kiom mi aŭdas, la konduto de iu Kong （Konfuceo） principe kontraŭas al tio.

齐景公问晏子曰："孔子为人何如？"晏子不对。公又复问，不对。景公曰："以孔某语寡人者众矣，俱以贤人也。今寡人问之，而子不对，何也？"晏子对曰："婴不肖，不足以知贤人。虽然，婴闻所谓贤人者，入人之国，必务合其君臣之亲，而弭其上下之怨。孔某之荆，知白公之谋，而奉之以石乞，君身几灭，而白公僇。婴闻贤人得上不虚，得下不危。言听于君必利人，教行下必于上，是以言明而易知也，行明而易从也，行义可明乎民，谋虑可通乎君臣。今孔某深虑同谋以奉贼，劳思尽知以行邪，劝下乱上，教臣杀君，非贤人之行也；入人之国而与人之贼，非义之类也；知人不忠，趣之为乱，非仁义之也。逃人而后谋，避人而后言，行义不可明于民，谋虑不可通于君臣，婴不知孔某之有异于白公也，是以不对。"
景公曰："呜乎！贼寡人者众矣，非夫子，则吾终身不知孔某之与白公同也。"

S-ro duko Jing, la reĝo de Qi-regno, demandis al Yan-zi: "Kia estas Kong-zi, kia personeco?" Yan-zi ne respondis. S-ro duko Jing denove demandis, sed Yan-zi ja ne respondis. S-ro duko Jing diris: "Multe da homoj rakontas al mi pri iu Kong kaj ĉiuj opinias lin saĝa. Nun mi demandas al vi, sed vi ne respondas, kial?"

Yan-zi diris al li: "Mi estas sentaŭgulo, do ne povas scii pri saĝuloj. Sed, mi aŭdas, ke la saĝa homo, enirante en la alian regnon, nepre devas konformigi subulojn al la landestro kaj nepre devas klopodi por forigo de malamo inter la supro kaj la subo. Kiam iu Kong vizitis la regnon Chu, li, sciante intrigon de la princo Bai, servis al Shi Qi, kunĵurinto de Bai. Tiam la reĝo apenaŭ pereis, kaj la princo Bai estis mortigita.[63] Laŭ mi, la saĝulo devas servi al la supro senmensoge kaj zorgi la subon pri ĝia sendanĝereco. Se iu ajn opinio de la saĝulo estas aprobita de la estro, ĝi nepre profitigas homojn, se ĝi estas metita en praktikon per la subo, ĝi nepre profitigas la supron. Ĉe saĝuloj la vortoj estas klaraj kaj facile kompreneblaj, la agado estas klara kaj facile praktikebla. La konduto kaj justeco estas klare kompreneblaj al popolanoj, kaj la elpoluritaj projektoj estas aprobeblaj al la estro kaj liaj subuloj. Nun iu Kong kalkuleme je komploto servis al ribeluloj, zorgeme kaj ruze insinuis malbonon, instigis la subon tumulti kontraŭ la supro, kaj incitis vasalojn mortigi la estron, — tio ne estas la konduto de saĝuloj. Ne estas juste al alilanda gasto komploti kun ribeluloj. Sciante malfidelecon, instigi ribelon ne estas virto nek justo. Kaŝite konspiri kaj sekrete kalumnii – tia 'justo' ne estis klare komprenita de popolanoj, kaj tia intrigo ne estis aprobita de la estro kaj liaj vasaloj. Mi ne scias diferencon inter iu Kong kaj la princo Bai. Tial mi ne respondis al via demando."

La duko Jing diris: "Ho! Multe da homoj al mi raportas, sed ne same, kiel vi. Sen vi, mi ne povis scii ĝisfine la samecon inter iu Kong kaj la princo Bai."

---

[63] Iu Kong[孔某] indikas Konfuceon: En kelkaj lokoj de ĉi tiu ĉapitro estas uzata tia malrespekta esprimo. Laŭ Sun Yirang, en originalo estis skribite Kong Qiu[孔丘], sed Pi Yuan[毕沅] ŝanĝis Qiu en Mou[某].[SYR 墨子问诂（上）p. 303]

La duko Jing 景公 estis surtrone en Qi-regno 546 – 489 a. K.

Yan-zi[晏子](-493 a. K.) estis ministro en Qi-regno sub la reĝo Jing. Supozata aŭtoro de la libro *Yanzi Chun Qiu*[晏子春秋], kiun iuj esploristoj (Liu Zhongyuan, k. a.)konsideras kiel verkon de Mohistoj.

La princo Bai[白公] estas nepo de la reĝo Ping[平王] de Chu-regno, laŭ *Zuo Zhuan*[左传] li insidis la atencon kun Shi Qi[石乞] kontraŭ la reĝo en 479 a. K. Tio estis en la tria monato post la morto de Konfuceo. La duko Jing mortis antaŭ 12 jaroj ol la ribelo de Bai. Kaj aldone, Yan-zi mortis pli frue ol Jing. Estas strange, kial estis enmetita tia epizodo en ĉi tiun ĉapitron.

孔某之齐，见景公，景公说，欲封之以尼谿，以告晏子。晏子曰："不可。夫儒浩居而自顺者也，不可以教下；好乐而淫人，不可使亲治；立命而怠事，不可使守职；宗丧循哀，不可使慈民；机服勉容，不可使导众。孔某盛容修饰以蛊世，弦歌鼓舞以聚徒，繁登降之礼以示仪，务趋翔之节以观众，博学不可使议世，劳思不可以补民，累寿不能尽其学，当年不能行其礼，积财不能赡其乐，繁饰邪术以营世君，盛为声乐以淫遇民，其道不可以期世，其学不可以导众。今君封之，以利齐俗，非所以导国先众。"公曰："善！"于是厚其礼，留其封，敬见而不问其道。孔某乃恚，怒于景公与晏子，乃树鸱夷子皮于田常之门，告南郭惠子以所欲为，归于鲁。有顷，间齐将伐鲁，告子贡曰："赐乎！举大事于今之时矣！"乃遣子贡之齐，因南郭惠子以见田常，劝之伐吴，以教高、国、鲍、晏，使毋得害田常之乱，劝越伐吴。三年之内，齐、吴破国之难，伏尸以言术数，孔某之诛也。

Iu Kong iris al Qi-regno kaj renkontis la estron-dukon Jing. La duko Jing diris al Yan-zi, ke li volus feŭdi al Kong la teron de Nixi.[64] Yan-zi diris: "Ĉesu. Konfuceanoj estas arogantaj kaj arbitraj. Ili ne povas gvidi la subon. Ili ŝatas muzikon kaj delogas homojn. Vi ne devas fari ilin regantoj. Ili predikas fatalismon kaj maldiligentas je la aferoj. Ili ne taŭgas por la ofico, kiun ili devus plenumi. Ili funebras atenteme siajn patrojn, sed ne povas kompati popolanojn. Ili vestas sin en stranga vesto kaj ornamas sian vizaĝon. Vi ne devas fari ilin gvidantoj de la popolo. Iu Kong tro pompe ornamas sin kaj forlogas la mondon, delogas popolamason per kord- kaj perkut- muzikiloj kun kantoj kaj dancoj. Li faras decregulojn kaj ceremonion komplikigitaj kun speciala maniero de supren- kaj malsupren- iradoj ĉe kortego kaj montras al ĉiuj la formalaĵon de agmaniero. Kvankam li estas erudicia, tamen lia scio ne praktikeblas en la mondo. Lia profunda pensado ne povas helpi al la popolo. Oni ne povas ellerni lian sciencon dumvive, kiom ajn longe vivus. Liajn decregulojn ne povas plenumi eĉ plenaĝuloj. Kun iom ajn da mono ne eblus ludi sufiĉe lian muzikon. Li delogas la estron kaj vasalojn per ekscese ornamita kaj maljusta tekniko, kaj la popolanojn per luksa voĉa muziko. Lia vojo ne povas esti bona modelo por la mondo kaj lia scienco ne povas gvidi la popolon. Nun Via Moŝto volus feŭdi lin por profitigi moron de Qi-regno, sed tio ne estas konvena por la regado de la

---

[64] Feŭdi al Kong la teron de Nixi [尼谿]. En *Yanzi Chun Qiu* estas skribite pri la loko kiel Erji [尔稽]. Sun Yirang rimarkigas sekvajn erarojn de priskribo. Chiyi Zipi [鸱夷子皮] estas alia nomo de Fan Li [范蠡], helpanto de Yue Wang Gou Jian, post pereo de Wu-regno (473 a. K.) li fuĝis alilanden, inkluzive al Qi-regno. Sed pereis la Wu en la 5-a jaro post la morto de Konfuceo. Tian Chang [田常] uzurpis la tronon de Qi-regno, foriginte Jian Gong [简公] en 481 a. K., do ne eblus akcepti Fan Li. Laŭ Xun-zi, ĉap. Faxing [荀子法行篇], Nanguo Huizi [南郭惠子] turnis sin kun demando al Zi Gong [子貢]. Laŭ *Shiji* [史记] estas skribite, ke Tian Chang [田常], konsilante kun Gao [高], Guo [国], Bao [鲍], kaj Yan [晏], dezirus mobilizi armeon al Lu-regno, sed Kong-zi, aŭdinte tion, sendis Zi Gong al Qi-regno por admoni Tian Chang ataki Wu-regno.

regno kaj popolo."

La duko diris: "Bone!" Kaj kvankam li kompleze traktis iun Kong, tamen li ne feŭdis al li teron, kvankam li aŭdiencis lin kun respekto, tamen li ne aŭskultis lian instruon.

Iu Kong indignis pri tio kontraŭ la duko Jing kaj Yan-zi kaj restigis sian konfidenculon Chiyi Zipi ĉe Tian Chang, kaj subdiris al Nanguo Huizi sian kaŝitan planon, kiun li volus fari, kaj fine revenis al Lu-regno.

Iom poste, kiam Qi-regno ekatakis Lu-regnon, Kong ordonis al Zi Gong, dirante: "Zi, nun tempas fari la gravan aferon!" Kaj iu Kong sendis Zi Gong al Qi-regno por ricevi aŭdiencon ĉe Tian Chang pere de Nanguo Huizi, kaj admonis ataki la Wu-regnon. Krome iu Kong instruis al aliaj sinjoroj Gao, Guo, Bao, kaj Yan ke ili ne malhelpu la ribelon de Tian Chang. Aldone, Kong admonis ankaŭ al Yue-regno ataki Wu-regnon. Tiel dum 3 jaroj Qi-regno kaj Wu-regno pereis, kaj estis nekalkulebla la nombro de mortintoj. En ĉio estis la komploto fare de iu Kong.

孔某为鲁司寇，舍公家而奉季孙。季孙相鲁君而走，季孙与邑人争门关，决植。孔某穷于蔡、陈之间，藜羹不糁。十日，子路为享豚，孔某不问肉之所由来而食；号人衣以酤酒，孔某不问酒之所由来而饮。哀公迎孔某，席不端弗坐，割不正弗食，子路进，请曰："何其与陈、蔡反也？"孔某曰："来！吾语女，曩与女为苟生，今与女为苟义。"夫饥约则不辞妄取以活身，赢饱则伪行以自饰，污邪诈伪，孰大于此！

Iu Kong fariĝis ministro pri justico de Lu-regno, sed li, ne zorgante pri reĝo de Lu, helpis al la ĉefministro Ji Sun fuĝi alilanden, ĉar Kong malŝlosis por Ji Sun la pordon por trairi, kiam la lasta kverelis kun gardantoj.

Kiam iu Kong vivis malfacile en regnoj Cai kaj Chen, li manĝadis nur herban supon sen cerealoj. Dek tagojn poste Zi Lu kuiris porkaĵon, tiam iu Kong, ne demandante, de kie estas prenita la viando, manĝis ĝin. Aldone, Zi Lu aĉetis por li vinon, ŝtelinte alies veston. Iu Kong, ne demandante, de kie la vino venis, trinkis ĝin.

Sed, akceptite de la duko Ai, iu Kong trovis la seĝon malbone aranĝita kaj ne sidiĝis tien, kaj li vidis kuiraĵon tranĉita malorde, do ne manĝis ĝin. Zi Lu demandis lin: "Kial ĉi tie vi kondutas alie ol en Chen-regno kaj Cai-regno?"

Iu Kong respondis: "Nu, mi diras al vi jene. Kvankam antaŭe al ni estis urĝe travivi, tamen nun al ni estas urĝe konduti laŭ justo." T. e., en malsato kaj sufero ili aŭdacas eĉ ŝteli, en sato ili ornamas sin per hipokriteca konduto. Ĉu estus io pli malpura ol tio?

孔某与其门弟子闲坐，曰："夫舜见瞽叟孰然，此时天下圾乎！周公旦非其人也邪？何为舍亓家室而托寓也？"孔某所行，心术所至也。其徒属弟子皆效孔某：子贡、季路辅孔悝乱乎卫，阳货乱乎齐，佛肸以中牟叛，漆雕刑残，莫大焉。夫为弟子后生，其师，必修其言，法其行，力不足、知弗及而后已。今孔某之行如此，儒士则可以疑矣。

Iu Kong sidis kviete kun siaj disĉiploj kaj diris: "Al Shun estis malkviete vidi la patron Gu Sou kiel subulon, tiam la mondo estis endanĝerigata! Interalie, ĉu Dan, la duko de Zhou, ne devojiĝis de la humaneca virto? Kial li forlasis sian domon kaj ermitiĝis?" Konduto de iu Kong estas idealisma ludo. Ankaŭ ĉiuj liaj disĉiploj similas al iu Kong. Zi Gong kaj Ji Lu malordigis Wei-regnon, subtenante Kung Kui; Yang Huo malordigis Qi-regnon; Fu Xi konspiris en la loko Zhongmou; Qi Diao estis ekzekutita. Ĉu troviĝus iu krimo pli granda ol tiuj?[65] Disĉiploj, kiel posteuloj, nepre lernas ĉe la instruisto la manieron de vortoj kaj konduto. Ili ĉesus fari nur tiam, kiam ili scius, ke al ili mankas la kapablo. Tia estis la konduto de iu Kong. Do dubindaj estas la konfuceanoj.

---

[65] Ji Lu[季路]estis subulo de Kung Kui[孔悝], kiu estis grandulo[大夫] en Wei-regno[魏国]. Yang Huo[阳虎]aŭ[阳货] estis subulo de Ji Huan en Lu-regno, ribelis al sia suprulo. Fu Xi[佛肸] vasalo de Fan en Jin-regno. Qi Diao[漆雕] estis konsiderata kiel gvidanto de unu skolo el 8 postaj konfuceanoj laŭ Han Feizi[韩非子·显学篇].
    Laŭ la libro *Zuoshizhuan* [左氏传], la ribelo de la princo Bai kontraŭ la estro de Chu okazis aŭtune en 16-a jaro de Aigong (479 a.K.).
    En la libroj *Weinanzi*[ĉap. Fanlunxun] kaj *Shuoyuan*[ĉap. Zhiwu]estas skribite pri la supremenciita pereo de Wu-regno fare de Shiyi Zipi kaj la Yue-regno. Tio okazis en la 6-a jaro post la morto de Konfuceo. Tianchang prenis la tronon de Qi-regno de la duko Jing, en 481 a.K.

32. 经上/经说上 KANONOJ KAJ EKSPLIKOJ（A）

[Noto.: *Nunaj 32-33 ĉapitroj estas tradukitaj ĉefe laŭ la aranĝo en la libro de Yamada Taku（Ymt）* 山田琢著『墨子』下、明治书院、*1987. Ĉe la Esperantigo de ĉapitroj pri dialektiko mi devas konfesi, ke multaj propozicioj, frazoj kaj vortoj restas ankoraŭ ne deĉifritaj. La traduko similas al grimpado de krutega monto, kovrita de rokoj kaj ŝtonoj. Mi petas de bonkoraj legantoj, ke ili komparu mian tradukon kun tiu de antaŭirintoj, kiel Forke, Graham, Johnston, Tan Jiefu, Yamada Taku, k. a.*]

A1

［经上］ 故，所得而后成也。
［经说上］ 故：小故，有之不必然，无之必不然。体也若有端。大故，有之必无然，若见之成见也。

[Kanono] Kaŭzo – Tio, pro kio io estas akirita aŭ iĝas tia, kia ĝi estas.
[Ekspliko] Kaŭzo – per "Malgranda kaŭzo", kun kiu io okazas ne ĉiam tiel, sed sen kiu io nepre ne okazas tiel. Per "Granda kaŭzo", sen kiu nenio nepre okazas tia kaj tiom, kiom per vidado eblas vidi.

RIM.:
  La granda kaŭzo estas kondiĉo necesa kaj sufiĉa, dum la malgranda kaŭzo estas nur kondiĉo necesa.

A2

［经上］ 体，分于兼也。
［经说上］ 体也，若有端。体：若二之一、尺之端也。

[K] Parto – Io, kio estas dividita el tuto.
[E] Parto havas ekstremon. Por ekzemplo, unuo estas parto de duo, kaj ekstremaĵoj de linio "*chĭ*" estas partoj.

RIM.:
Chi – mezura unuo de longeco.

A 3

［经上］　知，材也。

［经说上］　知，材：知也者，所以知也，而必知，若明。

[K]　Intelekto estas kapacito.

[E]　Intelekto estas kapablo, per kiu oni scias. Io sciata kiel lumiĝo, iĝas nepre preciza scio.

A 4

［经上］　虑，求也。

［经说上］　虑：虑也者，以其知有求也，而不必得之，若睨。

[K]　Kogni estas serĉado.

[E]　Kognado estas tio, per kio oni serĉas la veran scion. Sed oni ne bezonas nepre kapti ĝin. Tio similas al rigardo.

A 5

［经上］　知，接也。

［经说上］　知。知也者，以其知过物而能貌之，若见。

[K]　Sciado estas aliro.

[E]　Sciado estas scii tra objekto, kiun oni prezentas al si. Tio similas al vidado.

A 6

［经上］恕明也。

［经说上］恕，恕也者，以其知论物，而其知之也著，若明。

[K]　Kompreno estas klare vidi.

[E]　Komprenado estas rekoni objekton per logika sinsekvo profunde kaj klare. Tio similas al lumiĝo.

A 7

［经上］　仁，体爱也。

［经说上］　仁，爱己者，非为用己也，不若爱马，著若明。

[K] Humaneco estas amo al ĉiu objekto.

[E] Oni ne aplikas tiun humanecan amon al si mem kiel utilon por si mem, kaj estas klare, ke tio estas malkiel amo al ĉevalo. Tio similas al lumiĝo.

RIM.:
 Forke, laŭ Sun Yirang, amendis 己 per 民 kaj tralegis: "Wohlwollen ist Liebe zum Volke, ohne das man es ausnutzen will."[FrA442] Mi provis traduki laŭlitere.

A 8
［经上］　　义，利也。
［经说上］　义：志以天下为芬，而能能利之，不必用。

[K] Justo estas profito.

[E] Justo estas strebado al tio, kion oni konsideras monda afero, kaj eĉ se oni povos bone profitigi la mondon, sed ne ĉiam estas adoptate.

A 9
［经上］　　礼，敬也。
［经说上］　礼：贵者公，贱者名，而俱有敬僈焉。等，异论也。

[K] Deco estas respektado.

[E] Oni turnas sin al nobelo kun alparola termino Sinjoro, kaj al nenobelo nur kun nomo. Je ambaŭ kazoj estas esprimataj respekto kaj malrespekto, ĉar diversas la konduta modo depende de rangoj.

A 10
［经上］　　行，为也。
［经说上］　行：所为不善名，行也；所为善名，巧也，若为盗。

[K] Konduto estas ago.

[E] Konduto estas fari ion ne por gajni popularecon. Kio estas farata por reputacio, tio estas ruzo, samkiel ŝtelado.

A 11
［经上］　　实，荣也。
［经说上］　实：其志气之见也，使人如己，不若金声玉服。

[K] Reala substanco prosperos.

[E] Reala substanco manifestiĝos laŭ sia energio kaj videblos al aliaj homoj per si mem. Tio estas malkiel tintirado de metalo aŭ pompa ornamaĵo kun jado.

A 12
［经上］　忠，以为利而强低也。
［经说上］　忠：不利弱子亥。足将入，止容

[K] Lojaleco estas konsideri fortigon de la malalta [sinjoro] kiel avantaĝon.

[E] Lojaleco estas necesa precipe tiam, kiam malavantaĝa estas iu malforta sinjorido. Irante antaŭ lin, oni devas ĝustigi sin je pozo.

A 13
［经上］　孝，利亲也。
［经说上］　孝：以亲为芬，而能能利亲，不必得。

[K] Fila Obeemo estas profitigi gepatrojn.

[E] Fila Obeemo estas konsideri servadon al gepatroj kiel devon. Se eblus, oni povas profitigi gepatrojn. Sed tio ne ĉiam estas atingebla.

RIM.:
Estas notinde, ke en la idea sistemo de mohistoj Xiao (Fila Obeemo) baziĝas sur profito.

A 14
［经上］　信，言合于意也。
［经说上］　信：不以其言之当也，使人视城得金。

[K] Fido estas konformo de la vorto al la koro.

[E] "Fido" ne signifas, ke la vorto fakte trafas realon. Ekz-e, sendi homon en kastelon por esplori, konfidigante lin, ke tie troviĝas oro [por instigi soldatojn dum atakado al kastelo].

A 15
［经上］　佴，自作也。
［经说上］　佴：与人遇，人众慆。

[K] Helpi – fari per sia volo.

[E] "Helpi" – Humane traktate, popoloamaso sekvante aliĝas.

A 16

［经上］ 誩，作嗛也。

［经说上］ 誩：为是为是之台彼也，弗为也。

[K] Prudenteco – konduto, ne incitanta malkontentecon.

[E] Estu prudenta, kaj se iu konduto damaĝos la alian, ne faru tion.

A 17

［经上］ 廉，作非也。

［经说上］ 廉：己惟为之，知其䚋也。

[K] Honesteco estas honti malbonagon.

[E] Honesta estas tiu, kiu scias honton por sia ago.

RIM.:

Laŭ Yamada [Ymt447], mi prenas 作 por 怍.

A 18

［经上］ 令，不为所作也。

［经说上］ 所令：非身弗行。

[K] Ordono estas igi la alian fari, do ordonanto mem ne faras.

[E] Ordonato estas ne tiu, kiu ne faras.

A 19

［经上］ 任，士损己而益所为也。

［经说上］ 任：为身之所恶，以成人之所急。

[K] Respondeca personeco estas tiu, kiu prenas sur sin malprofiton kaj helpas al aliaj profiti.

[E] Respondeculo estas tiu, kiu, spite tion, ke al si mem ne plaĉus, plenumas tion, kio estas urĝa al la aliaj.

A 20

［经上］　勇，志之所以敢也。

［经说上］　勇：以其敢于是也命之，不以其不敢于彼也害之。

[K]　Kuraĝo estas intenco, laŭ kiu oni aŭdacas agi.

[E]　Kiu aŭdacas fari ion, tiun oni nomas kuraĝa. Sed kiu ne aŭdacas fari ion, tiun ne necesas malestimi.

A 21

［经上］　力，刑之所以奋也。

［经说上］　力：重之谓下、与重奋也。

[K]　Forto estas tio, per kio moviĝas korpoj.

[E]　Forto estas, t. n., pezo-gravito, konforme al tio，kio altiriĝas suben.

RIM.:

Pi Yuan konsideras 刑 kiel 形, kaj tio estas akceptita de postaj esploristoj.

A 22

［经上］　生，刑与知处也。

［经说上］　生：楹之生，商不可必也。

[K]　Vivo estas la stato, en kiu kunekzistas korpo kun menso.

[E]　Vivo estas la stato, plena je vigleco, sed tiu kvociento ne estas konstanta.

A 23

［经上］　卧，知无知也。

［经说上］　卧：梦。［方勇 FY340］

[K]　Dormo estas la mensa stato de senkonscio.

[E]　En dormo okazas songo.

RIM.:

Johnston konsideras, ke [E] mankas. Sed mi obeas la tekston de Fang Yong [p.340].

A 24

［经上］　梦，卧而以为然也。攸不可，两不可也。

［经说上］（缺）

[K] Sonĝo aperas en dormado, kvazaŭ oni rigardus tion nature okazanta.
[E] *Mankas*

A 25
［经上］　平，知无欲恶也。
［经说上］　平：惔然。

[K] Trankvilo estas la mensa stato, en kiu ne estas deziro nek malamo.
[E] Trankvilo estas kvieteco.

A 26
［经上］　利，所得而喜也。
［经说上］　利：得是而喜，则是利也。其害也，非是也。

[K] Profito estas tio, kio ĝojigas ricevinton.
[E] Je kio oni ĝojas, ricevinte, tio estas profito. Kio damaĝas, tio ne estas profito.

RIM.:
Profito baziĝas sur principo de plezuro-malplezuo, do kio donas al vi plezuron, tio estas profito por vi, kaj kio donas malplezuron, tio estas malprofito. Ĉi tie ne havas lokon argumentado far de F. M. Dostoevskij, kiu asertas, ke eĉ dentdoloro estas plezuro.

A 27
［经上］　害，所得而恶也。
［经说上］　害：得是而恶，则是害也。其利也，非是也。

[K] Damaĝo estas tio, kio malŝatigas ricevinton.
[E] Se oni malŝatas pro ricevo de io, tio estas damaĝo. Kio donos al vi profiton, tio ne estas damaĝo por vi.

RIM.:
Rilato inter profito kaj ĝojo estas simpla kaj profunda por mohistoj. Estas kazo, kiam portempa malĝojo povas doni al iu pli grandan profiton. Ekz-e, Mozi opinias, ke estas profito, se kun unu fingro tranĉite estos savita la korpo. Utilismo, laŭ Mozi, similas al tio de N. G. Ĉerniŝevskij, laŭ kio "Kalkulado de profito" estas esence grava por elekti de agado. Rezulte de kalkulado, unu el disĉiploj de Mozi, Meng Sheng elektis eĉ sinmortigon finfine en 381 a. K. Ĉerniŝevskij ne konvertiĝis kaj estis ekzilita en Jakutio.

A 28

［经上］　　治，求得也。

［经说上］　治：吾事治矣，人有治，南北。

[K]　Ordigo estas tio, per kio oni ricevas la serĉatan.

[E]　Se mia afero estas ordigita, tiam la aliaj homoj estos en ordo sude kaj norde.

RIM.:
　Unu el gravaj pensmanieroj de Mozi. Antaŭ ĉio endas ordigi sin mem. Forke rimarkis: "Der Sinn scheint zu sein, dass die Menschen sich mit der Ordnung ihrer einigen Angelegenheiten begnügen und sich nicht überall in anderer Leute Sachen einmischen sollen, denn dadurch kommt nur Verwirrung, aber keine Ordnung."[FrA446]

A 29

［经上］　　誉，明美也。

［经说上］　誉之，必其行也，其言之忻，使人督之。

[K]　Laŭdi estas fari belon klara [al publiko].

[E]　Laŭdo nepre koncernas ies konduton. La vortoj estas ĝojo por la laŭdato kaj instigas al homoj laŭdindan konduton.

A 30

［经上］　　诽，明恶也。

［经说上］　诽：必其行也。其言之忻。

[K]　Mallaŭdi estas fari malbonon klara.

[E]　Mallaŭdo nepre koncernas ies konduton. Ankaŭ tiuj vortoj estas ĝojo.

RIM.:
　Laŭlitera traduko montras, ke laŭdo kaj ĝusta mallaŭdo ambaŭ estas ĝojo, kreskiganta homojn. Tio signifas, ke klarigo de bona kaj malbona kondutoj estas utila, ĝojinda je disvolviĝo. Laŭdado kaj mallaŭdado al homa konduto egalas al akcelilo kaj bremso por aŭto. Esploristoj korektaĉis la ideogramon 忻 per 怍 [Tan Jiefu, 107] aŭ enmetis 不 antaŭ 忻 [FrA 447]. Mi sekvas neamenditan tekston.

A 31

［经上］　　举，拟实也。

［经说上］　举：告以文名，举彼实也故。

[K]　Levo estas prezenti supozeblan koncepton pri substanco.

[E]　Oni diras la nomon por levi la substancon per vortoj.

RIM.:
拟 havas signifon "imiti, redakti, ellabori". Laŭ *Shuo Wen*[说文] ĝi estas egaligita kiel [度]. Mi komprenas ĝin kiel [拟定] "defini supoze". Forke tradukis per esprimo "Mitteilung mit Worten" [FrA:447], kaj Johnston – "identify an entity"[JhI:399].

A 32

［经上］　言，出举也。

［经说上］　言也者, 诸口能之, 出民者也, 民若画俿也。言也, 谓言犹石致也。

[K]　Vorto estas ellevi aŭ elpreni.

[E]　Vortojn povas eldiri buŝoj. Nomo dirita similas al tigro, pentrita de popolo. Tia estas la vorto. Sed dirita vorto devas atingi la enton, kvazaŭ trapiki ŝtonon.

RIM.:
Sun Yirang amendis la ideogramon 石 per 名 [SY 上 338], multaj esploristoj sekvas lin. Tamen mi penas traduki laŭvorte.

A 33

［经上］　且，言然也。

［经说上］　且: 自前曰且, 自后曰已, 方然亦且。

[K]　Vortospeco "*Qie* 且" esprimas aspekton-procezon de la estado.

[E]　Se *Qie* estas uzata antaŭ la evento, tiam ĝi signifas tempon estontan, se post la evento ĝi signifas finon "jam", se en la estanta procedo de la evento ĝi signifas "dume".

A 34

［经上］　君、臣、萌，通约也。

［经说上］　若石者也，君以若名者也。

[K]　Reĝo estas interkonsento de oficistoj kaj popolanoj.

[E]　Kvazaŭ sankta ŝtono, reĝo estas konforma al la nomo de titolo, servanta al sanktejo.

RIM.:
Estas diversaj interpretoj pri tiuj du propozicioj. Koncernante [K], multaj esploristoj [escepte de Forke] komprenas 萌 kiel 民. 萌 havas signifon similan al ruslingva "narod", tamen diversaj opinioj pri 通约. Iuj interpretas ĝin kiel "interkonsento, kontrakto", aliaj – kiel "unuiganto, kunliganto". Ekz., Graham tradukis jene: "The chün (ruler) is the common knot tying ministers and people."[GrA289] Johnston: "A ruler is one who brings officials and people together in agreement."[JhI403] Cyrus Lee: "Chuen (Guidance) – the common engagement between ministers and people."[LyC189] Ĉinaj intelektuloj en 19-a j. c. trovis mohismon simila al moderna politika ideo. La propozicio estas

disputenda, ĉu mohismo estus proksima al la ideo de "la Sociala Kontrakto" de J. J. Rousseau, aŭ ne.
　La dua propozicio estas tre malklara, ke konfuziĝas esploristoj. Ekz., Sun Yirang konsideras la ideogramon 若石 kiel eraron de 臣民.[SY338] Mi provis traduki laŭlitere. Laŭ la vortaro de Shirakaŭa [Ssz], ideogramo 石 signifis "sanktejon" kaj ideogramo 君 havis signifon de "kleriko" en religia komunumo.

A 35

［经上］　　功，利名也。

［经说上］　功：不待时，若衣裘。

[K]　Merita ago estas profitigi popolon.

[E]　Merita ago ne atendas tempon, kiel somera aŭ vintra vestaĵo.

RIM.:
　La dua propozicio allasas duoblan interpretadon rilate al 若：'samkiel' aŭ 'malkiel'. Multaj tradukistoj inklinas kompreni, ke merita ago estas necesa ĉiam ajn, ĉu somere aŭ vintre [Johnston, Forke, Lee]. Sed eblas kompreni kaj tiel, ke merita ago estas necesa ĉiam ajn, kiel en somero necesas porsomera vesto kaj en vintro – porvintra vesto. Mi preferas la lastan. Sun Yirang opinias, ke 不 devas esti anstataŭigita per 必：Merita ago nepre konformas al ĉiu tempo, kvazaŭ porsomera kaj porvintra vestaĵoj".[SY 338-9]

A 36

［经上］　　赏，上报下之功也。

［经说上］　赏：上报下之功也。［方勇，37 后］（缺）

[K]　Premio estas rekompenco, donacata de la supro al la subo por la merito.

[E]　Premio estas rekompenco, donacata de la supro al la subo por la merito.

RIM.:
　　[K] kaj [E] estas samaj.

A 37

［经上］　　罪，犯禁也。

［经说上］　罪：不在禁，惟害无罪，殆姑。

[K] Krimo estas transpaŝo de la malpermeso.

[E] Krimo: Se ne estas la malpermeso, ne ekzistas iu krimo, eĉ se ĉi tiu estus portempe preskaŭ danĝera.

RIM.:
　Mohismo estis antaŭiranto de la ĉina legalizisma skolo. Nur ekzisto de la leĝo ebligas laŭleĝecon aŭ kontraŭleĝecon. Mi ne povas konsenti kun multe da ĉinaj esploristoj, kiuj prenis esprimon 殆姑 por

eraroj kaj interpretis laŭ Sun Yirang: "Iu damaĝo, okazigita eĉ sen malpermeso, estas proksima al krimo".[SY339] Fang Yong (laŭ Pi Yuan) prenas la propozicion por tute alia signifo: "Krimo konsistas ne nur en transpaŝo de leĝo-malpermeso, sed ankaŭ en damaĝo al senkulpulo."[FY 342]. Mi ne sekvas ilin, sed penas traduki laŭlitere.

A 38

［经上］　　罚，上报下之罪也。

［经说上］　罚：上报下之罪也。

[K]　Puno estas tio, ke la supro donas al la subo　（suferon）　kompense de ties krimo.

[E]　Puno estas tio, ke la supro donas al al subo　（suferon）　kompense de ties krimo.

RIM.:

La tekstoj estas samaj.

A 39

［经上］　　同，异而俱于之一也。

［经说上］　侗：二人而俱见是楹也，若事君。

[K]　Sameco estas tiu stato, ke diversaj aĵoj kuniĝas en unu.

[E]　Proksimuma konformeco estas tia, ke du homoj ambaŭ rigardas unu kolonon, kvazaŭ ili ambaŭ servas al la reĝo.

A 40

［经上］　　久，弥异时也。

［经说上］　久：古今且莫。

[K]　Longdaŭreco kovras diferencajn tempojn.

[E]　Longdaŭreco kovras tempojn estintan kaj estantan, kaj tempon de postmonda nenio.

RIM.:

Preskaŭ ĉiuj esploristoj (laŭ Wang Yinzhi) anstataŭigas la literon "且 kaj" per "且 mateno"[Ymt457]. Mi obeas al la ekzistanta teksto.

A 41

［经上］　　宇，弥异所也。

［经说上］　宇：东西家南北。

［K］ Kosma spaco inkludas diversajn lokojn.
［E］ Kosma spaco inkludas nordon, sudon, orienton kaj okcidenton.

A 42

［经上］　穷，或有前不容尺也。
［经说上］　穷：或不容尺，有穷；莫不容尺，无穷也。

［K］ Limo estas la spaco, kie por sekva antaŭeniro ne troviĝas iom da mezurebla loko.
［E］ Kie restas neniom da mezurebla spaco, tie estas la limo. Se nenie ajn ekzistas nemezurebla spaco, tie la senlimo.

A 43

［经上］　尽，莫不然也。
［经说上］　尽：但止动。

［K］ Elĉerpiteco estas la stato, kie restas nenio.
［E］ Elĉerpiteco estas la stato, kie finiĝis movo.

A 44

［经上］　始，当时也。
［经说上］　始：时或有久，或无久，始当无久。

［K］ Komenco estas la tempo ekesti.
［E］ Komenco: Tempo estas aŭ longdaŭra aŭ mallong-momenta, kaj komenco estas sendaŭra momento.

A 45

［经上］　化，征易也。
［经说上］　化：若蛙为鹑。

［K］ Transformiĝo estas ŝanĝiĝo de distinga eco.
［E］ Transformiĝo estas tio, kvazaŭ rano fariĝus koturno.

RIM.:
　En *Huai Nanzi*, ĉap. *13 Qi Su*, kaj en *Lie-zi*, ĉap. *Tianrui*, ankaŭ estas skribite, ke rano fariĝas koturno. Rano aperis al antikvuloj kiel ŝanĝiĝema figuro. Ŝajnas al mi, ke unu el la plej famaj hajkoj de la japana poeto, Macuo Basyo, "En malnovan lageton rano plonĝis – sono de akvo" estis legata ankaŭ sub tia epizodo.

A 46
［经上］　　损，偏去也。
［经说上］　损：偏去也者，兼之体也，其体或去或存，谓其存者损。

[K]　Redukto estas perdo de unu parto.
[E]　Redukto estas perdo de unu parto el la tuto. El la tuta korpo restas iu parto kaj perdiĝas alia parto. Tiu stato nomiĝas redukto.

A 47
［经上］　　大，益。
［经说上］　（缺）

[K]　Grandeco estas ŝvelo.
[E]　(*Mankas*)

A 48
［经上］　　儇，秪。
［经说上］　儇：昫民也。

[K]　Ĉe cirklo ĉiu punkto estas egala bazo sen ekstremo.
[E]　Cirklo estas harmonia rondo de popolo.

RIM.:
　Frazo 昫民 de [E] enhavas problemon, ke estas malfacile kompreni la signifon. Mi prenis ideogramon 昫（煦）kiel la signifon de "varma, harmonia". Tiel aperas la signifo de ekonomika kaj socia rilato inter homoj.

A 49
［经上］　　库，易也。
［经说上］　库：区穴若，斯貌常。

[K]　Stoko estas ŝanĝiĝema.
[E]　Stoko en kaŝejo aŭ en kavo ŝajnas konstanta laŭ aspekto.

RIM.:
　Pensmaniero estas konforma al ekonomika koncepto "fluo kaj stoko".

A 50

［经上］　动，或从也。

［经说上］　动：偏祭从者，户枢免瑟。

［K］ Laboro estas obeado.

［E］ Laboro estas precipa servado al festo. Tio gravas kvazaŭ porda ĉarniro, sed ne inkluzivas ludon de citro-kotoo.

RIM.:
　　Mi prenis ideogramon 动 ne movo, sed laboro. Mi ne povas akcepti multajn amendojn far de kelkaj esploristoj: 偏→遍, 祭→际, 従→徙,縱, 者→若, 免→兔, 瑟→蝨.

A 51

［经上］　止，因以别道。

［经说上］　止：无久之不止，当牛非马，若夫过楹。有久之不止，当马非马，若人过梁。

［K］ Ĉeso estas sekvo de daŭro.

［E］ Ĉeso: Kio ne daŭras, tio ne ĉesas. Tio estas la logiko, samkiel la bovo ne estas ĉevalo kaj samkiel homo trapasas kolonojn. Se diri, ke tio, kio daŭras, ne ĉesas, tiu eldiro estas sama, kiel la ĉevalo ne estas ĉevalo, kaj kiel homo transpaŝas ponton.

RIM.:
　　Mi opinias, ke la propozicio temas pri aspekto de verboj, perfekta kaj neperfekta. "Kolono" estas momenta punkto, sed "ponto" estas kompare-longdaŭra linio. Estas mirinde, ke argumento disvolviĝas ekde "Stoko kaj ŝanĝo (stock and flow)" ĝis la gramatika temo de verba aspekto.

A 52

［经上］　必，不已也。

［经说上］　必：谓台执者也。若弟兄，一然者，一不然者，必不必也，是非必也。

［K］ Neceseco: Ne povas ĉesi tio, kio okazas necese.

［E］ Neceseco rilatas al kiu ajn kunteniĝo. Ekzemple, necesa estas la rilato inter pliaĝa frato kaj malpliaĝa frato. Tio, kio en iu kazo estas tia kaj en la alia kazo – ne tia, jam ne estas neceseco, ĉar tio ne nepras.

A 53

［经上］　平，同高也。

［经说上］　（缺）

[K] Ebeno estas egala je alteco.
[E] (*Mankas*)

A 54

［经上］　同长，以正相尽也。

［经说上］　同：捷与狂之同长也。

[K] Samlongecon havas rektaj linioj, kiuj estas ĝuste samaj je ambaŭ ekstremoj.

[E] Samaj je longeco ĉe pordo estas la kolonoj kun framo.

A 55

［经上］　中，同长也。

［经说上］　心中自是往相若也。

[K] Centro estas la punkto egaldistanca.

[E] Distanco de la centra punkto ĝis randoj estas egala.

A 56

［经上］　厚，有所大也。

［经说上］　厚：惟无所大。

[K] Dikeco havas grandigeblecon.

[E] Objekto sen dikeco ne havas grandigeblecon.

A 57

［经上］　日中，正南也。

［经说上］　（缺）

[K] Tagmezo estas tiam, kiam la suno estas en ĝusta sudo.

[E] (*Mankas*)

A 58

［经上］　直，参也。

［经说上］　（缺）

[K] Atingi scion per rektiĝo triobla.

[E]   (Mankas)

RIM.:
En B37 estas esprimo "衡智之，参直之也 (Per pesado de opinioj la scio rektiĝas trioble)". Rilate al tiu konteksto mi komprenas la vortojn. Se ne, signifo estas nekomprenebla. Mi prezentu aliajn tradukojn:
Vidu ajon.[Fang Yong p 327，直：就是参照物]
Chi (Straight/ on a straight course) is in alignment.[Graham; GrA307]
Straight is to be aligned (upright).[Johnston; JhI423]
Aufrecht ist, was einem gegenüber steht.[Forke; FrA415]
Rekteco – ĝusta vidado.[Pi Yuan '直，正见也。' 论语：子曰、立则见其参于前。Sun Yirang 上, 310]

A 59

［经上］   圆，一中同长也。

［经说上］ 圆：规写支也。

[K]   Cirklo estas tiu, kies rando havas egaldistancon al unu centro.

[E]   Cirklo: Cirkelo skribas linion, kuniĝantan je ambaŭ ekstremoj.

A 60

［经上］   方，柱隅四謹也。

［经说上］ 方：矩见支也。

[K]   Kvadrato konsistas el kvar egalaj lateroj-kolonoj kun kvar egalaj anguloj.

[E]   Kvadrato: Ortilo-kvadratigilo montras la [egallateran] kurciĝon.

A 61

［经上］   倍，为二也。

［经说上］ 倍：二尺与尺。但去一。

[K]   Duoblo estas dufoja akumulo de sama nombro.

[E]   Duoblo: Du *chi*oj (futoj) estas duobligo de unu *chi*o (futo).

A 62

［经上］   端，体之无序而最前者也。

［经说上］ 端：是无同也。

[K]   Ekstremo estas en vico nenio alia ol la plej antaŭa parto de objekto

[E]   La ekstremo estas ne identa kun alio en vico.

A 63

［经上］　有间，中也。
［经说上］　有间：谓夹之者也。

[K]　Se ekzistas spaco, ekzistas la centro.
[E]　Se ekzistas spaco, estas ankaŭ la flankoj de interejo.

RIM.:
　Spaco estas ĉiam dividebla en du flankoj, kvankam la ekstrema punkto nedividebla. A 61, A 62, kaj A 63 estas sinsekvas en serio: obligo, unuo, divido.

A 64
［经上］　间，不及旁也。
［经说上］　间：谓夹者也。尺，前于区穴，而后于端，不夹于端与区内。及：及非齐之，及也。

[K]　Spaco ne etendiĝas al randaj flankoj.
[E]　Spaco ekzistas inter flankoj.[Se koncerne de iu plata figuro,] Linio estas antaŭ surfaco kaj post la ekstrema punkto, sed ne eblas diri, ke linio estas inter la punkto kaj la surfaco. En du problemoj, kvankam ŝajnas esti iu rilateco, tamen iliaj rilatoj estas ne samaj, diversas dimensio.

A 65
［经上］　纑，间虚也。
［经说上］　纑：间虚也者，两木之间，谓其无木者也。

[K]　Ĉe kano la ena spaco estas malplena.
[E]　En kano, malplena estas la spaco, sed ankaŭ estas malplene, kiam inter du arboj estas neniu arbo.

A 66
［经上］　盈，莫不有也。
［经说上］　盈：无盈无厚。于尺，无所往而不得。

[K]　Pleneco estas tiu stato, ke al ĝi mankas nenio.
[E]　Pleneco: Sen pleneco ne estas dikeco. Sur linio nenie ajn akireblas.

RIM.:
　Taoistoj estimas malplenecon pli ol plenecon, mohistoj rigardas plenecon kaj dikecon gravaj.

A 67

［经上］　坚白，不相外也。

［经说上］　坚白：得二，坚异处不相盈，相非，是相外也。

［K］ Tio, ke estas solida kaj tio, ke estas blanka, ambaŭ distingaĵoj povas kunekzisti en unu objekto.

［E］ Kiam troviĝas du objektoj, solideco diversas okaze de tio, se diferencas je pleneco unu de la alia. Kio diferencas unu de la alia, tio estas ekskluziva unu de la alia.

RIM.:
Ĉi tie reflektas la fama temo de ĉinaj sofistoj: "Blanka ĉevalo ne estas ĉevalo."

A 68

［经上］　撄，相得也。

［经说上］　撄：尺与尺俱不尽，端与端俱尽。尺与或尽或不尽。坚白之撄相尽，体撄不相尽。端。

［K］ Koincideco estas akiro de ambaŭ distingaĵoj.

［E］ Koincideco inter iu linio kaj la alia linio ne ĉiam estas kompleta. Ambaŭ linioj koincidas, kiam ilia punkto kun punkto interkruciĝas. Linio kun linio iam kruciĝas, iam ne kruciĝas. Koincido de solideco kaj blankeco interkruciĝas, dum korpo kun korpo ne interkruciĝas. Temas pri punkto de interkruciĝo.

A 69

［经上］　仳，有以相撄，有不相撄也。

［经说上］　仳：两有端而后可。

［K］ Je komparo de simileco estas iam reciproka koincido, estas iam malkoincido.

［E］ Komparo eblas, se ambaŭ havas punkton de interkruciĝo.

A 70

［经上］　次，无间而不相撄也。

［经说上］　次：无厚而后可。

［K］ La dua en serio estas sen intervalo sed ne estas koincido.

［E］ La dua en serio estas ebla post dimensio sen dikeco.

A 71

［经上］　法，所若而然也。

［经说上］　法：意、规、员三也，俱可以为法。

[K]　Normo estas tio, laŭ kio io fariĝas tia, kia endas esti.

[E]　Normo konsistas el tri procezoj: intenco, cirkelo kaj cirklo. Ili kune ebligas normon.

RIM.:
　Forke komprenas 规，员 kiel reganto kaj oficistoj, kaj tradukis jene:
Es gibt drei Dinge, nach denen man sich richten kann. Ansichten, Regeln und Beamte, sie alle können als Vorbilder dienen.[p. 454]

A 72

［经上］　佴，所然也。

［经说上］　佴：然也者，民若法也。

[K]　Restado estas nepreco.

[E]　Restado estas tia nepreco, kiel popolo obeas al leĝo.

RIM.:
　Mi interpretas 佴 kiel 留. Johnston laŭ ĉinaj esploristoj [Wu Yujiang k. a.] prenas 佴 kiel "duplikaton":
[K]　A replica [duplicate] is that which is "in accord".
[E]　A replica [duplicate]: With regard to that which is "in accord", it is people complying with standards (laws).[p. 435]

A 73

［经上］　说，所以明也。

［经说上］　（缺）

[K]　Parolado estas klarigo pri io.

[E]　(*Mankas*)

A 74

［经上］　彼，不可两不可。

［经说上］　彼：凡牛枢，非牛，两也，无以非也。

[K]　Ne estas allaseble konfirmi ambaŭ du nekunekzisteblajn.

[E]　Gravas, ke tio estas "bovo" aŭ "ne bovo". Ne negeblas, ke ĉio apartenas al unu el du.

A 75

［经上］　　辩，争彼也。辩胜，当也。

［经说上］　辩：或谓之牛，谓之非牛，是争彼也，是不俱当。不俱当，必或不当，不若当犬。

［K］　Disputi estas luktado pro iu objekto. Kiu trafas, tiu venkas en disputado.

［E］　En disputo, kiam iu opinias la objekton bovo kaj la alia – ne bovo, tiam estas lukto pro la objekto. Tia estas la kazo, en kiu ne ambaŭ trafas la veron. Tiam unu el ili ne pravas. Sed, ĉu nepre ne trafus ambaŭ tiuj, kiuj opinias la objekton de "kaniso" hundego?

RIM.:
En la ĉina lingvo estas du vortoj de kaniso 犬 kaj 狗. Vidu [A 80].

A 76

［经上］　　为，穷知而县于欲也。

［经说上］　为：欲雒其指，智不知其害，是智之罪也。若智之慎文也，无遗于其害也，而犹欲雒之，则离之。是犹食脯也，骚之利害，未可知也，欲而骚，是不以所疑止所欲也。墙外之利害，未可知也，趋之而得力，则弗趋也，是以所疑止所欲也。观为穷知而悬于欲之理，雒脯而非恕也，怨指而非愚也，所为与不所与为相疑也，非谋也。

［K］　Konduto dependas de deziro tiom grade, kiom intelekto mankas.

［E］　Konduto. Kiu per intelekto ne scius pri la damaĝo, tiu dezirus eĉ tranĉi al si sian fingron. Je tio kulpas la intelekto. Se tiu scias prudentecon per intelekto, li ne lasas al si vundi sin. Se ankoraŭ li plie dezirus tranĉi sin, li forĵetis jam la intelekton. Ekzemple, jen iu manĝos sekigitan viandon. Estas ankoraŭ ne sciate pri merito-malmerito, ĉu ĝi estus noca aŭ ne. Sed iu deziris formanĝi ĝin senskrupule. Li ne ĉesis konduti laŭ deziro sen suspekti.

Interalie, estas ne sciate pri merito-malmerito ekstere de kastelmuro. Eble, se li eliros eksteren, gajnos monon. Sed li decidis ne eliri, ĉar li, suspektante, forlasis la deziratan. Koncerne al konduto, tiam, kiam elĉerpiĝas la intelekto, je decido funkcias leĝo de deziro. Okazus, ke ne intelekte estas preni sekviandon kaj ne stulte estas tranĉi fingron. Demando, ĉu fari aŭ ne fari, apogas sin sur suspekto, sed ne sur intelekta konsidero.

A 77
[经上]　　已，成、亡。
[经说上]　已：为衣，成也；治病，亡也。

[K]　Fini havas du signifojn: plenumi kaj nuligi.
[E]　Kiam iu vesto estas preta – tiam plenumo, kaj kiam kuraciĝis malsano – tiam nuligo.

A 78
[经上]　　使，谓、故。
[经说上]　使：令谓，谓也，不必成湿；故也，必待所为之成也。

[K]　Igi estas ordono per vorto kaj per kaŭzeco.
[E]　Ordono per vorto ne ĉiam efektiviĝas depende de natura fenomeno, kiel malsekeco. Kaŭzeco nepre atendas efektiviĝon.

A 79
[经上]　　名，达、类、私。
[经说上]　名：物，达也，有实必待文多也。命之马，类也，若实也者，必以是名也。命之臧，私也，是名也，止于是实也。声出口，俱有名，若姓宇洒。

[K]　Nomo. Aĵo, aro kaj propra nomo.
[E]　Nomo de aĵoj estas substantivo, kiun havas multo da substancoj. Nomo de ĉevalo apartenas al aro, kiu ankaŭ ŝajnas reala, kaj nepre estas nomo de kvalifiko. Nomo, kiel "Zang", estas propra. Kvankam ĝi estas nomo, tamen ĝi ne kovras tutan substancon. Ĉiuj voĉoj, kiuj eliras el buŝo, havas nomojn tiel same, kiel homo havas familian kaj personan nomojn.

A 80
[经上]　　谓，命、举、加。
[经说上]　谓狗犬，命也。狗犬，举也。叱狗，加也。

[K]　Al nomo apartenas la aliaj alvokoj: ŝanĝita, uzata kaj aldonita.
[E]　Ŝanĝita estas la nomo-slango, kiam oni nomas teatran trukon "hundo". Ĝenerale uzata nomo estas hundo el kaniso. Kiam oni riproĉas iun "hundo", oni uzas aldonitan signifon.

RIM.:
　　Estas esprimo de teatro 洒狗血.

A 81

［经上］　知，闻、说、亲、名、实、合、为。

［经说上］　知：传受之，闻也；方不障，说也；身观焉，亲也。所以谓，名也；所谓，实也；名实耦，合也；志行，为也。

［K］　Scio estas akirebla per aŭdado, klarigo kaj propra sperto. Scio konsistas el nomo, praktiko, sintezo kaj ago.

［E］　Scio, transdonita de iu, estas scio per aŭdado. Ekskludo de obstrukcioj estas klarigo. Atingitaĵo per propra observado estas scio el sperto. Vorto, uzata por distingi objekton, estas nomo, kiu estas substantivo. Kunligo inter nomo kaj substanco estas ja sintezo. Ago laŭ la volo kun strebado estas konduto.

A 82

［经上］　闻，传、亲。

［经说上］　闻：或告之，传也；身观焉，亲也。

［K］　Aŭdado estas kono transdonita de iu kaj kono senpera per propra sperto.

［E］　Aŭdado de io dirita de la aliaj estas transdono. Kono per propra korpo kaj okuloj estas sperto.

A 83

［经上］　见，体、尽。

［经说上］　见：时者，体也，二者尽也。

［K］　Vidado povas esti parta aŭ plena.

［E］　Portempa vidado estas parta. Dufoja vidado estas plena.

RIM.:
　　体 estas parto laŭ la difino de A2 ［体，分于兼也 Parto – Io, kio estas dividita el tuto.］

A 84

［经上］　合，正、宜、必。

［经说上］　古：兵立反中，志工，正也。臧之为，宜也。非彼，必不有，必也。圣者用而勿必，必去者可勿疑。

[K]　Konformo konsistas el precizeco, konveneco kaj neceseco.

[E]　Preciza devas esti rezulto kaj celo en milita taktiko. Konvena devas esti konduto de subuloj. Necesecon eblas mezuri, kiam mankas io, sen kio estas neestigebla la afero. Do sanktuloj ne apogas sin sur stato kun tia neceseco kiel fatalismo, ĉar ili eliminas dubon je "fatala" manko.

RIM.:
　Mi sekvas esploristojn, kiuj opinias, ke ideogramo 古 estas eraro de 合.

A 85

［经上］　欲正权利；且恶正权害。

［经说上］　仗者两而勿偏。

[K]　Pesi. Kiu deziras juston, tiu pesas profiton. Kiu malamas juston, tiu mispesas ĝin.

[E]　Alfrontante ambaŭ du flankojn, batalanto por justo ne inklinas al eksceso.

A 86

［经上］　为，存、亡、易、荡、治、化。

［经说上］　为：早台，存也；病，亡也；买鬻，易也；霄尽，荡也；顺长，治也；蛙买，化也。

[K]　Signifo "fariĝi" estas jena: konservi ekzistadon, elimini, interŝanĝi, dissolviĝi, ordigi kaj ŝanĝiĝi.

[E]　Konservi ekzistadon estas la pretigo de armilaro por defendo; elimini estas la kuracado de malsano; interŝanĝi estas komerco; dissolviĝi estas la malapero de nuboj; ordigi estas la obeo al supro, kaj ekzemplo de ŝanĝiĝo estas la transformiĝo de rano.

A 87

［经上］　同，重、体、合、类。

［经说上］　同：二名一实，重同也；不外于兼，体同也；俱处于室，合同也；有以同，类同也。

[K]　Sameco aperas je identeco, je duobliĝo, je parto, je kuneco, je aro.

[E]　Sameco je identeco estas, kiam unu substanco havas du nomojn. Estas duobliĝa sameco. Tio, kio ne ekzistas ekstere de la tuto, estas samaj kiel en parto. Tio kio kunestas en unu ĉambro, estas samaj je kuneco. Tio, kio havas samecon je genro, estas samaj kiel klasifikebla aro.

A 88

［经上］　异，二、不体、不合、不类。

［经说上］　异：二必异，二也；不连属，不体也；不同所，不合也；不有同，不类也。

［K］　Diverseco aperas en la kazo de "du", kiel "ne partoj", "ne kuniĝo", "neklasifikebla aro".

［E］　Diverseco. Se ekzistas du, ili nepre diferencas. Tiuj, kiuj ne ekzistas en kontinua serio, ne estas en parto de la sama tuto. Tiuj, kiuj ne ekzistas en la sama loko, ne kuniĝas. Tiuj, kiuj ne havas komunecon, ne konsistigas klasifikeblan aron.

A 89

［经上］　同异交得，知有无。

［经说上］　同异交得，于福家良，恕有无也。比度，多少也。免蚓还园，去就也。鸟折用桐，坚柔也。剑尤早，生死也。处室子子母，长少也。两绝胜，白黑也。中央，旁也。论行行行学实，是非也。难宿，成未也。兄弟，俱适也。身处志往，存亡也。霍，为姓故也。贾宜，贵贱也。

［K］　Sameco kaj diferenco estas ricevitaj reciproke en relativeco, samkiel esto kaj neesto.

［E］　Sameco kaj diferenco interŝanĝas en relativeco jene. Rilate al riĉeco de familioj kaj intuicia scipovo, troviĝas havantoj kaj nehavantoj. Je komparado de grado troviĝas plimulto kaj malplimulto. Je movado de serpentoj kaj tervermoj en ĝardeno troviĝas foriro kaj aliro. El branĉoj de paŭlovnio, kiujn rompas birdoj, estas molaj kaj malmolaj. En skermado des pli iu mortas kaj la alia postvivas. Inter kunloĝantaj gefiloj el unu patrino estas diferenco de maljuneco kaj juneco. Kontraŭstaras distinge blanko kaj nigro, centro kaj periferio. Koncernante al diskuto, konduto, lernado kaj praktiko, distingiĝas ĝusto kaj malĝusto. Malfacilo je fatalismo kuŝas en tio, ke ne estas sciate, ĉu kaŭzeco iĝos tia aŭ ne. Fratoj maljunaj kaj plijunaj estas kunuloj kaj samtempe rivaloj unu kun la alia. Se korpo estas ĉi tie kaj menso estas tie, tiam disiĝas vivo kaj morto. La vorto "Huo" signifas aŭ familinomon, aŭ subitan morton. Prezo de varoj estas aŭ kara, aŭ malkara.

A 90

［经上］　　闻，耳之聪也。

［经说上］　闻：循所闻而得其义，心之察也。

［K］　Aŭdado estas percepto de oreloj.

［E］　Per aŭdado oni perceptas signifon kaj observas alies menson.

A 91

［经上］　　言，口之利也。

［经说上］　言：执所言而意得见，心之辩也。

［K］　Parolado estas avantaĝo de buŝo.

［E］　Oni perceptas konscion de la alia laŭ parolataj vortoj, kiuj estas dialekto de koro.

A 92

［经上］　　诺，不一。利用。

［经说上］　诺：超、城、员、止也。相从、相去、先知、是、可，五色。长短、前后、轻重援，执服难成。

［K］　Konsento havas ne unu signifon, do endas uzi por profito.

［E］　Konsenti estas transiri muron, ariĝi kaj fiksi. Je konsento estas diversaj specoj por konduto, ke ambaŭ sekvas laŭvole kaj ambaŭ sekvas malgraŭvole. Necesas antaŭe scii pri ebleco de kvin koloroj（kondiĉoj）：longeco kaj mallongeco je la tempo, vico de procezo "antaŭ kaj post", pezo kaj malpezo je grado de konsento, subtenantoj kaj plenumebleco.

A 93

［经上］　　服，执說。巧转则求其故。大利。

［经说上］　服：难。成言、务成之、九则求执之。

［K］　Konvinkebleco. Oni devas kapti subtilan vortuzadon en parolado kaj serĉi la kialon. En tio estas granda avantaĝo.

［E］　Estas malfacile konvinkiĝi kaj persvadi. Je interparolado grava tasko konsistas en ĝisfunda kompreno kaj serĉado de elparolata kaŭzo.

A 94

［经上］　法同，则观其同。

［经说上］　法，法取同、观巧转。

[K]　Normo. Se la normo estas sama, observu la identecon.

[E]　Normo. Kaptu la saman normon kaj observu la subtilan turnadon.

A 95

［经上］　法异，则观其宜。

［经说上］　法，取此择读彼，问故观宜。以人之有黑者有不黑者也，止黑人；与以有爱于人有不爱于人，心爱人是孰宜心？

[K]　Kiam la normoj diferencas, tiam observu la taŭgecon.

[E]　Normoj. Elektu la taŭgan el ili kaj demandu la kaŭzon kaj ekzamenu la taŭgecon. Estas nigraj homoj kaj estas ne nigraj homoj. Tiam ne eblas diri, ke homoj estas nigraj. Estas amantoj de homoj kaj estas ne-amantoj de homoj. Ĉu tiam, rilate al koro, estas konvene fiksi, ke koro amas homojn?

A 96

［经上］　止，因以别道。

［经说上］　止：彼举然者，以为此其然也，则举不然者而问之。

[K]　Ŝtopado. Oponi al argumenta bazo per alia vojo de logiko.

[E]　Se iu, prezentante sian tezon, asertas ĝin prava, tiam je via kontraŭargumento vi devas prezenti vian antitezon kaj demandi al li.

A 97

［经上］　正，无非。

［经说上］　正：若圣人有非而不非。正五诺，皆人于知有说；过五诺，若负，无直无说；用五诺，若自然矣。

[K]　Kio estas ĝusta, tio ne estas negebla.

[E]　Ĉe sanktulo neado ne estas limigita nur en neado, sed li estas ekipita per kvin asertoj de vero, per dialektika maniero. Se ordinara homo, ĉiu posedas sian scion kaj vidpunkton, sed preterlasas dialektikon de la kvin asertoj, do li malvenkas je disputo, sen ajna verdiro. Per dialektiko de kvin asertoj ［oni atingas la verecon spontane］, samkiel en natura procezo.

RIM.:
　Mi apogis mian tradukon sur la teksto de Fang Yong[p349] kie estas skribite "若负", ne "若员"[Ymt, p487].
　Kelkaj esploristoj opinias "la kvin asertojn" kvin koloroj k. a. en la 92 propozicio. Mi konsideras ĝin iu maniero de arto esplori la verecon, t. e. la dialektiko.

［读此书旁行］。

Endas legi unue la supran tekston ĝis la fino kaj due la suban.

RIM.:
　Tiu frazo donas ŝlosilon por legado de la ĉapitro Kanonoj kaj Eksplikoj.

33. 经下/经说下 KANONOJ KAJ EKSPLIKOJ（B）

B 1

［经下］　　止，类以行人，说在同。

［经说下］　止：彼以此其然也，说是其然也；我以此其不然也，疑是其然也。

[K]　Ŝtopado. Per klasifikado de kategorio tio estas efika, se eldiro rilatas al la sameco.

[E]　Ŝtopado. Li opinias iun objekton jesa surbaze de tio, kio estas tia. Mi dubas pri jeseco de la objekto surbaze de tio, kio ne estas tia.

B 2

［经下］　　推类之难，说在之大小。

［经说下］　推，谓四足兽，与生鸟与，物尽与，大小也。此然是必然，则俱。

[K]　Inferenco. Malfacileco en inferenco de klasifikado kuŝas en grandeco kaj malgrandeco de la objekto.

[E]　Inferenco. Kvarpiedaj bestoj, birdoj kaj ĉiuj aĵoj havas diversecon je grandeco kaj malgrandeco. Ĉar tiu naturo estas nepra en ĉio.

RIM.:
　Tekstoj kaj punktado diversas de Johnston, kiu inkluzivigis sekvan frazon 为麋 en la fino de E[JhI466-467]. Mi sekvas la tekstojn de la japana libro "Ymt489 山田琢著『墨子』下、明治书院、1987", ĉefe kompilita laŭ Li Yushu "LYs 李漁叔『墨子近注近译』台北、1974". Sed je mia traduko ne eblas apogi ĝin sur la japanlingvaj.

B 3

［经下］　　物尽同名：二与斗，爱，食与招，白与视，丽与夫与履。

［经说下］　为麋同名。俱斗，不俱二，二与斗也。包、肝、肺、子，爱也。橘、茅，食与招也。白马多白，视马不多视，白与视也。为丽不必丽，不必丽与暴也。为非以人是不为非，若为夫勇不为夫，为屦以买衣为屦，夫与屦也。

[K] Estas la kazo, kiam ĉiu objekto estas nomata per la sama nomo kaj sama adjektivo, [malgraŭ diverseco de signifo]. Tio, ekzemple, rilatas al du kaj kontraŭo, amo, manĝado kaj invito, blankeco kaj vidpovo, beleco, viroj kaj ŝuoj.

[E] Alko estas konata sub du specoj. "Luktado kun iu" ne ĉiam signifas, ke du luktas unu kontraŭ la alia, sed estas ankaŭ signifo "lukti kntraŭ iu". Amo diversas, kiel amo al jurto, amo al hepato kaj pulmo, amo al gefiloj. Oranĝo kaj pajlo estas por manĝajo kaj por ornamo-simbolo de invito. Rilate al blankeco kaj okuloj, je blankaj ĉevaloj multe diversas la blankeco, sed vidpovo de iliaj okuloj diversas ne multe. Kiu ŝajnas bela, tiu ne ĉiam bela, aŭ povas esti pli kruela ol ne bela. Se diri pri viroj kaj ŝuoj, okazadas, kiu estis rigardata kiel malbonulo, tiu ne estis malbona; kiu estis rigardata kiel brava viro, tiu montriĝas ne viro. Se per ŝuoj aĉeti veston, tiam ŝuoj iĝas la aliaj.

RIM.:
Koncernante ŝuojn, la argumento similas al diverseco de uzvaloro kaj interŝanĝvaloro.

B 4

［经下］　一，偏弃之，谓而固是也，说在因。

［经说下］　一，二与一亡，不与一在，偏去未。有文实也，而后谓之；无文实也，则无谓也。不若敷与美：谓是，则是固美也；谓也，则是非美；无谓，则报也。

[K] Unu. Se unu el paro estas forĵetita, la signifo dekliniĝas. Kio estas nomata, tio estas nedisigitaĵo. Klarigo: kaŭzeco

[E] Unu. Se unu el du mankus, la tuto perdiĝus. Se unu parto forirus, ne ekzistus la tuto. Estas estaĵo kun substanco. Kaj poste ĝi estas nomita. Se nenio substanca, ne eblas tion nomi. Kiam oni nomas iun aĵon bela, beleco ne estas disigita kun la aĵo, tial eblas diri tiel. Diri pri la aĵo sen beleco, ne estas nomi, sed nur raporti.

B 5

［经下］　不可偏去而二，说在见与俱、一与二、广与修。

［经说下］　不，见不见，离一二，不相盈，广修坚白。

[K] Nedisigeblaĵo havas du ecojn, videblan kaj imanentan. Tio estas, ke al "unu" estas donita du, ekzemple "vasteco kaj alteco".

[E] Io videbla kaj io nevidebla estas diferencaj unu de la alia. Ili ne kompletigas unu la alian. Ekzemple, vasteco kaj alteco, malmoleco kaj blankeco.

B 6

［经下］　不能而不害。说在害，损而不害，说在余。

［经说下］ 不，举不重，不与箴，非力之任也；为握者之觭倍，非智之任也。若耳目。

[K] Sentalentulo ne estas malutila. Klarigo: malutileco [en mis-aplikado].
[E] Estas iu, kiu ne levas la pezan, ĉu al tiu ne donu kudrilon. Ĉar tio estas la tasko de malfortulo. Estas iu, kiu divenas parnombron kaj neparnombron en mano. Tio estas laboro de nesaĝulo kun neordinaraj oreloj kaj okuloj.

B 7
［经下］ 异类不吡，说在量。
［经说下］ 异，木与夜孰长？ 智与粟孰多？ 爵、亲、行、贾，四者孰贵？ 麋与霍孰高？ 麋与霍孰霍？ 蚓与瑟孰瑟？

[K] Ne komparu aĵojn, diferencajn je klasifika kategorio. Klarigo: problemo de mezurebleco.
[E] Nekomparebla estas ekz-e jen tio. Kio estas pli longa, arbo aŭ nokto? Kio estas pli multaj, saĝoj aŭ grenoj? Kio estas plej kara el kvar kategorioj: nobela titolo, gepatroj, konduto, kaj varvaloro? Kio estas pli alta, alko aŭ gruo? Kio estas rapida, alko aŭ gruo? Kio estas pli sonora, cikado aŭ citro?

B 8
［经下］ 偏去莫加少，说在故。
［经说下］ 偏：俱一无变。

[K] Divido per partigo ne reduktas, nek aldonas. Klarigo: la restado de originala tuteco.
[E] Per partigo ne ŝanĝiĝas la unueco de la tuto.

B 9
［经下］ 假，必悖，说在不然。
［经说下］ 假：假必非也而后假。狗，假霍也，犹氏霍也。

[K] Falso nepre rompiĝas. Klarigo: ĝi ne estas natura per si mem.
[E] Falso. Falso nepre misas aŭ poste montriĝos falsa. Se iu hundo nomiĝas gruo (Huo), tio estas samkiel ĝi portas familian nomon (Huo).

B 10

［经下］ 物之所以然，与所以知之，与所以使人知之，不必同，说在病。
［经说下］ 物：或伤之，然也。见之，智也； 告之，使智也。

[K] Tio, ke iu objekto ekzistas tiel, kiel ĝi estas, kaj tio, ke oni konas ĝian ekzistadon, kaj tio, ke oni sciigas la aliulojn pri ĝi, ne estas nepre samaj. Klarigo: vidu kazon de malsano.

[E] Iu objekto vundiĝas per si mem. Vidi tion estas koni. Anonci pri tio estas sciigo.

B 11

［经下］ 疑，说在逢、循、遇、过。
［经说下］ 疑：逢为务则士，为牛庐者夏寒，逢也。举之则轻，废之则重，非有力也；沛从削，非巧也，若石羽，循也。斗者之敝也以饮酒，若以日中，是不可智也，愚也。智与？ 以己为然也与？愚也。

[K] Dubo diversas en kazoj: hazarda, sinsekva, koincida, kronologia.

[E] Hazarda dubo estas jena. Kiu hazarde vidis iun laboranta, tiu prenas lin por oficiro. Kiu vidas iun konstruanta bovstalon, tiu supozas someron malvarma. Sinsekva dubo estas jena. Iu levas la malpezan, sed ne la pezan, ĉar ne estas fortulo. Rabotaĵo falas laŭ movo de rabotilo, kiel ŝtona plumo. Tio ne estas rezulto de lerteco, sed sinsekvo. Koincida dubo estas jena. Iu luktas ĝislace, sed estas ne sciate, kial. Pro trinkado aŭ pro negoco en merkato. Ĉi-kaze pro stulteco. Laŭ kronologia dubo li estas stulta, kia ajn li mem prezentus sin.

B 12

［经下］ 合与一，或复否，说在拒。
［经说下］ （缺）

[K] Kombinado faras unu. Tio, ĉu duobligi aŭ ne, dependas de reciproka malakceptado.
[E] (*Mankas*)

B 13

［经下］ 物，一体也，说在俱一、惟是。
［经说下］ 欧俱：俱一，若牛马四足；惟是，当牛马。数牛数马，则牛马二；数牛马，则牛马一。若数指，指五而五一。

［K］ Klasado kaj aĵo havas alligiĝecon. Klarigo: Ekzisto de du ecoj en unu tuteco estas vera realeco.

［E］ Alligiĝo. Alligiĝante en unu tuteco, bovo kaj ĉevalo apartenas al kategorio de kvarpiedaj bestoj. Se kalkuli bovon kaj ĉevalon, malligante ilin, tiam bovo kaj ĉevalo estas du. Se klasifiki ilin kiel kvarpiedaj bestoj, tiam ili apartenas al unu kategorio. Tio estas samkiel fingroj kaj mano: kvin fingroj apartenas al unu mano.

RIM.:
Mi sekvas al opinio, ke 欧 estas 区.

B 14

［经下］ 宇或徙，说在长宇久。

［经说下］ 长宇：徙而有处，宇。宇，南北在旦有在莫。宇徙久。

［K］ Kosmo vojaĝas en direktojn, ĉar iĝas longa kaj eterna je la spaco kaj je la tempo.

［E］ Longa esta kosmo, kiu moviĝas kaj estiĝas ĉie en spacoj, sude kaj norde, en lumo kaj en mallumo. Kosmo vojaĝas eterne.

B 15

［经下］ 不坚白，说在。无久与宇坚白，说在因。

［经说下］ 无坚得白，必相盈也。

［K］ Malesto de kuniĝo inter dureco kaj blankeco [ĉe unu ŝtono] estas dirata de tiuj, kiuj ignoras tempon kaj spacon de la kosmo. Estas kaj dureco kaj blankeco en interdependeco. Klarigo: en kaŭzeco.

［E］ Oni perceptas nur blankecon sen dureco, sed nepre ambaŭ ili plenigas unu la alian reciproke.

RIM.:
 Nominalistoj konsideras, ke dureco kaj blankeco apartenas respektive al alia kategorio. Vidante blankan ŝtonon, oni perceptas blankan koloron, kaj tuŝante – ĝian durecon. Tial ili opinias, ke blanka ŝtono estas unu, kaj dura ŝtono estas la alia. Mohistoj rigardas durecon kaj blankecon unuigitaj en unu ŝtono.

B 16

［经下］ 在诸其所然、未者然，说在于是推之。

［经说下］ 在尧善治，自今在诸古也。自古在之今，则尧不能治也。

［K］ Esto – Klarigi rilaton inter tio, kio jam estis, kaj tio, kio ankoraŭ ne estas. Klarigo: Endas konjekti la estontan laŭ la estinta.

［E］ Esto – Yao bone regis, ĉar oni retrospektas antikvan pasintecon el nuno. Se el antikva pasinteco oni venigus Yao-on al nuno, eĉ Yao ne povus regi.

B 17

［经下］　景不徙，说在改为。

［经说下］　景：光至，景亡；若在，尽古息。

［K］　Bildo de ombro ne moviĝas mem. Klarigo: tio dependas de lokoŝanĝo.

［E］　Ombro. Ombro malaperas tie, kien atingas lumo. Se tiu restus, nur dum momento.

B 18

［经下］　住景二，说在重。

［经说下］　景：二光夹一光，一光者景也。

［K］　Ombro kreiĝas duobla. Klarigo: kuŝas unu sur la alia.

［E］　Ombro. Du lumoj intermetas unu lumon, kiu konsistigas ombron.

B 19

［经下］　景到在午，有端与景长，说在端。

［经说下］　景：光之人煦若射，下者之人也高，高者之人也下。足敝下光，故成景于上；首敝上光，故成景于下。在远近有端，与于光，故景障内也。

［K］　Ombro invertiĝas, kiam lumo de bildo, longa je iom da distanco, trairas punkton, kie interkruciĝas lumradioj. Klarigo: kaŭze de fokusa punkto.

［E］　Ombro. La lumo eniras en la punkton, kiel sago el pafarko. Tiam la lumradio, venanta de sub la homo, iras supren, kaj la lumradio, venanta de supre, iras suben. La piedoj kovras la lumradion de subo, do formiĝas la bildo supre. La kapo kovras la lumradion de supro, do formiĝas la bildo sube. En iom da distanco, fora aŭ proksima, estas la punkto, kie enfokusiĝas lumo. Kaŭze de tio la bildo estas inversiĝanta.

B 20

［经下］　景迎日，说在抟。

［经说下］　景：日之光反烛人，则景在日与人之间。

[K] La ombro formiĝas, ricevinte la sunon. Klarigo: reflektado.

[E] Kiam la sunlumo returniĝas kaj lumigas la homon, tiam la ombro formiĝas inter la suno kaj la homo.

RIM.:
Ŝajnas, ke tiu klarigo pri turniĝo rilatas al spegulo.

B 21

［经下］ 景之小、大，说在地正、远近。

［经说下］ 景：木柂，景短大；木正，景长小。大小于木，则景大于木。非独小也，远近临正鉴，景寡。

[K] Ombro estas malgranda aŭ granda. Klarigo: depende de rekteco kaj distanco.

[E] Kiam iu bastono staras en klina stato, la ombro estas mallonga kaj vasta; kiam la bastono staras rekta, la ombro estas longa kaj malvasta. Se lumo estas pli malalta ol la bastono, la ombro iĝas pli granda. Tio dependas ne nur de grandeco de lumo, sed ankaŭ de distanco.

B 22

［经下］ 二临鉴而立，景到，多而若少，说在寡区。

［经说下］ 貌能白黑、远近柂正，异于光。鉴、景当俱就，去亦当俱。俱用北。鉴者之臭，于鉴无所不鉴，景之臭无数，而必过正。故同处其体俱，然鉴分。

[K] Kiam du staras antaŭ la spegulo, bildoj fariĝas inverse [je dekstro kaj maldekstro]. La bildoj iĝas grandaj aŭ malgrandaj. Klarigo: tio dependas de la spaco.

[E] En rekta spegulo la bildo estas malpli granda. Ĉe spegulo ĝia aspekto, kolorheleco, distanco, oblikveco kaj rekteco, estas diversaj laŭ lumo. Kiam unu spegulo al la alia spegulo alfrontas, tiam la bildo inter ili multiĝas. Bildoj, malproksimiĝantaj aŭ proksimiĝantaj, al- aŭ mal-frontas je dorso kun unu al la alia. Spegulo, kvazaŭ sentebla je odoro, reflektas ĉion. Per ĝi ne speguliĝas nenio, kiom ajn sennombra la odoro, t. e. la bildoj. Ĉiuj bildoj nepre pasas reflektataj ĝuste. Tial do, unu korpo, kvankam staranta sur sama loko, tamen inter speguloj ĝi multobliĝas.

B 23

［经下］ 鉴位，景一小而易，一大而正，说在中之外内。

［经说下］ 鉴：中之内，鉴者近中，则所鉴大，景亦大；远中，则所鉴小，景亦小。而必正，起于中，缘正而长其直也。中之外，鉴者近中，则所鉴大，景亦大；远中，则所鉴小，景亦

小。而必易，合于中，而长其直也。

[K] Ĉe konkava spegulo, iu bildo iĝas malgranda kaj ŝanĝita, la alia – pli granda kaj rekta, depende de la loko situanta, interne aŭ ekstere de centra punkto.

[E] Kiam la objekto staras interne de la centra punkto kaj proksima al la centro de spegulo, la speguliĝanta iĝas pli granda, t. e. la bildo ankaŭ grandiĝas. Kiam la objekto malproksimiĝas de la centro, la speguliĝanta iĝas malpli granda, kaj la bildo ankaŭ malgrandiĝas. Nepre ĝi estas rekta, starante en la centro, ĉe rando ĝi fariĝas longigita je vertikalo. Kiam la objekto staras ekstere de la centro kaj proksima al la centro de spegulo, tiam la speguliĝanta iĝas pli granda kaj la bildo ankaŭ fariĝas granda. Kiam la objekto staras malproksime de la centro, la speguliĝanta iĝas malpli granda, kaj la bildo ankaŭ fariĝas malgranda kaj nepre ŝanĝiĝas inverse. Konverĝo en centro estas la kaŭzo de ŝanĝiĝo je inverso kaj vertikala etendiĝo.

B 24

［经下］ 鉴团景一。天而必正，说在得。

［经说下］ 鉴：鉴者近，则所鉴大，景亦大；其远，所鉴小，景亦小。而必正，景过正，故招。

[K] [Konveksa] spegulo havas rondecon, kaj la bildo speguliĝas unu. Ĉielo ne speguliĝas ĝuste. Klarigo: la kaŭzo estas en akceptado.

[E] [Konveksa] spegulo: Kiam la objekto estas proksima al la spegulo, la speguliĝanta iĝas granda, kaj la bildo ankaŭ grandiĝas. Se malproksima, la speguliĝanta iĝas malpli granda, kaj la bildo ankaŭ malgrandiĝas. Speguliĝas nepre rekte staranta, sed se la bildo trapasas rektan punkton, difektiĝas.

B 25

［经下］ 贞而不挠，说在胜。

［经说下］ 衡木，加重焉而不挠，极胜重也。右校交绳，无加焉而挠，极不胜重也。衡，加重于其一旁，必捶，权重相若也。相衡，则本短标长，两加焉重相若，则标必下，标得权也。

[K] Io fidela ne kliniĝas. Klarigo: estas sufiĉa forto por elteni.

[E] Pesilo aŭ transversa stango, se ŝarĝite, ne kliniĝas, ĉar ĝi eltenas la pezon. Se plekti ŝnuron nur al dekstro, la stango kliniĝas sen kontraŭpezo, ĉar ĝi ne eltenebla je la unuflanka pezo. Stango, ŝarĝite nur unuflanke, nepre kliniĝas suben. Horizontaleco estas tenata per sama pezo ĉe ambaŭ flankoj. Kiam estas tenita la ekvilibro, kun mallonga unuflanko de mezurataĵo kaj longa aliflanka montrilo, se plu aldoni al ambaŭ flankoj la saman pezon, la montrilo nepre iras suben pro ricevado de plia pezo.

B 26

［经下］　契于枝板，说在薄。

［经说下］　挈：有力也；引，无力也，不正。所挈之止于施也，绳制挈之也，若以锥刺之。挈，长重者下，短轻者上，上者愈得，下下者愈亡。绳直权重相若，则正矣。收，上者愈丧，下者愈得；上者权重尽，则遂。挈。两轮高，两轮为輲，车梯也。重其前，弦其前，载弦其前，载弦其轱，而县重于其前，是梯。挈且挈则行。凡重，上弗挈，下弗收，旁弗劫，则下直；柂，或害之也。流，梯者不得流，直也。今也废尺于平地，重，不下，无旁也。若夫绳之引轱也，是犹自舟中引横也。

[K] Ŝanĝilo por levi aŭ mallevi. Klarigo: aldoni forton de streĉo aŭ malstreĉo.

[E] Por levi supren estas necesa la forto, sed por mallevi ne necesa. Se oni mismanipulas, levataĵo haltas survoje aŭ kliniĝas. Kontrolado de ŝnuro por levi similas al pikado kun borilo. Je levado, tio, kio estas longa kaj peza, descendas, kaj tio, kio estas mallonga kaj malpeza, ascendas. Ju pli unu leviĝas supren, des pli la alia malleviĝas suben. Se la ŝnuro estas rekta kaj pezo kun kontraŭpezo inkluzive de pozicia avantaĝo estas egala, tiam ekvilibras la pendantaj. Je mallevado, tio, kio ascendas, iĝas malpeza, kaj tio, kio descendas, iĝas peza. Se tio, kio ascendas, perdas kontraŭpezon, tiam la ascendanta objekto falas.

Per du pli altaj radoj kaj du malpli grandaj radetoj moviĝas la mobil-eskalo. Estas pezilo, pendanta antaŭe, kaj tirantaj ŝnuroj antaŭe. Movi vinĉon kun ŝnuro kaj pendigi pezilon antaŭen. Jen la eskalo estas preta. Por konduki la eskalon endas manipuli ŝnurojn. Kun ĝenerala pezeco, sen sufiĉa tir-forto, la aparato ne moviĝas supren, nek suben, nek flanken, kaj fine falas malsupren. Se estas kliniĝo aŭ difekto, ne funkcias normale. Je kliniĝo, la eskalo ne moviĝas glate. Nun, eĉ kiam ĝi estas starigita sur ebena grundo, se la pezilo ne iras malsupren, tiam kondukilo ne funkcias libere je direktoj. Por tiradi la mobil-eskalon estas uzataj ŝnuroj tiel same, kiel oni tiras boaton ĉe la transstango.

RIM.:
Estas tre malfacile kompreni strukturon de la aparato. Kelke da netradukeblaj lokoj malhelpas min. Tio koncernas la aplikadon de pulio en la epoko, kiam la Majstro Mozi agadis.

B 27

［经下］ 倚者不可正，说在剃。

［经说下］ 倚：倍拒坚，觕，倚焉则不正。

[K] Estas nekorektebla la devio de kliniĝo. Klarigo: simile al razado.

[E] Je devio estas diversaj formoj: multobla, rezistema, dura, kurba. Tiuj devioj ne estas korekteblaj.

RIM.:
　　Preskaŭ ĉiuj esploristoj prenis la ideogramon ti 剃 por 梯(eskalo) [Sun Yirang:372]. Mi obeas al la malnova teksto. Nekorektebleco similas al razado. Spite razadon, turpaj barboj ĉiutage kreskas.

B 28

［经下］ 推之必往，说在废材。

［经说下］ 谁并石絫石耳。夹寝者，法也。方石去地尺，关石于其下，县丝于其上，使适至方石。不下，柱也。胶丝去石，挈也。丝绝，引也。未变而名易，收也。

[K] La starigitaj unu sur la alia nepre estas subtenitaj de sube. Klarigo: meti materiojn-ŝtonojn unu sur la alian.

[E] Meti ŝtonojn unu sur la alian horizontale kaj vertikale estas la konstrua rimedo de kolonoj subtenantaj ĉefan kaj flankan ĉambrojn. Ke ortaj ŝtonoj estu sternitaj super tero alte je unu *chi* , por tio sub ilin submetu ŝtonojn, kunligitajn per fadeno, por ke estu ĝuste subtenitaj la ortaj ŝtonoj. La lastaj ne falos suben, ĉar la kongluiĝintaj ŝtonoj estas firme subtenataj de sube. Eĉ kiam fadeno malaperos, ili ne falos, ĉar agas la tira forto. Oni nomas tion "*shou* [kunmetiĝo]" kaj ne ŝanĝis la nomon.

B 29

［经下］ 买无贵，说在仮其贾。

［经说下］ 买：刀、籴相为贾。刀轻、则籴不贵；刀重，则籴不易。王刀无变，籴有变。岁变籴，则岁变刀。若鬻子

[K] Ne okazas tio, ke oni aĉetu ion por multa kosto. Klarigo: pseŭda estas prezo.

[E] Glaveto-mono kaj greno sur merkato estas prezo unu al la alia. Kiam mono estas malpeza kiel valoro, tiam greno estas malkara. Kiam mono estas peza, tiam greno ne estas facile interŝanĝebla. Kiam emisio de reĝa mono ne ŝanĝiĝas kaj greno fluktuadas, se dumjara livero de greno ŝanĝiĝas, tiam dumjare ŝanĝiĝas ankaŭ la mono. Samkiel vendado de infanoj.

B 30

［经下］　贾宜则售，说在尽。

［经说下］　贾尽也者，尽去其所以不售也。其所以不售去，则售。正贾也宜不宜，正欲不欲。若败邦、鬻室、嫁子、无子。

[K]　Se la prezo estas konvena, eblas vendi. Klarigo: ĉio estas plena.

[E]　Ĉio vendebla signifas forigi ĉiujn obstaklojn al komercado. Kiam estas forigitaj la baroj de komercado, tiam ĉio vendeblas. Kaj tio decidas la ĝustan prezon. Tio, ĉu iu prezo estas konvena aŭ ne, estas decidita ĝuste per tio, ĉu oni deziras aŭ ne. Kiam la regno estas venkita, oni vendas domojn kaj edzinigas siajn filinojn.

B 31

［经下］　无说而惧，说在弗心。

［经说下］　在军，不必其死生；闻战，亦不必其生。前也不俱，今也俱。

[K]　Se ne estas ajna klarigo, oni timas. Klarigo: ĉar ne estas certeco pri io.

[E]　Nenieco. Filo estas en armeo, kaj ne estas sciate, ĉu li mortos aŭ travivos. Venis informo pri la milito. Ne estas sciate, ke la filo estas viva. Gepatroj jam ne timas je la unua kazo, sed nun ili jam timas je la dua.

B 32

［经下］　或，过名也，说在实。

［经说下］　或：知是之非此也，有知是之不在此也，然而谓此南北，过而以已为然。始也谓此南方，故今也谓此南方。

[K]　Necerteco. Oni trofidas al nomo. Klarigo: gravas la realeco.

[E]　Necerteco. Oni scias, ke tio ne estas ĉi-tio, kaj oni scias, ke tio ne estas ĉi-tie. Malgraŭ tio, oni nomas ĉi-tion sudo aŭ nordo. Trapasinte la lokon, oni ankoraŭ traktas la lokon tiel same, kiel antaŭe. Oni diras ankoraŭ poste same, kiel en la komenco, ke ĉi-tio estas sudo.

B 33

［经下］　知之否之，足用也，谆，说在无以也。

［经说下］　智论之，非智无以也谓。

［K］Sciu, ke vi ne scias. Tio estas aplikenda en praktiko. Kaj tio estas fekunda. Klarigo: estas nenio distingebla sen sufiĉa scio.

［E］Estas malutile argumenti pri tio, ke oni ne havas scion.

RIM.:
　　Multaj esploristoj substituas la ideogramon 詩 "erara" al 谆 "fekunda". Mi konsideras la lastan ideogramon korekta kaj la eldiron simila al "Analektoj" de Konfuceo kaj pensmaniero de Sokrato. "Kiam vi scias ion, diru, ke vi tion scias; kiam vi ne scias ion, konfesu, ke vi tion ne scias. Jen vera sciado." ［Analektoj, 2:17 Traduko de Wang Chongfang］

B 34

［经下］　　谓辩无胜，必不当。说在辩。

［经说下］　　所谓非同也，则异也。同则或谓之狗，其或谓之犬也；异则或谓之牛，牛或谓之马也。俱无胜，是不辩也。辩也者，或谓之非，当者胜也。

［K］　Estas nepre malĝuste diri, ke neniu venkas en diskuto. Klarigo: tio dependas de kia diskutado.

［E］　Objektoj de argumento samas kaj diversas. Samas, kiam iu rigardas la objekton kiel kanison, la alia – kiel hundon. Diferenco estiĝas, kiam iu rigardas la objekton kiel bovon kaj la alia – kiel ĉevalon. Se neniu el ambaŭ flankoj venkas, tio signifas, ke ili ne diskutis sufiĉe. Diskutante pri la prezentata temo, iu jesas kaj la alia neas. Sed tiu, kiu trafas la veron, venkas.

B 35

［经下］　　无不让也，不可，说在始。

［经说下］　　无让者酒，未让，始也，不可让也。

［K］　Ne necedemeco estas malbona. Klarigo: por komenci.

［E］　Je drinkado de vino, oni ne devas esti cedema, ĉar, se oni cedas unu al la alia, ne eblas komenci.

B 36

［经下］　　于一，有知焉，有不知焉，说在存。

［经说下］　　于石，一也；坚、白，二也，而在石。故有智焉，有不智焉，可。

［K］　Koncerne al unu objekto, estas io konebla kaj io nekonebla. Klarigo: tia estas ekzistado.

［E］　Prenu unu ŝtonon. Kvankam ĝi estas unu, tamen dume troviĝas du kvalitoj:

dureco kaj blankeco. Tiuj kvalitoj kuŝas en unu ŝtono. Tial estas permesate, ke estas io rekonebla kaj ekzistas ankoraŭ io nerekonebla.

RIM.:
   "Gong Sun Long verkis filozofian disertaĵon pri atributoj de ŝtono – *Pri dureco kaj blankeco*. Peco da ŝtono, dura kaj blanka, havas tri ecojn, kiuj estas ŝtoneco, dureco kaj blankeco. Gong Sun Long tamen neis tion. Li diris, ke dureco kaj blankeco estas tute apartaj, kaj tiu ŝtono havas ĉiam nur du ecojn, aŭ ŝtonecon kaj durecon, aŭ ŝtonecon kaj blankecon, neniam la triecojn kune."[Hoŭ Ĝjŭeliang: HjL42]

B 37

［经下］　有指于二，而不可逃，说在以二絫。

［经说下］　有指：子智是，有智是吾所先举，重。则子智是，而不智吾所无举也，是一。谓"有智焉，有不智焉"，可。若智之，则当指之智告我，则我智之，兼智之以二也。衡智之，参直之也。若曰"必独指吾所举，毋举吾所不举"，则者固不能独指，所欲相不传，意若未校。且其所智是也，所不智是也，则是智是之不智也，恶得为一？谓而"有智焉，有不智焉"。

［K］　Montri objekton je pluraj atributoj estas neeviteble. Klarigo: ekzisto en pluraleco.

［E］　Elmontrado. Tio, kion vi jam scias, plus tio, kion vi scios per la prezentita de mi, faras du. Tio, kion vi ja scias, plus tio, kion vi ne povas scii, se mi ne prezentas, faras nur unu. Eblas diri: "Estas permesate, ke ekzistas io, kion vi scias, kaj io, kion vi ne scias." Se, kion vi scias, tion vi prezentos al mi, tiam ankaŭ mi povos scii la samon, kaj nia scio fariĝos duobla. Per pesado de opinioj la scio fariĝas triobla. Estas dirite, "Kiam mi nur prezentas ion, tiam ne montriĝas io, ke mi ne prezentas." Ne sufiĉas prezentado de unu homo por fiksi scion. Se oni ne volus interŝanĝi sciojn, tiam la signifo ankoraŭ ne iĝus klara. Plie, estas io sciata kaj io ne sciata. Tio signifas, la sciado estas tio, ke vi ne scias. Estus malbone, ke vi restos ĉe via propra unuflanka scio. Tial do estas dirite: "Ekzistas io, kion vi scias kaj io, kion vi ne scias."

RIM.:
   Scii, ke "kion mi ne scias?", estas la komenco de la scienco. Tio eblas, laŭ Mozi, per interŝanĝo de scioj, per dialogo.

B 38

［经下］　所知而弗能指，说在春也、逃臣、狗犬、贵者。

［经说下］　所：春也，其执固不可指也。逃臣不智其处；狗犬，不智其名也；遗者，巧弗能两也。

［K］　Estas io nemontrebla, kvankam oni scias. Klarigo: ekz-e, kio estas printempo? Eskapinta servanto? Hundoj? Trezoro?

［E］ Printempo ne estas firme montrebla. Estas ne sciate, kien eskapis la servanto. Hundon signifas ambaŭ vortoj "*Gou*" kaj "*Quan*", sed ne eblas montri, en kio estas la diferenco. Koncernante trezoron, kio estas perdita, tion ne povas reprodukti eĉ lertulo.

B 39

［经下］ 知狗，而自谓不知犬，过也，说在重。

［经说下］ 智：智狗，重，智犬，则过；不重，则不过。

［K］ Sciante "*Gou*", se iu dirus, ke li ne scias, kio estas "*Quan*", tiam tiu eldiro estas erara. Klarigo: ĉar ili estas samaj.

［E］ "*Gou*" kaj "*Quan*", ambaŭ signifas hundon. Tial la eldiro estas erara. Se tio ne estas ripetaĵo, tiam tia eldiro ne estas erara.

B 40

［经下］ 通意后对，说在不知其谁谓也。

［经说下］ 通，问者曰："子知赢乎？" 应之曰："赢，何谓也？" 彼曰："施。" 则智之。若不问赢何谓，径应以弗智，则过。且应必应，问之时若应，长应有深浅。大常中在，兵人长所。

［K］ Komunikado. Antaŭ ol respondi endas kompreni la signifon. Klarigo: Kiu povus respondi al tio, kion li ne scias?

［E］ Komunikado. Iu demandas: "Ĉu vi scias mulon?" La alia respondas: "Mulo? Kion ĝi signifas?" La unua diras: "Ĝi estas transformiĝo." Tiel respondanto ekkonas ĝin. Se li ne demandus, kion ĝi signifas, tiam li misrespondus pri ne konata temo. Krome, la respondo devas esti trafa je la tempo de farata demando, depende de longeco la respondo iĝas profunda aŭ malprofunda. La grando ĉiam havas la centron, samkiel soldatoj havas estron.

B 41

［经下］ 所存与存者，于存与孰存？驷异说。

［经说下］ 室堂，所存也。其子，存者也。据在者而问室堂，恶可存也？主室堂而问存者，孰存也？是一主存者以问所存，一主所存以问存者。

［K］ Kie ekzistas iu objekto, kio estas la ekzistanto? Al kiu apartenas la ekzistanto, kaj kiu ekzistas? Ĉiuj demandoj deferencas.

［E］ Loko. Tio estas la ĉambro, kie ekzistas la objekto. Filo, kiu estas en la ĉambro, estas la objekto. Nun vi informiĝis pri la objekto kaj la ĉambro. Al kiu apartenas la ekzistanto? Per tio estas demandate, kies ĉambro. Kiu ekzistas? Al tiu demando endas respondi: "Ekzistas filo kaj ĉambro." Estas grave distingi, pri kio estas la demando. La unua – oni demandas pri la loko, kie ekzistas la filo. La dua – oni demandas pri la ekzistanto, kiu estas en la ĉambro.

RIM:
　　Se uzante KI-vortojn, vi faras demandojn pri la frazo: "Filo estas en sia ĉambro", tiam eblas diferencaj demandoj: Kie estas la filo? Kiu estas en la ĉambro? Al kiu apartenas la ĉambro? Kiu ekzistas?

B 42

［经下］　五行毋常胜，说在多。

［经说下］　五合，水、土、火，火离然。火铄金，火多也。金靡炭，金多也。合之府水。木离木。若识麋与鱼之数，惟所利。

［K］ El kvin elementoj neniu estas plej forta ĉiam. Klarigo: depende de konveneco.

［E］ Kvin elementoj konsistas el metalo, akvo, tero, fajro kaj arbo. Se kunestas akvo, tero kaj fajro, la fajro estingiĝas. Fajro fandas metalon ĉe pli multo da fajro. Metalo estingas karbon ĉe pli multo da metalo. Fandita metalo estas hardigita per akvo. Unu arbo disiĝas de la alia. Tio similas al nombroj de cervoj kaj fiŝoj, reguligataj de media cirkonstanco. La rilato inter elementoj dependas de celo, strebanta al profito.

B 43

［经下］　无欲恶之为益损也，说在宜。

［经说下］　无欲恶伤生损寿，说以少连，是谁爱也？尝多粟，或者欲不有能伤也，若酒之于人也。且恕人利人，爱也，则唯恕，弗治也。

［K］ Ĉu sen sento de ŝato aŭ malŝato akireblas profito aŭ malprofito? Klarigo: tio dependas de modereco.

［E］ Ĉu manko de ŝato aŭ malŝato damaĝas kaj mallongigas la vivon, aŭ ne? Klarigo: malmulte da korelacio. Ĉio dependas de tio, kiu amas kion. Kiam abundas grenoj, tiam troviĝas iu, kiu ne dezirus damaĝi sin per troa manĝado, samkiel per drinkado de vino. Krome, ĉe saĝulo estas la amsento, kiu dezirus profitigi homojn. Povas kontroli senton nenio alia ol la saĝo.

B 44

［经下］　损而不害，说在余。

［经说下］　损：饱者去余，适足，不害。能害，饱。若伤糜之无脾也。且有损而后益智者，若疟病之之于疟也。

[K]　Estas kazo, kiam perdo ne estas damaĝa. Klarigo: troeco.

[E]　Perdo. Kiu estas sata, tiu forĵetas superfluon. Estas tiel sufiĉe por li kaj ne damaĝe. Damaĝas lin troa satiĝo. Tiel same, kiel vundiĝinta cervo tenas kokson malgrasiĝa. Krome, kiu perdas nun, tiu poste gajnos. Saĝa li estas. Tiel estas same, kiel ricevi febron malpeza post peza febra malsano.

RIM.:
　　Forke interpretas la lastan frazon jene: "Malariakranke pflegen sich, wenn ein Anfall vorüber ist, frischer und wohler als vorher zu fühlen und insofern kann man sagen, dass ihnen ein Übel, ein Mangel später zum Vorteil gereicht."[Forke; 485] Tiu pensmaniero konsistigas grundon de praktika filosofio por forta personeco en mohismo.

B 45

［经下］　知而不以五路，说在久。

［经说下］　智以目见；而目以火见，而火不见。惟以五路智久不当。以目见，若以火见。

[K]　Percepto ne pere de kvin kanaloj. Klarigo: longdaŭreco.

[E]　La perceptanto vidas per okuloj, kaj okuloj vidas per fajro, sed la fajro mem ne vidas. Kono pere de kvin kanaloj ne daŭras longe. Vidi per okuloj estas same, kiel vidi per fajro.

B 46

［经下］　火热，说在顿。

［经说下］　火谓火热也，非以火之热。我有若视曰智。

[K]　Fajro nepre ardas. Klarigo: subiteco.

[E]　Fajro. Oni diras, ke fajro estas arda. Sed tio ne signifas, ke mi vidas per ardeco de fajro. Tio estas sama, kiel mi vidas per suno.

B 47

［经下］　知其所不知，说在以名取。

［经说下］　杂所智与所不智而问之，则必曰："是所智也，是所不智也。"取、去，俱能之，是两智之也。

232

［K］　Scii, ke vi ne scias. Klarigo: oni scias ion per nomiĝo kaj elektado.

［E］　Scio. Mikse prezentu tion, kion oni scias, kaj tion, kion oni ne scias, kaj al la demando, la respondo nepre estos jena: "Mi scias ĉi tion kaj ne scias tion." Kiu povas distingi tion, kion scias, kaj tion, kion ne scias, tiu havas scion duflankan.

RIM.:
　Se oni trovas ion, kio ankoraŭ ne estas konata per nomo, tiam ekas trovi nomon, novan aŭ malnovan. Tio estas eltrovo.

B 48

［经下］　无不必待有，说在所谓。

［经说下］　无：若无焉，则有之而后无；无天陷，则无之而无。

［K］　Nenio ne ĉiam anticipas eston. Klarigo: depende de temo dirata.

［E］　Nenio. Estas tia nenio, ke io ekzistinta nun malestas. Sed ne okazos, ke la ĉielo falos. Tio estas malesto de nenio.

RIM.:
　Nenio estas unu el la plej gravaj konceptoj ĉe Lao-zi kaj Zhuang-zi. Ĉies fonton rigardas daoistoj en "Nenio", sed mohistoj en "Esto".

B 49

［经下］　擢虑不疑，说在有无。

［经说下］　擢疑，无谓也。臧也今死，而春也得文，文死也可，且犹是也。

［K］　Eltiro. Zorgu, ke oni ne dubu. Klarigo: "Esti aŭ ne esti."

［E］　Eltiro. Dubo je nenieco de eldiro. Skribitaĵo de eldiro restos, ekzemple: Zang nun estas mortinta, do Chun ricevis holografon, kiu estos efika eĉ post la morto.

B 50

［经下］　且然，不可正，而不害用工，说在宜欧。

［经说下］　且然，必然；且已，必已；且用工而后已者，必用工而后已。

［K］　Iĝo. Kio estiĝas, tio estas nekorektebla. Sed tio ne signifas, ke ne necesas iu homa artefaranta peno. Klarigo: en oportuna ĝusteco.

［E］　Afero estas jen tia. Se io estiĝas, tio estas laŭ nepreco. Se io finiĝas, tio nepras fini sin. Tio, kio finiĝas fare de homa artefaranta peno, estas nepre finita per la homa peno.

RIM.:
  Mozi kontraŭas fatalismon. Sed li agnoskas estiĝon kiel neprecon. La supra lasta frazo diras pri la ebleco fini ion, bonan aŭ malbonan, per homa penado.

B 51

[经下] 均之绝不，说在所均。

[经说下] 均：发均县轻重而发绝，不均也。均，其绝也莫绝。

[K]　Ekvilibro. Rompiĝas aŭ ne. Klarigo: ekvilibriĝo.

[E]　Ekvilibro. Ne estas ekvilibre, kiam io peza, pendanta je haro, falas. En ekvilibro estas tiu stato, dum io rompiĝema ne rompiĝas.

B 52

[经下] 尧之义也，生于今而处于古，而异时。说在所义二。

[经说下] 尧、霍，或以名视人，或以实视人。举友富商也，是以名视人也；指是臅也，是以实视人也。尧之义也，是声也于今，所义之实处于古。若殆于城门，与于臧也。

[K]　Justeco de Yao vivas ankoraŭ nun, sed naskiĝis en la antikva tempo. Du aferoj apartenas al diversaj tempoj. Klarigo: tia estas la justeco.

[E]　Yao kaj Huo estas nomoj. La unua estas ĝenerala nomo, kaj la lasta estas konkreta nomo de iu ekzistanto. Kiam oni nomas sian amikon riĉa komercisto, ĝi estas ĝenerala titola nomo. Kiam oni prezentas iun viandon grua, ĝi estas konkreta nomo de iu ekzistanto. Koncernante justecon de Yao, la voĉo sonas eĉ nun, kaj la substanco de justeco devenas de la antikva tempo. Unu similas al kastela pordo, la alia – la provizejo.

B 53

[经下] 狗，犬也，而杀狗非杀犬也，可。说在重。

[经说下] 狗：狗，犬也。谓之杀犬，可，若两脾。

[K]　"*Gou*" [hundo] kaj "*Quan*" [hundego], ambaŭ estas nomoj de kaniso. Ne eblas diri: "Mortigi *Gou*ron, sed ne mortigi *Quan*ron". Klarigo: ili estas samaj.

[E]　"*Gou*". "*Gou*" kaj "*Quan*" estas hundo. Eblas diri: "Mortigi *Quan*ron", kiam mortigis *Gou*ron. Ĉar ambaŭ estas samaj.

RIM.:
  Esploristoj opinias, ke antaŭ "eblas" devus esti "ne", ĉar kontraŭdiras du tezoj: K kun E.

B 54

[经下]　　使殷美，说在使。

[经说下]　　使：令，使也。我使我，我不使，亦使我。殷戈亦使，殷不美，亦使殷。

[K]　Sendito faris Yin bela. Klarigo: sendito-ambasadano.

[E]　Sendito. Laŭ ordono oni sendas iun. Estas kazoj, ke mi sendas min mem, aŭ ke mi ne estas sendito, aŭ ke oni min sendas. Halo kaj honora eskorto kun halebardo akceptas la senditon. Se la halo ne estas bela, ne estimata estas la sendito al la halo.

RIM.:
　　Estas malfacile deĉifri la frazojn. Mi konjektas 殷 kiel nomo de la antikva regno. Ripetata estas multfoje la ideogramo 使, 殷. Mi prenas la vortojn kiel koncernantajn diplomation.

B 55

[经下]　　荆之大，其沈，浅也，说在具也。

[经说下]　　荆沈，荆之贝也，则沈浅非荆浅也，若易五之一。

[K]　Chu-regno estas granda, sed ties parto Shen estas mizera. Klarigo: ilo.

[E]　Chu kaj Shen. Shen estas ilo de Chu. Mizero de Shen ne signifas mizeron de Chu, spite ke Shen okupas kvinonon de la regno.

RIM.:
　　Ideogramo 贝 estas konsiderata de multaj esploristoj kiel eraro de 具.

B 56

[经下]　　以槛为抟，于以为无知也。说在意。

[经说下]　　以槛之抟也，见之，其于意也不易。先智，意，相也。若槛轻于秋，其于意也洋然。

[K]　Juĝi iun kolonon ronda estas ne koni, sed juĝi. Klarigo: depende de volo.

[E]　Kiam oni rigardas la kolonon ronda, koncepto de rondeco ne ŝanĝiĝas. Antaŭ ol vido ekzistas koncepto en volo. Ili koincidas. Sed, koncernante pezon de la kolono, ĝi iĝas malpli peza kun tempo, la signifo estas vaste natura.

B 57

[经下]　　意未可知，说在可用，过仵。

[经说下]　　段、椎、锥，俱事于履，可用也。成绘屦过椎，与成椎过绘屦同，过忤也。

[K] Volo ne estas konebla. Klarigo: depende de uzado kaj procezo.

[E] Por fari ŝuojn uzendas kune amboso, martelo kaj borilo. Sed procezo diversas, ĉu post martelado endas ornami, aŭ post ornamado marteli. La procezo povas esti inversa.

B 58

［经下］　一少于二而多于五，说在建住。

［经说下］　一：五有一焉；一有五焉；十，二焉。

[K] Unu estas malpli ol du, sed pli ol kvin. Klarigo: unu estigas.

[E] Unu. Kvin enhavas unu, unu enhavas kvin kaj dek enhavas du.

B 59

［经下］　非半。弗斱则不动，说在端。

［经说下］　非斱半，进前取也。前，则中无为半。犹端也，前后取，则端中也。斱必半，毋与非半，不可斱也。

[K] Estas io nedividebla per du. Tio ne moviĝas plu. Klarigo: ekstrema punkto.

[E] Oni atingos punkton, kiun ne eblas jam duonigi, se oni daŭrigas dividadi per du. Tiu estas ekstrema punkto. Se oni komencis tranĉadi de ambaŭ ekstremaj punktoj, tiam oni atingos unu ekstreman punkton en la centro. Kvankam nenio estas nedividebla, tamen oni, daŭrigante duonigon, nepre atingos la punkton, kiu estos nedividebla.

RIM.:
　　Tio povas esti kontraŭargumento al Huishi [惠施] kaj nominalistoj, kiuj asertas, ke "Stango longa je 1 *chi*, eĉ se hakite duoniĝas ĉiutage, ne elĉerpiĝos eterne"[一尺之棰，日取其半，万世不竭。(庄子・天下篇)] Sed kiu starigis la demandon unue, mohistoj aŭ nominalistoj? Sun Yirang konsideras nominalistojn antaŭ ol mohistojn. Sed kiu konjektas Mozi kiel aŭtoron de la ĉapitro Kanonoj, tiu, kompreneble, konsideras Mozi kiel prezentinton de la temo de dividado.

B 60

［经下］　可无也，有之而不可去，说在尝然。

［经说下］　可无也，已给，则当给，不可无也。久有穷无穷。

[K] Eblas esti "nenio". Sed, kio ekzistis, tion ne eblas ignori. Klarigo: tiel estis antaŭe.

[E] Eblas esti "nenio". Sed, kio estis donita, tio ĝuste estas kiel donitaĵo. Ne eblas diri, ke nenio estas tie. Daŭreco havas kaj limon kaj senlimon.

RIM.:
Tio estas sekvo de antaŭa argumento pri dividado, ĉu la ekstrema punkto estas "nenio" aŭ ne. Mohismo rigardas "eston" grava, dum taoistoj "nenion".

B 61

［经下］　正而不可擔，说在抟。

［经说下］　正丸，无所处而不中县，抟也。

[K]　Reguleco kaj sensarĝigiteco. Klarigo: rotacio.

[E]　Ĉiam regula, kaj neniam ŝanceliĝanta kun perpendikulareco, estas rotacio.

B 62

［经下］　宇进无近远，说在敷。

［经说下］　伛宇不可偏举，字也。进行者，先敷近，后敷远。行者行者，必先近而后远。

[K]　Kosmo estas antaŭeniranta kaj neproksimiĝanta. Klarigo: ĝi disvastiĝas.

[E]　Ne eblas partigi spacon eĉ unu parte, laŭ la nomo mem. Antaŭeniranto unue proksime kondensiĝas kaj poste disvastiĝas malproksimen. Iranto iras kaj iras, unue estas nepre proksime, kaj poste malproksimen.

B 63

［经下］　行循以久，说在先后。

［经说下］　远近，修也；先后，久也。民行修，必以久也。

[K]　Estas longdaŭre iri por konkeri. Klarigo: estas vico en antaŭo kaj malantaŭo.

[E]　Irado. Distanco estas longa, kaj tempo estas longdaŭra. Eĉ al popolo vojaĝi estas longe kaj nepre longdaŭre.

RIM.:
循行 havas signifon 循抚"konkeri, subigi".

B 64

［经下］　一法者之相与也尽类，若方之相合也，说在方。

［经说下］　一方尽类，俱有法而异，或木或石，不害其方之相合也。尽类犹方也。物俱然。

[K]　Kio apartenas al unu regulo, tio tute kuniĝas, tiel same, kiel kuboj estas bone kunigeblaj. Klarigo: kvadrato.

［E］ Kuboj ĉiuj estas klasifikeblaj je unu kategorio, havanta regulecon. Kvankam estas diverseco je materio, ligna aŭ ŝtona, tamen tio ne malhelpas al reciproka kombiniĝo de kuboj, ĉar ĉiuj tute estas kuboj en klasifiko. Ĉio kune estas tia.

B 65

［经下］　狂举不可以知异，说在有不可。

［经说下］　牛狂与马惟异。以牛有齿，马有尾，说牛之非马也，不可。是俱有，不偏有，偏无有。曰之与马不类，用牛有角、马无角，是类不同也。若举牛有角、马无角，以是为类之不同也，是狂举也。犹牛有齿、马有尾，或不非牛而非牛也，则或非牛或牛而牛也，可。

［K］ Per arbitra prezentado oni ne povas scii diferencon. Klarigo: neallasebla ekzisto

［E］ Kvankam bovo diferencas de ĉevalo, tamen estas neallaseble diri, ke ili diferencas pro tio, ke bovo havas dentojn, sed ĉevalo havas voston. Ambaŭ havas tiujn. Ili ne estas tio, kio nur al unu kategorio apartenas aŭ ne apartenas. Ankaŭ neallasebla arbitreco estas tia eldiro, ke bovo kaj ĉevalo diferencas, ĉar bovo havas kornojn, sed ĉevalo ne havas. Tio estas diferenco de klasifika kategorio. Ankaŭ tia eldiro estas tiel arbitra, kiel distingo per dentoj kaj vosto.

B 66

［经下］　牛马之非牛，与可之同，说在兼。

［经说下］　故曰：牛马非牛也未可，牛马牛也未可。则或可或不可，而曰"牛马牛也未可"亦不可。且牛不二，马不二，而牛马二。则牛不非牛，马不非马，而牛马非牛非马，无难。

［K］ Bovo-ĉevalo. Estas allaseble diri, ke "Bovo-ĉevalo estas ne bovo", kaj ke "Ĝi estas bovo". Klarigo: du kombiniĝas en unu.

［E］ Estas allaseble diri, ke "Bovo-ĉevalo" ne estas ne bovo, kaj ankaŭ allaseble, ke "Bovo-ĉevalo ne estas bovo." Ĉu "ne estas ne bovo" aŭ "ne estas bovo", ĉiu el ili estas allasebla. Iu diras: "Ankoraŭ ne allaseble estas diri, kaj ke 'Bovo-ĉevalo estas ne bovo', kaj ke 'Bovo-ĉevalo estas bovo'. Ĉu tio estas allasebla aŭ ne? La alia diras: "Ne estas allasebla ĉi-tiu lasta eldiro, ke 'ankoraŭ ne allaseble estas diri, ke Bovo-ĉevalo estas bovo'." Bovo ne estas du, ĉevalo ne estas du, sed Bovo-ĉevalo konsistas el du. Neriproĉeble estas diri: "Bovo ne estas ne bovo, ĉevalo ne estas ne ĉevalo, Bovo-ĉevalo ne estas ne bovo kaj ne estas ne ĉevalo."

RIM.:
En Ĉinio kaj Japanio oni nomas kune ĉevalojn kaj bovojn "bovo-ĉevalo [牛马]", kiu konsistas en unu kombinita nomo. Mi konjektas, ke temas pri tiu kutimo.

B 67

[经下]　　循此循此，与彼此同，说在异。

[经说下]　彼：正名者彼、此，彼此，可。彼彼止于彼，此此止于此，彼此，不可。彼且此也，彼此亦可。彼此止于彼此，若是而彼此也，则彼亦且此此也。

[K]　　Tio per si mem laŭ sia imanenteco, ĉi tio per si mem laŭ sia imanenteco. Tiele eblas diri pri sameco de tio kaj ĉi tio. Klarigo: ilia diferenco.

[E]　　Por rektiginto de nomoj estas allaseble diri pri <tio> kaj <ĉi tio> aŭ pri <tio – ĉi tio>. Kiu persistas, ke <tio estas tio>, aŭ ke <ĉi tio estas tio – ĉi tio" >, por tiu estas ne allaseble diri pri sameco. Eblas diri: <Tio estas ankaŭ "ĉi tio" kaj "tio – ĉi tio">. Estas ŝtopite, se diri, ke<Tio – ĉi tio estas tio – ĉi tio>. Estas allaseble, se diri: "<Tio estas ĉi – tio> kaj samtempe < "Tio kaj ĉi – tio" estas "ĉi – tio">".

RIM.:
　　Estas tre malfacile traduki 此 kaj 彼, mi uzas montran pronomon "Tio" kaj "Ĉi-tio". Se anstataŭigi <tio> per <ĉevalo>, <ĉi tio> per <bovo>, <tio – ĉi tio> per <bovo-ĉevalo>, supra argumento estas ripetado de la antaŭa. Al legantoj ŝajnas, ke argumentoj estas tro komplikigitaj. Tio estas komplika, ĉar tiam estis diskutado ĉirkaŭ la eldiro de ĉina sofistiko: "Bovo-ĉevalo ne estas bovo" aŭ "Blanka ĉevalo ne estas ĉevalo".

B 68

[经下]　　唱和同患，说在功。

[说说下]　唱无过，无所周。若粹，和无过，使也，不得已。唱而不和，是不学也。智少而不学，必寡。和而不唱，是不教也；智而不教，功适息。使人夺人衣，罪或轻或重；使人予人酒，或厚或薄。

[K]　　Zorgu samtempe konduki kaj sekvi. Klarigo: meriti.

[E]　　Konduki estas ne malbone, sed se mankas amplekso, tio ne estas sufiĉa, kvazaŭ grajnoŝelo. Sekvi ne estas malbone, sed se iu nur plenumas ordonon, tio estas devigita obeo. Se iu nur kondukas, sed ne sekvas, li ne lernas. Se iu scias malmulte kaj ne lernas, li nepre pereos. Se iu nur sekvas kaj ne kondukas, li ne povos doni al la aliaj instruon. Se, havante scion, li ne instruas, perdiĝos lia merito. Kiu igas la alian ŝteli vestojn, ties krimo estas pli granda ol la alies. Kiu donas al la alia trinki vinon, ties merito estas pli granda ol la alies.

B 69

[经下]　　闻所不知若所知，则两知之。说在告。

[经说下]　闻在外者所不知也，或曰："在室者之色，若是其色。"是所不智若所智也。犹

白若黑也，谁胜？是若其色也，若白者必白。今也智其色之若白也，故智其白也。夫名，以所明正所不智，不以所不智疑所明。若以尺度所不智长。外，亲智也；室中，说智也。

［K］ Se vi aŭdas, ke io, kion vi ne scias, estas simila al io, kion vi scias, tiam vi scias ambaŭ. Klarigo: informo.

［E］ Estas tio, kion vi ne scias de ekstere. Oni informas al vi: "La koloro de iu aĵo en ĉambro estas sama, kiel la koloro de iu ekstera aĵo." Vi ekkonas tion, kio ne estis sciata de vi. Rilate al disputo, "kio superas, nigro aŭ blanko?", la demando estas, kiaj estas la koloroj. Se iu diras, ke la koloro estas blanka, tiam ĝi nepre estas blanka. Vi informiĝis, ke la koloro estas sama, kiel blanko, tial vi ekkonas la koloron blanka. Nomo estas tio, kio klarigas la nekonatan kaj korektas. Nomo ne estas ilo, per kiu vi dubus la klaran, kvankam nekonatan de vi. Tio estas sama, kiel mezuri per mezurilo iun nekonatan longecon. Surbaze de sia kutimiĝinta scio vi konos ankaŭ eksteron, kaj vi ricevas diritan informon ankaŭ pri interno en ĉambro.

B 70

［经下］ 以言为尽誖、誖。说在其言。

［经说下］ 以誖，不可也。出入之言可，是不誖，则是有可也。之人之言不可，以当，必不审。

［K］ Aserti, ke ĉiuj eldiroj estas tute kontraŭdiraj, estas memkontraŭdire. Klarigo: la eldiro, kiun li diras al si mem.

［E］ Memkontraŭdiro ne estas allasebla. Se lia eldiro estas allasebla kaj senmemkontraŭdira, tiam ankaŭ lia aserto neallasebla. Se lia aserto trafas la veron, tiam li nepre ne havas rajton juĝi,[ĉar ankaŭ li estas unu el ĉiuj kontraŭdirantoj].

RIM.:
　　Tio similas al la fama rakonto de loĝantoj sur la insulo Kreta: "Iu loĝanto de la insulo Kreta diris, ke loĝantoj de Kreta estas mensoguloj."

B 71

［经下］ 唯，吾谓非名也，则不可。说在假。

［经说下］ 惟：谓是霍，可，而犹之非夫霍也。谓彼是是也，不可，谓者毋惟乎其谓，彼犹惟乎其谓，则吾谓不行；彼若不惟其谓，则不行也。

［K］ Neallaseble estas, se mia eldiro ne trafas la nomon. Klarigo: diri malon.

［E］ Eblas al iu homo diri, ke tio estas "gruo". Sed al li neallaseble estas samtempe agnoski, ke ĝi "ne estas gruo". La agnosko ne respondas al tio, kio antaŭe estas dirita de li, do tia eldiro ne estas allasebla. Lia senkonsekvenca eldiro ne estas allasebla.

B 72

［经下］　无穷不害兼，说在盈否。

［经说下］　无：南者有穷则可尽知，无穷则不可尽。有穷、无穷未可智，则可尽、不可尽，不可尽，未可智。人之盈之否未可智，而必人之可尽、不可尽亦未可智，而必人之可尽爱也，誖。人若不盈先穷，则人有穷也，尽有穷无难，盈无穷，则无尽也，尽有穷无难。

[K]　Senlimeco ne malhelpas la Makron. Klarigo: scii, ĉu estas pleneco aŭ ne.

[E]　Nenieco. Rilate al "Sudo", se ĝi havas sian limon, ĝi povas finiĝi jam trans la limo. Se ĝi ne havas sian limon, ĝi ne povas finiĝi. Ankoraŭ ne estas rekoneble, ĉu estas limo aŭ ne. Ĉu eblas esti elĉerpita, aŭ ne? Estas ankoraŭ ne sciate pri elĉerpiteco. Ankoraŭ nerekoneble estas, ĉu pleniĝos homoj aŭ nepre forkonsumiĝos. Tiam estas perverse diri, ke amo forkonsumiĝos sen homo. Rilate al homoj, se ili ne pleniĝos, kiel konsiderate, tiam por ili estos la limo. Ne estas malfacile diri, ke kiu havas limon, tiu elkonsumiĝos. Senlima pleneco ne elĉerpiĝos. Ne estas malfacile diri, ke la havanto de limo forkonsumiĝos.

B 73

［经下］　不知其数而知其尽也，说在明者。

［经说下］　不二智其数，恶智爱民之尽文也？或者遗乎其问也？尽问人，则尽爱其所问。若不智其数，而智爱之尽文也，无难。

[K]　Eblas scii la plenecon sen scii la nombron. Klarigo: dependi de tio, kion ekspliki.

[E]　Iu demandas: "Se estu du homoj, eblas scii la nombron. Ne sciante la nombron, kiel oni povus ami la tutan popolon plene-universale laŭlitere? Iuj el homoj povus esti preterlasitaj." Sed li unue demandu, kiel oni povus demandi la tutan popolon pri pleneco de amo senscie de nombroj. Sen scii la nombron eblas ami laŭlitere la tuton. Tio ne estas malfacila.

B 74

［经下］　不知其所处，不害爱之。说在丧子者。

［经说下］　（缺）

[K]　Eĉ se vi ne scias *kie* on, tio ne malhelpas amon. Klarigo: amo al perdita filo.

[E]　　*(Mankas)*

B 75

［经下］　　仁，义之为内外也，非。说在仵颜。

［经说下］　　仁：仁爱也；义，利也。爱、利，此也；所爱、所利，彼也。爱、利不相为内、外，所爱、利亦不相为外内。其为仁内也，义外也。举爱与所利也，是狂举也，若左目出，或目入。

［K］　　Humaneco kaj justeco: Ĉu humaneco estas interne de justeco, aŭ ekstere? Interneco [estas relativa koncepto]. Klarigo: konformiĝo en vizaĝo.

［E］　　Humaneco. Humaneco estas amo. Justeco estas profito. Amanto kaj profitiganto estas ĉi tio. Amato kaj profitigato estas tio. Amanto kaj profitiganto ne povas esti konsiderataj kiel interna aŭ ekstera. Amato kaj profitigato ne povas esti konsiderataj kiel ekstera aŭ interna. Estas freneze diri, ke humaneco estas interna aŭ justeco estas ekstera, kaj ke amanto estas profitigato. Tia argumento estas simila al tio, ke unu vizaĝo tenas maldekstran okulon ekstera kaj la dekstran interna.

B 76

［经下］　　学之无益也，说在诽者。

［经说下］　　学也以为不知学之无益也，故告之也，是使智学之无益也，是教也。以学为无益也，教，誖。

［K］　　Lernado ne estas profitodona. Klarigo: kritiko.

［E］　　Oni lernas, ĉar nelernado estas malprofita. Se diri, ke lernigi estas malprofite, tio estas jam "instrui". Do, instrui, ke lernado estu konsiderata kiel malprofita, estas kontraŭdire.

RIM.:

　Kritiko al kontraŭdiro ĉe taoismeca ignoro de lernado.

B 77

［经下］　　诽之可否，不以众寡，说在可非。

［经说下］　　论诽：诽之可不可。以理之可诽，虽多诽，其诽是也；其理不可非，虽少诽，非也。今也谓多诽者不可，是犹以长论短。

［K］　　Kritiko estas allasebla aŭ ne, tio ne dependas de multo aŭ malmulto. Klarigo:

ebleco de negacio.

[E] Kritiko en diskuto: Allasebla aŭ ne estas kritiko. Se en la kritiko estas praveco je logiko, allaseblas kiom ajn multe da kritiko, ĉar la kritiko estas prava. Se ne estas praveco je logiko, ne allasebla estas tiu kritiko, kiom ajn malmulte. Nuntempe oni diras, ke multe da kritiko ne estas allasebla, sed tiu eldiro mallongigaĉas longan diskuton.

B 78

［经下］ 非诽者諄，说在弗非。

［经说下］ （非）不诽，非己之诽也。不非诽，非可非也。不可非也，是不非诽也。

[K] Neado. Kritiko estas utila persvado. Klarigo: neado de neado.

[E] Neado. Ne kritiki estas ankaŭ manko de memkritiko. Kritiko sen neado ne ekzistas. Ne eblus eĉ neado, se ne allasebla estus kritiko.

RIM.:
Laŭ logiko, se kiu neis kritikon, tiu aprobas sian neadon. En tiu okazo li falas en sinkontraŭdiron.

B 79

［经下］ 物甚不甚，说在若是。

［经说下］ 物甚长甚短，莫长于是，莫短于是，是之是也非是也者，莫甚于是。

[K] Estas io ekstrema kaj neekstrema. Klarigo: kvazaŭ esti.

[E] Ekstremeco de io, kaj eskstremeco de longo kaj mallongo, signifas, ke ne ekzistas io pli longa ol tio aŭ ne ekzistas io malpli longa ol ĉi tio. Ĉar tia tio kaj ĉi tio jam estas ne ekzisteblaj, tial do en tiu senco ja ne ekzistas la ekstremo.

B 80

［经下］ 取下以求上也，说在泽。

［经说下］ 取高下，以善不善为度，不若山泽。处下善于处上，下所请上也。

[K] Preni: Preni subon estas serĉi supron. Klarigo: marĉo.

[E] Preni: Kvankam la alteco kaj malalteco povas esti mezurilo de bono kaj malbono, tamen ne de monto kaj marĉo. Pri la lasta eblas diri, ke subo estas pli bona ol la supro, ĉar subo venas de la supro.

RIM.:
Mi provis traduki la propozicion kun morala nuanco, ke humileco kaj tolero estas gravaj. Tiu argumento rilatas al la 1-a ĉapitro *Estimo al Personeco* ［亲士］, Grandaj riveroj ne malamas

riverbranĉojn".

B 81

［经下］　　是是与是同，说在不州。

［经说下］　不是：是，则是，且是焉。今是文于是，而不于是，故是不文。是不文，则是而不文焉。今是不文于是，而文与是，故文与是、不文同说也。

［K］　"Duobla pozitivo" estas egala al "pozitivo". Klarigo: se ne en izolita tereno.

［E］　Negativo povas esti ankaŭ pozitiva, havante pozitivan sencon. Se nun al iu pozitiva frazo estas aldonita "ne", tiu frazo estos negativa, inkluzivante "ne". Se tiu negativa frazo inkluzivas pozitivan sencon, tiam la frazo estas pozitiva laŭsence. Tial do, koncerne propozicion okazas, ke pozitivo kaj negativo povas esti samaj je senco en parolado.

RIM.:
　Kelkaj esploristoj anstataŭigas la ideogramon 文 per la alia 之, sed mi ne obeas al tia ŝanĝo de teksto.

34. 大取 ELEKTO DE LA PLI GRANDA

天之爱人也，薄于圣人之爱人也；其利人也，厚于圣人之利人也。大人之爱小人也，薄于小人之爱大人也；其利小人也，厚于小人之利大人也。以臧为其亲也而爱之，非爱其亲也；以臧为其亲也而利之，非利其亲也。以乐为爱其子，而为其子欲之，爱其子也；以乐为利其子，而为其子求之，非利其子也。

Kvankam la Ĉielo amas homojn, tamen malpli[66] dense ol sanktuloj amas homojn; sed la Ĉielo profitigas homojn pli ol sanktuloj profitigas homojn. Kvankam grandulo amas malgrandulojn, tamen malpli dense ol la malgranduloj amas la grandulon; sed la grandulo profitigas la malgrandulojn pli ol la malgranduloj profitigas la grandulon.

Se vi faras iun sklavon[67] via intimulo kaj vi amas lin, tio ne signifas, ke vi amas ankaŭ parencojn de la sklavo. Se vi faras iun sklavon via intimulo kaj vi intencas profitigi lin, tio ne signifas, ke vi profitigas ankaŭ parencojn de la sklavo. Ami siajn gefilojn per plezurigo[68], lasante ilin fari, kion ajn ili deziras, devenas ankaŭ de amo al gefiloj; sed se oni volus profitigi gefilojn per tia plezurigo, tio ne estas ja profito al gefiloj.

---

[66] Multaj esploristoj konsideras ideogramon 薄 *bao* (maldensa) kiel eraron de 溥 *pu* (ampleksa). Sed mi ne prenas la ideogramon por 溥 aŭ 博, kaj mi sekvas al la teksto de Fang Yong, fidela al la restinta teksto.[上天对人的爱，比起圣人对人的爱要淡薄；它施利于人，却比圣人施利于人更富厚。方勇译 p. 373] Laŭ mia kompreno, ĉi tie forte manifestiĝas, ke la Ĉielo "profitigas" homojn. Kaj amo far de sanktulo estas pli forte alligiteca (*attachment*) ol de la Ĉiela Amo (malligiteca, *detachment*). Aldone tiu signifo 薄 ne kontraŭas principon de makroamo. Estas ankaŭ proverbo: "Rilato inter nobluloj estas maldensa, kvazaŭ akvo; rilato inter malgranduloj estas dolĉa, kvazaŭ dolĉa vino."[君子之交淡若水；小人之交甘若醴]. [*Zhuang-zi, Shanmu*] Maldenseco ne ĉiam havas malbonan signifon.
Kiel Tan Jiefu jam menciis, la propozicio diras pri diferenco inter "amo" kaj "profito". [墨弁发微] Kiel sciate, en amo ĉe Mozi estas du specoj: Makroamo[兼爱] kaj Mikroamo[别爱]. Profito estas pli grava ol Mikroamo (alligiteca). Mozi ĉi tie rigardas la profiton (utilecon) kiel la la pli altan principon ol alligiteca amo. Universala Amo (Makroamo) estas malligiĝo de Mikroamo. Tio ne signifas, ke utilismo ĉe Mozi okupas pli fundamentan koncepton ol universala amo. Homo ne bezonas ĉagreni pro portempa malprofito en mallonga periodo, ĉar la Ĉielo finfine pli ampleksan longa periodo profitigos lin laŭ lia penado. Absolute ampleksa estas la profitigo fare de la Ĉielo. Tia estas la universala amo de la Ĉielo. Forke tradukas tiel same, kiel mi: "Der Himmel liebt die Menschen weniger, als der Weise sie liebt".[p. 502]

[67] Multaj esploristoj (Pi Yuan k.a.) prenas ideogramon 臧 por funebri[葬], kaj tradukas la propozicion: "Lukse funebri gepatrojn estas ami la luksegon de la funebro, sed ne ami la gepatrojn; luksa funebro por gepatroj estas profitigi funebran kompanion, sed ne profitigi gepatrojn." Mi konsentas kun Sun Yirang, kiu komprenas 臧 kiel sklavo milit-kaptita. Tial parencoj[亲] restas ankoraŭ malamikoj.

[68] Kelke da esploristoj prenas ideogramon 乐 por muziko. Sed mi opinias, ke la alia signifo "plezuro, amuzo" estas trafa en la kunteksto. Notinde, ke ĉi tie plezuro kaj amo estas submetiĝas al kalkulo de "profito".

于所体之中，而权轻重之谓权。权，非为是也，非非为非也。权，正也。断指以存腕，利之中取大，害之中取小也。害之中取小也，非取害也，取利也。其所取者，人之所执也。遇盗人，而断指以免身，利也；其遇盗人，害也。断指与断腕，利于天下相若，无择也。死生利若，一无择也。杀一人以存天下，非杀一人以利天下也；杀己以存天下，是杀己以利天下。于事为之中而权轻重之为求。求为之，非也。害之中取小，求为义，非为义也。

  Kio el inter farendaj agoj distingas pli aŭ malpli gravan, tio estas nomata "pesado". La pesado ne estas jesado nek neado. Tio estas ĝusta mezurado. Detranĉi fingron kaj restigi brakon, elpreni pli grandan profiton aŭ malpli grandan malprofiton. El malprofitoj elpreni la malplej grandan estas ne tiel malutile, sed utile kaj profitdone. Kio estas elektita de la persono, tio estas akirita. Kiu, renkontite de rabistoj, povis eviti morton nur per detranĉo de fingro, tiu ricevis profiton, spite ke malprofita estas la renkontiĝo kun rabistoj. Sed se por profitigo al la mondo, tiuokaze estas tute egale sinoferi je fingro aŭ eĉ brako. Ĉi-okaze ne eblas elekti.
  Se rilatas al profito de la monda afero, tiam ne ekzistas tia elekto, ĉu morti aŭ vivi. Oni mortigas unu homon se por ekzistado de la mondo. Sed mortigo de unu homo ne estas profito al la mondo. Okazas, ke por ekzistado de la mondo oni mortigas sin mem, tia sinmortigo estas profito al la mondo. Pesado de la pli aŭ malpli granda el estantaj agadoj estas nomata "serĉado". Tio ne estas fari la serĉatan aferon, sed nur elekti el inter malprofitoj la malplej grandan malprofiton. Endas serĉi la pli justan, sed tio ankoraŭ ne signifas fari juston.

为暴人语天之为是也而性，为暴人歌天之为非也。诸陈执既有所为，而我为之陈执；执之所为，因吾所为也。若陈执未有所为，而我为之陈执，陈执因吾所为也。暴人为我为天之，以人非为是也而性，不可正而正之。

  Se prediki al kruelulo, ke homa naturo estas kreitaĵo de la Ĉielo, tio signifas, ke oni aplaŭdas kruelulon, kantante, ke ankaŭ negativa povus esti kreitaĵo de la Ĉielo. Kompreneble, homoj ekzistas, ĉirkaŭate de estantaj kondiĉoj, kiuj donas influon al homoj. Sed mi faras ion al mia ĉirkaŭaĵo. Kio estas farita per ĉirkaŭa kondiĉo de estaĵoj, en tio estas ankaŭ faritaĵo de mi. Se mi faras ion en iu kondiĉo, antaŭe nevidebla, en tiu okazo, la kaŭzo de nova kondiĉo estas farita de mi mem[69]. Se iu kruelulo konsiderus

---

[69] "La kaŭzo de nova kondiĉo estas farita de mi mem" — Ĉi tie videblas praktika filozofio de Mozi, kiu konsideras la personan agon kiel gravan je la kreado de ĉirkaŭaj kondiĉoj. Rolo de individuo en historio estas klare esprimita. Gorkij diris, ke kreas personon lia opono kontraŭ medio. [*Miaj Universitatoj*]

sian agon kiel faritan de la Ĉielo, tiam li rigardas sian negativan agadon kiel la homan naturon. Oni devas ja korekti tiun malveron.

利之中取大，非不可得已也；害之中取小，不得已也。所未有而取焉，是利之中取大也；于所既有而弃焉，是害之中取小也。
义可厚，厚之；义可薄，薄之。谓伦列。德行、君上、老长、亲戚，此皆所厚也。为长厚，不为幼薄。亲厚，厚；亲薄，薄。亲至，薄不至。义，厚亲不称行而顾行。
为天下厚禹，为禹也。为天下厚爱禹，乃为禹之爱人也。厚禹之加于天下，而厚禹不加于天下。若恶盗之为加于天下，而恶盗不加于天下。爱人不外己，己在所爱之中。己在所爱，爱加于己。论列之爱己、爱人也。

Elekti la plej grandan el profitoj ne estas neevitenle; elekti la malpli grandan el malprofitoj estas devigite. Kiam oni prenas ion, kion ankoraŭ ne posedas, tiam oni elektas la pli grandan el profitoj. Kiam oni jam posedas kaj devas forĵeti ion, tiam oni elektas la malpli grandan el malprofitoj.

Rilate al justa alligiteco inter homoj, laŭ konfuceanismo[70], eblas grandigi ĝian gradon tie, kie estas necese, kaj eblas malgrandigi tie, kie estas eble. Ĉio dependas de morala vicordo laŭ rangoj. Al virtuloj, estroj, supruloj-pliaĝuloj, gepatroj kaj parencoj, oni devas rilati kun granda respekto. Grandigo de alligiteco al pliaĝuloj ne estas malgrandigo de ampasio al la plijunaĝuloj kaj infanoj. Sento de amo al proksimaj parencoj estas pli granda, ol al la malproksimuloj. Ju pli proksime, des pli granda, ju pli malprosksime, des malpli granda. La virto laŭ konfuceanoj estas alligiteco al la pli proksimaj. Kvankam tio ne povas esti nomata "virto", tamen ili rigardas tion virta.

Ili respektas la reĝon Yu por la mondo, sed amas nur personon Yu. Ni amas la reĝon Yu nome de la mondo por tio, ke li amis homojn. Tio, ke ili amas la reĝon en la nomo de la mondo, ne signifas, ke ilia amo estas etendita al la mondo. Tio estas sama, kiel ili malamas rabistojn por la mondo, sed la malamo ne rilatas al la mondo. Amo al la homoj estas farata ne eksteren, sed nur interne de la amanto mem. La amo ekzistas ene de la amanto mem, do la amo apartenas al la amanto mem. En la vicordo de rangoj ĉe konfuceanoj, ami sin mem estas ja ami homojn.

---

[70] Kiel kompreni la vorton "Lun Lie[论列]"? Unuj komprenas ĝin kiel "vicordon kun malegaleco" [Sun Yirang, Cao Yaoxiang, Zhang Chunyi, k. a.], sed aliaj, tute kontraŭe, kiel "socion de egaleco" [Tan Jiefu, Li Yushu]. Mi sekvas al Zhang Chunyi, Fang Yong k. a. kiuj rigardas tiun vorton kiel esprimon de konfucianismo. Ĉi tie estas kritiko al "aparta amo [别爱]" aŭ "mikroamo" ĉe konfuceanismo, kies amo estus, laŭ mohistoj, limigita per alligiteco al proksimuloj. Kritiko daŭras ĝis la 8-a paragrafo.

圣人恶疾病，不恶危难。正体不动，欲人之利也，非恶人之害也。圣人不为其室臧之，故在于臧。圣人不得为子之事。圣人之法：死亡亲，为天下也。厚亲，分也；以死亡之，体渴兴利。有厚薄而毋，伦列之兴利为己。

语经，语经也，非白马焉，执驹焉说求之，舞说非也，渔大之舞大，非也。三物必具，然后足以生。

臧之爱己，非为爱己之人也。厚不外己，爱无厚薄。举己，非贤也。义，利；不义，害。志功为辩。

有有于秦马，有有于马也，智来者之马也。爱众众世与爱寡世相若。兼爱之，有相若。爱尚世与爱后世，一若今之世人也。

鬼，非人也；兄之鬼，兄也。天下之利驩。"圣人有爱而无利"，倪日之言也，乃客之言也。天下无人，子墨子之言也犹在。

Sanktulo, kvankam malamas por si mem malsanon, tamen ne timas danĝeron. Li rekte staras sen ŝanceliĝi, deziras profitigi homojn, kaj ne timas, ke li povus esti vundota de homoj. Sanktulo faras sian ĉambron sensklava, ĉar li estas por sklavoj. Sanktulo ne ĉiam povas plenumi filan devon. Leĝo de ĉefparto ĉe sanktulo troviĝas por la tuta mondo, eĉ kiam mortis gepatroj. Ami gepatrojn estas nur parto[71]. Eĉ ĉe ilia morto li tutkorpe strebas al profitigo[72] por la mondo. Lia amo nur grandiĝas kaj neniam malgrandiĝas. Sed en la vicordo de rangoj iu ajn profitigo estas farata per egoismo.

Lingvo kaj logiko estas kohera rezonado. En sofismo estas tia fuŝrezonado: "Blanka ĉevalo ne estas ĉevalo." Por akiri blankan ĉevalon necesas kontrolo de junaj ĉevaletoj, por ke ĉevaletoj ne laŭplaĉe intermiksiĝu, kune dancante. Fiŝado granda estas fuŝado granda. Nepras tri procedoj [fonto, apartigo, krucado] kaj rezulte ĝi naskiĝas.[73]

Sklavo amas sin mem, sed lia egoa amo ne estas amo al aliaj homoj. Lia amo, eĉ forta, ne transiras limon de mem-amo. En vera amo ĝenerale ne devas esti diskriminacio, ĉu granda aŭ malgranda. Ekskluziva mem-amo ne estas saĝa. Justo kunportas profiton, maljusto — malprofiton. Inter strebo kaj rezulto estas ja dialektiko.

[71] Esploristoj plejparte prenas ideogramon "分 fen" por ĉefa devo 本分. Sed laŭ la kunteksto mi komprenas ĝin kiel "branĉon aŭ parton". Per diversaj tekstoj la lasta ideogramo diferencas inter "已 jam" kaj "己 si mem". Laŭ Fang Yong –己; laŭ Johnston –已. Mi preferas la lastan ol la unuan.

[72] Mozi konstatas, ke profito-amo estas grava, ĉar profito estas ĉefa ideo en lia sistemo. Li malestimas apartan amon [别爱], kiel egoisman, kiu inkluzivas en si malvastan naciismon. Laŭ mia opinio, ŝajnas, ke en pensmaniero de Mozi troviĝas konflikto inter konceptoj de profito kaj amo. Mi observas, ke Mozi kritikas konfuceanismon pro mikroamo. Sed kie oni povas trovi diferencon inter egoismo kaj profito-amo? Kvankam malfacile distingi diversecon, tamen estas certe, ke la estimo de profito ĉe Mozi estas subtenata de kriterio "makroamo". Koncepto de 利(Profito aŭ Utileco) estas la plej alta tiom grade, kiom ĝi konformas al 兼爱 Universala Makroamo.

[73] Kvankam multaj esploristoj ŝanĝas frazojn laŭplaĉe, mi provas interpreti laŭeble fidele al ekzistantaj literoj[舞、渔]. Mi konjektas signifon de 三物 kiel procedon de ĉevalbredado.

Iu havas ĉevalon de Qin-regno. La alia havas ordinaran ĉevalon. Oni vidus ambaŭ du homojn la posedantoj de ĉevalo.

Ami homojn estas tute egale en ĉiuj epokoj, kiam ajn tie estus ĉu multe aŭ malmulte da popolo. Tia estas universala amo, egala al ĉiuj. Ĉu ami estintojn aŭ ami estontojn estas tute egale al tio, ke ami nun estantojn?

Spiritoj ne estas jam homoj. Sed frata spirito restas frato. Homoj en la mondo ĝoje rigardas tion utila. Iuj [konfuceanoj] diradas, ke ĉe sanktuloj, kvankam estas homo-amo, tamen ne estas profito-amo[74]. Sed tio estas fikcia kaj nur vorto de flankuloj. Eĉ se en la mondo neniu kredus, la vorto de la Majstro Mozi daŭras ekzisti.

不得已而欲之，非欲之也。非杀臧也。专杀盗，非杀盗也。凡学爱人。

小圜之圜，与大圜之圜同。方至尺之不至也，与不至钟之至，不异。其不至同者，远近之谓也。

是璜也，是玉也。意楹，非意木也，意是楹之木也。意指之也，非意人也。意获也，乃意禽也。志功，不可以相从也。

利人也，为其人也；富人，非为其人也，有为也以富人。富人也，治人有为鬼焉。为赏誉利一人，非为赏誉利人也，亦不至无贵于人。

智亲之一利，未为孝也，亦不至于智不为己之利于亲也。智是之世之有盗也，尽爱是世。智是室之有盗也，不尽是室也。智其一人之盗也，不尽是二人。虽其一人之盗，苟不智其所在，尽恶其弱也。

Devontigita volo ne estas vera volo. Ne mortigu militkaptitojn-sklavojn. Kvankam estas devigate per reĝimo mortigi ŝteliston, tamen ne mortigu ankaŭ la ŝteliston. Lernu ami homojn ĝenerale kaj ĉiuflanke.

Cirkleto malgranda kaj cirklego granda estas ambaŭ cirkloj. Ke mankas distanco je unu *chi* kaj distanco je mil *lio*, ambaŭ samas je manko. Diferenco estas nur en distanco, proksima aŭ malproksima.

Supozu jadon, kvankam duonringforma peceto, sed ĝi ne estas alia ol jado. Rilate ĉefan kolonon de halo, oni povus rigardi ĝin jam ne arbo, sed kolono-ligno. Rilate al homa korpo, pripensi fingron ne estas pensi pri tuta homa korpo. Pensi pri ĉasado estas ja pensi pri birdoj aŭ bestoj.[75]

[74] SunYirang kaj multaj esploristoj komprenas 倪日 kiel konfuceanoj.

[75] Ideogramo 臧 havas signifon de "sklavo" kaj "militkaptito". Oni devas atenti la frazon [专杀盗，非杀盗也](Kvankam ŝtelistoj estadas kondamnitaj al morto, tamen ne mortigu ankaŭ ilin). Tiu ideo ŝajnas kontraŭdira al la frazo en la sekva ĉapitro[杀盗人非杀人也](mortigi ŝteliston ne signifas mortigi homon). Al mi estas tre malfacile kompreni kelkajn frazojn en tiu paragrafo, ekz-e pri tio, kio signifas cirklo, kolono, jado, ĉasado. Sed mi provis prezenti provizore laŭliteran tradukon.

Intenco kaj rezulto ne ĉiam konformas unu al la alia. Profitigi la alian estas ankaŭ profito por profitiganto mem. Tamen riĉigi la alian estas ne por riĉiginto mem, sed por la afero, ke la riĉiĝintoj povos mastrumi homojn kaj servi al la Spiritoj. Honori unu homon per ordeno estas profitigi nur unu honoriton, ne la aliajn, sed tio ne signifas, ke ne necesus la honora ordeno. Tiu, kiu scipovas profitigi nur per unu bonfarto siajn gepatrojn, ankoraŭ ne estas pia fidela filo, ĉar li ankoraŭ ne scias profitigi gepatrojn sen egoismo.[76]

Pia estas tiu, kiu, kvankam sciante, ke en la mondo troviĝas ŝtelistoj, tamen plie, malgraŭ tio, amas la mondon; sciante, ke en la domo troviĝas ŝtelisto, malgraŭ tio senlime amas la domon. Li eĉ scias, ke unu el du estas ŝtelisto, sed li ne malamas senlime ambaŭ du. Se kiu, sciante, ke unu el ili estas ŝtelisto, rigardus ĉiujn malbonaj, tiu estas malsupera persono.[77]

诸圣人所先为，人欲名实。名实不必名。苟是石也白，败是石也，尽与白同。是石也唯大，不与大同，是有便谓焉也。以形貌名者，必智是之某也，焉智某也。不可以形貌命者，唯不智是之某也，智某可也。诸以居运命者，苟人于其中者，皆是也，去之因非也。诸以居运命者，若乡里、齐、荆者，皆是。诸以形貌命者，若山丘室庙者，皆是也。

智与意异，重同，具同，连同，同类之同，同名之同，丘同，鲋同，是之同，然之同，同根之同。有非之异，有不然之异。有其异也，为其同也，为其同也异。一曰乃是而然，二曰乃是而不然，三曰迁，四曰强。

Sanktuloj antaŭ ĉio faras tiel, ke homoj scivolu nomon kaj esencon. Nomo ne ĉiam havas esencon kaj esenco ne ĉiam havas ĝustan nomon. Ekzemple, blanka ŝtono, kiam ĝi estas dispecigita, ĝia peceto estas ankaŭ kun sama koloro, blanka. Sed je granda ŝtono, dispecigite, ĝiaj pecetoj fariĝas ne samaj je grandeco. Tiel estas kazoj, diversaj laŭ eldiraj vortoj. La substanco estas nomata laŭ la formo, tio nepre estas sciata per la nomo kaj intelekto. Kio estas nomata sen formo, tio ne estas sciata per substanco, sed konebla per intelekto. Kio estas nomata laŭ loko, tio havas lokonomon nur tiom longe, kiom estas ene de la loko. Ekstere de la loko ĝi jam nomiĝas alie. Kiuj nomiĝas laŭ loka toponimo, laŭ loĝado aŭ migrado, tiuj estas, ekzemple, samlandanoj de hejmurbetoj, aŭ Qi-regnanoj, aŭ Jing-landanoj, k. a. Kio nomiĝas laŭ la formo, tio estas, ekzemple,

---

[76] Pri rilato inter la tuto kaj parto argumentas per sia dialektiko la Majstro Mozi el sia originala vidpunkto. Fila fideleco en parto ne estas fidela amo en tuto. Tiel kritikas li konfuceanojn pro limigita fideleco al gepatroj, supruloj kaj nacio. Parto-amo ne ĉiam kondukas al universala tuto-amo.

[77] Laŭ vortaro de Shirakaŭa 白川静[Ssz], ideogramo 盗 havas ankaŭ signifon de "opoziciulo".

montoj, montetoj, domoj, temploj k. a.

Inter intelekto kaj sento estas diferenco. Kio senteblas same, tio diferencas per identeco. Estas sameco je substanco, je kunuleco, je aparteneco, je speco, je nomo, je formo, je toponimo, je ligiteco, je identeco, je konsento, je radiko. Estas ankaŭ diversa la malsameco: malsameco je kvalito, je malkonsento. Diferenco troviĝas, ĉar ekzistas sameco. Identeco troviĝas, ĉar diverseco estas. Unue – la tezo: "jes, tio estas." Due – la antitezo: "jes, sed tio ne estas." Trie – la ŝanĝiĝo: "antaŭe tio estis jes, sed nun ne." Kvare – "la fortiĝo."[78]

子深其深，浅其浅，益其益，尊其尊。察次山、比、因至优指复；次察声端、名、因请复。正夫辞恶者，人右以其请得焉。诸所遭执而欲恶生者，人不必以其请得焉。

圣人之附濆也，仁而无利爱。利爱生于虑。昔者之虑也，非今日之虑也。昔者之爱人也，非今之爱人也。爱获之爱人也，生于虑获之利。虑获之利，非虑臧之利也；而爱臧之爱人也，乃爱获之爱人也。去其爱而天下利，弗能去也。昔之知墙，非今日之知墙也。贵为天子，其利人不厚于正夫。二子事亲，或遇孰，或遇凶，其亲也相若，非彼其行益也，非加也。外执无能厚吾利者。藉臧也死而天下害，吾持养臧也万倍，吾爱臧也不加厚。

Kiu petis de la Majstro Mozi, tiu akiris laŭ sia postulo: se volus profundecon, akiri la profundan, se voli malprofundecon, akiri la malprofundan, se voli profiton, akiri la profiton, se voli superbon, akiri la superbon. Tiu sinsekve perceptas monton da scio, kaj per komparo kaj kaŭzo-esploro penetras en la kvintesencon de la bonega ideo; kaj sekve komprenas lian paroladon pri rilato inter nomo kaj ekzisto kaj pri rezono de la ekzistado. Ordinaraj homoj parolas maldece, sed malgraŭ tio, oni komprenas, kion ili parolas. Sed kiu forte insistadas pri sia antaŭjuĝo aŭ, havante torditan karakteron, obsediĝis per malbona ideo, tiu ne ĉiam povas kompreni la esencon de la Majstro Mozi.

Kiam sanktuloj rilatas egale al homoj, la rilato similas al simpla komerco. Ili havas virton de homoamo kaj ne favoras personojn partieme. Partiemo naskiĝas per zorgo-klopodo. Sed zorgoj ĉe antikvuloj malsamas de hodiaŭaj zorgoj. Maniero de homoamo ĉe antikvuloj diferencas de hodiaŭa homoamo. Tiam amo al sklavinoj estis ago de homoamo kaj tio naskiĝis de zorgado pri profito de sklavinoj. Sed profito de sklavinoj ne signifis profiton de vir-sklavoj. Devus esti egala la ago de homoamo, amo al sklavoj kaj amo al sklavinoj. Ĉu ne eblas ĉesigi tion, se ĉesigo de la maniero de tiama

---

[78] Mirinda estas la alta nivelo de logiko ĉe Mozi, kiu parolas arton por esplori verecon de opinioj kaj difini la veron per metoda rezonado kaj diskutado. Jam videblas la dialektiko, simila al greka filozofio, aŭ eĉ al germana idealisma filozofio.

amo estas profito al la mondo? Antikva muro[79] por dividi homojn ne estis hodiaŭa apartiga muro, kiun oni konas. La Ĉiela Filo estis estimata kiel nobla, sed okazas, ke li profitigas malpli ol ordinaraj viroj. Rilate al fila devo, ne diferenciĝis estimo al konduto, ekzemple, el du filoj: unu, kiu servis al gepatroj en la jaro de bona rikolto, kaj la alia – en la jaro de malsatego. Ne troviĝis diferenco de la estimo, depende de rikolto riĉa aŭ malriĉa. Ia ajn ekstera kondiĉo ne povas ŝanĝi nin je strebo al profitigo de homoj pli multe aŭ malpli. Se sklavoj mortus kaj tio malprofitigus la mondon, mi dek-miloble nutros sklavojn per manĝaĵo. Sed nia amo al sklavoj neniam ŝanĝiĝas depende de la ekstera kondiĉo.

长人之异，短人之同，其貌同者也，故同。指之人也与首之人也异，人之体非一貌者也，故异。将剑与挺剑异。剑，以形貌命者也，其形不一，故异。杨木之木与桃木之木也同。诸非以举量数命者，败之尽是也。故一人指，非一人也；是一人之指，乃一人也。方之一面，非方也，方木之面，方木也。以故生，以理长，以类行也者。立辞而不明于其所生，忘也。今人非道无所行，唯有强股肱而不明于道，其困也，可立而待也。夫辞以类行者也，立辞而不明于其类，则必困矣。

Iu homo altastatura kaj la alia homo malaltastatura, ambaŭ estas homaranoj, samaj je homa korpo kun membroj. Sed inter fingro kaj kolo estas diferenco laŭ kategorio je membroj de la homa korpo. Kaj diferencas ponardo kaj sabro, ĉar laŭ la ekstera formo ili estas malsamaj. Popla arbo kaj persika arbo estas samaj, kiel laŭ kategorio de arbo. Se kio estas nomata ne klasifikite per kvanto kaj kvalito, ĉio fariĝas sama finfine. Tial unu fingro ne signifas ies fingro, sed ies fingro signifas fingro de iu homo. Unu faco de kubo ne estas kubo. Sed unu peco de ligna kubo estas ligna kubo.

Ĉio naskiĝas per kialo, kreskas per leĝoj kaj disvolviĝas per klasifiko. Kiam oni donas parolon, se ne klara estus la kaŭzo, de kie devenas la parolo, – nur absurdo.

Se nun iu irus ne laŭ la ĝusta vojo, kiom ajn li forta je korpo, sen klara kono de la vojo, li suferus pro konfuziĝo kaj nur starus stuporigite. Se la parolo kaj vorto ne estus klaraj nek strikte klasifikitaj, tiam nepre oni konfuziĝus.

故侵淫之辞，其类在鼓栗。圣人也，为天下也，其类在于追迷。或寿或卒，其利天下也指若，其类在誉石。一日而百万生，爱不加厚，其类在恶害。爱二世有厚薄，而爱二世相若，其类在蛇文。爱之相若，择而杀其一人，其类在阬下之鼠。小仁与大仁，行厚相若，其类在申。凡兴利除害也，其类在漏雍。厚亲不称行而类行，其类在江上井。不为己之可学也，其类在猎走。爱人非为誉也，其类在逆旅。爱人之亲若爱其亲，其类在官苟。兼爱相若，一爱

---

[79] Multaj esploristoj konsideras la ideogramon "墙 muro" kiel eraron de ideogramo "啬 avara". Sed mi preferas obei al malnova teksto, ĉar estas komprenebla la ekzisto de diferencigo per "muro".

相若。一爱相若，其类在死也。

Tial troviĝas ŝanceliĝo kaj ŝanĝiĝo de vortoj[80], kaj tio videblas, ekzemple, ĉe la skribmaniero de la ideogramo "kaŝtano", skribita sur la ŝtona tamburo. Sanktuloj faris aferon por la mondo, sed, ekzemple, [inter reĝoj] aperis elvojiĝintoj [kiel la reĝo Zhou]. Ies vivo longe daŭrus, alies mallonge, sed, ekzemple, se kiu profitigas la mondon ktp., do ties ago estis ĉizita sur "honora ŝtono". Eĉ se en unu tago naskiĝus miliono da homoj, sed troviĝas iuj, ne amataj sufiĉe, ekzemple, al kiuj malutilas "preĝo" por bondeziro. Dum du generacioj povas aperadi amo granda al unuj kaj malgranda al la aliaj, malgraŭ ke la amo mem estas dume egala, ekzemple, kvazaŭ desegnaĵoj de "serpenteno". Eĉ se la amo estas egala, tamen unu elektito devas esti mortigita, ekzemple, kiel muso sub "viktimofera subfosaĵa truo". Eĉ al la virtuloj, malgrandaj aŭ grandaj, malgraŭ la konduto fervora aŭ longdaŭra, albatadas, ekzemple, anonco de Tondro-Dio.

Ĝenerale eĉ al tiu, kiu donis profiton kaj eliminis malutilon, ne indulgas, ekzemple, la sankta horloĝo de "trafluanta akvo". Profunda amo al gepatroj, kiel ajn estu nomata la "bonfaro", estas, ekzemple, ne pli ol "puto sur riverfonto". Lerni sindonan, senegoisman konduton, fariĝas, ekzemple, nur "kuro en ĉasado". Ami homojn ne por sia honoro estas, ekzemple, liveri nur "gastejon por vojaĝantoj". Ami alies gepatrojn samkiel siajn, fariĝas, ekzemple, ne pli ol "ŝablona respektsistemo". Estas homoj de universala makroamo kaj homoj de unu mikroamo. Aro, kiel homoj de unu mikroamo, estas ja mortanta.

[80] Mozi per ekzemploj montras, ke ideogramo ŝanĝiĝas kaj ke nomo de diversaj kvalifikoj ne identiĝas laŭ enhavo. Ideogramo 栗 sur 石鼓文 estis diferenca de 古文.

35. 小取 ELEKTO DE LA MALPLI GRANDA

夫辩者，将以明是非之分，审治乱之纪，明同异之处，察名实之理，处利害，决嫌疑。焉摹略万物之然，论求群言之比。以名举实，以辞抒意，以说出故。以类取，以类予。有诸己不非诸人，无诸己不求诸人。

Dialektiko estas klare distingi la veron kaj la malveron, juĝi laŭ disciplino la ordon kaj la malordon, klarigi la samon kaj la diferencon, esplori la interrilaton de nomo kaj ento-realo, kalkuli la profiton kaj la malprofiton, solvi dubindaĵojn. T. e. esplori ĉion laŭ naturo per si mem kaj kompari diversajn argumentojn de multaj paroladoj.

Endas esprimi per nomo la ento-realon, per vorto la signifon, per logiko la kaŭzon, per kvalifiko la koncepton kaj la rezonon. Kion vi posedas ĉe vi kiel principan metodon, tion ne altrudu al la aliaj, ne havantaj saman metodon. Kaj ne postulu de la aliaj havi tion, kion vi mem ne havigas al vi.

或也者，不尽也。假者，今不然也。效者，为之法也。所效者，所以为之法也。故中效，则是也；不中效，则非也。此效也。辞也者，举也物而以明之也。侔也者，比辞而俱行也。援也者，曰："子然，我奚独不可以然也？"推也者，以其所不取之同于其所取者，予之也。"是犹谓"也者，同也。"吾岂谓"也者，异也。

"AŬ" estas senkonkluda, indikanta plurajn eblojn. "SE" signifas ankoraŭ nun nefaktan agon. "EFEKTIVIĜO" estas rezulto laŭ leĝo. Efektiviĝas tio, kio estas laŭleĝa. Ne efektiviĝas tio, kio ne estas laŭleĝa. Tia estas "EFEKTIVIĜO". "KOMPARO" estas klarigi similaĵojn kaj diferencojn inter du aŭ pluraj objektoj. "EGALO" estas kunstarigi du objektojn, prezentante tian similecon kun la alia per vortoj.

"SUBTENO" estas tia sinteno: "Kial mi sola ne povus aprobi tion, kion vi aprobis?" "KONJEKTI" estas antaŭvidi la dirotan, apogante sur la diritaĵo de la oponanto, kaj poste esprimi konsenton per eldiro "Ankaŭ mi dirus tiel" kaj malkonsenton – "Mi ne dirus tiel".

夫物有以同而不率遂同。辞之侔也，有所至而正。其然也，有所以然也；其然也同，其所以然不必同。其取之也，有所以取之；其取之也同，其所以取之不必同。是故辟、侔、援、推之辞，行而异，转而危，远而失，流而离本，则不可不审也，不可常用也。故言多方，殊类异故，则不可偏观也。夫物或乃是而然，或是而不然，或一周而一不周，或一是而一不是也。不可常用也。故言多方殊类异故，则不可偏观也，非也。

Ĝenerale, objektoj povas esti samaj aŭ malsamaj. Eldiro, ke io estas egala al alio, devas esti korektata ĉie kaj ĉiam. Ke iu aĵo estas tia, en tio estas kialo. Eĉ se la aĵo estas sama, ties kialo povas esti malsama. Estas kialo en tio, kion elekti. Kiam la elektita estu sama, ties kialo povas esti malsama. Tial do tiaj metodoj, kiel komparo, egalo, subteno kaj konjekto, povas esti diferencaj je aplikado, danĝeraj je turniĝo, malproksimaj pro perdiĝo, superflue disaj de la principo. Oni devas skrupule esploradi la metodon de diskutado. Ne endas ofte uzadi ĝin malatente. Tiel vortoj estas multediversaj, kaj kvalifikoj estas malsamaj, do oni ne devas observadi objekton nur unuflanke.

Ĝenerale, la esto de objekto estas unue "jes kaj tia", due "jes sed ne tia". Aŭ unuaĵo estas tuto, kaj unuaĵo ne estas tuto. Aŭ estas la unuaĵo, kaj ne estas la unuaĵo. Ne ĉiam uzeblas konstante la tezo kaj antitezo. Vortoj estas multediversaj kaj kvalifikoj estas malsamaj, tial do malkonvena estas unuflanka devia observado.

白马，马也；乘白马，乘马也。骊马，马也；乘骊马，乘马也。获，人也；爱获，爱人也。臧，人也；爱臧，爱人也。此乃是而然者也。

Blanka ĉevalo estas ĉevalo. Rajdi sur blanka ĉevalo estas rajdi sur ĉevalo. Nigra ĉevalo estas ĉevalo. Rajdi sur nigra ĉevalo estas rajdi sur ĉevalo. Sklavino estas homo. Ami sklavinon estas ami homon. Sklavo estas homo. Ami sklavon estas ami homon. Jen estas la tezo: "Jes, kaj estas tia."

获之亲，人也；获事其亲，非事人也。其弟，美人也；爱弟，非爱美人也。车，木也；乘车，非乘木也。船，木也；人船，非人木也。盗人，人也；多盗，非多人也；无盗，非无人也。奚以明之？恶我盗，非恶多人也；欲无盗，非欲无人也。世相与共是之。若若是，则虽盗人人也，爱盗非爱人也，不爱盗非不爱人也，杀盗人非杀人也，无难盗无难矣。此与彼同类，世有彼而不自非也，墨者有此而非之，无也故焉，所谓内胶外闭与心毋空乎？内胶而不解也，此乃是而不然者也。

La antitezo "Jes, sed ne estas tia" estas jene. Gepatroj de sklavino estas homoj. Sed sklavino obeas al la gepatroj ne tiel, kiel al aliaj homoj. Ŝia plijuna frato estas bela homo, sed ŝi amas la fraton, ne ĉar li estas bela. Ĉaro estas farita el lignoj. Sed rajdi sur ĉaro ne estas rajdi sur lignoj. Ŝipo estas farita el lignoj. Sed eniri ŝipon ne estas eniri lignojn.

Ŝtelisto estas homo. Ekzisto de multaj ribeluloj ne signifas, ke estas multe da homoj. Tio, ke ne ekzistas ŝtelisto, ne signifas, ke estas neniu homo. Kiel ekspliki tion? Malami multajn ŝtelistojn ne signifas malami multajn homojn. Deziri, ke malaperu ŝtelistoj, ne signifas deziri, ke estu neniu homo. Ĉiuj povas kune konstati tion. Se tiel, kia estos jena kazo? Kvankam ŝtelisto estas homo, tamen ami ŝteliston ne signifas ami homon, kaj malami ŝteliston ne signifas malami homon, kaj mortigi ŝteliston ne signifas mortigi homon. En tiu argumentado pri ŝtelisto ne troviĝas malfacilo.

Tiu tezo kaj ĉi tiŭ antitezo estas la samaj je klasifiko, sed oni kun sia tezo, ne havante antitezon, kritikas senkaŭze mohistojn pro la metodo de argumentado. Ĉar ilia karaktero estas interne adherema, tordita kaj fermita, kaj ilia koro ne indulgema. Tia interna gluiĝo estas ne kuracebla. Ankaŭ tio estas la etapo: "Jes, sed ne estas tia."

且夫读书，非好书也。且斗鸡，非鸡也；好斗鸡，好鸡也。且入井，非入井也；止且入井，止入井也。且出门，非出门也；止且出门，止出门也。若若是，且夭，非夭也；寿夭也。有命，非命也；非执有命，非命也，无难矣。此与彼同类。世有彼而不自非也，墨者有此而罪非之，无也故焉，所谓内胶外闭与心毋空乎？内胶而不解也，此乃是而不然者也。

Ne eblas diri, ke kiu legas libron, tiu ŝatas librojn. Bataligi kokojn ne signifas tion, ke oni ne ŝatas kokojn. Oni ŝatas kokbatalon, ĉar ŝatas kokojn. [El la vidpunkto de *verba aspekto*,] ankaŭ "eniri" en puton ne signifas, ke iu jam eniris en puton. Sed, aldonite la verbo "ĉesi", ĉesi eniradon en puton signifas ĉesi eniri en puton. Tiu, kiu eliras el pordo, ankoraŭ ne eliris. Tiu, kiu ĉesis eliri el pordo, fakte ĉesis eliradon. Se tiel, "morti frua" ne signifas [*durativon*], ke iu estas mortanta frua, sed la finon de aĝo en frueco. Ni kontraŭas fatalismon ne tial, ke ekzistas fatalo, sed tial, ke ni malaprobas ekzistadon de fatalo. Tion kompreni ne estas malfacile.

La tezo kaj antitezo estas la sama je klasifiko, sed oni kun tezo, ne havante sian antitezon, kritikas senkaŭze mohistojn pro la metodo de argumentado. Ĉar ilia karaktero estas interne adherema, tordita kaj fermita, kaj ilia koro ne indulgema. Tia interna gluiĝo estas ne kuracebla. Ankaŭ tio estas la etapo: "Jes, sed ne estas tia."

爱人，待周爱人而后为爱人。不爱人，不待周不爱人；不周爱，因为不爱人矣。乘马，不待周乘马然后为乘马也；有乘于马，因为乘马矣。逮至不乘马，待周不乘马而后为不乘马。此一周而一不周者也。

Direblas "ami homon", nur universale amante homojn. Eblas diri, "ne ami homon", eĉ ne amante universale. Iu ne amas universale, ĉar ne amas homojn. Ekzemple, rajdi ĉevalon, —sen rajdi ĉiujn ĉevalojn oni povas diri, ke oni rajdas ĉevalon. Kiu povas rajdi ĉevalon, tiu rajdas. Koncernante, ke iu ne rajdas ĉevalon, eblas diri, ke tiu tute ne bezonas rajdi ĉiujn ĉevalojn nek eĉ unu ĉevalon. Per tio estas sciate ke unu estas tuto sed, samtempe, unu ne estas tuto.

居于国，则为居国；有一宅于国，而不为有国。桃之实，桃也；棘之实，非棘也。问人之病，问人也；恶人之病，非恶人也。人之鬼，非人也；兄之鬼，兄也。祭人之鬼，非祭人也；祭兄之鬼，乃祭兄也。之马之目盼则为之"马盼"；之马之目大，而不谓之"马大"。之牛之毛黄，则谓之"牛黄"；之牛之毛众，而不谓之"牛众"。一马，马也；二马，马也。马四足者，一马而四足也，非两马而四足也。一马，马也。马或白者，二马而或白也，非一马而或白。此乃一是而一非者也。

Se iu loĝas en la regno, eblas diri, ke li loĝas en sia regno. Sed pri tiu, kiu nur havas sian domon en la regno, ne eblas diri, ke li havas la regnon. Fruktoj de persikujo estas persiko. Sed fruktoj de dornujo ne estas dornoj. Viziti konsoli malsanulon estas viziti homon. Sed malami malsanon ne estas malami malsanulon. Spiritoj de homoj ne estas homoj. Sed spirito de frato estas la frato. Prokulti homajn spiritojn ne estas prokulti homojn. Sed prokulti spiriton de frato estas prokulti la fraton.

Se okuloj de iu ĉevalo estas strabaj, oni nomas ĝin "straba ĉevalo". Sed kiam okuloj de iu ĉevalo estas grandaj, oni ne nomas ĝin "granda ĉevalo". Se haroj de iu bovo estas flavaj, oni nomas ĝin "flava bovo". Sed haroj de iu bovo estas densaj, oni ne nomas ĝin "densa bovo".

Unu ĉevalo estas ĉevalo. Du estas ĉevaloj. Ĉevalo havas kvar piedojn, ĉar unu estas kvarpiedulo. Sed ĉe du ĉevaloj jam ne estas kvar piedoj. Unu ĉevalo estas ĉevalo. Se temas pri blankhara ĉevalo, kiam du ĉevaloj ekzistas kaj ambaŭ estas blankaj, tiam eblas diri ke ĉevalo estas blanka. Ne eblas diri tiel, se unu el ili ne blanka. Jen ekzemploj, ke unu estas la tezo, kaj la alia estas antitezo.

36. 耕柱 GENG ZHU

子墨子怒耕柱子，耕柱子曰："我毋俞于人乎？" 子墨子曰："我将上大行，驾骥与羊，子将谁驱？" 耕柱子曰："将驱骥也。" 子墨子曰："何故驱骥也？" 耕柱子曰："骥足以责。" 子墨子曰："我亦以子为足以责。"

Iam la Majstro Mozi riproĉis sian disĉiplon Geng Zhu. Tiu ĉi demandis: "Ĉu ne estas ĉe mi io pli bona ol ĉe la aliaj?"

La Majstro Mozi diris: "Se vi supreniras sur la monton Tai Hang, kiun beston vi igas tiri la ĉaron, milmejlan ĉevalon aŭ ŝafon?"

Geng Zhu respondis: "Kompreneble, ĉevalon."

La Majstro Mozi demandis: "Kial ĉevalon?"

Geng Zhu respondis: "Eblas al la ĉevalo elteni vipon kaj ĝi estas taŭga por vipi."

La Majstro Mozi diris: "Same al vi, mi opinias vin sufiĉe kapabla kaj taŭga por kritiko."

巫马子谓子墨子曰："鬼神孰与圣人明智？" 子墨子曰："鬼神之明智于圣人，犹聪耳明目之与聋瞽也。昔者夏后开使蜚廉折金于山川，而陶铸之于昆吾，是使翁难雉乙卜于白若之龟，曰：'鼎成三足而方，不炊而自烹，不举而自臧，不迁而自行，以祭于昆吾之虚，上乡'！乙又言兆之由曰：'飨矣！逢逢白云，一南一北，一西一东，九鼎既成，迁于三国。' 夏后氏失之，殷人受之；殷人失之，周人受之。夏后、殷、周之相受也，数百岁矣。使圣人聚其良臣，与其桀相而谋，岂能智数百岁之后哉！而鬼神智之。是故曰：鬼神之明智于圣人也，犹聪耳明目之与聋瞽也。"

Wu Ma-zi demandis la Majstron Mozi: "Kiu havas pli da kapablo travidi, Spiritoj aŭ Sanktaj reĝoj?"

La Majstro Mozi respondis: "La kapablo de Spiritoj kaj de Sanktaj reĝoj, se paroli metafore, difenrencas kvazaŭ ĉe aŭd-vid-povulo kaj ĉe surd-blindulo. En antikva tempo Princo Kai en la Xia-regno igis s-ron Fei Lian ekspluati metalon ĉe montoj kaj riveroj, elfandi kaj muldi marmitojn en la loko Kunwu, ordonis al iu maljunulo aŭguri per dieca testudo verŝita de fazana sango, kaj preĝis al Spiritoj: 'Fabriku marmitojn kun tri piedoj, kiuj mem povu kuiri sen fajro, mem enmetiĝi en la deponejon sen portado, mem iri kien ajn laŭplaĉe. Ni oferdonas sur la tero de Kunwu, bonvolu preni!' Estas dirite en aŭguro: 'La peto estas aŭdita! Grandega blanka nubo disflugas unu suden, unu norden, unu okcidenten, unu orienten. Naŭ marmitoj jam estas pretaj. Ili translokiĝos en tri regnojn.' Idaro de Xia ricevis ilin kaj perdis, poste Yin-dinastio ricevis. Yin-dinastio perdis ilin kaj Zhou-dinastio ricevis. Havigis ilin al si dum kelkcent jaroj idaro de Xia, Yin kaj Zhou. Ĉu povas scii Sanktaj reĝoj eĉ kun bonaj subuloj kaj elstaraj ministroj tion, kio okazos poste dum kelkcent jaroj? Sed Spiritoj povis travidi tion. Tial do mi diras, ke la scipovo de Spiritoj kaj Sanktaj reĝoj difenrencas kiel inter aŭd-vid-povulo kaj surd-blindulo."

治徒娱、县子硕问于子墨子曰："为义孰为大务？" 子墨子曰："譬若筑墙然，能筑者筑，能实壤者实壤，能欣者欣，然后墙成也。为义犹是也。能谈辩者谈辩，能说书者说书，能从事者从事，然后义事成也。"

Zhituyu kaj Xianzishuo demandis la Majstron Mozi: "Por fari juston, kio estas la plej grava?"

La Majstro Mozi respondis: "Tio estas samkiel la konstruado de muro. Kiuj povas solidigi teron, tiuj solidigu; kiuj povas transporti grundon, tiuj transportu; kiuj povas mezuri, tiuj mezuru. Tiel la muro estas konstruebla. Tiel same estas farata la justo. Kiu havas talenton paroli, tiu parolu; kiu havas talenton prediki, tiu prediku; kaj, kiu havas talenton fari aferon, tiu faru, tiel estas farebla la justo."

巫马子谓子墨子曰："子兼爱天下，未云利也；我不爱天下，未云贼也。功皆未至，子何独自是而非我哉？" 子墨子曰："今有燎者于此，一人奉水将灌之，一人掺火将益之，功者未至，子何贵于二人？" 巫马子曰："我是彼奉水者之意，而非夫掺火者之意。" 子墨子曰："吾亦是吾意，而非子之意也。"

Wu Ma-zi diris al la Majstro Mozi: "Vi universe amas la mondon, sed ankoraŭ ne troviĝas la profito; mi ne amas la mondon, sed mi ankoraŭ ne estas punata. Malgraŭ ke ankoraŭ ne troviĝas iu ajn rezulto, kial vi konsideras vin prava kaj min ne prava?"

La Majstro Mozi diris: "Se paroli metafore, kiam okazas fajrego, tiam unu verŝas akvon kontraŭ fajron, la alia ŝutas fajron al fajrego por estingi. Rezulto ankoraŭ nevideblas. Kiun el ili vi opinias pli bona?"

Wu Ma-zi respondis: "Mi opinias la verŝanton de akvo pli bona, ol la ŝutanton de fajro."

La Majstro Mozi diris: "Tiel do mi konsideras mian opinion prava, sed la vian malprava."

子墨子游荆耕柱子于楚，二三子过之，金食之三升，客之不厚。二三子复于墨子曰："耕柱子处楚无益矣。二三子过之，食之三升，客之不厚。"子墨子曰："未可智也。"毋几何，而遗十金于子墨子，曰："后生不敢死，有十金于此，愿夫子之用也。"子墨子曰："果未可智也。"

La Majstro Mozi sendis s-ron Geng Zhu-zi kiel konsiliston al Chu-regno, alinomata Jing. Du-tri kunlernantoj, survoje tra la regno, hazarde vizitis lin. Kvankam li akceptis ilin, tamen li donis ĉiufoje al gastoj manĝi nur malmulte, tri *sheng* da greno.

Reveninte, ili diris al la Majstro Mozi: "Geng Zhu-zi, estante en Chu, faras nenion utilan. Li donis ĉiufoje al ni manĝi nur tri *sheng* da greno. Li ne povis akcepti gastojn varme."

La Majstro Mozi respondis: "Ankoraŭ ne eblas aserti tiel."

Pasis nur kelke da tempo, baldaŭ estas sendita al la Majstro Mozi dek *yi* da oro kun mesaĝo: "Bonvolu akcepti donacon de via disĉiplo je dek *yi* da oro, kaj, mi petas, utiligu ĝin por vi." [81]

La Majstro Mozi diris: "Jen kiel mi diris, ne eblas antaŭjuĝi."

巫马子谓子墨子曰："子之为义也，人不见而耶，鬼而不见而富，而子为之，有狂疾！"子墨子曰："今使子有二臣于此，其一人者见子从事，不见子则不从事；其一人者见子亦从事，不见子亦从事，子谁贵于此二人？"巫马子曰："我贵其见我亦从事，不见我亦从事者。"子墨子曰："然则，是子亦贵有狂疾也。"

Wu Ma-zi diris al la Majstro Mozi: "Vi agas por fari juston, sed mi vidas, vin helpas nek la homoj, vin riĉigas nek la Spiritoj. Vi estas ja frenezulo!"

La Majstro Mozi diris: "Nun, supozu, ĉe vi estas du subuloj, unu el ili laboras nur tiam, kiam li vidas vin, tamen ne vidante vin, li ne laboras; la alia laboras ĉiam, kiam ajn li vidas vin aŭ ne. Kiun el ili vi opinias pli taŭga?"

Wu Ma-zi respondis: "Mi opinias taŭga tiun, kiu laboras ĉiam ajn, spite ke li vidas min aŭ ne."

La Majstro Mozi diris: "Se tiel, ankaŭ vi opinias altvalora la frenezulon."

---

[81] Estas malfacile konjekti unuojn de greno *sheng* (升) kaj oro (*yi* 镒).
Laŭ Yu Yue, dek *yi* da oro egalas 200 *liang*. 1 *liang* estis 14 g. en Han-dinastio, 37 g. en Tang-dinastio, nuntempe – 50 g.

子夏之徒问于子墨子曰："君子有斗乎？"子墨子曰："君子无斗。"子夏之徒曰："狗豨犹有斗，恶有士而无斗矣？"子墨子曰："伤矣哉！言则称于汤文，行则譬于狗豨，伤矣哉！"

Unu lernanto de Zi Xia demandis la Majstron Mozi: "Ĉu ankaŭ nobluloj interbatas sin unu kontraŭ la alia?"

La Majstro Mozi respondis: "Nobluloj ne interbatas sin."

La lernanto de Zi Xia diris: "Eĉ hundoj kaj aproj interbatadas sin, kial ne interbatas sin nobluloj?"

La Majstro Mozi diris: "Domaĝe! Vi, laŭdante unuflanke vortojn de sanktaj reĝoj kiel Tang kaj Wen, aliflanke citas hundojn kaj aprojn, kiel modelon de konduto. Domaĝe!"

巫马子谓子墨子曰："舍今之人而誉先王，是誉槁骨也。譬若匠人然，智槁木也，而不智生木。"子墨子曰："天下之所以生者，以先王之道教也。今誉先王，是誉天下之所以生也。可誉而不誉，非仁义也。"

Wu Ma-zi diris al la Majstro Mozi: "Forlasi nuntempulojn, laŭdante antaŭajn reĝojn, estas same, kiel laŭdi skeletonkaj oston. Kia estus la lerta arkitekto, se li povoscius uzi nur malnovajn velkintajn lignojn, kaj ne povoscius uzi vivantajn arbojn?"

La Majstro Mozi diris: "Vivantoj en la mondo vivas per la vojo, predikita de antaŭaj reĝoj. Laŭdante nun ilin, ni laŭdas la fundamenton de la vivo en la mondo. Ne laŭdi la laŭdendan estas malhumane kaj maljuste."

子墨子曰："和氏之璧，隋侯之珠，三棘六异，此诸侯之所谓良宝也。可以富国家，众人民，治刑政，安社稷乎？"曰："不可。所谓贵良宝者，为其可以利也。而和氏之璧、隋侯之珠、三棘六异，不可以利人，是非天下之良宝也。今用义为政于国家，人民必众，刑政必治，社稷必安。所为贵良宝者，可以利民也，而义可以利人。故曰：义，天下之良宝也。"

La Majstro Mozi diris: "Jaspo de s-ro He, Gemo de princo Sui, kaj Naŭ-Marmitoj, tiuj estas konsiderataj de dukoj kaj princoj kiel plej bonaj trezoroj. Sed, ĉu ili povas riĉigi regnon, multigi popolnombron, administri politikon, pacigi societon? Ne povas. Vere bona trezoro estas tio, kio povas doni profiton. Ĉar la jaspo de s-ro He, la gemo de princo Sui kaj la Naŭ-Marmitoj ne povas doni al homoj profiton, ili ne devas esti nomataj la bonaj trezoroj de la mondo[82]. Se nun per justo estas donita la bona regado al

---

[82] Jaspo de s-ro He estis oferata de s-ro He al reĝoj de Chu-regno, al Li kaj poste al Wu. Sed tiun

regno, tiam nepre plimultiĝos la popolo, nepre estos farata la politiko en ordo, nepre stabiliĝos la societo. Vera bona trezoro povas doni al la popolo profiton, kaj la justo ja povas profitigi homojn. Tial do estas dirite, ke la justo estas la bona trezoro de la mondo."

叶公子高问政于仲尼曰："善为政者若之何？"仲尼对曰："善为政者，远者近之，而旧者新之。"子墨子闻之曰："叶公子高未得其问也，仲尼亦未得其所以对也。叶公子高岂不知善为政者之远者近也，而旧者新是哉？问所以为之若之何也，不以人之所不智告之，以所智告之，故叶公子高未得其问也，仲尼亦未得其所以对也。"

S-ro Gao, la duko de She-regno, demandis Konfuceon: "Kiel fari bonan politikon?"
Konfuceo respondis: "Bona politiko estas proksimigi la malproksimajn kaj novigi la malnovajn."
Aŭdinte tion, la Majstro Mozi diris jene: "S-ro Gao, la duko de She, demandaĉis, kaj Konfuceo respondaĉis al li. Ĉu la duko Gao ne sciis, ke bona estas la politiko proksimigi la malproksimajn kaj novigi la malnovajn? Kvankam li volus demandi kiel fari konkrete tion, tamen Konfuceo ne diris tion, kio ne estas sciata al la alia. Li parolas nur tion, kion la demandanto scias. Tiel do la duko Gao demandaĉis kaj Konfuceo respondis al li maltrafe."

子墨子谓鲁阳文君曰："大国之攻小国，譬犹童子之为马也。童子之为马，足用而劳。今大国之攻小国也，攻者农夫不得耕，妇人不得织，以守为事；攻人者，亦农夫不得耕，妇人不得织，以攻为事。故大国之攻小国也，譬犹童子之为马也。"

La Majstro Mozi diris al s-ro Wen Jun, la princo de Luyang: "Tio, ke la granda regno atakas la malgrandan, estas komparebla metafore kun ĉevalet-ludo de knabetoj. Ludante ĉevaleton, knabeto laciĝas je piedoj kaj kruroj. Nun, kiam la granda regno atakas la malgrandan, tiam ĉe atakatoj, okupataj pri defendo, kamparanoj ne povas kulturadi, nek virinoj povas teksadi, kaj ĉe atakantoj, okupataj pri atakado, ankaŭ kamparanoj ne povas kulturadi, nek virinoj povas teksadi. Tiel do atakado de la granda al la malgranda similas al ĉevalet-ludo de knabetoj."

jaspon konsideris falsa ambaŭ reĝoj. Reĝo Li tranĉis s-ron He je maldekstra kruro, kaj reĝo Wu tranĉis lin je dekstra kruro. Poste, la ŝtono, polurita, montriĝis vere bonega jaspo, kiu nomiĝas "Jaspo de s-ro He".[Laŭ Han Fei-zi] Princo Sui iam vidis grandan serpenton vundita kaj helpis ĝin. Poste ĝi venis al li kun granda gemo en buŝo, kiu poste estis nomata "Gemo de princo Sui".[Laŭ Wei Nan-zi]

子墨子曰："言足以复行者，常之；不足以举行者，勿常。不足以举行而常之，是荡口也。"

La Majstro Mozi diris: "Diru ĉiam tion, kio estas farebla, kaj neniam diru nefareblan. Diradi nefareblan estas la malŝparaĉo de buŝo."

子墨子使管黔滶游高石子于卫，卫君致禄甚厚，设之于卿。高石子三朝必尽言，而言无行者。去而之齐，见子墨子曰："卫君以夫子之故，致禄甚厚，设我于卿。石三朝必尽言，而言无行，是以去之也。卫君无乃以石为狂乎？"子墨子曰："去之苟道，受狂何伤！古者周公旦非关叔，辞三公，东处于商盖，人皆谓之狂。后世称其德，扬其名，至今不息。且翟闻之'为义非避毁就誉'，去之苟道，受狂何伤！"高石子曰："石去之，焉敢不道也。昔者夫子有言曰：'天下无道，仁士不处厚焉。'今卫君无道，而贪其禄爵，则是我为苟陷人长也。"子墨子说，而召子禽子曰："姑听此乎！夫倍义而乡禄者，我常闻之矣。倍禄而乡义者，于高石子焉见之也。"

La Majstro Mozi pere de s-ro Guan Qian sendis sian disĉiplon Gao Shi-zi al Wei-regno, kiu, donante altan salajron, promociis lin plej altranga oficisto. Spite ke Gao Shi-zi trifoje kun ĉiuj fortoj konsiladis al la reĝo de Wei, la lasta restis nekonsilebla.

Tiu foriris al Qi-regno, vidis la Majstron Mozi kaj diris: "Dank' al via favoro, la reĝo de Wei donis al mi altan salajron kaj promociis min altranga oficisto. Sed, malgraŭ mia tutforta konsilado je tri fojoj, li faris nenion. Tial mi forlasis la regnon. Ĉu la reĝo de Wei ne prenis min por frenezulo?"

La Majstro Mozi diris al li: "Se estas praveco je via foriro, ne gravas, ĉu oni prenus vin por frenezulo aŭ ne! La antikva Zhou Gong Dan, akuzate de Guan Shu, demisiis de sia ministra posteno, kaj foriris orienten al la provinco Shang Gai. Tiam ĉiuj prenis lin por frenezulo. Sed poste li estos laŭdata pro sia virto, kaj lia altigita reputacio ĝis nun ankoraŭ ne estingiĝas. Kaj, laŭ mia kompreno, 'fari juston ne signifas eviti misfamon aŭ gajni renomon'. Se iri laŭ la justa vojo, ne gravas, ke oni prenus vin por frenezulo."

Gao Shi-zi diris: "Ĉe mia foriro mi neniam aŭdacis iri kontraŭ vojo. Antaŭe vi mem diris: 'Sen vojo en la mondo, virtulo ne devas ricevi altan salajron kiel altrangulo.' Ĉar nun ĉe landestro de Wei mankas la justa vojo, se mi avare ricevus salajron de li, ankaŭ mi estus komplicinta malversacion kune kun la mastro."

La Majstro Mozi alvokis s-ron Qin-zi, dirante: "Jen aŭskultu! Mi ofte aŭdas pri la homoj, ricevantaj salajron por maljusto. Sed pri homo, sekvanta la justan vojon spite al perdo de salajro, mi vidas nun s-ron Gao Shi-zi."

子墨子曰："世俗之君子，贫而谓之富，则怒； 无义而谓之有义，则喜。岂不悖哉！"

La Majstro Mozi diris: "Koleras vulgaraj nobluloj en la mondo, estante malriĉaj sed taksate kiel riĉaj. Tamen ili ĝojas, estante senjustuloj sed konsiderate kiel justuloj. Ĉu tio ne kontraŭdiras normalon?!"

公孟子曰："先人有则三而已矣。"子墨子曰："孰先人而曰有则三而已矣？子未智人之先有。"

Gong Meng-zi diris: "Jam estis dirite de antaŭuloj pri tri principoj, kiuj al posteuloj restas ja nur lernendaj."
La Majstro Mozi respondis: "Kiuj estas la antaŭuloj kun tri principoj, lernendaj kaj nur sekvendaj por posteuloj? Ĉu vi ne scias, ke eĉ ankaŭ la antaŭuloj havis siajn antaŭulojn?"

后生有反子墨子而反者："我岂有罪哉？吾反后。"子墨子曰："是犹三军北，失后之人求赏也。"

Unu posteulo, kontraŭante al la Majstro Mozi, turnis sin kun demando al li; "Ĉu mi estas kulpa je tio, ke mi venis poste?"
La Majstro Mozi respondis: "Kvankam veninte post kiam la armeo kun tri divizioj estas jam venkita, tamen eĉ posteuloj povas postuli ordenon."[83]

公孟子曰："君子不作，术而已。"子墨子曰："不然，人之其不君子者，古之善者不诛，今也善者不作。其次不君子者，古之善者不遂，己有善则作之，欲善之自己出也。今诛而不作，是无所异于不好遂而作者矣。吾以为古之善者则诛之，今之善者则作之，欲善之益多也。"[84]

---

[83] Tiu konversacio estas konsiderata de multaj esploristoj kiel nekomprenebla. Ili prenis la duan parton de la rakonto por kritiko al postveninto, ke malfruiĝinto ne havus rajton postuli ion bonan. Kontraŭe, mi opinias, ke la rakonto estas kuraĝigo al la junaj posteuloj, defiantaj antaŭirantajn aŭtoritatojn. Tio signifas, ke ankaŭ la posta generacio havas rajton eltrovi al si novan veron kontraŭ ekzistantaj principoj.

[84] Esploristoj prenas la ideogramon "zhu 诛" por eraro, opiniante, ke ĝi devus esti "shu 述". Mi restigis la originalan signifon de "zhu 诛" (kritiki, akuzi), ĉar "zhu 诛" estas ŝlosila vorto por la ideo de Mozi. Oni ne devas ŝanĝi ĝin per la vorto "shu 述". Tiel eblas malkaŝiĝi interesa ideo de Mozi, simila al Hegelo-maldekstra skolo, kiu rigardas "kritikon" kiel gravan motoron de historia progreso. Diskuto inter Gong Men-zi kaj Mozi similas polemikon inter dekstra kaj maldekstra skoloj de Hegelismo ĉirkaŭ la fama tezo "Io reala estas racia kaj io racia estas reala."

Gong Meng-zi diris: "Noblulo ne kreas, sed nur transdonas, sekvante antaŭon."

La Majstro Mozi diris: "Ne, vi ne pravas. Unue, ne estas nobla tiu, kiu ne kritikas la antaŭan bonon-aŭtoritaton, nek faras nunan bonon. Due, ne estas nobla tiu, kiu, ne plenumante la antaŭan bonon, volas krei nur la novan bonon, kiel la sian propran. Tiu, kiu ne kritikas nek kreas, estas egala al tiu, kiu, ne sekvante la antaŭan bonon, nur kreas la sian. Mi konsideras multe pli utila tiu, kiu kritikas la malnovan bonon kaj kreas la nunan bonon."

巫马子谓子墨子曰："我与子异，我不能兼爱。我爱邹人于越人，爱鲁人于邹人，爱我乡人于鲁人，爱我家人于乡人，爱我亲于我家人，爱我身于吾亲，以为近我也。击我则疾，击彼则不疾于我，我何故疾者之不拂，而不疾者之拂？故有我有杀彼以我，无杀我以利。"子墨子曰："子之义将匿邪，意将以告人乎？"巫马子曰："我何故匿我义？吾将以告人。"子墨子曰："然则，一人说子，一人欲杀子以利己；十人说子，十人欲杀子以利己；天下说子，天下欲杀子以利己。一人不说子，一人欲杀子，以子为施不祥言者也；十人不说子，十人欲杀子，以子为施不祥言者也；天下不说子，天下欲杀子，以子为施不祥言者也。说子亦欲杀子，不说子亦欲杀子，是所谓经者口也，杀常之身者也。"子墨子曰："子之言恶利也？若无所利而不言，是荡口也。"

Wu Ma-zi, turnante sin al Mozi, diris: "Mi je vidpunkto diferencas de vi. Mi ne povas universale ami. Mi amas homojn de Zou pli ol homojn de Yue, amas homojn de Lu-regno pli ol homojn de Zou, amas homojn de mia vilaĝo pli ol homojn de Lu-regno, amas miajn familianojn pli ol miajn vilaĝanojn, amas miajn gepatrojn pli ol miajn familianojn, amas min mem pli ol miajn gepatrojn, ĉar ili estas pli proksimaj al mi. Se oni batas min, mi sentas min dolora. Sed se oni batas la alian, mi ne sentas min dolora. Kial mi devus forigi doloron de la alia, dum mi mem ne sentas min dolora? Tial do povus esti okazo, kiam mi mortigos la alian por mia profito, sed ne okazos, ke mi mortigus min por alies profito."

La Majstro Mozi demandis lin: "Ĉu vi kaŝos vian tezon, aŭ malkaŝos ĝin al aliaj homoj?"

Wu Ma-zi respondis: "Kial mi devas kaŝi mian principon? Mi proklamos al la aliaj."

La Majstro Mozi diris: "Se tiel, iu aŭdus vin prava, li volus mortigi vin por sia profito; dek homoj aŭdus vin, ili volus mortigi vin por sia profito; La tuta mondo aŭdus vin, ĝi volus mortigi vin por sia profito. Kaj se iu ne ĝojus je via tezo, ankaŭ tiu volus mortigi vin, ĉar li konsiderus vin danĝera je malbena vorto. Dek homoj ne ĝojus je via tezo, ili volus mortigi vin pro via malbena vorto, kaj la tuta mondo ne ĝojus je via tezo, ĝi volus mortigi vin pro via malbena vorto. Kiu aprobus, tiu moritigus vin, kaj kiu ne aprobus, ankaŭ tiu mortigus vin. Vorto dirita mortigas la dirinton."

La Majstro Mozi diris al li: "Por kio estas utila via vorto? Por nenio. Ĝi estas vanta parolado."[85]

子墨子谓鲁阳文君曰："今有一人于此，羊牛犓豢，维人但割而和之，食之不可胜食也。见人之作饼，则还然窃之，曰：'舍余食。'不知日月安不足乎，其有窃疾乎？"鲁阳文君曰："有窃疾也。"子墨子曰："楚四竟之田，旷芜而不可胜辟，呼灵数千，不可胜，见宋、郑之间邑，则还然窃之，此与彼异乎？"鲁阳文君曰："是犹彼也，实有窃疾也。"

La Majstro Mozi, turnante sin al la princo Wen de Luyang, diris: "Supozu, ke nun estas unu homo, kiu kuirigis bovojn, ŝafojn k. a. Li tamen ne povis formanĝi ĉion. Sed, vidante la alian faranta flanon, li eksentis apetiton kaj subite forprenas ĝin, dirante: "Donu al mi manĝi." Ĉu al li mankas vivrimedoj, aŭ li havas kleptomanion?"

La princo Wen de Luyang respondis: "Li estas kleptomania."

La Majstro Mozi diris: "Chu-regno havas vastegan terenon, restantan nekultivita, ĉar ne eblas sufiĉe terkulturadi. Kaj tie troviĝas miloj da vasta spaco, ne loĝata de animoj.[86] Sed, vidante regnojn inter Song-regno kaj Zheng-regno, ĝi ekhavis apetiton forpreni. Ĉu ĉi tiu diferencus de tiu?"

La princo Wen de Luyang respondis: "Estas tute same. Ankaŭ ĉi tiu havas ja kleptomanion."

子墨子曰："季孙绍与孟伯常治鲁国之政，不能相信，而祝于禁丛社，曰：'苟使我和。'是犹弇其目，而祝于禁丛社也，'苟使我皆视'。岂不谬哉！"

85 Ĉi tie bone estas esprimita la logiko de Mozi kontraŭ naciismo kaj kontraŭ egoismo. Meng-zi diris: "Yang-zi estis por "egoismo[为我]". Li ne perdis eĉ unu haron por profitigo de aliuloj en la mondo. Mozi kun "Universala Amo[兼爱]", forkonsumante cerbon kaj piedojn, laboris per ĉiuj fortoj por profitigi la mondon."[ĉap. 202] Kaj en alia loko Meng-zi diris: "Yang-zi estis por egoismo. Tio estas ignorado de reĝo. Mozi – por universala makroamo. Tio estas ignorado de patro. Ignoranto de reĝo kaj patro ne estas alia ol besto. <...> Dum furoras ideoj de Yang-zi kaj Mozi, la vojo de Konfuceanismo kaŝiĝas. Fuŝideoj, trompante popolon, ŝtopas la vojon de virtoj kaj justoj. Sen virtoj kaj justoj, bestoj manĝus homojn kaj homoj voradus sin unuj la aliajn reciproke inter si."[*Meng-zi* ĉap. 60]

Meng-zi kritikas ambaŭ poziciojn. Mozi ankaŭ kritikas ĉi tie ne nur egoismon de Yang-zi, sed ankaŭ limigitan patriotan amon al proksimuloj kiel fila fideleco kaj lojaleco al sia hejmoloko en Konfuceanismo. Pro tio Mozi longe estas ignorita en Ĉinio, kie Konfuceanismo estis la fundamento de ŝtatistiko.

86 Komentariistoj diverse komprenas ideogramojn "tago-luno 日月". Sun Yirang prenis ilin por "oreloj kaj okuloj". Bi Yuan – por "lumo". Mi komprenas ilin kiel "vivon".

Rilate al esprimo "[呼]灵数千", diversas opinioj inter komentariistoj. Multaj prenas 灵 por 令. Mi rekte tradukis la ideogramon 灵 kiel "animo".

La Majstro Mozi diris: "S-roj Ji Sunshao kaj Meng Bochang, okupiĝante pri politiko por regado de Lu-regno, ne povis fidi unu la alian, kaj ili ambaŭ preĝis en la sanktejo jen tiel: 'Repacigu nian rilaton.' Tio estas samkiel ili, kovrinte mem siajn okulojn, preĝus en la sanktejo: 'Donu al ni vidpovon.' Kia absurdo! "[87]

子墨子谓骆滑氂曰："吾闻子好勇。"骆滑氂曰："然。我闻其乡有勇士焉，吾必从而杀之。"子墨子曰："天下莫不欲与其所好，度其所恶。今子闻其乡有勇士焉，必从而杀之，是非好勇也，是恶勇也。"

La Majstro Mozi, turnante sin al Luo Huawei, diris: "Mi aŭdas, ke vi ŝatas bravecon."
Luo Huawei respondis: "Jes. Kiam mi aŭdas, ke ie troviĝas bravulo, mi nepre mortigas lin."
La Majstro Mozi diris: "Ordinare en la mondo oni ŝatas kontribui al bono kaj korekti malbonon. Vi, aŭdante, ke ĉie ajn troviĝas iu bravulo, nepre mortigas lin. Tio ne signifas, ke vi ŝatas bravecon, sed malŝatas ĝin."

---

[87] Esploristoj konsideras ideogramon 禁 kiel eraron. Mi opinias ĝin ne erara, ĉar la ideogramo 禁 signifis sanktejon en arbaro.

37. 贵义 ALTVALORA JUSTO

子墨子曰："万事莫贵于义。今谓人曰：'予子冠履，而断子之手足，子为之乎？'必不为，何故？则冠履不若手足之贵也。又曰：'予子天下而杀子之身，子为之乎？'必不为，何故？则天下不若身之贵也。争一言以相杀，是贵义于其身也。故曰：万事莫贵于义也。"

La Majstro Mozi diris: "Ekzistas nenio pli kara ol justo. Se nun iu dirus: 'Mi donos al vi ĉapon kaj ŝuojn, kontraŭ tio mi tranĉos viajn manojn kaj piedojn.' Ĉu vi akceptos la proponon? Vi ne akceptos, kial? Ĉar la ĉapo kaj la ŝuoj valoras malpli ol viaj manoj kaj piedoj. Se la alia dirus: 'Mi donos al vi la mondon, kontraŭ tio mi mortigos vin.' Ĉu vi akceptos la proponon? Nepre ne, kial? Eĉ la mondo ne valoras pli ol via korpo. Sed okazas, ke pro unu vorto oni mortigas unu la alian. Ĉar justo estas pli kara ol korpo. Tial estas dirite, ke nenio estas pli kara ol la justo."

子墨子自鲁即齐，过故人，谓子墨子曰："今天下莫为义，子独自苦而为义，子不若已。"子墨子曰："今有人于此，有子十人，一人耕而九人处，则耕者不可以不益急矣。何故？则食者众而耕者寡也。今天下莫为义，则子如劝我者也，何故止我？"

Survoje de Lu-regno al Qi-regno, la Majstro Mozi renkontis iun antaŭan amikon. Ĉi tiu diris al la Majstro Mozi: "Nun en la mondo ne estas agantoj por justo, unu sola vi faras penigan laboron por justo. Ne indas al vi fari tion."
La Majstro Mozi diris: "Ekzemple, jen nun estas dek gefiloj. Unu el ili terkulturas, dum la aliaj naŭ sidas hejme. Tiuokaze unu terkulturisto ne devus ne labori pli forte, kial? Ĉar da manĝantoj estas pli multe ol laborantoj. Nun en la mondo mankas ja agantoj por justo, se tiel, vi devus admoni min labori pli multe. Kial vi deadmonas min?"

子墨子南游于楚，见楚献惠王，献惠王以老辞，使穆贺见子墨子。子墨子说穆贺，穆贺大说，谓子墨子曰："子之言则成善矣！而君王天下之大王也，毋乃曰：'贱人之所为'，而不用乎？"子墨子曰："唯其可行。譬若药然，草之本，天子食之以顺其疾，岂曰'一草之本'而不食哉？今农夫入其税于大人，大人为酒醴粢盛，以祭上帝鬼神，岂曰'贱人之所为'而不享哉？故虽贱人也，上比之农，下比之药，曾不若一草之本乎？且主君亦尝闻汤之说乎？昔者，汤将往见伊尹，令彭氏之子御。彭氏之子半道而问曰：'君将何之？'汤曰：

'将往见伊尹。'彭氏之子曰：'伊尹，天下之贱人也。若君欲见之，亦令召问焉，彼受赐矣。'汤曰：'非女所知也。今有药此，食之则耳加聪，目加明，则吾必说而强食之。今夫伊尹之于我国也，譬之良医善药也。而子不欲我见伊尹，是子不欲吾善也。'因下彭氏之子，不使御。彼苟然，然后可也。"

La Majstro Mozi iris suden por omaĝi la reĝon Hui de Chu-regno. Ĉi tiu ne donis al li aŭdiencon pretekste de sia malsano kaj sendis anstataŭ si la oficiston Mu He por akcepti lin.

Mu He ĝojegis, dirante al la Majstro Mozi: "Via opinio estas tre bona! Sed nia reĝo estas tre granda sub la ĉielo, ke li, probable, ne alprenos vian proponon kiel la projekton far de nenobelo."

La Majstro Mozi diris: "Estus bone, se oni nur povus fari ĝin tiel same, kiel preni medikamenton el herbo. Eĉ Filo de la Ĉielo prenas ĝin por kuraci al si malsanon. Kial ne preni ĝin, subtaksante ĝin kiel unu nuran simplan fiherbon? Ekzemple, kamparanoj oferas imposton al la grandulo, kiu faras ĝin dum festo la oferaĵo kiel sanktigita vino kaj manĝaĵo al Dio kaj Spiritoj. Ĉu, ĉi-okaze, oni ne ĝojas je tio, kiel 'farita de nenobeloj'? Ekzemple, pri agroproduktoj kaj medikamentoj, kvankam faritaj de nenobeloj, ĉu eblus malestimi ilin kiel devenon de unu nura simpla fiherbo?"

Kaj eĉ lia Moŝto, eble, iam aŭdis pri epizodo de Tang, la sankta reĝo. Kiam Tang vizitis Yi Yin, dungante iun el familio Peng kiel kaleŝiston. Ĉi tiu demandis al la reĝo: 'Kien via Moŝto iros?' Tang respondis: 'Mi nun vizitos Yi Yin.'

La familiano de Peng diris: 'Yi Yin devenis de nenobelaro, tio estas fame konata en la mondo. Se via Moŝto volus vidi lin, sufiĉus, nur alvoki lin. Li ricevus la aŭdiencon.'

Tang diris: 'Vi ne povas kompreni. Se nun estas ĉi tie medikamento, per kiu estas tuj kuracebla iu ajn malsano, kiel oreloj akriĝos kaj okuloj pliboniĝos per ĝi, mi nepre prenas ĝin kun ĝojo. Nun s-ro Yi Yin estas tia en mia regno. Eblas kompari lin kun la plej bona kuracisto aŭ la plej efika medikamento. Se vi ne volus, ke mi vizitu Yi Yin, vi ne dezirus al mi bonon.'

Tial la familiano de Peng ne estis dungita kiel kaleŝisto. Se lia Moŝto estus tiel sama, kiel Tang, li povus aŭdi mian opinion."[88]

---

[88] Kiel trakti saĝulojn? La rakonto montras, kia devas esti la akceptado de saĝuloj. Rilate al saĝuloj, oni ne devas atenti rangon, nek devenon, sed nur devas estimi talenton, ĉar saĝo estas egala al bona medikamento el herbo. Reala efiko estas plej grava.

Pri la figuro de Yi Yin, diversas opinioj inter Mozi kaj Meng-zi. La lasta konsideras la devenon de Yi Yin nobla. En la opinio de la familiano Peng reflektas la pensmaniero de tiama konfuceanismo. Rigardu ĉapitron 14 de Meng-zi: "Rilate al promocio de saĝuloj el nenobeloj, reĝo devas fari tion tiel, kiel ne troviĝus la alia rimedo. Necesas eviti promocion de nenobeloj supren trans nobeloj kaj eviti promocion de malproksimulo alten trans proksimuloj." Eblas diri, ke konfuceanoj havas inklinon estimi heredan klason, sed mohistoj, kontraŭe, kritikas "kastismon" kiel obstaklon por la dungado de

子墨子曰："凡言凡动，利于天鬼百姓者为之；凡言凡动，害于天鬼百姓者舍之；凡言凡动，合于三代圣王尧舜禹汤文武者为之；凡言凡动，合于三代暴君桀纣幽厉者舍之。"

La Majstro Mozi diris: "Se viaj paroloj kaj ago profitigos la Ĉielon, Spiritojn kaj popolon, faru tion; se la parolo kaj ago malhelpos al la Ĉielo, la Spiritoj kaj la popolo, ne faru tion. Se viaj parolo kaj ago konformas al la aferoj de sanktaj reĝoj de tri dinastioj, kiel Yao, Shun, Yu, Tang, Wen kaj Wu, faru tion; se la parolo kaj ago egalas al la aferaĉo de tiranoj de tri dinastioj, kiel Jie, Zhou, You kaj Li, ne adoptu tion."

子墨子曰："言足以迁行者，常之；不足以迁行者，勿常。不足以迁行而常之，是荡口也。"

La Majstro Mozi diris: "Ĉiam diru la vorton, kiu povu realiĝi en ago. Se kiu ajn vorto ne povu realiĝi en ago, tiun vorton ne diru, ĉar estas vane al buŝo ĉiam diradi tiun vorton."

子墨子曰："必去六辟。嘿则思，言则诲，动则事，使三者代御，必为圣人。必去喜，去怒，去乐，去悲，去爱，而用仁义，手足口鼻耳从事于义，必为圣人。"

La Majstro Mozi diris: "Dekutimiĝu nepre de ses inklinaĉoj. Kaj anstataŭe kutimiĝu al tri: la pensado en silento, la parolado ligita al instruo, kaj la ago kunligita al afero. Tiam nepre vi fariĝos sanktulo. Nepre dekutimigu vin de tiuj emocioj kiel ĝojo, kolero, volupto, malĝojo, pasio. Anstataŭe, kutimigu vin al humaneco kaj justo, utiligu viajn manojn, piedojn, buŝon, nazon, orelojn por okupiĝi je la afero de justo. Tiam nepre vi fariĝos sanktulo."

子墨子谓二三子曰："为义而不能，必无排其道。譬若匠人之斲而不能，无排其绳。"

La Majstro Mozi diris al siaj du－tri lernantoj: "Eĉ se ne eblus fari juston, nepre ne forlasu la vojon. Tiel estas same, kiel lerta ĉarpentisto, kiu kvankam perdas kapablon akurate skrapi lignon, tamen ne forĵetas la rektoŝnuron."

子墨子曰："世之君子，使之为一犬一彘之宰，不能则辞之；使为一国之相，不能而为

saĝuloj.

之。岂不悖哉！"

La Majstro Mozi diris: "Nuntempaj nobluloj de ĉi tiu mondo malakceptas la proponon, kiun ili ne kapablus fari, ekzemple, je la ordono distranĉi porkon. Sed ili akceptas la alian proponon, je kio ili ankaŭ ne povas plenumi taskon, ekzemple, ordonon administri unu regnon. Kia kontraŭracio tio estas."

子墨子曰："今瞽曰：'钜者白也，黔者黑也。'虽明目者无以易之。兼白黑，使瞽取焉，不能知也。故我曰瞽不知白黑者，非以其名也，以其取也。今天下之君子之名仁也，虽禹汤以易之。兼仁与不仁，而使天下之君子取焉，不能知也。故我曰：天下之君子不知仁者，非以其名也，亦以其取也。"

La Majstro Mozi diris: "Se blindulo diras, ke neĝo[89] estas blanka kaj sunbruliĝo estas nigra, eĉ vidpovanto ne povas oponi tion. Sed se oni igas blindulon preni, enmiksinte blankon kaj nigron, la blindulo jam ne povas distingi. Mi diras, ke blinduloj ne povoscias distingi blankon kaj nigron, ne pro scio je la nomo de objekto, sed pro tio, ke ili ne povas elekti la nomatan koloron en praktiko. Nunaj nobluloj en la mondo scias vorton de 'humaneco 仁', kies signifon ne povus ŝanĝi eĉ sanktaj reĝoj Yu kaj Tang. Sed en praktiko, se oni igas la noblulojn distingi humanecon kaj malhumanecon, ili ne povas elekti la nomatan. Tial mi diras, ke nobluloj en la mondo ne scias la humanecon, ne pro scio de la vorto, sed pro la elektado en praktiko."

子墨子曰："今士之用身，不若商人之用一布之慎也。商人用一布布，不敢继苟而雠焉，必择良者。今士之用身则不然，意之所欲则为之，厚者入刑罚，薄者被毁丑，则士之用身不若商人之用一布之慎也。"子墨子曰："世之君子欲其义之成，而助之修其身则愠，是犹欲其墙之成，而人助之筑则愠也，岂不悖哉！"

La Majstro Mozi diris: "Nunaj oficialuloj sin tenas malpli bone, ol komercistoj, kiuj prudente vendas eĉ unu teksaĵon. Komercistoj, vendante unu teksaĵon, nepre elektas la bonan kaj ne aŭdacas malprudentadi. Nunaj oficialuloj sin tenas ne tiel. Ili faras, arbitre, kion ili volas, kaj la pli aĉuloj el ili estas punitaj, kaj la aĉuletoj estas malhonorigitaj. Tial oficialuloj sin tenas malpli bone, ol komercistoj, vendantaj unu teksaĵon."

[89] Esploristoj konsideras la ideogramon 钜 kiel misskribon de 皑. Mi sekvas al tiu opinio.

La Majstro Mozi diris: "Kvankam nunaj nobluloj en la mondo volus efektivigi por si mem sian juston, tamen ili indignas kaj koleras tiam, kiam apenaŭ la aliaj helpus al ili en perfektigo de ilia personeco. Kvazaŭ ili, dezirante konstrui al si la muron, rifuzus kolere alies helpon en la konstruado. Ĉu tio ne estas kontraŭracia?"

子墨子曰："古之圣王，欲传其道于后世，是故书之竹帛，镂之金石，传遗后世子孙，欲后世子孙法之也。今闻先王之遗而不为，是废先王之传也。"

La Majstro Mozi diris: "Antikvaj sanktaj reĝoj deziris transdoni al postaj generacioj sian ideon de 'Tao' (vojo), kion ili skribadis sur bambuojn kaj silkojn, gravuradis sur bronzojn kaj ŝtonojn. Tiel ili volis restigi testamentojn por posteuloj kaj transdoni al la posteuloj leĝojn. Nun oni diras, ke ne estas plenumataj la testamentoj de antikvaj reĝoj. Tio signifas, ke estas forlasita la instruo fare de antikvaj reĝoj."

子墨子南游使卫，关中载书甚多，弦唐子见而怪之，曰："吾夫子教公尚过曰：'揣曲直而已。' 今夫子载书甚多，何有也？"子墨子曰："昔者周公旦朝读书百篇，夕见漆十士。故周公旦佐相天子，其修至于今。翟上无君上之事，下无耕农之难，吾安敢废此？翟闻之：'同归之物，信有误者。'然而民听不钧，是以书多也。今若过之心者，数逆于精微，同归之物，既已知其要矣，是以不教以书也。而子何怪焉？"

Kiam la Majstro Mozi veturis suden al Wei-regno, la ĉaro estis plenŝarĝita per multe da libroj.[90]

Xuan Tang-zi, vidante tion, demandis kun dubo: "Vi admonis al s-ro Gong Shangguo, ke estas sufiĉe distingi nur veron kaj malveron. Sed vi nun portas tre multe da libroj, kial?"

La Majstro Mozi diris: "Antaŭe Zhou Gong Dan legadis ĉiumatene cent librojn kaj akceptis ĉiuvespere sepdek oficistojn. Tiel Zhou Gong Dan asistis la Ĉielan Filon, kaj lia reputacio estas transdonita ĝis nun. Sed mi havas nun neniun taskon por servi supren, sube neniun pezan laboron por terkulturadi. Kial por mi ne legadi librojn? Mi aŭdas, ke ĉirkaŭ unu problemo troviĝas diversaj opinioj. Ĉar homoj estas ne samaj, nepre multaj estas ja libroj. Al Gong Shangguo mi admonis tiel, ĉar li jam scias multe, esplorante tre detale kaj mikroskope la samon, do ne necesas instrui al li per libroj. Kial vi havas dubon pri tio?"

[90] Laŭ ĉi tiu epizodo videblas, ke Mozi amas legadon kaj posedis multe da libroj. Mozi asertas, ke necesas predikadi laŭ alparolanto, kiu estas diferenca je kvalito. "Prediku tiel, kiel konveni al personoj."

子墨子谓公良桓子曰："卫，小国也，处于齐、晋之间，犹贫家之处于富家之间也。贫家而学富家之衣食多用，则速亡必矣。今简子之家，饰车数百乘，马食菽粟者数百匹，妇人衣文绣者数百人，吾取饰车、食马之费与绣衣之财以畜士，必千人有余。若有患难，则使百人处于前，数百于后，与妇人数百人处前后，孰安？吾以为不若畜士之安也。"

La Majstro Mozi al s-ro Gong Liang Huan-zi diris: "Wei estas malgranda regno inter Qi-regno kaj Jin-regno, samkiel iu malriĉa familio inter la riĉaj. Se la malriĉulo vivus en lukso je manĝaĵoj kaj vestaĵoj, tiu nepre pereus rapide. Mi vidas nun vian familion luksa je kelkcent ornamitaj ĉaroj, kelkcent ĉevaloj, manĝantaj cerealojn, kelkcent virinoj, vestitaj pompe per brodaĵoj. Se vi ŝparus elspezon al ornamaĵo de ĉaroj, nutraĵo de ĉevaloj kaj broditaj vestoj, anstataŭe per tio nepre eblus dungi milojn da oficiroj-soldatoj. Okaze de urĝa malfacilo, kio do al vi necesas ĉirkaŭ vi, kelkcent oficiroj-soldatoj aŭ kelkcent virinoj? Mi opinias, ke rezervi oficirojn-soldatojn estas pli preferinde por la sekurbezono."

子墨子仕人于卫，所仕者至而反。子墨子曰："何故反？" 对曰："与我言而不当。曰'待女以千盆。'授我五百盆，故去之也。"子墨子曰："授子过千盆，则子去之乎？" 对曰："不去。" 子墨子曰："然则非为其不审也，为其寡也。"

La Majstro Mozi sendis al Wei-regno sian disĉiplon, sed ĉi tiu post nelonge revenis. La Majstro Mozi demandis: "Kial vi revenis?"Li respondis: "Al mi estas donita la maljusta vorto. Oni promesis doni al mi salajron je 1000 *penoj*, sed donis nur 500, tial mi forlasis la regnon."[91]

La Majstro Mozi demandis: "Se oni donus al vi 1000 *penojn*, ĉu vi ankaŭ forlasis?"

Li respondis: "Mi ne forlasus."

La Majstro Mozi diris: "Vi estas malkontenta ne je la maljusteco de vorto, sed je la malmulteco de salajro."

子墨子曰："世俗之君子，视义士不若负粟者。今有人于此，负粟息于路侧，欲起而不能，君子见之，无长少贵贱，必起之。何故也？曰：义也。今为义之君子，奉承先王之道以语之，纵不说而行，又从而非毁之。则是世俗之君子之视义士也，不若视负粟者也。"

La Majstro Mozi diris: "Se nunaj mondaj nobluloj vidas iun justulon, ili traktas lin

---

[91] Laŭ "Zhouli" [Kao Gong ji 周礼、考工记], unu *pen* [盆] enhavas grenon je 12 *dou* [斗] 8 *sheng* [升].

tute alie ol portanton de greno surdorse. Kiam ili survoje vidas la gren-portanton, kiu volus stari kaj ne povas, ili nepre helpas lin stariĝi, kia ajn li estas, riĉa aŭ malriĉa. Kial? Ĉar tio estas ago de justo. Sed nun tiuj samaj nobluloj vidas iun ajn aganta por justo, kaj la lasta prediktadas al ili la vojon de antaŭaj reĝoj, ili ne aŭskultas nek agas, sed eĉ insultadas la predikanton. Tial la nunaj mondaj nobluloj estimas la aganton por justo malpli ol la portanton de greno."

子墨子曰："商人之四方，市贾信徙，虽有关梁之难，盗贼之危，必为之。今士坐而言义，无关梁之难，盗贼之危，此为信徙，不可胜计，然而不为。则士之计利，不若商人之察也。"

La Majstro Mozi diris: "Komercantoj iras ĉien ajn, se multiĝas profito, spite malfacilon de barieroj kaj pontoj, spite danĝeron de rabistoj, kaj nepre okupas sin je negoco. Nun, oficialuloj sidas kaj parolas pri justo, sen malfacilo de barieroj kaj pontoj, sen danĝero de rabistoj, tial en tia kondiĉo al ili eblus profiti multoble kaj nekalkuleble. Sed ili ne faras tion. T. e., la oficialuloj povas kalkuli utilecon malpli ol la komercantoj, akrevidaj je profitĉasado."

子墨子北之齐，遇日者。日者曰："帝以今日杀黑龙于北方，而先生之色黑，不可以北。"子墨子不听，遂北，至淄水，不遂而反焉。日者曰："我谓先生不可以北。"子墨子曰："南之人不得北，北之人不得南，其色有黑者，有白者，何故皆不遂也？且帝以甲乙杀青龙于东方，以丙丁杀赤龙于南方，以庚辛杀白龙于西方，以壬癸杀黑龙于北方，若用子之言，则是禁天下之行者也。是围心而虚天下也，子之言不可用也。"

La Majstro Mozi en la norda Qi-regno renkontis iun sortodiveniston. La lasta diris al li: "Nun hodiaŭ Dio ĵus mortigis nigran drakon norde. Vi havas nigran haŭton, do vi ne devas iri norden."

La Majstro Mozi ne obeis lin kaj impetis tien al nordo kaj venis al la rivero Zi, sed, ne atinginte celon, finfine revenis reen. La sortodivenisto diris: "Mi ja diris al vi, ke vi ne iru norden."

La Majstro Mozi diris: "Ĉu pro koloro de haŭto, nigra aŭ blanka, ne eblus al ĉiuj iri de sudo al nordo, aŭ de nordo al sudo? Kaj Dio mortigas en la tago de Jia Yi bluan drakon oriente, en la tago de Bing Ding mortigas ruĝan drakon sude, en la tago de Geng Xin – blankan drakon okcidente, kaj en la tago de Ren Gui – nigran drakon norde.[92]

---

[92] Kvankam Mozi adoras Dion, Spiritojn kaj sanktejon de Spiritoj, tamen li ne aprobas sortodivenon nek fatalismon. Tio signifas, ke Mozi ne estas tre superstiĉema. Li baziĝas multe pli sur racia

Laŭ via vorto, nenien devus iradi la homoj en la mondo. Tiel iĝus katenita la koro, kaj la mondo fariĝus vanta. Neaplikebla estas via vorto."

子墨子曰："吾言足用矣，舍言革思者，是犹舍获而攗粟也。以其言非吾言者，是犹以卵投石也，尽天下之卵，其石犹是也，不可毁也。"

La Majstro Mozi diris: "Miajn vortojn oni devas firme teni kaj utiligi. Kiu forĵetas la vortojn por preni alian penson, tiu kvazaŭ kolektus spikumaĵon, forĵetante riĉan rikoltaĵon. Kiu neas aŭ insultas miajn vortojn per siaj arbitraj vortoj, tiu kvazaŭ ĵetus ovon al ŝtono. Eĉ se oni ĵetadus ĉiujn ovojn de la tuta mondo, la ŝtono restos nerompita, tia, kia nun ĝi estas."[93]

pensmaniero ol sur superstiĉo. Laŭ tiu epizodo montriĝas, ke Mozi estis nigra, sunbruligite aŭ denaske. Nomoj de sesdekjara ciklo – Jia Yi, Bing Ding, Beng Xin, Ren Gui. Ĉiu tago havas sian sorton, bonan aŭ malbonan.

[93] Tiu propozicio bone esprimas la firman konvinkon de Mozi. Lia sindona agado estas subtenata per tia konvinko.

38. 公孟 GONG MENG

公孟子谓子墨子曰："君子共己以待，问焉则言，不问焉则止。譬若钟然，扣则鸣，不扣则不鸣。"子墨子曰："是言有三物焉，子乃今知其一身也，又未知其所谓也。若大人行淫暴于国家，进而谏，则为之不逊；因左右而献谏，则谓之言议，此君子之所疑惑也。若大人为政，将因于国家之难，譬若机之将发也然，君子之必以谏，然而大人之利，若此者，虽不扣必鸣者也。若大人举不义之异行，虽得大巧之经，可行于军旅之事，欲攻伐无罪之国，有之也，君得之，则必用之矣。以广辟土地，著税伪材，出必见辱，所攻者不利，而攻者亦不利，是两不利也。若此者，虽不扣必鸣者也。且子曰：'君子共己待，问焉则言，不问焉则止，譬若钟然，扣则鸣，不扣则不鸣。'今未有扣，子而言，是子之谓不扣而鸣邪？是子之所谓非君子邪？"

Gong Meng-zi parolis al la Majstro Mozi, dirante: "Noblulo devas atendi humile per si mem. Demandite, li ekparolas; ne demandite, li silentas. Tio estas sama, kiel sonorilo, kiu eksonoras, nur batite; ne sonoras, ne batite."

La Majstro Mozi diris: "Koncernante tion ekzistas tri diversaj okazoj, vi nun scias nur unu el ili, tamen ankoraŭ ne scias pri la aliaj. Kiam iu landestro tiranas kaj kruele regas la ŝtaton, laŭ via opinio, eĉ tiam ne estas dece al noblulo deadmoni aktive la landestron de tiranado. La noblulo ja hezitas, ĉu oni devus deadmoni la estron pere de lia sekvantaro, dekstra kaj maldekstra, t. e. per konsilantaro, aŭ ne. Estas la okazo, kiam, ne batite, oni mem devas nepre sonori. Se la regno alfrontas danĝeron tiel seriozan, kiel ĵus pafiloj de malamikoj apenaŭ ne estas direktitaj al la regno, tiam noblulo nepre konsilas al sia landestro, ĉar tio profitigas la lastan. Povas esti la alia okazo, kiam landestro kun sia ruzega strategio entreprenas la agadon de maljusto, ekvolante ataki senkulpan regnon kaj sendi sian armeon por militiri. Laŭ vi, la nobluloj, akceptante tion, nepre plenumas la militon. Kvankam eblus ioma konkerado de vasta tero kaj predoj, tamen nepras renkonti hontindaĵon kaj por atakatoj kaj por atakantoj, kaj finfine ambaŭ malprofitas. En tiu okazo rezultas, ke kvankam ne batite, tamen oni nepre bezonas sonori. Aldone, vi diris, ke noblulo humile atendas: 'Demandite, li ekparolas, se ne demandate, li silentas, samkiel la sonorilo, kiu sonoras, batite, kaj ne sonoras, ne batite.' Vi tion eldiris, ne batite. Ĉu vi ne diris nun, ke noblulo ne sonoras, se ne batite? Laŭ vi, vi mem ne estus noblulo, ĉu?"[94]

公孟子谓子墨子曰："实为善人，孰不知？譬若良玉，处而不出有余糈。譬若美女，处而不出，人争求之。行而自炫，人莫之取也。今子遍从人而说之，何其劳也！"子墨子曰："今夫世乱，求美女者众，美女虽不出，人多求之；今求善者寡，不强说人，人莫之知也。且有二生于此，善筮。一行为人筮者，一处而不出者。行为人筮者与处而不出者，其糈孰多？"公孟子曰："行为人筮者其糈多。"子墨子曰："仁义钧，行说人者，其功善亦多，何故不行说人也！"

Gong Meng-zi parolis al la Majstro Mozi, dirante: "Kiu estas vere bona homo, kial do oni ne scius tiun? Kvazaŭ bona gemo, li gajnus ĉion ajn por manĝi sen eliro eksteren. Tio estas sama, kiel belulino sen eliro el domo estas ege amata de homoj. Se ŝi, elirante, afekte elmontradus sin mem, ŝi altirus al si nenies atenton. Nun, vi iradas ĉien kaj ĉiam por prediki kaj propagandi al publiko. Kia vana peno tio estas!"

La Majstro Mozi diris: "Nun la mondo malordiĝas, kaj multe da homoj serĉas belulinojn. Eĉ se belulinoj ne eliras eksteren, troviĝas multaj serĉantoj de ili. Sed serĉantoj de bono estas malmultaj. Sen forta propagando, bono ne povus esti sciata de homoj. Ni supozu, ke ĉi tie estas du sortodivenistoj, ambaŭ bonaj. Unu laboras inter homoj, la alia ne eliras eksteren. Kiu el ili gajnas pli multe?"

Gong Meng-zi respondis: "Gajnas pli multe tiu aŭguristo, kiu laboras inter homoj."

La Majstro Mozi diris: "Koncernante juston kaj virton estas tiel same. Aganto inter homoj faras bonon pli efekte kaj pli multe. Kial ne eliri eksteren por prediki al homoj!"

公孟子戴章甫，搢忽，儒服，而以见子墨子，曰："君子服然后行乎？其行然后服乎？"子墨子曰："行不在服。"公孟子曰："何以知其然也？"子墨子曰："昔者齐桓公高冠博带，金剑木盾，以治其国，其国治。昔者晋文公大布之衣，牂羊之裘，韦以带剑，以治其国，其国治。昔者楚庄王鲜冠组缨，绛衣博袍，以治其国，其国治。昔者越王勾践剪发文身，以治其国，其国治。此四君者，其服不同，其行犹一也。翟以是知行之不在服也。"公孟子曰："善！吾闻之曰：'宿善者不祥。'请舍忽、易章甫，复见夫子可乎？"子墨子曰："请因以相见也。若必将舍忽、易章甫而后相见，然则行果在服也。"

Gong Meng-zi vestis sin per konfuceanisma rita vesto kun formala ĉapo kaj kun portebla skrib-tabuleto, vidante la Majstron Mozi, kaj demandis lin: "Kiu estas pli grava

---

[94] Ĉi tiu ĉapitro estas dediĉita plejparte al la kritiko de konfuceanismo, al kiu apartenas iu Gong Meng-zi. Diference de la ĉapiro *Kontraŭ Konfuceanismo,* la argumento de Mozi estas pli preciza kaj persvada.

por noblulo, vesto aŭ ago? Unue vestiĝi bele, poste agi, aŭ, unue agi, poste bele vestiĝi?"

La Majstro Mozi respondis: "Ago ne dependas de vesto."[95]

Gong Meng-zi demandis: "Kiel vi scias tion?"

La Majstro Mozi diris: "Antaŭe, duko Huan de Qi-regno vestis sin per alta krono kaj pompa zono, kun ora glavo kaj ligna ŝildo. Li en tiu vesto regis sian regnon, kaj la regno estis bone regata. Antaŭe, duko Wen de Jin vestis sin per kostumo el kruda ŝtofo kaj pelto de ŝafo, kun glavo portata en bovfela glavingo. Li en tiu vesto regis sian regnon, kaj la regno estis bone regata. Antaŭe, reĝo de Chu, Zhuang, surmetinte sur sin pompan kronon kun ornama rubando, vestite en ruĝa granda vesto, regis sian regnon, kaj la regno estis bone regata. Antaŭe, reĝo de Yue, Gou Jian, tatuita kaj kun kapo forrazita, regis sian regnon, kaj la regno estis bone regata. Tiuj kvar estroj, kvankam vestitaj diverse, tamen estis samaj je la agado. Mi scias per tiuj ekzemploj, ke agado ne dependas de vestoj."

Gong Meng-zi diris: "Bone! Mi aŭdas, ke estas malbone ne ekfari subite bonon. Mi demetos la ritan ĉapon kaj tabuleton. Ĉu vi permesus al mi vidi vin denove?"

La Majstro Mozi diris: "Ni renkontas nin en nuna kostumo. Ĉar, se vi sen rita ĉapo kaj tabuleto devus vidi min, tio ja sekve atestus, ke konduto dependas de vestoj."[96]

公孟子曰："君子必古言服，然后仁。"子墨子曰："昔者商王纣卿士费仲为天下之暴人，箕子、微子为天下之圣人，此同言而或仁不仁也。周公旦为天下之圣人，关叔为天下之暴人，此同服或仁或不仁。然则不在古服与古言矣。且子法周而未法夏也，子之古非古也。"

Gong Meng-zi diris: "Noblulo devas nepre paroli per antikva lingvo kaj vesti sin per antikva kostumo. Poste venas al li la virto."

La Majstro Mozi respondis: "Antikve, iu konsulo de la reĝo Zhou de Shang-regno, Fei Zhong estis fama kruelulo, dum Ji-zi kaj Wei-zi estis sanktuloj. Ili ĉiuj parolis en sama antikva lingvo, sed unu estis malvirta kaj aliaj estis virtaj. Dan, la duko de Zhou, estis mondfama sanktulo, dum Guan Shu estis fama kruelulo. Ili ambaŭ vestiĝis same, sed unu estis virta, kaj la alia estis malvirta. Sekve, virto ne dependas de antikveco je parolo kaj kostumo. Interalie vi sekvas nur regulon de Zhou-dinastio, sed ne regulon de Xia. Antikveco, pri kiu vi insistas, ne estas plenpura."

---

[95] Per tiu epizodo montriĝas diferenco inter konfuceanoj kaj mohistoj pri rilato al "formo kaj enhavo". La unuaj konsideras formon pli grava, la lastaj – enhavon.

[96] Qi Huan Gong[齐桓公(surtrone 685–643 a.K.)]; Jin Wen Gong[晋文公 (surtrone 636–628 a.K.)]; Chu Zhuang Wang[楚莊王(surtrone 613–591 a.K.)], Yue Wang Gou Jian[越王勾践(surtrone ĉ. 496–465 a.K.)].

公孟子谓子墨子曰："昔者圣王之列也，上圣立为天子，其次立为卿大夫。今孔子博于《诗》《书》，察于礼乐，详于万物，若使孔子当圣王，则岂不以孔子为天子哉？"子墨子曰："夫知者，必尊天事鬼，爱人节用，合焉为知矣。今子曰：'孔子博《诗》《书》，察于礼乐，详于万物'，而曰可以为天子，是数人之齿，而以为富。"

Gong Meng-zi al Mozi diris: "Antikve je viciĝo de sanktaj reĝoj, plej supre estis starigita la Ĉiela Filo, kaj sekve sinjoroj-landestroj. En nuna tempo, Konfuceo bone sciis *Poezion* kaj *Librojn*, ellernis decregulojn kaj muzikon, kaj universale sciis pri ĉio. Se Konfuceo estus vicigita inter sanktaj reĝoj, li devintus fariĝi la Ĉiela Filo, ĉu ne?"

La Majstro Mozi respondis: "Se iu estas intelektulo, tiu nepre respektas la Ĉielon kaj servas al Spiritoj, amas homojn kaj scias ekonomion, kun kapablo de ĉio ĉi tio li povas esti nomata 'intelektulo'. Pro tio, ke Konfuceo bone sciis *Poezion*, *Librojn*, ellernis decregulojn kaj muzikon, kaj universale scias pri ĉio, ĉu eblus fari lin la Ĉiela Filo? Estas tiel same, kiel iu rigardas sin riĉa, kalkulante dentojn."[97]

公孟子曰："贫富寿夭，齰然在天，不可损益。"又曰："君子必学。"子墨子曰："教人学而执有命，是犹命人葆而去亓冠也。"

Gong Meng-zi diris: "Malriĉo aŭ riĉo kaj longviveco aŭ mallongviveco certe dependas de la Ĉielo, en tio ne ekzistas profito nek malprofito." Kaj ankaŭ li diris: "Nobluloj devas nepre lernadi."

La Majstro Mozi diris: "Admoni al homoj lernadi, kaj samtempe prezenti fatalismon, estas samkiel ordoni al homoj kovri la kapon, forprenante ĉapon."

公孟子谓子墨子曰："有义不义，无祥不祥。"子墨子曰："古圣王皆以鬼神为神明，而为祸福，执有祥不祥，是以政治而国安也。自桀纣以下，皆以鬼神为不神明，不能为祸福，执无祥不祥，是以政乱而国危也。故先王之书《子亦》有之曰：'亓傲也，出于子，不祥。'此言为不善之有罚，为善之有赏。"

Gong Meng-zi diris al Mozi: "Ekzistas virto kaj malvirto, sed ne ekzistas bonaŭguro nek malbonaŭguro."

[97] La lasta frazo estas plena je enigmo. Mi prenis ĝin kiel la signifon: Kiom ajn multe da dentoj iu havus, per tio ne sufiĉas al li fariĝi riĉulo. Laŭ mia opinio, "dento" ĉi tie signifas "virton [齿德]". Bi Yuan konsideris la dentojn "jaraĝoj [年龄]", Yu Yue – atesto de pruntita mono. Antikvuloj gravuris bambuojn aŭ lignojn por nombrokalkuli. La formo en gravurita loko similas al dentoj. Tiel la denta nombro signifas la homan riĉecon.

La Majstro Mozi diris: "Antikvaj sanktaj reĝoj, ĉiuj konsideris Spiritojn havantaj diecan forton, kapablan puni kaj laŭdi. Ili konsideris, ke ekzistas aŭguro bona aŭ malbona. Tial ĉe ili politiko estis en ordo kaj la regnoj estis regataj pace. Tamen Jie, Zhou k. a., ĉiuj konsideris Spiritojn nehavantaj diecan forton nek kapablon doni punon aŭ laŭdon. Ili konsideris, ke ekzistas nenia aŭguro, bona-malbona. Tial ĉe ili la politiko estis en malordo kaj la regnoj estis en danĝero. En *Zi Yi*, la libro de la antikvaj reĝoj estas skribite: 'Ilia aroganteco devenas de malfido al aŭguroj.' La frazo signifas: Kiu faras malbonon, tiu estos punita; kiu faras bonon, tiu estos laŭdata."

子墨子谓公孟子曰："丧礼，君与父母、妻、后子死，三年丧服；伯父、叔父、兄弟期；族人五月；姑、姊、舅、甥皆有数月之丧。或以不丧之间，诵《诗三百》，弦《诗三百》，歌《诗三百》，舞《诗三百》。若用子之言，则君子何日以听治？庶人何日以从事？"公孟子曰："国乱则治之，国治则为礼乐。国治则从事，国富则为礼乐。"子墨子曰："国之治，治之废，则国之治亦废。国之富也，从事，故富也。从事废，则国之富亦废。故虽治国，劝之无餍，然后可也。今子曰：'国治则为礼乐，乱则治之。'是譬犹噎而穿井也，死而求医也。古者三代暴王桀纣幽厉，薾为声乐，不顾其民，是以身为刑僇，国为戾虚者，皆从此道也。"

La Majstro Mozi diris al s-ro Gong Meng-zi: "Laŭ via funebra regulo, noblulo vestas sin per funebra vesto tri jarojn por la morto de siaj gepatroj, edzino kaj heredanta filo; unu jaron por siaj onkloj kaj gefratoj; kvin monatojn por parencoj; kelk-monatojn por onklinoj, fratinoj kaj onkloj laŭ patrino, kaj filo de fratino. Kaj kiam ne estas funebro, oni devas recitadi ankaŭ 'Tricent poemojn', ludadi kordon 'Tricent poemojn', kantadi 'Tricent poemojn', kaj dancadi 'Tricent poemojn'.[98] Se tiel, laŭ via opinio, kiam noblulo okupiĝas pri la regado-mastrumado? Kiam laboras la popolo?"

Gong Meng-zi diris: "Kiam malordiĝas la regno, oni pacigas ĝin, kaj kiam ordiĝas la regno, tiam oni okupiĝas je decregula etiketo kaj muziko. Se la regno estas en ordo, oni laboras, kaj la regno riĉiĝas kaj oni vivas laŭ decregulo kaj ĝuas muzikon."

La Majstro Mozi diris: "Tio, ke la regno estas en ordo, rezultas el bona regado, kaj sen bona regado la regno malordiĝas. Riĉa estas la regno, ĉar oni laboras, rezulte de laboro la regno riĉiĝas. Se oni ne laborus, la riĉo de regno ja perdiĝus. Ordo de la regno eblas nur rezulte de diligenta penado. Sed vi diras: 'Se malordiĝas la regno, oni ordigas tion kaj poste oni okupiĝas pri decregula etiketo kaj muziko en ordigita regno.' Tio estas samkiel, sufokiĝante je gorĝo, oni ekfosus puton, mortinte, oni alvokus kuraciston.

---

[98] Videblas la sinteno de Mozi al muziko. Li opinias malbona tian muzikon, kiun diboĉe ĝuadis tiranoj. "Tricent poemoj" estas la libro "*Shijing*" [*Poezio*], enhavanta 305 poemojn.

Antikvaj tiranoj de tri dinastioj, Jie, Zhou, You kaj Li, amuziĝante tro multe je kantoj kaj muzikoj, ne zorgadis pri popoloj, tial ili estis punitaj kaj la regnoj estis forlasitaj vane. Ili ĉiuj sekvis tian vojon."

公孟子曰："无鬼神。" 又曰："君子必学祭祀。"子墨子曰："执无鬼而学祭礼，是犹无客而学客礼也，是犹无鱼而为鱼罟也。"

Gong Meng-zi diris: " Ne ekzistas Spiritoj." Kaj li diris ankaŭ : "Nobluloj nepre devas lerni kiel doni oferon al prapatroj."

La Majstro Mozi diris: "Asertante senspiriton, vi admonas lerni pri la ofera ceremonio. Tio estas samkiel sen gastoj, tamen lerni regulon por akcepti gastojn, estas samkiel sen fiŝoj, tamen fari fiŝreton."

公孟子谓子墨子曰："子以三年之丧为非，子之三日之丧亦非也。"子墨子曰："子以三年之丧非三日之丧，是犹倮谓撅者不恭也。"

Gong Meng-zi diris al la Majstro Mozi: "Vi kritikas trijaran funebron, se tiel, ankaŭ via tritaga funebro estas kritikenda."
La Majstro Mozi diris: "Vi kritikas tritagan funebron, subtenante la trijaran. Via kritiko similas al tio, ke moki pri difekto de la alies vestiĝo sen rimarki sian nudecon."

公孟子谓子墨子曰："知有贤于人，则可谓知乎？"子墨子曰："愚之知有以贤于人，而愚岂可谓知矣哉？"

Gong Meng-zi diris al la Majstro Mozi: "Ĉu tiun, kiu havas pli da supereco pri unu flanko de scio ol la aliaj homoj, oni povas nomi inteligenta?"
La Majstro Mozi respondis: "Kvankam povas esti, ke iu flanko de scio ĉe malsaĝulo superas la scion de la aliaj homoj, tamen ĉu eblus la malsaĝulon nomi inteligenta?"

公孟子曰："三年之丧，学吾之慕父母。"子墨子曰："夫婴儿子之知，独慕父母而已。父母不可得也，然号而不止，此亓故何也？即愚之至也。然则儒者之知，岂有以贤于婴儿子哉？"

Gong Meng-zi diris: "Koncernante trijaran funebron ni lernis de infanoj, sopirantaj al gepatroj."
La Majstro Mozi diris: "Infanoj ja povas nur sopiradi al siaj gepatroj. Kiam gepatroj

ne troviĝas, infanoj dume ne ĉesas plorkrii. Kial tio okazas? Ĉar infanoj estas stultaj. Se tial, rilate al scio, konfuceanoj estas tiom saĝaj, kiom la infanoj, ĉu ne?"

子墨子曰："问于儒者：'何故为乐？'"曰："乐以为乐也。"子墨子曰："子未我应也。今我问曰：'何故为室？'曰：'冬避寒焉，夏避暑焉，室以为男女之别也。'则子告我为室之故矣。今我问曰：'何故为乐？'曰：'乐以为乐也。'是犹曰：'何故为室？'曰：'室以为室也。'"

La Majstro Mozi diris: "Mi demandis iun konfuceanon: 'Por kio estas muziko?'"
Li respondis: "Muziko estas por plezuro."
La Majstro Mozi diris: "Vi ankoraŭ ne respondis al mia demando. Se mi demandas: 'Por kio estas ĉambro?', tiam la respondo devus esti: 'Por eviti malvarmon en vintro, eviti varmegon en somero, kaj sekurigi privatan spacon al geviroj.' Tio estas la respondo pri la ĉambro. Nun mi demandis: 'Por kio estas muziko?' Kaj vi respondis: 'Por plezuro estas muziko.' Tia respondo al la demando 'Por kio estas ĉambro?' estas egala al 'Ĉambro estas ĉambro.'"[99]

子墨子谓程子曰："儒之道足以丧天下者，四政焉。儒以天为不明，以鬼为不神，天鬼不说，此足以丧天下。又厚葬久丧，重为棺椁，多为衣衾，送死若徙，三年哭泣，扶后起，杖后行，耳无闻，目无见，此足以丧天下。又弦歌鼓舞，习为声乐，此足以丧天下。又以命为有，贫富寿夭、治乱安危有极矣，不可损益也。为上者行之，必不听治矣；为下者行之，必不从事矣，此足以丧天下。"程子曰："甚矣！先生之毁儒也。"子墨子曰："儒固无此若四政者，而我言之，则是毁也。今儒固有此四政者，而我言之，则非毁也，告闻也。"程子无辞而出。子墨子曰："迷之！"反，后坐，进复曰："乡者先生之言有可闻者焉，若先生之言，则是不誉禹，不毁桀纣也。"子墨子曰："不然。夫应孰辞，称议而为之，敏也。厚攻则厚吾，薄攻则薄吾。应孰辞而称议，是犹荷辕而击蛾也。"

La Majstro Mozi diris al s-ro Cheng-zi[100]: "Laŭ pensmaniero de la konfuceanismo perdiĝas la mondo pro 4 kialoj. Konfuceanoj rigardas la Ĉielon nerekonebla kaj

---

[99] En la ĉina lingvo "muziko" kaj "plezuro" estas skribitaj per la sama ideogramo 乐. Sed la supra disputo superas la simplan vortludon. En 18-a jarcento, far Helvétius[1715–1771], pensulo de franca klerismo, estis prezentita la principo de "Plezuro" por eksplikо de bazo en la homa agado. Laŭ la teorio, homo agas por akiri plezuron kaj eviti malplezuron. Sed kontraŭ tiu teorio, iuj pensuloj kritikas pro "taŭtologio". Ekzemple, N. G. Ĉernyshevskij en la verko "*Antolopologia principo de filozofio*" kritikis Petr Lavrov pro ĉi tiu taŭtologio. Laŭ la kritiko, ekspliki homan agadon per "Plezuro" estus same, kiel "telero rompiĝis, ĉar ĝi rompiĝis."

[100] Esploristoj konsideras, ke ĉi tiu Cheng-zi[程子]estas Cheng Fan[程繁]en la ĉapiro. Tri Argumentoj[三辩].

Spiritojn nesanktaj, do la Ĉielo kaj la Spiritoj ne ĝojas je tio. Tial tio meritas pereon de la mondo. Kaj pro granda kaj longdaŭra funebro, pro mult-tavola ĉerkujo, pro multaj mortovestoj, la funebra procesio estas simila al translokiĝo. Post kiam oni plorkrias dum tri jaroj, oni jam ne povas stariĝi sen helpo, ne povas piediri sen bastono, kaj oreloj ne aŭdas, okuloj ne vidas. Tio meritas ja pereon de la mondo. Kaj ili kantadas kun akompano de kord-instrumentoj kaj dancadas kun perkut-instrumentoj, kutimas okupiĝi pri muziko kaj kantado. Ankaŭ tio meritas ja pereon de la mondo. Kaj ili konsideras fatala ĉion ajn, rilate al riĉo-malriĉo, al longeco-mallongeco de vivo, al ordo-malordo, al sendanĝero-danĝero. Laŭ ili ĉio estas tiel destinita, ke ne eblas pliigi nek malpliigi. Se supruloj sekvus tiun rigardon, ili nepre ne mastrumus la regadon; se subuloj sekvus ĝin, ili nepre ne okupiĝus pri sia laboro. Tio meritas ja pereon de la mondo."

S-ro Cheng-zi diris: "Treege severe! Vi tro kalumnias konfuceanojn."

La Majstro Mozi diris: "Se al konfuceanoj ne apartenus tiuj menciitaj kvar vidpunktoj, mia eldiro estus kalumnio. Sed nun tiuj kvalitoj estas ja propraj al konfuceanoj, tial mia opinio estas ne kalumnio, sed vera informado."

Cheng-zi foririntus sen parolo, la Majstro Mozi diris al li: "Vi konfuziĝas!"

Cheng-zi revenis, sidiĝis kaj diris al li: "Mi devas demandi vin koncerne al via vorto. Se tia vorto ne estus 'kalumnio', ne ekzisteblus laŭdado de Yu, nek kalumnio al Jie kaj Zhou."

La Majstro Mozi diris: "Ne. Kio estas banala, tio devas esti traktata koncize. La gravan ideon endas ataki pli zorgeme, peze armite. Se la banalaĵon trakti tro zorgeme, tio estas kvazaŭ oni uzus por muŝon mortigi pafilegon."

子墨子与程子辩，称于孔子。程子曰："非儒，何故称于孔子也？"子墨子曰："是亦当而不可易者也。今鸟闻热旱之忧则高，鱼闻热旱之忧则下，当此禹汤为之谋，必不能易矣。鸟鱼可谓愚矣，禹汤犹云因焉。今翟曾无称于孔子乎？"

Iam kun s-ro Cheng-zi interparolis la Majstro Mozi, kiu laŭdis Konfuceon. Cheng-zi demandis: "Vi kritikas konfuceanojn, sed kial vi laŭdas Konfuceon?"

La Majstro Mozi diris: "Kio estas vera, tio estas neŝanĝebla. Kiam estas varmege kaj seke, birdoj flugas alten kaj fiŝoj malsupren subakviras. Tio estas neŝanĝebla eĉ al saĝo de Yu kaj Tang. Kvankam birdoj kaj fiŝoj eble estas stultaj, tamen eĉ Yu kaj Tang devas sekvi la naturan leĝon. Ĉu mi povas ne laŭdi Konfuceon?"[101] .

[101] Mozi ne kaŝas sian respekton al Konfuceo, kaj "kritikas konfuceanojn, sed laŭdas Konfuceon". El tiu rakonto videblas, ke Mozi kritikis konfuceanisman dogmon nur tiam, kiam la lasta deviis, laŭ

有游于子墨子之门者，身体强良，思虑徇通，欲使随而学。子墨子曰："姑学乎，吾将仕子。"劝于善言而学。其年，而责仕于子墨子。子墨子曰："不仕子，子亦闻夫鲁语乎？鲁有昆弟五人者，亓父死，亓长子嗜酒而不葬，亓四弟曰：'子与我葬，当为子沽酒。'劝于善言而葬。已葬，而责酒于其四弟。四弟曰：'吾末予子酒矣，子葬子父，我葬吾父，岂独吾父哉？子不葬，则人将笑子，故劝子葬也。'今子为义，我亦为义，岂独我义也哉？子不学，则人将笑子，故劝子于学。"

Iu junulo lernantiĝis ĉe la Majstro Mozi. Tiu estis sana kaj forta, rapida je kompreno, kaj volus ellerni, sekvante la Majstron. La Majstro Mozi diris al li: "Se vi bone lernos, mi, eble, enoficigos vin." Pasis unu jaro, la junulo postulis de Mozi la enoficigon.

La Majstro Mozi diris: "Mi ne oficigos vin. Ĉu vi iam aŭdis rakonton de Lu-regno? En iu loko de Lu-regno loĝis kvin fratoj. Ilia patro mortis. Sed la plejaĝa frato, drinkema, ne faris funebron. Kvar fratoj diris: 'Permesu al ni fari la funebron, kaj ni vin drinkigos.' Sukcesis tiu admono, kaj la funebro estis farita. La plejaĝa frato postulis de kvar fratoj vinon. Ili respondis: 'Ni ne donos al vi vinon. Vi funebris por via patro, kaj ni funebris por nia patro. La patro estis ne nur nia, sed ankaŭ via. Se vi ne farus funebron, oni mokridus vin, tial ni admonis vin fari funebron.' Nun vi vivas por justo, kaj ankaŭ mi vivas por justo. La justo estas ne nur por mi, sed ankaŭ por vi. Se vi ne lernus, oni ja mokridus vin, tial mi persvadis vin al lernado."

有游于子墨子之门者，子墨子曰："盍学乎？" 对曰："吾族人无学者。"子墨子曰："不然。未好美者，岂曰吾族人莫之好，故不好哉？夫欲富贵者，岂曰我族人莫之欲，故不欲哉？好美、欲富贵者，不视人犹强为之。大义，天下之大器也，何以视人必强为之？"

Iu volus lerni ĉe la Majstro Mozi, kaj la Majstro demandis lin: "Kial vi ne lernis antaŭe?" Li respondis: "En mia familio ne estis strebantoj al lernado."

La Majstro Mozi diris: "Ne tial. Se strebanto al beleco, ĉu li povus diri: 'Mi ne amis belecon, ĉar en mia familio ne estas amantoj de beleco?' Se deziranto de riĉeco kaj honoro, ĉu li povus diri: 'Mi ne deziris riĉecon nek honoron, ĉar en mia familio ne estas dezirantoj pri ili?' Strebo al beleco kaj deziro pri riĉeco-honoro estas tre fortaj, ke ĉiu ajn, eĉ ne vidante la aliajn ĉirkaŭ si, serĉas ilin. Moralo kaj justeco estas plej bona trezoro en la mondo, kial ne strebi forte al tio, spite ke kiaj ajn estus la aliaj?"

Mozi, de la naturo. En la pensmaniero de Mozi, "kritiko" kaj "laŭdo" al unu objekto povas kunekzisti.

有游于子墨子之门者，谓子墨子曰："先生以鬼神为明知，能为祸人哉福，为善者富之，为暴者祸之。今吾事先生久矣，而福不至，意者先生之言不善乎？鬼神不明乎？我何故不得福也？"子墨子曰："虽子不得福，吾言何遽不善？而鬼神何遽不明？子亦闻乎匿徒之刑之有刑乎？"对曰："未之得闻也。"子墨子曰："今有人于此，什子，子能什誉之，而一自誉乎？" 对曰："不能。""有人于此，百子，子能终身誉亓善，而子无一乎？" 对曰："不能。"子墨子曰："匿一人者犹有罪，今子所匿者若此亓多，将有厚罪者也，何福之求？"

Iu lernanto de la Majstro Mozi diris: "Majstro, vi konsideras Spiritojn kiel havantajn klarvidpovon, kapablajn ŝanĝi malbonon en feliĉon, fari bonulon riĉa kaj puni kanajlon. Ĝis nun longe mi sekvas vin, Majstro, tamen ankoraŭ mi ne atingas feliĉon. Ĉu via vorto ne estas trafa, aŭ Spiritoj ne etas klaraj je vidpovo? Kial do mi ne ricevas feliĉon?"

La Majstro Mozi diris: "Rilate al tio, ke vi ne ricevas feliĉon, kial mia vorto ne estus trafa, kaj kial Spiritoj ne havus klaran vidpovon? Ĉu vi aŭdas pri tio, ke devas esti punita ankaŭ tiu, kiu kaŝis sian krimon?"

Li respondis: "Mi neniam aŭdis tion."

La Majstro Mozi diris: "Se troviĝus iu, kies kapablo estas dekoble alta ol la via, ĉu vi povus laŭdi lin sufiĉe je dekobla kapablo kaj laŭdi vin mem dekone?"

Li respondis: "Ne eblas."

La Majstro Mozi demandis: "Se estus iu, havantan centoblan kapablon, ĉu vi povus laŭdi lin dum via tuta vivo, kaj laŭdi vin mem nur je centono?"

Li respondis: "Ne eblas."

La Majstro Mozi diris: "Kaŝanto de eĉ unu krimo devas esti punita. Vi estas kulpega, havante tiom multe da kaŝitaĵoj. Kian rajton vi havas por pretendi feliĉon?"[102]

子墨子有疾，跌鼻进而问曰："先生以鬼神为明，能为祸福，为善者赏之，为不善者罚之。今先生圣人也，何故有疾？意者先生之言有不善乎？鬼神不明知乎？"子墨子曰："虽使我有病，何遽不明？人之所得于病者多方，有得之寒暑，有得之劳苦，百门而闭一门焉，则盗何遽无从入？"

La Majstro Mozi malsaniĝis. Iu, nomata Die Bi, venis al Mozi, dirante: "Majstro, vi konsideras Spiritojn kiel klarvidantojn, kapablajn fari homon malfeliĉa aŭ feliĉa kaj rekompenci bonulojn per laŭdo aŭ malbonulojn per puno. Malgraŭ ke vi estas sankta, Majstro, kial vi nun malsaniĝis? Ĉu via eldiro ne estas trafa? Aŭ Spiritoj ne vidas

---

[102] Johnston dividas la tekston en du paragrafoj. Sed mi konsideras, ke ili devas esti unu.

klare?" La Majstro Mozi diris: "Kvankam mi malsaniĝis, kial eblus diri, ke la Spiritoj estas ne klarvidantoj? Pro multe da kialoj oni malsaniĝas, aŭ pro malvarmo kaj varmo, aŭ pro peniga laboro. Eĉ se nur unu el cent pordoj estas fermita, ĉu ŝtelisto ne povas enveni tra aliaj pordoj?"

二三子有复于子墨子学射者，子墨子曰："不可。夫知者必量亓力所能至而从事焉，国士战且扶人，犹不可及也。今子非国士也，岂能成学又成射哉？"

Du-tri lernantoj volus sperti arkarton kaj diris tion al la Majstro Mozi. La Majstro respondis: "Ne devas. Intelektulo nepre devas kalkuli sian kapablon por lernoobjekto kaj poste okupi sin pri ĝi. Eĉ elstara soldato, mem batalante en kampo, samtempe helpi la aliajn ne povas. Vi ne estas elstara soldato. Kiel vi povus okupiĝi pri studado kaj samtempe pri arkpafado?"

二三子复于子墨子曰："告子曰：'言义而行甚恶。'请弃之。"子墨子曰："不可。称我言以毁我行，愈于亡。有人于此，翟甚不仁，尊天、事鬼、爱人，甚不仁。犹愈于亡也。今告子言谈甚辩，言仁义而不吾毁，告子毁，犹愈亡也。"

Du-tri lernantoj ripete diradis al la Majstro Mozi: "S-ro Gao-zi diradas pri vi, ke, kvankam viaj vortoj estas justaj, tamen via konduto estas tre malbona. Bonvolu ekskludi lin."
La Majstro Mozi diris: "Ne. Li estimas miajn vortojn, spite ke li kritikas mian konduton. Lia ekzisto estas pli bona, ol neekzisto. Se kiu, kritikante min pro malvirteco, almenaŭ estimas la Ĉielon, servas al Spiritoj kaj amas homojn, ties ekzisto estas pli bona, ol neekzisto, kiel ajn malvirta li estus. S-ro Gao-zi estas tre elokventa kaj estimas miajn vortojn kiel justajn, kritikante min. Lia kritiko estas pli bona ol manko de kritiko."[103]

二三子复于子墨子曰："告子胜为仁。"子墨子曰："未必然也！告子为仁，譬犹跂以为长，隐以为广，不可久也。"

Du-tri lernantoj diris al Mozi: "S-ro Gao-zi povas fari virton."
La Majstro Mozi diris: "Ne tute. S-ro Gao-zi estas ja tiom virta, kiom alta, starante

---

[103] Mozi tiel alte taksas signifon de Kritiko. Mozi estsas indulgema, havante ampleksecon toleri kaj taksi siajn lernantojn, do li estas fremda al elpurigado de anoj. Kritiko ne estas absoluta neglekto de kritikata persono. Vidu laŭdon al Konfuceo.

per piedpintoj, kaj kiom vasta, brustoŝvelante. Tio ne estas eltenebla al li, nek estos longdaŭra."

告子谓子墨子曰："我治国为政。"子墨子曰："政者，口言之，身必行之。今子口言之，而身不行，是子之身乱也。子不能治子之身，恶能治国政？子姑亡子之身乱之矣！"

Gao-zi diris al la Majstro Mozi: "Mi povas regi ŝtaton per politiko."
La Majstro Mozi diris: "Politikisto estas tiu, kiu plenumas per la ago tion, kion li diras per buŝo. Nun vi diras per buŝo, sed vi ne agas per korpo. Tio signifas, ke vi mem estas en disiĝo. Vi ne povas regi vin mem, kaj kiel do vi povus regi la ŝtaton? Unue vi forigu vian malordon en vi mem."

39. 鲁问 DEMANDOJ DE LU

鲁君谓子墨子曰："吾恐齐之攻我也，可救乎？"子墨子曰："可。昔者三代之圣王禹汤文武，百里之诸侯也，说忠行义，取天下。三代之暴王桀纣幽厉，仇怨行暴，失天下。吾愿主君之上者尊天事鬼，下者爱利百姓，厚为皮币，卑辞令，亟遍礼四邻诸侯，驱国而以事齐，患可救也。非此，顾无可为者。"

Reĝo de Lu[104] demandis la Majstron Mozi: "Mi timas pri tio, ke Qi-regno atakus nin. Ĉu eblas savi nin?"

La Majstro Mozi respondis: "Eblas. Antikvaj sanktaj reĝoj de tri dinastioj, Yu, Tang, Wen, Wu, estinte antaŭe nur landestroj de malgrandaj regnoj je cent kvadrataj *lioj*, respektis virtojn de fideleco kaj justeco, kaj finfine sukcesis reĝi super la tuta mondo. Sed tiranoj de tri dinastioj, Jie, Zhou, You, Li, estinte tro venĝemaj kaj kruelaj, perdis la mondon. Mi esperas, ke via Moŝto supren respektu la Ĉielon, servu al Spiritoj, kaj suben amu kaj profitigu la popolon, rezervu multe da peltoj kaj teksaĵoj, estu diskreta je ordonoj. Kaj se vi tuj dece interrilatas kun ĉiuj ĉirkaŭaj landestroj kaj pretigas la regnon por la afero pri Qi-regno, eblas savi vin kontraŭ la danĝero. Krom tio nenion fari."

齐将伐鲁，子墨子谓项子牛曰："伐鲁，齐之大过也。昔者吴王东伐越，栖诸会稽；西伐楚，葆昭王于随；北伐齐，取国子以归于吴。诸侯报其仇，百姓苦其劳而弗为用，是以国为虚戾，身为刑戮也。昔者智伯伐范氏与中行氏，兼三晋之地，诸侯报其仇，百姓苦其劳而弗为用，是以国为虚戾，身为刑戮用是也。故大国之攻小国也，是交相贼也，过必反于国。"

Qi-regno estis ĵus atakonta Lu-regnon, la Majstro Mozi, turnante sin al Xiang Zi Niu (generalo de Qi-regno), diris: "Ataki Lu-regnon estas ege erare al Qi-regno. Antaŭe la reĝo de Wu atakis la regnon Yue en oriento, kaj malliberigis la landestron en Guiji; atakis Chu-regnon en okcidento, kaj la regnestro Zhao fuĝis en Sui; atakis Qi-regnon, kaptis la generalon Guo Zi kaj kuntrenis lin al Wu. Batitaj landestroj deziris venĝi al Wu. Popoloj suferis kaj ne povis okupiĝi je utila laboro. Tiel Wu malprosperis kaj la reĝo

---

[104] Estas diversaj opinioj pri la estro de Lu-regno[鲁国]. Iu konjektas, ke li estus Wen de Lu Yang[鲁阳文君](Pi Yuan), sed la aliaj konsideras, ke li estus Mugong de Lu-regno[穆公 surtrone 407-377][Sushixue, Yu Yue, Sun Yirang:465 p.].

estis punita kaj mortigita. Antaŭe Zhibo, venkobatinte klanojn de Fan kaj Zhonghang, aneksis tri teritoriojn de Jin-regno. Batitaj estroj deziris venĝi al li. Popolo suferis pro tio kaj ne povis okupiĝi je utila laboro. Tiel do la regno dezertiĝis kaj pereis, li mem estis punita kaj mortigita. Tia estas la rezulto de tio, ke la pligranda atakas la malpligrandan. Tio estas reciproka vundigo kaj poste tiu ago nepre redonas reagon kontraŭ la atakinto."

子墨子见齐大王曰："今有刀于此，试之人头，倅然断之，可谓利乎？"大王曰："利。"子墨子曰："多试之人头，倅然断之，可谓利乎？"大王曰："利。"子墨子曰："刀则利矣，孰将受其不祥？"大王曰："刀受其利，试者受其不祥。"子墨子曰："并国覆军，贼敖百姓，孰将受其不祥？"大王俯仰而思之，曰："我受其不祥。"

La Majstro Mozi ricevis aŭdiencon ĉe la granda reĝo de Qi-regno[105] kaj diris: "Nun estas unu glavo. Oni provis per ĝi haki kapon de homo. La kapo tuj estas dehakita. Ĉu eblas diri, ke la glavo estas akra?"

La granda reĝo diris: "Akra."

La Majstro Mozi diris: "Oni provadis multfoje haki homajn kapojn, ĉiam ili estas tuj dehakitaj. Ĉu eblas diri, ke la glavo estas akra?"

La granda reĝo diris: "Akra."

La Majstro Mozi diris: "La glavo ja estas akra. Sed kiu devas preni sur sin la respondecon por la malfeliĉa mortigo?"

La granda reĝo diris: "Kvankam la glavo estas akra, tamen la hakinto mem devas preni la respondecon sur sin por la malfeliĉa mortigo."

La Majstro Mozi diris: "Kiam oni aŭdacas forrabadi kaj buĉadi la popolanojn, atakante per sia potencega armeo la alian regnon, tiam, kiu devas preni sur sin la respondecon por malfeliĉo?"

La granda reĝo, pensante kun okuloj mallevitaj, diris: "Mi devas preni sur min la respondecon por la malfeliĉo."

鲁阳文君将攻郑，子墨子闻而止之，谓阳文君曰："今使鲁四境之内，大都攻其小都，大家伐其小家，杀其人民，取其牛马狗豕布帛米粟货财，则何若？"鲁阳文君曰："鲁四境之内，皆寡人之臣也。今大都攻其小都，大家伐其小家，夺之货财，则寡人必将厚罚之。"子墨子曰："夫天之兼有天下也，亦犹君之有四境之内也。今举兵将以攻郑，天诛亓不至乎？"

---

[105] Laŭ Sun Yirang (p.466), tiu granda reĝo de Qi-regno estas Tianhe 田和. Tiam la fondinto de iu dinastio estis nomata "granda". Sun Yirang konjektis, ke Mozi renkontiĝis kun Tianhe en 386 a. K., kiam la lasta estas nomumita kiel "duko". Sed Tianhe jam pli frue ekde 411 a. K. akiris la potencon en Qi-regno.

鲁阳文君曰："先生何止我攻郑也？我攻郑，顺于天之志。郑人三世杀其父，天加诛焉，使三年不全。我将助天诛也。"子墨子曰："郑人三世杀其父而天加诛焉，使三年不全。天诛足矣，今又举兵，将以攻郑，曰：'吾攻郑也，顺于天之志。'譬有人于此，其子强梁不材，故其父笞之。其邻家之父举木而击之，曰：'吾击之也，顺于其父之志。'则岂不悖哉？

Kiam princo Wen de Lu Yang estis atakonta Zheng-regnon, tiam la Majstro Mozi, aŭdinte tion, forkonsilis al la princo Wen, dirante: "Se nun ene de kvar landlimoj de Lu iu urbo pligranda atakus la alian malpligrandan urbon, aŭ familio pligranda atakus malpligrandan familion, mortigus popolojn, forrabus bovojn, ĉevalojn, hundojn, porkojn, ŝtofojn, silkojn, rizon, milion kaj trezorojn, kion vi farus?"

Princo Wen de Lu Yang respondis: "Ene de kvar landlimoj de Lu ĉiuj estas miaj regatoj. Se nun iu pligranda urbo atakus malpligrandan, aŭ pligranda familio malgrandan, forrabus la trezorojn, mi tuj nepre punos severe tiujn."

La Majstro Mozi diris: "La Ĉielo regas la tutan subĉielan mondon, samkiel vi regas la teritorion. Vi nun estas atakonta Zheng per via armeo, ĉu la Ĉielo punos vin pro tio aŭ ne?"

La princo Wen de Lu Yang respondis: "Kial vi, Majstro, haltigas min je mia atakado al Zheng? Tio, ke mi atakos Zheng, estas laŭ Ĉiela Volo. En Zheng oni mortigadis landestrojn de tri generacioj. Pro tio la Ĉielo punis kaj ne donis al ili sufiĉan rikolton dum 3 jaroj. Mi helpas al la Ĉielo puni ĝin."

La Majstro Mozi diris: "Pro tio, ke en Zheng oni mortigadis landestrojn de tri generacioj, jam la Ĉielo mem kritike punis kaj ne donis al ĝi rikolton. Jam sufiĉas la puno far de la Ĉielo. Nun vi kun armeo estas atakonta Zheng, dirante: 'Mia atakado al Zheng estas laŭ Ĉiela Volo.' Tio similas, ke, kiam iu patro, havante krudan filon, vipas lin, tiam ankaŭ la najbaro estas batonta lin kun bastono, dirante: 'Mi batos lin laŭ la volo de lia patro.' Ĉu tio ne estas absurda?"

子墨子谓鲁阳文君曰："攻其邻国，杀其民人，取其牛马粟米货财，则书之于竹帛，镂之于金石，以为铭于钟鼎，传遗后世子孙，曰：'莫若我多。'今贱人也，亦攻其邻家，杀其人民，取其狗豕食粮衣裘，亦书之竹帛，以为铭于席豆，以遗后世子孙，曰：'莫若我多。'亓可乎？"鲁阳文君曰："然，吾以子之言观之，则天下之所谓可者，未必然也。"

La Majstro Mozi diris al la princo Wen de Lu Yang: "Se oni, atakinte sian najbaran regnon kaj mortiginte ĝian popolon, akiris bovojn, ĉevalojn, grenojn kaj trezorojn, tiam oni enskribis tion en librojn el bambuo kaj silko kaj ĉizis sur bronzojn kaj ŝtonojn por transdoni al posteuloj la jenan vorton: 'Neniu gajnis pli grandan venkon ol mi.' Sed se nun estus iu ordinarulo, kiu, atakinte najbaran domon, mortiginte homojn, akirus hundojn, porkojn, manĝaĵojn kaj vestaĵojn, kaj enskribis en la libron el bambuo kaj silko aŭ gravuris sur telerojn por transdoni al posteuloj tian vorton: 'Neniu gajnis pli grandan venkon ol mi'. Ĉu tiam estus laŭdinde?"

La princo Wen de Lu Yang respondis: "Prave, aŭdinte vian opinion, mi pensas, ke, kio en la mondo estas konsiderata kiel bono, tio ne ĉiam estas justa."

子墨子为鲁阳文君曰："世俗之君子，皆知小物而不知大物。今有人于此，窃一犬一彘则谓之不仁，窃一国一都则以为义。譬犹小视白谓之白，大视白则谓之黑。是故世俗之君子知小物而不知大物者，此若言之谓也。"

La Majstro Mozi diris al la princo Wen de Lu Yang: "Ĉiuj filistraj nobluloj en la mondo scias nur la malgrandan, sed ne scias la grandan. Por ekzemplo, kiu ŝtelas unu hundon aŭ unu porkon, tiu estas rigardata kiel malvirta, sed kiu ŝtelas unu regnon aŭ unu urbon, tiu estas rigardata kiel justa. Tia rezonado estas samkiel etkvanta blanko estas blanka, sed grandkvanta blanko estas nigra. Tial do eblas diri, ke filistraj nobluloj scias nur la malgrandan, sed ne scias la grandan."

鲁阳文君语子墨子曰："楚之南有啖人之国者桥，其国之长子生，则鲜而食之，谓之宜弟。美，则以遗其君，君喜则赏其父。岂不恶俗哉？"子墨子曰："虽中国之俗，亦犹是也。杀其父而赏其子，何以异食其子而赏其父者哉？苟不用仁义，何以非夷人食其子也？"

La princo Wen de Lu Yang diris al la Majstro Mozi: "Oni diras, ke sude de Chu-regno estas iu kanibala lando, nomata Qiao. Tie oni manĝas la unue naskiĝintan freŝan filon, dirante, ke tio estas utila por la dua-naskiĝonto. Se bongusta estas la viando, oni oferas ĝin al sia estro. Se al la estro plaĉas ĝi, li honorigas la patron. Ĉu tio ne estas malbona moro?"

La Majstro Mozi diris: "Eĉ en centraj regnoj troviĝas moroj, ne pli bonaj ol en homomanĝanta lando. Tie oni honorigas la filon per mortigo de la patro, ĉi tie oni honorigas la patron, per manĝigo de la filo. Ĉu, sen humaneco kaj justeco, ĉiu ajn regno ne diferencas de la barbara, manĝanta fileton?"

鲁君之嬖人死，鲁君为之诔，鲁人因说而用之。子墨子闻之曰："诔者，道死人之志也。今因说而用之，是犹以来首从服也。"

Ĉe la estro de Lu-regno mortis unu favorato,[106] la estro uzis laŭplaĉe funebran panegiron, verkitan de iu Lu-regnano. La Majstro Mozi, aŭdinte tion, diris: "Funebra panegiro estas sentesprimo de kondolenco al mortinto. Se uzi laŭplaĉe alies panegiron, tio similas al kaleŝo tirata de niktereŭto."

鲁阳文君谓子墨子曰："有语我以忠臣者：令之俯则俯，令之仰则仰；处则静，呼则应。可谓忠臣乎？"子墨子曰："令之俯则俯，令之仰则仰，是似景也。处则静，呼则应，是似响也。君将何得于景与响哉？若以翟之所谓忠臣者，上有过则微之以谏；己有善则访之上，而无敢以告。外匡其邪而入其善，尚同而无下比，是以美善在上而恐仇在下，安乐在上而忧戚在臣，此翟之所谓忠臣者也。"

Lu Yang Wen Jun diris al la Majstro Mozi: "Iu diris al mi pri kvalito de fidela subulo: se ordonu mallevi kapon, li mallevas, kaj se ordonu levi kapon, li levas, vivante kviete kaj tuj respondante alvokite. Ĉu eblas nomi lin fidelulo?"

La Majstro Mozi diris: "Kiu laŭ ordono mallevas aŭ levas sian kapon, tiu similas ombron. Kaj kiu estas kvieta aŭ reagema, tiu similas eĥon. Kion do vi akiros de la simila al ombro kaj eĥo? Fidelulo, laŭ mia opinio, estas tiu, kiu riproĉas modere al superulo liajn erarojn, kaj tiu, kiu proponas sian bonan ideon al la superulo sekrete, por ke la aliaj ne sciu, kaj tiu, kiu korektas erarojn de superulo kaj igas lin eniri en la bonon, kaj tiu, kiu strebas al akordiĝo kun supro kaj ne formas bandon en subo. Tiel do la bona kaj bela atingitaĵo apartenas al la supro, dum malama sento de popolo limiĝas nur ĝis kompetenco de la subuloj; paco kaj feliĉo efektiviĝas dank' al la supro, dum por malĝojo respondecas la subaj. Tiujn subulojn mi konsideras kiel fidelajn."

鲁君谓子墨子曰："我有二子，一人者好学，一人者好分人财，孰以为太子而可？"
子墨子曰："未可知也。或所为赏与为是也。鲔者之恭，非为鱼赐也；饵鼠以虫，非爱之也。吾愿主君之合其志功而观焉。"

Estro de Lu-regno diris al la Majstro Mozi: "Mi havas du filojn. Unu ŝatas sciencon, la alia ŝatas dividi valoraĵojn kun homoj. Kiun vi opinias taŭga al kronprinco?"

La Majstro Mozi diris: "Mi ankoraŭ ne scias. Ĉu ili kondutas tiel, por ke ili akiru alies laŭdon aŭ popularecon? Kiam hokfiŝisto estas ĝentila, lia intenco ne estas favori fiŝon. Kiam oni donas al rato logaĵon, ties intenco ne estas amo al ĝi. Mi deziras al vi, via

---

[106] "Favorato〔嬖人〕" povas esti konkubino aŭ eŭnuko. Esploristoj prenas ideogramon 用 por "enoficigo", sed mi komprenas ĝin kiel "uzadon". Kiu estas la estro de Lu-regno? Unuj opinias lin la princo Wen de Lu Yang (Cyrus Lee, p. 253), kaj la aliaj ne klarigas.

Moŝto, ke vi observu ilian internan strebon kaj meriton."

鲁人有因子墨子而学其子者，其子战而死，其父让子墨子。子墨子曰："子欲学子之子，今学成矣，战而死，而子愠，是犹欲粜，籴雠，则愠也。岂不费哉？

Iu Lu-regnano lernigis sian filon ĉe la Majstro Mozi. La filo mortis en batalo. La patro akuzis la Majstron Mozi pro tio. La Majstro Mozi diris: "Vi volis, ke via filo lernu, kaj nun li, lerninte, mortis en batalo. Vi koleras, simila al tiu, kiu, mem okupiĝante pri vendado kaj aĉetado, koleras pri aĉetitaĵo. Ĉu tio ne estas kosto?"[107]

鲁之南鄙人有吴虑者，冬陶夏耕，自比于舜。子墨子闻而见之。吴虑谓子墨子："义耳义耳，焉用言之哉？"子墨子曰："子之所谓义者，亦有力以劳人，有财以分人乎？"吴虑曰："有。"子墨子曰："翟尝计之矣。翟虑耕而食天下之人矣，盛，然后当一农之耕，分诸天下，不能人得一升粟。籍而以为得一升粟，其不能饱天下之饥者，既可睹矣。翟虑织而衣天下之人矣，盛，然后当一妇人之织，分诸天下，不能人得尺布。籍而以为得尺布，其不能暖天下之寒者，既可睹矣。翟虑被坚执锐救诸侯之患，盛，然后当一夫之战，一夫之战，其不御三军，既可睹矣。翟以为不若诵先王之道而求其说，通圣人之言而察其辞，上说王公大人，次匹夫徒步之士。王公大人用吾言，国必治；匹夫徒步之士用吾言，行必修。故翟以为虽不耕而食饥，不织而衣寒，功贤于耕而食之、织而衣之者也。故翟以为虽不耕织乎，而功贤于耕织也。"吴虑谓子墨子："义耳义耳，焉用言之哉？"子墨子曰："籍设而天下不知耕，教人耕，与不教人耕而独耕者，其功孰多？"吴虑曰："教人耕者其功多。"子墨子曰："籍设而攻不义之国，鼓而使众进战，与不鼓而使众进战，而独进战者，其功孰多？"吴虑曰："鼓而进众者其功多。"子墨子曰："天下匹夫徒步之士，少知义而教天下以义者，功亦多，何故弗言也？若得鼓而进于义，则吾义岂不益进哉？"

Sude en Lu-regno loĝis iu ermito-kamparano, nomata Wu Lü, kiu vivis, vintre farante argilaĵojn kaj somere agrikulturante. Li komparis sin kun la antikva sankta Shun. La Majstro Mozi, aŭdinte tion, vidis lin.
Wu Lü diris al Mozi: "Gravas fari juston, nur la farado de justo estas grava. Ĉu utila estus iu ajn vorto?"
La Majstro Mozi demandis: "Ĉu la justeco, pri kiu vi diras, signifas helpi la aliajn per laboro, kaj dividi riĉaĵon kun la aliaj?"
Wu Lü respondis: "Jes."

---

[107] Kion lernas ĉe Mozi tiu filo? Laŭ la rakonto, verŝajne, li lernis militajn aferojn en lernejo de Mozi. Mozi instruis militteknikon de defendado. Ke ne malmultaj lernintoj, ŝajne, mortis en batalkampo, oni povas scii el bruska tono en la rakontado de Mozi.

La Majstro Mozi diris: "Mi provis prikalkuli tion jene. Se mi, agrikulturante, volus manĝigi homojn en la mondo, kiel eble plej multe laborus sur kampo kaj volus dividi kun homoj en la mondo, mi ne povas doni al la aliaj grenojn pli ol po unu *sheng*. Eĉ ricevinte nur unu *sheng* da greno, la malsataj en la mondo ne povus satiĝi. Tio estas klare videbla. Se mi volus teksi vestojn por homoj en la mondo, kiel ajn mi laborus, estus teksebla nur por unu virino. Se mi dividu ĝin kun homoj en la mondo, ne eblas al ili ricevi eĉ ŝtofeton longan je unu *chi*. Eĉ ricevinte unu peceton da ŝtofo, suferantoj pro malvarmo ne povas varmigi sin. Tio videblas klare. Se mi, armiĝinte per kiraso kaj akra glavo, volus savi landestrojn kontraŭ danĝero, kiel ajn mi baraktus, mi povus lukti nur kiel ununura batalanto. Ne eblas defendi per unu batalanto kontraŭ tri batalionoj. Tio estas klare videbla. Laŭ mia opinio, estas pli bone al mi predikadi la vojon de la antaŭaj reĝoj, kaj tra la vortoj de la sanktuloj kompreni la signifon, kaj alparoladi tion supren al sinjoroj estroj-granduloj kaj suben al personecoj – kleruloj kaj soldatoj. Se iu estro-grandulo adoptos mian proponon, la regno nepre estos bone regata; se personecoj – kleruloj kaj soldatoj – alproprigas miajn vortojn, ili nepre virte regos sin mem je sia konduto. Tial mi opinias, ke sen okupiĝi mem je agrikulturo eblas nutri malsatiĝantojn, ne teksadi mem eblas doni vestaĵon al frostiĝantoj. Tio estas pli bona ol agrikulturi por manĝigi kaj teksi por vestigi. Tial do, kvankam mi ne terkulturas nek teksas, tamen mi konsideras tion pli saĝa ol tion, ke mi mem laborus kiel agrikulturisto aŭ teksisto."

Wu Lü diris al la Majstro Mozi: "Gravas fari juston, estas grava nur la farado de justo. Ĉu utila estus iu ajn vorto?"

La Majstro Mozi demandis: "Kiam oni ne scias agrikulturi en la mondo, tiam iu instruas la agrikulturon kaj la alia, ne instruante, kulturas kampon mem unu sola. Kiu el ili estas pli merita?"

Wu Lü respondis: "Pli meritas tiu, kiu instruas la agrikulturon."

La Majstro Mozi demandis: "Kiam oni atakas maljustan regnon, tiam iu kuraĝigas per tamburado popolamason antaŭeniri al batalo kaj la alia iras batali sola. Kiu el ili estas pli merita?"

Wu Lü respondis: "Pli meritas tiu, kiu kuraĝigas per tamburado popolamason antaŭeniri."

La Majstro Mozi diris: "El personecoj – kleruloj kaj soldatoj – en la mondo la malmultaj scias juston, tial pli meritas tiu, kiu instruas al la mondo pri justo. Kial ne indas diri tion per vortoj? Se eblas kuraĝigi homojn antaŭeniri al justo, tiam ankaŭ mia justa afero ne estas malutila por antaŭenirado."

子墨子游公尚过于越。公尚过说越王，越王大说，谓公尚过曰："先生苟能使子墨子于越而教寡人，请裂故吴之地，方五百里，以封子墨子。"公尚过许诺。遂为公尚过束车五十乘，以迎子墨子于鲁，曰："吾以夫子之道说越王，越王大说，谓过曰：'苟能使子墨子至于越，而教寡人，请裂故吴之地，方五百里，以封子。'"子墨子谓公尚过曰："子观越王之志何若？意越王将听吾言，用我道，则翟将往，量腹而食，度身而衣，自比于群臣，奚能以封为哉？抑越不听吾言，不用吾道，而吾往焉，则是我以义粜也。钓之粜，亦于中国耳，何必于越哉？"

La Majstro Mozi sendis al Yue-regno sian disĉiplon Gong Shang Guo. Ĉi tiu predikis al la reĝo de Yue. La lasta ĝojegis kaj diris al Gong Shang Guo: "Se vi venigos la Majstron Mozi al Yue por instrui min, mi enfeŭdigos lin, dividinte al li la antaŭan teritorion de Wu-regno je 500 kvadrataj *li*-oj"

Gong Shang Guo konsentis. Li, kun 50 ĉaroj akompanate, iris Lu-regnon al la Majstro Mozi kaj diris: "Mi predikis al la reĝo de Yue pri via ideo, kaj la lasta ĝojegis kaj eldiris: 'Se vi venigos la Majstron Mozi al Yue por instrui min, mi enfeŭdigos lin, dividante al li la antaŭan teritorion de Wu-regno je 500 kvadrataj *li*-oj'"

La Majstro Mozi respondis al Gong Shang Guo: "Ĉu vi bone observis, kia estas la celo de la reĝo de Yue? Se li vere dezirus aŭskulti miajn vortojn kaj apliki mian ideon al praktiko, tiam mi irus. Por mia servado sufiĉus, se al mi eblus tiom manĝi ĝissate kaj vestiĝi modere, kiom al simplaj oficistoj. Kial necesus enfeŭdigi? En la okazo, se Yue ne volus aŭskulti miajn vortojn, nek apliki mian ideon al praktiko, eĉ se mi irus, mia ago ne fariĝus alia ol 'komerco per justo'. Se tiel, ĉiuokaze, estus preferinde al mi komerci en la centro de la mondo. Kial mi devus komerci nepre en Yue?"[108]

子墨子游，魏越曰："既得见四方之君，子则将先语？"子墨子曰："凡入国，必择务而从事焉。国家昏乱，则语之尚贤、尚同；国家贫，则语之节用、节葬；国家憙音湛湎，则语之非乐、非命；国家淫僻无礼，则语之尊天、事鬼；国家务夺侵凌，则语之兼爱、非攻。故曰择务而从事焉。"

La Majstro Mozi ekvojaĝas. Lia disĉiplo Wei Yue demandas: "Kion vi unue diras al landestrojn, kiam vi renkontas ilin ĉie ajn?"

La Majstro Mozi respondis: "Ĉiam ajn enirante la respektivan regnon, oni devas nepre observadi kaj elekti la aferon, pri kiu necesas okupiĝi. Se iu regno estas en

---

[108] Gong Shang Guo[公尚过] estis disĉiplo de Mozi. La respondo de Mozi estas interesa je du flankoj. Unue – li mokridas "komercon per justo", due – li aprobas la komercon se sur pli granda merkato. La respondo enhavas flankojn de idealismo kaj utilismo ĉe Mozi. La reĝo de Yue estas konsiderata kiel Gou Jian [越王勾践(-465 a. K.)][Johnston, 713] aŭ iu el liaj posteuloj [ang Yong, p. 458]. Se tio estas Gou Jian, naskiĝo de Mozi devas esti pli frua ol vaste akceptata opinio [468–376 a. K. laŭ Sun Yirang].

malordo, necesas diri pri 'promocio de saĝuloj-taŭguloj' kaj 'akordiĝo'; se la alia estas malriĉa, necesas diri pri 'ekonomio' kaj 'simpligo de funebro'; se la tria estas tro ebria je muziko kaj vino, necesas diri pri 'kontraŭ muziko' kaj 'kontraŭ fatalismo'; se la kvara estas ebria je voluptado kaj maldeco, necesas prediki pri 'respekto de la Ĉielo' kaj 'servado al Spiritoj'; se la kvina estas agresema kaj rabema, necesas diri pri 'universala makroamo' kaj 'neatakado'. Tiel do gravas bone obsevadi kaj elekti la aferon, pri kiu necesas okupiĝi."

子墨子出曹公子而于宋，三年而反，睹子墨子曰："始吾游于子之门，短褐之衣，藜藿之羹，朝得之则夕弗得，祭祀鬼神。今而以夫子之教，家厚于始也。有家厚，谨祭祀鬼神。然而人徒多死，六畜不蕃，身湛于病，吾未知夫子之道之可用也。"子墨子曰："不然！夫鬼神之所欲于人者多，欲人之处高爵禄则以让贤也，多财则以分贫也。夫鬼神岂唯擢季拑肺之为欲哉？今子处高爵禄而不以让贤，一不祥也；多财而不以分贫，二不祥也。今子事鬼神唯祭而已矣，而曰：'病何自至哉？'是犹百门而闭一门焉，曰：'盗何从入？'若是而求福于有怪之鬼，岂可哉？"

La Majstro Mozi sendis sian disĉiplon, nomatan Cao Gong-zi, al Song-regno, de kie post 3 jaroj ĉi tiu revenis, vizitis la Majstron Mozi kaj diris al li: "En la komenco, kiam mi unuafoje eniris la pordon de via skolo, mi vestiĝis per mallonga kaj kruda vestaĵo kaj manĝadis krudan nutraĵon, eĉ ne ĉiam akireblan. Se matene eblis manĝi, vespere ne eblis. Tiel do antaŭe mi malriĉe faradis ofereton al Spiritoj. Nun dank' al via instruado mia familio ekriĉiĝis. Estante riĉa, mi respektplene donas oferon al Spiritoj. Malgraŭ tio, multe da servantoj mortis, dombestoj ne multiĝas kaj mi mem peze malsaniĝas. Mi ankoraŭ ne scias, ĉu via vojo estus irinda."

La Majstro Mozi diris: "Vi ne pravas! Spiritoj postulas de homoj multon. De tiu, kiu ricevas altajn postenon kaj salajron, ili postulas cedi ĝin al saĝuloj. De tiu, kiu havas multe da monon, ili postulas disdoni ĝin al la malriĉuloj. Spiritoj postulas ne nur oferadon de sezonaj produktaĵoj, grenoj kaj viandoj. Nun, spite ke vi akiris altajn postenon kaj salajron, vi ne cedas ĝin al saĝuloj. Tio estas la unua malbonaŭguro. Malgraŭ riĉa posedaĵo kun multe da mono, vi ne disdonas al la malriĉuloj. Tio estas la dua malbonaŭguro. Nun vi nur servas kaj oferas al Spiritoj, kaj demandas, de kie venas via malsano. Kvazaŭ, ferminte nur unu el cent pordoj, vi demandus, de kie envenis ŝtelistoj. Ĉu estus eble tiel postuli peti de Spiritoj ĉiujn ajn feliĉojn?"

鲁祝以一豚祭，而求百福于鬼神。子墨子闻之曰："是不可。今施人薄而望人厚，则人唯恐其有赐于己也。今以一豚祭，而求百福于鬼神，唯恐其以牛羊祀也。古者圣王事鬼神，祭而已矣。今以豚祭而求百福，则其富不如其贫也。"

Iu Lu-regnano oferis unu porkidon kaj preĝis al Spiritoj por cento da petoj. La Majstro Mozi aŭdis tion kaj diris: "Ne decas. Se nun iu homo malmulte donacus al la alia kaj petus multe, tiam ĉi lasta nur timus ricevi la donacon. Oferi unu porkidon por peti de Spiritoj centon da feliĉoj estas nur timigi ilin. Kia devus esti redono al peto se kun oferado de bovo aŭ ŝafo? Antikvaj sanktaj reĝoj, servante al Spiritoj, nur oferis. Se per unu porkido oni petus centon da feliĉoj, estus pli bone resti malriĉa ol fariĝi riĉa je oferitaĵo."

彭轻生子曰："往者可知，来者不可知。"子墨子曰："籍设而亲在百里之外，则遇难焉，期以一日也，及之则生，不及则死。今有固车良马于此，又有奴马四隅之轮于此，使子择焉，子将何乘？"对曰："乘良马固车，可以速至。"子墨子曰："焉在矣来！"

Peng Qiong Sheng-zi diris: "Eblas scii la pasintan, sed ne eblas scii la venontan."
La Majstro Mozi diris: "Se unu el viaj gepatroj, loĝanta malproksime je cent *li*-oj, renkontis akcidenton, kaj tiu povus travivi nur unu tagon, vi devus urĝe vidi tiun viva, ĉu ĝis ties morto aŭ ne. Nun troviĝas du veturiloj, unu – solida ĉaro kun bona ĉevalo, la alia – kvarrada kaleŝo kun malbona ĉevalo. Kiun ilon vi elektus por veturi?"
Li respondis: "Mi veturos per solida ĉaro kun bona ĉevalo, ĉar pli rapide eblas atingi celon."
La Majstro Mozi diris: "Vi ja scias la venontan."

孟山誉王子闾曰："昔白公之祸，执王子闾，斧钺钩要，直兵当心，谓之曰：'为王则生，不为王则死。'王子闾曰：'何其侮我也！杀我亲而喜我以楚国，我得天下而不义，不为也，又况于楚国乎？'遂而不为。王子闾岂不仁哉？"子墨子曰："难则难矣，然而未仁也。若以王为无道，则何故不受而治也？若以白公为不义，何故不受王，诛白公然而反王？故曰难则难矣，然而未仁也。"

Iu Meng Shan, laŭdante princon Wang-zi Lü, diris: "Antaŭe okazis ribelo de la princo Bai, kiu kaptis la princon Wang-zi Lü kaj, minacante per hakilo al lia lumbo kaj glavo al lia koro, postulis lin: 'Se vi fariĝos reĝo, vi restos viva, se ne, vi mortos.' Wang-zi Lü respondis: 'Kial vi insultas min! Ĉu mortigi mian parencon kaj surtronigi min kiel reĝon de Chu estus al mi agrable? Mi neniel farus maljuston, eĉ se estus donita al mi la tuta mondo. Kial por akiri nur Chu-regnon?' Finfine li mortis kaj ne fariĝis reĝo. Wang-zi Lü estas vera virtulo, ĉu ne?"

La Majstro Mozi diris: "Estas malfacile konduti, kiel al li. Sed tio ankoraŭ ne estas sufiĉe virta. Se la reĝo de Chu estis malmorala, kial la princo mem ne surtroniĝis? Se Bai faris maljuston, kial do ne la princo mem, surtroniĝinte, punus lin pro ribelo? Tial do mi diras, ke, kvankam tiel konduti malfacile, tamen tio ankoraŭ ne estas sufiĉe virta."[109]

子墨子使胜绰事项子牛，项子牛三侵鲁地，而胜绰三从。子墨子闻之，使高孙子请而退之曰："我使绰也，将以济骄而正嬖也。今绰也禄厚而谲夫子，夫子三侵鲁，而绰三从，是鼓鞭于马靳也。翟闻之：'言义而弗行，是犯明也。'绰非弗之知也，禄胜义也。"

La Majstro Mozi sendis sian disĉiplon Sheng Chuo al generalo Xiang Zi Niu de Qi-regno. La lasta atakadis trifoje Lu-regnon kaj Sheng Chuo sekvadis lin tri fojojn.

La Majstro Mozi, aŭdinte tion, sendis sian disĉiplon Gao Sun-zi peti maldungon de Sheng Chuo, dirante: "Mi alsendis Sheng Chuo, por ke li ĝustigu arogantecon kaj malbonan kutimon de Qi-regno. Sed nun li, ricevante altan salajron, devojiĝigas vin. Vi tri fojojn agresadis Lu-regnon kaj Sheng Chuo ĉiam sekvadis vin tri fojojn. Tio egalas malhelpi ĉevalon antaŭen iri, vipante je brusto. Mi aŭdas, ke klara krimo estas ne fari virton en praktiko, predikante ĝin per vortoj. Kvankam Sheng Chuo ne devas ne scii tion, tamen lia salajro venkis juston."[110]

昔者楚人与越人舟战于江，楚人顺流而进，迎流而退，见利而进，见不利则其退难。越人迎流而进，顺流而退，见利而进，见不利则其退速。越人因此若埶，亟败楚人。公输子自鲁南游楚，焉始为舟战之器，作为钩强之备，退者钩之，进者强之。量其钩强之长，而制为之兵，楚之兵节，越之兵不节，楚人因此若埶，亟败越人。公输子善其巧，以语子墨子曰："我舟战有钩强，不知子之义亦有钩强乎？"子墨子曰："我义之钩强，贤于子舟战之钩强。我钩强，我钩之以爱，揣之以恭。弗钩以爱则不亲，弗揣以恭则速狎，狎而不亲则速离。故交相爱，交相恭，犹若相利也。今子钩而止人，人亦钩而止子；子强而距人，人亦强而距子。交相钩，交相强，犹若相害也。故我义之钩强，贤子舟战之钩强。"

Antaŭe Chu-landanoj bataladis per ŝipoj kontraŭ Yue-landanoj laŭ la rivero Changjiang. Chu-landanoj iris laŭ fluo antaŭen kaj retiriĝis kontraŭ fluo malantaŭen. Ili antaŭeniris en favora tempo, sed en malfavora tempo al ili estis malfacile reniri

---

[109] 孟山 ŝajne estas disĉiplo de Mozi. Wang Zi lü [王子闾] estas filo de Ping [楚平王], reĝo de Chu-regno. Bai Gong [白公] kaj la reĝo Hui [惠] estas nepoj de Ping. Do Wang Zi Lü estas ilia onklo.

[110] Sheng Chuo [胜绰] kaj Gao Sun-zi [高孙子] estis disĉiploj de Mozi. Xiang Zi Niu [项子牛] estis generalo de Qi-regno. Laŭ Sun Yirang okazis la atakado al Lu-regno en 412 a. K.

malantaŭen. Yue-landanoj antaŭeniris kontraŭ fluo kaj retiriĝis laŭ fluo. Ili en favora tempo je avantaĝo antaŭeniris kaj en malfavora tempo retiriĝis rapide. Tial do Yue-landanoj oportune sub la bona kondiĉo venkobatadis Chu-landanojn.

Gong Shu-zi suden iris de Lu-regno al Chu-regno, kaj komencis inventi armilojn por ŝipbatalo. Li kreis armilon "hokbastono", kiu kaptas per hoko renirantajn ŝipojn kaj rebatas alvenintajn ŝipojn. Mezurante per hokbastono distancon inter ŝipoj, Chu-landanoj havas bonordan kontrolon de armiloj. Do soldatoj de Chu tenis ordon en batalo, sed soldatoj de Yue ne tenis. Chu-landanoj energie venkobatis Yue-landanojn.

Gong Shu-zi fieris je sia tekniko kaj diris al la Majstro Mozi: "Mia batalŝipo havas fortan 'hokbastonon', ĉu vi havas por via ideo de justeco tian armilon, kiel hokbastono?"

La Majstro Mozi respondis: "Mia ideo de justeco estas pli forta kaj pli saĝa ol via hokbastono por batalŝipo. Mia estas pli forta, ĉar hoko estas amo kaj bastono estas respekto. Hoko sen amo ne kaptas amikecon, kaj bastono sen respekto tuj incitas malestimon. Malestimo kaj senamikeco disigas rapide homojn. Per reciproka interamo kaj reciproka interrespektado oni povas profiti reciproke. Nun via hoko haltigas aliulon kaj la aliulo haltigos vin; via bastono batas aliulon kaj la aliulo vin batos per bastono. Per reciproka haltigo kaj reciproka interbatado oni vundas sin reciproke. Tial do mia ideo de justeco estas pli forta ol via hokbastono por batalŝipo."[111]

公输子削竹木以为䧿，成而飞之，三日不下，公输子自以为至巧。子墨子谓公输子曰："子之为䧿也，不如匠之为车辖。须臾刘三寸之木，而任五十石之重。故所为功，利于人谓之巧，不利于人谓之拙。"

Gong Shu-zi el bambuo kaj ligno faris pigon, kiu flugadis 3 tagojn sen alteriĝo. Gong Shu-zi fieris pri sia lerteco. La Majstro Mozi diris al Gong Shu-zi: "Via pigo ne estas pli bona ol radfiksilo far metiisto. La lasta, kvankam ligneto granda je 3 *cun*, povas subteni pezon je 50 *dan*. Lia faritaĵo estas utila, ke ĝi profitigas homojn, do oni nomas lin lerta. Kiu ne profitigas homojn, tiun oni nomas mallerta."

公输子谓子墨子曰："吾未得见之时，我欲得宋。自我得见之后，予我宋而不义，我不

---

[111] Gong Shu-zi [公输子(507–444 a. K)], alinome Gong Shu Pan (Ban) 公输盘（班，般）aŭ Lu Ban[鲁盘], estis fama teknikisto kaj inventisto. Li estas laŭdata kiel Sankta inĝeniero kaj Prapatro de cent teknikoj. Nun la granda muzeo de Lu Ban estas konstruita en 2011 en Teng Zhou[枣庄滕州]. Eksponaĵoj konsistas el diversaj inventaĵoj far de Lu Ban kaj ĉina antikva industrio. Ankaŭ la muzeo de Mozi estas najbare de la muzeo de Lu Ban, ĉar oni konsideras, ke ambaŭ granduloj naskiĝis en Lu-regno, Teng Zhou.

为。"子墨子曰："翟之未得见之时也，子欲得宋，自翟得见子之后，予子宋而不义，子弗为，是我予子宋也。子务为义，翟又将予子天下。"

Gong Shu-zi diris al la Majstro Mozi: "Antaŭ ol mi vidis vin, mi deziris akiri Song-regnon. Post kiam mi vidis vin, mi jam ne volas ricevi la regnon, se ne troviĝus la justeco."

La Majstro Mozi diris: "Vi diras, ke vi deziris akiri Song-regnon antaŭ nia intervidiĝo, sed depost nia intervido, eĉ se estus donita al vi la regno, vi ne volas ricevi, se ne justeco en tio. Tio signifas, ke mi donis al vi jam Song-regnon. Se vi strebos plue al la afero de justeco, mi donos al vi la tutan mondon."

40. 公输 GONG SHU

公输盘为楚造云梯之械，成，将以攻宋。子墨子闻之，起于齐，行十日十夜而至于郢，见公输盘。

Gong Shu Pan inventis por Chu-regno armilon-eskaladilon. Kompletiginte ĝin, Chu estas jam preta ataki Song-regnon. Aŭdinte tion, la Majstro Mozi ekiris de Qi-regno. Post dek tagnoktoj li atingis la ĉefurbon Ying kaj intervidiĝis kun Gong Shu Pan.

公输盘曰："夫子何命焉为？"子墨子曰："北方有侮臣，愿藉子杀之。" 公输盘不说。子墨子曰："请献十金。"公输盘曰："吾义固不杀人。"子墨子起，再拜曰："请说之。吾从北方闻子为梯，将以攻宋。宋何罪之有？荆国有余于地，而不足于民，杀所不足，而争所有余，不可谓智。宋无罪而攻之，不可谓仁。知而不争，不可谓忠。争而不得，不可谓强。义不杀少而杀众，不可谓知类。"公输盘服。子墨子曰："然，乎不已乎？"公输盘曰："不可。吾既已言之王矣。"子墨子曰："胡不见我于王？"公输盘曰："诺。"

Gong Shu Pan diris: "Kiun konsilon vi donos al mi?"
La Majstro Mozi diris: "En nordo troviĝas iu, kiu ofendas min. Mi petas vin mortigi lin." Al Gong Shu Pan estas malagrable.
La Majstro Mozi diris: "Mi donos al vi dek *jin* da oro."
Gong Shu Pan diris: "Mi respektas justecon, do nepre ne mortigas homon senkaŭze."
La Majstro Mozi ekstaris kaj, respekteme farante riverencon, diris: "Permesu al mi diri jenon. Estante norde, mi aŭdis, ke vi kreis eskaladilon por ataki Song-regnon. Kiun kulpon faris Song-regno? Jing [Chu-regno] jam posedas nun tiom multe da tero, ke mankas la popolo por terkulturado. Estas malsaĝe mortigi homojn por militakiri la superfluan teron. Ne estas juste ataki senkulpan Song-regnon. Ne estas lojale ne deadmoni, kiam la misago estas klare sciata. Eĉ se ne eblus deadmoni, ne forta estas la personeco, kiu ne povas kritiki la misagon. Kvankam nome de virto vi ne mortigas individuon, se malmulte da homoj, tamen vi mortigos amason da homoj per la milito. Tio estas ja kategoria kontraŭdiro."
Gong Shu Pan konsentis kun li.
La Majstro Mozi diris: "Se tiel, kial vi ne ĉesigas?"
Gong Shu Pan diris: "Ne eblas. Mi jam proponis la militon al la reĝo."

La Majstro Mozi diris: "Ĉu mi ne povus intervidiĝi kun la reĝo?"
Gong Shu Pan diris: "Jes, vi povas."

子墨子见王，曰："今有人于此，舍其文轩，邻有敝舆，而欲窃之；舍其锦绣，邻有短褐，而欲窃之；舍其粱肉，邻有糠糟，而欲窃之。此为何若人？"王曰："必为窃疾矣。"子墨子曰："荆之地，方五千里，宋之地，方五百里，此犹文轩之与敝舆也；荆有云梦，犀兕麋鹿满之，江汉之鱼鳖鼋鼍为天下富，宋所为无雉兔狐狸者也，此犹粱肉之与糠糟也；荆有长松、文梓、楩楠、豫章，宋无长木，此犹锦绣之与短褐也。臣以三事之攻宋也，为与此同类。臣见大王之必伤义而不得。"王曰："善哉！虽然，公输盘为我为云梯，必取宋。"

La Majstro Mozi, vidante la reĝon, diris al li: "Se nun estus unu homo, kiu, posedante ĉe si jam pompan kaleŝon, volus rabi povran ĉaraĉon de sia najbaro; aŭ kiu, posedante ĉe si jam veston el belega brokato, volus rabi ĉifonan veston de sia najbaro; aŭ kiu, havante ĉe si luksan manĝaĵon el greno kaj viando, volus rabi grenŝelon-brandfeĉon de sia najbaro. Kiel vi konsideras tiun homon?"
La reĝo respondis: "Certe, li havas kleptomanion."
La Majstro Mozi diris: "Jing-regno havas teritorion je 5 mil kvadrataj *li*oj. La Song-regno – je 5 cent kvadrataj *li*oj. Diferenco estas kvazaŭ inter pompa kaleŝego kaj povra ĉaraĉo. Jing, havas lagon 'Yun Meng', plenan je gerinoceroj, cervoj kaj alkoj, havas riverojn, plej riĉajn en la mondo je fiŝoj, ŝlimtestudoj, grandaj testudoj, aligatoroj. Sed en la regno Song eĉ mankas fazanoj, leporoj, vulpoj, do diferenco de ambaŭ regnoj estas kvazaŭ inter luksa manĝaĵo el grenoj-viandoj kaj mizera grenŝelo-brandfeĉo. En Jing-regno kreskas pinoj, katalpoj, cedroj, kamforarboj, sed en Song-regno ne kreskas grandaj arboj. Diferenco estas kvazaŭ inter belega brokaĵo kaj ĉifona vestaĉo. Mi parolis kun tri metaforoj rilate al via atakado kontraŭ Song-regno. Via Moŝto, la Granda reĝo, mi rigardas vian militon ofendo de justeco kaj sen bona atingitaĵo."
La reĝo diris: "Tre bone estas dirite! Sed, jam Gong Shu Pan inventis por mi la eskaladilon kaj decidis nepre preni Song-regnon."

于是见公输盘，子墨子解带为城，以牒为械，公输盘九设攻城之机变，子墨子九距之，公输盘之攻械尽，子墨子之守圉有余。公输盘诎，而曰："吾知所以距子矣，吾不言。"子墨子亦曰："吾知子之所以距我，吾不言。"楚王问其故，子墨子曰："公输子之意，不过欲杀臣。杀臣，宋莫能守，可攻也。然臣之弟子禽滑釐等三百人，已持臣守圉之器，在宋城上而待楚寇矣。虽杀臣，不能绝也。"楚王曰："善哉！吾请无攻宋矣。"

Sekve la Majstro Mozi, turnante sin al Gong Shu Pan, proponis kun li ludbatalon.

La Majstro Mozi faris sian malbukitan zonon citadeleto kaj lignopecojn armiloj. Gong Shu Pan naŭ fojojn atakadis diversmaniere la citadeleton, sed la Majstro Mozi naŭ fojojn tute rebatadis la atakojn. Finfine ĉe Gong Shu Pan elĉerpiĝis armiloj por atakado, sed ĉe la Majstro Mozi ankoraŭ restas defendfortoj.

Gong Shu Pan sin submetis, sed diris: "Kvankam mi scias la rimedon, kiel superi vin, tamen mi ne eldiros ĝin."

La Majstro Mozi diris: "Kvankam mi scias la rimedon, per kiu vi intencus superi min, tamen ankaŭ mi ne eldiros ĝin."

La reĝo de Chu demandis pri tiu signifo la Majstron Mozi, kaj ĉi tiu respondis: "La signifo de la eldiro de Gong Shu-zi estas nur mortigi min. Li pensas, ke se mi estus mortigita, al Song-regno mankus defendkapablo, tiam eblus disbati ĝin. Sed sen mi estas ankoraŭ miaj tricent disĉiploj, Qin Guli kaj aliaj lernantoj, kiuj, jam armitaj per armiloj por defendo, estas en la kastelo de Song pretaj batali renkontite kontraŭ la atakado fare de Chu. Eĉ se mi estus mortigita, ne eblus ekstermi ilin."

La reĝo de Chu diris: "Bone! Mi ĉesigos atakadon al Song-regno."[112]

子墨子归，过宋，天雨，庇其闾中，守闾者不内也。故曰："治于神者，众人不知其功；争于明者，众人知之。"

Sur revena vojo, kiam la Majstro Mozi estis trapasanta Song-regnon, subite ekpluvegis. Li, por eviti, volus eniri sub aleron de la urba pordego. La pordisto ne lasis lin eniri. Estas dirite en proverbo: "Popolamaso ne konas la kaŝite faratan meriton de dio-sanktulo, sed nur konas la parade montratan."[113]

---

[112] Sun Yirang konjektas, ke protagonistoj en tiu rakonto povus esti Hui Wang [楚惠王] kaj Zhao Gong [宋昭公(SY 上 p.483)].

[113] La fama verkisto Lu Sin skribis rakonton per tiu temo. Li aldonis, ke Mozi tiel malvarmumis je nazkatalo. La epizodo pensigas leginton, ĉu indas defendi malgrandajn regnojn, ĉu tio ne kontraŭas al universalismo, subtenante malvastan patriotismon?

Peter Tkaĉev, rusa pensulo, kritikis anarkismon-federalismon de Bakunin pro nura plimultigo de ŝtatopotencoj al malgrandaj regnoj. Tiu kritiko trafas la jukan punkton de Mozi. Sindona nobla agado de Mozi je subteno de malgrandaj regnoj iam kontraŭas al lia nobla ideo pri la universala makroamo.

Ankaŭ iu nuntempa ĉina esploristo kritikas pensmanieron de Mozi pri senmiliteco jene: "li (Mozi) ne komprenis, ke oni povus liberigi la regnon el la tiama dissplitiĝo kaŭzita de feŭda separatismo nur pere de milito. Tial, lia "senmiliteco" estis nepraktika." [HjL35 *Antikvaj filozofoj de Ĉinio*, verkita de Hoŭ Ĝjŭeliang]

41. 备城门 PREPARO POR URBA DEFENDO

禽滑釐问于子墨子曰："由圣人之言，凤鸟之不出，诸侯畔殷周之国，甲兵方起于天下，大攻小，强执弱，吾欲守小国，为之奈何？"子墨子曰："何攻之守？"禽滑釐对曰："今之世常所以攻者：临、钩、冲、梯、堙、水、穴、突、空洞、蚁傅、轒辒、轩车，敢问守此十二者奈何？"子墨子曰："我城池修，守器具，推粟足，上下相亲，又得四邻诸侯之救，此所以持也。且守者虽善，则犹若不可以守也。若君用之，守者又必能乎守者，不能而君用之，则犹若不可以守也。然则守者必善而君尊用之，然后可以守也。"

Qin Guli demandis la Majstron Mozi, dirante: "Laŭ la vorto de la sanktulo, la fenikso de paca simbolo ne aperas, landestroj ekbatalas kontraŭ la reĝoj-posteuloj de la dinastio Yin-Zhou. Soldatoj kun armaĵoj ekleviĝas en la mondo, la pli granda atakas la malpli grandan, la forta perfortas la malfortan. Mi volus gardi la malgrandan regnon. Kiel mi faru tion?"

La Majstro Mozi diris: "Kontraŭ kiu atako vi volas defendi?"

Qin Guli respondis: "En la nuna mondo ĉiam estas uzataj la jenaj atakoj – talusado de fuortetoj, hokado, ramo, eskalo, ŝutplenigo de ĉirkaŭfoso, akvo, tunelo, surpriza atako, tranĉeo, formikeska ŝtormatako, tanko, altĉarego.[114] Ĉu mi povus demandi vin, kiel defendi kontraŭ tiuj 12 atakoj."

La Majstro Mozi diris: "Nia fortikaĵo kaj fosaĵo estu tenataj bone riparite, defendaj ekipaĵoj estu pretaj, brulaĵoj kaj manĝaĵoj estu sufiĉaj, supro kaj subo estu intimaj unu al alia, kaj estu akirebla la helpo de najbaraj landestroj, estas necese teni tiujn kondiĉojn. Plie, eĉ se defendantoj estas bonaj homoj, ne eblas defendi nur per tio. La estro devas esti kapabla por uzi ilin kaj ili devas havi nepre teknikon defendi. Se la estro uzu nekapablulojn, ne eblas defendi. Kiam defendantoj estos nepre bonaj kaj la estro povos respektplene utiligi ilin, nur tiam eblos defendi."

凡守围城之法：厚以高，壕池深以广，楼撕揞，守备缮利，薪食足以支三月以上，人众以选，吏民和，大臣有功劳于上者多，主信以义，万民乐之无穷。不然，父母坟墓在焉；不

---

[114] 临、钩、冲、梯、堙、水、穴、突、空洞、蚁傅、轒辒、轩车 Koncernante 空洞, ĉiuj esploristoj ne povas trovi la saman terminon en aliaj libroj. Forke uzas por la traduko "Das Unterhöhlen (Unterspülen)". Mi oportune prenis ĝin laŭ la rekta signifo Malplena Kavo por *tranĉeo*.

然，山林草泽之饶足利；不然，地形之难攻而易守也；不然，则有深怨于适而有大功于上；不然，则赏明可信而罚严足畏也。此十四者具，则民亦不宜上矣，然后城可守。十四者无一，则虽善者不能守矣。

Ĝenerala metodo por defendi sieĝatan urbon estas jen tia: muro estu dika kaj alta, fosaĵo profunda kaj vasta, turoj kaj parapetoj firmaj, defendaj ekipaĵoj taŭgaj kaj akraj, brulaĵo kaj manĝaĵo sufiĉaj por elteni pli ol 3 monatojn, multe da zorge elektitaj talentuloj, popolanoj kun oficialuloj en harmonio, multe da taŭgaj altranguloj fidelaj al la supro, la estro fidinda kun justa principo, la tuta popolo plej ĝuanta je defendo de la vivo. Aŭ, estas zorgeme tenataj tomboj de gepatroj[115]; aŭ, la regno estas avantaĝa je monto, arbaro, herbejo, marĉo; aŭ, topografio estas malfacila por atako kaj facila por defendo; aŭ, estas profunda malamo al la makamiko kaj estas granda merito je la supro; aŭ, tiom severa estas la principo de rekompenco laŭdi laŭdindan kaj puni punendan, kiom eblas timigi kaj respektigi. Se mankas unu el supre menciitaj 14 kondiĉoj, eĉ bonuloj ne povas defendi.

故凡守城之法，备城门为县门沈机，长二丈，广八尺，为之两相如，门扇数令相接三寸。施土扇上，无过二寸。堑中深丈五，广比扇，堑长以力为度，堑之末为之县，可容一人所。客至，诸门户皆令凿而慕孔，孔之，各为二慕二，一凿而系绳，长四尺。城四面四隅皆为高磨𡉄，使重室子居其上候适，视其态状与其进左右所移处，失候斩。适人为穴而来，我亟使穴师选本，迎而穴之，为之且内弩以应之。

Ĝenerala metodo defendi fortikaĵon estas jena. Prepari la herson, pendigeblan pordegon, kun mekanismo por subiĝi, longan je 2 *zhang*, vastan je 8 *chi*.[116] Du klapoj de la pordo devas esti identaj unu kun la alia. Kaj ilia distanco de tuŝo estu 3 *cun*. Sur ĉiu klapo stuku je dikeco de malpli ol 2 *cun*. Fosu akvobaron profundan je 1,5 *zhang*, tiom vastan kiom la klapoj de pordo. Longeco de la akvobaro dependas de laborforto. Sur la akvobaro konstruu pendigeblan herson, por ke ĝi povu enhavi unu personon. Al alvenantaj malamikoj, boru du truojn en ĉiu klapo de pordo kaj kovru la boritajn truojn. Ligu unu truon per ŝnuro longa je 4 *chi*. Ĉiuj kvar anguloj de la fortikaĵa muro havu

---

[115] Okulfrapas nin la nocio, ke 父母坟墓在焉 "estas zorgeme tenataj tomboj de gepatroj". Kvankam Mozi estas la fama oponanto kontraŭ "pompa funebro kaj pompa tombo", tamen al li estas tre grava la amo al gepatroj kaj prapatroj.

[116] 1 cun=23. 1mm; 1 chi=10 cun; 1 zhang=10 chi; 1 bu=6 chi; 1 li =180 zhang. Spite, ke Mozi estis pensulo de universala makroamo, tamen je defendomilito pro malplenumo de taskoj kaj ordonoj estas severe mortpunite.

altajn turojn kaj parapetojn, kie filoj de altranguloj deĵoradu por observi situacion kaj movadon (dekstren-maldekstren, antaŭen-malantaŭen) de la malamikoj, kaj punu per tranĉo tiun, kiu malplenumis la taskon. Kiam la malamikoj fosas tunelojn kaj travenas, urĝe sendu sapeistojn-tunelistojn kaj selektu specialajn soldatojn[117] por kontraŭataki la malamikojn tra sia tunelo. Soldatoj havu arbalestojn, uzeblajn ene de tunelo.

民室杵木瓦石，可以盖城之备者，尽上之，不从令者斩。昔筑，七尺一居属，五步一垒。五筑有锑、长斧柄长八尺。十步一长镰，柄长八尺。十步一斗，长椎，柄长六尺，头长尺，斧其两端。三步一大铤，前长尺，蚤长五寸。两铤交之，置如平，不如平不利，兑其两末。穴队若冲队，必审如攻队之广狭，而令邪穿其穴，令其广必夷客队。

Materialoj por popolaj domoj – lignoj, tegoloj, ŝtonoj, – uzeblaj por defendo de la urbo, devas esti tute oferotaj. Kiu ne obeos al ordono, tiu estu tranĉ-punita.

Tradicia konstruilaro estu dislokigita jene. Ĉe ĉiu 7 *chi* estu unu ŝpato, ĉe ĉiu 5-a paŝo estu unu korbo por tero. En ĉiu kvina konstruaĵo estu hakilo, kies tenilo estas longa je 8 *chi*. Ĉe ĉiu 10-a paŝo estu serpego kun tenilo longa je 8 *chi*. Ĉe ĉiu 10-a paŝo estu adzo kaj borilo kun tenilo longa je 6 *chi*, la adzo kun tenilo longa je 1 *chi* estu ambaŭtranĉa. Ĉe ĉiu 3-a paŝo estu unu lanco kun klingo longa je 1 *chi* kaj kun eĝo je 5 *cun*. Duopo da lancoj estu metitaj ebene, se ne ebene, ne estas konvene uzi. Ambaŭ eĝoj devas esti ĉiam akrigitaj. Kiam en subteraj tuneloj estos kontraŭbatalo, nepre esploru la spacon de batalantoj, kaj fosu oblikvan truon kontraŭ malamikoj kaj tiel nepre eblas vaste alfronti malamikojn.

疏束树木，令足以为柴抟，毋前面树，长丈七尺一，以为外面，以柴抟从横施之，外面以强涂，毋令土漏。令其广厚，能任三丈五尺之城以上。以柴木土稍杜之，以急为故。前面之长短，豫蚤接之，令能任涂，足以为堞，善涂其外，令毋可烧拔也。

Pecoj de arboj estu kolektitaj en lignofasko, starigi lignojn longajn ĉiun je 1 *zhang* 7 *chi* kiel eksteran flankon, kaj inter la lignojn laŭamasigi la lignofaskojn ebene, kaj ŝmiri eksteron por fortigi, sed ke ne tralikiĝu tero. Se la dikeco estu sufiĉa, ĝi iĝos pli eltenebla ol fortikaĵo je 3 *zhang* 5 *chi*. Uzu lignofaskojn kaj terojn por protekti. Tio estas farenda rapide. Glatigu la fasadon, por ke ĝi facile estu ŝmirebla, kaj por ke ĝi estu parapeto. Se bone ŝmirita la ekstero, ĝin ne eblos bruligi nek eltiri.

[117] 使穴师选本 sendu sapeistojn-tunelistojn kaj selektu specialajn soldatojn. Mi prenas la ideogramon 本 kiel 本队, 精锐部队.

大城丈五，为闺门，广四尺。为郭门，郭门在外，为衡，以两木当门，凿其木维敷上堞。为斩县梁，酂穿断城，以板桥邪穿外，以板次之，倚杀如城报。城内有傅壤，因以内壤为外。凿其间，深丈五尺，室以樵，可烧之以待适。

Larĝa muro havas ankaŭ malgrandan pordeton, altan je 1,5 *zhang* kaj vastan je 4 *chi*. Al la pordeto konstruu eksteran pordon kun riglilo el du stangoj, havantaj boritajn truojn, tra kiuj ŝnuroj estas ligitaj al supraj kreneloj.

Konstruu pendigeblan ponton trans la fosaĵo, interrompanta la urbon kaj eksteron, kaj homoj eniradu en la urbon laŭ tabula ponto, dekliva de ekstere, kaj la dekliveco dependas de la alteco de muro. Ĉe la muro instaliĝu parapetoj ekstera kaj interna, inter kiuj estu trancêo profunda je 1,5 *zhang*. En la trancêo amasigu lignojn por obstrukco, kaj eblos bruligi ilin per fajro kontraŭ malamikoj.

令耳属城，为再重楼，下凿城外堞，内深丈五，广丈二。楼若令耳，皆令有力者主敌，善射者主发，佐皆广矢。

Apud la muro konstruu du-etaĝan turon, nomatan "Oreloj (Ling-er)", kies suba etaĝo estas ekstermura parapeto-trancêo, profunda je 1,5 *zhang* kaj vasta je 1,2 *zhang*. En turo aŭ "Oreloj" dejoras fortuloj-pafarkistoj kaj pretigantoj de akraj sagoj.

治裾诸，延堞，高六尺，部广四尺，皆为兵弩简格。转射机，机长六尺，貍一尺。两材合而为之辄，辄长二尺，中凿夫之为道臂，臂长至桓。二十步一，令善射之者佐，一人皆勿离。

Al parapeto starigu barikadon, altan je 6 *chi* kaj vastan je 4 *chi*, por dispozicii soldatojn kun balisto.[118] Estu pretigita la revolvera maŝinpafilo, alta je 6 *chi* kaj enterigita je 1 *chi*. El du kunfanditaj materialoj konsistas la akso de rado, diametra je 2 *chi*, kies centro estas traborita por ŝafto, longa kaj kunigita kun turnilo. En ĉiu 20-a paŝo instalu unu maŝinpafilon, kaj lertaj pafarkistoj asistu ĝin. Ne forlasu la postenon eĉ unu el ĉiuj personoj.

城上百步一楼，楼四植，植皆为通舄，下高丈，上九尺，广、丧各丈六尺，皆为宁。三十步一突，九尺，广十尺，高八尺，凿广三尺，表二尺，为宁。城上为攒火，夫长以城高下

[118] Mi tradukas la ideogramon 弩 per "balisto" aŭ "arbalesto", arbitre laŭ kunteksto en ĉiu paragrafo.

为度，置火其末。城上九尺一弩、一戟、一椎、一斧、一艾，皆积参石、蒺藜。

Sur la muro konstruu en ĉiu centa paŝo unu turon kun 4 kolonoj, firme bazitaj. Konstruu turon, kies suba parto je 1 *zhang*, supra – je 9 *chi*, ĉiu turo havas kvadraton vastan je 1 *zhang* 6 *chi* kaj fenestrojn. En ĉiu 30-a paŝo starigu trairejon, longan je 9 *chi*, vastan je *10* chi kaj altan je 8 *chi*. Tie estu traborita la fenestro, vasta je 3 *chi* kaj longa je 2 *chi*. Sur la muro estu lanterno, kies mezuro dependas de la mura alteco. Kaj metu fajron sur ĝi. Kaj sur la muro en ĉiu 9-a *chi* estu pretaj unu arbalesto, unu halebardo, unu maleo, unu hakilo, unu serpo. En ĉiu okazo estu amaso da ŝtonoj kaj trapoj-urtikoj[119].

渠长丈六尺，夫长丈二尺，臂长六尺，其狸者三尺。树渠毋傅堞，五寸。藉莫长八尺，广七尺，其木也广五尺，中藉苴为之桥，索其端；适攻，令一人下上之，勿离。城上二十步一藉车，当队者不用此数。

Ŝildego alta je 1 *zhang* 6 *chi* kaj longa je 1 *zhang* 2 *chi* estu starigita sur stangoj, altaj je 6 *chi*, enterigitaj je 3 *chi*. La ŝildego ne estu pli proksima al la parapeto ol 5 *cun*. Ŝirmilo longa je 8 *chi* kaj vasta je 7 *chi* estu farita. Vasteco inter ĝiaj lignoj estu je 5 *chi*, kaj faru meze de ŝirmilo ponteto kun ŝnuroj ligitaj al ĝia rando. Kiam malamikoj alproksimiĝos, ĝin levados kaj mallevados unu homo, kiu ne devas forlasi la postenon. Sur la muro en ĉiu 20-a paŝo estu unu ĵetilo-katapulto, sed eblas ne alteniĝi al tiu cifero dum kontraŭatako en tunelo.

城上三十步一瞀灶。持水者必以布麻斗、革盆，十步一。柄长八尺，斗大容二斗以上到三斗。敝裕、新布长六尺，中拙柄，长丈，十步一，必以大绳为箭。城上十步一钣。水瓴，容三石以上，大小相杂。盆、蠡各二财。

Sur la muro en ĉiu 30-a paŝo estu unu portebla forno. Koncernante akvon, la akvoĉerpilo nepre devas esti farita el kanabo kaj pelvo el felo estu en ĉiu 10-a paŝo, tenilo de la akvoĉerpilo estu longa je 8 *chi*, la pelvo-akvujo estu granda je pli ol 2 ĝis 3 *dou*. Malnova aŭ nova kanabo, longa je 6 *chi*, estu uzata. Tenilon, kurban en la mezo, longan je 1 *zhang*, metu en ĉiu 10-a paŝo kaj uzu ĝin nepre kun ŝnurego por pafi sagon. Sur la muro estu en ĉiu 10-a paŝo unu ŝovelilo. Akvujoj, grandaj kaj malgrandaj, enhavu pli ol 3 *dan* da akvo. Pelvo kaj botel-kalabaso, ambaŭ estas trezoroj.

[119] 蒺藜 trapoj-urtikoj estas faritaj el metalo laŭ Qin Yanshi 铁蒺藜 [QYs232], baraĵo, havanta dornojn aŭ pinglojn.

为卒干饭，人二斗，以备阴雨，面使积燥处。令使守为城内堞外行餐。

置器备，杀沙砾、铁，皆为坏斗，令陶者为薄缻，大容一斗以上至二斗，即用取，三秘合束。

坚为斗城上隔，栈高丈二，剡其一末。

为闺门，闺门两扇，令可以各自闭也。

救闉池者，以火与争，鼓橐，冯埴外内，以柴为燔。灵丁，三丈一，火耳施之。十步一人，居柴内弩；弩半为狗犀者环之。墙七步而一。

Al soldatoj devas esti donata la sekrizo, po du *dou*. Ĝi estu preta tial, ke pluvo iam malhelpos kuiri, kaj ĝi estu rezervata en la seka loko. Gardistoj ene de fortikaĵo estas sendataj por doni al soldatoj ekstere de parapetoj manĝi.

Pretigu ilarojn, tenu sablojn, ŝtonetojn kaj feron en argilaĵoj, (fajne faritaj de potistoj,) kun kapacito je pli ol 1 *dou* ĝis 2 *dou*. Kiam tempas uzi, kunligu tri pecojn.

Sur muro firme starigu palison por apartigi, altan je 1 *zhang* 2 *chi*, kaj supraj eĝoj de lignoj devas esti akraj.

Al la paliso estu pordeto, kies du klapoj mem povu fermiĝi.

Por gardi la fosaĵon kontraŭ malamika atako uzu flamĵetilan fajron, flamigatan per fajrblovilo. Por tio interne kaj ekstere de barilo rezervu brullignojn. Starigu oleujojn "Ling Ding" apartigitajn je 3 *zhang* 1 *chi* por facile fajrigi per "fajra orelo". Ĉe brullignoj estu unu homo kun arbalesto en ĉiu 10-a paŝo. Duonparto de la sago estas kovrita per substanco, nomata "Gouxi"[hunda rinocero]. En ĉiu 7-a paŝo estu unu fajrorezista muro.

救车火，为烟矢射火城门上，凿扇上为栈，涂之，持水麻斗、革盆救之。门扇薄植，皆凿半尺，一寸一涿弋，弋长二寸，见一寸，相去七寸，厚涂之以备火。城门上所凿以救门火者，各一垂水，火三石以上，小大相杂。

Por defendi kontraŭ atako per fajrosagoj al fortikaĵa pordo, boru truojn sur klapoj kaj adaptu ŝutron al klapoj kaj ŝmirkovru per tero. Ĉerpadu akvon per kanaba kulerego kaj konservu ĝin en fela pelvo. Klapoj kaj kolonoj estu boritaj per truo profunda je 0,5 *chi*, kaj en ĉiu 1-a *cun* laŭ linio enmetu unu kejlon, longan je 2 *cun*, kaj spaco de interlinioj estu longa je 7 *cun*, kaj ŝmirkovru dike kontraŭ fajro. Defendantoj, borantaj truojn sur supro de la pordo, tien ĉiu el ili levu da akvo multe aŭ malmulte je pli ol 3 *dan* kontraŭ fajro.

门植关必环锢，以锢金若铁鍱之。门关再重，鍱之以铁，必坚。梳关，关二尺，梳关一苋，封以守印，时令人行貌封，及视关入桓浅深。门者皆无得挟斧、斤、凿、锯、椎。

Rigliloj vertikala kaj horizontala de la pordo nepre estu kovritaj per lado el kupro aŭ el fero. Estu duobla la porda ŝlosilo, kiu nepre devas esti firme farita el fero. Riglilo longa je 2 *chi* kaj unu ŝlosilo estu sigelitaj por defendo. De tempo al tempo iu homo estu sendata por kontroli sigelon, ĉu riglilo-ŝlosilo moviĝis aŭ ne, ĉu adaptiĝas tro profunda aŭ malprofunda. Ĉiuj pordistoj ne devas esti ekipitaj per ajnaj hakiloj, ĉizilo, borilo, segilo, martelo.

城上二步一渠，渠立程，丈三尺，冠长十丈，辟长六尺。二步一荅，广九尺，袤十二尺。二步置连梃、长斧、长椎各一物；枪二十枚，周置二步中。二步一木弩，必射五十步以上。及多为矢，节毋以竹箭，楛、赵、擭，榆，可。盖求齐铁夫，播以射冲及椸柍。

Sur muro en ĉiu 2-a paŝo estu starigita unu ŝirmilo kun apoga stango alta je 1 *zhang* 3 *chi*, la supra latero longa je 10 *zhang* kaj ĝiaj transversaj lignoj longaj je 6 *chi*. En ĉiu 2-a paŝo estu unu ŝildo vasta je 9 *chi*, longa je 12 *chi*. En ĉiu 2-a paŝo distribuu unu draŝilon, unu longan hakilon, unu longan martelon. En 2 paŝoj amase pretigu 20 da lancoj. En ĉiu 2-a paŝo estu unu ligna arbalesto, nepre atingebla je pli ol 50 paŝoj. Estu ankaŭ multe da sagoj, kiuj povas esti faritaj, se mankus bambuo, el arboj de *hu*, persiko, bukso aŭ ulmo. Endas aldone akiri feron el Qi-regno kaj eblos trabati malamikojn per sagoj kun la fera eĝo, pafitaj el rompilo kaj observoturo.

二步积石，石重千钧以上者，五百枚。毋百以冗，疾犁、壁皆可善方。二步积苙，大一围，长丈，二十枚。五步一罂，盛水，有奚，奚蠡大容一斗。五步积狗尸五百枚，狗尸长三尺，丧以弟，瓮其端，坚约弋。十步积抔，大二围以上，长八尺者二十枚。

En ĉiu 2-a paŝo estu amasigitaj 500 da ŝtonoj, pezaj je pli ol 1000 *jun*. Se da ŝtonoj estu malpli ol cent, anstataŭe uzu trapojn-urtikojn[el metalo]. La muro estu bone gardebla. En ĉiu 2-a paŝo estu pretigita unu garbo da torĉo el fragmito, longa je 1 *zhang*, entute estu 20 garboj.En ĉiu 5-a paŝo estu unu fajenca poto, kies kapacito je 1 *dou* da akvo, kun ĉerpilo kaj botel-kalabaskukurbo. En ĉiu 5-a paŝo estu stakigitaj 500 da mansagoj (*goushi*), ĉiu sago estu longa je 3 *chi*, kovrita per junko, kun akrigita eĝo, kaj firme ligita kun fadeno. En ĉiu 10-a paŝo estu stakigitaj 20 garboj da brulligno, ĉiu garbo granda je 2 *wei* kaj longa je 8 *chi*..

二十五步一灶，灶有铁鐕容石以上者一，戒以为汤。及持沙，毋下千石。三十步置坐侯楼，楼出于堞四尺，广三尺，广四尺，板周三面，密傅之，夏盖其上。五十步一藉车，藉车必为铁纂。五十步一井屏，周垣之，高八尺。五十步一方，方尚必为关籥守之。五十步积薪，毋下三百石，善蒙涂，毋令外火能伤也。百步一栊枞，起地高五丈，三层，下广前面八尺，后十三尺，其上称议衰杀之。

En ĉiu 25-a paŝo estu unu fornego kaj unu fera poto kun kapacito je pli ol 1 *dan*, por boligi akvon. Pretigu da sablo ne malpli ol 1000 *dan*. En ĉiu 30-a paŝo estu starigita al parapeto unu observoturo larĝa je 4 *chi*, dika je 3 *chi* kaj longa je 4 *chi*. La observoturo estas dense kovrita triflanke per lignaj platoj. Somere ĝi havu tegmenton. En ĉiu 50-a paŝo estu unu ĵetilo-katapulto, kies aksaĵo nepre estas farita el fero. En ĉiu 50-a paŝo estu starigita unu latrino, gardita per ĉirkaŭbarilo alta je 8 *chi*. En ĉiu 50-a paŝo estu unu ripozejo, kiu nepre estas firme gardita. En ĉiu 50-a paŝo amasigitaj estu brullignoj, ne malpli ol 300 *dan*, bone ŝmiritaj, sed endas prizorgi, ke ili ne ekbrulu pro ekstera fajro. Surtere en ĉiu 100-a paŝo estu tri-etaĝa observoturo "Longcong", alta je 5 *zhang* de sur tersurfaco, havanta vastan bazan etaĝon longan je 8 *chi*, la duan etaĝon longan je 13 *chi*, kaj la supran etaĝon kun reguliro por malpliigo de pezo.

百步一木楼，楼广前面九尺，高七尺，楼㫚居埒，出城十二尺。百步一井，井十瓮，以木为系连。水器容四斗到六斗者百。百步一积杂秆，大二围以上者五十枚。百步为橹，橹广四尺，高八尺，为冲术。百步为幽䐶，广三尺高四尺者千。二百步一立楼，城中广二丈五尺二，长二丈，出枢五尺。城上广三步到四步，乃可以为使斗。

En ĉiu 100-a paŝo estu starigita unu ligna turo, havanta bazon vastan je 9 *chi* kaj altan je 7 *chi*, situanta en la distanco longa je 12 *chi* de la muro. En ĉiu 100-a paŝo estu unu puto, havanta 10 sitelojn, alligitajn al ŝnuro kun ligna vinĉo. Pli ol 100 akvujoj je kapacito de 4 *dou* ĝis 6 *dou* devas esti preparitaj. En ĉiu 100-a paŝo amasigitaj estu 50 garboj da pajloj, ĉiu granda je pli ol du brakospanoj. En ĉiu 100-a paŝo estu starigita unu gardoturo, vasta je 4 *chi* kaj alta je 8 *chi*, por kontraŭataki malamikojn el tunelo. En ĉiu 100-a paŝo estu pretigita mil [*sic!*] dreniloj, vasta je 3 *chi* kaj alta je 4 *chi*. En ĉiu 200-a paŝo estu konstruita unu staranta turo, kies grandeco ene de la muro estas vasta je 2 *zhang* 5 *chi* ĉe du flankoj de la angulo kaj longa je 2 *zhang*, kaj ekstere de la muro estas longa je 5 *chi*. La supro de la muro estas vasta je 3—4 paŝoj por ebligi lukton.

俾倪广三尺，高二尺五寸。陛高二尺五，广长各三尺，远广各六尺。城上四隅童异，高五尺，四尉舍焉。城上七尺一渠，长丈五尺，貍三尺，去堞五寸；夫长丈二尺，臂长六尺。

半植一凿，内后长五寸。夫两凿，渠夫前端下堞四寸而适。貍渠、凿坎，覆以瓦，冬日以马夫寒，皆待命，若以瓦为坎。

Embrazuro estas vasta je 3 *chi*, alta je 2 *chi* 5 *cun*. Ŝtuparo estas alta je 2 *chi* 5 *cun*, vasteco kaj longeco estas ĉiu je 3 *chi*. Ĉiu vojeto estas vasta je 6 *chi*. En ĉiu angulo sur la muro estas budo alta je 5 chi, kie deĵoras 4 komandantoj.

Sur la muro en ĉiu 7 *chi* estu ŝirmilo, longa je 1 *zhang* 5 *chi*, profunda je 3 *chi*, fora ekstere de parapeto je 5 *cun*, interne je 1 *zhang* 2 *chi*, kovrita per du tabuloj, ĉiu longa je 6 *chi*, kaj en centro de unu tabulo estas traborita unu truo granda je 5 *cun* diametre. Estas konvene, ke la antaŭo de la parapeto estu malpli alta ol la fundo de parapeto je 4 *cun*. La ŝirmilo devas esti kovrita, kaj la truoj estu kovritaj per tegoloj, en malvarma tago de vintro per ĉevalfekaĵo, laŭ ordono, eble per tegoloj.

城上千步一表，长丈，弃水者操表摇之。五十步一厕，与下同圂。之厕者不得操。城上三十步一藉车，当队者不用。城上五十步一道陛，高二尺五寸，长十步。城上五十步一楼扎，扎勇勇必重。土楼百步一，外门发楼，左右渠之，为楼加藉幕，栈上出之以救外。城上皆毋得有室，若也可依匿者，尽除去之。城下州道内百步一积薪，毋下三千石以上，善涂之。城上十人一什长，属一吏士、一帛尉。百步一亭，高垣丈四尺，厚四尺，为闺门两扇，令各可以自闭。亭一尉，尉必取有重厚忠信可任事者。二舍共一井爨，灰、康、粃、杯、马矢，皆谨收藏也。

Sur la muro estu en ĉiu 1000-a paŝo estu unu flaga stango longa je 1 *zhang*, por ke oni sciigu ellason de akvo per ĝia svingado. En ĉiu 50-a paŝo estu unu nececejo, kies ekskrecia dukto estas komuna kun la subtera necesejo sur porkejo. Do uzanto de la supra necesejo ne kunportu ĉe si armilojn.Sur la muro en ĉiu 30-a paŝo estu unu ĵetilo-katapulto, dum ĝi ne estas uzata de tunel-defendantoj. Sur la muro en ĉiu 50-a paŝo estu unu ŝtuparo longa je 10 ŝtupoj kun ĉiu ŝtupo alta je 2 *chi* 5 *cun*. Sur la muro en ĉiu 50-a paŝo estu starigita unu tureto nepre du-etaĝa. En ĉiu 100-a paŝo estu unu turo el tero, kies pordo estas pendanta, kaj kun drenkanaleto dekstre kaj maldekstre. Ĉe la turo, ekstere de la balustrado estu pendita la kurteno kontraŭ pafiloj de malamikoj por sekurigi eliran ŝtupetaron al helpotrupo. Sur la muro neniu havas sian ĉambreton kaj, se estus iu kaŝita loko, ĝi devas esti forigita. Sub la muro interne laŭ la vojo, en ĉiu 100-a paŝo estu amasigita unu stako da brullignoj, ne malpli ol 3000 *dan*, bone ŝmiritaj. Sur la muro en plotono estu unu dekestro sub unu suboficiro kaj unu leŭtenanto. En ĉiu 100-a paŝo estu unu postena budo, kies palisaro estas alta je 1 *zhang* 4 *chi* kaj dika je 4 *chi*, pordo de la budo havas du klapojn, fermiĝantajn aŭtomate. Tie estu unu kapitano, kiu nepre elektas homojn fidindajn kaj plenajn de devsento. Tiuj du trupoj [plotono kaj posteno] tenas komune unu puton kaj unu fornon, zorgas pri cindro, brano, grenoj, teleroj kaj ĉevalfekaĵo.

城上之备：渠谵、藕车、行栈、行楼、到、颉皋、连梃、长斧、长椎、长兹、距、飞冲、县　，批屈。楼五十步一，堞下为爵穴，三尺而一。为薪皋，二围，长四尺半，必有絜。瓦石重二升以上，上城上。沙，五十步一积。灶置铁鐕焉，与沙同处。木大二围，长丈二尺以上，善耿其本，名曰长从，五十步三十。木桥长三丈，毋下五十。复使卒急为垒壁，以盖瓦复之。用瓦木罂，容十升以上者，五十步而十，盛水且用之。五十二者十步而二。

Ekipaĵoj sur la muro estas jenaj: drenkanaleto, kurteno, ĵetilo-katapulto, movebla latisponto, movebla turo, *dao* [ŝildo], levilo, draŝilo, longa hakilo, longa martelo, longa hojo, ramo, *feichong* [fluganta rompilo], suspensio, *piqu* [batilo].
En ĉiu 50-a paŝo estu konstruita la turo, sub kies parapeto estu observotruoj, unu truo en ĉiu 3 *chi*, kaj instalu levilon-baskulon, dikan je 2 *wei* kaj longan je 4.5 *chi*, nepre kun tenilo. Kaj per tio levu sur la muron tegolojn kaj ŝtonojn, pezajn je pli ol 2 *jin*. Amasigu sablojn en ĉiu 50-a paŝo, kaj metu samloke sur la forno feran kaldronon. Estu bone kunmetitaj en fundo la traboj, ĉiu dika je 2 *wei* kaj longa je pli ol 1 *zhang* 2 *chi*, kaj faru el ili longan levmaŝinon, nomatan "Changzong". Ili estu same 30 aparte en ĉiu 50-a paŝo kaj estu ankaŭ lignaj pontetoj, ĉiu longa je 3 *zhang*, ne malpli ol 50, por ke soldatoj urĝe riparu partojn de muro kaj kovru per tegoloj. Estu aparte en ĉiu 50-a paŝo 10 potoj el argilo aŭ trabo kun kapacito je pli ol 10 *sheng*, por konservi ĉiutagan akvon. Estu en 10-a paŝo ankaŭ 2 potegoj kun kapacito je 52 *sheng*.

城下里中家人，各葆其左右前后，如城上。城小人众，葆离乡老弱国中及他大城。寇至，度必攻，主人先削城编，唯勿烧。寇在城下，时换吏卒署，而毋换其养，养毋得上城。寇在城下，收诸盆瓮耕积，之城下，百步一积，积五百。城门内不得有室，为周室桓吏。四尺为倪，行栈内闲，二关一堞。除城场外，去池百步，墙垣树木小大俱坏伐，除去之。寇所从来，若昵道僥近若城场，皆为扈楼，立竹箭天中。

Ĉiuj familianoj, loĝantaj en la urbo, devas defendi siajn ĉirkaŭaĵojn, dekstran, maldekstran, antaŭan kaj malantaŭan, samkiel soldatoj sur la muro. La urbo ne povas teni multe da homoj, do evakui al aliaj urboj maljunulojn kaj malfortulojn. Se malamikoj alproksimiĝos, ili nepre atakos la urbon. La estro-komandanto antaŭ ĉio ordonu forigi brulemajn konstruaĵojn ĉe la muro, kaj protekti kontraŭ incendio. Kiam malamikoj estas apud la muro, la komandanto oportune dispoziciu soldatojn laŭ rotacio sur la postenojn. Sed ne ŝanĝu rolon de kuiristoj, ili ne devas supreniri sur la muron. Kiam malamikoj troviĝas apud la muro, pretigu pelvojn kaj potojn, amasigitajn ĉe la muro. 500 tiuj kompletoj estu aparte en ĉiu 100-a paŝo. Interne la pordo de la urbo ne estu domoj kaj nur estu budo por defendantaj oficiroj. Estu parapeto alta je 4 *chi* kaj movebla latisponto, fermu de interne kun du barieroj kaj unu parapeto.

Ekstere de la urbo, en 100 paŝoj for de la ĉirkaŭakvobaro, estu hakitaj kaj forigitaj ajnaj heĝoj-arboj, grandaj aŭ malgrandaj. De kie alvenas la malamikoj, ĉie laŭ ajna vojo, ŝoseo aŭ kromvojeto, estu starigitaj la turegoj por pafado kun bambuaj sagoj.

守堂下为大楼，高临城，堂下周散道。中应客，客待见。时召三老在葆宫中者，与计事得先，行德计谋合，乃入葆。葆入守，无行城，无离舍。诸守者审ற卑城浅池，而错守焉。晨暮卒歌以为度，用人少易守。守法：五十步丈夫十人、丁女二十人、老小十人，计之五十步四十人。城下楼卒，率一步一人，二十步二十人。城小大以此率之，乃足以守围。

Sub la ĝenerala ŝtabo estu granda turo, kiu estas tiom alta, kiom eblas observi la urbon kaj la ĉirkaŭajn vojojn. Tie akceptu gastojn kaj gastoj atendu aŭdiencon. Ĝustatempe tien estu invititaj tri dojenoj, loĝantoj en interna palaco, por diskuti pri situacio, kaj post interkonsento lasu gastojn eniri en la palacon. Kiam ili eniris, al ili ne estas permesite iri al la muro kaj eliri el la loĝejo. Defendantoj de muroj kaj fosaĵoj devas bone scii pri la difektoj kaj profundeco, kaj gardi ilin. Ĉiumatene kaj ĉiuvespere per kantado oni sciigu la tempon. Kiom eble ne postenoŝanĝigu defendantojn. Metodo de la defendo estas jena. En ĉiu 50-a paŝo estu dek viroj, dudek virinoj kaj dek maljunuloj kaj infanoj, t. e. totale 40 homoj. Rilate al soldatoj ĉe la muro, estu unu en ĉiu 1-a paŝo kaj 20 en ĉiu 20-a paŝo. Defendu ĉirkaŭsieĝitan fortikaĵon, ĉu malgrandan aŭ grandan, laŭ la menciita supre cifero, sufiĉa por gardi.

客冯面而蛾傅之，主人则先之知，主人利，客适。客攻以遂，十万物之众，攻无过四队者，上术广五百步，中术三百步，下术五十步。诸不尽百五步者，主人利而客病。广五百步之队，丈夫千人，丁女子二千人，老小千人，凡四千人，而足以应之，此守术之数也。使老小不事者，守于城上不当术者。

Kiam malamikoj atakos per taktiko de "formikoj"[amasa atakado], se ĉefdefendanto eksicas antaŭe pri la atako, avantaĝo estu al la flanko de la defendo kaj malavantaĝo al la atakantoj. Eĉ se atakantoj konsistas el 100000, sed ili nur el malpli ol 4 trupoj por atakado. La plej granda trupo havas la fronton vastan je 500 paŝoj, la meza – je 300 paŝoj, la malplej – je 50 paŝoj. Se la fronto de atakantoj estas malpli ol 150 paŝoj, la defendo havas avantaĝon, la atako malavantaĝon. Okaze de la malamika fronto el 500 paŝoj, distribuu 1000 virojn, 1000 virinojn, 1000 maljunulojn kaj 1000 infanojn, totale 4000 homojn. Tiu nombro estas sufiĉa por defendi, do rezervu la nombron. La maljunulojn kaj infanojn, ne taŭgajn al la fronto, utiligu por la defendo sur la muro.

城持出必为明填，令吏民皆智知之。从一人百人以上，持出不操填章，从人非其故人，乃其積章也，千人之将以上止之，勿令得行。行及吏卒从之，皆斩，具以闻于上。此守城之重禁之，夫奸之所生也，不可不审也。

Kiu eliras el la urbo, tiu nepre devas havi identigilon[120]. Tion necesas diskonigi al ĉiuj oficiroj kaj popolanoj. Se unu soldato aŭ oficiro pli altranga ol centestro, ne kunportante identigilon, elirus, aŭ se iu ne estus identa kun la identigilo, tiam generalo pli altranga ol milestro haltigas lin kaj ne permesas al li eliri. En tiu okazo ĉiuj, oficiroj kaj sekvantaj soldatoj, estos ekzekutitaj per senkapigo. Kaj tion raportu al la supro. Por defendi la urbon tio estas severe malpermesita, ĉar perfido naskiĝas ja per tio. Oni ne devas ne konsideri tion skrupule.

城上为爵穴，下堞三尺，广其外，五步一。爵穴大容苣，高者六尺，下者三尺，疏数自适为之。塞外壍，去格七尺，为县梁。城陕不可壍者勿壍。城上三十步一聋灶。人擅苣，长五节。寇在城下，闻鼓音，燔苣。复鼓，内苣爵穴中，照外。诸藉车皆铁什。藉车之柱长丈七尺，其貍者四尺；夫长三丈以上至三丈五尺，马颊长二尺八寸，试藉车之力而为之困，失四分之三在上。藉车，夫长三尺，四二三在上，马颊在三分中。马颊长二尺八寸，夫长二十四尺，以下不用。治困以大车轮。藉车桓长丈二尺半。诸藉车皆铁什，复车者在之。

Sur la muro sub la parapeto je 3 *chi* fosu truetojn kun ekstera cirklo pli vasta ol interna, unu en ĉiu 5-a paŝo. La trueto estas torĉingo por granda torĉo, la pli alta je 6 *chi* kaj la malpli alta je 3 *chi*, ties skalo dependas de la topografio. Ekstere de la muro je 7 *chi* estu fosita la trançeo, sur kiu estu la pendanta ponteto. Se estas tro malvaste por fosi la trançeon, tiam ne necesas. Sur la muro estu en ĉiu 30-a paŝo unu movebla forno. Tie bone bruligu torĉojn, ĉe 5-a nodo. Kiam malamikoj proksimiĝas al la muro, ekbruligu torĉojn, aŭdinte la unuan tamburadon, kaj kun la dua tamburado enmetu ilin en la torĉingojn kaj lumigu eksteren.

Katapulto, kies ĉiu radakso kun pivoto estas farita el fero, estu starigita, ke ĉiu el ties apogstangoj estu longa je 1 *zhang* 7 *chi*, kun enterigita fundo je 4 *chi*. Brako por

---

[120] 藉车　Mi konjektis laŭ 26, ke tio povas esti "ĵetilo-katapulto". Qin Yanshi ankaŭ konsideras ĝin ŝton-ĵetilo [QYs230]. Johnston kaj Cyrus Lee tradukis la vorton per "trebuchet".

ĵetilo estu longa je pli ol 3 *zhang* ĝis 3 *zhang* 5 *chi*. *Majia* [rimenĵetilo] estas longa je 2 *chi* 8 *cun*. Depende de la forteco de katapulto, *majia* estu streĉita de supre je malpli ol la tri- kvarona angulo. Rado kun pivoto havas diametron je 3 *chi*, kaj pivoto estu en du- aŭ tri- kvarona punkto sur radakso. *Majia* estu longa je 2 *chi* 8 *cun*, ligebla en tri dividitaj altecoj. Ne uzu ĵetil-brakon malpli longan je 24 *chi*. Kontrolu streĉon per la granda rado. Apogstango surtere estas alta je 1 *zhang* 2,5 *chi*. Ĉiu radakso kun pivoto estas farita el fero. Malantaŭe estu helpa ĉaro.

寇[囗]池来，为作水甬，深四尺，坚慕貍之，十尺一，覆以瓦而待令。以木大围长二尺四分而早凿之，置炭火其中而合慕之，而以藉车投之。为疾犁投，长二尺五寸，大二围以上，涿弋，弋长七寸，弋间六寸，剡其末。狗走，广七寸，长尺八寸，蚤长四寸，犬耳施之。

Kontraŭ ŝutplenigo de la fosaĵo, pretigu barelojn por akvo subtere je 4 *chi* kaj ĉiun el ili enterigu firme en distanco je 10-a *chi*. Kovrinte ilin per tegoloj, atendu ordonon. Lignoj de la cirkonferenco je 2 *chi* 4 *fen*, kun centro traborita, estu plenigitaj per bruligita karbo, kaj ilin ĵetu per katapulto al malamikoj. Ankaŭ ĵetadu pli ol du faskoj da trapo, longa je 2 *chi* 5 *cun*. Enbatu palison, longan je 7 *cun* en ĉiu 6-a *cun*, akrigu la pinton. Pretigu vojon, baritan per akraj pintoj, nomatan *gouzou* [hunda kuro], ĉiu pinto estu vasta je 7 *cun*, longa je 8 *cun*, kun dorno longa je 4 *cun*, kvazaŭ hundaj dentoj..

子墨子曰：守城之法，必数城中之木，十人之所举为十挈，五人之所举为五挈，凡轻重以挈为人数。为薪樵挈，壮者有挈，弱者有挈，皆称其任。凡挈轻重所为，吏人各得其任。城中无食则为大杀。去城门五步大堑之，高地三丈，下地至，施贼其中，上为发梁，而机巧之，比传薪土，使可道行，旁有沟垒，毋可逾越，而出佻且比，适人遂入，引机发梁，适人可禽。适人恐惧而有疑心，因而离。

La Majstro Mozi diris: "Inter metodoj por defendi urbon estas tenado de lignoj. Nepre kalkulu kvanton de arboj en la urbo, kaj fiksu unuon per *Qie* [portebla kvanto], la arbon, kiu estas portebla per 10 homoj, kalkulu kiel 10 *Qie*, kaj la arbon, porteblan per 5 homoj, kalkulu kiel 5 *Qie*. Montru per *Qie* la pezon de arboj kaj la necesan nombron de homoj. Por fari brullignojn ajnaj fortuloj kaj malfortuloj havas sian laboron. Ĉiu portu sian porteblan kvanton kiel plenumon de sia respondeco: fortulo la pezan kaj malfortulo la malpezan. Kiam mankas nutraĵo en la urbo, endas malmultigi la porteblan kvanton. Ĉiu devas plenumi sian taskon. Manko de nutraĵo mortigos multe da homoj en la urbo."

En la 5-a paŝo ekstere de la pordo de muro estu fosita la granda truego, profunda je 3 *zhang*, por faligi malamikojn teren. Transe starigu pendopontonon, moveblan per maŝino. Ĝia surfaco estu kovrita per lignoj kaj tero tiel, ke ĝi ŝajnus al pasebla vojo. Ambaŭflanke estu fosaĵo, kiun ne eblas transsalti. Defendantoj eliras batali kontraŭ malamikoj kaj retiras sin por enlogi ilin en pordon, kaj kiam malamikoj estas enirantaj, la ponto estu eltirita per maŝino. Tiel eblas kapti la malamikojn. Tiam malamikoj timos kaj dubos, kaj foriros.

42. 备高临 PREPARO KONTRAŬ ALT-TERENA ATAKO

禽子再拜再拜曰：敢问适人积土为高，以临吾城，薪土俱上，以为羊黔，蒙橹俱前，遂属之城，兵弩俱上，为之奈何？

La Majstro Qin riverencadis kaj demandis: "Bonvolu diri, kio farendas, kiam malamikoj amasigas teron por fari altaĵon, por proksimiĝi al nia fortikaĵo, kaj surmetas tien brullignojn por fari *yang Qian* [atakan bazpozicion de aliro], kaj de tie antaŭeniras kun ŝildegoj kaj atingas fine la muron, kaj direktas soldatojn kaj sagojn supren."

子墨子曰：子问羊黔之守邪？羊黔者，将之拙者也，足以劳卒，不足以害城。守为台城，以临羊黔，左右出巨，各二十尺，行城三十尺，强弩之，技机藉之，奇器 之，然则羊黔之攻败矣。

La Majstro Mozi diris: "Vi demandas pri defendo kontraŭ la *Yang Qian*? Kiu uzas tian aliran taktikon de *Yang Qian*, tiu estas stulta. Tio lacigas soldatojn, sed ne sufiĉas por damaĝi la fortikaĵon. Por defendi konstruu *taicheng* [antaŭmuron en formo de teraso] apude kontraŭ la *Yang Qian*, estu dekstre kaj maldekstre traboj, ĉiu longa je 20 *chi*, kaj estu movebla muro, longa je 30 *chi*, de kie ataku per fortaj balistoj, katapultoj kaj militmaŝinoj. Kun tiuj inĝeniaj armiloj eblos disbati la atakon el malamika *Yang Qian*."

备临以连弩之车，材大方一方一尺，长称城之薄厚。两轴三轮，轮居筐中，重下上筐，左右旁二植，左右有衡植，衡植左右皆圜内，内径四寸。左右缚弩皆于植，以弦钩弦，至于大弦。弩臂前后与筐齐，筐高八尺，弩轴去下筐三尺五寸。连弩机郭同铜，一石三十钧，引弦鹿长奴。筐大三围半，左右有钩距，方三寸，轮厚尺二寸，钩距臂博尺四寸，厚七寸，长六尺。横臂齐筐外，蚤尺五寸，有距，博六寸，厚三寸，长如筐有仪，有诎胜，可上下。为武重一石，以材大围五寸。矢长十尺，以绳 矢端，如如戈射，以磨鹿卷收。矢高弩臂三尺，用弩无数，出人六十枚，用小矢无留。十人主此车，遂具寇，为高楼以射道，城上以荅罗矢。

Por defendi kontraŭ aliranta atako uzu la ripetpafan baliston, kun fiksigita bazo el grandaj traboj, ĉiu dikeco je 1 *chi* kvadrate sed ĉiu longeco dependas de la mura skalo. Ĝi havas du aksaĵojn kaj tri radojn, kiuj estas interne de la korpo, konsistanta el du partoj: supra kaj suba. Ĉe ambaŭ flankoj, dekstre kaj maldekstre, estas du vertikalaj stangoj, kaj dekstre kaj maldekstre estas horizontala stango, havanta tenonon rondan je 4 *chi* diametre. Pafarkmaŝino estas ligita dekstre kaj maldekstre al ĉiuj stangoj. Ĉiuj tendenoj, ĝis granda tendeno, estas kune alligitaj al hoko. Antaŭo kaj malantaŭo de balistaj brakoj estas samaj je longeco kun la korpo, kies alteco estas 8 *chi*, kaj pivoto de la pafarko estas instalita en la suba parto de la korpo je 3 *chi* 5 *cun*. Maŝino de ripetpafo estas farita per kupro je 1 *dan* 30 *jin*. Por tiradi tendenojn estas uzata la vinĉo, Grandeco de la korpo estas 3,5 *wei* [ĉirkaŭo], kaj al tiu estas fiksitaj du dentoj, ĉiu je 3 *cun* kube. Rado estas dika je 1 *chi* 2 *cun*, kaj ties brako [transmisia ŝafto?], ligita al dentoj, estas vasta je 1 *chi* 4 *cun*, dika je 7 *cun* kaj longa je 6 *chi*. Egala al la korpo estas je longeco la brako kun pintaj ungoj, po 1 *chi* 5 *cun* longe, 6 *cun* vaste, 3 *cun* dike. Estas alidado por celumilo, elasta kaj turnebla supren kaj suben, kun sama longeco kun la korpo. Bazo de la maŝinpafarko estas peza je 1 *dan* kaj farita el traboj je 1 *wei* 5 *cun*. Longeco de sago estas 10 *chi* kaj al la vosto de sago estas ligita la ŝnuro, reprenebla per tornilo. Sago eletendiĝas el brakoj de pafarko je 3 *chi* longe. Senlima estas la nombro de pafarkoj. Kvankam 60 sagegoj devas esti pafitaj kaj reprenitaj, tamen malgrandaj sagoj ne estas reprenitaj. Funkciigas la maŝinon 10 homoj. Kiam la malamikoj alproksimiĝis, pafadu el la alta turo kaj sur la muro uzu kurtenon por ŝildi kontraŭ sagoj de malamikoj kaj por repreni iliajn pafitajn sagojn.

43. 备梯 PREPARO KONTRAŬ ESKALA ATAKO

　　禽滑釐子事子墨子三年，手足胼胝，面目黧黑，役身给使，不敢问欲。子墨子其哀之，乃管酒块脯，寄于大山，昧葇坐之，以樵禽子。禽子再拜而叹。子墨子曰："亦何欲乎？"禽子再拜再拜曰："敢问守道？"　子墨子曰："姑亡，姑亡。古有其术者，内不亲民，外不约治，以少间众，以弱轻强，身死国亡，为天下笑。子其慎之，恐为身薑。"

S-ro Qin Guli, servante al la Majstro Mozi tri jarojn kun la manoj kaj piedoj plenigitaj de kaloj, kaj kun vizaĝo nigriĝinta, agadis sindone kaj aŭdacis postuli nenion deziratan. La Majstro Mozi kompatis lin kaj volis doni al li trinki iom da purigita vino kaj manĝi pecon da sekviando. Kiam ili vizitis la grandan monton [Taishan], sidiĝis sur ordigitan herbon kaj la Majstro regalis lin per tio. S-ro Qin riverencadis kaj suspiris.

La Majstro Mozi demandis: "Ĉu vi volus ion alian?"

Qin-zi dufoje riverencadis kaj diris: "Ĉu mi povus demandi pri la vojo de defendado?"

La Majstro diris: "Flanklasu tion por la momento, flanklasu. En la antikva epoko estadis defendo-fakuloj de tiu kampo. Sed ili interne ne proksimiĝis al la popoloj, ekstere ili estis retiritaj de la politika mondo. Ili iĝis malmultaj inter amaso, kaj, estante mem malfortaj, ili malestimis fortulojn. Tiel do ili mem mortis kaj iliaj regnoj pereis, kaj ili estis mokriditaj de la mondo. Vi devas agi pli prudente. Eble, vi mem pereos pro tio."[121]

　　禽子再拜顿首，愿遂问守道。曰："敢问客众而勇，烟资吾池，军卒并进，云梯既施，攻备已具，武士又多，争上吾城，为之奈何？"

Qin-zi denove riverencis kaj, kapkliniĝante, petadis la respondon de Mozi pri la vojo de defendado, dirante: "Kion fari, se malamikoj, plimultaj kaj bravaj, ŝutplenigante

---

[121] Ĉi tie, eble, estas esprimita la realo de Mozi mem, akceptita nek de popolanoj, nek de regantoj kaj mokridita de la mondo. Tiu sorto similas al la sorto de intelektaj superfluuloj de Rusio, plorintaj pro "malĝojo pro saĝo". Mozi memkritikas sian agadon por defendi per *militarto* la malfortajn regnojn kontraŭ la fortaj.

fosaĵon, alsendos falange siajn soldatojn kaj starigos 'nuban eskalon', kaj ili estos ekipitaj per bataliloj, kaj multe da batalantoj impetos supren al nia muro?"

子墨子曰："问云梯之守邪？云梯者重器也，其动移甚难。守为行城，杂楼相见，以环其中。以适广陿为度，环中藉幕，毋广其处。行城之法：高城二十尺，上加堞，广十尺，左右出巨各二十尺，高、广如行城之法。

La Majstro Mozi diris: "Ĉu vi demandas pri defendo kontraŭ la nuba eskalo? La nuba eskalo estas tre peza ekipaĵo, kiun estas malfacile transmovadi. Por defendi uzu moveblajn murojn kun turetoj en interspaco, per tiuj muroj estu ĉirkaŭbarita la nuba eskalo. Malvastigu la ĉirkaŭfermon, kaj levu kurtenon per takelo, ke tie ne estu vasta spaco. La movebla muro estas alta je 20 *chi*, kun parapeto sur la muro, vasta je *10 chi*, dekstren kaj maldekstren estu instalitaj du ramoj po *20 chi*. Tia estas la skalo de la movebla muro."

为爵穴、辉鼠，施荅其外，机、冲、钱、城，广与队等，杂其间以镄、剑，持冲十人，执剑五人，皆以有力者。令案目者视适，以鼓发之，夹而射之，重而射，披机藉之，城上繁下矢、石、沙、炭以雨之，薪火、水汤以济之。审赏行罚，以静为故，从之以急，毋使生虑。若此，则云梯之攻败矣。

Uzu observotruojn por ellaso de ratoj kaj elmeto de kurtenoj. Estu instaligitaj la maŝinoj, ramoj, moveblaj pontetoj, kaj moveblaj muroj, tiom vaste, kiom la linio de malamika fronto. Krome estu intermetitaj la trupoj de pioniroj kun ĉiziloj, sabroj, marteloj. 10 martelistoj kaj 5 skermistoj, ĉiuj devas esti fortuloj. Ordonu, ke soldatoj kun bona vidpovo fiksrigardu movon de malamikoj, kaj signalu per tamburado pri momentoj por la atakado de ambaŭ flankoj kaj por pafi, kaj montru, kien koncentri pafadon kaj direkti maŝinojn kaj katapultojn. De sur la fortikaĵo senĉese pafadu sagojn, ŝtonojn, sablojn, karbojn, kiel pluvegojn. Bombardu per fajro de brullignoj kaj bolanta akvo. Bone ekzamenu rekompencon al laŭdindaj kaj punindaj. Tenu sin kviete en batalo, kaj okaze de urĝeco ne ŝanceliĝu je decido. Se tiel estos farite, la atako per la nuba eskalo malsukcesos.

守为行堞，堞高六尺而一等，施剑其面，以机发之，冲至则去之，不至则施之。爵穴，三尺而一。蒺藜投必遂而立，以车推引之。裾城外，去城十尺，裾厚十尺。伐裾，小大尽本断之，以十尺为传，杂而深埋之，坚筑，毋使可拔。二十步一杀，杀有一鬲，鬲厚十尺。杀有两门，门广五尺。裾门一，施浅埋，弗筑，令易拔。城希裾门而直桀。

Okaze de defendo per la movebla parapeto, alta je 6 *chi* sur egala ebeno, instalu glavojn surface por pafi ilin per maŝinpafarko. Kiam alproksimiĝas malamikaj ramoj, pafu ilin. Kiam ili ne alproksimiĝos, lasu ilin pretigitaj. Estu traborita unu observotruo en ĉiu 3 *chi*. Estu pretigita amaso da trapoj-urtikoj por ĵetadi nepre al malamikaj tuneloj kaj per ĉaro ĝi estu portata tien kaj reen.

Starigu palisaron ekstere de la muro, fora je 10 *chi*, kaj la dikeco de la palisaro estas je 10 *chi*. Prenu iajn ajn arbojn, malgrandan aŭ grandan, faskigu ilin kun longeco de 10 *chi*, kaj starigu radikon profunde subteren, tiel firme, ke ne estas eltireble. En ĉiu 20-a paŝo estu unu *sha* embuska punkto kun unu kavo dika je 10 *chi*, ĉe *sha* estas du pordoj po 5 *chi* vaste.[122] La pordo de palisaro ne havu firman radikon por ke ĝi facile estu malfermata. Sur la muro, de kie videblas la palisaro, metu aĵojn por ĵeti.

县火，四尺一钩樴。五步一灶，灶门有炉炭。令适人尽入，辉火烧门，县火次之。出载而立，其广终队。两载之间一火，皆立而待鼓而然火，即具发之。适人除火而复攻，县火复下。适人甚病，故引兵而去，则令我死士左右出穴门击遗师，令贲士、主将皆听城鼓之音而出，又听城鼓之音而入。因素出兵施伏，夜半城上四面鼓噪，适人必或，有此必破军杀将。以白衣为服，以号相得。 若此，则云梯之攻败矣。

Koncerne de pendanta fajro, en ĉiu 4-a *chi* pendigu unu je hoko. En ĉiu 5-a paŝo metu unu fornon, en kies pordeto estu brulanta karbo. Lasu ĉiujn malamikojn eniri, kaj palisaraj pordoj estas pretaj je ekbrulo kun pendanta fajro. Sendu du ĉarojn, inter kiuj estu la malamikoj atake enirintaj. Estu unu fajro inter ambaŭ ĉaroj. Ĉiuj, atendante signalon per tamburado, ekbruligu, kaj tuj fajrigu ĉion. Dum la malamikoj estas estingantaj fajron, ripetadu atakon denove per pendantaj fajroj. La malamikoj restas stuporigataj kaj ekretretas. Tiam niaj trupoj "*sha*", elirante el truoj de ambaŭ flankoj, de dekstre kaj maldekstre, disrompas rifuĝantajn malamikojn. Sendu bravulojn kaj generalojn, kaj ĉiuj, atendante sonon de la tamburado el la muro, el- kaj re-iradu por ataki oportune. Kiel kutime, sendadu soldatojn alterne kaj iam embuskigu ilin. Noktomeze, ĉie en ĉiu flanko sur la muro brue tamburadu. Ĉe malamikoj iom da susupekto nepre naskiĝas. Jen per tio eblos disbati kaj mortigi malamikojn. Vestiĝu en blanka vesto kaj sciu bone signojn inter si reciproke. Jen tiel la atako per la nuba eskalo estos disbatita.

---

[122] Estas ne sciate, kio estas "*sha*"杀, kiu havas signifon "mortigi". Cen Zhongmian konjektas, ke *sha* estas loko, de kie oni bombardas malamikojn 豫备投掷敌人之所 [CZM 46].

44. 备水 PREPARO KONTRAŬ AKVA ATAKO

城内堑外，周道广八步，备水。谨度四旁高下。城地中偏下，令耳其内，及下地，地深穿之，令漏泉。置则瓦井中，视外水深丈以上，凿城内水耳。

En la urbo, ekstere de tranĉeo, estu ĉirkaŭa vojo vasta je 8 paŝoj. Por prepari kontraŭi al la akva atako, skrupule mezuru la altecon de tero ĉiuflanke. Kie estas deklivo sur la tero en la urbo, tie konstruu drenilaron [*orelon*], etenditan suben. Putoj estu fositaj profunde sub malalta tero, kaj enmetu tien la kahelon por mezuri la akvonivelon. Kiam de ekstere oni vidas, ke la akvo atingas altecon pli ol 1 *zhang*, boru en la fortikaĵo defluilon al la drenilaro.

并船以为十临，临三十人，人擅弩，计四有方，必善以船为轒辒。二十船为一队，选材士有力者三十人共船，其二十人，人擅有方，剑甲鞮瞀，十人，人擅苗。

[Okaze de atako al digo, konstruita de malamikoj,] Ŝiparo konsistas el 10 eskadroj po 30 homoj, bone manipulantaj arbaleston, unu el 4-a kunportu hojon. Nepre faru kirasboatojn detruivaj kun rostro. Unu eskadro konsistas el 20 boatoj, kun 30 elektitaj fortuloj, kaj 20 el ili, armite en kasko kaj kiraso, manipulu hojojn kaj 10 manipulu ankrojn[123].

先养材士，为异舍食其父母妻子以为质。视水可决，以临轒辒，决外堤，城上为射机，疾佐之。

Antaŭ ol trejni fortulojn, prenu kiel garantiulojn-ostaĝojn en la alia loko iliajn parencojn, t. e. patron, patrinon, edzinon, gefilojn, kaj doni al ili loĝi kaj manĝi. Kiam oni vidas akvon alfluanta, per kirasboatoj rompu la digon. Kaj de sur la muro pafadu per maŝinpafarkoj kaj subite asistu tion.

---

[123] Ĉiuj esploristoj, kiel Sun Yirang, konsideras "miao 苗" kiel lanco aŭ halebardo 矛 [SY 546]. Sed mi konjektas, ke ĝi povas esti ankro 锚.

45. 备突 PREPARO KONTRAŬ STURMA ATAKO

城百步一突门，突门各为窑灶，窦入门四五尺，为其门上瓦屋，毋令水潦能入门中。吏主塞突门。用车两轮，以木束之，涂其上，维置突门内，使度门广狭，令之入门中四五尺。置窑灶，门旁为橐，充灶伏柴艾，寇即入，下轮而塞之，鼓橐而熏之。

La muro havas en ĉiu 100-a paŝo unu pordon por eliratako, kie estu pretigita la forno, kaj estu blovilo en la loko je 4 aŭ 5 *chi* ene de la pordo. Sur la pordo tegolu tegmenton por ke pluvego ne povu eniri en la pordon. Gardistoj blokas la pordon, uzante du radojn de ĉaro kaj faskon de lignoj, ŝmiritan je surfaco. Radoj estu pendigitaj en la pordo interne je 4 aŭ 5 *chi*. Estu pretaj forno kaj blovilo ĉe la pordo. La forno estu plena je brullignoj. Atendante eniron de malamikoj, faligu la radojn kaj ŝtopu malamikojn, kaj per aktivigita blovilo asfiksiu ilin per plena fumo.

46. 备穴 PREPARO KONTRAŬ TUNELA ATAKO

禽子再拜再拜曰："敢问古人有善攻者，穴土而入，缚柱施火，以坏吾城，城坏，或中人为之奈何？"子墨子曰：问穴土之守邪？ 备穴者城内为高楼，以谨候望适人。适人为变筑垣聚土非常者，若彭有水浊非常者，此穴土也。急堑城内，穴其土直之。穿井城内，五步一井，傅城足。高地，丈五尺，下地，得泉三尺而止。令陶者为罂，容四十斗以上，固顺之以薄鞈革，置井中，使聪耳者伏罂而听之，审知穴之所在，凿穴迎之。

S-ro Qin riverencadis ripete kaj diris: "Ĉu mi povas demandi pri jeno. Antikvaj bonaj atakantoj fosadis tunelojn, eniradis, metadis stangojn kun brulaĵo kaj fajrigadis, per tio detruadis fortikaĵojn. Kion fari al defendantoj en la fortikaĵo, se estus damaĝita la urbo?"

La Majstro Mozi respondis: "Ĉu vi demandas, kiel defendi kontraŭ tunelo? Por prepari kontraŭ la atako per tunelo, starigu altan turon en la muro, de kie detale observadu malamikojn. Se ĉe la malamikoj okazas iu ŝanĝo, ekz., multege amasiĝas taluso de tero, aŭ akvo subite ege malpuriĝas, tiam estiĝas tunelo sub tero. Urĝe fosu la teron en la muro kontraŭ la tunelo. En la muro ĉe la piedo, fosadu putojn, unu en ĉiu 5-a paŝo. En alta loko, fosu profunde je 1 *zhang* 5 *chi*, kaj en la malalta loko – je 3 *chi* pli alte ol subtera akvo. Ordonu al potfaristoj fari urnojn kun kapacito je pli ol 40 *dou*, kovru iliajn buŝojn per maldika ledo, kaj enmetu en putojn. La homoj kun akraj oreloj aŭdu per la urnoj-aŭskultiloj, kie estas borata la tunelo. Se sciate, boru truon kontraŭan."

令陶者为月明，长二尺五寸，六围，中判之，合而施之穴中，偃一，覆一。柱之外善周涂，其傅柱者勿烧。柱者勿烧。柱善涂其窦际，勿令泄。两旁皆如此，与穴俱前。下迫地，置康若灰其中，勿满。灰康长五窦，左右俱杂，相如也。穴内口为灶令如窑，令容七八员艾，左右窦皆如此。灶用四橐。穴且遇，以颉皋冲之，疾鼓橐熏之。必令明习橐事者，勿令离灶口。连版，以穴高下、广陕为度，令穴者与版俱前，凿其版令容矛，参分其疏数，令可以救窦。穴则遇，以版当之，以矛救窦，勿令塞窦。窦则塞，引版而郄，过一窦而塞之，凿其窦，通其烟。烟通，疾鼓橐以熏之。从穴内听穴之左右，急绝其前，勿令得行。若集客穴，塞之以柴，涂，令无可烧版也。然则穴土之攻败矣。

Ordonu al potfaristoj fari tubojn, t. n. "lunlumo", po 2 *chi* 5 *cun* longe kaj 6 *chi* de cirkonferenco. Dividu ĝin en du, kaj poste kunigu du partojn, supron kaj subon, kaj metu en la tunelo. Eksteron de apogstangoj bone ŝmiru per ŝlimo, por ke ili ne brulu. Por ke apogstangoj estu fajrrezistaj, ŝmiru bone ankaŭ la eksteron de tuboj, de tie nenio ellikiĝu. Ĉe du randoj estu farite tiel same, metadu la tubojn antaŭen laŭ la borata tunelo, la tuboj estu firme fiksitaj sur tero. Enmetu branojn kaj braĝojn en tubojn, sed ne plenigante. Enmetitaj branoj kaj braĝoj estu sternitaj je 5 *dou* egale en ambaŭ flankoj, dekstre kaj maldekstre. Ĉe la eniro de tunelo estu pretigitaj la fornoj, similaj al bakforno. Metu antaŭ du tubojn da artemizio je 7 aŭ 8 *yuan*, ambaŭflanken, dekstren kaj maldekstren. Por fornoj estas uzataj kvar bloviloj. Kiam la tunelo renkontos la malamikan tunelon kaj per levilo estos rompita la septo, tuj ekfunkciigu blovilojn por ataki per fumo malamikojn. Teknikistoj devas bone ellerni la manipulon de blovilo. Kaj ne lasu ilin deiĝi de la pozicio.

Faru faldeblan tabulon, tiom altan kaj vastan, kiom la tunelo. Ordonu al tunelistoj antaŭeniri kun la tabulo, traborita kun diversaj truoj por lancoj, estas la diverseco je nombro kaj diametro. Estu eble per tio savi tubojn. Kiam la tunelo atingis la malamikan tunelon, per la tabulo alpremite kaj per lancoj gardu la tubojn, por ke ne ŝtopiĝu la tuboj. Se la tuboj estas ŝtopitaj, retirante la tabulon, retropaŝu. Se unu tubo ŝtopiĝis, alezu ĝin per borilo kaj tralasu la fumon. Se la fumo trairas, tuj funkciigos la blovilon kaj ataku per fumo. Se en la tunelo aŭdeblas iu sono de tunel-konstruado, dekstre aŭ maldekstre, subite ĉesu laboron kaj ne antaŭenfosu. Kiam okazos renkontiĝo kun la malamika tunelo, ŝtopu la lastan per brullignoj. Kaj la tabulo estu ŝmirita per ŝlimo kontraŭ fajro. Tiel la malamika atako per tunelo malsukcesos.

寇至吾城，急非常也，谨备穴。穴疑有，应寇，急穴。穴未得，慎毋追。凡杀以穴攻者，二十步一置穴，穴高十尺，凿十尺。凿如前，步下三尺，十步拥穴，左右横行，高广各十尺，杀。俚两罄，深平城，置板其上，剛板以井听。五步一密。用揬若松为穴户，户穴有两蒺藜，皆长极其户。户为环，垒石外埻，高七尺，加堞其上。勿为陛与石，以县陛上下出入。具炉橐，橐以牛皮，炉有两瓵。以桥鼓之百十，每亦熏四十什，然炭杜之，满炉而盖之，毋令气出。适人疾近五百穴，穴高若下，不至吾穴，即以伯凿而求通之。穴中与适人遇，则皆围而毋逐，且战北，以须炉火之然也，即去而入壅穴杀。有俍阆，为之户及关籥独顺，得往来行其中。穴垒之中各一狗，狗吠即有人也。

Kiam la malamikoj alproksimiĝas al nia fortikaĵo, estiĝis la urĝa stato. Atenteme pretigu al la tunelo. Se oni suspektas, ke tunelo estas fosata, tiam endas renkonti malamikojn subite per tunelo. Se nia tunelo ne estas preta, estu prudenta kaj ne hastu al atakado.

Ĝenerale, por frakasi la malamikan tunel-atakadon, fosu de ĉi-flanke tunelojn [kunigotajn en unu], unu en ĉiu 20-a paŝo, altan je 10 *chi* kaj vastan je 10 *chi*. Fosadu antaŭen kun kliniteco je 3 *chi* por 1 paŝo, kaj en ĉiu 10-a paŝo estu dekstre kaj maldekstre la truo, granda je 10 *chi* alte kaj vaste, por embuskejo, nomata "*shā*" [mortigo].

Enterigu du urnojn [*ying*], vertikale-paralele kun la muro, sur la urno estu metita la tabulo, kaj aŭdu tra la tabulo subteran sonon. Fosu putojn, unu en ĉiu 5-a paŝo. Pordo de la tunelo estu farita el lignoj de paŭlovnio aŭ pino. Ĉe la pordo estu paro da traboj je sama longeco kun la alteco de la pordo. La pordo havas ringon kaj estas ĉirkaŭita per amasigitaj ŝtonoj kun alteco je 7 *chi*, kaj sur ĝi estu parapeto. Ne konstruu ŝtuparon de ŝtonoj, sed uzu ŝnuran ŝtupetaron por en- kaj el- iradi supren aŭ suben. Pretigu fornojn kaj blovilojn. La blovilo estu farita el bova felo, kaj sur la forno estu du potoj [*gang*]. Blovilo funkciiĝas per balgopremado pli ol centofoja, kaj subbruligas ĉiufoje je 40 *jin* [da venena herbo] per la forno kun karboj. Plene fermu la fornon per kovrilo, por ke ne estu ellasata la gaso eksteren.

Kiam malamikoj rapide proksimiĝas al la distanco je 500 laŭ tunelo, kaj se ilia tunelo, situante pli alte aŭ malalte ol la nia, ne atingas la nian, tiam tuj traboru, ke la nia trafu la ilian.

Renkontiĝinte kun la malamikoj en la tunelo, ni ĉiuj nur defendu nin kaj ne ataku, t. e., batalante, retiriĝu, dum estas pretigata la fajro de forno. Kaj eniru en la embuskejon "*shā*", havantan fenestron ŝloseblan, similan al truo de ratoj, tra kiu eblas observadi irantojn laŭ tunelo.

Ĉe ĉiu gardejo de la tunelo estu unu hundo. Se la hundo bojas, do certe estas iu homo.

斩艾与柴长尺，乃置窑灶中，先垒窑壁，迎穴为连。凿井传城足，三丈一，视外之广陕而为凿井，慎勿失。城卑穴高，从穴难。凿井城上，为三四井，内新斳井中，伏而听之。审之知穴之所在，穴而迎之。穴且遇，为颉皋，必以坚材为夫，以利斧施之，命有力者三人用颉皋冲之，灌以不洁十余石。趣伏此井中，置艾其上七分，盆盖井口，毋令烟上泄，旁其橐口，疾鼓之。以车轮辐，一束樵，染麻索涂中以束之。铁锁县正当寇穴口。铁锁长三丈，端环，一端钩。

Tranĉu artemiziojn kaj brullignojn kaj faru la faskon longa je 1 *chi*, kaj enmetu ĝin en la fornon. Antaŭe kovru per ŝtonoj la fornon. Ĉe la tunelo estu faldebla tabulo.

Fosu proksime al la urba muro la putojn, po unu en ĉiu 3-a *zhang*. Rigardu, ĉu la tereno estas vasta aŭ malvasta por bori putojn. Atentu por ne erari. Se la muro situas en malpli alta loko ol la malamika tunelo, estas malfacile detekti la lastan. Tiam boru 3 aŭ 4 putojn en supra loko interne de la muro, kaj en putojn enmetu aŭskultilojn, kaj aŭdante por sondi, kie estas la malamika tunelo, renkontu ĝin. Kiam okazos renkontiĝo kun la tunelo, rompu la vandon per la levmaŝino, farita el firmaj traboj, kun akra hakilo. Manipulu la maŝinon tri fortuloj por disbati vandon. Traborinte, sur malamikojn verŝu malpuraĵojn je pli ol 10 *dan*.

Tuj, dum tiu batalo en tunelo, surmetu sur fornon 7 *fen* da artemizio, kovru per pelvo la buŝon de forno, por ke la fumo ne eliru supren. Najbare al la buŝo funkciigu la blovilon el balgo, kaj rapide sendadu venton.

Faru protekt-ŝildon *Wen* el radoj de ĉaro[124]. Faru unu faskon de brullignoj, ligitan per ŝnuro el kanabo, ŝmirita per ŝlimo. Pendigu sur la buŝo de la malamika tunelo feran ĉenon, longan je 3 *zhang*, kun unu rando havanta ringon kaj la alia rando havanta hokon.

佩穴高七尺五寸，广柱间七尺。二尺一柱，柱下傅舄，二柱共一员十一，两柱同质，横员士。柱大二围半，必固其员士，无柱与柱交者。穴二窑。皆为穴月屋，为置吏、舍人各一人，必置水。塞穴门，以车两走，为蓋，涂其上，以穴高下广陕为度，令入穴中四五尺，维置之。当穴者客争伏门，转而塞之。为窑容三员艾者，令其突入伏尺。伏傅突一旁，以二橐守之勿离。穴矛以铁，长四尺半，大如铁服，说即刃之二矛。内去窦尺，邪凿之，上穴当心，其矛长七尺。穴中为环利率，穴二。

Faru truon de "rato"[125] alta je 7 *chi* 5 *cun*, distanco inter kolonoj estu 7 *chi*. En ĉiu 2-a *chi* estu unu kolono, sub kiu estu fundamenta ŝtono. Havu unu komunan fundamenton sur du kolonoj, kies kvalito estu sama, kaj ambaŭ estu ligitaj per traversa trabo. Cirkonferenco de unu kolono estas granda je 2,5 *wei*. Fundamenta tero estu firme pakita, por ke kolonoj ne ŝanceliĝu inter si. Ĉe la truo estu du fornetoj, kiuj faras tunelon luma kiel "luno-ĉambro". Tie estu du homoj: oficisto kaj servanto. Nepre pretigu tie akvon. Pordo de la truo estu kovrita. Pretigu ĉaron kun paro da radoj, uzeblaj kiel baro, kun surfaco ŝmirita per ŝlimo. La mezuro dependas de la grandeco (alteco kaj

---

[124] 辒(Wen) estas supozata kiel "protekto, ŝildo".
[125] 佩穴 ne konata ideogramo. En la 2-a paragrafo de la ĉap. 备梯, estas la simila esprimo: 爵穴, 辉鼠. Laŭ Qin Yanshi ĝi estas truo por observo kaj por elmeto de torĉo. [QYs:101]

vasteco) de la tunelo. Ĉaro estu metita en la truon, profunde je 4 aŭ 5 *chi*, fiksite per ŝnuro.

　　Kiam tunelistoj ekbatalas kontraŭ malamikoj, embuskuloj ĉe la pordo ŝtopu la lastajn per ĉaro kaj metu sur fornetojn 3 garbojn da artemizio. Kaj poste lasu la malamikojn antaŭeniri. El embuskejoj pikadu ilin. Kaj ekfunkciigu du blovilojn por defendi, ne forlasante la pozicion.

　　Lanco kun fera pinto, uzata en tunelo, estas longa je 4 *chi* kaj duono. Uzu feran batalhakilon kaj ambaŭtranĉan lancon. Se pli internen retiriĝu, estas trueto je 1 *chi* kaj vojeto traborita oblikve, supren al centro. Tie uzu lancon, longan je 7 *chi*. En tunelo estu du apog-ŝnuroj kun ringo por iri supren aŭ suben.

凿井城上，俟其身井且通，居版上，而凿其一偏，已而移版，凿一偏。颉皋为两夫，而旁貍其植，而数钩其两端。诸作穴者五十人，男女相半。五十人。攻内为传士之口，受六参，约橐绳以牛其下，可提而与投。已则穴七人守退垒之中，为大庑一，藏穴具其中。

　　En la fortikaĵo estu borita la puto. Traborinte unu flankon de la puto, sekve boru la alian flankon, starante sur la planko. Kaj poste boru la trian flankon, transmetinte la plankon. Uzu du levmaŝinojn, ĉe kiuj enterigu la apogilojn, kies ambaŭ randoj havas hokojn. Okupiĝu pri la fosado de tunelo 50 homoj (duono el ili estu viroj, kaj la alia duono—virinoj). 50 homoj. Fosante, oni devas labori en kaj sur la tunelo, kaj forĵetadi kaj elportadi terojn, por tio estu 6 pendantaj korboj ligitaj kun ŝnuroj el kanabo. Post fintraborado, 7 homoj restu en la remparo por gardi. Ili faru tenejon tie por rezervi instrumentojn por konstruado de tunelo.

难穴，取城外池唇木月散之什，斩其穴，深到泉。难近穴，为铁鉄，金与扶林长四尺，财自足。客即穴，亦穴而应之。为铁钩钜长四尺者，财自足，穴彻，以钩客穴者。为短矛、短戟、短弩、虿矢，财自足，穴彻以斗。以金剑为难，长五尺，为銎、木屎，屎有虑枚，以左客穴。

　　Por malfaciligi malamikojn fosi tunelon, haku arbojn kaj disĵetu brikpecojn laŭ la rivero ekstere de la urba muro, kaj tranĉu ilian tunelon per fosado de nia truo ĝis la nivelo de subtera fonto. Por bari alproksimiĝantan tunelon, pretigu hakilon el fero kun tenilo, longa je 4 *chi*. Estas sufiĉe kun tia batalilo. Al la malamika tunelo kontraŭu per sia tunelo. Faru hokojn el fero po longeco je 4 *chi*, kaj uzu ilin por alkroĉi malamikojn post rompigo de la vando. Estas sufiĉe kun sekva kaptilo. Faru mallongajn lancon, halebardon, arbaleston kaj sagon. Por alfronti malfermitan tunelon estas sufiĉe kun tiuj armiloj. Por haki malamikojn uzu glavon el metalo, longan je 5 *chi*, fiksitan per tenilo kun noĉo.

戒持罂，容三十斗以上，貍穴中，丈一，以听穴者声。为穴，高八尺，广，善为傅置。具全、牛交稾皮及垁，卫穴二，盖陈霍及艾，穴彻熏之以。斧金为斫，屎长三尺，卫穴四。为壘，卫穴四十，属四。为斤、斧、锯、凿、鑺，财自足。为铁校，卫穴四。为中櫓，高十丈半，广四尺。为横穴八櫓盖。具稾、枲，财自足，以烛穴中。盖持醯，客即熏，以救目。救目分方醯穴，以益盛醯，置穴中，文盆毋少四斗。即熏，以自临醯上，及以泊目。

Pretigu aŭskultilon el urno, kun kapaciteco je pli ol 30 *dou*, enterigu po unu en truon, profundan je 1 *zhang*, kaj aŭdu la sonon de fosantoj de tunelo. Fosu tunelon, altan je 8 *chi*, tiom vastan, ke bone eblas starigi kolonojn. Estu pretigita ĉio, t. e., blovilo el bova felo, du vicoj da tuboj, artemizio kaj brulemaj materialoj plenaj por la atakado per fumo je rompo de la vando. Faru hakilon el metalo kaj tenilon, longan je 3 *chi*, kaj 4 tiuj hakiloj estu liveritaj al la tunelo. Faru korbojn, kaj liveru 40 korbojn kaj 4 hojojn al la tunelo. Faru diversajn hakilojn, segilojn, ĉizilojn-borilojn, hojojn. Estas sufiĉe per tio. Faru ferajn balustrojn, kaj instalu 4 en tunelo.[126] Konstruu ŝildojn de meza grandeco, alta je 10,5 *zhang* kaj vasta je 4 *chi*, kaj 8 tiuj ŝildoj estu ĉe la pordoj de traversaj truoj de la tunelo. Por lumigi la tunelon estas sufiĉe uzi kanaban ŝnuron kun pajloj. Pretigu pelvojn kun vinagro por kuraci la okulojn dum atako de malamikoj per fumo. Boru truojn por meti ĉien ajn vinagrujojn por savi la okulojn. Vinagrujo devas esti granda pelvo kun kapaciteco je ne malpli ol 4 *dou*. Dum atako per fumado oni povas proksimigi siajn okulojn al surfaco de vinagrujo, ke lavu ilin per larmoj.'

---

[126] Sun Yiramg konjektas, ke 铁校 povus esti 阑校 por gardado, sed laŭ Fang Yong – por apogrelo aŭ balustro [栏杆], laŭ Jonston – nur relo [rail]. Estas diversaj reloj depende de celo, ekz. manrelo, apogrelo, gardorelo, gvidrelo... sed tiam ne eblus nuntempa fervoja relo. Mi imagus tiun terminon glitaj reloj, laŭ kiuj pezaĵo estas facile movebla, samkiel rulilo.

47. 备蛾傅 PREPARO KONTRAŬ FORMIKA ALIRO (AMASA STURMO)

禽子再拜再拜曰："敢问适人强弱，逐以傅城，后上先断，以为泻程；斩城为基，掘下为室；前上不止，后射既疾，为之奈何？"

Qin-zi ripete riverencadis kaj diris: "Ĉu mi povus demandi, kion fari en la jena situacio? Malamikoj, fortaj aŭ malfortaj, alproksimiĝas kaj ekgrimpas sur nian muron laŭ la ordono "mortpuni malfruantajn", faras rompitan parton de la muro sia nova bazo, fositajn truojn siaj novaj ĉambroj, kaj ne ĉesas antaŭeniri kaj arieroj pafadas malantaŭ sturmantoj por asisti ilin."

子墨子曰：子问蛾傅之守邪？蛾傅者，将之忿者也。守为行，临射之，校机藉之，擢之，太氾迫之，烧荅覆之，沙石雨之，然则蛾傅之攻败矣。

La Majstro Mozi respondis: "Ĉu vi demandas pri la defendo kontraŭ la formika aliro? La formikan aliron ordonas furiozega generalo. Por defendi faru moveblan fuorton, de tie eblos pafadi, kaj uzu militmaŝinojn kiel katapultojn, kaj streĉu ilin subverŝadi arde bolantan akvon, blovincitadi brulantajn ekranojn '*da*' kaj ĵetadi ŝtonojn kiel pluvegon. Tiel do estos disbatita la formika atako."

备蛾傅，为县脾，以木板厚二寸，前后三尺，旁广五尺，高五尺，而折为下磨车，转径尺六寸，令一人操二丈四方，刃其两端，居县脾中，以铁璅敷县二脾上衡，为之机，令有力四人下上之，勿离。施县脾，大数二十步一，攻队所在六步一。

Por kontraŭi al la formika atako faru pendante-moveblan keston, nomatan "pendanta *lieno*", el tabulo, dika je 2 *cun*, la kesto estu longa (de antaŭo ĝis malantaŭo) je 3 *chi*, vasta (unuflanke) je 5 *chi*, alta je 5 *chi*. Por movi ĝin instalu takelon, kies rado havu diametron je 1 *chi* 6 *cun*. Unu homo en la pendanta kesto manipulu la maŝinon grandan je 2 *zhang* kvadrate kun glavoj fiksitaj ĉe ambaŭ randoj. Sur la kesto estu ligita horizontale la fera ĉeno kun du pulioj. Tiun militmaŝinon kondukadu suben aŭ supren 4 fortuloj, kaj ili ne forlasu sian postenon. Pendantaj *lienoj* estu instalitaj, ĝenerale, unu en ĉiu 20-a paŝo. Sed en la urĝa ataka fronto ĝi estu unu en ĉiu 6-a paŝo.

为累荅，广从丈各二尺，以木为上衡，以麻索大遍之，染其索涂中，为铁鏁，钩其两端之县。客则蛾傅城，烧荅以覆之。连筐、抄大皆救之。以车两走，轴间广大，以圉犯之，觕其两端以束轮，徧徧涂其上，室中以榆若蒸，以棘为旁，命曰火捽，一曰传汤，以当队。客则乘队，烧传汤，斩维而下之，令勇士随而击之，以为勇士前行，城上辄塞坏城。

Faru fajran ekranon, volvitan per ŝnuro, grandan je 1 *zhang* 2 *chi* vaste kaj longe, sur kies supro estu horizontala ligno, kaj la tuton volvu per kanaba ŝnuro kaj ŝmiru la ŝnuron per ŝlimo. Por pendigi ĝin uzu feran ĉenon kaj fiksu hokojn ĉe ĝiaj ambaŭ randoj. Ĉiun grimpanton al la muro en la "formika atako" kovru per fajro de la fajrigita ekrano. Draŝilo, sabloj kaj fajro, ĉiuj helpas al tio.

Por rebati al sieĝo uzu la duoblan ĉaron. Distanco de akso-ŝafto estu vasta kaj granda. Al ambaŭ randoj de la radoj estas fiksitaj la trančiloj, kaj ŝmiru la tuton per ŝlimo. La vagono estu plenigita per brullignaro el ulmo kaj sur la flankoj estu dornarbetoj. Tiu estas nomata "fajr-ĵetilo"[*huozu*], aŭ alinome – "varmigilo" [*zhuangtang*]. Estu dislokigita tiu aparato en nia trupo. Kiam la malamikoj amase viciiĝas en siaj trupoj, lasu la ĉaron bruligi ilin per fajro kaj damaĝi ilin per subaj trančiloj. Ordonu al bravuloj ĉasi kaj disbati malamikojn, kaj lasu la ĉaron iri antaŭen, kiel heroldo de bravuloj. Dume gardantoj sur la muro riparu rompiĝintan parton de la muro.

城下足为下说镵杙，长五尺，大围半以上，皆剡其末，为五行，行间广三尺，狸三尺，大耳树之。为连殳，长五尺，大十尺。梴长二尺，大六寸，索长二尺。椎，柄长六尺，首长尺五寸。斧，柄长六尺，刃必利。皆其一后。荅广丈二尺，　　丈六尺，垂前衡四寸，两端接尺相覆，勿令鱼鳞三，著其后行中央木绳一，长二丈六尺。荅楼不会者以牒塞，数暴干。荅为格，令风上下。

Ĉe la piedo de la muro pretigu abatison, longan je 5 *chi*, kun cirkonferenco je pli ol 0,5 *wei*. Ĉiuj pintoj estu akraj. 5 vicoj kun distanco vasta je 3 *chi*. Enterigita parto estu profunda je 3 *chi*. Starigu ilin kvazaŭ grandajn orelojn.

Preparu ligitajn klabojn kun longeco je 5 *chi*, grandeco je 10 *chi*, kaj draŝilon kun longeco je 2 *chi*, cirkonferenco je 6 *cun*, kaj kun ŝnuro longa je 2 *chi*. Preparu martelon kun tenilo, longa je 6 *chi* kaj kun kapo, longa je 5 *cun*. Preparu hakilon kun tenilo, longa je 6 *chi*, kaj nepre kun akra klingo. Ĉiuj estu kolektitaj en unu loko malantaŭ la abatiso.

Estu pretigita la [faldebla] fajra ekrano "*dá*", vasta je 1 *zhang* 2 *chi*, longa je 1 *zhang* 6 *chi*, kaj pendigu ĝin sur la antaŭa horizontala stango vertikale je 4 *chi*. Ekraneroj estu kunligitaj dekstre kaj maldekstre unu al la alia je 1 *chi* surmetite, sed ne tiel kline kovrite kiel skvamoj. Ĉe la centro de la malantaŭa ligno estu ligita la granda ŝnuro, longa je 2 *zhang* 6 *chi*. La ekrano havas malfermitan spacon, kiu estas plenigita per pecoj da brullignoj, bone sekigitaj. La ekrano kun framo estas flugebla supren aŭ suben laŭ blovado de vento.

堞恶疑坏者，先貍木十尺，一枚一。节坏，斩植，以押虑卢薄于木，卢薄表八尺，广七寸，经尺一，数施一击而下之，为上下钤而斩之。

Kie rompiĝis la parapeto, tie unue enterigu firme stangojn po 10 *chi*, kaj kompletigu inter ili per lignoj najligite. Ĉiu ligno havu longecon je 8 *chi*, vastecon je 7 *cun*, cirkonferencon je 1 *chi* diametre. Ĉiu el ili devas esti sekure kunmetita unu sub la alia bonorde, kaj sube kaj supre najligita.

经一。钩、禾楼、罗石。县荅植内，毋植外。杜格，貍四尺，高者十尺，木长短相杂，兑其上，而外内厚涂之。为前行行栈，县荅。隅为楼，楼必曲里。土五步一，毋其二十畾。爵穴十尺一，下堞三尺，广其外。转膊城上，楼及散与池，革盆。若转攻，卒击其后煖、失，治。车革火。

Krome, estas unu atento. Faru lignan turon kun ŝtonoj amasigitaj, kaj internen enmetu pendotan fajr-ekranon, nepre ne eksteren. Faru palisaron el kverko kaj enterigu subtere je 4 *chi*, alte surtere je 10 *chi*, kaj longeco de la lignoj povas esti diversaj. Pintoj devas esti akraj, kaj ĉiuj ekstere kaj interne estu dike ŝmiritaj per ŝlimo. Antaŭe metu moveblan ponton, sur kiu estos pendigebla la fajr-ekrano. Ĉe anguloj estu starigitaj la turoj, nepre du-etaĝaj. Estu en ĉiu 5-a paŝo unu amaso da tero, ne malpli ol 20 korboj. Estu kreneloj, unu en ĉiu 10-a *chi*, sub la parapeto je 3 *chi* malsupre, kaj ĝia ekstero iĝu pli vasta. Rilate al la supro de la muro, preparu la moveblan turon, basenojn kaj felajn pelvojn. Koncernante la formikan atakon, niaj soldatoj tuj ataku la malamikojn, ili estu punitaj pro okazoperdiĝo. Uzu fajr-maŝinon.

凡杀蛾傅而攻者之法，置薄城外，去城十尺，薄厚十尺。伐操之法：大小尽木断之，以十尺为断，离而深貍坚筑之，毋使可拔。二十步一杀，有鬲，厚十尺。杀有两门，门广五步。薄门板梯貍之，勿筑，令易拔。

Ĝenerale, unu el la metodoj por rebati "formikan atakon" estas starigi barikadon ekster la muro, for je 10 *chi*, vaste je 10 *chi*. Jen kiel fari ĝin: haku lignojn grandajn kaj malgrandajn en longeco je 10 *chi*, kaj enterigu ilin en teron por fari firman bazon, ke ili ne estu eltireblaj. En ĉiu 20-a paŝo estu "*sha*" [embuskejo], kies interna vando estas dika je 10 *chi*. "*Sha*" havas du pordojn, kies vasteco estas ĉiu je 5 paŝoj. Ŝtupareto de la barikada pordo estu enterigita ne tiel firme. Ĝi devas esti facile eltirebla.

城上希薄门置捣。县火，四尺一椅，五步一灶，灶门有炉炭。传令敌人尽入，车火烧门，县火次之，出载而立，其广终队。两载之间一火，皆立而待鼓音而然，即俱发之。敌人辟火而复攻，县火复下，敌人甚病。

Sur la muro, de kie oni observas la pordon de barikado, estu pistmaŝino. Estu pendantaj fajroj unu en ĉiu 4-a *chi*. Fornoj estu unu en ĉiu 5-a paŝo, kaj ĉe la buŝo de la forno estu karboj. Atendante ĉiujn malamikojn jam enirintaj, subite bruligu la pordon per fajr-ĉaro kaj sekve fajrigu pendantajn fajrojn, kaj sendu du ĉarojn kaj starigu tiom vaste, kiom la malamikoj, kaj estu preta fajrigi unu zonon inter du ĉaroj. Kiam ĉio estas bonorde preta, atendante la sonon de tamburado, ekfajrigu ĝin. La malamikoj provos eviti fajrojn aŭ reatakadi, tiam suben disverŝu pendantajn fajrojn. La malamikoj tute senkuraĝiĝos.

敌引哭而榆，则令吾死士左右出穴门击遗师。令贲士、主将皆听城鼓之音而出，又听城鼓之音而入。因素出兵将施伏，夜半而城上四面鼓操，敌人必或，破军杀将。以白衣为服，以号相得。

Malamikoj malĝoje retiriĝos, tiam ordonu al niaj trupoj de vivriskuloj eliri el pordoj de tunelo, dekstren kaj maldekstren, kaj ataki restintajn malamikojn. Niaj generaloj kaj ĉiuj, eliru ataki, aŭdante la tamburadon el la muro, kaj, revenu, aŭdante la tamburadon el la muro. Elsendadu niajn soldatojn foj-foje por atakadi embuske. Meznokte, de sur la muro ellasu bruon de tamburadoj al kvar direktoj. Malamikoj certe estos embarasitaj, kaj dispecigos sian armeon kaj mortigos siajn generalojn. Vestiĝu en blanka vesto, anticipe sciigu la signalon penetre inter ni ĉiuj.

48. 迎敌祠 CEREMONIO POR EKKONTRAŬSTARO AL MALAMIKOJ

敌以东方来，迎之东坛，坛高八尺，堂密八；年八十者八人，主祭青旗；青神长八尺者八，弩八，八发而止；将服必青，其牲以鸡。敌以南方来，迎之南坛，坛高七尺，堂密七；年七十者七人，主祭赤旗；赤神长七尺者七，弩七，七发而止；将服必赤，其牲以狗。敌以西方来，迎之西坛，坛高九尺，堂密九；年九十者九人，主祭白旗；素神长九尺者九，弩九，九发而止；将服必白，其牲以羊。敌以北方来，迎之北坛，坛高六尺，堂密六；年六十者六人，主祭黑旗；黑神长六尺者六，弩六，六发而止；将服必黑，其牲以彘。从外宅诸名大祠，灵巫或祷焉，给祷牲。

Se la malamikoj venos de oriento, renkontu ilin sur la orienta altaro, alta je 8 *chi*, kaj la halo estas granda je 8 *mi*. Ok 80-jaruloj ĉefe gvidas la ceremonion kun 8 bluaj flagoj kaj por 8 bluaj dioj, ĉiu el ili estas longa je 8 *chi*. Estu 8 arbalestoj kaj pafadu ĝis 8 fojoj inkluzive. Generaloj vestas sin nepre en blua vesto. La oferaĵo estas koko.

Se la malamikoj venos de sudo, renkontu ilin sur la suda altaro, alta je 7 *chi*, kaj la halo estas granda je 7 *mi*. Sep 70-jaruloj ĉefe gvidas la ceremonion kun 7 ruĝaj flagoj, por 7 ruĝaj dioj, ĉiu el ili estas longa je 7 *chi*. Estu 7 arbalestoj kaj pafadu ĝis 7 fojoj inkluzive. Generaloj vestas sin nepre en ruĝa vesto. La oferaĵo estas hundo.

Se la malamikoj venos de okcidento, renkontu ilin sur la okcidenta altaro, alta je 9 *chi*, kaj la halo estas granda je 9 *mi*. Naŭ 90-jaruloj ĉefe gvidas la ceremonion kun 9 blankaj flagoj, kaj por 9 blankaj dioj, ĉiu el ili estas longa je 9 *chi*, Estu 9 arbalestoj kaj pafadu ĝis 9 fojoj inkluzive. Generaloj vestas sin nepre en blanka vesto. La oferaĵo estas ŝafo.

Se la malamikoj venos de nordo, renkontu ilin sur la norda altaro, alta je 6 *chi*, kaj la halo estas granda je 6 *mi*. Ses 60-jaruloj ĉefe gvidas la ceremonion kun 6 nigraj flagoj kaj por 6 nigraj dioj, ĉiu el ili estas longa je 6 *chi*. Estu 6 arbalestoj kaj pafadu ĝis 6 fojoj inkluzive. Generaloj vestas sin nepre en nigra vesto. La oferaĵo estas porko.

El ĉiuj grandaj temploj ekster la urbo, orakoloj kaj ŝamanoj devas esti alsenditaj por preĝi kaj meti oferaĵojn.

凡望气，有大将气，有小将气，有往气，有来气，有败气，能得明此者可知成败、吉凶。举巫、医、卜有所长，具药，宫之，善为舍。巫必近公社，必敬神之。巫、卜以请守，守独智巫、卜望气之请而已。其出入为流言，惊骇恐吏民，谨微察之，断罪不赦。望气舍近守官。牧贤大夫及有方技者若工，弟之。举屠、酤者置厨给事，弟之。

Ĝenerale, ĉe observado de "aero" (Qi) estas aero de generalo, aero de generalmajoro, iranta aero, venanta aero kaj aero de malvenko. Se eblas scii tion, eblas antaŭscii la sukceson aŭ malvenkon, bonaŭguron aŭ malbonaŭguron. Eltrovu ŝamanon, kiu estas lerta je orakolo, je medicino, je aŭgurado. Kaj pretigu medikamentojn, preĝejon kaj loĝejon, kiuj nepre devas instaliĝi proksime al la oficiala sanktejo. Nepre respektu diojn. Ŝamano devas orakoli al la ĉef-defendanto, kaj nur la ĉef-defendanto sciu la orakolon kaj la rezulton de aŭgurado pri aero. Se malsekretiĝus kaj cirkulus senbaza demagogio, malkvietiĝus kaj timiĝus oficistoj kaj popolanoj. Tial do atentu tre skrupule je la traktado de sekreto, kaj senindulge punmortigu disvastigantojn de demagogio. Aer-observantoj loĝu proksime al la ĉef-defendanto. Kolektu saĝulojn, altrangulojn, specialistojn kaj inĝenierojn, kaj donu al ili postenojn. Utiligu ankaŭ viandistojn-buĉistojn kaj vinfaristojn-distilistojn en kuirejo, donante al ili postenon.

凡守城之法，县师受事出葆，循沟防，筑荐通途，修城。百官共财，百工即事。司马视城修卒伍，设守门，二人掌右阁，二人掌左阁，四人掌闭，百甲坐之。城上步一甲、一戟，其赞三人。五步有五长，十步有什长，百步有百长，旁有大率，中有大将，皆有司吏卒长。城上当阶，有司守之。移中中处，泽急而奏之。士皆有职。

Ĝenerale, por defendado de la urbo estu specialistoj, kiuj okupiĝas pri la taskoj, koncernantaj esploradon de ekstera fortikaĵo, fosaĵoj kaj digoj, konstruado de traireblaj vojoj, kaj riparo de la muro. Cent oficistoj provizu materialojn kaj liveru monhelpon, kaj cent inĝenieroj tuj eklaboru. Komandanto observu la fortikaĵon kaj la trupojn, kaj firmigu defendon de pordoj. Du homoj prizorgu dekstran klapon kaj du homoj — maldekstran, t. e., 4 homoj okupiĝu pri fermado aŭ malfermado. Cent kirasitaj soldatoj estu pretaj je la defendo de la pordo. Sur la muro estu unu kirasulo kaj unu halebardisto kaj tri asistantoj en ĉiu 1-a paŝo. En ĉiu 5-a paŝo estu kvinestro, en ĉiu 10-a paŝo estu dekestro, en ĉiu 100-a paŝo estu centestro. En [kvar] anguloj estu generaloj, kaj en la centro estu marŝalo, ĉiuj estas ĉefaj gvidantoj de oficistoj kaj soldatoj. Ĉe ŝtuparoj de la muro estu respondeculoj por defendo. Urĝaj raportoj estu oportune transsenditaj al la centro. Ĉiuj oficiroj havas sian taskon.

城之外，矢之所遝，坏其墙，无以为客菌。三十里之内，薪蒸、水皆入内。狗、彘、豚、鸡食其肉，敛其骸以为醢，腹病者以起。城之内，薪蒸庐室，矢之所逮，皆为之涂菌。令命昏纬狗纂马，掔纬。静夜闻鼓声而噪，所以阖客之气也，所以固民之意也，故时噪则民不疾矣。祝、史乃告于四望、山川、社稷，先于戎，乃退。公素服誓于太庙，曰："其人为不道，不修义详，唯乃是王，曰：'予必怀亡尔社稷，灭尔百姓。'二参子尚夜自厦，以勤寡人，和心比力兼左右，各死而守。"既誓，公乃退食。舍于中太庙之右，祝、史舍于社。百官具御，乃斗鼓于门，右置旂，左置旌于隅练名，射参发，告胜，五兵咸备。乃下，出挨，升望我郊。乃命鼓，俄升，役司马射自门右，蓬矢射之，茅参发，弓弩继之；校自门左，先以挥，木石继之。祝、史、宗人告社，覆之以甑。

Ekster la urba muro, ene de la areo, kien estas atingebla la sago, detruu la obstaklojn, por ke la malamikoj ne povu kaŝi sin. Ĉiuj brullignoj kaj akvo, estantaj interne de 30 *li*, estu enportitaj en la fortikaĵon. Hundoj, porkoj, aproj, kokoj estu kuiritaj en viandojn por manĝi. Kaj iliaj ostoj, tranĉitaj, estu brogitaj kun salo en buljonon, por kuracadi malsanulojn. Interne de la urbo, brullignoj kaj brulemaj domoj, estantaj en la areo, kien la sago estas atingebla, estu ŝmiritaj per ŝlimo. Ordonu, ke oni ĉiuvespere sekure ligu hundojn kaj ŝnuru ĉevalojn. Se en kvieta nokto eksonos tamburado kaj bruo, tiam la malamikoj malkuraĝiĝos kaj niaj popolanoj plivigliĝos, ĉar oportuna bruo ne igas la popolon malkuraĝa.

Antaŭ ĉio, pastro kaj kronikisto anoncas al kvar direktoj, al montoj kaj riveroj, al altaroj al la dio de tero kaj greno. Kaj poste ili forlasas la preĝejon. La duko, vestite simple en blanko, ĵuras al la prapatra sanktejo, dirante: "Ili faras malbonan vojon, ne observante juston kaj virton, kaj faras perforton reĝa aferon, kaj diras: 'Mi nepre detruos kaj neniigos cian altaron al la dio de tero kaj greno. Mi ekstermos cian popolon.' Karaj samlandanoj, laboru tage kaj nokte, kaj servu al mi. Kuniginte korojn, kunlaborante, reciproke helpante unu al la alia dekstre kaj maldekstre, ĉiu el vi vivriske batalu kune por la defendo."

Farinte ĵuron, la duko retiras sin por manĝi en la centra ĉambro dekstre de la prapatra sanktejo. La pastro restas en la altaro. Cent oficistoj ĉiuj ĉeestas la preĝejon, kaj sonas tamburoj ĉe la pordo, dekstre staras ruĝa standardo kun drakoj, maldekstre staras standardo kun plumoj, en anguloj pendas nomlistoj de herooj, skribitaj sur silkaj rubandoj. Tri pafoj por preĝi venkon. Kvin specoj de armiloj estas pretaj. Ĉiaspecaj oficistoj retiras sin kaj, elirinte kaj suprenirinte, rigardas al nia ĉirkaŭurbo. Ordonu tamburi kaj tre baldaŭ oni supreniru. Komandanto ekpafas sagon el dekstre de la pordo. Estu pafita la artemizia sago. Lanco tri fojojn pikadu. Poste sekvas pafarko kaj arbalesto. Intendanto ekpafu fajrosagon el maldekstre de la pordo, poste sekvas lignoj kaj ŝtonoj. Pastro, kronikisto kaj ĉefheredanto de prapatroj anoncu voton al la altaro al la dio de tero kaj greno, kaj konservu ĝin en la vaporumilo-vazo.

49. 旗帜 FLAGOJ KAJ RUBANDOJ

守城之法：木为苍旗，火为赤旗，薪樵为黄旗，石为白旗，水为黑旗，食为菌旗，死士为仓英之旗，竟士为雩旗，多卒为双兔之旗，五尺男子为童旗，女子为梯末之旗，弩为狗旗，戟为蓷旗，剑盾为羽旗，车为龙旗，骑为鸟旗。凡所求索，旗名不在书者，皆以其形名为旗。城上举旗，备具之官致财物，之足而下旗。

Metodo por defendo de la urbo: Se necesas lignoj, hisu la bluan flagon, por fajro – la ruĝan flagon, por brullignoj – la flavan flagon, por ŝtonoj – la blankan flagon, por akvo – la nigran flagon, por manĝaĵo – la flagon kun bildo de fungo. Se necesas korpe-sturmantoj, hisu la flagon kun bildo de falkono, por elituloj – la flagon kun bildo de tigro, por amaso da soldatoj – la flagon kun bildo de du leporoj, por knaboj malpli junaj ol 14-jara – la flagon kun bildo de infano, por virinoj – la flagon kun bildo de saliko, por balistoj – la flagon kun bildo de hundo, por halebardoj – la rubandon, por glavoj kaj ŝildoj – la flagon kun plumoj, por ĉaroj – la flagon kun bildo de drako, por ĉevaloj – la flagon kun bildo de korvo. Ĝenerale, se ne troviĝas supre iu nomo de flago, ĉiu faru la bezonataĵon bildo de sia flago. Kiam necesas io, hisu sur la muro la flagon, kaj estu pretigitaj de oficistoj bezonataĵo kaj mono. Se estas plenigita la bezono, malhisu.

凡守城之法：石有积，樵薪有积，菅茅有积，蘆苇有积，木有积，炭有积，沙有积，松柏有积，蓬艾有积，麻脂有积，金铁有积，粟米有积；井灶有处，重质有居；五兵各有旗，节各有辨，法令各有贞，轻重分数各有请，主慎道路者有经。

Ĝenerale, la metodoj por urbodefendo estas jenaj: provizo de ŝtonoj, provizo de brullignoj kaj fuelo, provizo de junkoj kaj miskantoj, provizo de fragmitoj, provizo de lignoj, provizo de karboj, provizo de sablo, provizo de pinoj kaj kverkoj, provizo de erigeronoj kaj artemizioj, provizo de sezamoleo, provizo de kupro kaj fero, provizo de grenoj. Kaj estu putoj kaj fornoj, estu loĝejo de gravaj ostaĝoj. Kaj estu flagoj por kvin specoj de armiloj. Estu atestiloj, havantaj akordigeblajn duonpartojn. Estu leĝoj kaj reguloj firme establitaj. Estu precizeco je mezuriloj kaj pesiloj. Inspektoroj de vojoj kontrolu lokitan trafikan reton pri la situo je longitudo [-latitudo].

亭尉各为帜，竿长二丈五，帛长丈五、广半幅者大。寇傅攻前池外廉，城上当队鼓三，举一帜；到水中周，鼓四，举二帜；到藩，鼓五，举三帜；到冯垣，鼓六，举四帜；到女垣，鼓七，举五帜；到大城，鼓八，举六帜；乘大城半以上，鼓无休。夜以火，如此数。寇却解，辄部帜如进数，而无鼓。

Kapitanoj de ĉiuj postenoj devas havi sian flagon kun longeco de stango je 2 *zhang* 5 *chi*, longeco de silka ŝtofo je 1 *zhang* 5 *chi*, kaj vasteco je duono de la longeco. Kiam la malamikoj alvenas ĝis ekstero de la fosaĵo, tiam sur la muro batu tamburon 3 fojojn kaj hisu unu flagrubandon. Kiam ili atingas centron de la akvo, batu tamburon 4 fojojn kaj hisu 2 flagrubandojn. Kiam ili atingis la palisaron de la interna bordo, batu tamburon 5 fojojn kaj hisu 3 flagrubandojn. Kiam ili atingas la subgradan mureton, batu tamburon 6 fojojn kaj hisu 4 flagrubandojn. Kiam ili atingas la eksteran parapeton, batu tamburon 7 fojojn kaj hisu 5 flagrubandojn. Kiam ili atingas la grandan muron, batu tamburon 8 fojojn kaj hisu 6 flagrubandojn. Kiam ili ekgrimpas trans la duono de la muro, batu tamburon senĉese. Nokte signaladu per fajro [anstataŭ flagrubando]. Nombro estas sama. Se malamikoj retiriĝas, la flagrubandoj estu uzataj kun la sama nombro, sed sen tamburado.

城为隆，长五十尺，四面四门将长四十尺，其次三十尺，其次二十五尺，其次二十尺，其次十五尺，高无下四十五尺。城上吏卒置之背，卒于头上；城下吏、卒置之肩，左军于左肩，中军置之胸。各一鼓，中军一三，每鼓三、十击之，诸有鼓之吏，谨以次应之。当应鼓而不应，不当应而应鼓，主者斩。

Por la urba generalo estas starigita la standardo alta je 50 *chi*, kaj por la generaloj de kvar anguloj estu po unu standardo alta je 40 *chi*, kaj por la sekva – je 30 *chi*, kaj por la sekva – 25 *chi*, kaj por la sekva – 20 *chi*, kaj por la sekva 15 *chi*. Por altranguloj ne estu standardo malpli alta ol 45 *chi*[127].

La insignoj devas esti ĉe internaj oficiroj surdorse, ĉe soldatoj surkape, ĉe eksteraj oficiroj kaj soldatoj surŝultre, ĉe maldekstraj armeanoj sur maldekstra ŝultro, ĉe centraj armeanoj sur brusto. Estu po unu tamburo ĉe la dekstra kaj maldekstra armeoj. Ĉe la centra armeo estu 3 tamburoj. Nombro de ĉiufoja batado estu 3 ĝis 10. Tamburistoj atenteme zorgadu pri la nombro, por kiu ili respondas. Se iu tamburisto respondas tiam, kiam li ne devus respondi, aŭ li ne respondas, kiam li devus respondi, en tiu okazo tranĉ-punu la respondeculon.

[127] Laŭ Sun Yirang la cifero 四 estas erara. Kaj la traduko devus esti "ne estas standardo malpli alta ol 15 *chi*. Mi sekvis la restantan tekston.

道广三十步，于城下夹阶者各二其井，置铁薑。于道之外为屏，三十步而为之圜，高丈。为民圂，垣高十二尺以上。巷术周道者，必为之门，门二人守之；非有信符，勿行，不从令者斩。

La strato estu vasta je 30 paŝoj, kaj ĉe ambaŭ flankoj de la ŝtuparo sur la muro estu po unu puto kun fera vazo. Apud la strato estu en ĉiu 30-a paŝo ripozejo, ĉirkaŭita per vandoj-ŝirmiloj altaj je 1 *zhang*, kaj ankaŭ estu komuna necesejo kun ĉirkaŭbarilo alta je pli ol 12 *chi*. Kie la strato interkruciĝas kun la alia vojo, tie nepre estu starigita la bariero, gardita de du pordgardistoj. Kiu ne portas identigilon, tiun ne lasu en- aŭ el-iri. Ne obeantojn al la ordono tranĉ-punu.

城中吏卒民男女，皆辨异衣章微，令男女可知。

En la urbo oficiroj kaj soldatoj, viroj kaj virinoj, ĉiuj devas vesti sin reciproke diverse en siaj vestaĵoj kun insignoj por esti distingeblaj inter geviroj[128].

诸守牲格者，三出却适，守以令召赐食前，予大旗，署百户邑，若他人财物。建旗其署，令皆明白知之，曰某子旗。牲格内广二十五步，外广十步，表以地形为度。

Kiu, defendante la sanktan venkopreĝejon[129], tri fojojn rebatis la malamikojn, tiun invitu kaj honoru per manĝaĵo kaj donaco de la granda flago, kaj al tiu donu vilaĝon el cent domoj aŭ aliajn servistojn kaj trezorojn. Estu starigita la flago kun la nomo enskribita, kaj sciigu tion klare al ĉiuj. Ĝi estu nomata "la flago de honoro al iu". La sankta domo estas interne profunda je 25 paŝoj, kun ekstera fasada larĝeco je 10 paŝoj. Grandeco dependas de la topografio de la loko.

靳卒中教，解前后、左右，卒劳者更休之。

Ĉirkaŭ la milit-ekzercejo, kie oni trejnadas soldatojn antaŭen aŭ malantaŭen, dekstren aŭ maldekstren, estu ripozlokoj, por ke laciĝintaj soldatoj povu ripozi.

---

[128] Ripeto de paragrafo 4, transmetita ĉi-tien de Johnston [JhI852].
[129] Mi ne prenas la opinion de Sun Yirang [585], ke 牲格 estus 柞格 (urboprotekta ekranego). Mi konjektas, ke ĝi povas esti la sanktejo de pripreĝo por venko.

50. 号令 ORDONOJ

　　安国之道，道任地始，地得其任则功成，地不得其任则劳而无功。人亦如此，备不先具者无以安主，吏卒民多心不一者，皆在其将长，诸行赏罚及有治者，必出于王公。数使人行劳赐守边城关塞、备蛮夷之劳苦者，举其守率之财用有余、不足，地形之当守边者，其器备常多者。边县邑视其树木恶则少用，田不辟，少食，无大屋草盖，少用桑。多财，民好食。为内牒，内行栈，置器备其上，城上吏、卒、养，皆为舍道内，各当其隔部。养什二人，为符者曰养吏一人，辨护诸门。门者及有守禁者皆无令无事者得稽留止其旁，不从令者戮。敌人但至，千丈之城，必郭迎之，主人利；不尽千丈者勿迎也，视敌之居曲众少而应之，此守城之大体也。其不在此中者，皆心术与人事参之。凡守城者以亟伤敌为上，其延日持久以待救之至，明于守者也，不能此，乃能守城。

　　La vojo al pacigo de la regno komenciĝas de konfido al la tero. Se la tero ricevos sian taŭgan utiligon, tiam la sukceso estos atingita. Se la tero ne ricevas la taŭgan utiligon, per ĉiom ajn da peno ne eblas sukcesi. Homo estas sama, kiel tio. Se ne estas la anticipa preparo, ne eblas paco al ĉefo. Se disiĝas kaj ne unuiĝas koroj de oficistoj, soldatoj kaj popolanoj, en ĉio ĉi-tio kulpas unue la generalo kaj armeestro. Honorigo-puno pro agoj kaj regado eliras nepre de la reganto, de la reĝo aŭ duko, kiu sendadas multfoje siajn homojn al pena laboro, kiel al defendo de periferiaj kasteloj, barieroj kaj fortikaĵoj. Ili penadas por pretigi kontraŭ barbaroj, por certigi sufiĉe financan povon je la defendo, por esplori topografion, ĉu tie estas konvene al defendantoj, aŭ ne, kaj por pretigi ĉiam multe da ekipaĵoj. Ili observas periferiajn guberniojn kaj urbojn, ĉu riĉaj je utilaj arboj aŭ ne, se ne, do ŝpari lignouzadon; ĉu la kampoj estas fekundaj aŭ ne, se ne, do ŝpari grenojn; kaj kie ne estas la domoj, grandaj aŭ kovritaj per herboj, tie malmultigi morusojn. Kie la popolanoj estas riĉaj, tie ili povas manĝi bone.

　　Havu internan parapeton kaj moveblan ponteton, kaj tenu sur ili ekipaĵojn kaj ilojn. Oficiroj, soldatoj kaj servantoj, ĉiuj bontenadu interne la vojon en la urbo kaj okupu sin pri dividita laboro. Po 2 servantoj estu asignitaj al ĉiu opo de 10 personoj, kaj unu servanto estu asignita al la inspektisto de identigiloj ĉe la gardo de pordoj. Ĉiuj, kiuj gardas la pordon kaj respondecas por garda regulo, ne devas lasi aliulojn sencele promenadi aŭ restadi tie. Kiu ne obeas la ordonon, tiun mortigu.

　　Kiam malamikoj alvenas al la loko je 1000 *zhang* for de nia urbo, nepre renkontiru al ili en antaŭurbo, en tiu batalo ni havas avantaĝon. Se malamikoj ankoraŭ ne atingas la lokon je 1000 *zhang*, ne renkontiru sed rigardu ilian deplojiĝon kaj esploru ilian nombron, kaj poste renkontiru. Tio estas la principo por defendi la urbon. Se okazos io ekstera de principo, ĉiam tenu en koro la principan taktikon kaj personajn aferojn esencaj.

Ĝenerale, je la defendado de la urbo, la plej bona estas rapida kontraŭatako al malamikoj, sed, se tio ne eblas, estas efike longigi la batalon, atendante la helpon, kaj ankaŭ tio ebligas defendon de la urbo.

守城之法：敌去邑百里以上，城将如今尽召五官及百长，以富人重室之亲，舍之官府，谨令信人守卫之，谨密为故。及傅城，守将营无下三百人，四面四门之将，必选择之有功劳之臣及死事之后重者，从卒各百人。门将并守他门，他门之上，必夹为高楼，使善射者居焉，女郭、冯垣一人一人守之，使重室子。五十步一击。因城中里为八部，部一吏，吏各从四人，以行冲术及里中。里中父老小不举守之事及会计者，分里以为四部，部一长，以苛往来不以时行、行而有他异者，以得其奸。吏从卒四人以上有分者，大将必与为信符；大将使人行守操信符，信不合及号不相应者，伯长以上辄止之，以闻大将。当止不止及从吏卒纵之，皆斩。诸有罪自死罪以上，皆逮父母、妻子、同产。诸男女有守于城上者，什六弩、四兵；丁女子、老、少，人一矛。

La metodoj por urbodefendo estas jenaj. Se malamikoj estas malproksimaj de la urbo je pli ol 100 *li*, nia armeestro urĝe kunvokas kvin ministrojn kaj centestrojn, kaj riĉulojn, kaj parencojn de gravaj familioj, al la kunsido en registaro, kaj ordonas al la fidinduloj gardi ilin, ĉar estas necese teni la kunsidon sekreta.

Kiam la malamikoj ekfaras "la formikan atakon" (amasan sturmon) al nia urbomuro, defend-generalo kolektu ĉe si personojn ne malpli ol 300. Generaloj de kvar anguloj kaj kvar pordoj nepre elektu meritajn oficirojn, vivriskemulojn, kaj soldatojn po 100 homoj. Pord-generaloj kolektive defendu kaj la aliajn pordojn. Sur pordoj estu instaligitaj la altaj turoj, de kie povos pafadi lertaj pafarkistoj. Eksterajn krenelojn kaj palisarojn gardu po unu el filoj el gravaj familioj. En ĉiu 50-a paŝo estu unu kolono de pafado.

En la urbo, laŭ la kvartaloj *li*, estu 8 trupoj. Ĉiu trupo havu unu oficiston kun 4 servantoj. Ili patrolas en sia kvartalo *li*. En la kvartalo loĝas maljunuloj kaj infanoj, kiuj okupiĝas ne pri la defendo nek pri oficejaj aferoj, kiel kaso. Dividu la kvartalon en kvar partojn, kaj nomumu maljunulojn estroj de ĉiu parto. Ilin utiligu kiel pridemandantojn de vojirantoj kaj fremduloj, kiuj iras en dubinda tempo aŭ faras neklarajojn. Kaj ili kaptu la suspektatojn. Al kvartalestro pli alta ol oficiro kun 4 soldatoj nepre estu donita de armeestro la identigilo, kiun devas kunporti la defendantoj, senditaj de armeestro. Se iu ne havas la taŭgan identigilon aŭ ne povas paroli pasvorton, tuj haltigu lin kaj centestro aŭ pli supra rangulo raportu al armeestro. Oficiroj kaj soldatoj, kiuj lasis iun ajn suspektaton foriri sen haltigi, ĉiuj estu tranĉ-punitaj. Kiu estas kulpa aŭ estas punmortigita, ties gepatroj, edzino, gefiloj kaj gefratoj, devas esti arestitaj kiel ĉiuj implikiĝintoj.

Rilate al geviroj, defendantaj sur la muro, 6 el 10 manipulu baliston, 4 aliajn armilojn. Virinoj, maljunuloj kaj infanoj, ĉiu el ili havu unu lancon.

卒有惊事，中军疾击鼓者三，城上道路、里中巷街，皆无得行，行者斩。女子到大军，令行者男子行左，女子行右，无并行。皆就其守，不从令者斩。离守者三日而一徇，而所以备奸也。里正与皆守宿里门，吏行其部，至里门，正与开门内吏，与行父老之守及穷巷幽间无人之处。奸民之所谋为外心，罪车裂。正与父老及吏主部者，不得，皆斩；得之，除，又赏之黄金，人二镒。大将使使人行守，长夜五循行，短夜三循行。四面之吏亦皆自行其守，如大将之行，不从令者斩。

Okaze de urĝo, la centra armeo tuj rapide ektamburas tri fojojn, tiam sur la stratoj en la urbo kaj en la kvartaloj estas malpermesite al ĉiuj iradi, se kiu iras, tiun tranĉ-punu. Se al granda armeo iras amaso da virinoj, ordonu ke viroj iradu maldekstre kaj virinoj – dekstre. Ili ne iru laŭ la sama flanko. Ĉiuj estu tuj al la defendo. Kiu ne obeas al la ordono, tiu estos tranĉ-punita. Kiu dizertas de defendado, tiun ekzekutu kaj eksponu la korpon dum tri tagoj, kiel averto al aliaj perfiduloj. Ĉiu kvartalestro kaj ĉiuj defendantoj loĝu ĉe sia kvartala pordo. Kiam oficistoj alvenas al la pordo, tiam la estro malfermas pordon kaj lasas ilin eniri. La estro kune akompanas ilin por inspekto de areoj, kie defendas maljunuloj, kaj por inspekto de kaŝitaj lokoj, kie neniu loĝas.

Popolano-perfidulo, deziranta kunlabori kun eksteraj malamikoj, estu mortigita per radumado. Kvartalestro, patro, oficisto, kiuj estas respondecaj por la loko, ĉiuj estu tranĉ-punitaj, ĉar ili ne povis deteni la perfidon. Se iu povis aresti lin, male, donacu al tiu oron po 2 *yi*, pro laŭdinda ago. Armeestro sendas siajn servantojn patroli lokojn de la defendo 5 fojojn en longa nokto, 3 fojojn en mallonga nokto. Ankaŭ oficiroj de kvar flankoj patrolas por inspekti sian areon de defendado, kiel substituitoj de armeestro. Kiu ne obeas al ordono, tiun tranĉ-punu.

诸灶必为屏，火突高出屋四尺。慎无敢失火，失火者斩其端，失火以为事者车裂。伍人不得，斩；得之，除。救火者无敢讙哗，及离守绝巷救火者斩。其正及父老有守此巷中部吏，皆得救之，部吏亟令人谒之大将，大将使信人将左右救之，部吏失不言者斩。诸女子有死罪及坐失火者无有所失，逮其以火为乱事者如法。

　　Fornoj nepre estu kun ŝirmoj, kaj la fumtubo devas esti pli alta ol la tegmento je 4 *chi*. Estu atenteme, ke ne lasu ekbrulegi akcidente. Kiu lasis brulegi, tiu estu hak-punita. Kaj kiu lasis incendii intence, tiu estu radumita. Se kvinopo ne kaptis la incendinton el sia opo aŭ socio, ĝi estos tranĉ-punita; se ĝi kaptis, estos liberigita. Fajrobrigado ne devas tro laŭte kriadi, kaj kiu forlasis sian taskon de defendo aŭ malhelpis al fajrobrigado vojon, tiu estu tranĉ-punita. Por estingi fajron devas respondeci la kvartalestro, maljunuloj kaj oficisto, okupiĝantaj pri defendo de la kvartalo kaj la vojo. La oficisto de kvartalo devas sendi iun tuj raporti al armeestro pri la sav-agado. Kaj la armeestro devas sendi sian fidindan serviston, por ke ĉi-tiu gvidu sav-agadon kun homoj el dekstre kaj maldekstre. Se la oficisto ne raportus, tiam lin tranĉ-punu. En ĉiu kazo, eĉ virinoj, kulpaj je fajro, estu senescepte mortpunitaj laŭ la leĝo, samkiel la incendiintoj.

　　围城之重禁：敌人卒而至，严令吏命无敢謹嚣、三最、并行、相视坐泣、流涕若视、举手相探、相指、相呼、相麾、相踵、相投、相击、相靡以身及衣、讼驳言语、及非令也而视敌动移者，斩。伍人不得，斩；得之，除。伍人逾城归敌，伍人不得，斩；与伯归敌，队吏斩；与吏归敌，队将斩。归敌者父母、妻子同产，皆车裂。先觉之，除。当术需敌离地，斩。伍人不得，斩；得之，除。

　　Unu el la plej gravaj malpermesoj en la urbo sieĝata estas jeno. Kiam la malamikoj subite alvenas, la oficistoj devas severe ordoni al urbanoj, ke la lastaj ne konsterniĝu, nek ĉirkaŭkuradu kune tien kaj ĉi tien, nek ploradu, sidante kaj vidante unu la alian, nek larmu. Cetere, oni ne devas signadi inter si unu al la alia, kiel okul- kaj man-signadi, sondadi opiniojn, movadi fingrojn, alvokadi, manvokadi, pied-tuŝadi, ĵetadi, frapetadi, tuŝadi vestojn. Oni ne devas riproĉi nek disputadi. Aldone, kiu nur preterrigardas transiĝanton al malamikoj sen iu ajn ordono, tiu estos tranĉ-punita. Ankaŭ kvinopo estos tranĉ-punita, se ĝi ne kaptis krimulon. Se ĝi kaptis, kvar el la kvinopo senkulpiĝas. Se unu el kvinopo provis fuĝi trans la muron al la malamikoj kaj ne estas kaptita, la kvinopo estos tranĉ-punita. Se centestro fuĝis al la malamikoj, oficisto de la trupo estos tranĉ-punita. Se la oficisto fuĝis, generalo de la trupo estos tranĉ-punita. Gepatroj, edzino, gefiloj kaj gefratoj de la fuĝinto, ĉiuj estos ekzekutitaj per radumado. Kiu antaŭsciiĝas, tiu ne estos punata. Kiu forlasis sian postenon ĉe alveno de malamikoj, tiu estos tranĉ-punita. Ankaŭ kvinopo, ne kaptinta la dizertulon, estos tranĉ-punita. Se ĝi kaptis, kvar el la kvinopo senkulpiĝas.

其疾斗却敌于术，敌下终不能复上，疾斗者队二人，赐上奉。而胜围，城周里以上，封城将三十里地，为关内侯，辅将如令赐上卿，丞及吏比于丞者，赐爵五大夫；官吏、豪杰与计坚守者，十人及城上吏比五官者，皆赐公乘。男子有守者爵，人二级，女子赐钱五千，男女老小先分守者，人赐钱千，复之三岁，无有所与，不租税。此所以劝吏民坚守胜围也。卒侍大门中者，曹无过二人，勇敢为前行，伍坐，令各知其左右前后。擅离署，戮。门尉昼三阅之，莫，鼓击门闭一阅，守时令人参之，上逋者名。铺食皆于署，不得外食。守必谨微察视谒者、执盾、中涓及妇人侍前者志意、颜色、使令、言语之请。及上饮食，必令人尝，皆非请也，击而请故。守有所不说谒者、执盾、中涓及妇人侍前者，守曰断之，冲之若缚之。不如令及后缚者，皆断。必时素诫之。诸门下朝夕立若坐，各令以年少长相次。旦夕就位，先佑有功有能，其余皆以次立。五日，官各上喜戏、居处不庄、好侵侮人者一。

Kiam nia armeo sukcese batalis kaj elpelis malamikojn el batalkampo, kaj la malamikoj jam finfine ne povos reatakadi, en tiu okazo du batalintoj estu elektitaj el ĉiu regimento kiel plej meritaj por honori. Se estas venkita la sieĝo, ĉirkaŭinta la muron je pli ol 1 *li* cirkonference, tiam al la generalo de la urbo estu feŭdita la teritorio kun cirkonferenco je 30 *li* kaj donita la rango "*Guannei Hou*" [Markizo interna de bariero]". La vic-generalo estu titolita per "*Shang Qing*" [s-ro Ministro]. Adjunkto kaj ŝtat-oficisto estu titolitaj per "*Wudafu*" [Kvin-Granduloj]. Oficistoj-burokratoj, bravuloj, planistoj, dekestroj, oficistoj sur la muro el kvin departementoj, estu rekompencitaj per *Gongcheng* [rajto de oficiala ĉaro]. Viroj-defendintoj estu promociitaj pli alte je du rangoj ol antaŭe. Al virinoj estu donacita la mono po 5000. Al geviroj majunaj kaj junaj estu donita la mono po 1000, kaj ili estos liberigitaj de la servuto kaj senimpostigitaj dum 3 jaroj. Tio estas la rimedo por kuraĝigi oficistojn kaj popolanojn forte defendi la urbon en sieĝo.

Servistoj ĉe la gardo de granda pordo, estu ne pli ol du en la gardobudo. Bravuloj iru antaŭen, konsistigante kvinopon, kaj ĉiu sciigu pri sia ĉirkaŭo, maldekstre kaj dekstre, antaŭe kaj malantaŭe. Se iu ofte forlasadis sian postenon sen permeso, lin mortigu. La komandanto de la pordo ĉiutage faradas inspekton tri fojojn, kaj post la tamburado pri la fermo de la pordo inspektas unu fojon, kaj igas respondeculon raporti supren pri la nomoj de forlasintoj. Oni manĝas ĉe sia posteno kaj ne devas manĝi ekstere. La komandanto nepre devas skrupule observadi ĉiujn, perantojn, korpo-gardistojn, purigistojn kaj servistinojn, kiaj aperas iliaj koroj, voloj, mienoj, sintenoj kaj vortoj de la peto.

Kiam la suproj manĝos kaj trinkos, en tiu okazo nepre unue gustimigu la aliajn. Pri ĉio, kio eĉ ne rilatas al la peto, detale pridemandu kialon. Se iam ne kontentigas la komandanton la eldiroj de perantoj, korpo-gardistoj, purigistoj kaj servistinoj, li ordonas hak-puni, aŭ bati, aŭ ŝnuri tiujn dubindajn. Kiu ne obeas al la ordono aŭ malfruas obei, ĉiun ŝnuru aŭ hak-punu. Per tio oni nepre simple devas avertadi ĉiam. Ĉe pordoj matene kaj vespere stariĝu aŭ sidiĝu aŭskultantoj de ordonoj laŭvice de aĝo kaj rango. Ĉiumatene kaj vespere, kiam oni ekposteniĝas, dekstre staru unue la merituloj kaj la kapabluloj, kaj poste ĉiuj aliaj laŭvice de rango. En ĉiu 5-a tago oni raportu supren pri ĉio, ĉu iu petolaĉis, kondutis suspektinde, insultis kaj molestis la aliajn.

诸人士、外使者来，必令有以执。将出而还若行县，必使信人先戒舍，室乃出迎，门守，乃入舍。为人下者常司上之，随而行。松上不随下。必须　　随。客卒守主人，及其为守卫，主人亦守客卒。城中戍卒，其邑或以下寇，谨备之，数录其署，同邑者弗令共所守。与阶门吏为符，符合入，劳；符不合，牧，守言。若城上者，衣服，他不如令者……

Kiam alvenas el eksteraj regnoj oficistoj kaj senditoj, al ili oni devas havigi identigilon. Kiam iu generalo revenas el inspektado, tiam li devas antaŭe sendi sian fidindulon por konfirmi, kaj la familiano venos akcepti lin. Poste la komandanto de la pordo lasas lin eniri. Subulo devas ĉiam esplori ie ajn, kien iros la suprulo, kaj sekvi lin, sed la suprulo ne sekvas la subulon. Nepre devas sekvi □□[*du vortoj mankas*].

Gasto-soldatoj defendas gastigantojn, ĉar tiuj partoprenas en la defendado, ankaŭ ĉi tiuj devas defendi la gastojn. Se en la urbo estas soldatoj, kies hejmon jam regas la malamikoj, skrupule traktu ilin, kalkulante iliajn postenojn, por ke ne kunestu la samhejmanoj sur la sama defend-posteno.

Oficistoj ĉe la ŝtuparo kaj ĉe la pordo ekzamenu identigilon, se la identigilo estas taŭga, traktu ĝentile ĝian havanton. Se ĝi ne estas konfirmita, arestu lin kaj raportu supren. Se sur la muro, la vestaĵo kaj aliaj ne konformas al la ordono…[*mankas sekvanta frazo.*]

宿鼓在守大门中。莫令骑若使者操节闭城者，皆以执毚。昏鼓，鼓十，诸门亭皆闭之。行者断，必击问行故，乃行其罪。晨见，掌文鼓，纵行者，诸城门吏各入请籥，开门已，辄复上籥。有符节不用此令。寇至，楼鼓五，有周鼓，杂小鼓乃应之。小鼓五后从军，断。命必足畏，赏必足利，令必行，令出辄人随，省其可行、不行。号，夕有号，失号，断。为守备程而署之曰某程，置署街街衢阶若门，令往来者皆视而放。诸吏卒民有谋杀伤其将长者，与谋反同罪；有能捕告，赐黄金二十斤，谨罪。非其分职而擅取之，若非其所当治而擅治为之，断。诸吏卒民非其部界而擅入他部界，辄收以属都司空若候，候以闻守，不收而擅纵之，断。能捕得谋反、卖城、逾城敌者一人，以令为除死罪二人，城旦四人。反城事父母去者，去者之父母妻子……

Nokta tamburo devas esti ene de la granda pordo ĉe la defendanto. Vespere estas ordonite, ke rajdanto aŭ sendito alportas identigilon por fermi la urban pordon. Ĉion faras respondeculoj kun rango. Je vesperiĝo, tamburu 10 fojojn, kaj pordoj kaj pavilonoj, ĉiuj fermiĝas. Irantoj post tiam estu hak-punitaj, tamen unue pridemandu al ili la kialon de irado, kaj poste punu ilin. Je tagiĝo, batu grandan tamburon, per tio estas permesite iradi. Ĉiu oficisto ĉe la pordoj de la urbo, enirinte oficejon kaj ricevinte ŝlosilon, kaj malŝlosas. Kiu portas kun si la identigilon, al tiu ne necesas tiu ordono. Se alvenas la malamikoj, batu la tamburon el turo 5 fojojn, kaj ĉirkaŭaj tamburoj estu batitaj. Kaj diversaj malgrandaj tamburetoj sekvas tion. Kiu alvenas al la areo post 5 fojoj de tambureta bato, tiu estu hak-punita. Ordono nepre devas esti sufiĉe timiga kaj laŭdado nepre devas esti sufiĉe profitodona. Ordono nepre devas esti plenumita. Ordonite, oni tuj devas sekvi la ordonon, sen pensi, ĉu la ordono estos farebla aŭ ne.

Pasvorto: Nokte estu uzata la pasvorto. Erarinto de la pasvorto estu hak-punita. Formulu regulon, koncernantan al la preparado de defendo, kaj publikigu ĝin, kiel akton. Elmontru ĝin publike en oficejoj, sur stratoj, sur vojoj, ĉe ŝtuparoj kaj pordoj, kaj ordonu, ke irantoj rigardu kaj lernu ĝin.

Se inter oficistoj, soldatoj kaj popolanoj troviĝas iu, kiu intencas atenci generalojn kaj estrojn, ties krimo estas sama, kiel okazigo de tumulto. Kiu arestos tiun krimulon aŭ igis lin konfesi, al tiu estos donita la mono je 20 *jin* da oro. Kiu propravole prenos sur sin alies taskon, kiel eksterrajtan agon, aŭ kiu kontraŭdeve administros tion, kion la aliulo devas administri, tiu estos tuj detenita kaj transdonita al "*Dou Sikong*" [Policprefekto] aŭ "*Hou*" [Informagentejo]. "*Hou*" raportos tion al la ĉef-defendanto. Se iu, kiu ne detenis lin aŭ aŭdacis propravole liberigi lin, estu hak-punita. Kiu kaptis homojn, planantajn tumulton, aŭ perfidon al la urbo, aŭ transiron al malamikoj, ties proksimaj krimuloj estos amnestiitaj laŭ ordono, ke liberiĝu du mortopunotoj kaj kvar punlaboruloj. Kiu kontraŭis la fortikaĵon kaj transiris al la malamikoj, forlasinte gepatrojn, ties gepatroj, edzino kaj gefiloj ... [*manko de frazo*].

悉举民室材木、瓦若蔺石数，署长短小大。当举不举，吏有罪。诸卒民居城上者各葆其左右，左右有罪而不智也，其次伍有罪。若能身捕罪人若告之吏，皆构之。若非伍而先知他伍之罪，皆倍其构赏。

Kalkulu kaj registru ĉe ĉiuj popolanoj la kvanton de lignoj, kaheloj kaj ŝtonoj, kun ilia grandeco kaj longeco. Estos punita la oficisto-respondeculo, kiu ne faras la registradon. Soldatoj kaj popolanoj en la urbo apartenas al ĉiu proksima kvinopo. Se iu kvinopo ne konas la krimon de siaj membroj, tiuokaze estos punita ĝia najbara kvinopo. Kiu kaptis la krimulon kaj raportis al la oficisto, tiun rekompencu. Rekompencu duoble ĉiun kvinopon, kiu antaŭe sciigos krimon de la alia kvinopo,

城外令任，城内守任。令、丞、尉，亡，得入当，满十人以上，令、丞、尉夺爵各二级；百人以上，令、丞、尉免，以卒戍。诸取当者，必取寇虏，乃听之。募民欲财物粟米以贸易凡器者，卒以贾予。邑人知识、昆弟有罪，虽不在县中而欲为赎，若以粟米、钱金、布帛、他财物免出者，令许之。传言者十步一人，稽留言及乏传者，断。诸可以便事者，亟以疏传言守。吏卒民欲言事者，亟为传言请之吏，稽留不言诸者，断。县各上其县中豪杰若谋士、居大夫重厚口数多少。官府城下吏、卒、民家前后左右相传保火。火发自燔，燔曼延燔人，断。诸以众强凌弱少及强奸人妇女，以讙哗者，皆断。

Respondecas por la ekstero de urbo la direktoro, kaj por la interno de urbo la defend-komandanto. Se fuĝos homoj el sub regado de tiuj direktoro, vic-direktoro kaj komandanto, tiam iliaj rangoj malaltiĝos laŭ la nombro de fuĝintoj-dizertintoj. Se pli ol 10, malaltiĝos je du rangoj, se pli ol 100 – ili estos eksigitaj kaj iĝos simplaj soldatoj. Ĉiuokaze ili povas kompensi sian kulpon nepre per kaptado de malamikoj. Tiam ili estos pardonitaj.

Alvoku al popolanoj, dezirantaj interŝanĝi posedaĵojn, trezorojn, grenojn, kaj dezirantaj komerci ĉiujn varojn, ke al ili, simpluloj, eblas komerco per justa prezo. Se kiu volas kompensi kulpon de siaj konatoj, gefratoj aŭ samurbanoj, eĉ ne loĝantaj en nia gubernio, per posedaĵoj, kiel grenoj, mono kaj oro, tolo kaj silko, al tiu estas laŭ dekreto permesite fari tion.

Mesaĝistoj estu po unu en ĉiu 10-a paŝo. Kiu malfruis aŭ eraris transsendi la mesaĝon, tiun hak-punu. Ĉion, kio estas merita, la mesaĝistoj devas tuj transsendi al la komandanto. Oficistoj, soldatoj, popolanoj, kiuj volas raporti pri aferoj, tuj laŭeble rapide transsendu al la koncernata oficejo. Kiu malfruis aŭ ne transdonis, tiun hak-punu.

Gubernio devas prezenti supren la nombron de siaj bravuloj, strategiistoj, taŭgaj oficistoj, estantaj sinjoroj kaj la nombron de loĝantaro.

Estantaj sub registrara urbo oficistoj, soldatoj kaj popolanoj apartenas ĉiu al sia proksima kvinopo por fajrobrigado. Se ie spontane ekfajros kaj sterniĝos la fajro, tiea respondeca kvinopo estu hak-punita. Ĉiuj, kiuj perfortis malfortulojn kaj etulojn, aŭ seksperfortis virinojn, aŭ tumultigis, estu hak-punitaj.

诸城门若亭，谨候视往来行者符。符传疑若无符，皆诣县廷言，请问其所使；其有符传者，善舍官府。其有知识、兄弟欲见之，为召，勿令里巷中。三老、守闾令厉缮夫为答。若他以事者、微者，不得入里中。三老不得入家人。传令里中有以羽，羽在三所差，家人各令其官中，失令若稽留令者，断。家有守者治食。吏、卒、民无符节而擅入里巷、官府，吏、三老、守闾者失苛止，皆断。诸盗守器械、财物及相盗者，直一钱以上，皆断。吏、卒、民各自大书于杰，著之其署同，守案其署，擅入者，断。城上日壹发席蓐，令相错发。有匿不言人所挟藏在禁中者，断。

Ĉe ĉiuj pordoj de la urbo estu posteno, kie estas skrupule observate, ĉu irantoj tien kaj reen havas identigilon. Se iu kunportas identigilon dubindan aŭ ne havas identigilon, oni devas sendi tiun al gubernia juĝejo kaj pridemandi pri tio, de kiu li estas sendita. Kiu portas la taŭgan identigilon, tiun eblas enlasi en la domon de registaro. Se kiu volas renkonti konatojn aŭ fratojn, al tiu oni povas venigi la lastajn [en iu vilaĝon], sed tiu ne povas eniri surstraten en la urbon sen permeso. Se iu volas viziti vilaĝestron [*Sanlao*], al tiu estas permesite ricevi akcepton nur pere de peranto. Tiu por alia afero aŭ tiu malgranda je rango ne povas eniri en la vilaĝon. La vilaĝestro ne povas eniri en la privatan domon.

Transsendanto de ordonoj en vilaĝo portas plumon[130], kiu ordinare estas konservata ĉe la vilaĝestro [*Sanlao*]. Li transdonas la ordonon rekte al familioj, okaze de mistrakto aŭ malfruo li estos hak-punita. En la familio estas respondeculo por provizo. Se oficistoj, soldatoj kaj popolanoj ne portis sian identigilon por eniradi en vilaĝon kaj sur stratojn, kaj se ne haltigis ilin por pridemandi la registaraj oficistoj kaj vilaĝestroj, tiuokaze ĉiuj estos hak-punitaj.

Ĉiuj, kiuj ŝtelis ilojn aŭ trezorojn por defendado, aŭ ĉiuj, kiuj ŝtelis alies posedaĵon, altvaloran je pli ol 1 *Qian*, estos hak-punitaj. Oficistoj, soldatoj kaj popolanoj devas skribi siajn nomojn sur lignaj platetoj kaj pendigi ilin sur la angulo de postenoj. Estroj devas zorgadi pri la postenoj. Kiu eniris sen permeso la alian postenon, tiu estos hak-punita. Sur la muro oni devas ĉiutage interŝanĝi matojn inter si. Se troviĝas io kaŝita, kaj se iu ne raportas pri malpermesita posedaĵo, tiu estos hak-punita.

吏卒民死者，辄召其人与次司空葬之，勿令得坐泣。伤甚者令归治病家善养，予医给药，赐酒日二升、肉二斤，令吏数行间，视病有瘳，辄造事上。诈为自贼伤以辟事者，族之。事已，守使吏身行死伤家，临户而悲哀之。

---

[130] Plumo estis urĝa mesaĝo, t. e. depeŝo 羽书，羽檄.

Okaze de la morto de oficisto, soldato kaj popolano, tuj alvenigu iliajn koncernantojn kaj kun ĉeesto de vic-estro funebru ilin. Ne lasu ilin plori sidante longdaŭre. Okaze de severa vundiĝo aŭ malsaniĝo, lasu ilin reveni hejmen por bone ripozi kaj donu al ili kuracadon kaj medicinon. Donacu al ili po 2 *sheng* da vino kaj 2 *jin* da viando ĉiutage. Ordonu al la oficisto iradi al ili observi, ĉu ili resaniĝas aŭ ne, kaj raportadi supren. Se iu vundis sin mem intence por eviti la taskon, lia tuta familio estu punita. Kiam la milito finiĝis, ĉef-defendanto sendos sian servantojn al familioj, kiuj perdis siajn familianojn pro la milito, kaj en ties domo li kondolencos ilin.

寇去事已，塞祷。守以令益邑中豪杰力斗诸有功者，必身行死伤者家以吊哀之，身见死事之后。城围罢，主亟发使者往劳，举有功及死伤者数使爵禄，守身尊宠，明白贵之，令其怨结于敌。

Kiam la malamikoj retiriĝis kaj la militaj aferoj finiĝis, oferu la preĝon por danko. Ĉef-komandanto ordonas rekompenci enlandajn bravulojn kaj fortulojn por meritaj servoj, kaj li mem turnas sin al familioj, kies anoj mortis aŭ vundiĝis, kaj esprimas kondolencon kaj simpation al ili. Li mem observas la situacion de postlasitoj. Kun la fino de la sieĝo, la armeestro tuj sendas mesaĝistojn scii meritulojn kaj registri nombron de mortintoj kaj vundiĝintoj por titoli ilin per rango kaj salajro. Ĉef-defendanto mem esprimas respekton kaj favoron al ili, kaj manifestas ilian valoron. Tiel do ili turnu sian venĝon al la malamikoj.

城上卒若吏各保其左右。若欲以城为外谋者，父母、妻子、同产皆断。左右知不捕告，皆与同罪。城下里中家人皆相葆，若城上之数。有能捕告之者，封之以千家之邑；若非其左右及他伍捕告者，封之二千家之邑。

En la urbo soldatoj kaj oficistoj apartenas ĉiu al la kvinopo proksima, dekstra aŭ maldekstra. Se iu el membroj de kvinopo ekvolis komploti kun eksteruloj de la fortikaĵo, tiuokaze hak-punitaj estos liaj gepatroj, edzino kaj gefiloj, kaj gefratoj. Se najbaroj, dekstra kaj maldekstra, sciante la krimon, ne kaptus aŭ ne raportus, ili ĉiuj estos kulpaj, samkiel la krimulo. En vilaĝoj ekster muro same, kiel en la urbo, ĉiuj familianoj apartenas al la kvinopo. Kiu ajn kaptos aŭ denuncos perfidulojn, tiu estos enfeŭdigita en distrikto kun mil familioj. Se la perfidulo apartenas al la alia kvinopo, al denuncinto estos feŭdita la distrikto kun 2 mil familioj[131].

---

[131] Okulfrapas la granda rekompenco al denuncantoj.

城禁：使、卒、民不欲寇微职和旌者，断。不从令者，断。非擅出令者，断。失令者，断。倚戟县下城，上下不与众等者，断。无应而妄喧呼者，断。总失者，断。誉客内毁者，断。离署而聚语者，断。闻城鼓声而伍后上署者，断。人自大书版，著之其署隔，守必自谋其先后，非其署而妄入之者，断。离署左右，共人他署，左右不捕，挟私书，行请谒及为行书者，释守事而治私家事，卒民相盗家室、婴儿，皆断，无赦；人举而藉之。无符节而横行军中者，断。客在城下，因数易其署而无易其养。誉敌：少以为众，乱以为治，敌攻拙以为巧者，断。客、主人无得相与言及相藉。客射以书，无得誉；外示内以善，无得应，不从令者，皆断。禁无得举矢书若以书射寇，犯令者父母、妻子皆断，身枭城上。有能捕告之者，赏之黄金二十斤。非时而行者，唯守及操太守之节而使者。

Malpermeso por urbodefendo. Mesaĝistoj, soldatoj kaj popolanoj, kiuj deziras senigi identigilon kaj standardojn de malamikoj, estu hak-punitaj.[132] Tiu, kiu ne obeis al ordono, estu hak-punita. Tiu, kiu ne povas ordoni ĝuste, estu hak-punita. Tiu, kiu ignoris la ordonon, estu hak-punita. Tiu, kiu apogas sin sur halebardo aŭ la muro, kaj tiu, kiu ne kuniradas suben kaj supren kun amaso, estu hak-punitaj. Tiu, kiu ne respondas al alvoko, aŭ malprudente krias, estu hak-punita. Tiu, kiu preterlasis krimulojn, estu hak-punita. Tiu, kiu laŭdas malamikojn kaj mallaŭdas siajn trupojn, estu hak-punita. Tiu, kiu forlasas la postenon, kaj tiuj, kiuj kolektiĝas babiladi, estu hak-punitaj. Tiu, kiu, aŭdinte tamburadon, postiras al la posteno pli malfrue ol sia kvinopo, estu hak-punita.

Ĉiu mem devas skribi grande sian nomon sur la tabulo, pendita ĉe la angulo de la posteno. La ĉef-defendanto nepre mem devas observadi la frontotrupojn kaj la malantaŭon. Se iu estas ne ĉe sia posteno aŭ eniras senkaŭze en la alian postenon, tiu estu hak-punita. Tiu, kiu, forlasante la postenon, vagadas dekstren kaj maldekstren, kaj iradas kune al aliaj postenoj, kaj tiu, kiu ne detenas vagantojn dekstren kaj maldekstren, kaj tiu, kiu portadas sian privatan leteron, kaj tiu, kiu petas al la alia porti sian leteron, kaj tiu, kiu portas privatan leteron laŭ alies peto, kaj tiu, kiu, forlasante defendan aferon, faras privatan familian laboron, kaj tiuj el soldatoj kaj popolanoj, kiuj rabas alies domojn aŭ bebojn, estu hak-punitaj sen amnestio. Registru tiujn, kiuj raportis.

Tiu, kiu, ne portante kun si la identigilon, vagadas en armeo, estu hak-punita. Kiam la malamikoj jam estas proksime al la urbo, soldatoj sur la muro devas esti ŝanĝitaj fojfoje, sed kuiristoj ne devas esti ŝanĝitaj.

Tiu, kiu laŭdas malamikojn, prenante la malgrandan por la granda, malordon por

---

[132] Multaj esploristoj ignoras 不(ne), konsiderante ĝin erara, kaj komprenas la frazon: "deziras imiti". Sed mi ne povas konsenti kaj tradukis laŭlitere.

ordo, mallertecon por lerteco, estu hak-punita. Ne devas esti interŝanĝo de vortoj aŭ aĵoj inter la malamikoj kaj ni. Se la malamikoj alpafas sagon kun letero, oni ne devas levpreni ĝin. Eĉ se la ekstero montras afablecon al la interno, oni ne devas respondi. Kiu ne obeas al la ordono, tiu estu hak-punita. Kiu levprenas spite al malpermeso aŭ respondas al sago-letero de malamikoj, ties gepatroj, edzino kaj gefiloj, ĉiuj estos hak-punitaj, kaj ties korpo estos eksponita sur la muro. Kiu kaptas aŭ denuncas la krimulon, al tiu estos donacita la oro je 20 *jin*, kiel premio. Kiu povas iradi en eksterordinara tempo, tiu estas nur ĉef-defendanto kaj liaj mesaĝistoj kun identigilo.

守入临城，必谨问父老、吏大夫、请有怨仇雠不相解者，召其人，明白为之解之。守必自异其人而藉之，孤之，有以私怨害城若吏事者，父母、妻子皆断。其以城为外谋者，三族。有能得若捕告者，以其所守邑小大封之，守还授其印，尊宠官之，令吏大夫及卒民皆明知之。豪杰之外多交诸侯者，常请之，令上通知之，善属之，所居之吏上数选具之，令无得擅出入，连质之。术乡长者、父老、豪杰之亲戚父母、妻子，必尊宠之，若贫人食不能自给食者，上食之。及勇士父母、亲戚、妻子，皆时酒肉，必敬之，舍之必近太守。守楼临质宫而善周，必密涂楼，令下无见上，上见下，下无知上有人无人。

Kiam ĉef-defendanto observas la urbon, li nepre detale demandas maljunulojn kaj altrangajn oficistojn, ĉu troviĝas havantoj de venĝemo aŭ malamo al la aliaj, ĉu iuj ne paciĝas kun la aliaj. Tiel do li venigas al si tiujn kaj, klariganta kialon, penas solvi malpacon. La ĉef-defendanto mem nepre devas registri nomojn de tiuj malkontentuloj kaj teni ilin apartigitaj. Se iu damaĝis pro sia venĝemo la urbon aŭ oficistojn, en tiu okazo ties gepatroj, edzino kaj gefiloj, ĉiuj estu hak-punitaj. Kiu komplotas kun eksteruloj kontraŭ la urbo, ties tri parencaroj de familio [*Sanzu*] estu punitaj. Tiu, kiu kaptas aŭ denuncas tian perfidulon, estos enfeŭdigita per la urbo tiom granda, kiom estas savita. Kaj al li estos donitaj la sigelilo, la honoro kaj favoro, kaj rango. Pri tio klare sciigu ĉiujn: oficistojn, altrangulojn, kaj soldatojn, popolanojn.

Pri tiuj lokaj eminentuloj, kiuj havas oftan interrilaton kun eksteraj landestroj, ĉiam endas invitadi ilin kaj sciigi supren pri ili. Oni devas komplezi al ili, oficistoj, loĝantoj proksimaj al ili, regalu ilin per diversaj manĝaĵo kaj trinkaĵo. Por ke ili ne libervole en- kaj el-iradu, prenu de ili ostaĝojn. Traktu nepre kun respekto kaj afableco estrojn- maljunulojn de vilaĝoj, parencojn, gepatrojn kaj edzinojn kaj gefilojn de provincaj eminentuloj. Se el ili troviĝas malriĉuloj, kiuj ne povas nutri sin, tiuokaze la supro donu al ili manĝi. Al parencoj, edzinoj kaj gefiloj de bravuloj foje donacu iom da viando kaj vino, respektu nepre ilin kaj nepre lasu ilin loĝi proksime al la Granda Defendanto. Loĝejo de ostaĝoj sub la kastela ĉef-turo estu bone ĉirkaŭita. Ĝi devas esti dense stukita, kaj ne devas esti videbla de sube, sed videbla de supre, por ke oni ne sciu, ĉu estas iu supre aŭ ne.

守之所亲，举吏贞廉、忠信、无害、可任事者，其饮食酒肉勿禁，钱金、布帛、财物各自守之，慎勿相盗。葆宫之墙必三重，墙之垣，守者皆累瓦釜墙上。门有吏，主者门里，筦闭必须太守之节。葆卫必取戍卒有重厚者，请择吏之忠信者、无害可任事者。令将卫，自筑十尺之垣，周还墙，门、闺者非令卫司马门。

La defendanto devas nomumi por gardo de ostaĝoj la oficistojn, kiuj estas honestaj, fidelaj, nekorupteblaj, nepartiemaj, taŭgaj por la laboro. Al ili ne estas malpermesite trinki kaj manĝi iun ajn vinon aŭ viandon, posedi monon kaj oron, tolaĵon kaj silkaĵon. Sed ili mem devas teni sian posedaĵon sekura kaj ne ŝteli unuj de la aliaj. Muro de la ostaĝa loĝejo havas eksteran palisaron nepre trioblan. Por gardi estu amasigitaj sur la muro tegoloj kaj pecigitaj argilaĵoj. Ĉe la pordo estu gardantaj la malfermon kaj fermon de pordo la oficistoj, kiuj nepre portas kun si la identigilon, donitan de la Granda Defendanto. Por defendi la loĝejon estu nepre soldatoj nefacilanimaj kaj elektu oficistojn, fidindajn kaj lojalajn, nepartiemajn, taŭgajn al la ofico.

Ordonu al defendantaj generaloj konstrui ĉe ĉirkaŭa muro ankaŭ ĉirkaŭbarilon altan je 10 *chi*, kaj pordojn. Tiu, kiu gardas pordon de virinoj, ne devas servi ĉe la pordo de estroj[133].

望气者舍必近太守，巫舍必近公社，必敬神之。巫祝史与望气者必以善言告民，以请上报守，守独知其请而已。无与望气妄为不善言惊恐民，断弗赦。

Aŭguristoj nepre devas loĝi proksime al la Granda Defendanto, kaj ŝamanoj nepre devas loĝi por respekti diojn proksime al la sanktejo, la altaro al dioj de tero kaj greno. Ŝamanoj kaj aŭguristoj nepre devas anoncadi bonon al popolanoj, sed raporti veron supren al la estro, kaj la estro unu sola scias la informon. Se ili kun vortoj de malespero aŭ malbonaŭguro timigos kaj teruros popolanojn, ili estos hak-punitaj kaj ne pardonitaj.

度食不足，食民各自占家五种石升数，为期，其在尊害，吏与杂訾。期尽匿不占，占不悉，令吏卒微得，皆断。有能捕告，赐什三。收粟米、布帛、钱金，出内畜产，皆为平直其

---

[133] La traduko obeas al la restanta teksto. Esploristoj konsideras la negativan vorton 非 erara kaj anstataŭigas per 并.

贾，与主券人书之，事已，皆各以其贾倍偿之。又用其贾贵贱、多少赐爵，欲为吏者许之，其不欲为吏而欲以受赐赏爵禄，若赎出亲戚、所知罪人者，以令许之。其受构赏者令葆宫见，以与其亲。欲以复佐上者，皆倍其爵赏。其县某里某子家食口二人，积粟六百石；某里某子家食口十人，积粟百石。出粟米有期日，过期不出者王公有之。有能得若告之，赏之什三。慎无令民知吾粟米多少。

  Kalkulu, ĉu nutraĵo mankas aŭ ne. Ĉiu popolano devas raporti pri kvanto de kvin grenoj, rezervitaj ĉe si, je kiom da *dan* kaj *sheng*. Estu fiksita la limdato. Se estas iu obstrukco, la komisiito devas enskribi tion en registro. Kiam la limdato venis, okaze de kaŝitaĵo aŭ subtaksado, la komisiito ordonas al soldatoj detale esplori kaj konfiski, kaj ĉiuj kaŝistoj estu hak-punitaj. Al tiu, kiu kaptas aŭ denuncas, estos donitaj tri dekonoj de kaŝitaĵo. Kolektu grenojn, rizon, tolaĵon kaj silkaĵon, monon kaj oron, internan kaj eksteran dombestojn. Ĉiuokaze pruntoprenu per ĝusta aĉetprezo de varoj kaj donu al ĉiu la kvitancon. Kiam la sieĝo estos finita, redonu al ĉiuj kompenson, valoran je duobla aĉetprezo.

  Laŭ la aĉetprezoj estas donitaj la rangoj. Se iu volas fariĝi oficisto, tio estos aprobita. Se kiu ne volas fariĝi oficisto, sed volas ricevi nobelan titolon, al tiu estos donita la titolo kun salajro. Kiu volas elaĉeti punatan parencon, al tiu estos permesite ricevi tion. Kiu ricevis premion, tiun oni lasos eniri en loĝejon de ostaĝo kaj renkontiĝi kun parencoj. Kiu volas asisti plue sian superulon, al tiu oni duobligas rangon kaj premion.

  Estu registrite tiel: "En iu gubernio, en iu vilaĝo, en iu familio, kun du familianoj, rezervita milio je 600 *dan*; en iu vilaĝo, en iu familio, kun 10 familianoj, rezervita milio je 100 *dan*. La liverdato de milio kaj rizo." Kiu malfrue liveris, ties posedaĵo estu konfiskita. Kiu povis kapti aŭ denunci krimulon, tiu ricevos premion je tri dekonoj de kaŝita greno. Estu atenteme, ke popolanoj ne sciu la kvanton de grenoj en la armeo.

守入城，先以候为始，得辄宫养之，勿令知吾守卫之备。候者为异宫，父母妻子皆同其宫，赐衣食酒肉，信吏善待之。候来若复，就间。守宫三难，外环隅为之楼，内环为楼，楼入葆宫丈五尺为复道。葆不得有室，三日一发席蓐，略视之，布茅宫中，厚三尺以上。发候，必使乡邑忠信、善重士，有亲戚、妻子，厚奉资之。必重发候，为养其亲若妻子。为异舍，无与员同所，给食之酒肉。遣他候，奉资之如前候，反，相参审信，厚赐之。候三发三信，重赐之。不欲受赐而欲为吏者，许之二百石之吏，守珮授之印。其不欲为吏而欲受构赏，禄皆如前。有能入深至主国者，问之审信，赏之倍他候。其不欲受赏而欲为吏者，许之三百石之吏者。扞士受赏赐者，守必身自致之其亲之所，见其见守之任。其欲复以佐上者，其构赏、爵禄、罪人倍之。

Kiam ĉef-defendanto ekregas la urbon, unue li devas komenci funkciigi sekretan agenton. Li devas tuj starigi la agentejon, kie personoj estas nutrataj. Al ili ne sciiĝu informon pri la preparo por nia defendado. Loĝigu ilin en aparta loĝejo kune kun iliaj gepatroj, edzino, gefiloj, kaj donu al ili manĝi viandon kaj trinki vinon. Fidindaj oficistoj bone zorgas pri ili. Agentoj revenas kaj ripozas tie.

La palaco de ĉef-defendanto estas gardita per tri ĉirkaŭantaj muroj. Estas unu turo ĉe la angulo sur la ekstera ĉirkaŭanta muro, kaj estas la alia turo sur la interna ĉirkaŭanta muro. Al la loĝejo de ostaĝo estas konstruita la duobla vojo, longa je 1 *zhang* 5 *chi*. La loĝejo de ostaĝo ne havas ĉambrojn apartigitaj. Oni ŝanĝas litaĵojn kaj kuŝaĵojn en ĉiu 3-a tago, kaj preterpase inspektas. En la loĝejo estas sternita la matraco el junkaro, dika je pli ol 3 *chi*.

Kiam iu agento ekiras, nepre asistas lin tre zorgeme la lojalaj, fidindaj, bonkoraj provinc-sinjoroj kun parencoj, edzino kaj gefiloj. Kiam li estas sendita eksteren, oni devas nutri lian familion, zorgante pri liaj gepatroj, edzino kaj gefiloj. Agentoj loĝas en apartaj loĝejoj, ne kune kun ordinaraj oficistoj, kaj estas nutritaj per manĝaĵo, vino kaj viando.

Kiam la alia agento estas sendita, oni faras la saman servon, kiel al la antaŭuloj. Kiam li revenas, oni turnas sin al li kun demando kaj fido, rekompencante favore al li. Se tri fojojn li estadas sendita kaj trifoje oni fidadis lin, tiuokaze oni digne rekompencas lin. Kiu ne volas ricevi rekompencon, sed volus fariĝi oficisto, al tiu estos donita la rango de oficisto je 200 *dan*, kaj sigelilo, kiel donaco de ĉef-defendanto. Kiu volas ne fariĝi oficisto, sed ricevi premion, tiu ricevos tiom, kiom estas decidite antaŭe. Kiu kapablas eniri profunden en la malamikan regnon por esplori kaj akiri gravan informon, al tiu estos donita la premio duoble pli ol al la aliaj. Se li volas ricevi ne la premion, sed oficistan rangon, al tiu estos donita la rango je 300 *dan*. Kiu el bravuloj estas rekompencita per premio de defendado, ties parencojn vizitos la ĉef-defendanto mem por montri kiom da respekto indas tia ago. Se tiu volus plue servi al antaŭa supro, oni donos al li duoblan premion, kaj se tiu volus elaĉeti sian punitaton, estos permesite senpunigi duoblon da homoj.

出候无过十里，居高便所树表，表三人守之。比至城者三表，与城上烽燧相望，昼则举烽，夜则举火。闻寇所从来，审知寇形必攻，论小城不自守通者，尽葆其老弱、粟米、畜产。遣卒候者无过五十人，客至堞，去之，慎无厌建。候者曹无过三百人，日暮出之，为微职。空队、要塞之人所往来者，令可口迹者，无下里三人，平而迹；各立其表，城上应之。候出越陈表，遮坐郭门之外内，立其表。令卒之半居门内，令其少多无可知也。即有惊，见寇越陈表，城上以麾指之，迹坐击正期，以战备从麾所指。望见寇，举一垂；入竟，举二锤；狎郭，举三垂；入郭，举四垂；狎城，举五垂。夜以火，皆如此。

Skolto ne transiras pli ol 10 *li*, trovu la altan konvenan lokon kaj starigu tie indikilon, kiun defendas tri personoj. Estu starigitaj tri indikiloj ĝis la muro kaj interkomunikiĝu pere de surmura fajrsignalo kaj indikiloj. Tage levu fumsignalon kaj nokte fajrsignalon. Kiam estas aŭdate, ke la malamikoj alvenas, esploru pri ilia formacio. Kaj en nepre okazonta atako, se estas nedefendebla al malgranda citadelo mem, do laŭeble gardu maljunulojn kaj malfortulojn, milion kaj rizon, dombestojn. Restigu soldatojn kaj agentojn malpli ol 50. Se la malamikoj atingas la parapeton, foriru. Atentu, ne malfruu retiriĝi. La trupoj kun skolto ne estu pli ol 300 personoj, kaj ĉe vesperiĝo la trupoj eliru de tie, nur postlasante malgrandan aferon[134] por fari.

Kie mankas trupoj, sed estas grava punkto por irantoj, tien endas sendi personojn pli ol 3 en tiu loko, tuj ĉe tagiĝo. Ĉiu starigu sian indikilon kaj de sur la muro oni respondu al tio. Agentoj transiras antaŭen la indikilon en kampo. Kiuj sidas ekstere kaj interne de la mura pordo, ankaŭ tiuj starigas indikilojn. Duono de soldatoj estu interne de la pordo, por ke ne videblas kiom da personoj. Tuj post kiam estos la alarmo kaj oni vidas la malamikojn transirantaj la indikilon en kampo, de sur la muro oni montras per flagoj la movon de malamikoj. Soldatoj ĉe la pordo tamburas kaj atendas ŝancon, pretigante sin al batalo laŭ la signalo montrota. Kiam estas viditaj la malamikoj, levu la unuan signalon; kiam ili transiris la limon, levu la duan; kiam ili alvenis al la ekstera muro, levu la trian, kiam ili eniras ĝin, levu la kvaran; kiam ili alvenis al la interna muro, levu la kvinan. Nokte signalu per fajro, samkiel supre menciite.

去郭百步，墙垣、树木小大尽伐除之。外空井尽室之，无令可得汲也。外空室尽发之，木尽伐之。诸可以攻城者尽内城中，令其人各有以记之，事以，各以其记取之。事为之券，书其枚数。当遂材木不能尽内，即烧之，无令客得而用之。

En la distanco je 100 paŝoj de la ekstera muro devas esti detruitaj ĉiuj plektbariloj, kaj tute dehakitaj kaj forportitaj ĉiuj arboj, malgrandaj kaj grandaj. Putoj ekstere estu tute ŝtopitaj, ke ne eblos ĉerpi akvon el ili. Domoj ekstere estu tute detruitaj kaj lignoj estu hakitaj. Ĉio ajn, kion povos uzi la atakantoj al la muro, estu transportita en la urbon. Ordonu, ke ĉiu registru sian posedaĵon detruitan. Post la fino de sieĝo, ĉiu ricevos la registritan posedaĵon. Oficistoj faras biletojn de obligacio kaj enskribas ilian nombron. Lignojn, ne transporteblajn internen, forbruligu, por ke malamikoj ne povu akiri kaj utiligi ilin.

---

[134] Esploristoj konsideras 微职 kiel eraro de 微识. Sed mi sekvas la restintan tekston.

人自大书版，著之其署忠。有司出其所治，则从淫之法，其罪射。务色谩正，淫嚣不静，当路尼众，舍事后就，逾时不宁，其罪射。喧嚣骇众，其罪杀。非上不谏，次主凶言，其罪杀。无敢有乐器，弊骐军中，有则其罪射。非有司之令，无敢有车驰、人趋，有则其罪射。无敢散牛马军中，有则其罪射。饮食不时，其罪射。无敢歌哭于军中，有则其罪射。令各执罚尽杀。有司见有罪而不诛，同罚；若或逃之，亦杀。凡将率斗其众失法，杀。凡有司不使去卒、吏民闻誓令，代之服罪。凡戮人于市，死上目行。

Popolanoj devas mem skribi grande sur la tabulo sian nomon kaj prezenti la nom-tabulon ĉe la posteno. Ĉefo proklamu rilate al inspekto de malĉastado, ke laŭ la leĝo la deliktinto estu punita per orelo-trapiko de sago[135]. Tiu, kiu estas tro aroganta kaj egocentra, trompas justulojn, kaj tiu, kiu estas brua kaj malkvieta, kaj tiu, kiu malhelpas al homoamaso trafikon surstrate, kaj tiu, kiu malhelpas al la aliaj labori normale kaj ĝustatempe, estu punitaj per orelo-trapiko de sago. Kiu agitas homoamasaĉon tumulti, tiu estu mortopunita. Tiu, kiu kondamnas sian supron sen admoni, kaj tiu, kiu arbitre disvastigas frenezan teruraĵon, estu mortopunitaj. En la armeo ne aŭdacu ludi muzikilojn, nek vetludon, nek ŝakon. La deliktinto estu punita per orelo-trapiko de sago.

Sen ordono de ĉefo neniu povas lasi militĉarojn kaj homojn kuri, la deliktulo estu punita per orelo-trapiko de sago. Neniu povas paŝti ĉevalojn kaj bovojn en la armeo. La deliktinto estu punita per orelo-trapiko de sago. Kiu manĝas kaj trinkas ne ĝustatempe, tiu estu punita per orelo-trapiko de sago. Neniu povas kanti kaj plorkrii en la armeo, la deliktinto estu punita per orelo-trapiko de sago. Ĉiu, kiu respondecas pri punado, plenumu taskon puni kaj ekzekuti. Se iu ĉefo preterrigardas la krimon kaj ne punas, ankaŭ li estu punita same. Kiu lasas krimulon eskapi, tiu estu mortigita. Ĉiuokaze, generaloj kaj oficiroj, kiuj rompas leĝon dum gvidado de popolamasoj, estu mortopunitaj. Ĉiuokaze, ĉefo, kiu ne igas la soldatojn, oficistojn kaj popolanojn obei al la ĵuro aŭ ordono, devas esti mem punata anstataŭ la malobeulo. Kiu estas mortopunita publike sur la merkato, ties korpo estos eksponata al la publiko.

谒者侍令门外，为二曹，夹门坐，铺食更，无空。门下谒者一长，守数令入中，视其亡者，以督门尉与其官长，及亡者入中报。四人夹令门内坐，二人夹散门外坐。客见，持兵立前。铺食更，上侍者名。守室下高楼候者，望见乘车若骑卒道外来者，及城中非常者，辄言

[135] 耳矢 estas puno laŭ milita leĝo. Vidu 岑仲勉[CZm138]

之守。守以须城上候城门及邑吏来告其事者以验之，楼下人受候者言，以报守。

　　Gardistoj ĉe la ekstera pordo de komandanto konsistas el du grupoj, kiuj servas aparte en ambaŭ flankoj antaŭ la pordo. Ili alterne manĝas, ke ne estu manko de la servo. El gardistoj ĉe la pordo estu elektita unu ĉef-gardisto, kiu akceptas ordonojn kaj turnadas sin kun raporto al la komandanto. Kiam oni trovas iujn fuĝintaj, ordonas al pordgardistoj kaj oficistoj raporti pri la fuĝintoj. 4 personoj sidas ambaŭflanke interne de la pordo, kaj 2 personoj ambaŭflanke ekstere. Kiam ili vidas gastojn, ili kun armiloj staras antaŭe. Ili manĝas alterne kaj raportas supren la nomojn de gardistoj.
　　Al la ĉef-defendanto en la ĉambro aŭ en la alta turo servas la agento, raportanta tuj al la ĉefo, observante ĉarojn aŭ ĉevalojn, aŭ soldatojn, alvenantaj laŭ la vojo, kaj ion neordinaran en la urbo. La ĉef-defendanto kun gardistoj kaj urbo-oficistoj esploras la raportojn, prezentitajn de agentoj, kaj konfirmas verecon de la informo. Personoj en la turo raportas al la ĉef-defendanto ankaŭ la informojn, ricevitajn de la aliaj agentoj.

中涓二人，夹散门内坐，门常闭，铺食更；中涓一长者。环守宫之术衢，置屯道，各垣其两旁，高丈，为埤院，立初鸡足置，夹挟视葆食。而札书得必谨案视参食者，即不法，正请之。屯陈、垣外术衢街皆楼，高临里中。楼一鼓、聋灶，即有物故，鼓，吏至而止。夜以火指鼓所。城下五十步一厕，厕与上同圂，请有罪过而可无断者，令杼厕利之。

　　Du perantoj sidas ambaŭflanke interne de la pordeto "San", kiu estas ordinare fermita. Ili alterne manĝas. Unu el perantoj estas la ĉefo. Loĝejo de la ĉef-defendanto estas ĉirkaŭita de la vojo, gardita ambaŭflanke de la heĝoj, altaj je 1 *zhang*, kun observaj fenestroj, starigitaj unue en la formo de kok-piedoj, por ke oni povu observi la loĝejon de ostaĝo kaj transdoni manĝaĵon.
　　Kiam leteroj estas ricevitaj, nepre esploru detale adresatojn kaj la sendintojn, kaj se troviĝas io kontraŭleĝa, pridemandu bone antaŭ ol transdoni. Ekstere de la gardita vojo, sur ĉiu strato starigu la altan turon, de kie eblas observadi kvartalojn. Ĉe ĉiu turo estu unu tamburo kaj unu portebla forno. Se io urĝa okazos, batu tamburon, ĝis kiam oficisto haltigos. Nokte per fajro lumigi la lokon, kie estas la tamburo. En la urbo estu unu necesejo en ĉiu 50-a paŝo. Konstruu la necesejon supre de porkejo[136]. Uzu krimulojn, ne mortopunitajn, por purigi la necesejojn kiel sinpurigo de la peko.

---

[136] Ideogramo 圂 havas signifon "porkejo" krom "necesejo 厕".

51. 杂守 DIVERSAĴOJ PRI DEFENDO

禽子问曰："客众而勇，轻意见威，以骇主人；薪土俱上，以为羊坽，积土为高，以临民，蒙橹俱前，遂属之城，兵弩俱上，为之奈何？"

Qin-zi demandis: "Kion fari, se la malamikoj estas multaj kaj bravaj, temeraraj kaj imponaj, timigos nin, pretigante lignojn kaj teron amase por konstrui *Yangling* [avancbazon] tiom alte, ke eblos minaci nian popolon, alproksimiĝos kun ŝildegoj kaj apenaŭ ne atingos la urban muron, kaj je la atakado estos pretaj iliaj armiloj kaj balistoj kune?"

子墨子曰：子问羊坽之守邪？羊坽者，攻之拙者也，足以劳卒，不足以害城。羊坽之政，远攻则远害，近城则近害，不至城。矢石无休，左右趣射，兰为柱后，望以固。厉吾锐卒，慎无使顾，守者重下，攻者轻去。养勇高奋，民心百倍，多执数少，卒乃不殆。作士不休，不能禁御，遂属之城，以御云梯之法应之。凡待烟冲、云梯、临之法，必应城以御之，曰不足，则以木椁之，左百步，右百步，繁下矢、石、沙、炭，以雨之，薪火、水汤以济之。选厉锐卒，慎无使顾，审赏行罚，以静为故，从之以急，无使生虑。悉懑高愤，民心百倍，多执数赏，卒乃不怠。冲、临、梯皆以冲冲之。

La Majstro Mozi diris: "Ĉu vi demandas pri defendo kontraŭ avancbazo *Yangling*? La atako estas tiel mallerta, ke iliaj soldatoj nur laciĝos kaj ne sufiĉos damaĝi nian urbon. Kontraŭ la *Yangling*, endas mezuri distancon, kiam ili atakos nin de malproksime, ni opozicios ankaŭ de malproksime, kaj kiam ili de proksime, ankaŭ ni de proksime. Tiam ili ne povos atingi la urban muron. Pafadu sagojn kaj ĵetadu ŝtonojn senĉese, pafadu subite de maldekstre kaj de dekstre, kaj ĵetu ŝtonegojn al ili. Tiel espereble eblos defendi. Sendu niajn elitajn soldatojn, sentimajn kaj impetajn, kaj niaj defendantoj subpremos ilin kaj la atakantoj-malamikoj retiriĝos. Kuraĝigu, alte ekscitu, kaj popola memfido centobliĝos. Per malmulte da niaj soldatoj sendanĝere ni kaptos multajn malamikojn."

Se ne eblos antaŭmalhelpi al iliaj soldatoj, senripoze proksimiĝantaj al nia urba muro, tiuokaze uzu defendrimedon saman kontraŭ atako *Yunti* [Nuba eskalo]. Ĝenerale, kiel defendo kontraŭ taluso de fosaĵo, aŭ murorompila ramo, aŭ *Yunti*, aŭ *Lin* [alproksimiĝa kirasĉaro], nepre estu konstruita iu provizora fuorto. Se ne, kovru la muron per ligna bariero, kiu etendiĝas maldesktren je 100 paŝoj, desktren je 100 paŝoj. De tie amase pafadu kaj ĵetadu ŝtonojn, sablojn, braĝojn, kaj ankaŭ brulantajn lignojn, bolantan akvon kvazaŭ pluvegon. Elektu superajn soldatojn, sentimajn kaj impetajn, kaj rekompencu ilin por merito aŭ malmerito per premio aŭ puno, taksu kvietecon baza, sed je urĝeco lasu ilin agi rapide kaj senhezite. Se estas atmosfero plena de braveco kaj alta eksciteco, popola memfido centobliĝas. Se oni honorigas tiun, kiu kaptis plimulte da malamikoj, do soldatoj ne maldiligentiĝas. Kontraŭ murorompila ramo, *Lin*, aŭ *Yunti*, ni ankaŭ kun niaj ramoj disbatos ĉiujn.

渠长丈五尺，其埋者三尺，矢长丈二尺。渠广丈六尺，其弟丈二尺，渠之垂者四尺。树渠无傅叶五寸，梯渠十丈一梯，渠、苔大数，里二百五十八，渠、苔百二十九。诸外道可要塞以难寇，其甚害者为筑三亭，亭三隅，织女之，令能相救。诸距阜、山林、沟渎、丘陵、阡陌、郭门若阎术，可要塞及为微职，可以迹知往来者少多及所伏藏之处。

Qu [Ŝildo, Ŝirmilo] estas longa je 1 *zhang* 5 *chi*, enterigita je 3 *chi*, kaj ĝia sago[137] estas longa je 1 *zhang* 2 *chi*. Vasteco de *Qu* estas 1 *zhang* 6 *chi*, kaj ĝia eskalo estas longa je 1 *zhang* 2 *chi*, kaj *Qu* pendas ĉe apogo je 4 *chi*. *Qu* estu konstruita proksime al la parapeto je 5 *cun*. Ŝtuparo de *Qu* estu unu en 10 *zhang*. Ŝildoj kun fajraj ekranoj *Da* estu multaj: 129 [ŝildoj *Qu*] +129 [ekranoj *Da*] =258 en unu *lio*[138].

Sur la eksteraj vojoj estu starigitaj la fuortoj, kiujn estas malfacile al malamikoj konkeri. Sur ĉiu strategia grava loko estu starigitaj tri pavilonoj, kiuj konsistigas triangulon, kvazaŭ Vego (tri steloj de Teksistino). Ili helpu unu al la alia. Sur ĉiuj montoj, arbaroj, fosaĵoj kaj riveroj, montetoj, kampoj kaj vojoj, eksteraj pordoj, vojetoj kaj stratoj, estu konstruitaj la fuortoj kun kontrolejoj de identigiloj. Tie oni scias nombron de irantoj kaj eblas scii lokojn por embusko.

葆民，先举城中官府、民宅、室署，大小调处。葆者或欲从兄弟、知识者许之。外宅粟米、畜产、财物诸可以佐城者，送入城中，事即急，则使积门内。民献粟米、布帛、金钱、牛马、畜产，皆为置平贾，与主券书之。

Por protekti popolanojn, enirintajn en la urbon, kie estas la registaro, oni devas pretigi privatajn kaj registarajn domojn, grandajn aŭ malgrandajn, por ke ili povu loĝi.

---

[137] Multaj esploristoj anstataŭigas la ideogramon 矢 per 夫. Mi provas laŭlitere traduki.

[138] Vidu. 岑仲勉 CZm141.

Se tiuj popolanoj volas loĝi kun siaj gefratoj aŭ konatoj, estas permesate al ili loĝi kune. De ekstere endas sendi aŭ enporti en la urbon grenojn, dombestojn, monojn, posedaĵojn por helpi loĝantojn en la urbo. Se la afero estas urĝa, tiuokaze amasigu tiujn aĵojn en la urbon. Al popolanoj, kiuj oferis grenojn, tolojn kaj silkojn, oron kaj monon, bovojn kaj ĉevalojn, dombestojn, al ĉiu el ili pagu per ordinara prezo, aŭ donu al posedantoj biletojn, enskribinte en la libron.

使人各得其所长，天下事当；钧其分职，天下事得；皆其所喜，天下事备；强弱有数，天下事具矣。

Se oni lasos ĉiun homon fari tion, kion li bone povas fari, tiam en la mondo iros la afero ĝuste. Se laboro estos dividita egale inter ĉiuj homoj, tiam en la mondo iros la afero sukcese. Se ĉiuj faros sian ŝatatan aferon kun plezuro, tiam la afero en la mondo perfektiĝos.[139] Se ĉiu el fortuloj kaj malfortuloj havas respektive sian propran taskon, la afero en la mondo efektiviĝos.

筑邮亭者圜之，高三丈以上，令侍杀，为辟梯。梯两臂长三尺，连门三尺，报以绳连之。椠再，杂为县梁，聋灶，亭一鼓。寇烽、惊烽、乱烽，传火以次应之，至主国止，其事急者引而上下之。烽火以举，辄五鼓传，又以火属之，言寇所从来者少多，旦弇还去来属次烽勿罢。望见寇，举一烽；入境，举二烽；射妻，举三烽一蓝；郭会，举四烽二蓝；城会，举五烽五蓝。夜以火，如此数。守烽者事急。

Oni instalu la rondan signalpavilonon, altan je pli ol 3 *zhang*. Ĝia supro estu malpli vasta, la subo estu pli vasta. Faru ŝtuparon kun du brakoj, longaj je po 3 *chi*, ligitan per ŝnuro al la pordo granda je 3 *chi*. Supre de lignoj pendigu ĉe trabo diversaĵon. En pavilono estu la portebla forno kaj unu tamburo. Signalu per fajro-fumo okaze de la malamika invado, iu urĝa situacio kaj tumulto. Signaloj estu transdonataj tuj sekve unu al la alia, kaj atingas fine la landestron. Okaze de urĝeco, la signaloj estu tirataj supren kaj suben.

Kiam la signala fajro estas fajrigita, tuj 5 fojojn batu la tamburon, kaj sciigu per diversaj fajroj, kiom da malamikoj alvenas. Ne malfruiĝu, senĉese sciigu per signalo pri movo de malamikoj. Se estas ekviditaj la malamikoj, levu la unuan signalon. Se ili eniras trans la limon, levu la duan signalon. Se ili jam estas en la loko, de kie iliaj sagoj atingas la urbomuron, levu la trian signalon kaj batu la tamburon unu fojon. Se ili

---

[139] Esenco de la ideo de Mozi estas esprimita per tiuj vortoj. "Universala makroamo" kaj "Estimo al Saĝuloj" estas konstruitaj sur tiu fundamento.

eniras trans la eksteran urbomuron, levu la kvaran signalon kaj batu la tamburon du fojojn. Se ili proksimiĝis al la muro, levu la kvinan signalon kaj batu la tamburon kvin fojojn. Nokte signalu per fajro, kaj nombro estas sama, tiom, kiom tage. Signalistoj urĝe okupiĝas pri sia laboro.

候无过五十，寇至叶，随去之，唯弇逮。日暮出之，令皆为微职。距阜、山林皆令可以迹，平明而迹，无，迹各立其表，下城之应。候出置田表，斥坐郭内外，立旗帜，卒半在内，令多少无可知。即有惊，举孔表；见寇，举牧表。城上以麾指之，斥步鼓整旗，旗以备战从麾所指。田者男子以战备从斥，女子亟走入。即见放，到传到城止。守表者三人，更立摇表而望，守数令骑若吏行旁视，有以知为所为。其曹一鼓，望见寇，鼓传到城止。

En skolta grupo estu ne pli ol 50 homoj. Kiam la malamikoj atingas parapeton, tiam ankaŭ skoltoj devas foriri tuj. Je vesperiĝo ili eliras de tie kaj ĉiuj devas aranĝi la delikatan laboron. Je tagiĝo ili devas esplori montojn kaj arbarojn, kien povas trairi la malamikoj. Ili devas starigi signalajn flagojn tie, kie la malamikoj trairis, por sciigi al sia fortikaĵo, kiu siavice respondas al iliaj signaloj. Kiam unu skolto starigis la flagon en la kampo, la aliaj ĉe la ekstera urbomuro starigas la flugrubandon. Duono de soldatoj estu preta interne de la ekstera urbomuro, por ke malamikoj ne sciu pri nia nombro de soldatoj. Se okazos io urĝa, levu la flagon kun truo. Se videblas la malamikoj, levu la "paŝtan" flagon[140]. Sur urbomuro la standardo estas uzata por indiki la direkton de malamikoj. Vidante la standardon, en postenoj oni tamburas kaj ordigas flagojn, kaj sendas ekipitajn batalantojn laŭ flagoj al la indikita direkto. En la kampo viroj estu pretaj je batalo laŭ la ordono, kaj virinoj hastu enkuri en la urbon. Post kiam tio estas vidita, tuj la informo estu transdonita ĝis la urbo. Tri signalistoj starigu la pendantan flagon *chui* kaj observadu, kiel ĉef-defandanto sendas ĉevalistojn kaj oficistojn konstati la situacion. En ĉiu trupo-unuo estu unu tamburo, kaj, vidante la malamikojn, oni sciigu per tamburado al la urbo.

斗食，终岁三十六石；参食，终岁二十四石；四食，终岁十八石；五食，终岁十四石四斗；六食，终岁十二石。斗食食五升，参食食参升小半，四食食二升半，五食食二升，六食食一升大半，日再食。救死之时，日二升者二十日，日三升者三十日，日四升者四十日，如是而民免于九十日之约矣。

Se ĉiutaga manĝporcio estas 1 *dou*, ĝis la jarfino estos manĝitaj 36 *dan*. Se ĉiutage

---

[140] Nomoj de flagoj estas tradukitaj oportune laŭlitere. Sun Yirang konjektas 孔表；牧表 kiel "ekstera" kaj "sekva" signaloj. Mi provas traduki nur laŭlitere "truo [孔]" kaj "paŝto [牧]".

2/3 *dou* – ĝis la jarfino 24 *dan*, se 2/4 *dou* – ĝis la jarfino 18 *dan*, se 2/5 *dou* – ĝis la jarfino 14 *dan* 4 *dou*, se 2/6 *dan* – ĝis la jarfino 12 *dan*.

Se ĉiutaga manĝporcio estas 1 *dou*, kvanto de unufoja manĝo estas 5 *sheng*, se 2/3 *dou* – 3 *sheng* 1/3, se 2/4 *dou* – 2 *sheng* 1/2, se 2/5 *dou* – 2 *sheng*, se 2/6 *dou* – 1 *sheng* 2/3. Ĉiutage oni manĝas du fojojn.

Je la urĝa tempo por savi el morto: vivi 20 tagojn kun ĉiutaga manĝporcio 2 *sheng*, vivi 30 tagojn kun 3 *sheng*, 40 tagojn – kun 4 *sheng*. Tiel oni povas eviti morton pro malsato per ŝparado de manĝaĵo por 90 tagoj.

寇近，亟收诸杂乡金器若铜铁及他可以左守事者。先举县官室居、官府不急者，材之大小长短及凡数，即急先发。寇薄，发屋，伐木，虽有请谒，勿听。入柴，勿积鱼鳞簪，当队，令易取也。材木不能尽入者，燔之，无令寇得用之。积木，各以长短、大小、恶美形相从。城四面外各积其内，诸木大者皆以为关鼻，乃积聚之。

Kiam malamikoj proksimiĝas, tuj kolektu ĉiujn metalojn, kiel ilojn kaj ujojn el oro, aŭ kuplo, fero, k. a., kiuj estas utilaj por defenda afero. Kaj unue, esploru aferojn ne urĝebezonatajn por oficistoj en lokaj aŭtoritatoj, kaj kalkulu nombrojn de lignoj, grandaj kaj malgrandaj, longaj kaj mallongaj, ĉar okaze de urĝeco ili devos esti unue rekviziciitaj. Kiam la malamikoj alproksimiĝas, rekviziciu domojn, haku arbojn, spite ian ajn peton, ne aŭdu. Amasigu brullignojn ne tiel, kiel en formo de skvamoj, sed kiel en vico por facile elpreni. Lignojn, kiuj ne estas porteblaj en la urbon, forbruligu, por ke malamikoj ne povu utiligi ilin. Amasigu bonorde laŭ grandeco la lignojn, egallongajn kaj egalgrandajn, bonajn kaj malbonajn, kaj rezervu ilin ekstere ĉe kvar flankoj de interna muro. Ĉe rando de ĉiuj grandaj lignoj traboru trueton por kunligi ilin per ŝnuro.

城守司马以上，父母、昆弟、妻子有质在主所，乃可以坚守。署都司空、大城四人，候二人，县候面一，亭尉、次司空、亭一人。吏侍守所者财足廉信。父母、昆弟、妻子在葆宫中者，乃得为侍吏。诸吏必有质，乃得任事。守大门者二人，夹门两立，令行者趣其外。各四戟，夹门立，而其人坐其下。吏日五阅之，上逋者名。

Ĉe defendado de la urbo, komandantoj pli altaj ol la rango *Sima* [militministro] devas doni al la estro de fortikaĵo siajn parencojn, t. e., gepatrojn, gefratojn, edzinon kaj gefilojn kiel ostaĝojn por loĝi najbare de la estro. Se tiel, la defendo povas esti firma. Por defendado administras *Dou Sikon* [administranto], por granda urbo – kvar administrantoj, du *hou* [direktoroj], unu postena direktoro en unu flanko, unu postena kapitano kaj vic-administranto. Oficistoj, servantaj al la ĉef-defendanto, devas esti sufiĉe riĉaj kaj nekoruptiĝeblaj. Nur tiam, kiam iliaj gepatroj, gefratoj, edzino kaj gefiloj iĝas ostaĝoj en la estra palaco, ili povas okupiĝi kiel servantaj oficistoj. Al tiu oficisto, doninta la ostaĝon, oni nepre povas komisii taskon. Du gardistoj ĉe la granda pordo staras ambaŭflanke de la pordo kaj lasas homojn iradi rapide. Po kvar halebardistoj staras ambaŭflanke ĉe la pordo, ili estas sub gardistoj je rango. Inspektoro observadas ilin ĉiutage kvin fojojn kaj raportas supren pri nomoj de fuĝintoj.

池外廉有要有害，必为疑人，令往来行夜者射之，谋其疏者。墙外水中为竹箭，箭尺广二步，箭下于水五寸，杂长短，前外廉三行，外外乡，内亦内乡。三十步一弩庐，庐广十尺，袤丈二尺。

La ekstera flanko de la fosaĵo estas, kvankam grava, tamen facile damaĝitebla, do se iu dubinda[141] iradas tien kaj reen nokte, oni devas nepre tiun pafi. Kiu preterrigardas kaj ne pafis, tiun punu. En la fosaĵo ĉe la ekstera muro enplantu sagojn el bambuo, kun interspaco de 2 paŝoj, sub akvon profunde je 5 *cun*, miksante sagojn longajn kaj mallongajn. Enplantu tri vicojn ĉe la interna kaj ekstera bordoj. Ĉe la ekstera bordo, direktu sagojn eksteren, kaj ĉe la interna – internen. En ĉiu 30-a paŝo estu unu pafila stativo de balisto, vasta je 10 *chi* kaj longa je 1 *zhang* 2 *chi*.

队有急，极发其近者往佐，其次袭其处。

Kiam la trupo-unuo estas en urĝeco, iu ajn najbaro devas rapide al ĝi helpi kaj la sekva kompletigu la lokon de la najbaro.

守节出入使，主节必疏书，署其情，令若其事，而须其还报以剑验之。节出，使所出门者，辄言节出时、掺者名。

Kiam la sendito-mesaĝisto de la ĉef-defendanto el- kaj en-iradas kun identigilo, la oficisto-respondeculo devas nepre enskribi enhavon de la identigilo en la registr-libron. La cirkonstanco skribita devas esti konforma al la afero. Reveninta sendito devas esti ekzamenata laŭ la registro. Tiel do tuj estas necese registri kaj raporti supren la nomon de sendito-mesaĝisto, kiam li eliras el la pordo kun identigilo.

百步一队。

[141] Esploristoj [Yu Yue k. a.] konjektas ideogramojn 疑人 kiel homofiguron. Sed mi ne povas obei al tiu konjekto.

Unu trupo-unuo estu en ĉiu 100-a paŝo.

阖通守舍，相错穿室。治复道，为筑墉，墉善其上。

Pavilonoj, tra kiuj eblas aliri al ĉef-defendanta ĉambro, estu komplike alligitaj unuj kun la aliaj. Kaj aldone konstruu duoblan vojon, laŭ kiu estu starigitaj la muretoj kun supro bone tegita.

取疏，令民家有三年畜蔬食，以备湛、旱、岁不为。常令边县豫种畜芫、芸、乌喙、袾叶，外宅沟井可填塞，不可，置此其中。安则示以危，危示以安。

Koncernante legomojn, popolanoj rezervu en siaj domoj la legomojn kaj nutraĵojn por 3 jaroj, por kontraŭi inundon, senpluvecon kaj senrikolton. Ordonu al periferiaj gubernioj esti kultivataj kaj rezervataj ĉiam ankaŭ venenaj herboj, kiel *yuan* [dafno], *yun* [ilicio], *wuhui* [akonito] kaj *zhu* [ksantio]. Ekstere de domoj, en riveretojn kaj putojn, kiujn ne eblas ŝtopi, oni enmetu la herbojn okaze de la malamika invado. Resti en paco, sed ĉiam esti preta por milito: en paco pensu pri danĝero, kaj en danĝero pensu pri paco.

寇至，诸门户令皆凿而类窍之，各为二类，一凿而属绳，绳长四尺，大如指。寇至，先杀牛、羊、鸡、狗、乌、雁，收其皮革、筋、角、脂、䏚、羽。彘皆剥之。吏樽桐占，为铁錍，厚简为衡枉。事急，卒不可远，令掘外宅林。谋多少，若治城　为击，三隅之。重五斤已上，诸林木，渥水中，无过一茷。涂茅屋若积薪者，厚五寸已上。吏各举其步界中财物可以左守备者，上。

Kiam invadantoj alvenas, ordonu al ĉiuj, ke ĉiu pordo estu kun du traboritaj truoj. Tra unu truo pasas ŝnuro, longa je 4 *chi*, tiom dika, kiom fingro. Ĉe alveno de la malamikoj, antaŭ ĉio buĉu bovojn, ŝafojn, kokojn, hundojn, [porkojn,] anserojn, anasojn, kaj senfeligu ilin, forprenu tendenojn, kornojn, grason, kraniojn kaj plumojn. Ĉiujn porkojn senfeligu.

Segu per *Tiepi* [fera hakilo?] katalpon, paŭlovnion, kaŝtanon, por fari dikajn kradojn kaj fostojn[142]. En urĝa situacio, soldatoj ne povas iri malproksimen, do ordonu al ili fosi tranĉeon kaj haki arbojn en najbara arbaro. Se estus iom da tempo por

---

[142] Estas kelke da nekompreneblaj vortoj, kiujn mi devis traduki kun konjekto [ekz, 錍]. Ĉar 埤 havas signifon "dentumita" [埤堄], mi analogie rezonas "hakilon".

strategio, riparu la muron por prepari al atako el tri anguloj. Lignoj, pli pezaj ol 5 *jin*, estu en akvo, konsistigante ne pli ol unu floso. Domojn kun amasigitaj lignoj ŝmiru per ŝlimo dika je pli ol 5 *cun*. Ĉiu oficisto devas raporti supren pri trezoroj kaj materialoj en sia areo al defendantoj por asisti je defendado.

有谗人，有利人，有恶人，有善人，有长人，有谋士，有勇士，有巧士，有使士，有内人者，外人者，有善人者，有善门人者，守必察其所以然者，应名乃内之。民相恶，若议吏，吏所解，皆札书藏之，以须告之至以参验之。睨者小五尺，不可卒者，为署吏，令给事官府若舍。

Estas homo malica, estas homo utila, estas homo malbona, estas homo bona, estas homo lerta, estas taktikulo, estas bravulo, estas lertulo, estas diplomato, estas introvertito, estas ekstravertito, estas homo el bona familio, estas homo altdevena. Ĉef-defendanto nepre devas observadi kapablon de ĉiu homo kaj asigni al ĉiu la taŭgan pozicion kaj rolon.

Okazadas, ke popolanoj malamas sin reciproke aŭ kritikas oficistojn. Oficistoj devas solvadi tion kaj enskribi ĉion en librojn kaj konservi ilin, ĉar la dokumentoj restos kiel precedencoj por konsulti la rezultojn de eksperimentoj.

Strabulo aŭ malgrandulo, malpli alta ol 5 *chi*, ne povas fariĝi soldato, sed iĝas provizora oficisto aŭ servanto en registara oficejo.

蔺石、厉矢、诸材器用皆谨部，各有积分数。为解车以枪，城矣，以轺车，轮軨广十尺，辕长丈，为三辐，广六尺，为板箱，长与辕等，高四尺，善盖上，治中令可载矢。

Ŝtonoj-akrigiloj, sagoakrigiloj kaj utilaj iloj estu atenteme konservitaj. Al ĉiu devas esti ŝarĝita la respektive asignita parto kaj kvanto. El katalpo estas farata *Jie Che* [ĉaro] por transportado ene de la urbo. Por transportadi sagojn estas uzata la remorko kun tri radoj, interspaco de rulantaj radoj vasta je 10 *chi* kaj timono longa je 1 *zhang*, vasteco de stativo estas 6 *chi*, kaj sur kiu estas la ŝranko el tabuloj, longeco de la ŝranko estas egala al timono kaj la alteco estas 4 *chi*, la supro estas bone kovrita per fermilo, kaj aranĝu por tien enmeti sagojn.

子墨子曰：凡不守者有五：城大人少，一不守也；城小人众，二不守也；人众食寡，三不守也；市去城远，四不守也；畜积在外，富人在虚，五不守也。率万家而城方三里。

La Majstro Mozi diris: "Ĝenerale en neebleco de defendo kuŝas 5 kialoj. La unua –

urbo granda, sed popolnombro malgranda, la dua – la urbo malgranda, sed popolnombro granda, la tria – da popolanoj multe, sed da nutraĵo malmulte, la kvara – merkato estas malproksima de la urbo, la kvina – la riĉaĵo estas akumulita eksterlande kaj riĉuloj mankas en la urbo. Por defendo estas optimume, ke loĝas 10000 familioj kaj la urbo estas 3 *li* kvadrate."

BIBLIOGRAFIO（文献资料）

LA BAZA LIBRO POR TRADUKO（主要版本）

FY　　方勇译注. 墨子. 北京：中华书局. 2012

KOLEKTAĴOJ DE MATERIALOJ（参考文集）

MDQ　任继愈等编. 墨子大全：101卷. 北京：国家图书馆出版. 2002
MJC　严灵峰编. 墨子集成：46卷. 台北：台湾成文出版社. 1975
MYL　张知寒主编. 墨子研究论丛：1卷.. 济南：山东大学出版社. 1991-
　　　　任守景、邵长捷主编.. 墨子研究论丛：10卷. 济南：齐鲁书社. -2012
MXY　邵长捷主编. 墨学研究. 中国墨子学会. 山东大学滕州市墨子研究中心. 2013

VORTAROJ（辞书）

SZy　孙中原编. 墨子鉴赏辞典. 上海：上海辞书出版社.. 2012
MDc　王裕安等编. 墨子大词典. 山东：山东大学出版社. 2006
Ssz　白川静编. 字统. 東京：平凡社. 2007
WC1　王崇方编. 汉语世界语大词典. 北京：中国世界语出版社. 2007. *Granda Vortaro Ĉina-Esperanta*. kompilita de Wang Chongfang. Pekino：Ĉina Esperanto-Eldonejo. 2007
WC2　王崇方编. 世界语汉语大词典. 北京：外文出版社. 2015. *Granda Vortaro Esperanto-Ĉina*. kompilita de Wang Chongfang. Pekino：Ĉina Fremdlingva Eldonejo. 2015

KLASIKAĴOJ（古籍）

Kf　王崇芳译. 论语. 北京：中国世界语出版社. 1996. *Analektoj de Konfuceo*.Tradukita de Wang Chongfang. Pekino：Eldonita de Ĉina Esperanto-Eldonejo. 1996
La　王崇芳译. 道德经. 北京：外文出版社. 2012. *Dao de Jing de Laŭzi*. Tradukita de

Wang Chongfang. Pekino: Fremdlingva Eldonejo. 2012

Me	金谷治著. 中国古典选 8-9：孟子 上下. 东京：朝日新闻社. 1958
Zh	俞婉君译注. 庄子. 南昌：二十一世纪出版社. 2014
Li	小林信明著. 新译汉文大系 22：列子. 东京：明治书院. 1967
Xu	刘向整理. 荀子. 北京：燕山出版社. 1995
Hf	郑之声，江涛编著. 韩非子. 北京：燕山出版社. 1995
Lc	吕氏春秋. 内蒙古：内蒙古文化出版社. 2007
Hn	刘安编. 淮南子. 北京：燕山出版社. 1995
Sm	小竹文夫·小竹武夫译. 世界文学大系 1, 2. 司马迁-史记. 东京：筑摩书房. 1962
Hy	马茂元整理. 韩昌黎文集校注·读墨子. 上海：上海古籍出版社. 2014

BIBLIOGRAFIO DE BIBLIOGRAFIOJ（书目）

HKn0	黑琨编. 墨学书目. 山东：齐鲁书社.. 2004 MYL3: 548-577
TJj0	谭家健编. 墨子研究论文分类索引（1904-1994. 含海峡两岸）. 四川：巴蜀书社. 2002. MYL3: 578-694
QYs0	秦彦士编. 台湾日本墨学研究论著索引：墨子考论. 四川：巴蜀书社. 2002. p. 316-368
Ksk0	河崎孝治编. 墨子研究文献目录. 日本：广岛大学文学部中国哲学研究室. 1973
YLf0	严灵峰编. 墨子知见书目. 台湾：台湾成文出版社. 1975 MDQ53
LXz0	李贤中编. 台湾墨学研究著作选编. 贵州：贵州人民出版社. 2003 MDQ98
LXw0	李小文编. 墨子研究书目提要. 2003. MDQ98
SMQ0	史墨卿编. 中国历代墨子论文索引：书目季刊. 台湾 1（17）1983

KOMENTARIOJ KAJ ESPLOROJ（古籍研究成果）

SY	孙诒让. 新编诸子集成：墨子闲诂上下. 上海：中华书局. 2008
PY	毕沅. 经训堂丛书：墨子注 1783 MDQ11
FS	傅山. 墨子大取篇释 MDQ
WZ	汪中. 墨子表微『述学内篇·墨子序』
ZH	张惠言. 墨子经说解. 1792 MDQ13
WN	王念孙. 墨子杂志（道光刊本） MDQ14
WY	王引之. 经傳释词、经义述闻
HY	洪颐烜. 读墨子丛绿 MZJ9
SS	苏时学. 墨子刊误. 1867 MDQ14

YY   俞樾.   墨子平议. 1870   MDQ13
ZC   张纯一. 墨子集解. 1931   MDQ29-30

CSs   蔡尚思主编. 十家论墨. 上海：上海人民出版社. 2004
CYx   曹耀湘. 墨子笺. 湖南：湖南官书局排印本. 1906   MDQ19
CZm   岑仲勉. 新书诸子集成：墨子城守各编简注. 上海：中华书房. 2013
CMl   陈孟麟.墨辩逻辑学. 济南：齐鲁书社. 1983   MDQ59
CWe   陈伟. 墨子请谈. 武汉：长江文艺出版社. 2003
CZh   陈柱. 墨子刊误. 上海：中华书局. 1928
       陈柱. 墨学十论. 上海：中华书局. 1928   MDQ37
CGs   陈癸淼. 墨辩研究. 台湾：学生书局. 1977
CGy   陈顾远. 墨子政治哲学. 上海：上海泰东图书局. 1934   MDQ38
CKs   陈克守. 平民显学： 墨子与中国文化研究. 吉林：吉林人民出版社. 2002 MDQ93
CKs1   陈克守.科技之父： 墨子. 山东：山东教育出版社. 2001   MDQ93
CKs2   陈克守. 桑哲. 墨学与当代社会. 北京：中国社会科学出版社. 2007
CKs3   陈克守. 墨学研究1（35）： 儒墨和谐社会说. 中国墨子学会、山东大学、滕州市墨子研究中心. 2013   p 10-15   MXY
DGj   邓高镜注. 墨经新释.上海：商务印书馆. 1931   MDQ39
DGj1   邓高镜注. 墨子哲学. MDQ39
DYz   邓云昭. 墨子正文解义. MDQ47
FGy   范耕研. 墨辩疏证. 上海：商务印书馆. 1935   MDQ40
FSc   方授楚.墨学源流墨学源流. 上海：中华书局. 1937   MDQ43
FCr   冯成荣. 墨子新注新释. 台湾：冯同亮书坊. 1996
FCr1   冯成荣. 墨子生平及其教育学术之研究. 台湾：文史哲出版. 1976   MDQ53
GXc   高秀昌.论墨子关于政治与宗教关系之思想 郑州：《中州学刊》出版社. 2006. 2
GSh   顾实. 墨子辩经讲疏. 上海：上海书店. 1996   MDQ42
GXg   顾颉刚. 古史辨 第7册下编：禅让传说起于墨家考. 上海：古籍出版社. 1982
GSd   光晟. 道墨新诠:台湾：学生书局. 1988
GCz   郭成智. 墨翟故里考辨 郑州：《中州学刊》. 1990, 5
GMr   郭沫若.郭沫若全集. 历史编2. 北京：人民出版社. 1982
GQy   郭齐勇. 儒墨两家之«孝»，«丧»，与«爱»的区别和争论 《哲学研究》 2010, 1
HHc   胡怀琛. 墨子学辨 MDQ38
HYy   胡蕴玉. 墨子经说浅析.上海：国学研究社. 1924 MDQ99
HSh   胡适. 中国哲学史大纲（上） 北京：商务出版社 2011   MDQ49
HLh   黄历鸿, 吴晋生.「郭沫若研究墨子的十三点失误」『墨子研究论丛』4（1998）   MYL4
JBc   姜宝昌. 墨经训释. 济南：齐鲁书社. 1993   MDQ74

JQn	江瑔.	论墨子非姓墨『读子卮言』卷二
JWq	蒋维乔.	墨子哲学研究 1933-35 MDQ36
KYw	康有为.	孔子批判考- 墨子考论. MDQ99
LLi	李笠.	定本墨子问诂校补. 上海：商务印书馆 1925 MDQ34
LSk	李绍崑.	墨子研究. 台湾：现代学苑月刊社.1968 MDQ55
LSk1	李绍崑.	墨子：伟大的教育者.1985、墨学十讲.1990 MDQ56
LXq	李学勤.	秦简与《墨子》城守各篇、云梦秦简研究：北京： 中华书局 2（1980）
LXz	李贤中.	墨学 – 理论与方法.台北：台湾扬智出版社 2003 MDQ98
LYb	李亚彬.	中国墨家.北京：宗教文化出版社.1996 MDQ82
LYx	李永先.	墨子生卒年代考辨『墨子研究论丛』3:1995 pp.503-513 MYL
LYs	李渔叔.	墨辩新注.台北：台湾商务印书馆.1966
		墨子今注今译. 台北：台湾商务印书馆.1974 MDQ57
LQc	梁启超.	墨子学案、饮冰室合集、子墨子学说、墨经校译. MDQ26
LSp	刘师培.	墨子拾补.1936 MDQ43
LSy	刘书玉.	20世纪墨子里籍研究及其特点 MYL10:359-373
LWh	刘蔚华.	墨子是河南鲁山人. 『中州学刊』1982, 第4期
LDd	鲁大东.	墨辩新注. 上海：中华书局. 1936 MDQ41
LDf	栾调甫.	墨子研究论文集『墨学研究』 MDQ51 『墨辩讨论』MDQ35
LGz	罗根泽.	诸子考索. 北京：人民出版社.1958 『墨子』 MDQ49
MLy	梅良勇，俞世兰.	墨子的宗教观研究 『墨学研究』1（35）：2013 pp. 23-27 MXY35
QNm	钱穆.	墨子. 上海 1931 MQD30; MQD47
QG	钱光.	墨子当为宋人考.『兰州大学学报』1993, 第1期
QYs	秦彦士.	墨子考论. 成都：巴蜀书社：2002
QYs1	秦彦士.	别墨新论 – 兼评墨家的政治观.『墨子研究论丛』4（1998） MYL4
SMq	史墨卿.	墨学探微.台北：台湾学生书局.1994
		墨学散论.台北：台湾学生书局.2002 MDQ58
SCj	邵长婕、张西锋.	墨子科技思想中的人文关怀 『墨学研究』1（35）：2013 MXY35
SWs	水渭松.	墨子导读. 成都：巴蜀书社. 1990; MDQ65;
		墨子直解. 成都：巴蜀书社. 2000 MDQ66
SYk	孙以楷, 甄长松.	墨子全译. 成都：巴蜀书社.2000
SZk	孙以楷.	墨子为齐国人再论.『中国政协报』1986年2月25日
SZy	孙中原.	墨子及其后学. 1993;『墨学通论』1993 MDQ75
SZy1	孙中原.	墨者的智慧. 1995;『墨学与现代文化』1998 MDQ76
TJf	谭戒甫.	墨辩发微.1958 MDQ60
TJj	谭家健.	墨子研究. 贵阳：贵州教育出版社. 1995 MDQ80
THq	陶宏庆.	读墨子礼记. 北京文学同盟者排印本. 1927 MDQ21

WDz 王冬珍. 墨子新探. 台北：台湾世界书局1989；『墨子思想』 MDQ64
WGz 王凯、郑延龄. 墨子法仪说浅析．『墨学研究』1（35）：2013 MXY35
WHb 王焕镳. 墨子校释. 1984；『墨子校释商兑』1986 MDQ63
WKy 王闿运. 墨子七十一篇序（湘绮楼全书） MDQ19
WZx 王治心. 墨子哲学 MDQ33
WFb 伍非百. 墨经解故. 晨光社排印本. 1921 MDQ27
Wĉ 吴承煊. 墨翟考一卷. MDQ12
WYj 吴毓江. 墨子校注. 重庆：独立出版社. 1944 MDQ45
WLc 吴雷川. 墨翟与耶稣. 上海青年协会书局. 1940 MDQ33
XZl 邢兆良. 墨子评传. 南京：南京大学出版社. 1993 MDQ77
XMn 熊 梦. 墨子经济思想. 1925 MDQ35
XXy 徐希燕. 墨学研究–墨子学说的现代的诠释. 北京：商务印书馆. 2001 MDQ91
XBc 薛柏成. 墨家思想新探. 哈尔滨：黑龙江人民出版社. 2007
YJb 杨建兵. 墨家人性论略. 2010 MYL9
YJg1 杨俊光. 墨子新论–墨学流布兴衰考略. 南京：江苏教育出版社. 1993 MDQ61
YJg2 杨俊光．《墨经》"誉"，"诽"二条校诂『墨子研究论丛』4（1998）:327-337 MYL
YKn 杨宽. 墨子各篇作期考. MDQ44
YHn 叶瀚. 墨经诂义. MDQ24
YTy 尹桐杨. 墨子新释. 衡南学社.1914 MDQ22
YSw 于省吾. 墨子新证. 1938 MDQ44
YCh 于鬯. 墨子校书. 1910 MDQ91
ZCy 张纯一. 墨子与景教. MDQ28
ZGl 张国梁. 墨子世系考．『墨子研究论丛』3: 1995 MYL3
ZJs 张建设、孙以楷. 老墨通义论 『墨子研究论丛』3: 1995 MYL3
ZZh 张知寒. 墨子里籍考论. MDQ72
ZJw 郑杰文. 二十世纪墨学研究史. 北京：清华大学出版社.2002 MDQ95
ZWc 支伟成. 墨子综释. 上海：泰东书局. 1925 MDQ33
ZLj 褚丽娟. 上帝之爱与人心改造–民国基督徒知识分子的墨耶研究. 2013 MYL10
ZXz 朱希祖. 清华周刊30卷9期.

MATERIALOJ EN LA OKCIDENTAJ LINGVOJ

（西方语言参考资料）

AhD Ahern, Dennis M. Is Motzu a Utilitarian? "Chinese Studies in Philosophy" 3（1976）, p185-194

BrE Brindley, Erika «The Perspicuity of Ghosts and Spirits» and the Problem of

Intellectual Afflications in Early China. "Journal of the American Oriental Society" 129 No. 2 (2010) : p215-236

BaT Brooks, A. Taeko. The Mician Ethical Chapters. In *Warring State Papers: Studies in Chinese and Comparative Philology* 1 (2010), p100-118

BaT1 _Mwodz 14-16 'Universal Love'. *Ibid*, p129-131

ChL Chang Liwen. A Short Comment on Mo-Tzu's Epistemology, based on «Three Criteria». "Chinese Studies in Philosophy" 10 (1979), p47-54

ChM Chmielewski J. 8 articles in "Rocznik Orientalistyczny". 26 (1962): 7-22; 26 (1963): 91-105; 27 (1963): 103-121; 28 (1965): 87-111; 29 (1965); 117-138; 30 (1966) : 31-52; 31 (1968) : 117-136; 32 (1969) : 83-103

ChC Chong,Chaehyun Moism: Despotic or Democratic? "Journal of Chinese Philosophy" 35 (2008), p 511-522.

ChC1 Chong, Chaehyun. The Neo-Mohist Conception of Bian (Disputation) . "Journal of Chinese Phiosophy" 26 (1999), p 1-20

CyC Cheng, Chung-Ying. Preface: Mozi (Fl. 479-438 Bce) Reconcidered. "Journal of Chinese Philosophy" 35 (2008), p377-378

CrW Corswant, Willy. Le philosophe chinois Me Ti et sa doctrine de l'amour mutuel. "Revue de Theologie et de Philosophie" 34/140 (1946), p 97-124

DvA David, Alexandra. Socialisme chinois. Le philosophe MEH-TI et l' idée de SOLIDARITÉ. Londre, Luzac et Co., 1907

DfC Defoorst, Carine. Caring for Whom? Moral Discussions between Early Confucians and Mohists. "Tijdschrift voor Filosofie" 57 (1995), p 36-50

DfC1 Defoorst, Karin. The Growing Scope of *Jian* 兼: Difference between Chapters 14, 15 and 16 of the *Mozi*. "Oriens Extremus" 45 (2005/2006), p119-140

DfC2 Defoorst, Carine. Mohist and Yangist Blood in Confucian Flesh: The Middle Position of the Guodian Text 'Tang Yu zhi Dao'. "Bulletin of the Museum of far Eastern Antiquities" 76 (2004), p44-70

DsK Desmet, Karen. The Growth of Compounds in the Core Chapters of the *Mozi*. "Oriens Extremus", 45 (2005/2006), p99-118

DnW Ding, Weixiang. Mengzi's Inheritance, Criticism, and Overcoming of Moist Thought. "Journal of Chinese Philosophy" 35 (2008), p 403-420

DdK Duda, Kristopher. Reconsidering Mo Tzu on the Foundations of Morality. "Asian Philosophy" 11 (2001), p 23-31

DrS Durrant, Stephan W. An Examination of Textual and Grammatical Problems in Mo Tzu. PhD. diss., University of Washington, 1975

DrS1 Durrant, Stephan W.   The Taoisto Apotheosis of Mo Ti. "Journal of the American Oriental Society" 97 (1977) , p 540-545

DrS2 Durrant, Stephan W.   A Consideration of Differences in the Grammer of the Mo Tzu "Essays" and "Dialogues". "Monumenta Serica" 33 (1977-78), p 248-269

FbE   Faber, Ernst. Die Grundgedanken des alten chinesischen Socialismus oder die Lehre des Philosophen MICIUS. Zum ersten Male vollständig aus den Quellen dargelegt von Ernst Faber, Missioner der Rheinischen Missions-Gesellschaft. Elberfeld, Verlag von R. L. Friderichs, London: Trübner & Co., 1877

FlO Flanagen, Owen. Moral Contagion and Logical Persvasion in the Mozi. "Journal of Chinese Philosophy" 35 (2008) , p 473-491

FrA Forke, Alfred. Mê Ti des Sozialethikers und seiner Schüler philosophische Werke, zum ersten Male vollständig übersetzt, mit ausführlicher Einleitung, erläuternden und textkritischen Erklärungen versehen von Prof. Alfred Forke. Berlin, Kommissionsverlag der Vereinigung wissenschaftlecher Verleger, 1922

FrC Fraser, Chris. Mohism and Self-Interest. "Jounal of Chinese Philosophy" 35 (2008), p 437-454

FrC1 Fraser,Chris. Doctorinal Developments in the Mozi Triad. Peper presented al the 9 th Conference of the Warring States Working Group, Univ. of massachusetts, Amherst, Oct 1997. http://cjfraser.net

FrC2 Fraser,Chris. Moism In *Stanford encyclopedia of philosophy*. Stanford Univ. http://plato.stanford.edu/

FrC3 Fraser, Chris.   Mohism Edited by Edward N. Zalta. In the *Stanford Encyclopedia of Philosophy*. 2010

FrC4 Fraser, Chris. The Philosophy of the Mòzǐ, the First Consenquentialist. Columbia University Press, 2016, 320p

FyL Fung Yu-lan. A Histroy of Chinese Philosophy. Vol. 1, Derk Bodde tr., Princeton, Princeton University Press, 1952

GeJ Geaney, Jane M. A Critique of A. C. Graham's Reconstruction of the «Neo-Mohist Canons». "Journal of the American Oriental Society" 119 (1999) , p 1-11

GeF   Geisser, Franz. Mo Ti: der Künder der allgemeinen Menschenliebe. Bern, 1947

GrA   Graham, Angus C. Later Mohist Logic, Ethics and Science. The Chinese University Press, The Chinese University of Hong Kong; School of Oriental and African Studies. University of London, 1978

GrA1 Graham, Angus C. Divisions in early Mohism, reflected in the Core Chapters of Mo-tzu. Singapore, Institute of East Asian Philosopies, 1985

HnC Hansen, Chad D. Mo-Tzu, Language Utilitarianism. Journal of Chinese Philosophy 16 (1989), p 355-380

HnC1 Hansen, Chad. The Mozi: A Complete Translation. "Journal of Chinese Studies", vol. 52, p335-342

HaC Hao, Changchi. Is Mozi a Utilitarian Philosopher? "Frontiers of Philosophy in China", 1 (3) 2006, p382-400

HcH Harbsmeier, Christoph. The Birth of Confucianism from Competition with Organized Mohism. "Journal of Chinese Philosophy", 56 (2013), p1-19

HoS Holth, Sverre, B. D. MICIUS: A brief outline of his life and ideas. The Commercial Press, Limited Shanghai, 1935

HwH Ho Wei-husan. Characteristics and Implications of the Military Thoughts in Mohism. "Journal of Chinese Philosophy", 55 (2012), p273-294

HjL Hoŭ Ĉjŭeliang. *Antikvaj Filozofoj de Ĉinio*. Tradukita de Li Yuping k. a. Ĉina Esperanto-Eldonejo, Pekino, 1988

HuS Hu Shi. The Development of the Logical Method in Ancient China. New York, 1963

InK Inada, Kenneth K. Immanent Transcendence: The Possibility of an East-West Philosophical Dialogue. "Journal of Chinese Philosophy" 35 (2008), p493-510

IvP Ivanhoe, Philip J. Mozi, in Readings in Classical Chinese Philosophy. ed. Bryan and Philip J. Ivanhoe. N.Y., Seven Bridge Press, 2001

JeD Jenner, Donald. Mo Tzu and Hobbes. Preliminary Remarks on the Relation of Chinese and Western Politics. "Bulletin of the School for Oriental and African Studies" 45 (1982), p 501-524

JhD Johnson, Daniel M. Mozi's Moral Theory: Breaking the Hermeneutical Stalemate. "Philosophy East & West", 61 (Apr 2011), p347-364

JhI Johnston, Ian. The Mozi: a Complete Translation. Translated and annotated by Ian Johnston. Columbia University Press, N. Y., 2010

JoC Joachim, Christian. Ethical Analysis of an Ancient Debate: Moists versus Confucians. "Journal of Religions Ethics" 8 (1980), p 135-147

LgJ Legge, James. The Chinese Classics. With translation, critical and exegetical notes, Prolegomena, and copious indexes by James Legge. In seven volumes, 2-ed. rev., vol II, containing the Works of Mencius. Oxford, Clarendon Press, 1895

LiY Li, Yong. The Devine Command Theory of Mozi. "Asian Philosophy", 16 （Nov 2006）, p237-245

LwS Lowe, Scott. Mo Tzu's Religious Blueprint for a Chinese Utopia. Lewiston, NY: the Edwin Mellen Press, 1992

LhC Loy Hui-chieh. Justification and Debate: Thoughts on Moist Moral Epistemology. "Journal of Chinese Philosophy" 35 (2008), p 455-471

LhC1 Loy, Hui-chieh. Mozi (Mo-tzu, c. 400s-300s B.C.E. [iep.utm/edu/mozi/]

LhC2 Loy, Hui-chieh. On a *Gedankenexperiment* in the Mozi Core Chapters. "Oriens Extremus" 45 (2005/2006) p 141-158

LhC3 Loy, Hui-Chieh. Moral Philosophy of the Mozi 'Core Chapters'. Ph.D. Diss., Univ. of California, Berkeley, 2006

LuT Lucas, Thierry. Later Mohist Logic, LEI, Classes, and Sorts. "Journal of Chinese Philosophy", 32 (2005), p349-365

LuX Lu, Xiufen. Understandings Mozi's Foundation of Morality: A Comparative Perspective. "Asian Philosophy", 16 （Jul 2006）, p123-134

LsN Lusin ［鲁 迅］. Antimilitisto. en *Noveloj de Lusin, Plena Kolekto* (Pekino, Fremdlingva Eldonejo 1974, p 453-466)

LyC Lee, Cyrus. The Complete Works of Motzu in English. Translated by Cyrus Lee. The Commercial Press, Beijing, 2009

LyC1 Ly, Cyrus. The Socio Educational Thoughts of Motse. "Revue de l'université d' Ottowa" 33 (1963), p 325-336

MaE Maeder, Erik W. Some Observations on the Composition of the «Core Chapters» of the Mozi. "Early China" 17 (1992), p 27-82

MaP Martinich, A. P., Tsoi, Siwing Mozi's Ideal Political Philosophy. "Asian Philosophy" Aug 2015, Vol. 25, Issue 3, p253-274

MaH Maspero, Henri. Notes sur la logique de Mo-tzeu et de son école. Paris, "T'oung Pao" 1928, p 1-64

MeY Mei, Yipao. The Ethical and Political Works of Motse. London, Probsthain, 1929

MeY1 Mei, Yipao. Motse, The neglected Rival of Confucius. London, Probsthain, 1934.

MrR Moritz, Ralf. Die Ideologie des frühen Mohismus im alten China – das Ideal der allgemainen Liebe. "Das Altertum" 3 (1988), ss. 177-183

NJRB Needham, Joseph and Robin D. S. Yates ed. Science and Civilisation in China. Vol.6: Military Technology, Missiles and Sieges. Cambridge University Press, 1994

PlP	Pelliot, Paul. Meou Tseu on les Doutés levés. "T'oung Pao", 1918-1919
PrF	Perkins, Franklin. Introduction: Reconsidering the Mozi. "Journal of Chinese Philosophy" 35 (2008), p 379-383
PrF1	Perkins, Franklin. The Moist Criticism of the Confucian Use of Fate. "Journal of Chinese Philosophy" 35 (2008), p 421-436
Prf2	Perkins, Franklin. The Mozi and the Daodejing. "Journal of Chinese Philosophy" 41 (2014), Issue1/2, p18-32
RlP	Ralph, Philip L. Mo Ti and English Utilitarians. "Far Eastern Quarterly" 9 (1949), p 42-62
RbD	Robins, Dan. The Moists and the Gentlemen of the World. "Journal of Chinese Philosophy" 35 (2008), p 385-402
RbD1	Robins, Dan. Mohist Care. "Philosophy East & West" 62 (Jan 2012), p60-91
ScK	Schipper Kristofer. Mozi in *The Taoist Canon*: A Historical Companion to the Daozang (Vol.1). Edited by Kristofer Schipper and Franciscus Verellen (Chicago, Univ. of Chicago Press, 2004)
SgH	Schmidt-Glintzer, Helwig (übersetzt). Mo Ti – Schriften. 2 Bde: Solidarität und allgemeine Menschenliebe (1-Bde), Gegen den Krieg (2-Bde). Eugen Diedrichs Verlag, Düsseldorf/Köln, 1975
ScJ	Schumacher, Jörg. An Outline of the Evolution of the Concept of Jian 兼 in Mohism. Paper presented at the 17th conference of the Warring States Working Group, Leiden University, Nov 2003
SkL	Shun, Kwong-Loi. «Mencius» Criticism of Mohism: An Analysis of Meng Tzu 3 A: 5. "Philosophy East and West" 41 (1991), p 203-214
SlD	Soles, David E. Mo Tzu and the Foundation of Morality. "Journal of Chinese Philosophy" 26 (1999), p 37-48
TyR	Taylor, Rodney L. Religion and Utilitarianism: Mo Tzu on Spirits and Funerals. "Philosophy East and West" 29 (1979), p 337-346
ThK	Thompson, Kirill O. Mozi's Teaching of Jian Ai (Impartial Regard): A Lesson for the Twenty-First Century? "Philosophy East & West", 64 (Oct 2014), p838-855
TsA	Tseu, Augustinus A. The Moral Philosophy of Mo-tze. Taipei, 1965
VrD	Vorenkamp, Dirck. Strong Utilitarianism in Mo Tzu's Thought. "Journal of Chinese Philosophy" 19 (1992), p 423-444
WtB	Watson, Burton. Mo Tzu: Basic Writings. New York and London, Columbia University Press, 1963
WlH	Williamson, Henry. Mo Ti: A Chinese Heretic. A short Sketch of His Life and

Works. Tsinan, 1927

WnE	Winance, Eleuthère. A Forgotten Chinese Thinker – Mo Tzu. "International Philosophical Quarterly" 1（1961）, p 593-613
WoB	Wong, Benjamin and Hui-Chieh Loy. War and Ghost in Mozi. "Philosophy East and West" 54（2004）, p 343-364
WoD	Wong, David B. Universalism versus Love with Distinctions: An Ancient Debate Revived. "Journal of Chinese Philosophy" 16（1989）, p 251-272
WoD1	Wong, David B Mohism: The Founder, Mozi（Motzu）. In *Encyclopedia of Chinese Philosophy*, edited by Antonius S. Cua. p453-461, London, Routledge, 2003
YtR	Yates, Robin D. S. Early Poliorcetics: The Mohists to the Sung. in Science and Civilisation in China, ed. Joseph Needham and Robin D. S. Yates, vol. V: 6 Military Technology: Missiles and Sieges. Cambridge University Press, 1994
YtR1	Yates, Robin D. S. The Mohists on Warfare: Technology, Technique and Justification. "Journal of the American Academy of Religion" 41（1979）, No.35, Thematic Issue: p549-603
YtR2	Yates, Robin D. S. New Light on Ancient Chinese Military Texts: Notes on their Nature an Evolution and the Development of Military Specialization in Warring States China. "T'oung Pao" 74（1988）, p 211-248
ZnD	Zong, Desheng. Studies of International Contexts in Mohist Writings. "Philosophy East and West" 50（2000）, p 208-228

KOMENTARIOJ KAJ ESPLOROJ EN JAPANIO（日语参考资料）

Kyy	魏徵撰、清原直講 『墨子治要』（群書治要卷第三十四）1260-1261　MDQ99
Akg	秋山　儀　『墨子六卷』（明茅坤校）　1757
Ogs	小川信成『墨子闡微二卷』1785
Tsy	戸崎　允明『墨子考四卷』1795
Ysk	吉田　漢官『墨子校十五卷』1798
Mkl	諸葛　蠡　『墨子箋八卷』1810
Oot	大田方　『墨子考要四卷』1829
Sts	佐藤晋　『墨子枢義』
Szm	鈴木充嘉　『墨子附説』1848

Tkt　高瀬　武次郎『楊墨哲学』金港堂 1902
Mkk　牧野　謙次郎『墨子國字解』早稲田大学出版部 1911
Trw　田岡　嶺雲『和釋墨子』漢文大系 14
Kys　小柳　司氣太『墨子閒詁』漢文大系 14　冨山房 1913
Mss　武者小路　実篤『墨子』大東出版社 1935
Ktk　北村　佳逸　『墨子解説』立命館出版部 1935
Wtk　内野　熊一郎『墨子』東洋思想叢書 13　日本評論社 1942
Otb　大塚　伴鹿『墨子の研究』森北書店 1943
Bnc　板野　長八　墨子の非命説　『史学雑誌』（58:2）1946
Ohk　大濱　皓　名と実—墨経と荘子の場合　『日本中国学会報』（3）1952
Ohk1　大濱　皓　他愛と自愛—墨翟と楊朱の場合　『支那学研究』（9）1952
Ohk2　大濱　皓　同と異—荀子（正名篇）と墨経（小取篇）の場合　『名古屋大学文学部研究論集』（12）　1955
Atc　赤塚　忠　墨子の天志について—墨子の思想体系の復元　『研究』（哲学篇・神戸大学）（6）1955
Ykh　湯川　秀樹『墨子』岩波新書 493　1963
Tkj　高田　淳　墨経の思想—経上・経説上について　『学習院大学文学部研究年報』（10）1963
Tkj1　高田　淳　墨経の思想—経下・経説下について　『東京女子大学論集』（15:11）1964
Wdt　和田　武司『墨子』中国の思想 5　徳間書店 1964
Mms　森　三樹三郎『墨子』世界古典文学全集 19　筑摩書房 1965
Bnc1　板野　長八　墨家の非命説と秦漢呪術思想　『石田博士頌寿記念東洋史論叢』1965
Bnc2　板野　長八　孔子と墨子　『支那学研究』（32）1966
Kno　金谷　治『諸子百家』世界の名著 10　中央公論社 1966
Tkj2　高田　淳『墨子』中国古典新書、明徳出版社 1967
Ybk　藪内　清　『韓非子・墨子』中国古典文学大系 5　平凡社 1968
Uga　宇都木　章　墨子尚賢論の一側面　『史苑』（26:2/3）1966
Uga1　宇都木　章　墨子の大人について　『青山史学』（1）1970
His　福井　重雅　前漢における墨家の再生—儒教の官学化についての一試論　『東方学』（39）1970
Ksk1　河崎　孝治　墨子尚賢論の成立について　『日本中国学会報』（24）1972 p36-50
Wt1　渡辺　卓『古代中国思想の研究—孔子伝形成と儒墨集団の思想と行動』創文社 1973
Wt2　渡辺　卓『墨子』上　全釈漢文大系 18　集英社 1974
Ntd　新田　大作『墨子』下　全釈漢文大系 19　集英社 1977
Ost　岡坂　猛雄　墨子・小取篇の論理について　『京都教育大学紀要（人文社会）』（42）1973/3 p117-127

Asy1	浅野　裕一	墨家思想の体系的理解（一）—兼愛論について　『週刊東洋学』（32）1974
Asy2	浅野　裕一	墨家思想の体系的理解（二）—非攻論について　『週刊東洋学』（33）1975
Asy3	浅野　裕一	「墨子」尚同論の構造—天子専制理論との対比　『文化』（東北大学文学会）40（1/2）1976 p49-63
Asy4	浅野　裕一	「墨子」尚賢論の特性について　『國學院雑誌』77（6）1976, p44-54
Swt	沢田　多喜男	墨子の非命説　『東海大学紀要』（文学部）（22）1975
Ksk2	河崎　孝治	戦国時代後半における墨家の展開　『日本中国学会報』（27）1975 p87-98
Ksk3	河崎　孝治	墨翟と兼愛　『東洋研究』（大東文化大学東洋研究所）（43）1976 p81-102
Okm	岡本　光生	墨家の人間観—尚賢論と兼愛論を中心に　『早稲田大学大学院文学研究科紀要』別冊　（2）1976
Yds	山田　統	別墨異聞　『中国古代史研究』（4）1976
Ymt	山田　琢	『墨子』上 1975 ; 『墨子』下 1987　新釈漢文大系 50-51 明治書院
Nsk	長澤　規矩也	『和刻本諸子大成第7輯墨子全書』　東京、汲古書院、1977
Hns	本田　済	『墨子』人類の知的遺産6　講談社 1978
Okt	大久保　隆郎	墨家の「墨」と「文身之俗」『集刊東洋学』（仙台、中国文史哲研究会）（39）1978 p1-13
Mkt	向井　哲夫	「淮南子」と墨家思想『日本中国学会報』（31）1979 p43-58
Skk	酒井　和孝	墨家の節葬思想　—「呂氏春秋」における其の展開　『哲学』（広島哲学会）（30）1978 p85-99
Ksf	久須本　文雄	墨子の祭政論『野村平爾学鑑追悼号』日本福祉大学紀要（38-39）1979, p231-249
Oks	大川周明著、片岡気介解説	読墨子『海外事情』拓殖大学海外事情研究所 28(5) 1980, p36-46
Htm	原　富男著	兼愛交利説と宇宙同論　東京、三信図書、1980, 133p.
Skk1	酒井　和孝	末期墨家の兼愛思想—呂氏春秋」を媒介として『哲学』（32）1980 p101-114
Skk2	酒井　和孝	墨家の節用思想史　『佐賀大国文』（9）1981
Ish	一色　英樹	墨子における「尚書」・周書の引用について『國學院雑誌』82（1）1981 p64-75
Ikt	池田　知久	「墨子」の兼愛説と尚賢説『中哲文学会報』（東大中哲文学会）（6）1981 p51-68
Zyx	張　耀雄	墨子の学説について—唐敬杲選註「墨子」より抄訳『専修人文論集』（24）

　　　　　　　　　1980 p9-122
Okm1　岡本　光生　戦国末期から漢代初期にかけての墨家の諸相―他学派からみた　『哲
　　　　　　　　　学』フィロソフィア（早稲田大学）　（69）1981 p5-15
Asy5　浅野　裕一　墨家集団の質的変化―説話類の意味するもの『日本中国学会報』（34）
　　　　　　　　　1982　p17-30
Yds1　山田　統　　中庸と墨子の思想『山田統著作集2』、東京、明治書院、1982
Kms　　駒田　信二　墨子を読む　東京、勁草書房、1982　217p
Khk　　蔵原　惟人　中国古代の平等博愛・反戦平和論―墨子の思想とその方法『季刊科学と
　　　　　　　　　思想』（新日本出版社）（47）1983 p486-513
Kkn　　片倉　望　　意志と抑圧の交錯―墨家における人間理解　金谷治篇『中国における人
　　　　　　　　　間性の探求』創文社　1983
Ksk　　河崎　孝治　墨子所染篇について『大東文化大学創立六十周年記念中国論集』1983
Tng　　谷口　義介　「墨子・明鬼」篇の説話と信仰『学林』（2）1983
Tng1　谷口　義介　杜伯幽鬼の物語―中国古代の説話の変遷『立命館文学』（373/374）1976
　　　　　　　　　p580-643
Ksk4　河崎　孝治　墨子校注摘要（一・二・三）『大東文化大学漢学会誌』1（24）1985 p59-74/
　　　　　　　　　2（25）　1986 p55-70/ 3（26）1987 p16-25
Ikt1　池田　知久　「墨子」の経・経説と十論『中哲文学会報』（東大中哲文学会）（10）
　　　　　　　　　1985 p1-27
Nmm　沼尻　正隆　墨家衰微考『漢學研究』（日本大学中國文學会）（22-23）1985 p49-65
Okm2　岡本　光生　墨家の分業論―「商」の観念の欠如に関連して『中国古典研究』（30）
　　　　　　　　　1985 p5-17
Kkn1　片倉　望　　儒・墨の《天》と尚賢論『集刊東洋学』（53）1985 p1-7
Iuh　　井上　博二　ウェーバー宗教論にみる隣人愛と「墨子」の兼愛―愛の歴史的比較文化
　　　　　　　　　社会学の試み『東洋研究』（大東文化大学東洋研究所）（75）1985
　　　　　　　　　p1-32
Tdk　　多田　顕　　「墨子」試論―その思潮と経済思想について『経済論集』（大東文化大学
　　　　　　　　　経済学会）（42）1986 p1-31
Obt　　小幡　敏行　墨子の論証過程における先王観の意義『学芸国語国文学』（東京学芸大
　　　　　　　　　学国語国文学会）（21）1986 p42-56
Srh　　瀬里　広明　露伴の墨子論―露伴と現代『地域総合研究』（鹿児島国際大学附置地域
　　　　　　　　　総合研究所）16（1）1988 p55-73
Ksk5　河崎　孝治　清朝に於ける墨子学―孫星衍・墨子校本と畢沅墨子注『東方学』（75）
　　　　　　　　　1988 p113-133
Tkt　　田中　淡　　『墨子』城守諸篇の築城工程『中国古代科学史論』1989
Asy6　浅野　裕一　孟子・墨子『中国古典鑑賞』（3）1989　角川書店

Skk3 酒井　和孝　墨家の宗教思想―鬼神信仰を中心として『斯文』(斯文会)　聖堂創建300年・斯文創刊100号記念号　(100) 1991 p98-108

Skk4 酒井　和孝　墨家の非楽思想―墨家集団における原初の形態『哲学』(広島哲学会)　(43) 1991 p55-68

Yak 湯浅　邦弘　「呂氏春秋」の義兵説―「墨子」「司馬法」との対比『島根大学教育学部紀要』(人文社会科学)　(25) 1991 p61-75

Yms 山辺　進　「墨子」所見の賞罰論の形態とその特質―その発生基盤としての墨家集団へのアプローチとして『中国古典研究』(静岡中国古典学会) (36) 1991 p28-42

Yms1 山辺　進　「墨子」尚同三篇の統治機構とその論理『日本中国学会報』(43) 1991 p1-14

Yms2 山辺　進　尭舜禅譲攷―経学概念成立前史『斯文』(101) 1992 p54-69

Yms3 山辺　進　『墨子』の天について―伝統的天観との比較を中心として『東方学』(84) 1992 p23-36

Yms4 山辺　進　赤塚忠「墨子の天志について―墨子の思想体系の復元」の再検討『東洋哲学論叢』(2) 1992

Okm3 岡本　光生　『墨子』における「財」の交換『東洋の思想と宗教』早稲田大学 (9) 1992

Yns 吉永　慎二郎　墨翟兼愛を説かず―「墨子」兼愛篇の論理と構造『集刊東洋学』(中国文史哲学研究会)　(67) 1992 p1-21

Yns1 吉永　慎二郎　墨家における"万民系"集団の存在―「墨子」尚賢・尚同・天志の各中編の特異性をめぐって『秋田大学教育学部研究紀要人文科学・社会科学』(46) 1994 p17-33

Ksk6 河崎　孝治　墨子公輸篇について『大東文化大学漢学会誌』(32) 1993 p1-20

Kbs 小林　伸二　墨子天志篇をめぐって『大正大学総合仏教研究所年報』(15) 1993 p1-13

Itm 今鷹　真　「墨子」の押韻について『日本中国学会報』(45) 1993 p1-7

Yms5 山辺　進　銘文の倫理化と「引経」―『墨子』所伝「鏤於金石、琢於槃盂」の意味するもの『早稲田大学大学院文学研究科紀要別冊』(20) 1994

Kbt 久保田　知敏　「公孫竜子」名実論篇の分析―「墨子」経・経説と「公孫竜子」名実論篇『聖心女子大学論集』(82) 1994 p5-29

Tts 塚野　剛史　韓愈「読墨子」について『中国哲学論集』(九州大学中国哲学研究会)　(21) 1995 p63-53　catalog.lib.kyushu-u.ac.jp/handle/2324

Kkn2 片倉　望　中国古代思想における魂―儒家と墨家と中心として『魂の探求―東西の「魂」をたずねて』三重学術出版会 1995

Yns2 吉永　慎二郎　孟子における聖王と聖人　―その墨家思想の受容『秋田大学教育学部研究紀要人文科学社会科学』(48) 1995, p49-63

Yns3 吉永　慎二郎　墨家と孟子の交渉についての思想史的研究「文部省科学研究費補助金

　　　　　　　研究成果報告書」1995-1997
Yns4　吉永　慎二郎　魏の「称夏王」をめぐる左伝と墨家『秋田論叢:法学部紀要』(13) 1997,
　　　　　　　p144-116
Yns5　吉永　慎二郎　儒墨の思想史的交渉と孟子思想の構造についての研究　（博士論文）
　　　　　　　1998,3月25日　大阪大学
Htn　久富木　成大　「気」をめぐる「墨子」の思考様式について『金沢大学教養部論集人
　　　　　　　文科学篇』 33（2） 1996 p336-315
Ksg　小林　茂　『墨子』における「聖王」「聖人」―尭・舜・禹を中心として『大東文
　　　　　　　化大学漢学会誌』（36）1997 p22-47
Hsr　菱刈　禮子　墨辯私訳　東京、1998, 218p
Asy7　浅野　裕一　『墨子』講談社学術文庫 1319　1998
Hmj　橋元　純也　『墨子』非命論と漢初の時代相『東洋古典學研究』（6）1998 p97-116
Hmj1　橋元　純也　『墨子』尚同論の構造と主題『東洋古典學研究』（5）1998 p47-64
Hmj2　橋元　純也　『墨子』論説類研究緒論『東洋古典學研究』（4）1999 p15-28
Hmj3　橋元　純也　『墨子』天志論と天子権力『東洋古典學研究』（7）1999 p54-69
Hmj4　橋元　純也　『墨子』論説類研究緒論続補『東洋古典學研究』（8）1999 p102-122
Hmj5　橋元　純也　『墨子』尚同三篇本文集校―道蔵本『墨子』論説類本文集校の一　『東
　　　　　　　洋古典學研究』（9）2000 p101-131
Hmj6　橋元　純也　『墨子』非攻論の主題・組成及び位相『東洋古典學研究』（9）2000
　　　　　　　p182-100
Hmj7　橋元　純也　『墨子』兼愛論とその周辺（上）兼愛三篇の「相愛」と「兼」『東洋
　　　　　　　古典學研究』（10）2000 p121-140
Hmj8　橋元　純也　『墨子』兼愛論とその周辺（下）兼愛論の系譜と位相『東洋古典學研
　　　　　　　究』（12）2001　p123-137
Hmj9　橋元　純也　『墨子』論説類の研究（博士論文・広島大学）2001
Sbn　柴田　昇　墨家集団論序説―墨家思想の再構成『名古屋大学東洋史研究報告』（23）
　　　　　　　1999
Ksh　久須本　弘熙　墨子の社会思想 2―「非楽論」「非攻論」「非命論」及び「祭政論」
　　　　　　　に見られる倫理思想　『中京学院大学研究紀要』（12）1999 p27-36
Ksh1　久須本　弘熙　墨子の社会思想 3―天の価値的類型・宗教思想・政治思想　『中京学
　　　　　　　院大学研究紀要』（14）2000 p91-99
Yms5　山辺　進　我が国近代以降に於ける墨学研究批判『二松学舎大学論集』（42）1999
　　　　　　　p109-133
Hkj　原孝治（河崎孝治）　中国における墨子學『大東文化大学漢学会誌』(38) 1999 p32-47
Uck　内野　熊一郎博士白寿記念東洋学論集、東京、汲古書院、2000　284p
Tmk　田村　和親　『墨子』統治システム論とその思想的限界『二松学舎大学東洋学研究所

		集刊』（31）2001　p83-109
Snt	末永　高康	『墨子』錯簡についての覚え書き『鹿児島大学教育学部研究紀要人文社会科学編』（53）2001　p19-31
Okm4	岡本　光生	「墨子」号令篇の文書主義について《Contexture》: Liberal Arts Bulletin of Saitama Institute of Technology　（19）2001　p15-28
Okm5	岡本　光生	図解「墨子」のパワーを身につける：中国春秋戦国時代の組織論のプロに学ぶ　東京、中経出版、2001, 238p
Okm6	岡本　光生	日本における近三十年来の墨家研究　《Contexture》（20）2002　p7-20
Okm7	岡本　光生	墨家経済思想中の號令篇の位置『東洋の思想と宗教』（早稲田大学東洋哲学会）（20）2003　p50-67
Okm8	岡本　光生	「墨子」尚賢上篇の成立時期について―戦国末期成立説の論拠への疑問　《Contexture》（21）2003　p5-12
Asy8	浅野　裕一	墨子の思想：特集1諸子百家の思想『月刊しにか』（東京・大修館書店）（154）2002　p34-37
Kms	木村　清順	墨子の国防・軍事思想の考察―戦国時代における反侵略主義の提唱『防衛学研究』（東京、日本防衛学会）（28）2003　p72-93
Ymm	吉本　道雅	墨子兵技巧諸篇小考『東洋史研究』（京都、東洋史研究会編）62（2）2003 p208-235
Ymm1	吉本　道雅	墨子小考『立命館文学』（577）2002　p307-339
Hyk	蜂屋　邦夫	水の哲学（5）古代中国の水の思想（5）『墨子』を中心として『季刊河川レビュー』（東京、新公論社）（127）2004　p102-107
Ont	荻野　友範	『墨子』引詩考『中国文学研究』（早稲田大学中国文学会）（30）2004　p1-18
Zjw	鄭傑文著・荻野友範訳	二十世紀中国における墨子研究方法の確立―その歴史・方法・啓示『大東文化大学漢学会誌』（43）2004　p201-219
Eds	遠藤　誠治	森鴎外・中里介山における非戦の系譜―墨子・トルストイ・内田魯庵にも触れて『鴎外』（森鴎外記念会）（75）2004　p35-48
Okm9	岡本　光生	「墨子」公孟篇の形式論理　《Contexture》（23）2005　p5-13
Hmj10	橋元　純也	『墨子』論説類諸編の成り立ち『東洋古典學研究』（20）2005 p15-32
Yyy	横山　裕	『墨子』の「兼愛」思想の福祉的性質について『九州保健福祉大学研究紀要』（6）2005　p59-69
Ygs	山口　榮	胡適の『墨経新詁』『藝林』（東京、藝林会）（253）2005
Ykh	湯川　秀樹	本の中の世界　みすず書房、2005（大人の本棚）
Hbm	平林　緑萌	墨子説話諸篇考　『立命館文学』（589）2005　p664-651
Hbm1	平林　緑萌	墨子救宋説話考『中国古代史論叢』3集（立命館東洋史学会）2006

Asy9　浅野　裕一　上博楚簡『鬼神之明』と『墨子』明鬼論「上博楚簡特集」『中国研究集刊』（大阪大学中国学会編）（41）別冊 2006　p37-55
Skt　關　清孝　『墨子閒詁』における『爾雅』の利用『大東文化大学漢学会誌』（45）　2006　p167-190
Hkj1　原　孝治　墨子校注攷（退休記念論考）『大東文化大学漢学会誌』（45）2006　p1-18
Yns6　吉永　慎二郎　墨家の非命思想の戦国思想史および中国思想史に対する役割について　『秋田大学教育文化学部研究紀要人文社会』（61）2006, p13-22
Yns7　吉永　慎二郎　孔子から墨家そして孟子及び董仲舒へ—中国文明における祭政一致システムの形成　『学士会会報』2006　（6:861）p119-124
Nts　内藤　醒山　墨子の博愛思想：日本国憲法第九条はどこから来たか東京、新生出版、2007　249p
Nzt　中島　孝志　「墨子」の自分の城は自分で守れ：二千年後に甦った不滅の人間哲学　東京、太陽企画出版、2007
Yty　山田琢著・山辺進編　墨子　新書漢文大系 33　東京、明治書院、2007
Kmt　来村　多加史　"兼愛非攻"に徹した不落の守城術・墨子の兵法『歴史群像』（東京学研パブリッシング）（81）2007 p66-80
Adm　安藤　真　アメリカで考えた 21 世紀の日本（81・82・83）『自由』（東京．自由社）：
　　　　81　兼愛説と中国社会　（567）2007 p84-92
　　　　82　兼愛説と中国庶民　（568）2007 p78-87
　　　　83　墨子の兼愛交利と儒教批判（569）2007 p80-90
Okm10　岡本　光生　墨子兼愛上篇の一解釈—自愛する存在と秩序　《Contexture》（25）2007 p5-14
Okm11　岡本　光生　墨子と荀子における欲望と秩序—積極的調和と消極的調和《Contexture》（26）2008　p46-35
Mmk　松本　州弘　俠：墨子　東京、イプシロン出版企画、2008, 206p
Nyh　西山　尚志　Book Review 二千数百年におよぶ『墨子』研究の整理　［鄭傑文著］『中国墨学通史』上下『東方』（東京、東方書店）（326）2008 p24-26
Hhj　胡　慧君　胡適の『墨子』非攻篇研究と戦争観『中国哲学』（北海道中国哲学会）（38）2010　p23-51
Tos　玉置　重俊　孔子と墨子の宗教思想『北海道情報大学紀要』22（1）2010　p15-27
Okm10　岡本　光生　規矩考—墨家の幾何学《Contexture》（28）2010　p66-56
Hdk　半藤　一利　墨子を読む（1-6）『Best Partner』浜銀総合研究所（253-258）2010
Hdk1　半藤　一利　墨子よみがえる（1-3）『月刊百科』平凡社（579-581）2011
Hdk2　半藤　一利　墨子よみがえる　平凡社新書 589、2011
Ony　小野　泰教　孫詒譲「墨子後語」の儒墨論争観『東洋史研究』73（3）2014 p386-412

| Kdn | 近藤　則之 | 中国古代における「情」の語義の思想的研究（その3）『墨子』の「情」の検証　『佐賀大学文化教育学部研究論文集』17(1) 2012 p204-191 |

Hkj2　原　孝治(河崎孝治)　明代墨子摘要　『大東文化大学漢学会誌』(51)2012　p251-272

Hkj3　原　孝治　墨子尚賢篇補正『大東文化大学漢学会誌』　(43)　2004　p183-199

Hkj4　原　孝治　墨子尚同篇補正『大東文化大学漢学会誌』　(44)　2005　p41-62

Hkj5　原　孝治　墨子兼愛篇補正『大東文化大学漢学会誌』　(51)　2012　p301-319

Hkj6　原　孝治　墨子節葬篇補正、墨子節用篇補正、墨子非攻篇補正『大東文化大学漢学会誌』　(52) 2013 p1-27

Hkj7　原　孝治　墨子天志篇補正、墨子明鬼篇補正『大東文化大学漢学会誌』(54)2015 p1-39

Hkj8　原　孝治　墨子非楽篇補正、墨子非命篇補正、墨子非儒篇補正『大東文化大学漢学会誌』　(55)　2016　p1-25

TABELO DE EKVIVALENTO POR PESO KAJ MEZURO

古代计量单位与现代计量单位比较

VESOJ

1 liang = 16 g   (16 liang = 1 jin)
1 jin = 244 g   (30 jin = 1 jun)
1 jun = 7.32 kg   (4 jun = 1 dan)
1 dan = 29.32 kg

KAPACITOJ

1 sheng = 199.687 ml   (10 sheng = 1 dou)
1 dou = 1.996 litroj   (10 dou = 1 dan)
1 dan = 19.968 litroj

DISTANCOJ

1 cun = 23.1 mm   (10 fen = 1 cun)
1 chi = 23.1 cm   (10 cun = 1 chi)
1 bu = 1.38 m   (6 chi = 1 bu)
1 zhang = 2.31 m   (10 chi = 1 zhang)
1 li = 0.576 km   (1 li = 300 paŝoj)

[The Book of Master Mo. Translated and edited with Notes by IAN JOHNSTON. Penguin Books, 2013, p. xxxix]

后记 POSTPAROLO

　　佐佐木照央先生历时 5 年完成了这个宏大的翻译工作，现在终于出版了，可喜可贺。在本书出版之际，向学苑出版社、枣庄学院世界语教研团队的同事们，向北京采薇阁书店的王强先生表示感谢！我和佐佐木教授结识于 2011 年日韩联合世界语大会，大会第二年佐佐木教授应邀到枣庄学院教授日语和世界语，在枣庄学院工作学习期间，佐佐木教授对《墨子》进行了深入的研究，他被墨子的精神境界、和平理念以及治国方略所吸引，当即决定把《墨子》翻译成世界语以丰富世界语文化。他访问了墨子研究院、滕州墨子研究中心，查阅了大量的文史资料，收集了英语、德语、日语和现代汉语翻译的《墨子》图书多本，认真研读，其治学精神令人敬佩。

　　枣庄学院领导们对中国文化研究与传播工作非常重视，中心主任曹胜强教授亲自参加了选题并对翻译出版给于了具体的指导，副校长李进京、明清河、国际处和科技处领导都给于了很多鼓励和支持，在此向上述领导表示衷心的感谢！

编者和译者
2017 年 9 月 15 日

　　Profesoro d-ro SASAKI Teruhiro esperantigis la grandiozan libron *Mozi* 5 jarojn. Gratulinde kaj ĝojinde, ke esperantigita libro tuj eldoniĝos. Okaze de la eldono ni tre dankas al la sinjoro Wang Qiang de Caiweige-Librovendejo en Pekino, al esperantistaj kolegoj de nia universitato kaj Eldonejo Studo-Rondo. Mi konatiĝis kun prof, SASAKI dum komuna kongreso de Esperanto en Koreio por 2011. En sekva jaro li estis invitita de mi instrui la japanan lingvon kaj Esperanton en Zaohuang-a Universitato. Dum la laborado kaj instruado profesoro SASAKI profunde esploris la antikvan klasikan libron *Mozi* kaj li estas tiel kortuŝita de sprito kaj ideo de Mozi pri paco kaj regado de lando, ke li decidis esperantigi la libron por monda kulturo en Esperanto. Sekve li tuj vizitis la Instituton de Mozi de la universitato kaj Centron de Esplorado pri Mozi en Tengzhou, Li kolektis, esplore legis multajn librojn en la germana , la angla , la franca, la japana kaj la ĉina lingvoj pri Mozi. Liaj serioza esplorado kaj diligenta tradukado estas estimindaj.

　　Estraranoj de la universitato tre atendas la laboron pri esplorado kaj diskonigo de ĉina kulturo, prof, Cao Shengqiang, la direktoro de Centro por Esplorado kaj Diskonigo pri Ĉina Kulturo propre donis al ni la temon kaj multajn konsilojn pri la tradukado kaj eldonado. Profesoroj Li Jinjing kaj Ming Qinghe, vicrektoroj de Zaohuang-a universitato kaj oficistoj en Oficejoj de Internacia Kunlaboro-Interŝanĝo kaj Scienco-Tekniko donis al ni kuraĝon kaj helpon, ni esprimas elkoran dankon al ili.

Redaktoro kaj tradukinto
2017-09-15